「十三五」国家重点图书出版规划项目

国家社会科学基金重大项目「中国近代日记文献叙录、整理与研究」

（项目编号：18ZDA259）阶段性研究成果

中国近现代稀见史料丛刊【第八辑】

阎敬铭友朋书札（上）

张剑 徐雁平 彭国忠 主编

冯雷 王洪军 整理

本辑执行主编 徐雁平

凤凰出版社

图书在版编目（CIP）数据

阎敬铭友朋书札 / 冯雷，王洪军整理. -- 南京 : 凤凰出版社，2021.10（2023.2重印）
（中国近现代稀见史料丛刊. 第八辑）
ISBN 978-7-5506-3470-1

Ⅰ. ①阎… Ⅱ. ①冯… ②王… Ⅲ. ①阎敬铭－书信集 Ⅳ. ①K827=49

中国版本图书馆CIP数据核字(2021)第211770号

书　　名	阎敬铭友朋书札
著　　者	冯　雷　王洪军 整理
责任编辑	许　勇
装帧设计	姜　嵩
出版发行	凤凰出版社(原江苏古籍出版社) 发行部电话025-83223462
出版社地址	江苏省南京市中央路165号，邮编：210009
照　　排	南京凯建文化发展有限公司
印　　刷	江苏凤凰通达印刷有限公司 江苏省南京市六合区冶山镇，邮编：211523
开　　本	880毫米×1230毫米　1/32
印　　张	21.875
字　　数	568千字
版　　次	2021年10月第1版
印　　次	2023年2月第2次印刷
标准书号	ISBN 978-7-5506-3470-1
定　　价	178.00元(全二册)

（本书凡印装错误可向承印厂调换，电话：025-57572508）

袁行霈先生题辞

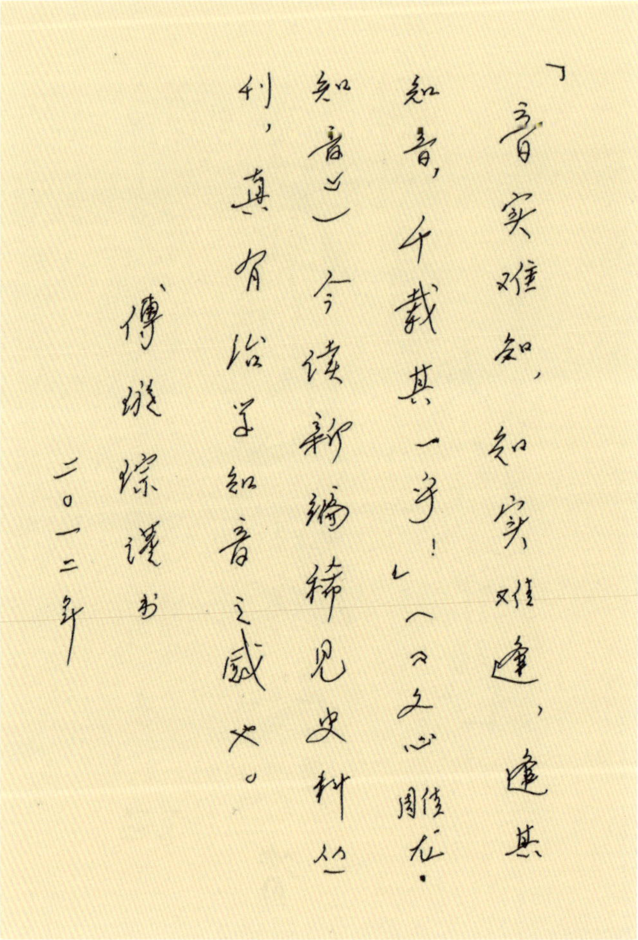
「音实难知，知实难逢，逢其知音，千载其一乎！」（文心雕龙·知音）今读新编稀见史料丛刊，真有治学知音之感也。

傅璇琮谨书

二〇一二年

傅璇琮先生题辞

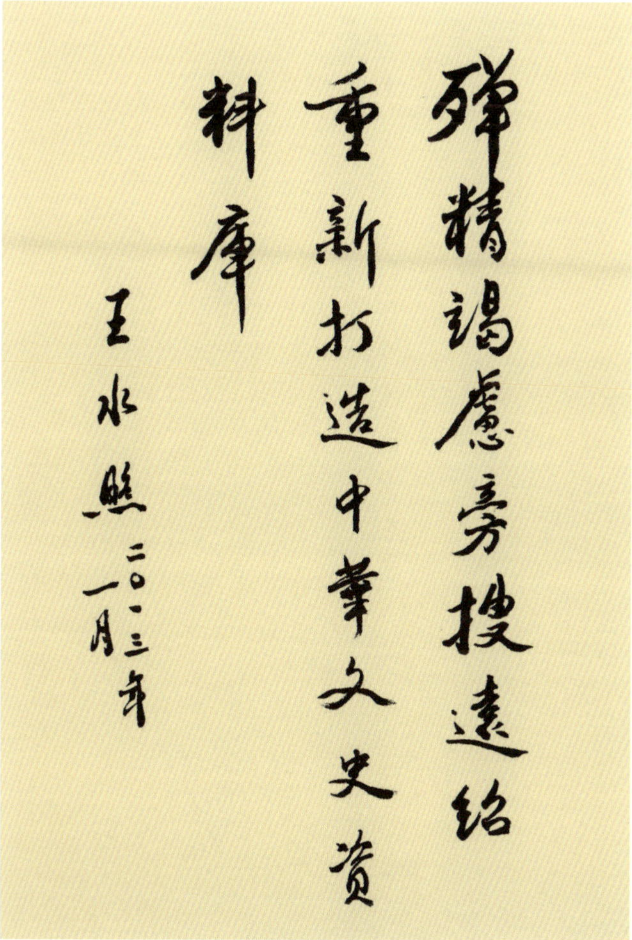

王水照先生题辞

《中国近现代稀见史料丛刊》总序

在世界所有的文明中，中华文明也许可说是“唯一从古代存留至今的文明”（罗素《中国问题》）。她绵延不绝、永葆生机的秘诀何在？袁行霈先生做过很好的总结：“和平、和谐、包容、开明、革新、开放，就是回顾中华文明史所得到的主要启示。凡是大体上处于这种状况的时候，文明就繁荣发展，而当与之背离的时候，文明就会减慢发展的速度甚至停滞不前。”（《中华文明的历史启示》，《北京大学学报》2007年第1期）

但我们也要清醒看到，数千年的中华文明带给我们的并不全是积极遗产，其长时段积累而成的生活方式与价值观具有强大的稳定性，使她在应对挑战时所做的必要革新与转变，相比他者往往显得迟缓和沉重。即使是面对佛教这种柔性的文化进入，也是历经数百年之久才使之彻底完成中国化，成为中华文明的一部分；更不用说遭逢“数千年来未有之变局”、“数千年未有之强敌”（李鸿章《筹议海防折》），“数千年未有之巨劫奇变”（陈寅恪《王观堂先生挽词序》）的中国近现代。晚清至今虽历一百六十余年，但是，足以应对当今世界全方位挑战的新型中华文明还没能最终形成，变动和融合仍在进行。1998年6月17日，美国三位前总统（布什、卡特、福特）和二十四位前国务卿、前财政部长、前国防部长、前国家安全顾问致信国会称：“中国注定要在21世纪中成为一个伟大的经济和政治强国。”（徐中约著《中国近代史》上册第六版英文版序，香港中文大学2002年版）即便如此，我们也不能盲目乐观，认为中华文明已经转型成功，相反，中华文明今天面对的挑战更为复杂和严峻。新型的中华文明到底会怎样呈现,又怎样具体表现或作用于政治、经济、文化等层面,人们还在不断探索。这个问题,我们这一代恐怕无法给出答案。但我们坚信,在历史上曾经灿烂辉煌的中华文明必将凤凰浴火,涅槃重生。这既是数千年已经存在的中华文明发展史告诉我们的经验事实,也是所有为中国文化所化之人应有的信念和责任。

不过,对于近现代这一涉及当代中国合法性的重要历史阶段,我们了解得还过于粗线条。她所遗存下来的史料范围广阔,内容复杂,且有数量庞大且富有价值的稀见史料未被发掘和利用,这不仅会影响到我们对这段历史的全面了解和规律性认识,也会影响到今天中国新型文明和现代化建设对它的科学借鉴。有一则印度谚语如是说:“骑在树枝上锯树枝的时候,千万不要锯自己骑着的那一根。”那么,就让我们用自己的专业知识与能力,为承载和养育我们的中华文明做一点有益的事情——这是我们编纂这套《中国近现代稀见史料丛刊》的初衷。

书名中的“近现代”,主要指1840—1949年这一时段,但上限并非以一标志性的事件一刀切割,可以适当向前延展,然与所指较为宽泛的包含整个清朝的“近代中国”、“晚期中华帝国”又有所区分。将近现代连为一体,并有意淡化起始的界限,是想表达一种历史的整体观。我们观看社会发展变革的波澜,当然要回看波澜如何生,风从何处来;也要看波澜如何扩散,或为涟漪,或为浪涛。个人的生活记录,与大历史相比,更多地显现出生活的连续。变局中的个体,经历的可能是渐变。《丛刊》期望通过整合多种稀见史料,以个体陈述的方式,从生活、文化、风习、人情等多个层面,重现具有连续性的近现代中国社会。

书名中的“稀见”,只是相对而言。因为随着时代与科技的进步,越来越多的珍本秘籍经影印或数字化方式处理后,真身虽仍“稀见”,化身却成为“可见”。但是,高昂的定价、难辨的字迹、未经标点的文本,仍使其处于专业研究的小众阅读状态。况且尚有大量未被影印或数字化的文献，或流传较少，或未被整合，也造成阅读和利用的不便。因此，《丛刊》侧重选择未被纳入电子数据库的文献，尤欢迎整理那些辨识困难、断句费力、裒合不易或是其他具有难度和挑战性的文献，也欢迎整理那些确有价值但被人们习见思维与眼光所遮蔽的文献，在我们看来，这些文献都可属于"稀见"。

书名中的"史料"，不局限于严格意义上的历史学范畴，举凡日记、书信、奏牍、笔记、诗文集、诗话、词话乃至序跋汇编等，只要是某方面能够反映时代政治、经济、文化特色以及人物生平、思想、性情的文献，都在考虑之列。我们的目的，是想以切实的工作，促进处于秘藏、边缘、零散等状态的史料转化为新型的文献，通过一辑、二辑、三辑……这样的累积性整理，自然地呈现出一种规模与气象，与其他已经整理出版的文献相互关联，形成一个丰茂的文献群，从而揭示在宏大的中国近现代叙事背后，还有很多未被打量过的局部、日常与细节；在主流周边或更远处，还有富于变化的细小溪流；甚至在主流中，还有漩涡，在边缘，还有静止之水。近现代中国是大变革、大痛苦的时代，身处变局中的个体接物处事的伸屈、所思所想的起落，藉纸墨得以留存，这是一个时代的个人记录。此中有文学、文化、生活；也时有动乱、战争、革命。我们整理史料，是提供一种俯首细看的方式，或者一种贴近近现代社会和文化的文本。当然，对这些个人印记明显的史料，也要客观地看待其价值，需要与其他史料联系和比照阅读，减少因个人视角、立场或叙述体裁带来的偏差。

知识皆有其价值和魅力，知识分子也应具有价值关怀和理想追求。清人舒位诗云"名士十年无赖贼"（《金谷园故址》），我们警惕袖手空谈，傲慢指点江山；鲁迅先生诗云"我以我血荐轩辕"（《自题小像》），我们愿意埋头苦干，逐步趋近理想。我们没有奢望这套《丛刊》产生宏大的效果，只是盼望所做的一切，能融合于前贤时彦所做的贡献之中，共同为中华文明的成功转型，适当"缩短和减轻分娩的痛苦"（马克思《资本论》第一卷第一版序言）。

《丛刊》的编纂，得到了诸多前辈、时贤和出版社的大力扶植。袁行霈先生、傅璇琮先生、王水照先生题辞勖勉，周勋初先生来信鼓励，凤凰出版社姜小青总编辑赋予信任，刘跃进先生还慷慨同意将其列入"中华文学史史料学会"重大规划项目，学界其他友好也多有不同形式的帮助……这些，都增添了我们做好这套《丛刊》的信心。必须一提的是，《丛刊》原拟主编四人（张剑、张晖、徐雁平、彭国忠），每位主编负责一辑，周而复始，滚动发展，原计划由张晖负责第四辑，但他尚未正式投入工作即于2013年3月15日赍志而殁，令人抱恨终天，我们将以兢兢业业的工作表达对他的怀念。

《丛刊》的基本整理方式为简体横排和标点（鼓励必要的校释），以期更广泛地传播知识、更好地服务社会。希望我们的工作，得到更多朋友的理解和支持。

2013年4月15日

目　录

前　言 …………………………………………………………………… 1

一、阎敬铭收函 …………………………………………………………… 1
白遇道致阎敬铭………………………………………………………… 1
保德、丁宝桢致阎敬铭 ………………………………………………… 4
鲍康致阎敬铭…………………………………………………………… 5
岑北溥致阎敬铭 ……………………………………………………… 10
陈介祺致阎敬铭 ……………………………………………………… 11
陈士杰致阎敬铭 ……………………………………………………… 18
程缙畴致阎敬铭 ……………………………………………………… 30
崇纶、吴廷栋、董恂致阎敬铭 ……………………………………… 31
醇亲王(奕谖)致阎敬铭 ……………………………………………… 32
邓琛致阎敬铭 ………………………………………………………… 35
丁宝桢致阎敬铭 ……………………………………………………… 37
段晴川致阎敬铭 ……………………………………………………… 71
恩致阎敬铭 …………………………………………………………… 73
方琦致阎敬铭 ………………………………………………………… 74
方宗诚致阎敬铭 ……………………………………………………… 79
冯誉骥致阎敬铭 ……………………………………………………… 84
龚易图致阎敬铭 ……………………………………………………… 89
贡璜致阎敬铭 ………………………………………………………… 91
顾璜致阎敬铭 ………………………………………………………… 93

顾文彬致阎敬铭 …… 95
官文致阎敬铭 …… 97
郭嵩焘致阎敬铭 …… 101
何廷谦致阎敬铭 …… 104
贺澍恩致阎敬铭 …… 107
胡林翼致阎敬铭 附胡林翼致阎老伯函 …… 108
黄照临致阎敬铭 …… 164
吉灿升致阎敬铭 …… 195
贾致忻致阎敬铭 …… 197
江人镜致阎敬铭 …… 198
蒋达致阎敬铭 …… 203
李鹤年致阎敬铭 …… 205
李鸿裔致阎敬铭 …… 208
李鸿章致阎敬铭 …… 210
李榕致阎敬铭 …… 213
李续宜致阎敬铭 …… 214
李宗羲致阎敬铭 …… 216
厉云官致阎敬铭 …… 217
梁经先致阎敬铭 …… 219
林溥致阎敬铭 …… 221
林寿图致阎敬铭 …… 222
麟光致阎敬铭 …… 226
刘典致阎敬铭 …… 227
刘蓉致阎敬铭 …… 228
刘长佑致阎敬铭 …… 230
卢定勋致阎敬铭 …… 231
路德致阎敬铭 附路德致省轩函、阎敬铭存路德函等 …… 237
路慎庄致阎敬铭 …… 247

毛昶熙致阎敬铭…………………………………………… 249
毛鸿宾致阎敬铭…………………………………………… 251
莫友芝致阎敬铭…………………………………………… 255
倪应复致阎敬铭…………………………………………… 256
潘骏文致阎敬铭…………………………………………… 257
庞际云致阎敬铭…………………………………………… 262
彭玉麟致阎敬铭…………………………………………… 265
祁寯藻致阎敬铭…………………………………………… 280
祁世长致阎敬铭…………………………………………… 282
乔松年致阎敬铭…………………………………………… 284
饶应祺致阎敬铭…………………………………………… 286
任葆贞致阎敬铭…………………………………………… 287
任道镕致阎敬铭…………………………………………… 289
僧格林沁致阎敬铭………………………………………… 294
单为鏓致阎敬铭…………………………………………… 295
沈善庆致阎敬铭…………………………………………… 302
沈锡庆致阎敬铭…………………………………………… 303
史念祖致阎敬铭…………………………………………… 304
树诏致阎敬铭……………………………………………… 309
司徒照致阎敬铭…………………………………………… 310
宋钧元致阎敬铭…………………………………………… 311
苏廷魁致阎敬铭…………………………………………… 312
孙日萱致阎敬铭…………………………………………… 313
孙如仅致阎敬铭…………………………………………… 314
孙毓汶致阎敬铭…………………………………………… 315
孙宗锡致阎敬铭…………………………………………… 316
谭钟麟致阎敬铭…………………………………………… 318
汤修致阎敬铭……………………………………………… 345

唐际盛致阎敬铭…………………………………………………… 346
唐景皋致阎敬铭…………………………………………………… 348
唐训方致阎敬铭…………………………………………………… 350
涂宗瀛致阎敬铭…………………………………………………… 351
汪梅村致阎敬铭…………………………………………………… 354
汪鸣銮致阎敬铭…………………………………………………… 355
王博之致阎敬铭…………………………………………………… 357
王定安致阎敬铭…………………………………………………… 358
王仁堪致阎敬铭…………………………………………………… 360
王榕吉致阎敬铭…………………………………………………… 361
王庭桢致阎敬铭…………………………………………………… 363
王文在致阎敬铭…………………………………………………… 370
王正谊致阎敬铭…………………………………………………… 371
卫荣光致阎敬铭…………………………………………………… 375
文祥致阎敬铭……………………………………………………… 376
翁琳致阎敬铭……………………………………………………… 377
翁同龢致阎敬铭…………………………………………………… 378
倭仁致阎敬铭……………………………………………………… 384
吴大澂致阎敬铭…………………………………………………… 386
锡缜致阎敬铭……………………………………………………… 403
徐保字致阎敬铭…………………………………………………… 406
徐德良致阎敬铭…………………………………………………… 408
徐士谷致阎敬铭…………………………………………………… 411
徐树钧致阎敬铭…………………………………………………… 412
徐用仪致阎敬铭…………………………………………………… 413
许庚身致阎敬铭…………………………………………………… 414
许乃普致阎敬铭…………………………………………………… 416
许彭寿致阎敬铭…………………………………………………… 419

薛福辰致阎敬铭…………………………………………………… 420
严树森致阎敬铭…………………………………………………… 421
杨翰致阎敬铭……………………………………………………… 428
杨济致阎敬铭……………………………………………………… 431
叶兆兰致阎敬铭…………………………………………………… 440
荫昌致阎敬铭……………………………………………………… 441
佑宸致阎敬铭……………………………………………………… 442
余自兴致阎敬铭…………………………………………………… 443
袁芳瑛致阎敬铭…………………………………………………… 444
袁泳锡致阎敬铭…………………………………………………… 445
恽世临致阎敬铭…………………………………………………… 449
曾璧光致阎敬铭…………………………………………………… 456
曾国荃致阎敬铭…………………………………………………… 457
曾国藩致阎敬铭…………………………………………………… 475
张鼎辅致阎敬铭…………………………………………………… 479
张佩纶致阎敬铭…………………………………………………… 486
张盛藻致阎敬铭…………………………………………………… 494
张树葜致阎敬铭…………………………………………………… 496
张曜孙致阎敬铭…………………………………………………… 497
张荫桓致阎敬铭　附张荫桓致阎乃竹函 ………………………… 500
张之洞致阎敬铭…………………………………………………… 543
赵舒翘致阎敬铭…………………………………………………… 560
芝初致阎敬铭……………………………………………………… 562
钟启峋致阎敬铭…………………………………………………… 563
周家楣致阎敬铭…………………………………………………… 564
周寿昌致阎敬铭…………………………………………………… 565
周天麟致阎敬铭…………………………………………………… 570
祝垲致阎敬铭……………………………………………………… 572

庄受祺致阎敬铭…………………………………………… 573
左宗棠致阎敬铭…………………………………………… 575
阎敬铭存函………………………………………………… 577

二、阎敬铭书信 ………………………………………………… 583
阎敬铭致孙叔谦…………………………………………… 583
阎敬铭家书(乃林、乃竹) ………………………………… 590

三、附:孙福海收函 ………………………………………… 654
程廷杓致孙福海…………………………………………… 654
丁守存致孙福海…………………………………………… 655
胡德增致孙福海…………………………………………… 656
匡源致孙福海……………………………………………… 658
倪文蔚致孙福海…………………………………………… 664
吴可读致孙福海…………………………………………… 666
谢兆坚致孙福海…………………………………………… 668
阎敬铭致孙福海…………………………………………… 669
杨翰致孙福海……………………………………………… 671
张曜孙致孙福海…………………………………………… 672
张裕钊致孙福海…………………………………………… 674

前　言

《阎敬铭友朋书札》整理自中国社科院近代史所编《近代史所藏清代名人稿本抄本·阎敬铭档》的书信部分，时间从阎敬铭入仕前，至阎敬铭晚年辞官归里后，时间跨度极大。《书札》涉及路德、李世长、祁寯藻、史念祖、张荫桓、吴大澂等一百余位历史人物，内容涵盖了清道光至光绪年间政治、经济、军事、社会交往等诸多方面，形成了一个以阎敬铭为中心的历史资料集合，因此，《书札》对于研究阎敬铭的思想发展，了解当时社会所处的政治、经济、文化等环境都具有重要的史料价值。书札大体包含了三个部分，一是阎敬铭往来信函，二是写给其子的家书，此外附录了部分孙福海收函。

一

阎敬铭(1817—1892)，字丹初，号约盦，又号荔门，陕西朝邑赵渡镇(今陕西省大荔县朝邑镇)人。道光十四年(1834)甲午科举人，二十五年(1845)乙巳科进士，选翰林院庶吉士。二十七年(1847)散馆，改户部主事。

咸丰九年(1859)，经湖北按察使严树森推荐，湖北巡抚胡林翼"闻敬铭在部严整，不可干以私，为胥吏所畏"，遂奏调阎敬铭赴鄂总司粮台营务。阎敬铭到任后进行了一系列卓有成效的改革，得到胡林翼的赏识，"自接办两台以来，删浮费，核名实，岁可省钱十万余缗"。咸丰十一年(1861)，胡林翼上奏，称"敬铭公正廉明，实心任事，为湖北通省仅见之才"，请以湖北两司简用，九月擢升湖北按察使。同治二年(1863)，诏署山东盐运使，擢署巡抚。其时山东"教匪、捻匪、幅匪猖獗”，阎敬铭到任后，即派总兵保德等率队前往新泰、邹县、曲阜进剿，并且亲自督军克复淄川。同时派丁宝桢率部协同僧格林沁镇压宋景诗。

同治四年(1865)，僧格林沁战殁曹州，阎敬铭督师东昌，增设炮划防河，防御捻军。次年，阎敬铭赴济宁与曾国藩商定分别扼守黄河、大运河。同治五年(1866)阎敬铭以“聚众焚掠，据寨抗兵”为由围剿黄崖寨，“共歼除匪党一千六七百名，坠崖落沟者无算，张积中及其子张绍陵均自焚诛”。

同治六年(1867)，阎敬铭称病返籍，寓居虞乡等地，后于河东大庆关的栖岩寺和栖岩山馆讲学。光绪三年(1877)，秦、晋、豫三省大旱，奉命视察山西赈务。光绪八年(1882)，任户部尚书，弹劾广东布政使姚觐元、荆宜施道道台董俊汉行贿。光绪九年(1883)，赐紫禁城骑马，兼署兵部尚书，上书建议兴办新疆屯田。光绪九年(1883)，充军机大臣，总理各国事务衙门大臣，晋协办大学士。光绪十一年(1885)，授东阁大学士，辞去军机大臣。光绪十三年(1887)，以“治以节用为本”戆直谏言，反对重修圆明园，触怒慈禧，革职留任。光绪十八年(1892)，卒于山西寄寓，追赠太子少保，谥文介。

阎敬铭是清末名臣，是晚清为数不多的理财专家。严树森称其“才可救时，其于刑律则准情酌理，于糈台则弊绝风清”，故有“救时宰相”之称。《清史稿》载：“敬铭质朴，以洁廉自矫厉，虽贵，望之若老儒。善理财，在鄂治军需，足食足兵，佐平大难。及长户部，精校财赋，立科条，令出期必行。”这位“其貌不扬、心雄万夫”的清末士子，在清廷内外交困、财绌饷缺之际，帮助清政府一次次渡过难关，在晚清历史上留下了浓墨重彩的一笔。

二

《阎敬铭友朋书札》所收录的阎敬铭个人信函内容驳杂，涉及阎敬铭求学入仕经历、家庭生活、朋僚交往、对时局的观点等诸多方面。

（一）成长的家庭环境

清嘉庆二十二年（1817）丁丑，阎敬铭出生于朝邑县南寨子村。父亲阎铁，字面如，以耕地和开杂货铺为生，同时也是阎敬铭的启蒙老师，“我卯初（天未明）即起（晚仍不能实眠），若不入东华即读经书、看讲解，未之或间，晨无暇晚必补读，必将《四书》《诗》《书》《易》还吾幼年之熟，此皆吾父口授训课者，不敢忘也”。直至进入关中书院求学前，阎敬铭一直过着居家读书务农的生活，早年的生活经历对阎敬铭产生了深远的影响，因此继承了农耕文明下特有的耕读文化传统。多年后阎敬铭在给其子的书信中，仍不止一次地教导其子“人心世事至今坏极，只有耕读立家之法”。“汝等必早思以耕读为世业，勿逐流俗富贵之见，此须胸中明白道理，不然随逐世好，终以自误而已”。一方面，“耕读传家”的观念来源于传统农业社会的耕读文化，另一方面，也与日益衰落的社会环境息息相关，成为一种不得已的选择。光绪十一年（1885）正月阎敬铭在给其子阎乃竹的信中告诫其子“日本、俄人近亦生事，吾力不强，无非支吾。后患日迫，何敢恋禄误事。当官者尚有恂谨人若振厉奋发之豪杰，未见其人。四邻耽耽，即非常之才亦须力为，故吾欲你散馆后为耕读独善传家之计”。

（二）学业

道光十一年（1831），阎敬铭及其弟阎敬舆入关中书院求学，师从大儒路德。路德，字润生，号鹭洲，路元锡之子。路德早年曾师从“汉南三杰”之一的岳震川，嘉庆十二年（1807）中举，嘉庆十四年（1809）选翰林院庶吉士，跟随陶澍学习翰林之道，后因患眼疾归乡。路德以汉宋诸儒的学说为基础，以经训传注为宗，专主自反身心，不分门户，力挽剽窃空疏之习，主张读书“为做好人，非求富贵”。阎敬铭跟随路德学习多年，路德的思想对阎敬铭的成长具有极深的影响。道光十四年（1834）阎敬铭中举，之后三次参加会试，均未能得中进士。仕途渺茫的阎敬铭，不得已参加了并非举人入仕正归出路的“大挑”，又因为相貌丑陋被逐出。饱受打击的阎敬铭回乡后，又经十年寒暑，终于在道光二十五年(1845)乙巳科中得进士，进入翰林院。三年学习后，阎敬铭散馆在即，却满心忧虑。“来札犹云文人济济，相形之下倍增惭恧，又云散馆可虑，即每月常课亦恐同辈所嗤云云。无乃视人太重自视太轻，历科同馆赋抄丹初见知久矣，每科如丹初者有几人乎?”对于阎敬铭的种种忧虑，路德充分肯定了阎敬铭的有利之处，教导阎敬铭利用所长，扬长避短，“丹初文字诗赋兼学有年，文不如诗字，诗字又不如赋，赋学深稳可靠，施之散馆，大考定能出人头地，今既成进士入词林矣，舍短用长，视他人专业时文至此乃习诗赋者，其劳逸生熟得失工拙奚翅霄壤”。道光二十七年(1847)，阎敬铭散馆，改户部福建四司主事。此时踌躇满志的阎敬铭并未能因为优异的成绩留馆，令初入仕途的阎敬铭大失所望，“昨接庄书云丹初改官后心颇于色，寄书尊甫大人，有舍此鸡肋之意”。正当阎敬铭萌生退意之时，路德以自己的亲身经历劝解阎敬铭:“仆切以为不然，丹初年甫三十，循资为之不过十年之后，内而科道外而道府，唾手可得，若得军机，更不俟十年矣。陕人入赀为郎者不可胜数，犹沾沾为株守计，今不待入赀而为郎，乃欲弃如敝屣，岂不谬哉!”路德的思想对阎敬铭的影响，由此可见一斑。

(三) 黄崖山案的发展过程

同治元年(1862)阎敬铭被调往山东，署山东巡抚。此时署湖北布政使的阎敬铭正丁父忧回晋治丧，而山东正值“捻幅棍教，各匪纷乘。地方极关紧要，军务吏治，整顿需人”。清廷以阎敬铭“前任鄂省监司，办理诸务，均能认真妥协”，遂“破格用才”，不得不让他“移孝作忠，驰赴新任，勿庸拘守百日孝满之期”。在极其重视礼教的封建社会，官方下文打破守制惯例，可见当时情形是十分紧迫的，也正是在这样历史背景之下，日后发生了颇具争议的黄崖山案。

黄崖山位于肥城县西北，地处长清、肥城交界的群山之中，地势险峻，山麓自北而南有北黄崖、中黄崖、南黄崖三庄。咸丰十一年(1861)，张积中为了躲避战乱，举家迁至黄崖山。张积中，字子中，号石琴。因排行第七,人称张七先生,江苏仪征人,贡生出身。道光年间拜周太谷为师,传习太谷学派,合儒释道三家为一,后以弘扬太谷学派立帜,在黄崖山开坛讲学。因捻军犯境,入山避难者日趋增多,张积中一面以收纳捐款入籍的形式吸收人员,同时以经商的形式获取盈利,从而使黄崖寨规模日益壮大,与此同时,收纳的人员也变得日趋复杂。

同治四年(1865)十月,潍县拿获徙居黄崖山的王小花,"供称伊所卖地土钱文俱兑韩云卿手(云卿二字听不真,或是玉庆二字之间)。韩云卿上堂质对亦应允,账写张尔康名下,自韩云卿送黄家围子。又供出庆丰酒店谭姓、安邱下坡庄李姓(名听得,记不清矣),又供同张尔康、刘君荣入黄家围子俱骑马而去"。此时山东境内匪患不断,上下官吏不得不时刻提防民变,以此"张姓传教之事"便进入了地方官僚的视野,作为山东巡抚的阎敬铭一向行事谨慎,当即派人查实情况。后经多方核实,"因供词隐约,且要证张尔康、刘均荣迄未报获,彼时即曾询之陈寿卿学士,亦只谓其形迹可疑,并无确据"。虽然此事"后因查不得实,是以未办",然而牵涉的张、刘二人却是贩卖妇女等"素不安分"之人。以山东时局形势,执政者不能不有所顾忌,这也为黄崖山案的发生埋下了伏笔。同治五年(1866)九月阎敬铭接藩司丁宝桢二十三日禀称:"肥城黄崖地方昨(廿一日晚)接何毓福飞禀,该县拿获冀宗华等,讯供据称黄崖居住之扬州人张琪有谋逆情事,临朐获犯供亦相符"。前王小花徙居黄崖一案,虽"因供词隐约,并无确据",而此时再次牵连到黄崖山,作为山东主政者不得不"深虑内匪再有蠢动"。次日丁宝桢上书阎敬铭"人所共见其各山口均安设有卡","似此则张琪之起意无疑。惟此事必须迅速办理,方免纠聚日多","此事必须速办,不然贼攻于外,患生于内,将难措手矣"。二十五日"发禀后续接青州府、临朐县两禀,又将临朐拿获之郭嗣清、阚益成等五名正法,其供认起事各情形与所筑围寨一切均与唐弁面说各情历历吻合,此事大约属实"。此时形势愈发紧张起来,却查无实据,于是一方面开始用兵的准备工作,同时也不断催促张积中投案,"昨邓馨来省，本司查其言语情形颇觉支离，是以纯用好言答之，令其传知张琪，俾可诱之到案再为确讯，以免举动”。二十六日丑刻“戌刻接奉手示，谨悉黄崖之事，本日吴守到省来见，细询其中情形，据云现在似有抗拒之势，询以张姓，亦云从前并未看出不法行迹，至现在亦不敢保”。二十六日申正“黄崖之事大约成事十有八九”，尤其“以鉴于刘德培之祸”（刘德培，字雪田，祖籍四川，曾为塾师。咸丰十年[1860]秋，呈文带头抗收漕粮，咸丰十一年[1861]成立信和团反清），已有前车之鉴，此时不能不谨慎处理。二十七日“黄崖事本日午刻接邓馨禀请兵捕剿，似不能再作缓计”，二十八日“黄崖事日见其坏，断难再缓”。十月初四日臬司卢定勋也致信阎敬铭“黄崖已抗拒，急须剿办，闻旗书八卦中写太平天国，勾有捻匪枭匪在内，则蓄谋非一日也”。最终于十月初六日阎敬铭亲自督军剿灭了黄崖山。

由上可见，黄崖山案的发生、发展，到最终酿成惨案，一方面是在匪患横行的特殊时代背景下发生，另一方面也由于张积中对事件处置不当，以及下属官员不断紧迫的催促，最终造成了阎敬铭的“误判”。对此方琦在给阎敬铭信件中体现得非常清楚，“际捻氛窥伺之秋，法既解免无从，势又迫不及待，然且开导再三始加剿灭”。自始至终，黄崖山案中都没有直接的证据表明张积中谋反。因此自黄崖山案发生后阎敬铭就不断地受到质疑，“彼好为异议者非特不审事情亦不顾大局，历观古今祸害之来，其决裂败坏者，固必苛责以养痈贻患，而于不动声色潜消奸匿之举，又必逞其臆见，故作疑词”。面对当时的历史环境，大概这也是阎敬铭不得已的选择。

以上只是书札涉及的少部分内容，除此之外，书札中关于地方军事情况、民生、地方税务情况等均有详细的记载，可以作为重要的历史考证资料。同时，往来信件中涉及诸多晚清历史人物对时局、事件的观点，记载了历史事件的发生发展过程，对研究晚清历史具有积极的意义。

一、阎敬铭收函

白遇道[①]致阎敬铭

(一)

四月初七日

中堂钧座：

谨启者，昨年夏季孝悛旋返，奉到复谕，荷勖励之逾恒，如亲承夫提命，并蒙赐墨拓集语楹帖一副，词翰均必传，当即悬之左右，奉为箴规矣。光阴迅驶，又届麦秋，恭维道履中和，潭第康吉，至以为颂。立仲大兄夙恙定已霍然，成叔二兄想仍随侍。文孙等身，读书亦必学与年进。一堂团聚，人生至乐，京华冠盖，安能有此清福也。闻中堂建创开洛水引河之议，仰见关怀民莫、保卫桑梓之盛心，但本省既乏谙练河工之员，款项又不能宽裕，闻在邻省调来数员议筑堤障，果能砥柱中流回其狂澜，亦百世之利也。晚丰登一稔，谬蒙同人不弃，禀留蝉联，既接关订，本年正月十三日上游忽为更动，移砚关中。廿日后赴同检取书箧，拟即渡黄，驰趋虞乡，恭候兴居，渥聆德诲。不谓髀间顿生痈节，行立无可，伏舆遄归，只隔一日之程，竟未遂请见之愿，至今犹歉然也。二月中旬到馆，登仁在堂，见闰生先生题署遗迹，慨然

---

① 白遇道(1836—1926)，字心悟，后改字五斋，早年号慎旃，晚年后号完古山人，陕西西安人。同治十三年(1874)进士，授翰林院编修。著有《课馆诗赋偶存》《养正山房文稿》《训蒙草》等。

想先生之流风。伏查书院为前明冯恭定公讲学地，国初大吏曾聘李二曲先生主讲，乾隆中桂林相国礼聘孙酉峰先生，均拥皋比，讲义理之学。庆、光以来推路先生为极盛，一时文风丕变，人才荟萃，真觉难乎为继，此后或盛或否，至二李主讲而衰极矣。经前中丞冯创立志学斋，课经古，前中丞叶增置新舍，广购书籍，于是住院者日多，又得柏子俊院长明定课程，力为整顿，骎骎乎有起色矣。晚不学无术，于诸先生无能为役，谬膺关聘，承乏此间，时时以不克胜任是惧，一切率由旧章，无所更易。训课生徒以敦品行、绝嗜好为第一要义，又复不时检查。数月来幸诸生均知自爱，尚未有偭规矩者。月课三次，每次近二百人，不乏气象发黄之文，而脉理清真、根柢深厚者甚少，盖沿于钞袭标窃之习者久也。评文时为之剀切详说，不惮再三申重，而速效不可得，只好虚而与之委蛇耳。西属春澍酣足，二麦可期丰熟。知系谨廑，并附以陈，专修寸启，祗请钧安，统希垂察。

晚生制白遇道谨启

四月初七日

（二）

己丑二月十三到京

中堂钧座：

谨启者，春明小住，不时过从，渥荷提撕，极邀关注，拜违以后，依恋至今。恭维德履充符，禔躬康健。东山太傅，望总系乎苍生，南极寿昌，眷常隆于丹陛，翘瞻嵩霱，允洽颂忱。命带书件，过北相时面交驿使矣。遇道携眷登程，沿途无阻，本为侍养而归，谁知命运屯邅，又遭大故，奉恳赐联，原备明年称觞，今事出意外，皆由平日侍奉无状，罪谴重深，以致祸延萱闱，即此光宠亦不克待，愧恨无地。如大制既成，请仍掷寄，谨将摹刻楹帖，以光蓬荜而垂永久，未审于事理可通否，统希钧裁。馆谷一层，晤中丞、方伯、粮道，皆许以同州讲席，此皆由体恤单寒，春风广拂之所致也。镌感盛德，奚有涯涘，知关锦念，并附以闻。肃修寸启，祇请崇安，伏乞垂察。

晚生制白遇道谨启

(三)

正月初八日

己丑二月十三到京

中堂钧座：

谨启者，客岁腊初曾修芜启，托同里公车赍呈，旋于十五日奉到钧赐寿言一联，拜领之下，感激无似。本应即时申谢，缘先慈吉卜窀穸，日月有时，负土营阡，诸事总总，以致延宕至今。恭维履端集庆，泰吉叶亨，翘仰裔晖，定符颂祷。详绎撰言，措辞正大，造语吉祥，括鲁侯燕喜之章，比周诗鲐背之句，呈高堂而介祉，如赓难老佳篇，藉美意以延年，绝胜长生宝箓。惜晚自作不典，福薄灾生，未遂将母之心，又抱终天之恨，子欲养而亲不待，奚徒祝嘏之一端。墨散采而笔生花，允宜昭垂于千祀，拟禫祭后摹刻楹帖，用光蓬荜，原本什袭珍藏以为宝贵。丰登关书已到，定于花朝前后赴馆，以不殖之学而枝栖有所，皆长者之所赐也。谨当努力自爱，以图报耳。专修寸启，虔鸣谢悃，祇请崇安，伏乞垂鉴。

晚生制白遇道谨启

正月初八日

保德、丁宝桢[①]致阎敬铭

敬禀者，窃以宋逆投诚一事，于二十五日该逆请辛集团首石兴邦、许新元等赴营代为陈诉，情愿悔罪投诚，并无异志。本镇、司恐其似前反复，不准所请，该绅等又复于二十六日持禀来营代为伏地呈诉，本镇、司当即各遣营官一员前往确查情形，审其真伪。据营员等回称，该匪投诚之意甚坚，毫无虚假。本镇、司遂于二十七日亲督队伍搜击各匪，顺赴辛集团内，着人径传该匪谒见，观其来与不来，以定真伪。乃该逆即率众前来，跪地匍伏谢罪，并陈前此抗拒官兵实系部下无状以致干犯，自知身负重罪，万死难恕，恳代为请罪等语。本镇、司察其来意似出真诚，当经严加斥责，并谕令该匪将所获枪炮缴还，复令其自行带队剿捕窜匪程顺书、李江、李六等，务须搜拿净尽，以为赎罪之地。该匪伏地叩头，愿剿贼自效，藉赎前愆，只求许以自新，必当竭力效死。本镇、司伏查该匪节节负罪，情实难宽，惟现在水潦过大，禾稼蒙密，进兵骤难得手；即攻剿获胜，难保其一无漏网，倘窜越之后再行跟追，不免多费周折，似不若就此招抚，徐图歼除，既可以省兵力，而该匪首从各逆亦可无漏网之虞，似较妥协。现因大雨泥淖难行，拟于二十九日天色稍霁，即当亲诣制宪行辕，面陈一切，并求指示所有。宋逆投诚缘由合先驰禀，是否可行，伏乞飞示祇遵。

本镇保德、本司丁宝桢谨禀

---

① 丁宝桢(1820—1886)，字稚璜，贵州毕节人。咸丰三年(1853)进士，历任翰林院庶吉士、编修，岳州知府、长沙知府、山东巡抚、四川总督。光绪十二年去世，追赠太子太保，谥文诚。

鲍康[1]致阎敬铭

(一)

二月二十五日

丹翁仁五兄大人阁下：

近发一书并新刻数种，已达览否？蓉翁忽于正月又交到去年二月手书，殊可笑。莱雅至，询悉道履安善，甚慰甚慰。两书均浣读，手卷容作小记，述吾两人心迹交谊，不必为图而作也。属购之书，俟印侄出场后代购，《先正事略》甚易得也。康一切俗事酬应皆不问，印侄遂亦甚忙，只偷暇用功。此儿居心行事似康，忙亦似当日之康，以相知者每以事相托也。子恭弟不免余罪，丁忧留营之员，仍以失守论，幸有绅士具呈公恳，末减为徒，部中照例改军台，虽见面较易，而台费千余金，在康此时则亦费筹备矣。《泉说》等不足云，书只为藏泉家增一考核，尚刻有数种，无非金石小考据，为故人留一副心血，无自学问，刻成亦必奉寄。先集亦补镌完整，只《寿藤斋诗》系以行草上版，近四十卷，颇费力，印出者悉为人索去，俟再印。余者悉奉上，有单一纸，望察入。宴征未得罄谈，以懒于出门，惟偶赴友人便局之约，非至交不见，缘与阁下居山中者不同，来见者非托事即求信，甚者借贷，岂欲人所愿闻？不如不见也。学问经济衰老何知，即古物亦不过娱情，悠悠身后名，何足计耶！闲莳花竹，然时有友人论古之札，故亦不甚暇，时事则付之一笑而已。筠轩久作古，前信已述之至，师门总起乏人，殊为怅怅。造物忌名甚信然耶。师集先刻散文，复精选之，似尚易集事，此则谈死者之责，有拙跋一首，其措辞不当者改削附载之，先成一种为佳，诗次之，词则可刻可不刻也。康眠食尚似壮时，耳目齿牙均无恙，敝寓亦平顺，足告殷怀。镫下率聿，

---

① 鲍康(1810—1881)，字子年，自号观古阁主人，晚年去官退隐臆园，又号臆园野人，安徽歙县人。清末著名的钱币学家和金石学家。

复请大安，不一。合茅纳福。

弟康顿首
印侄侍叩
二月廿五日

(二)

三月二十一日

丹翁仁五兄大人阁下：

前交宴征一书并家刻等均到否？惟道祺安善为颂。属购之书只《先正事略》易得，即奉上，余尚须物色。又近时人刻石四种，寄世兄为临池之助，手卷已写就，统希查收示复。印侄已出场，平安而已。时事不愿谈，"尽把科场闹秀才"尤非所宜也。冬不雪，春不雨，天气时燠时寒，颇难调摄，小园花竹亦乏生趣。宴征偶一晤谈，所愿不谐，故归期较速，附带此笺。梁义初到京，只会面一次，以康不出门酬应，然怪之者亦不少，付之一笑。十余年奔走太劳，特以自偿其辛苦，闻之当莞尔。灯下率此，祇请大安。世兄均祉。

弟康顿首
印侄侍叩
三月廿一

卷子题就，钞稿呈哂。康目力尚能自写，特向不工书，未免著秽，此我兄所知，自不怪也。渭春竟甚憨，初归时寄康书有种花课纱为乐语，却属康按月为寄内阁钞报一全分。里居之屋大门两扇，刻画一极大金龙，颜曰"世光禄大夫第李相屡保朝廷"，乃以四品衔，俾著广西臬篆，意殊怏怏。云投掷瘴疠之乡，实则此次出山本系蛇足，兄谓然否？康又行。

(三)

十月十二日

丹翁仁五兄大人阁下：

久未肃笺，深念深念。顷奉惠示，慰悉一切，惟道祺多福为颂。晋甫之耗，康多日方知，诸多缺礼，至今怀抱歉然，想至好勿罪我也。"九原偏是少年人"，此语最为沉痛，天下事只合以不解解之，康之健在，只是不用心之秘诀耳。子恭(已六十一)以闻讣留营之员，仍以失守论，实则弃城逃走而仍膺显宦者比比也，幸都下要人函托合邑绅士吁恳，乃获缄议，闻八月已过夔，月内可抵京，只台费尚无措，须到台一行，则千金可了，若在夔不过一举手之劳，今不能矣。承念周挚，甚感之。家刻奉上，《时文试帖》二部、《寿藤诗》一部、拙著新刻又一册、夔郡隋碑一纸、小唐碑一纸，此石乃小价以五千文买之，何子愚家作捣衣石者，见有字，以示康，乃留之。或云野一人之砧，固应如是。附闻一笑，并希查收。钟、王皆下世，王乃去年事，不悉其月日。晏征有八旬老亲到处逗留，致抱终天之恨矣。渭春太憨，意在光复，然投之瘴疠已两年，此番出山亦复无谓，时事殆不可问，野人里中无卓锥地，且言语不同，在都作寓公殊失策。授占侄得女，印亭侄妇年内可望作汤饼筵，而子女不可必，寒家廿余年不闻小儿啼，所谓生子、中进士两事最难也。代燕翁丈刻二书亦奉寄，以报知己。其家零落甚矣。康生平百事昏淡，在夔二载，上和下睦，遽借捐升潜遁，亦惟兄知我。钞札读悉，所谓心心相印是矣。千言万语无从说起，草草布复，即请大安。文郎均祉。

弟康顿首

印侄附叩

十月十二日

(四)

七月二十二日

丹翁尊兄大人阁下：

七月廿一口由江蓉舫处递到二月初五日手教，尚有初二日一缄未到，蓉舫必须亲笔作书，而康自抵京年余始接伊第一书，所以迟也。知刻资百五十金已交，甚慰。欣审近祺多罊，慰如所颂。康虚负光阴，何足为至好告。春间为恩谡侄续姻，新妇颇婉淑，差慰人意。恩谡已服阕，旋阁当差。子恭舍弟亦有消息，但另有未完，不便形之笔墨，已专足往冀为了之，未知何如耳。秦中取《问先集》版片大率不全，近已补镌，并为先岳刊诗集，借校勘作消遣。潘伯寅力劝刻《泉说》等皆无用之书，不敢以呈于执事之前也。京师无日不雨，常至寸步不可行，康遂经月不出门。南省大旱，畿服大水，天实为之，谓之何哉？钟云卿在夔时颇通音问，自到京伏处，并川省大吏均未通一函，野人自成其野矣。只陈寿卿、李竹朋诸君时有道古之礼，寿卿学问究深也。属觅之书，前询之厂肆，未闻有售者，容再令恩谡侄物色之，祈、董诸处均代询过矣。买地尚未得，得即将八橧棺葬之，莫非王土，送归转无人经理耳。师集明年可告成否？前寄渭春书，伊已收到。新得自粤来书，不免郁郁，四时之序，成功者退，渭春岂竟忘之。雨窗率泐布复，不尽欲言，祇请道安，不一。

弟康顿首

恩谡侄附叩

七月廿二日

木老将军在淮荒谬万状，直不可谈，吾师知之定当扑杀，何、张诸公必欲参劾，有人缓颊始勒，今告病，逢君摄篆婺源，亦复沾沾自喜。子蘅之子近来读书何如？康不问家事不应酬，因而恩谡侄亦颇忙，伊性似康，遂友人亦以事委属，镫下方能用功。胜侄奉母居莲花寺湾，无甚事，秋间尚观光，只学问太浅耳，姻事亦有成说。近来寓中病人扰扰，一月来心绪颇不静，吾辈固宜作劳人。再泐，并问师世兄好。康又行。

案头有《曾文正文集》，即以伴笺，乞察入，覆信迟延乃蓉舫所误也。前得李宴征书，作答时曾询起居，未知达及否？师集不在求多，康所删者尚少，如《答彦丰书》，乃一时快意之作，可入《小苍山房》，不可入《柽花馆》也。尊意必谓然。拙序中“名教所必诛”语，乞改“名教所深斥”，何如？康又行。

岑北溥致阎敬铭

二十二日

丹初贤倩青照。日前一缄奉布，想已鉴入。兹复有琐渎者，小儿秋湄病虽痊可，医者云气血两亏，须服金匮肾气丸，闻三原李梦溪孝廉诚济堂药铺在南城南街开设，京药尚真，可遣人取此药一料或一斤亦可，饬带药票，以便照引冲服。数月来药铛熏人，儿女累人，实不可耐。且连日致书络绎，在足下亦觉厌气，然亦无如何也。顷有走报者送单，舍弟润已记名以御史即用，第家信尚未接到，谅无错谬。手泐，并以附闻，顺候文履。

岑北溥拜泐

廿二日

陈介祺[①]致阎敬铭

(一)

同治五年丙寅十一月十一日

丹初仁兄大公祖年大人台座:

月之十日专丁还,奉朔日赐复,仰见虚怀。大公如方中之日,使人乐效其诚。不自知其戆愚,而忘多言之失,亦孰不思为大君子效其一二哉。来示谓:"惟求其明白情理、办事真实而不惑于利欲者。"此真用人切当之论也。生知之无待学,孔子尚不敢自居,则举世皆学知之人矣。义理之学自先圣、先儒以至今日,讲明固已大备;阅历之学则生质有沈潜高明之美,经历世事,各有所长,虽德之不备而亦不可不谓之学。特读书穷理深造有得者,所得于义理者多,而此所得于阅历者少耳。使得闻师儒之教,亦安见斯世之才遂不如古耶?所谓当理即学之明,真实即学之诚,不惑利欲即学之能思义而性定者也。致治必在乎得人,不患贫弱,所以贫弱,皆由于失人。得人必求其学问(初若可喜,终鲜实政),不尚才华,或可以真得夫明理实心不惑利欲之人,而与之共治矣。迂拘之见,想大君子必亮其愚而察其心也。州县为亲民之官,必须实作一亲字,殃民扰民者无论矣。即不扰,而漠不相关而与民远,则民亦穷而无告,况其以贪残杀民以肥已橐者耶!民莫不有夫子兄弟夫妇朋友之伦,使有司亲历而周知焉,而以孝弟慈教之,民岂有好为犯乱而不亲其长上者乎!此治之原也。保甲为治法之要,乃所以行夫治理者,非民不能行,而民又不能自行也。必州县得人,能实作"亲民"二字于各街巷、各村庄,得公正诚实之人而任之,而官又不时亲督之,使善常伸而邪常屈,德以导而俗可移,内可以

---

① 陈介祺(1813—1884),字寿卿,号簠斋,晚号海滨病史、齐东陶父,清吏部尚书陈官俊之子,山东潍坊人。道光二十五年(1845)进士,官至翰林院编修。嗜好收藏文物。著有《簠斋传古别录》《簠斋藏古目》《簠斋藏古册目并题记》等。

息奸宄，外可以诘间牒，虽有巨寇，必不敢侵矣。此弟身为百姓遭值时艰而朝夕所仰望者，是以于大君子之前每书必及之，而不知其再三之渎也。以黄崖论保甲之事，事前若行之，可以杜逆谋而不至恣肆；事后若行之，则有所经理而可以宽胁从，否则宽不感恩，轻转藐法。弟非为过刻之论，兄亦不肯不为斯民防日后之患也。若夫赏罚之事，朝廷与执事固有权衡，而舆论之所归，尤望大君子有以励之也。尊履自系劳心之过，宜以得人为逸，而此心又有以涵养之以任大事，则至交之所祷企者耳。手此即复，属玮盦世兄代呈，谨请台安，余希垂鉴，不胜感企惶悚之至。

治年愚弟期陈介祺顿首

丙寅十一月十一日晚

共十二纸

（二）

再，弟于庚申春恭谒圣墓，见上生楷，今已七年，不审曾翦除否？伊古未有，似须防根株日深也。又，都中自五月缺雨，今已冬至，尚未见雪，且气温不藏，来年人谷可虑。朱子云："忧国愿年丰。"此中关系甚大。大公祖大人念切民艰，想已虔诚祈祷并饬各属诚祈矣。郯城一带收成歉薄，饥民已有至敝邑者，亟望详霙普被，粮价或不至日增也。贵省为形势之要，沿海多故，居中大可控制，不知兵燹之后能复也否。王静山都转已旋里否？念念。又启。

圣公府中古铜器文拓本及东省秦汉碑旧拓善本，如尊藏有副本，尚乞分惠为幸，吾兄如欲刻印，敝处友人尚有能刻者，乞寄印文即可（并大小式，不须石）。

（三）

同治五年丙寅十月十五日

张逆迅灭，大快人心，而消弭大祸不可言喻。中丞之保全大局，造福于我山东者大矣，能不顶而戴之！但各处匪踪勾结难查，须责成各地方官严行保甲查拿铺户、客店、津隘，尤须令各州县村庄公举公正绅耆查办，凡村庄所有曾入黄崖围子者（民人皆云黄家围子），公举送官究办，并出具此外并未查有通逆之人甘结，只究已往，勿重将来，使公举即可免累，再奏鸣定例，凡一村一庄公举从逆者，即将其人处死（无论讯问承认与否，以众证确凿为凭），免其释放，与一村为仇。又凡形迹可疑之人，即须驱之出境。再，东府刻获安谧，实仰赖中丞防河之力，但防河所恃在民，尤恳中丞亲历拊循首事者，与以咨部功牌，并设法劝捐资助，或者河冻可以有恃，而东府永赖保障矣。又闻河西岸存木甚多，务于大风日以火攻之。又曹、考一带皆系子民，可否会同曾中丞联络开、归、陈，以合拒之，尤为完密而固封畿。即祈公祖大人密封代禀中丞大人，是所切叩，无任惶悚，翘企之至。

名心具

丙寅十月望

刘均荣、张尔康系大奸慝，必须访获严惩。又，海丰盐务赵姓职官尤其大弟子也。

再，发捻两逆马队日多僻处，未闻确踪现在何处，未知我军几次获胜，爵相有何布置，殊深驰念。第十数年来尝持妄论，谓兵非练不可，练艺练心，必用诚笃之人，而非今之所谓兵令之所谓操演也。保民必须团练，而不可使战。团练首在保甲，保甲则贵乎得人，非官得公正之人而任之，仍自行亲查而督之，鲜不视为具文。保甲实则奸细绝，奸细绝则贼不入境矣。各省必须有精练之兵数千，而主帅尤必须有亲军，心腹之兵乃一心同力之人，而非所谓任其骚扰骄纵之小队也。团练固则贼食困，省兵援则乡圩存。安民、筹饷则非多得贤有司不可也。探报不实则民易惊恐，似宜确探得胜与贼踪所在，则行文各县递传。贼以马队为长，飘忽为奇，宜讲求制防之法。愚见如此，未审一二有当否？今闻关东马贼有渡海东扰之说，有事之秋尤须严防盗窃、整顿捕务、清查保甲以绝之。去岁十月招远地方有淮县吴永利车被劫去银二千两，大约即本地之人，至今未获。常有匪徒聚集持械窥伺标车，又时有路劫小事，本月初间昌邑界之田成店有被贼劈死行路一人。烟台关税为东省要事，必须行旅安行方可无滞。又闻盐城一带贼船颇多，缘夷船所由之路，贼船每避而行，是以聚于小口岸为多，恐日久势众，东省亦受其累，可否函致漕帅缉办，以防蔓延。又，长清黄崖山有扬州张姓传教之事，前数年闻省中历山顶宫令本昂对门公馆某姓即习此教，书讲与常不同，常买蒲团用小车发往，一次即数百个，又有人见一赵姓（亦系官场，与其同教）信云："近日在彼比登天还乐。"心即疑之。嗣后闻淮县南乡纷纷传说有匪徒勾结买马入黄家围子之事，而皆不知黄家围子在何处，其事日甚。窃谓匪徒滋事，即如马刚，不过扰及一县，今长清逼近省垣，有关大局，倘有不靖，全省动摇。是以于秋间致荆山同年书中曾言及之，后又向梅村军门言之，属其代达。梅村似未言及，嗣后知方团余党隋小平与安邱人勾结，经诸城缉获。淮县访闻东关庆丰酒店韩玉庆与李豸遇往来，遂传讯之，而大崖头庄地方入城闻知韩姓被传，因王小花卖地之钱即系交在酒店兑往安邱。与其村人商禀，王小花初次之供俱已承认，后来翻供即未究明。刘君荣向在煤井把持，与胥役熟识。遣役往办则先使小役往为送信，遂逸。张尔康闻信至昌乐营邱庄高姓家住数日而行，今闻仍在家卖地，地卖不出。现卖就明春之钱，恐仍不靖。又闻安邱亲友确言有一安邱生员王步云，五六年前即入此教，今岁亦将房地尽卖，秋间携眷前往后又折回，云彼处不收，回至本庄庄人不留，在其岳家居住，平昔扬言天运不可挽，衮、沂、曹已有人，东三府即其师所据，武定盐枭粮船水手皆其一党。刘君荣常言在围为其取饷数次，此等匪徒勾结至五六百里之外，使人不能不虑。今将王小花初供并致玮盦世兄二纸之稿并以附呈，事如不真，即以付丙，如有可疑，祈吾兄万勿以此信示人，酌摘饬录，交妥员备查可也。弟为大局起见，故敢冒昧，统希垂查。又行，即丙。

(四)

同治四年乙丑十二月初九日

丹初大兄大公祖年大人台座：

前岁手复一缄并舍亲刘次白先生《绿野斋集》一部，知早邀鉴察矣。年来军务未已，未敢以笺候上渎荩怀。侧闻心力并劳，公忠益矣。饬官方而澄叙，整军实而壮猷，爱民则屡迓夫年丰，报国则上纾夫旰虑，固中兴之名佐，而不仅东省之福星也。兹值运启上元，祥迎正始，伏惟功随时楙，德与日升，海岱春生，息烽燧而跻仁寿，云霞天近，锡纶綍而贲光华，恩重酬庸，欢胪腾诵。弟学惭炳烛，时抚过驹，幸作息之平安，近依樾庥。祝康长之福禄遍偕枌舆，手此奉布，专贺新禧，顺请台安，统希勋鉴，不宣。

治年愚弟陈介祺顿首

乙丑嘉平九日

(五)

同治六年二月

同治六年三月至济南，前另一函亦言黄崖事，粘笔札收存本

丹初大兄大公祖中丞年大人台座：

春仲月杪奉廿二日赐复，知去岁所肃寸缄已邀垂览。弟归里闭门，不履公室。以前数年闻宁海州州同赵姓在海丰盐店入逆教，与其同教信有“比登天还乐”之语，后又闻前署范县宫令寓历山顶时，其邻有入教候补官某姓，其经书讲多悖谬，并时买蒲团数百以小车运送黄崖之事，心窃虑之。后闻乡间纷纷传说入黄家围子人甚多，皆肆言气数盛衰之事，因李豸遇勾结李麟遇募勇前往诸城联结黑虎团，与尹耀宗、知方团之余匪隋小平等勾结入黄家围子，为仇令所觉，捕隋小平未获，蔽邑惊闻此信，人心惶惶，有大崖头庄王姓在城授读其宗族谋首王小花儿畏害，是以公正数人浼弟为之主持，一面报县一面捆送，

而供出之煤井恶棍武生刘均荣，差役仅使一小役往见之，伊言作起棉袍即到而逸。张尔康系私贩人口恶棍，闻信即至昌乐城（古营邱城）前庄文生高焕卿家，住三日而行。为王小花寄钱至安邱，转寄黄家围子之东关庆丰酒店韩庆云亦取保释放。王小花回尚未仇害其乡，而去者益众。张、刘二人为各处安插生意线索益多，是以弟曾属傅梅村代言，又属方存之求涤翁转达，实以肥城密迩省城，有关大局，非一州一县可比，非敢固于己见。今幸逆谋败于益都，数日之间仰赖大君子神勇，捣穴擒渠，迅就歼灭，固圣主之鸿福，尤东省之大幸也。万民戴德，顶祝同深。欣闻荣承优奖光复头衔，正拟肃函敬贺，乃蒙于十七日手札先颁，于廿二日祗领。仰承垂念旧谱，训示周祥，草野刍荛，过蒙眷注，并附各稿。既惊世变之奇，尤钦神机之定，盖天生硕辅以安帝畿而保东海者也。欣忭之深，岂独私感，复蒙虚怀下问，以弟愚昧孤陋，岂有所知然有不敢不竭其一二以报执事者！窃谓保甲之法固弭盗安良之善法也，周公教民之意实无不寓于其中，岂仅弭盗哉！而近世所以视为具文者，以地方官不肯身亲行之，又不得公正之人而任之也。公正之人不预公事不断乡曲，择其谨慎诚笃者而委以保甲之事，其不率法者则官于亲督时理之。常使正伸而邪屈，则子弟之不率教者教之，奸宄之为匪者惩之（盗窃、邪教、奸细皆在其内），烟赌之病民者禁之，凶恶之害民者诛之（近以洋取灯放火者极多）。纲举目张，皆可以次第举行，而不外循良之吏与公正之民联为一体而已。以法行之，可以弭盗贼；以学出之，可以兴教化矣。不可谓周公之良法耶？今者张逆勾结官府庠校之多、四五府之广（奸民奔赴），使逆党仍混迹于宦途，匪徒仍潜踪于里党，恐朝廷之纪纲不立，而善良之衽席难安，似不可不再清理之也。清理之要仍以保甲为本，今各乡之公正者公举其乡之往黄家围子者（小民只知此四字名色），官为奖赏之（此言非有私意），先令奖赏潍邑大崖头庄公举王小花之庄老，以为之倡，则民心不疑，而以次审问其某人为某人所勾结，而诛其助恶者，宽其为从者，仍令庄老约束稽查之（如再查有为匪情事，即从重处死），使人人知惧，或者不至轻朝廷而蓄萌蘖，致蔓滋难图而灰死复燃也。然谋逆之案所以最难办者，以其必勾通差役，官不能严密办理。先清内奸即恐拘集匪徒、差役畏罪滋事，如冯克善、王伦、洪秀全、马刚等诸逆，皆无不勾通署中人役者，此益都何公先办逆役所以为有胆有识、能扼其要也。弟自前月初十日至西南乡昌乐交界地方之羊山，为亡子妇卜地，山游月余而归。于廿日即闻郑墓冀宗华事发，即闻陈素山系第三名（名迪仁，字尔白，亦字素山），至奉札之时则远扬久矣。前数日乡间纷纷传说逃回人数不少，其最真切者如张尔康、张尔奎之子，一人为勇三人送回，索银七十两。又有一唐姓云初六日早尚在围墙外巡更，张尔康在内带队操演（张、刘早有长队之名，即队长也），忽被官兵攻破，此外尚多不能记忆。近舍侄自诸城还，过安邱，知安邱南关路西泰来号杂货铺前数日王小花之父送张逆处棉花包至彼（其字号皆有泰字，可否饬查），乡人共见之，其经手一栾姓系变产六千千，张逆与以二千千生理，其人居栾家祠墓庄。又一人忘其名，似居小官阜庄。一日闻投文者甚急，又闻太和围子撞旗，遂于是夜遁归，纠两村之人而行，并自焚其庄云云。次儿自蔽亲家刘晓川兄处还，过海丰小婿吴仲饴处，闻盐店之人俱逃，赵姓（字新堂）以回匪四千人为之卫，似此情形若不清理，窃恐未能安靖。当此国家多事之日，似须再择其尤者除之，其中之宽严缓急重轻，伏乞大君子熟筹之，并希。

（后数幅失去，丁卯平月陈寿卿学士书。）

陈士杰[1]致阎敬铭

(一)

光绪三年丁丑十二月二十二日

戊寅正月初五日到。山东署藩存函,陈隽丞书

敬禀者,士杰前在司中荷蒙优睐,训诲周详。正思久亲教益,遽尔奉讳南旋,此后戎马驰驱,亦遂未遑通候,然鄂中丰功伟绩与夫人品之正、学术之纯,唐艺老不时言之,士杰谨识不忘,窃恨当年识见拘迂,幸遇当代名臣,而不知朝夕亲炙,以藉资陶淑也。比年服官山左,目击风俗之俭醇,吏治之整饬,仓库之充实,上下翕然,以为非大人之力不及此,饮水思源,弥深企慕。顷以晋中灾歉,诏起东山,伏读邸抄奏稿并致东坪手书,为民请命,声泪俱流,而筹饷转运硕画尤极精详,三晋生灵从此更生有庆乎!救灾即以弭乱,安晋即所以安燕、豫、齐、鲁,功莫大焉,德莫厚焉。士杰事权不属,无缘筹款以赞助鸿猷,而又不能走谒行辕面求麈教,然区区向慕之私,固二十六年如一日也。谨泐寸禀,用达悃忱。诗曰:"高山仰止,景行行止。"虽不能至,心向往之。士杰不敏,亦欲云云。手肃,恭请钧安,仰希崇鉴。

士杰谨禀

十二月二十二日

(二)

敬再禀者,前接奉覆示知艺翁战绩竟格于新例,碍难奏请,事虽未就,而先生盛德渫已殁存均感,已遵谕将银票汇回湘中。惟良友一生苠劳,湮没不彰,自分力弱,无从阐扬,清夜自思,心终耿耿,仍望先生垂念交情,他日总制两湖、两江得当,以酬故人于地下也。东坪兄

---

① 陈士杰(1825—1893),字隽丞,湖南衡州人。咸丰三年初,入曾国藩军幕。历任山东巡抚、兵部侍郎等。

荷蒙奏奖，想见先生微劳必录之意。司道同深感激，其傅运使捐款已由东省奏奖，前请应作罢论。恭请钧安，百忙不能作楷，乞恕不庄。

士杰谨又禀

（三）

二月初七日

丹翁先生星使大人钧座：

捧诵教答，奖饰逾恒，仰见大君子裁成后进之心有加无已，既感且愧。晋省奇灾，读先生手书靡不中心惨怛，力图捐助以资赈恤，而山东司道州县半属故吏，尤感激夙恩，思得当以报，以故不兼旬而集三万二千八百八十金，业于初一日委员解赴周家口，日来复捐得数千金，俟再为多凑，始行续解（以分办豫捐，故难克期）。保秦晋即所以保齐鲁，皆分所办之事，惟山东局面过小，竭力筹画，殊无足观，不胜歉然。士杰前致书魏温虞托其淮扬劝办，昨接覆函，淮南已集得十万金，淮北将来亦可得数之半，虽救灾恤邻人有同志，抑亦先生此出，其血忱实足以感之，起生灵于既仆，消变乱于未形，三晋之幸，亦天下之幸也。士杰自分无能为役，终养后拟遂老死山林，旋以唐艺翁不时揶揄，复行入都，到东三载建树毫无，而良友之亡（二年四月弃世），切磋无自，思之注然。艺翁有子三，三号觉吾（颇有才华），以知府候补鄂中，长次皆能守家，孙十余人，家有薄产，足为耕读之资，足纾廑念。艺翁解组后讲学双蹲书院，课诗文以自娱，与士杰相距仅百里，不时过访，出游衡湘必相约同行，初体气甚强，旋以四子之丧，哀伤莫解，饮食略减，坐堂中见舆马来迎遂逝，亦可谓福寿全归矣。惟生平战绩没后无出奏请宣付史馆者，此老皖鄂功勋，未免湮没，殊为恨事。先生笃念旧交，且共事日久，相知最深，如肯设法奏闻，则艺老虽死之日，犹生之年，当必戴德于地下也。手肃，恭请钧安。

士杰谨禀

二月初七日

(四)

六月十六日

丹翁先生星使大人阁下：

前读邸抄，知仁心感格，上召天和，霖雨应时，秋禾普种，三晋灾黎从此更生有庆矣。士杰备员齐鲁，恤邻乏术，续捐各款落落无多，业经先后委员解运(东坪之力为多)，顷艺翁之世兄镜心敏真准经感先生厚意，措寄库秤纹银千两，用助赈恤，特由元丰玖汇票至祁县兑交，该县距运城仅六百里，亦可由他票号汇用，乞查收为荷。艺翁交满天下，没后无以战绩上闻者，一死一生交情乃见，于以叹先生之古道为不可及，而至情尤可感也。手肃，恭请钧安。

士杰谨禀

六月十六日

(五)

四月二十日

丹翁先生大人阁下：

读教答，救世苦衷溢于楮墨，禹之饥溺由己，尹之若已推纳，如或见之，积诚所感，上召天和。闻月来已得透雨，秋禾可种，斯民当渐有生机矣。此间集得七千金，委员解往运城，稍资散放，余俟收有成数再行汇兑，大约端节前后尚可凑四千金。前项惟周令尔梅欲得升衔，余皆感大人利济之心，愿助涓滴，不欲仰邀甄叙也。艺老一生功绩蒙允出奏，没存均感。阐微显幽与拯灾救困，同此一段仁人之心肠，已函嘱其嗣君抄送节略矣(并量力捐赈)。恭请钧安，伏乞垂鉴。

士杰谨禀

四月二十日

（六）

六月十五日

丹翁相国阁下：

阅邸抄知时事孔艰，我相国以忧劳致病，天佑老成，想已早占勿药，敬叩敬叩。士杰因海防日紧，现由烟台至登州布置一切，据报法酋兵舰泊闽之长门，未敢径犯，则其气力尚弱（以船计人不满四千），意仍在和可知，然防堵总宜严密，闽省虽关隘重重，而将领仍须得人。士杰在闽二年，细心考察，惟水师提督彭楚汉沈毅有知略，屡与雪琴宫保谈论闽浙，将才无出其右者。如朝廷责令防守省垣，假以事权，水陆战守当为可恃（由省另派一军防守厦门）。惟事属隔省，似嫌越俎，未敢入告，特以密闻，查彭提督虽奉旨统带兵轮，而补勇发饷均归船局，实未能展其长，若使得权，其才当不在杨宫保厚庵下也。东省亦少将才，战和未定，恐征调甫至，讲解已成，无从位置，是以踌躇再四，未敢即行，只好俟沪上定约消息再行斟酌耳。此间新筑堤埝或由居民私掘，或由防守无人，一经灌入，新开小清河已难容纳，加以大雨兼旬，山水爆发，沿河各县被灾又复不小，哀此生民，何辜罹此！防范不密，士杰不密之罪已上通于天矣，正思设法堵塞，而海氛又起，瞻顾旁皇，罔知攸措，材疏任重，竭蹶时形，奈何奈何。手肃，敬请崇安。

晚生陈士杰谨叩

六月十五日登州行次

（七）

五月二十三日

丹翁相国阁下：

士杰河海兼防，心力已殚，时艰无补，疾病叠生，既已无可相告，遂尔手候久疏。侧闻相国亦有退志，颇为天下忧疑，窃以碌碌之如士杰可以乞休，相国一身系朝野安危，未便遽怀归隐，此中苦心天下后世当共谅也。近阅邸抄知已销假，朝廷有所倚仗，内外有所瞻依，时局其有转机乎。士杰托庇尤多矣。士杰前请开缺，非敢希冀调迁，实缘才短病多，连年抢攘，莫挽狂澜，既自愧耻而又欲朝廷早简贤能有资望者，以拯此一方昏垫也。既不获命，只得力疾从公，尽其心力之所能为者，事机百变，能补救一分便是一分，毁谤无端，听之而已。素蒙关爱，谨就近日情事分条呈请训示，敬问崇安。

晚生陈士杰谨肃

五月廿三日

一　南河河面甚宽，再分则倍淤浅，故宜合。东河仅半面里许，淤垫日高，自宜分，分水必于上游。日昨齐河赵庄新决民埝仍由掘口入徒骇河，地势尚好，拟就此收窄口门，作为减水坝，以分盛涨之水，计万余金便可蒇事，秋末方行举办，如必以堵合为是，工费亦只此数，且可稍省。

一　民埝与水争地，势难防守，彬卿专防大堤，所见亦是。然沿河民埝生灵不少，鄙见仍当尽力抢护，保得一处便是一处，不应勇夫专驻大堤，料物全堆大堤，概置民埝于不问。屡劝不听，只好一面另筹料物，径提兼顾，作亡羊补牢之举。（顷已遵札拨秸料十分之一。）

一　议者谓士杰过于节省经费，因之工程不能稳固，查两载以来，年堵大小口门三十余处，用款不过百万，叠经大汛，并未误事，而料价薪水皆较早岁加增，但稽查严密，力杜中饱耳。窃以核实则有之，苛刻固不肯为，草率尤不敢为也。即如前办海塘省银十三万，而经手工程屡经大潮，至今毫无冲损，而言者犹问以为不应如此，则人情难满之故也。今山东为此言者，非因所求未遂，即故为此言以怙其短，事后自有公论耳。

一　河运宜复，南运本有来源，办理尚易。南北运虽淤浅过甚，而挖下五尺便能见水。若使挑挖一律深通，建闸蓄水，设法转运，漕运似尚可复。计费不过三十万金，办理似较黄河为有把握。如朝廷意在必行，再将办法详细奏明，秋末冬初便当兴工，惟海运系招商局一大进款，而江浙习惯海运，或不欲归复耳。

一　办工以得人为主，查员外郎桂斌守为俱优，遇事不避劳怨，甚为难得之员，如选补东省道府，遇事可资臂助，以之治南运两河，才力实觉裕如，设河道得如此人才，便可规画久远，裨益不小。

一　人才当于朴实中求之，咸同中兴诸公，除左侯外，余皆退然若不胜任，故能卒成大功。现吴清卿、汪柳门皆文学词章之士，若辈看事太易、自命过高，恐骤膺大事，行不践言，不可不虑，幼樵其明证也。

（八）

再密肃者，中国轮船以之调兵转运甚便，若派令巡洋，水手必多逃走，早岁用兵台湾，其明证也，万不能当敌，只可用陆师防守要隘。又，威海既无重兵扼守，即守亦于大局无益，宜将水雷先事搬开，免为敌有。又，吴淞口炮台地势好，而后当防护。金山炮台筑在险外，三面受敌，宜退筑口内，俟其入险再行击之。焦山炮则过高，不能俯击，又一弊也。浙江定海可守，而不必守，海岛如此类甚多，宁波地势甚好，而炮台三面受敌，定海亦然。盖皆求击人而不防人击己也。炮台如此，他可类推，良切杞忧。谨以密告。

（九）

五月十二日

丹翁先生大人阁下：

前次函陈近事，计早呈崇览。迩惟天佑元老，康强逢吉，定符颂私。士杰前言金陵炮台系就上年正月所见而论，昨途次晤左相，据呈已经改修，其倔强犹昔，而步履维艰，衰迈之状，窃为私忧。其同行有参赞刘麒祥（号康侯），言法事甚详，人亦明练，先生暇时传其一见，细心咨询，法国底蕴及邻国情形可尽悉也。其言越南须留一处，俾刘永福镇守以相牵制，免滇桂时时设防，似尚可采也。会办诸多窒碍，已据管见直陈，如朝廷另有深意，则非外臣所能知也。手肃，敬请钧安。

晚生陈世杰顿首

五月十二日

（十）

初七日

丹翁相国阁下：

阅邸抄，欣悉福体早庆安吉。时事方棘，得相国出而主持，决疑定计，绥靖海疆，天下幸甚。初三日闽江之战，我虽受伤，该酋亦多损折，计分胜负当在陆师一二战后，巴酋尚在沪上观望和局，彼此亦虑滇桂夺取越南，事情愈大，将来无可收局也。船厂我失之有损，彼得之无益，得失于大局殊无关碍。所望陆师一捷，则以后战事均有把握耳。烟、登防务已详奏牍，字字据实，不敢张皇，此间年内不致有事，惟朝廷既以兵单为念，现已分招八营，以资慎重，盖闽省既经开仗，该酋兵力只此，亦无暇他及也。胶州口小而距海远，内犯殊难，亦调五百人扼守矣。水灾此次赈恤，官绅新捐及旧存捐款尚可敷用，拟截漕以办冬赈，临省已竭欢尽忠，兼办海防，未便再求资助，敬请钧安。

晚生陈世杰谨肃

初七日

再，东绅好善者致函都门，不得不加倍言之，以冀悯怜，捐助亦如上年。上海言饥民数万，其实东人只一千二百人也。又告。

（十一）

十一月初五日

丹翁相国阁下：

士杰病多事杂，久未问候起居，遥维福绥聿增，定符颂祝。方今海氛递起，时事日艰，筹饷筹兵，端资相国公忠匪懈，中外同钦。士杰知识短浅而又衰病侵寻，何敢妄言时事，惟素承另眼，苟有所见，谨当据实直陈，以资采择。窃以兵端既开，防守固宜严密，而法舰无多，似宜量敌而应，将帅多则事权不一，征调多则饷糈难继，此亦不可不虑也。至于倭人徇衅，蓄谋已久，难以理喻，似当速将大阮君遣令归国，因而封之，俾其纠集党与相与抗拒，则中国之力可以稍纾。若稍迟迟，则日本将立其所好，以与我为难，而进退失据矣。以鄙见论之，则前此之将大阮君带至津沽，亦未为得计也，何也？以其为高王之父也。自轮船之出泰西，诸国以通商为名，因而占租界、设码头、开教堂，沿海边患业已无可收拾，然犹仅骚扰海边，未敢深入内地者，则以陆路山河足以限之也。今闻将借英洋二百万，于卢沟桥等处试办，此事若通行，是犹开门而揖盗入也。前此祸在皮肤者，今则病入肺腑矣，欲医治其何及乎！或曰铁路成则调兵速，不知我能速，寇亦能速也。或又曰由我作主，不知我得铁车能禁彼之铁车不得乎？彼族惟利是视，初必予以路价，以小利啖我，继则纷至沓来，而藏甲载兵不可禁也。且见利在何处，势必设法租占，如沪上故事，一国求之不得，则合五国以相要挟，我之力能禁之乎？数千里旦暮可至，害有不可胜言者，而车马失业其小焉者也。明者远见未形，何以备之？带病勉草，虔请钧安，言之率直，伏惟谅恕。

晚生陈士杰肃

十一月初五日

（十二）

十二月初四日

丹翁先生大人阁下：

奉十一月十九日赐书，敬悉统筹大局，但求于事有济，不虑饷项难筹。公忠正直之风，天下莫不仰望，丰裁奋然思起，山东官绅士民钦服感戴更无论已。游、吴二公所议尚未奉到，管见欲去河患，莫如分南北两河，然江南必不能允，其次则大开马颊、徒骇，分黄流十分之四，兼以筑长堤疏海口，委用得人，稍可长久。然直隶与山东附近马颊之绅民，其不乐从与江南等，譬之来一新客，虽未必即为盗贼，然总多一防，闲情所同也。至于宜合不宜分之说，黄河之在江南，河南河身宽至一二十里，自以不分为是，今山东宽处不及三百丈，窄处不过百余丈，自以分为是，不必引经考古，即如濮、范两县，黄河分为两流，二十余年迄无水患，此近证也。惟分水徒骇，其势较顺，施工较易，分水马颊道途过远，需费过多，而河身多为居民占耕，民情甚所不愿，强之为难，是以虽明知开通为有益，而究不能不长虑却顾也。士杰与游公至好，此举曾与争辩累日，窃谓欲开马颊，当先筹定巨款，从容开导方能举行，且须俟长堤皆成，小清河就绪，徒骇河办有规模，始可以次兴办，若以数大役一时并举，不惟百姓难强，士杰亦无此材具，如日行千里言之甚易，行之未有能到者也。又分水则淤少，减水则淤大，小停则淤，其势使然，但淤只及十一二里，口门较厚，故借黄济运以来，每年挑淤只及陶城埠也。此外则遥堤、缕堤两端今所筑重堤，距水二百至四五百丈不等，均相度地势为之，窃以水愈宽则力愈弱，缕堤与遥堤之可恃不可恃，此理显而易见，大约他省官绅则以定基为过近，本省官绅则意味过远，而滨河尤甚，一计长久，一多全田庐也。管见当先筑长堤，以资慎重，再以余力帮修民埝，今日所办似属两全之策，若专办民埝，一旦溃决，所伤实多，非所敢知也。至于海口宣泄不速，则上游必致溃决，亟宜疏通，有谓宜用小机船挖泥者，试之不效，即用大机船亦只可挖口门外之沙，一入口内，河身窄小不能转动，仍属无益，有谓宜两岸筑堤，束水刷沙者，察近海百里宽，只六七十丈，可谓束之至矣。何以淤垫日增，且海潮顶托，内外夹攻，堤亦难久。现拟逢湾取直以顺水势，此古人成法，当有益无损，已专折入告，未审有合否，乞教之。天下事言之匪艰，行之为艰，方今言事者多任事者少，士杰衰病交侵，自维材力不足宏济时艰，早拟乞休以避贤路，而堤工未就，恐天下不谅。或以为畏难取巧，是用蚤莫兢兢不辞劳怨，力所能为者，知无不为。一俟工竣即得告病，决不恋栈贻人唾骂也。时事多艰，伏惟老成维持一切，广求人才以安定国家而捍御外侮，天下幸甚。北地多寒，诸惟珍重。手答，恭请钧安。

陈士杰密肃

十二月初四日

（十三）

再，为治以得人为本，承示“务实、晓事、轻利”六字，诚为观人要著，然能此者便是奇材异能，殊不易得，况由此而上乎！方今时局日艰，将才日少。士杰近十余年所见，惟岑彦帅忠勇尚不减少壮时，其次则彭纪南（名楚汉）智勇，近于深沉，水师将才无出其右者，而委带轮船有名无实，用之殊未尽其才，且所造轮船三十号，惟扬武、超武、威远铁胁头尾安有炮位，余则无之，皆泰西廿年前之式，而公费薪粮又重，曾议改银一两为一元未允，然目下则不可动，以海疆方有事，一动则诿诸更改章程也（其弊甚多）。但以之海战则无用，以之防江调勇则甚有益耳。至各处所筑炮台，多三面受敌，少能得力者，良可浩叹！惟海战难与争锋，陆战则胜负各有所长耳。谨以密告。又，宫令利字尚看的开，公事要好已调德州矣。盐务分条查覆，芝山同年朴实稳重，久之当有起色也。年来盐务似觉办理尚好，有公用而不能造报之处，均取给于此，私弊则无之，视他省公事较整齐耳。谨又肃。

（十四）

十二月十四日

丹翁先生大人阁下：

日前肃函恭叩年禧，想登青照。时局日艰，专赖老成规画有方，庶几富强可致。而欲强兵必先富国，朝廷之属望先生者甚殷，计先生筹维国是，必有尽善之规，未知肯见示一二否？窃谓理财之道，不外开源节流，方今抽厘劝捐，开之之法已至周且密，无可复加矣。即节流一事亦经屡奉旨，饬各省大吏节省经费，而国用仍未充者，则世俗以姑息为宽大，而疆臣务避怨嫌，不肯遇事核实之故也。浙省塘工今岁省十三万余金，而工坚料实倍之，裁勇裁船亦节十余万，自谓每事必留余步，概从宽厚，而议者转以为严为刻，或则指为喜事纷更，亦各得吾心之所安而已。盐务、军政、吏治极一年之力始觉渐有眉目，若欲规模大定、转移习俗，计非三年不为功耳。金满一犯至今逋诛，管见办土匪当用土人，舍此别无他法。然时日殊难预定，譬之捕虎可操强弓毒矢合力围击，若捕鼠则出入无踪，须设机以待之，不可以人力获也。是否有当，夙叨关爱，用敢直陈，敬请崇安。

晚生陈士杰顿首

十二月十四日

(十五)

敬再肃者，浙省南北新关屡奉部催开办，士杰连月细心访察，如欲免厘征税，则税少厘多，若欲厘税并征，则港汊纷岐，商人势必避卡绕越偷漏，设稽查严密，则竞请免单，倚仗洋势，其弊尤不可言。不如照前停止，以恤商民。税与厘皆国家所有，两利相形，则取其重，未审先生以为然否？谨抄奏稿，敬呈尊览，仰希垂察。

士杰谨又肃

查额税年定十八万，能否收足尚未可定，而裁去卡厘约四十万串有零，并以奉闻。

(十六)

八月十二日

丙戌八月卅日到

丹相先生阁下：

暌违矩范者三十五年，此次入都幸得重聆教言，虚衷延纳，求贤若渴，子舆氏曰："为天下得人者谓之仁。"谨为相国颂焉。此时外患内忧纷至沓来，身虽废弃，亟盼相国销假维持大局。顷阅抄报，知奏请开缺，赏假一月，将无行动尚未自然耶？若唏嘘时事退隐山林，乃无足轻重闲散弃材之所为，非所望于相国也。相国进退系天下安危，愿无遽怀退思。士杰到京一月，走谒当道，私心默揣，亦知相国未免孤立无助，难以为所欲为，然得一二正人在朝，则天下忠贞直谅之士犹有所系瞩，时事尚有转机，否则大乱将生，恐欲求首阳一块安静地而不可得也。窃念我朝深仁厚泽，必有中兴之日。珂乡关河四塞，民风朴厚，伏望佐天子选择贤能体用具备者数辈以治之，用以捍卫三辅而免临时周章。士杰虽伏处林泉，亦得为盛世良民焉。延颈企仰，不尽驰依。手肃，敬请钧安，诸惟垂照。

晚生陈士杰谨叩

八月十二日沪上泐

程缙畴致阎敬铭

丹初五兄大人阁下：

青门把晤，快挹清芬，承雅意之殷拳，抚鄙衷而感篆。比维起居曼福，涵养深醇，定如远祝。弟策蹇遄征，轮蹄仆仆，于荷月廿日始抵都下，征尘甫息，旧业重温，转瞬秋闱，未卜作何完卷。知我者当何以策我也？令兄弟想尚同学，诸同人想均无恙，统祈代为道念，恕不另函，余详致费梦花信中，兹不具及。专此布悃，即颂文安，诸希心照，不宣。

世愚弟程缙畴顿

再启者，子端世兄想已起身入都，所有先父遗稿谅必带来，不另作札。伯初兄处祈道拳拳，恐不在省，亦不另启。外请安帖一纸，乞转呈为荷。又行。

崇纶[①]、吴廷栋[②]、董恂[③]致阎敬铭

同治二年八月

帝鉴荩廑，悉邀俞允，从此严清查之法，不使后先套搭，以期年款年清，养署吏之廉，俾得弥补军需，以冀矢勤矢慎，且交待无从掩欠，忝限无可幸宽，公而忘私，实事求是，诚如尊谕理财、用人之准，其在斯矣。但张弛之道损益随宜，此时阁下主持于上，百尔效能于下，有治法有治人，国币充盈，民生乐利，弟等坐享其成，何待一词之赞，第恐指顾间移节兼圻或晋参枢密，后之接武者能如萧规曹随勿稍变易，则所造于齐鲁之邦者非浅鲜。大君子以为何如？荫方兄权篆吉林，尚未回都，容再将尊书送阅，先此布复，祇请勋安，不戬。

愚弟崇纶、吴廷栋、董恂同顿首

---

① 崇纶(1792—1875)，许氏，字佩如，汉军正白旗，历任仓场侍郎、署直隶总督、工部左侍郎、理藩院尚书兼总理各国事务衙门大臣、工部尚书等。

② 吴廷栋(1793—1873)，字竹如，安徽霍山人。清宣宗道光五年(1825)，吴廷栋作为拔贡，被授职为清廷刑部七品小京官，荐擢迁升为郎中。

③ 董恂(1807—1892)，原名醇，后避同治帝讳改恂，字忱甫，号醒卿，江苏扬州人。道光进士，官至户部尚书。曾任职总理各国事务衙门，作为全权大臣，奉派与比利时、英国、俄国、美国等国签订通商条约。

醇亲王(奕譞)[①]致阎敬铭

(一)

二十六日

昨耤缴原件,略陈拙见,计承青及矣。旋接交片,敬悉命议此事,洋票不能伪造,银行本大不倒。李相已缐缕言之,细味情形犹有过虑。去年开战后,借款来即不畅,美国之款且成画饼,此非我固有之财,尚不妨事,设它日再出战衅,银行司事恰是敌国之人,忽尔卷其所有扬帆而去,铺之不存,票将安取?又如画报内有银行倒闭一页,此又何说?诸公宏才卓识,筹议自详。拙见风气已开,变局已成,断难泥古墨守,矧环顾它邦,经营未艾,凡有益于国者,自当经权互用,审势迎机,利得其正,义亦寓焉。然谋始固不厌详也,即请由贵部草创底稿,再公同定议。此泐,顺候钧祺。

醇亲王泐

廿六日辰刻

(二)

二十五日

示件阅讫,此事早有人创论。日前密克托营员在王处亦递一分,横滨则未见过,王向不悉此道,特以假票为虑,以阜康为鉴,李相则决为必无。先缴原件,诸俟面罄,顺候荩祉。

醇亲王复

廿五日辰刻

① 爱新觉罗·奕譞(1840—1891),字朴庵,号九思堂主人,又号退潜主人。道光帝第七子,咸丰帝异母弟。光绪初年军机处的实际控制者。

(三)

二十九日

手书读悉,酉正庆邸送看北洋信件,当已函致星叔。订于明日在内晤商,并将原件附送许处矣。此复,即候时祉。(徐信附缴。)

醇亲王复

廿九戌初

(四)

二十九日

银行之议,已属歧出,初五若仅面商,恐不得了局。王所虑数端已向李相询明,无需赘述。贵部似宜将虑及各节开列一单,是日备商,自愈于口述挂漏。此折决难合拍,应如何措词,公同覆陈之处,似可预拟一稿,俾免徒费唇舌也。此泐,即候钧祺。

醇亲王泐

廿九巳初

(五)

初二日

银行一事,立论不同,若贵部一议,李相一议,王既莫可适从,只好亦立一议,似乎不成局面。日来细思设画,照洋人办法将京外款项均疏经理,断不可行。若由贵部自设一行,无论不易集股、不能流通,日久之弊亦将不可胜言。拙见若准其开设,凡公帑发与生息与否,从户部便,税课交与经理与否,从各省便。如由该行汇交部款须仍交宝锭,不得以洋钱票充抵,如此仅多开一银行而已,于旧制无碍,似亦无甚流弊。李相谓洋钱南省同行,将来拟由官银行机造华字银钱,以杜漏卮云云,合并奉闻。

醇亲王泐

初二未正

（六）

初三日

昨函送额相处，谅青及矣。漕运苦于淖阻，以故李相有铁路之议，诚为便当且无它患，近又有创肩担车运之说者，其意为养穷黎，较之铁路自甚累赘，姑送鉴核。英议商之马格雷已来，而藏众开导不清，无已慰马以善言，俟饬藏妥协再给英信，何如？此泐，即候睿祉。

醇亲王泐

初三辰刻

（七）

十五日

日前与崇苑卿光谈及粤海筹款修工一事，拟（改拨报效）兼办，兹据将应解各项清数开来，圈记几条，祈查示。即使可拨，疏工止十分之一耳。此泐，即候时安。

醇亲王泐

十五日

邓琛[1]致阎敬铭

（一）

河东道中见中条山有作，呈钦宪少司空丹初先生大人诲正。

横绝西南一千里，中条山翠晓云间。山灵忽复出霖雨，为我一洗尘埃颜。王官之谷穷深处，古来栖隐多豪贤。我公解组归来日，为爱此山佳林泉。讲学禾道化乡里，山水悦志凡几年。清风久已洒六合，健笔时复挥千篇。太华三峰峙霄汉，金天正气森人寰。蒲轮征召不可致，风采仰望难跻攀。吁嗟山东二百郡，久苦暵旱忧颠连。奇灾浩劫未曾有，村落往往无人烟。朝廷西顾宵旰切，倚畀柱石回狂澜。恫瘝在抱力疾起，此类在我何能冤。精诚感通鬼神泣，自古仁至能回天。迩来连朝沛甘澍，犁云锄雨连陌阡。二三英俊救时出，无见民物还安全。少陵许身稷与契，千载此意遥相关。

邓琛谨呈

（二）

拙句四首再求诲政。

朝朝下赈济，旦旦事催科。报最虽称贤，其如民命何？大臣布法令，政在除其苛。一言保子遗，文告岂在多。

灾迄数千里，积贮不能供。何以纾筹策，转粟遍南东。要使活我民，源源资流通。关中有萧相，民物还昌丰。

昔人重出处，不做时世贤。屡征不一起，早挂神武冠。有时不候驾，人事属艰难。亿万沟瘠命，忧心何能蠲。感叹《春陵》篇，使我涕泛澜。

---

① 邓琛，字献之，湖北黄冈人。道光二十三年（1843）癸卯举人，官蒲县知县，改刑部郎中。著有《荻训堂诗钞》等。

贱子少孤露，教育荷母慈。永惟画荻训，常深风木悲。机声犹在耳，镫影非儿时。夙蒙大贤笔，感深钦今仪。

邓琛呈稿

丁宝桢致阎敬铭

(一)

初三日

敬禀者,本月初三日巳刻接奉钧示,祗聆一切。宋逆乞降一事,昨将详细情形禀呈宪鉴,据该逆在辛集来见,伏地扣头,汗流浃背,只有请罪一语,并无他言,查其情词似觉不假,而两次禀请制宪示遵,俱含混其词,略无定见,再三请教,则推之于宪台及邸帅酌办。又为之请示进剿,亦不能定期,令人焦急无地。此事原应制宪主持,非剿则抚,一言可决。若仅是迟疑,何日了局?宋逆本为东贼之冠,而其手下凶徒尤有甚于该逆者,非一网打尽,欲求了事,卒不可得。本司力主此见,非抚之也。将为聚歼之谋,作一劳永逸之计,不然该逆起手,即将其党分布。真复能坐而受制?设使凶徒漏网,虽打胜仗亦无济于事,稍为将就则两月之内即可完结,见得到而不能行,不胜扼腕。现在只好一意主剿,而此处兵力实单,且无一可靠之马队,保镇虽有马队四百余名,半与贼通,全不出力,一经派出,滋扰异常。其曹州镇步兵颇属得力(较之他勇高至十倍),然无饷则哗,日日滋闹,有兵等于无兵。昨本司已令保镇开送伊营每月领饷清单,核计只八千二百数十两已敷渠合营弁勇口粮,现在积欠数十日,不知从何处欠起,不能深知。据本司所见,祈宪台饬藩司每月径拨款银八千三百两交保镇自领散放,不必归东昌支应局(能如此办,自是劲兵),缘支应一局,据看实系虚设,可不必留,亦可以节靡费。大凡支应局原为军之办粮、制造各色起见,今东昌支应只管饷到发饷,其余一切仍由省请领,不若裁去,各营应领军火一切仍由各营到省请领,亦颇损事。支应局一裁,似每月又可以省数百金、千余金不等也。如以为然,祈宪台作速行之,否则保镇之勇即可撤去,毋令在此扰害百姓也。至其马勇,有李元所带一百六十名,内多降众,谢炳所带一百五十名原系谭中丞所招余丁,后即以为马勇,其马均系官马。本司愚见,祈宪台将谢炳、李元两马队调至淄川，以操演为名，到后即行裁撤，谢炳之马裁去，即可得马百数十匹，即请宪台饬拨来营。本司现挑有各县来勇，能乘骑使枪刀者约有六十余名，苦无马匹，得此马来即可成队，再请宪台务将淄川所余马队迅拨前来（二百余名，本司再加约束）。淄川马队来后，即行将李、谢马队调回，切要切要！至前奉先示，派员前赴淄挑勇，兹淄勇已有定局，而该员弁等已起程数日，不能追回，叩见时饬其回营亦可。各县选募勇丁已送来五六起，前于接奉宪示后，均径发回，未送者飞饬令其停止，此时似难再举。现在仅留长清、东阿、清丰三县二百名归营统带，据看此地步队无须多募，多亦无益。惟马队必须速速练成。本司现在办理此事苦于无马，祈宪台酌量应作何办马之处，飞速示遵。衮州邓宝兴马队尚未见到，闻此马勇亦系前黄道良楷所募，甚不安分，然但得其不通贼，到时再为整顿（如不安分，随时更易亦可）。宪台来东驻扎甚妥，进剿之事本司任之，其沿河防堵有宪台坐镇更为严密。直兵据看似不可恃，恒苏马队颇好，然于他人则有贪功之见，亦兵家所忌。我省若有马队一千二百名则得矣，但刻下一时难得，殊为焦灼。昨访闻清丰团内有能骑马使枪刀者，本司已札该县并派人前往挑募，只要马上能使技艺，一两仗后即可成劲卒矣。再，东昌兵勇口粮，除保镇一营别无他开销，现又有呼道在彼，然呼道所带之人亦系保镇拨出，由省带出者无多，不知藩司每月发饷若干，据云每月须一万七八千之数，若如此，则糜费不少。祈宪台密询藩司速为裁撤，以资别项着实公用甚好。淄城马队二百余，祈饬速即来营，近日堂冠多有以前降众窃发，连日派队搜剿，非马队不能为力，李、谢马队本司直不敢派出，渠亦系习惯，已屡次申饬，总不能改，奈何！肃此，敬请勋安。

本司宝桢谨禀

初三日午刻

保镇曹州兵勇昨晚径闹保镇，颇有汹汹之势。本司当传其营中都守、千把前来严加斥责，查其情形似非实在横强，实苦于无食，现本司已派员在各团买办麦子二三万斤，暂行供给，与之约以后即照所禀宪台之法办理，均已安服。如能照办，则该勇以后虽保镇不能约束，本司亦可执法从事矣。此处尚有熊玉山马队一百，亦不得力，然无降众在内，尚可随时裁去也，此外别无马队。

桢又禀

（二）

二十七日

敬禀者，昨由行营叩送台旌，倍深依恋。又以宪体失调，久违慈霁，驰系弥殷。敬祈为国自玉，随事节劳，不胜祷切。昨承谕传唤周文平到府，当即传到。饬李都司友胜同团首李逢甲等解送行辕矣。至丁淑唐正法一事，本司细访各情，该犯实系著名捻首，前与明道等屡次接仗，并有破城之事，实属罪不容诛。昨日营中戈什李武举禀称该犯尚有其弟及子二人在东昌，并有已散各马勇数十人，皆向随伊行走，此时亦尚在府，现在渠等仍打听该犯被杀之故等语，此等原不足虑，然亦须不时查察。祈宪台密饬可靠戈什时为稽查，是所切祷。至该犯正法一层，可否随折奏明，以便日后有案可据，亦属妥协。如须奏明，即可叙其前罪，并以此次捻首李大个子等差探来东获讯，供称该犯有暗相通信勾结之事，庶杀之有名，不识有当否？伏祈钧裁。本司现拟一二日内来东叩见慈颜，以伸悬念。至陈副将等营，刻下河防无事，可否调回附近驻扎，以便相机调遣之处，伏候示遵。肃此具禀，恭请勋安，伏维垂鉴。

本司丁宝桢谨禀

廿七日辰刻申

（三）

十二日

肃禀者，初十日接奉初八日手示，谨悉一切。军需删赔除去，各州县皆言事有难行，此皆偷一时之安，不为久远计也。试思动用钱粮库款攸关正销，则以公济公，毫无拖累。其次筹补，则明言其赔累而缓为补苴，以纾其力。即终无筹补之日，亦无后患。若删赔，则系例不准销补之款，一经删赔，则必超限勒追，勒追限满不交，仍以实亏参办，同一参亏不过稍延时日，是删去赔款事固难行，不删赔款亦未见即有大益。且查删赔一条，从前原系部中专政，盖州县应付军需由外照例核销，到部之中又从而核减，其减去之款即为赔款，饬令追缴，是以前之准与删赔、不准删赔权操之部，外间不敢即指定某应正销，某应筹补，某应删赔也。即前次贡藩司酌定删赔一层，与本司等在局辗转筹商，思之数月始行议定。在当时军需一概未有定章，其七年以前销数，部中非常驳斥，若无删赔一条，报销万不能办理，是以酌定，然不敢谓部中之遽能照准也。今则正销筹补较之三年六月以前已增十分之三四，本司日将新定条款与从前销数核较，内惟马兵准销尚少，若步兵应付则似可以敷衍，不至于赔累过多。然军需兵差总是步多于马，马不过二八成而止，以此牵算，似马兵赔累亦不至如从前之甚。是新定条款若以之应付照常，兵差删赔似可无用，惟虑有意外之事。如此次曾相来东，檄调各营所过州县必需大车数百辆、柴草米面数万斤，州县正值贼紧之时，雇募本不容易，且车辆既多，一时不能猝办，必须预为雇养，且有喂养至十日半月者，亦系目前实情，州县于此等处多有赔累，然此必设法了结，若仅靠删赔作活路，究亦不能脱，然不过参亏稍缓年余耳。夫删赔名目的是无底深坑，从前删赔之款，今日多归正销筹补，而删赔犹不能去，设再将今日删赔之款一并归入销补，而删赔仍自在也。人心无厌亦甚难矣。本司办公只能守常，而此次新定之条款则亦于常例之外竭力变通而犹尚有难行，天下事当何如办理？现在本司所虑者，如此番曹西之兵差若去删赔，则以后州县之交代不能结，未免偏枯，连日思设法以处之，终无善策，容当再为计及。军需条款已刻，如刊成，拟缓为通饬，再计较而行，然终恐无别法也。去岁参劾各员已奉部复，亟应拟补，兹谨将各缺签掣、缺分先后，并各项应补、应题、应调员名开折，呈祈酌定示遵，以便照办。司库三四两月出款不少，然实已酌量至再减无可减，五月必得暂停。惟奉天似不能不点缀，京饷必须措解耳。天主堂求给还地亩，承示具仰深谋远见，佩服难名。谨当遵照办理。贼近日想已出境，以后布置一切，宪台与曾相必有老谋，省防稍缓即可撤。张令荫桓拟欲赴鄂，求将所带之勇或另派员带或即遣撤，候示遵行，伏祈酌定示知，以便饬遵。肃此，恭请钧安，伏维垂鉴。

本司丁宝桢谨禀

十二日巳刻申

(四)

十五日

肃禀者，十四日午刻接奉十三日手示，谨悉一切。贼窜红川口一路，势将南遁。如赖逆一股顷不北来，东省可以无虑，或赖逆等亦知山东防御严密，欲由汴径奔河洛，约张逆等合股同窜，亦在意中。果如此，则张逆股匪一二日即窜出省矣。黄令景晟撤任亦可，渠在嘉祥近来闻亦难做，其已补此缺之李令青林交案银两早经解清，自应饬其赴任，虽才不十分胜任，然较之黄令，总有盈无绌也。即墨应归正途委署，已遵谕派委。杨令鸿烈、齐河樊令屡催不到，似难久待。现本司拟委王令元相试署荣成，以便张令引见。是否有当，均祈酌夺示遵。顷卢臬司言益都初一日出案系关厢连劫，拒伤事主。似此则梅令之调缺应缓，即其四参之案一时亦难调开，且俟一月后缉贼若何（闻已现获二贼），若能获犯过半兼获盗首，自可免参，否则仍应奏参勒缉也。昨接登莱潘道来函，以前在省所商关税二成并过载盈余，提归司库作为海防经费，现在通盘计议，其税务征收多寡不能遽必，若一经议定数目提解，设遇收税不畅，解项必至短绌，将来难免后任赔垫，即不赔垫，亦必挪移，难期妥协。其意欲仍归关库详明立案作为海防经费，即将来省中有事提用，亦可免其造报等情。本司以此系格外款项，即祥明提存关库亦可，如宪意以为然，即祈示知，以便覆知该道照办。至拨提常税充饷，前言定六万之数，本司尚未提动，潘道现拟分作两批，三四月拨四万，七八月拨四万，分起奏拨，免致部中哓舌，似属可行，亦祈示知。本月京饷拨解四万，新疆伊犁各解一万，其余均暂缓，大约盛京及甘饷亦须点缀一二也。省城十一二日微雨不过湿地，甚觉干燥。已于十五日开坛祈雨，合并禀闻。肃此，恭请钧安，伏祈垂鉴。

本司丁宝桢谨禀

十五日辰刻

再，毛寄翁于十四日送来一函，嘱为封呈，祈查收。又禀。

（五）

二十六日

肃禀者，廿三日接奉廿二日、廿五日，又奉廿四日各手示，谨悉一切。军需条款自应以此次奉部覆准之案作为东省以后军需应付一切定章。贡前司以前所刊各条应毋庸议，至刊刻条款须将三年六月以前一单与七月初一起以后一单，并原定条议办法及原奏原详部议一并刻示，使各县州一望前后了然，毫无牵混，且可免日后查案辗转混朦之病，其军需删赔自应严行禁之。本司此次核销，各地方应付销册自去岁十月三十日条款出奏之后，已经照案核销，除去删赔明目矣。至三年六月以后所结新案交代其中有删赔者，原以为条款未经出奏，不知部覆准驳何如，是以仍照前案约销，以结交案，亦势处于不得不然。今军需条款既经覆准，则三年六月以后所结之案凡有删赔者均应厘正，昨已吩嘱报销委员赶紧查案，从新核定，将来如有短少不敷之处，只好作亏参办。其以后万不再有删赔矣。且原奏章程亦有六月以后不准再有勇粮着赔一层，更为确切不移，必应恪遵。山东州县无非为利，利之所在则趋，利所不在则避，此实无可挽回。如高凤清署平阴请终养（与王树德之辞济阳迥不相同），是明以此缺甚苦，而思有以避之，然不愿作苦缺，当委署之时即应力辞，委署时不力辞，到任数日即可辞，乃阴行到任，延至二月初上忙开征，将所有上忙全行收尽，甫经收竣，即再四请养，令后任接手毫无办公之资，彼则在任不及两月，一切平余悉为己有，不惟无损而反有大益，此等行径直无异于白昼攫金，本司是以深恶而痛绝之。前过平阴时已面斥其非，且与言断不敢夺情以累大德，所以竟予终养。兹承钧示，即当查照办理。宁海一缺，遵谕即委尹焕章前往。冯玉春之案昨已面嘱首府，请其于杨、单宪户供词内增减，以冯玉春之案系杨、单宪户等挟嫌主唆诬控以了之。顷卢臬司来，言局员以冯玉春现亦无大想望，只求陈冠甲稍为转湾即可了结等语。已请卢臬司酌夺办理，想必有函禀知也。省城廿三日酉正大雨，接连至廿五日，两日夜微雨，入土颇深透。长清一带皆大雨，德州亦得大雨，足纾廑念。贼匪去去复回，终不忘东省完善之区，可恨之至！昨接单县六百里禀报，贼于廿二日陆续皆投该县城池而来，岂又往徐州一路去耶？如其东去，则韩庄一带又吃紧，想中堂已派营在彼，或可无虑。黄河近日水涨，深为放心。再，前张赞勋监修僧祠，除发款外，据禀尚欠二千数百吊，屡次求发，本司决不与之，昨到省又求发数四，仍不与之。缘渠办此工已发至三千五百金，当承办之初已嘱其撙节动用不啻数十次，渠置若罔闻，总以夸大为主，自取其累，于人无尤，此言本司亦已面告之矣。刻下渠已进京，闻其将奉直同乡共捐僧祠之三百余金借用，亦只好置之不问。卢道存司之项尚有二万一千余金，司库兑收杂款应减解费，容即妥筹办理，再行禀闻。肃此，恭请钧安。

本司丁宝桢谨禀
廿六日午刻

再，庆阳粮台委员催饷已到省，吉林之饷催解颇切，甘饷似亦应少为点缀。本司拟每处酌拨一二，以顾大局也。

（六）

十七日

肃禀者，十二日肃呈一函，计邀钧鉴。本司于十五日由省启行至泰山，十六日到。曾相于是日登岱，尚未及见。前禀请示定应补各缺，内有张继武一员，可否酌予一缺，以偿其素日缉枭之劳，伏祈酌夺。否则又谓院司徒以口舌欺人也。堂邑一缺，检查惟大挑仅先之韩培元可补，缘此缺轮应大挑到班，而大挑班次，例应按名次序补，该员有仅先，他人均无，所以例应得补，祈酌定，即可上详也。寿光彭令告病，已奉宪批委员接署。本司前拟留之（已令首县函致），嗣闻渠甚不愿，恐不能留，如其退志已决，此缺又须调补，似可以东阿吴令调之，东阿另行委员。缘吴令在东阿已及五年有余，官民太觉熟习，且该令一切尚无大坏处，是以拟调之，是否可行，伏祈钧裁。如以为不可，则置之不论也。军需删赔仍应以除去为是。其有不便之处，如本年济、曹各属垫办勇差，又当别论。本司现在酌议未得善策，俟熟计审定后，再行缕禀请示遵办。省中至泰安麦田甚好，秋禾亦佳，雨水甚足，堪慰宪廑。肃此，恭请钧安。

本司丁宝桢谨禀

十七日申刻自泰安申

再，正发禀间接据探报，贼又窜赴曹县青固一带，未知的否。又禀。

（七）

二十二日

肃禀者，廿日接奉手示，谨聆一切。运墙此次修筑完固，东省腹地可以稍安。本年雨水过大，运河之不决口亦系修堤之功，所谓一举两得也。曾相议定守贾鲁河及汴城，南北专恃人力，但恐地势旷远难于分布。近接曹县禀，安徽又新起黄旗股匪，已窜入睢州，该县境内亦见边马，未知确否，果而，则东省又须戒备矣。漕台拨饷近在咫尺，将来又是口舌，其委员来时即遵谕办理，前详已涂销。东昌一缺，不惟不知其人，且并未识面，主稿覆奏诚难措辞，可否咨回河台主稿，祈裁之。单县一缺以刘守曾调署，即以补之，甚为得宜，谨遵照办理，已于本日札调矣。陈凤翥告病准行，即以张书升委署，系劳绩到班。昌乐即以王德功署，系未用到班，均遵谕行。临朐、新城两处只好令其到任严察之，如有不妥，撤之可也。庙工捐款及僧邸奠分已令首府县切实催解，然恐难踊跃，至于札催，似须斟酌。近日有一二处算交代，竟以庙捐奠分及修齐河渡船捐项具禀请抵者，经本司严加申饬，此端始息。若再行札催，将来又是交代中一大疑案，此邦人士真难与言也。即如现在部硝一案，自咸丰十年至本年共应办四批，各州县应解折色者皆纷纷联衔会禀，以捐解过多甚形苦累，若第就目前而论，苦累诚然，惟本司检查各案，自十年至本年六月应解折色并无一处解到分厘，不过由司查扣，而近来廉银归扣者无几，所扣亦不过十分之二。如齐河李均所办十年一批，本年始办齐起解，问其所动之款，全以地丁垫发，刻下李令算交，以此款列抵，其势万万不能，且此端亦不可开。然该令已经垫办，若不准其抵正，自应扣还给领，而扣款既属不敷，州县又不措解，严催罔应，亦无如伊何，殊令人万分为难。现在三年四年三批部中频催，实难设法。前各州县会禀请摊通省，蒙饬司核议，本司筹之半月，迄无良策。一味官话势不能行，摊之通省终无一解，欲行重议，啧有烦言。现在设法筹议，俟议定再行详请示遵。再，齐东刘成功委署，本司风闻该令有被人揰骗之谣，不可不察。昨已调其来省，令首府面讯，该令力辨其无此事，已令首府取具该令亲笔手折，随后严加访查，该令本拟撤之，但尚无分毫确据，遽行撤之，万一出自仇家谣传，反堕其术，本司是以取伊手折后仍令其回任，再行密查，若有实据，即行撤任查办。是否如斯办理，伏祈钧裁。肃此，恭请勋安。

本司丁宝桢谨禀

廿二日亥刻申

(八)

肃禀者，初一日肃呈两函，计邀钧鉴。贼踪现已出境，以后布置一切，宪台与曾相熟商必有长策，刻下想必定局矣。乐陵崔令澜，顷接张守来信，已于前月廿九日病故。张守现委分府之保谦前往暂行代理，其意欲请委张继武接署，亦以藉此酬劳，并可就近办理盐枭。惟委署现应劳绩到班，张继武于此班无名，似不便委。本司拟以王元相署，或张书升亦可，伏祈酌定示遵。如必以张继武署，只好声明不入三班，然未免牵强矣。军需条款已发刻，本司犹恐款目纷烦，州县难寓目，即或勤于翻阅，而勾稽才短亦复不能清晰，是以将三年六月以后应付兵差销补简明总数细数汇刻二册，附于条款之末，即使不谙算法之人，亦可丝毫不爽，特送呈阅，并可无容掷还也。至于详文，本司拟穷原竟委详细陈明，尚须斟酌一二日即行缮呈，将来刻于册尾，亦不致误。司库兑收杂款，前承谕令减解费以期报解踊跃，即拟遵行，当将所有一切解费严饬书吏人等详细呈明据开。每解杂款百两，自库书以至验色各项人役共十三起，所得之费共一两肆钱三分六厘。前岁本司到任，饬将生费一项银二钱零六厘裁去，仅余钱一两贰钱三分，去岁又饬将卸事州县应交交案银两各解费全予裁免，所省已多。此外惟有添平银三两，而杂款向无加重，只有添平，添平所余银两则自藩司及署中门印、跟役并库官、看库各行共分，亦属无几。刻下若减，惟减添平，而添平一减，恐司库兑收时多系零星比兑(以杂款本属零星也)，或有轻重多寡之差，往返添换易滋流弊，而藩司衙门少此千余金出息，犹其次也。本司以为近日每解杂款百两，连添平解费共银肆两二钱三分尚不为多，况此款向无定额，报解多少由各州县主之，司库中不能查悉，约计年中应解杂款通省均匀合计，年清年款，至多不过十四五万而止，似可仍旧办理，以免日后官吏藉口，反至变本加厉。是否有当，祈酌示遵办。洋人近日闻颇欲生事，昨徐琴舫太史来，云伊在天津通商衙门见其与崇公文，于我朝深加指责，并有限五年取尔国如反掌之语，狂悖已极，且须候崇公回文，尤属可恶，如此则滋事端必不久矣。省中教主顾立爵顷来一函，以泰安旧有该处天主堂随堂地段，刻已清出，欲行速饬泰安杨令即为交割等语，本司以彼既清出地界，且有账可据，似不如还之以钳其口，否则该教又将函询总理衙门，并函知该国公使，现值生衅之时，不必以此区区贻以口实，可否照行，祈示知，以便函复该主教也。所有原函呈阅。再，三月库储月折前函漏未封呈，兹谨呈送。其军需应付简照总细如数册二本，亦祈。

（九）

初六日

丹初前辈大人阁下：

前月初奉九月廿九日手示，敬承纫注，感荷良深。并悉新有年嫂夫人之丧，内顾无人，幼孙待抚。六旬外老人遭家多故，中怀惨悼，不能自已，亦惟强自宽解，归诸运数，只适然而已。迩来奉有山西查账之谕，此断不可以疾辞者，惟周历灾区车马云劳，不审道躬尚能耐此否？极为惦念。晋省之灾极重，闻道途饿毙及全家闭户自尽者甚多，实为近今未有之事，此时办赈不惟款项艰难，即使有银，而采买谷石亦殊费手，缘陕豫切近省分亦奇旱，本境无以自给，岂能接济他人，直东两省闻收成亦难，仅中稔，恐采运不易，所望天津海运虽道远，尚资挹注耳。顷接九先生来信并抄咨各省捐赈疏稿，实亦无法可设。陕省亦请办捐救灾，恤邻义不容辞，此间已劝令两省商宦捐助，陕省计可凑银五六万两，晋省商号甚少，官蜀者亦少，计不过凑得二万余金。现据各票号共捐足一万二千金，即日汇解，余者陆续捐缴。为数颇微，殊不济事。民捐则恐难办理，以此间滇、黔、皖均各设局到处派员争卖，直已水穷山尽矣。川省本年年岁亦不见好，北路近陕者亦旱，现亦委员分赴较旱州县，酌将仓谷平粜，幸小春均已种齐，民间稍有指望，尚无他事。我公此次查赈，责敷在查一切中饱偷漏之弊，阳光一照，鬼蜮全消，深为快幸。恐款项不能应手，谷石不能接济，车辙所至，环跪乞食，何以应之。此所为耿耿代虑者也。英员贝得禄、吉为哩、麦士呢为能等于到渝后即坚欲赴夷地及西藏探路，宝桢已设法力阻，均于半途截回，一赴滇至缅，一仍回渝，幸尚安静无事，然其心未死，将来仍复有此行。惟有随时查看妥办耳。（英人赴藏探路，李公及总署已允之，不便明禁，昨已将此事之为患不后于洋防，函致李公及总署，想亦徒费笔墨耳，可叹！）此事将来决为大患，今日言洋防者昧之于此，亦可谓人无远虑矣。宝桢任此一日，即力阻一日，后事则非所敢料。川省官场泰侈之风稍变，听断缉捕日来亦稍知振作，刻下拿办著名啯匪巨盗将近百人，地方稍觉安顿。川东差役虐民甚于狼虎，而垫江、铜梁尤甚，其票差皆有轮子听差，为主官只作执笔之人（其轮子俱系以数万串钱办成者，作俑之官，深为可杀），现已派员前往，将轮约一概返回缴省，并将著名恶役杖毙二三人，此风稍戢。然积弊太深，非可旦夕即能尽除，殊为闷闷。酉阳一州无不于到任时受差之贿者，现已一律扫除。前参之姚文滨、张文珍二员其最甚者。厘金经整顿之后，近日报解较之往年或加倍，尚觉有效。此间大利大害全在盐务，近日大利全归贪官污吏奸商，而国与民俱病其中，弊端难以枚举。昨清查盐务课税，亏至一百八九十万，引帐积至一百余万，而引多半发出，并非尽积存在道库者。又，井灶水火日盛，每年出盐不可以亿万计，而民间尚年年添开新井，公试平心察之，井灶如此之繁，出盐如此之旺，销盐如此之众，而课何以亏，引何以积至如此之多？其在上者总督、盐道均称肥缺，县丞大使之缺亦优于天下各委员之差使，均美不可言，而盐书、盐巡各项人等无不各发大财以去，此项银钱无形中不下一二百万，果从何出？宝桢筹之半年，非力为挽回，公家之利日以绌，而私枭之充斥，久将不可救药。现已通盘计画，议为官运商销之法，将黔岸及附近黔岸之计岸十余处归官经理，盐运由商承销，而于行楚岸及行内地之各计岸仍令商运商销，从前边潼计三引套搭配运者，今则为之划清界限，不令套搭混淆，而于商人请引则改设为官引局，不由盐道署请领，而由院径饬道于领引时将引帐查对号数封囤呈院，特发局给商承领，其一切应完课税羡截等项银两，即令商人照数于领引时缴局，由局随时解缴道库，不令商人与道署书办家人等相见，以杜索诈措勒之弊。其从前每包盐加重至六百七百余斤者，一律改归一百八十斤一包定制，而外加以捆簖卤耗等费四十五斤。又将渝城厘金酌减四分之一，其各关卡一切验截各项浮费悉力删除，如此彻底搜翻办理，庶一应官吏奸商之弊可清。日来办理已有头绪，访之商民亦均称便，颇形踊跃。惟官吏皆兴孰杀之歌，然事势坏至此极，不能不任怨以期整饬，亦无可如何之极思也。

来示所云田、吴两令，宝桢极知其病，然其人颇有缉捕才，其办事亦能不避嫌怨，查其行径与山东之葛仙峰、王亮采相同（昨办垫饷差役，初恐根蒂太深，特令吴前往办理，颇能破除情面拔尽根株）。前以川省会匪帽顶盗匪结党横行，近省一带劫案日十数起，官直不敢过问。宝桢到后查看，此风不戢，地方必将有事。而细访捕务勇速者，非此莫办。是以始从宽免而当面将其从前私罚各项及应酬泰侈一切直言斥之，与之约法，知改则姑宽以观后效，否则立登白简，渠等尚知畏惧，亦自言从前所为之不善，今愿改悔力赎前愆。宝桢时时密访，目前尚属谨慎。承示当时时留意，稍有不合即立去之，不令为害地方。罗讦庭太守当为特保，奏调必遭部驳，李用清编修拟与讦庭一折办理。李正心现因陕中办赈，陕抚奏请开捐，拟即以调川差遣帮办陕商捐事借词调之，日后拟令加一指省银两，总之指省一项部中无论如何决不能短少也。

另示洋务办理情形，深蒙训诫，切中时宜，谨当书之座右永为圭臬，以免贻误。姚公《康辅纪行》一书，川中尚可购觅，尊藏之本，乞即留览。年嫂夫人大事承命不受赙赗，自不敢渎。惟宝桢忝在谱末，与公系十数年至交，漠然无关亦非古谊，是以敬制挽帐一悬，用伸下悃，乞为哂存。饬悬之灵右，聊当生刍之献，是所拜祷。事冗语长，全无伦次，惟鉴之。手此，敬请道安，不尽。

年侍丁宝桢顿首

初六日

世兄不令致唁，即请此问好。

（十）

二十三日

同治五年九月廿四晚到东平营次

肃禀者，廿三日未刻接奉廿二日手示，谨悉宪体以前次筹防过劳致引旧疾，又值贼踪复窜潜行扑运，益增苠虑，难以安心调养，读之不胜焦急，务祈于万难摆脱之中稍加静摄，是为至祷。贼此次抢渡杳无消息，实出意外。各营均能严防，张青云一营尤为得力，赏之乃足以励其余。开河以西我营尚为联络，复得宪台时时督饬，或可无虑。恐长沟以下不免担心，王守不知能兼顾否，极为忧灼。肥城黄崖地方昨（廿一日晚）接何毓福飞禀，该县拿获冀宗华等，讯供据称黄崖居住之扬州人张琪有谋逆情事，临朐获犯供亦相符，本司当于是夜即派唐巡捕带兵十余名会同长清陈恩筹密拿，顷已接渠等来函，于廿四日可解到，俟解到时讯明，再为禀闻。此事去岁潍县曾解王花子一犯来省，即有张姓传教之事，后因查不得实，是以未办。刻又有此事，必非无因。本司深虑内匪再有蠢动，殊难布置。顷奉宪示，不得不将前辙之兵仍令暂扎，以防未然也。惟是宪体当此艰难之际，万望静心调理勿过焦劳，临禀毋任悬念之至。肃此具禀，恭请钧安，伏维垂鉴。

本司丁宝桢谨禀

廿三日申刻

正肃禀间，卢臬司来署商办一切，深以宪体不豫为忧，并以省城太空，意欲稍为添人以防内患，此为慎重起见，事属可行，惟省城添人无济于事，且缓为相时办理也。

桢又禀

（十一）

二十四日

肃禀者，廿三日呈一函，计邀钧鉴。廿四日接奉廿三日手示，谨悉一切。贼此次潜入东境决意抢渡，日内必仍竭力攻扑，幸墙高且厚，足以遏其凶锋，长沟既经布置，当可无虑。惟追剿之师此番或难骤至，以贼行过速故也。黄崖张琪之事昨接唐巡捕及邓、陈两令来禀，均称本日可以到省。本日巳刻肥城邓令来见，据称渠阅此事，本司于唐弁来后已知其必变，所有布置城防及将来办理之具均已预备。虑新勇难恃，将官冯、郭二人尚可用，如事成之后一径剿办，省勇出省，城防又虚，而此番密迩匪踪，一应雇募，殊为可忧。即省中查奸尤为难事，缘渠系官匪，城内恐难免混迹，已百计防之，当不至误。运防兵万不能动，一动贼即知风，能否令冯义德带二三百前来，祈矛七捆、铅丸三十余担。人所共见其各山口均安设有卡，吴载勋亦在黄崖，据云看此情形亦颇着急，拟即将家眷搬走，似此则张琪之起意无疑。惟此事必须迅速办理，方免纠聚日多，省城现在无兵，本司刻拟令冯胜林、郭大胜两人将前所募之勇各招五百，一二日内即亲带至该庄，密速掩捕，否则该匪愈聚愈众，恐致滋蔓。不知宪台以为何如？祈迅示知为要。其有寄交吴守之札，刻下该守已不在省，是否送交亦祈示知遵办。此事必须速办，不然贼攻于外，患生于内，将难措手矣。肃此，恭请垂安。

本司丁宝桢谨禀

廿四夜子刻申

（十二）

二十五日

肃禀者，廿四日子刻肃呈一函，计邀钧鉴。发禀后续接青州府、临朐县两禀，又将临朐拿获之郭嗣清、阚益成等五名正法，其供认起事各情形与所筑围寨一切均与唐弁面说各情历历吻合，此事大约属实。昨邓馨来省，本司查其言语情形颇觉支离，是以纯用好言答之，令其传知张琪，俾可诱之到案再为确讯，以免举动。但看现在情事，恐不能诱，致事已如此喧露，而邓令仍无一实言。甚矣，东省州县之讳贼避过，不计利害之轻重，有如此也！昨禀此事务在速办，缘捻逆现已东窜，黄崖即系紧接后路，且该犯蓄谋数年，党羽自多，闻章邱、长清、汶上各处俱开有铺面为之耳目，省城亦有，已为密查，至省中各官幕半为所迷，即吴载勋据唐弁云亦已深悔，刻下移眷万分为难，其耳目之众尤为难办。本司拟俟勇丁募齐即行拿办，将来必至打仗，幸尚系初起之匪，或不难了息。省中实无可靠之人，三营将官多官面，而候补参游亦无人，是以用郭大胜暂为一行，亦万不得已之举也。河防兵似不能撤回，稍动恐露风声（安知其无勾结），贼益将决志攻扑，更觉兼顾为难。德平王萃马队百名，本司已暂行调回一用，事竣仍令回驻，好在彼处刻下尚安静也。文道堤工之万金尚未起行，已截留矣。前云宫本昂罚其修堤赎过，昨令人传之，渠已于十七日前赴山西，是否调其回东当差，祈即示遵。肃此，恭请钧安，伏维垂鉴。

本司丁宝桢谨禀

廿五日午刻申

（十三）

二十六日

肃禀者，廿六日迭奉廿四、五两日发下手示三函并各信禀，谨悉贼在运西急去急来，或远或近，极意抢渡。赖宪台防范周密，各营亦均效命，得保无虞，欣幸无已。惟该逆总未甘心，必须追兵迫其后，乃可远窜，防务复吃紧，荩体未免过劳，殊深驰念耳。黄崖之事大约成事十有八九，陈恩寿本日来禀呈酌夺，倘不能动，即不必也。此事办理须速，迟则人益众，本司现以候邓馨禀为名，仍不露用兵声色，稍以缓其纠众之期，以便布置兵勇，勇一雇齐，即拟迅办也（即首府县亦未告之，募勇仍是以防捻为名）。前禀亲带前往者，以鉴于刘德培之祸，恐派员往办稍为尝试易长匪势，且亦无可派之员，即本司前去亦无必了之胜算，不过稍使兵勇不十分退缩耳。前调德平王萃马队以探闻该处，已发三十余人往各路，恐系招人来援，如有马队，此等新起之匪，得一二马兵冲之，虽多亦散，散其一二起，他处即闻风跧伏。如各路党羽不来，黄崖虽险亦孤山耳，纵有千余人，亦易为力。鄙见如此，未卜钧裁以为何如？即祈迅速示遵。李中丞不守贾鲁河，诚如宪谕，前曾与潘道言此，不足怪也。邓馨至今尚未有回信，特以奉闻。肃此，恭请钧安，伏维垂鉴。

本司丁宝桢谨禀

廿六日申正申

李中丞及王守信禀呈缴，如令冯义德来，令其由汶上、宁阳一路来为是。

（十四）

二十六日

廿八丑刻到

肃禀者，本日申刻肃呈一函，计邀钧鉴。戌刻接奉手示，谨悉黄崖之事，本日吴守到省来见，细询其中情形，据云现在似有抗拒之势，询以张姓，亦云从前并未看出不法行迹，至现在亦不敢保。本司当即令其函谕各庄居民，以所拿只张琪一人，并不株连，如张琪能出寨归案，即渠亦可解免，并令其一面函致张琪，吴守亦云尽管函致，其能出来与否实未敢必，令其亲往该庄一行，则云不敢前往。此事大约须用兵捕拿，但思该庄官幕绅民移居者不少，若径用兵，玉石不分，是以一人而贻害大众，殊为惨恻。本司前于邓令来省时已发告示数张，令其持往张贴，以期解散，今令吴函谕该处亦是此意。如须用兵，务当严禁妄拿骚扰为要。至于运防队伍能否派援，务祈酌量。如派队时须严戒其勿烧民房、勿掳牲畜、勿妄杀人，总声明只拿张琪一人，使其人心一散，即易了也。张绍陵已于五六月往扬州，至今未回。再，吴守是否仍令来营，祈示知，即令前来也。肃此，恭请钧安，伏维垂鉴。

本司丁宝桢谨禀

廿六日丑刻申

（十五）

二十六日

再，正肃禀间，接据邓令来禀呈阅，所云四路严拿迅速弋获者，恐是官话，然亦未可必。拟再缓二三日始行派队，如何？伏祈钧示。肃此，恭请钧安。

本司桢又禀

廿六日丑刻

（十六）

二十七日

肃禀者，廿六日肃呈一函，计邀钧鉴。顷奉廿六日发来手示，谨悉一切，运防迭经贼扰，无隙可乘。兹潘营又已赶到定陶，铭军亦不日可到，贼前不得进，后虑截剿，当可远遁。黄崖事本日午刻接邓馨禀请兵捕剿，似不能再作缓计，惟冯、郭两营尚未成军（廿六日始开招）无人可派。正深焦灼，适奉谕已派王正起二营驻水里堡，潘道带沂兵二百同来，王萃马队至平阴，均于近日可到，不胜欣慰。前虑河防兵不能分，以无追兵之故，今后有追师，则运岸直营可以抽调，此等新集之众，一经攻打必能瓦解，但遭害甚多，能缓以解散之甚为妥帖耳。冯、郭二营拟初一日饬令由长清前进，有此四营可以了事矣。吴守之札昨已给伊，并令其前赴行营面禀一切。肃此，恭请钧安。

本司丁宝桢谨禀

廿七日亥刻

(十七)

二十八日

肃禀者,廿七日亥刻肃呈一禀,计邀钧鉴。是夜子刻接奉手示,谨悉一切。运防安山一带又形吃紧,追兵亦未到齐,王正起营居冲要,自未便抽撤。黄崖事日见其坏,断难再缓。况邓令已请兵,尤难延搁,惟勇尚未齐,器械亦未领全,而事又难久待,本司现遵谕于本日前往,但诸务检点且安排防守一切稍为料理,恐不能即行,明日又系晦日,只好本日出关暂驻,廿九日一早即前进。其勇丁令其随后带至,第新勇难恃,本司已酌带标兵三百五十名,马兵五十名随往,到彼之后一切遵谕办理,令吴守、林令等招之使出,如再不出,则分别速办,以免蔓延也。张绍陵已往扬州未回,此诚冤极,省中人心微有惊惶,尚不大恐。肃此,恭请钧安。

本司丁宝桢谨禀

廿八日辰刻申

(十八)

初一日

肃禀者,初一日辰刻肃呈一函,计邀钧鉴。本日午刻接奉廿八日未刻发来手示,谨悉宪节日内可住平阴,不胜欣慰。黄崖之事廿六日邓令请兵后,廿七八日等日即闻该寨每夜出人掳人烧房抢马,并到处勾结,二三日约添外匪六七百人,长清各庄居民迁徙一空,人心惶惶,省城亦为震动。适恐运防吃重,宪台不能回顾,而闭关不出人心益疑,且虑其勾结日多,后将费手,不能不急急出省,而又无可恃之人,殊为焦虑。今运防稍缓,宪节可以回顾,本司似可回省办理省城一切。况现值各处催提饷项,均坐守省垣,而十月本省勇粮及京饷亦须拨解,固本饷亦应批解一次,又有秋灾核议征缓各事均关紧要(又有石圩工程亦须时时照料),在外诸多不便,现在情形似以回省为是,伏祈示遵。本司拟俟冯、郭两营今日到长清后稍为安顿，即行回省办理署中一切，俾毋延误也。至黄崖事，吴守此去或行或止，即可立决。万一不来，将来攻寨仍须严禁妄杀，本司刻派人防守四槐树、五道岭各口。如用兵之时，四槐树为南路进攻之道，如五道岭等处仍须撤去一面，使百姓有路逃生也。此事不难即了，伤黄崖各庄居民无故受害耳。张琪此事不解真伪，岂其从前所为系效王莽谦恭耶？如以为忿激使然，则本司与卢臬司在省已令汪经历等公函谕之，又令吴守专函谕之，又迭出示解释之，即宪台之意亦令吴守及郑道等函谕之，而各处去书至今三四月并无一回信，抑何其气之固结也！昨吴守见面细询情形，据云廿三日辰巳间合寨寂然，忽有一买布人哄言黄崖前后山沟皆兵，将其恐吓，细查此人若真被吓着，吴守等登高视之无所见，此岂所为阴兵耶？若果如此，则劫由天定是有数焉，不可逃也。东省近日人心本司深以为虑，究未知天竟何如耳。肃此，恭请勋安，伏维垂鉴。

本司丁宝桢谨禀

初一日申刻

（十九）

初三日

肃禀者，初二日辰刻由长清启行，肃呈一函，计已邀钧鉴。本日午刻接奉初一日亥刻手示，祗悉一切。黄崖事不难速了，总以绝其外援为第一要著，前禀请扎四槐树，不知已扎否，须派二营由此进兵（此为南路口子，要紧），或扎一营堵之，能扎毛家铺更为得要。五道岭本司已令陈令堵之，但其勇只百人，恐不敷布。昨临行时不及肃禀，曾令陈令禀请派一营扎段家庄，如此处扎营，则五道岭一路之勇又可令该令分小路巡缉水里铺扎营，则该匪由东昌、武定约来之众可断，即购买物件来者，亦为我有。如此处处绝其外援，则孤山指日坐困成釜鱼之势矣。省城布置一切均妥，泺口一处本司已拨勇一百名，令惠守于本日往扎稽查，并令雇民划上下夜间梭巡。章邱龙山一路亦派周楙祺带勇五十名往扎，以查东府勾来之党。齐河一路不必查，祈饬平阴在滑口一为梭巡，则河面可清矣。城内已设栅栏，二更后各街上锁，不准出入。往来有要事则讯明放行，奸细亦难用其伎俩，其各监狱均已派民壮扎卡严守，伏祈释怀。惟此次运防抽拨过多，顷接探报（济南禀），捻逆尚近济宁，距赵村石佛不远，未免可虑。幸追兵已集，尚无大恐也。省城人心尚定，足慰远注。肃此，恭请勋安，伏维垂鉴。

本司丁宝桢谨禀

初三日酉刻申

（二十）

初三日

谨禀者，辰间接见委员张联奎，据言该匪有勾寿张黑团之说，并将遣人暗作行刺之计，此语本难遽信。惟寿张、安山、梁山、黑虎庙一带颇有风闻，去岁本司在济宁曾派莫组绅等暗为办理，嗣径回省，而贼已退，且去年冬间及上半年贼集该处，并无他议，是以未径议及。现该匪既有勾结之话，亦不可不防。祈饬运岸住安山一带营官严防密查，切要。至宪台所住，必须勇丁三五百名作为亲兵，前本司屡言之，未蒙见纳，深以为虑。所谓亲兵者，非好为排场，亦以防他变耳。岂惟防外，即本营各起勇丁亦须有以制之，伏祈挑选数百人作为亲兵备缓急为要，否则万一有事，呼应无人，是则大可忧也。此次之事祈为防之，不可信其必无。本司向亦无亲兵，且不信刺客之说，此事一闻张令所言，颇为心动，万无大意也。肃此，再请钧安。

本司桢又禀

初三酉刻

(二十一)

三十日

丹初前辈大人阁下：

月之廿七日接奉手示，袛聆一切，并悉起居安吉，杖履绥愉，慰颂无似。尊体去夏大病，宝桢远距数千里不得其详，惟去秋接小儿稟言及，亦以为偶感时疾不久即愈，是以未获专函奉候，歉仄万分。今已大愈，伏维珍重颐养为祝。张香涛中丞到晋后专人速驾来省，奉有传谕事件，此殆迫公出山之盛意，乃承不弃，以进止机宜质之于数千里之外之鄙人，仰见虚怀善下，钦佩尤深。窃维朝廷九聘弥勤，需贤若渴，而我公盛德宏谋，实足以扶衰振靡，自宜急起赴诏，不可再躭山林，以尽臣子之心。第念将来到京，卿贰督抚必居一，于此宝桢私为公计，若畀任京秩而授以大司农之职则拜命，盖今天下之大病在贫，而欲救其贫，非得一通达内外综核名实之大司农不能为功，环顾当世无此巨材，我公若再固辞，则贫者日见其贫，非所以待国家也。至若外任以督抚，则实有难为者，盖督抚之办事在外，而一切皆牵制于内，其他姑勿深论，即以补缺一事，督抚之任在用人，今自开捐数十年来，无处不捐，即无人不官，流品混杂，无非为利而来。补缺重在择人，而铨部动拘于成例，虽明知此人之贤不能为力，即明知此人之不肖，亦必照章。甚至有驳此而指名补彼者，于是买补买驳之事所在多有，吏治何由澄叙。所幸委缺一层，督抚尚可自主，而又拘于年满之例，故极知其人之可用，而用之一年之外再留一年，至三年而浮言四起，任事者亦为之不安。宝桢到川来亟除轮委之条，始觉稍有把握，然今日之官太众，一省之州县动辙数百名，遇有缺出不能不委，而彼等之弥缝至工，迨署事至三五月之后知其非人，而地方之受累已多矣。桢到川五年来，参革之府厅州县已一百二十余人，停差委者又不下一百余人，而究无益于事，然舍此实别无良法。世道人心至此，为之奈何！轻减差徭实为今日至计，晋省有明公以精极之才行豁达之政，而犹不能一律奉行，殊大恨事，然亦静翁心正而手不辣之故。新任张公清正之余颇求真实，其在川省学政任内除书办滥费，裁考试陋规，不遗余力，实近今所罕见。惟闻于家丁各项人等，不善稽查，每多上当之处。倘能于此处再加细密，必能大有所为。我公可将现时应兴应革之事宜详加告之，或不致徒托空言也。川省差徭之弊幸已革除，近日来往官绅虽学舌主考，将军都统等皆极力照行，地方毫无扰累，亦可见人之欲善，谁不允我，特无人以倡率之耳。来谕以川省预征宜设法改之，极服远识。查川省办理捐输垂二十年，本非善政，而预征尤为无理。宝桢到川后于捐输一项照前约减去二三十万两，预征一层，光绪四年即欲停之，而方伯以拨款过多为言，且深虑短解协饷之必得处分，是以屡言之而不能行（左相以解饷参山西林方伯革职，今均以此为戒）。计惟有将库储极力撙节，使盈余至百万以外始可办理。光绪四年以来，已将川省楚勇口粮之四两八钱减为三两一钱，而又将勇裁撤三千余名，极力节省。计自五年腊月底，库储即余银三十余万两，当提出二十万两另存一库，去年又提出二十万两另存，而盐务局缴还之本银三十余万亦均作为另存，不准乱动。刻计另存之银约有六十余万，再有一二年即可过百万，而预征之事即可停止。惟捐输一层，非农部于协拨各饷通盘计议约略减省一二，则势有不能。宝桢于此事不能删除至为抱恨，然损己利人实亦无可如何之事也。今日之务宽民力、宽官力，守以正而核以实，的系正办。宝桢自上年以来，诸事不敢轻有所为，惟专以“严惩贪污、培养民气”八字为的着力行之，誓不改移。兹承明谕，益可坚于自信矣。办理积谷自山陕大祲之后益知此事之为不可缓，此间极力饬办，去今两年约计有一百余万石，以后但得丰收仍当照办。况宝桢定章每石劝捐积一升，百分取一，民心当为乐从。惟州县办理有不善之处，只好劝勤加查访，期归于不烦不扰而已。川省都江堰工当日极意经理，被谤最深，屡廑关注，今幸著有明效，江水无冲刷之虞，而从前数十年淹没之民田至今将全数涸复，此田约计二十余万亩，现在成属每年增添之谷约数万石，颇为不费之惠。而向来年年办工，司库每年必拨帑一万余两，民间又须派捐银亦不下一万余两，近三年来均经删除净尽，此亦似觉有益，知念附及，以慰远怀。川省新藩鹿方伯心地正大，操守亦谨，而公事亦极明爽。共事数月，极为相得。廉访张公相处甫经两月，看其人甚安稳，驭吏亦尚严明，即此亦属近时难得之两司，不敢再有奢望。唐观察炯号鄂生，官建昌道，此公真今日之翘楚，其德行才品作事悉与公不侔而合，香涛中丞知之极熟且有亲谊，可以详询，便得其为人也。王壬秋系掌尊经书院，去冬业已回湘，本年拟不再来，亦以此地士习难挽(更是死于利中)，不敢虚负此席之意。

两世兄学问当益进，本年乡试必可联翩桂苑，可为预庆。文孙甫七岁而识字三千，读书已三四本，其姿性聪颖过人可爱，明德之后必有达人，信不虚也。此事难以自主，明公得此娱老，宜其尘视轩冕矣。小儿体常，才地本陋，深虞其习成官匪，是以屡恳严加训饬，俾之向上。今奉来谕，所言极感威德之教诲，有以玉成之也。以后尤祈严训，毋稍外视，是所切祷。宝桢自去岁来，百病丛集，头昏腰痛腿疼等症非此即彼，纠缠不清，令人困惫不堪，而此间诸事繁冗夹杂，稍不寓目，弊即随之。亟欲仰步后尘，而卒不可得，势不至陨越颠覆不止，言之忧惕。我公其何以教之？手此奉复，敬请道安，伏维澄鉴，不具。

两世兄文祉。

侍丁宝桢顿首
四儿侍叩
卅日

再，此函因数日内尚无差弁赴京，恐不能于三月十五前赶到，故用粘排递呈，并及。

(二十二)

五月二十八日

丹初前辈大人阁下：

五月初差弁回得阅会试题名，知六世兄高捷南宫，具见明德之后必有达人，不胜欣喜。计引见必邀馆选，以世兄之谨饬而又得我公之严训，将来定为国家得人贺，不仅一家之私庆也。前奉示函，适值大病不起床者六十余日，自分必无生望，不意四月中后渐见转机，因勉于五月初销假，而气体亏极步履维艰，此后恐难任事，拟将经手各事料理归一，便当陈诸开缺，庶免贻误地方耳。承谕各事，桢前次病甚昏眊不省人事，现病稍愈，始详加寻绎，亦觉难于用心，然大要所示，如节省统领营官薪水及裁剪勇夫口粮等件，此惟湘、淮、楚各军薪水口分俱较优，或可酌办，他省似有为难，而川省尤不能行。缘川中一切薪水口粮从前定章时本不为多，而统领营官管带勇营，其于出力奉差之丁勇等亦有雪费，势难再减，实属情理。至各勇口粮已经桢于四年裁剪，每勇已去一两七八钱，不为不多。川地柴米煤钱终年昂贵，若再减则不敷口食，尚能望其出力乎！至勇数现在一万二千余人，而川省内地一百三十余所州县，中间会匪、盗匪、帼匪、帽顶、私枭、游勇各匪徒甲于天下，加以东西南北逼处夷地，生熟番夷环绕数千里，而雷波、峨边、马边各所又均系生番狄夷，向不服化，各自为支，时时出巢滋事，各州县到处请派勇营，无日不有，皆以现在之万余人四路奔驰，刻无休息，若再将勇数减少，万不敷用，此勇营实在情形也。至裁汛归营亦恐有难焉者，盖川省人心浮动风气坏极，从前绿营丙丁率多通匪，且动辄纠众为乱，骆、崇各公适受其害。桢到川后严加整饬，遇事严惩，近稍知法，今若裁汛归营，则已裁之兵必萌故智，而各汛星罗棋布，各营之官平时已苦于稽查，此时裁归一营，彼将得以推诿不问汛地之有无事，故而各州县亦必藉为口实，窃恐盗匪因此猖炽为患滋大，不可不虑。凡此情形鹿滋轩中丞到京后，祈详询之，便得其实也。至川省向来诸事诈伪，惟奏销报销各件极为守法，然非真能守法也。

盖川中官场贪利甚炽，而取利甚巧，其弊不在攘夺其君，而在刻剥其民，何也？此间地丁甚少无可侵渔，即后来加出津捐，然皆为拨饷，计上司考核甚紧催解亦严，各官纵欲取盈亦不过一二千金，为数至微，不足介意。故凡关涉奏咨正杂各款，无论多少皆有一定专案报销略，不敢违此，可考而知也。惟与各绅士勾串一局，表里为奸，鱼肉乡民，实此间一大弊政。计其多取之数，即前夫马一局，每年所得足以抵一县之地丁津捐而有余，故川省从前谓每银一两，民闻冤至十二三四五两不等，盖地丁津捐尚居其少半，而夫马局私收则居其大半也。又况私捐私罚，至于讼票无不要钱。从前上司图得规礼，相率因循，上下交征，有以为常，此等害民甚于豺虎，无人过问。桢到川后痛加煎洗，年来革除净尽，即向来各署买物之所谓官价者，亦为之一律革除。此外私捐私罚一经访闻立予撤参，近来各属稍知儆畏，民气稍安，此实可为公告慰者也。夫理财之道，《大学》谓："生众食寡，为贫用舒。"而得要尤在于用舒一层，又《孟子》曰："无政事则财用不足。"至哉圣言！千古不为之常经也。今天下患贫亟矣，以我公现总农部，综核不实，行之日久，财用不患不足，然亦须各省同心一力共相维持，乃可有成耳。至川省以前报部各案皆谨遵成法，此次承颁条谕，以后诸事更宜遵照办理，济之以实，不敢有违，亦不敢稍有欺饰，以副我公孜孜为国之至义，庶可自问斯心耳。川省本年雨赐应时，如六月再得一二大雨，年谷可望丰收。地方亦安静，惟人心太浮、匪徒太多、穷民太众，一夫夜呼，乱者四起。桢日夜防维，无时或释。亦惟尽其力之所能而已。四小儿引见，不知作何用，倘侥幸得一京秩，务祈严加训饬，百拜叩祷。桢久病初愈，目眩头昏，心思愚钝，不能虑远，此函竭六日之力而成，词语既多，荒芜字体更复潦草，即此可见精力之衰朽，无能为矣，惟我公有以鉴之。肃复敬请台安，伏维霁鉴，不宣。

侍丁宝桢顿首

五月廿八日

六世兄道喜问好。

(二十三)

闰五月初八日

丹初前辈大人阁下：

四月杪肃呈一函，计早登台览。敬维荩躬安吉，密勿宣猷，至深抃祝。法越和议已成，自可纾目前之急，惟和局既定，而防兵仍不能暂罢，是彼得休息而我独疲劳，年复一年，度支日匮，而从旁伺隙者又不止此，将如之何？窃谓海防一事由今溯前，李相似难辞责，其余则属自桧以下可耳。桢去冬以法事孔棘，恐有征调之举，不能不一为防备，因将本省防勇抽调十营五千人扎于省城近地，亲加训练，以外洋军器既利，纪律又严，其战也不轻败，其败也不轻退，迥非昔日中国攻击发捻各匪可比，因将中国旧习阵法改练洋阵，而川省所设置机器局制造洋炮亦颇有余，乃将我营所用长矛尽改洋枪外，复加以纵跳夺旗、操练快步等法。自正月起至今逐日勤操，绝不增费一钱，不过每操一次赏其勤者优者每名至多不过一二百钱，日来已渐有可观。其每月各营多费火药二千数百斤，铜帽二三十万颗，亦皆系局中自造，绝不分毫假借洋人，如此操练似较之临事招募乌合之众尚觉得力可信。高明以为何如？查中国自强二字，自咸同以来已成常谈，而縻饷一事终受实祸，言之可叹。唐鄂生实今日人才，此次获咎似非其罪，计桢与渠共事五年，知之极深，其在川所办之事确有成效可无论矣，即其抚滇不及两年，今日之滇吏治、民生迥非昔比。其尤得力者，滇省之大利在铜、锡、铅三事，鄂生去岁承手办理，闻其铜务已有起色，而锡厂尤胜，今日滇铜由泸州起运赴京者已五十余万，以后当可源源接运，惜其甫经得手，遂已更换。以后之事当属之张月卿，月卿循谨有余，若办此等力挽颓纲之事，恐力量或有不逮。桢以鄂生才实可钦而正值需人之际，以此治罪，诚不可办，亦不敢办，而有才见弃，实亦不忍。桢是以不敢避忌讳嫌疑之私见，于五月廿一日上疏特陈，非敢为鄂生乞恩，实为国家得才起见，固知人言可畏，然能以一言而使朝廷知才之可惜，即因妄言获谴，亦所甘心也。昨接四儿寿雀来信，密言我公已为之于工前力为排解，颇蒙谓然，即此足征臣主一德，而我公之无负于圣明亦大可钦服矣。前论当商受累一节，桢已遵照办理。刻只催令各地方官将所属领本各当号开送齐全，即将所刷照票发交该当收执存据，并札藩司及各州县确遵照办，以后州县或可尢亏挪之弊，而当商亦绝少赔累之苦，即地方办公之资，亦不至动多掣肘矣。官运盐务连年来行销畅旺，殊为可喜。桢于该局考核甚密，自开办以来，该局每旬必有旬报，顷将购引、销引、收银、支银各细数按日详细开列，不准一日遗漏，旬报之外，复有月报，总一月之帐呈查，毫不短少一日。昨因去年一年未经到局一查，又本年行销已及五阅月，乃于廿五日赴泸局，将该局所存之总薄及流水薄，又将各厂岸呈报该局之行销收解各州折逐细比对，款目厘然，毫无弊混，不觉喜甚。计自正月至五月底未及半年，其购引、行引已至一万四千七百数十张，其收支各银数已及一百一十余万两，几与藩库相埒，此皆总办局员夏道台综核精密，驾驭得宜，故能逐渐畅旺也。又，此次出省复因连年劝办积谷，查计约有一百八十余万石之多，去岁委员分处查验风监，均称得实，而桢以川省积习多诈，又积谷，不能不派绅士经理，而川中士习贪利无耻者居多，从前乡间存积之济社各谷多被侵蚀，大半乌有。此次积谷恒恐其蹈此恶习，是以拟于查看盐务之时，将存谷较多之兰州、资州、资阳、泸州等州县一为开仓查验，以便放心。幸此番催督考察极紧，各处仓谷均系实储，且亦异常干洁，殊为难得。川省有此储备，设使遇有灾歉，必不至求助于临邦矣。刻已催藩司制备部颁斛斗，每属发给一张，令各州县将谷较量画一，即行造册咨部并具奏，以便日后有所考核，庶期经久。至现在此项积谷已饬知各属一律归入交代，遇有交卸照常平仓谷一例结报，并须实力风晒，以免含混敷衍之弊。现在我公入直枢垣，责任愈重，机务日纷，苠瘁曷似，万祈随时珍卫。刻下眠食不知何如？便中祈为示悉，以慰鄙怀，是所切祷。四小儿渥荷训诲，俾有遵循，作官本非其所长，但得不入于下流一路，则沾感实多矣。手此肃布，敬请钧安，伏维澄鉴，不具。

侍丁宝桢顿首

闰五月初八日

六、八世兄均祉。

（二十四）

六月初三日

丹初中堂阁下：

五月肃呈一函，计登钧览。敬维道躬安泰，勋福崇隆，极为抃祝。昨读邸报，欣悉入赞纶扉，倚任弥重。从此调元赞化，相业恢宏，苍生蒙庥，中外禔福，曷胜距跃！法越之事闻已议和，乃昨奉寄谕，又令四川就所有各勇内酌拨五营，交鲍春霆提督统带赴滇为岑制军后路之师，是否和局未定，莫由知悉。现已拨出得力之勇五营，一俟鲍提督有信前来，即行带交。但向来湘淮各军统领多不愿带他营弁勇，大半须自行招募，且川勇自桢到任后，即将以前口粮裁减，嗣又将勇数酌减，每营留五十名，刻下每营只四百五十名，与从前湘楚章程全不相合。鲍提督向带楚军，此次所拨之营，口粮既轻，名数又减，其能否愿带，均未可定，如渠另有他意，只好令其自行筹画奏明办理，桢于奉到谕旨后，亦将此层奏明在案矣。川省近年生齿益繁，穷民日众，日来各处烧会结盟之风严拿不绝，劫盗之案重办不止，实缘贫民过多，谋生无术之故，日为隐忧，刻幸各边夷尚为安靖耳。前承论当商之事，已遵照发给各商号，照票收执为据，以后各州县随意提银之弊可以稍免，然亦在后来之人认真稽查乃能永久。天下事任法不如任人，良可慨也。川中一切应办销案，以前者将次清结，以后则可年清年款，不似从前轇轕。昨接大儿体常来信，以渠现委护河东道，此缺系专办盐务，闻该省盐务亦疲，弊窦极多，整顿稽查均属不易，大儿以庸钝之姿处兹重任，恐不能做到好处，为之焦灼。只好谕令正己率下，将前任已革之规弊恪守照办，其未经裁革之各项规费详细查明，切实办理，并严禁家人书役幕友人等需索交结商人暗中舞弊，如查有弊，立即重办，决不游移。庶几商人少使规费则成本自轻，成本轻则行销自畅，再于民间食盐之户细心体察，不令过于食贵，或者不致大坏，即为幸事耳。公在晋久居，又近邻河东，于此中情形必能了悉，其应如何办法乃可有效，敬祈示知，以凭遵办，不胜感祷。四儿不知近日尚能谨遵教训否，祈随时切责之为恳。川省本年雨旸尚好，秋收可望，足慰荩怀。时艰益大，倚畀益隆，愿珍卫起居，以副天下之重，百拜叩祷。手此肃布，敬请钧安，仰维垂鉴，不宣。

晚生丁宝桢顿首

六月初三日

世兄均祉。

（二十五）

六月初一日

丹初中堂阁下：

前肃呈一函，计邀钧览。嗣差弁回接四小儿信，始知公肝疾复发，两臂亦被牵痛，刻下调治必已大愈，系念殊深。此皆年来机务部务诸烦擘画，刻无休养所致，此后惟祈珍摄，善自节劳，以副天下重望，至祷至祷。法事和议已定，暂可歇息，虽彼族多诈无信，将来恐不能持久，然此时姑得藉此余力以图振作，未始不善。顷闻议者犹执“主战不可议和”之正论以相责备，不思主战之事已行之将三年，而成效安在？且前日命将出师，皆此数公，当战之时而又不能力战，事后乃出大言以自饰，而并欲沽名，其谁信之！且刻下各国无不虎视眈眈，言战之日不患其无，即以四川现在情形，俄人颇有垂涎西藏之意，不知事发何时，恐亦不甚远（将来恐由西北面进窥，由川入扰意少，以其常与英人争印度，胜则在彼，不胜则在此矣）。英人铁路已将及后藏，此意欲何为？无非为西藏蚕食计耳。桢日系忧之不知为计，惟有加意练兵，静以俟其动（舍此则无办法，亦惟此可以稍有把握），不待彼人有事漫无以应之，或以仓卒乌合之众徒縻粮饷而已。我公以为何如？开源节流各条，除地方应办各事必应谨遵照办外，其中有时势所难行，民情所不愿及，情事有难以一例办理者，均切实审度，逐一筹画，可行者业经照行，不能行者亦不敢勉强固执致多阻窒，顷已奏咨到部，祈为酌裁，无任拜祷。川省本年春间川东一带较旱，米价甚昂，幸数年来劝谕民间积谷，稍有收藏，桢于四五等月饬令各属将所办积谷发出平粜，尚足接济，民间得此亦属安靖，则无滋事之处。刻下各属已多得大雨，虽得雨稍迟者栽种不能普遍，然川省极重杂粮，目下如红芋等项概行栽遍，此亦大可接济，不致荒歉矣。各边地生熟夷人近亦安静，秋冬间如不出巢滋扰，川省本年即为大幸耳。鲍春霆之勇近接岑彦帅来咨，现扎开化府之马白关，该营在彼买食不易，岑公已奏请撤回四川，此事尚未奉到寄谕，是否准其撤回，未能知悉。刻已奏请将准撤与否情形勒知来川，缘桢现又饬司拨解该军饷八万两，必知其准撤与否，乃可酌解交收，免致有误，且闻该军逃散已不少，若长此不撤，每月须饷八万数千两，实为虚縻，殊可惜也。川省开矿之事刻已兴办，尚未见有大矿出露，旺否实不可定，此中原有定数，非人力可强，不过不能不自尽人事耳。前本拟俟得见大矿后始行奏明办理，因川省谣言甚多，恐迟之不奏，将来或谓此间大发财源，殊为不妥耳。手此肃呈，敬请钧安，伏维鉴察，不具。

晚丁宝桢顿首

六月初一日

八儿侍叩

世兄文祉。

（二十六）

三月二十九日

丹初中堂阁下：

日来久未奉叩起居，至深悚歉。敬维勋躬安吉，钧轴延厘，定符臆颂。前此未敢肃函奉教，非故为疏略也，诚以枢垣之与疆吏内外攸分，稍不检点，即滋疑议。况值此谈论纷纭，而此间尤动多揣测造谣，故智更不敢不益加谨慎。前屡命四小儿以下情上呈，谅蒙鉴及。昨接其来禀，承述盛意，备极勤拳。桢殆自恨所见之不广，且感且愧。兹将近日应陈各条详列于左，敬祈明教.

一　法人构兵日久，饷力匮竭，中外皆同。而消息总不见顺手，极深焦灼。顷闻近日有议和之说，不知确否？若果和局可成，则中国正得乘此暂缓须臾，再图振厉，未始非计，敢质高明以为何如？

一　法人以兵船数十扰及中国，各省出全力以与之争，竟莫能一胜，此固由水陆之情形迥异，而桢窃谓病犹不在此，盖彼人之作事多务实，中国之作事皆蹈虚，兵凶战危，诚何等事而可以蹈虚自欺乎！是以日与之争胜，而迄不能胜，亦无怪其然。中国至死犹不知变计，令人太息。此岂气数使然耶？

一　中国现议各省开捐，亦出之势之不得不然，特此时开捐亦恐难期踊跃。盖前数十年之捐价太减，又承办捐事者各图自私，举凡有钱之人大半劝捐殆尽，此时即有一二未捐之辈，又嫌今日之捐价太贵，多方歆动，辄形推阻。川省奉文后已由司设局开办，两月来捐者寥寥，且无多过问者。桢意捐实官似不及捐贡监之尚易为力，以其价廉而能捐者便多，劝之亦较易，现与司道会商，欲多请贡监两照发下，以便随捐随即填给，以示信实，或可易于集事。敬祈酌示为盼。

一　现议开源节流廿四条，桢详细斟酌，其有川省历来所无者，自可毋议，其交代等款系属旧章，必应恪遵照办，此外各项尚多，然皆关系阖省大局，未敢稍涉草率，别致滋事，反为有损。现连日会同在省司道即省外道府州县切实体察各处情形，参酌时势难易，乃能定议，拟于六月内逐一奏咨查核。

一　现时筹饷之法，桢谓当此商民交困之时，与其取之于民力，不若取之于地利，其中难易不啻倍蓰。年来以川饷日绌，尝深思熟虑，似开矿一事尚可兴办，但此乃天地所生，天地亦每自秘之，非其时不出，非其人不见，故开者甚多，得者甚少。川省原产五金，惜矿山全在夷疆，办理最易滋事，桢久有此意而不敢遽发者，以此刻值供亿实繁，川省民力物力亦渐不支，不能不就此筹计，侥幸万有一得。现于内地之天全州属觅得一处，系属银矿，当于三月初派诚实可靠之营官带勇丁数哨前往试办，据称开出矿形甚好看，刻已得矿二百余斤，容即设炉倾化，查看有无出银、成色若何，并须详查矿山之大小、厚薄若何，俟稍有成效，再行奏明办理，以免徒托空言。

一　近闻鲍春霆一军因口粮多发不如数，勇丁沿路逃溃极多，似此恐难得用。又闻该军已到蒙自，后又奏明请改援广西，窃滇省此时亦得吃紧，既已到滇，何须更改，似此亦未免任性，可惜每年一百余万艰难饷项徒为游历浪费之具，并不思急于见仗，有兵若此与无兵同，且无兵省费尚为有益，因闻所言纷纷，不得不密达钧听，以凭采度。

一　顷接西藏委员赵体咸中密禀，英人现于多吉岭开修铁路，欲直达帕克里而止，帕克里即抵后藏界，距前藏只十站之远等语，窃以英人觊觎藏地久在意中，现在其势渐逼渐近，无论如何川省万不可不预为算计，昔年法人占踞越南亦非一二年之谋，因视寻常，故有今日。刻下英人机缄已启，及今图之，尚未甚晚，再迟则后悔无及。桢现在暗将各防务营逐日更换，勤操练习阵法枪法，专务精熟，以备后用，此诚目前急务，未可视为缓图也。刻拟再为探明切实情形，密行陈奏办理，谨现奉闻，日后奏到时庶便斟酌核定办法。

一　大儿忝蒙补授河东一缺，实出于天恩之高厚，亦实由钧座之栽培，感恩拜德，愧悚莫罄，尤恐大儿材不胜任，无能图报万一，益深兢惕，惟有函勉其殚心竭力，事事求实求好，倍励勤廉，以求无负于君父、尊长之期望而已。惟渠一切行事，桢道远难以尽知，万祈随时严饬而教训之，是所拜祷。世兄惘病闻不时触发，殊为系念，此症向无治法，然不乱服药亦无大害，特发时未免惊人耳。六世兄想已回京，其学问日加精密，明年留馆决为玉堂中第一人材，欣羡无似。近来机务部务百端纷集，勤劳特甚，闻勋躬颇能耐苦，益觉康强，此实天下之福，然尤恳善为颐养，诸凡节劳，尤所心祝不忘者耳。至四小儿亲炙日久，饫闻教训，又承待如子侄，渠何修得此！昨接其来禀，备知仰体盛德期于成人，欣慰之至。川省川东各属去岁稍旱，收成朘歉，春来已得透雨，小春甚好，大田亦已栽种，足以仰纾荩廑。手此肃布，敬请钧安，伏维垂鉴，不一。

晚丁宝桢顿首

三月廿九日

八儿侍笔叩安

段晴川[①]致阎敬铭

(一)

九月初一日

丹初五兄大人阁下：

别经数月，想台驾早抵珂乡，老伯大人自必如常康健。闻尊体偶尔违和，旋即平复，念念。楚北之行，计早来襄酬志，念切，谅不达之也。惟吉履绥处，新猷卓著，为颂为望。弟碌碌如常，无善足述。幸老母康健，眷属均安，差堪告慰。新分发湖北试用县丞刘季奇名云峰，系弟丁酉年侄(同乡)，人甚聪明，尚堪造就，惟少年初学当差，诸多未习，特嘱晋谒台阶。尚望推情略分进而教之，感荷鸿施，如同身受。匆匆布恳，即请勋安，不尽欲言。

愚弟段晴川顿首

九月朔

别后常与礼园兄相见，昨日尚在伊寓所聚谈，礼翁及令侄二夫都好，身体俱壮，可勿挂念，又及。

(二)

七月二十二日

丹初五兄大人如晤：

夏初接奉惠缄，知吾兄早抵鄂中，宣勤戎幄，感深知己，愿惬生平，今而后治剧理繁，快展骥足，所以报国者在此，所以酬知者亦在此，叨在至交，实深心慰。一阶之晋尚不急之为吾兄贺也。遥维履祉

① 段晴川(1812—1893)，字文澜，号春湖，别号柳桥，河南温县人。道光十七年(1837)丁酉拔贡，保和殿廷试一等第一名，官兵部，入枢廷，历科道，洊升内阁侍读学士，诰授通奉大夫。晚清著名书法家、书画鉴赏家。著有《八砖斋京外奏稿》《八砖斋诗草初集》等。

增详，勋猷迪吉为颂。弟赋闲如常，幸家慈康适，邸寓均安，足纾远系。目前夷人大举入寇津沽，大战数次，我军锐气未挫，惟大沽不守，夷人入津城，京师亦不免戒严(人心尚不甚惊慌，近日更觉无事矣)。近闻僧邸严阵以待，兵力甚厚，该夷亦退出海口，惟抚局尚未大定，外间亦不得确信，未知如何了结耳。旭初出为团练大臣，当此大任措手甚难，彼勇于任事，毫不畏怯，尽力办去，自可与地方有益。和翁尚未出京，本年方向不利，约明春扶柩东归。候梯月于午节前赴任，道路虽远，尚属安静无事。高西斋别后毫无一字到来，且凶信频传，为大可忧耳。故人落落风流云散，回忆杯酒谭心，不胜今夕之感。弟右背受风痛不可忍，月余来服药总不见效，心绪不好，故病魔亦纠缠不了，每日仍游厂肆，独行踽踽毫无兴趣，心实为之奈之何哉！(宋拓《九成宫》一部，若足称心亦可告慰同好者。)礼园时常晤谈，京居平善，想竹报亦频闻也。手此琐复当面，即请勋安，不具。

愚弟段晴川顿首

七月廿二日

恩致阎敬铭

丹翁仁兄中堂阁下：

久拟趋谒，雨后泥泞难行，畏而中止。弟车骑早备，因途中积潦甚深，行期屡改，刻如晴霁，初九日当可出都，恐不及叩见矣。豫省司库公事当嘱谨丞方伯设法办理，至臬署、驿站钱粮亦应查明，据实禀覆，将来到部时尚望涵盖周全，宽其既往，是所企祷，否则必干严议，代人受过，亦似可矜。兹觅得陈鼻烟一瓶，味尚陈静，及汴中土产数种，乞哂存，不敢以世俗馈赠上达尊前，伏惟谅之。专此，敬请钧安。

世如弟恩谨上

如能拨冗，尚当趋诣台端，一伸积悃耳。附叩。

方琦致阎敬铭

(一)

十月初二日

肃禀者，接读钧函，谨聆壹是，并令以后如遇要件不必作楷，略分言情，体恤周至，钦佩之下，感激尤深。伏查黄崖一役，以逆昭彰之事，际捻氛窥伺之秋，法既解免无从，势又迫不及待，然且开导再三始加剿灭，此在大人恩威并济转危为安，阖省军民同声感戴，彼好为异议者非特不审事情，亦不顾大局，历观古今祸害之来，其决裂败坏者，固必苛责以养痈贻患，而于不动声色潜消奸匿之举，又必逞其臆见，故作疑词。此足见任事之难，而终不能因之废事，如孔子卒诛少正，周公不恤流言，诚以公论，久而自明也。卑府乡人近无信来，卑府已将宪札粘钞各件录寄家中及在京同乡，俾共晓然于当日情事。至张逆平素行为，忆在南时闻其拜周星垣为师，同门多人虽习于扶乩等邪术，而仍以讲学为名，嗣在衮州则哄传有圣贤教名目，然均未深知底蕴。去岁潍县访获王小花一案，因供词隐约，且要证张尔康、刘均荣迄未报获，彼时即曾询之陈寿卿学士，亦只谓其形迹可疑，并无确据，初不料其潜图不轨至于此极也。现在该逆余党如王小花案内讯出之张、刘二犯及各处买运杆子之人，除节次饬属遵札密拿并卑府留心访查外，亦与陈学士议论及此，来信嘱为密呈宪鉴，其中如严行保甲盘查客店各节俱可照行，惟令各村庄公举绅耆责令首送，并奏明定例，首送后无论供认与否，即将其人处死各节，不特纷纷骚扰，且恐公正绅耆颇难其选，易启挟仇讦告妄杀无辜之弊。种种窒碍正在往反商酌间，适奉宪谕令为密询，随即详细访问，得其钉封覆函一并呈览，如何办理之处，伏祈裁夺示遵。再，此信陈学士托便带郡，沿途躭阁迟至月底始到，伏闻大人已奉俞旨给假三月暂卸抚篆旋省调理，未便再递行营，禀覆稍羁，尚祈鉴宥。肃此，祗请福安。计呈陈学士原信三纸，钉封一函。

卑府方琦谨禀

再禀者，黄崖逆案固为千古未有之奇，卑府因忆前明何心隐事，正复大同小异，爰摘录二则呈览，顷又得卑府父亲自扬郡来谕，云家乡毫无浮议，并知有李姓者亦周星垣门徒，近年在乡镇聚徒讲学，语多悖妄，或能以张逆为车鉴从此敛迹，殊为世道人心之幸。知关宪廑，并以附陈。肃此，载请钧安。

卑府方琦谨又禀

王弇州《朝野异闻录》载何心隐事甚详，其略云：心隐才高于颜山农而狠幻胜之。有吕光午者力敌万夫，相与为死友，尝游吴兴，几诱其豪为不轨，又与一富室子善偕之数百里外，忽曰："天下唯子能杀我，我且先杀汝。"绁之湖中而挟使手书取其家数百金，而后纵之善。御史耿定向游京师与处，而故相张江陵来访，既去，忽谓定向曰："此人当杀我。"吕光午又数游蛮中，以兵法教其酋长事，稍稍闻江陵属江西湖广抚按密捕之，得之于岭北，见抚臣王（先曾祖讳之垣）不肯跪，曰："若安能杀我，杀我者张居正也。"择健卒痛笞之百余，干笑而已，遂死狱中，心隐之本末如此。予小时于家故籍中见先曾王父大司徒公抚楚时所刊《大奸何心隐即梁夫山（变名不一，此其一耳）招案》，惜不存矣。而《万历疏钞》乃载南给事中赵崇善劾曾王父一疏中，以杀心隐为罪，而曲护心隐，谓公欲媚江陵而枉杀之，其言比于狂吠，愚尝痛心疾首于此。因读弇州所记心隐恶迹与当日爰书吻合，遂手录之。史馆诸公自有公议，非崇善一人之私言可乱千古之白黑者也。

自癸亥年，即闻潍县南乡有素不安分之宁家沟庄武生刘君荣有买马出外习教之说。去年，又闻有南乡张有家庄素不安分贩卖妇女多年之张尔康之同伙，又约大崖头庄之王小花同去，亦时有人来往，又常有骑马顶戴人往来。自云入黄家围子必须有马者方留，至今年则行迹更为可疑，云气运已不好，必须避难，将地土全行变价，将家眷运送前去，并云围中操练马队以待勤王或与贼争，肆言无忌，乡人纷纷谈论，畏惧而不敢举发。月初邑令访得东关庆丰酒店韩云卿与东关武生刘应奎有形迹可疑之处，缉获讯究，是日大崖头庄地方王曰敬进城赶集，闻有锁拿庆丰酒店韩云卿之事，回庄向庄众说知，因知庄中王小花卖地之钱即交韩云卿手，恐韩云卿招出拿人而王小花逃逸，又恐王小花犯了大罪连累一庄。是以合庄出首，于初七日夜获案，初八日堂讯，地方与庄人听得王小花供称伊所卖地土钱文俱兑韩云卿手（云卿二字听不真，或是玉庆二字之间）。韩云卿上堂质对亦应允，账写张尔康名下，自韩云卿送黄家围子，又供出庆丰酒店谭姓、安邱下坡庄李姓（名听得，记不清矣），又供同张尔康、刘君荣入黄家围子俱骑马而去，凡入黄家围子者皆有马匹，又供张尔康、刘君荣在黄家围子念《孟子》，他念《千字文》，围子中亦有学拳脚者。又供围中人俱穿宽大衣服，皆是绸的，袖子更大，出围子即换了衣服，吃饭俱围子管，不吃牛养狗肉，吃饭时有小跟班的伺候，系雇工人，穿蓝布衣服。入围子者每人有身工四十千，围子内的真行动初入者不得知，伊系初入，故不知详细。教头姓张，初入者亦不得见。在围子者还家俱发盘费。黄家围子在济南府西南一百四十里，距长清县四十里，以下之供，地方邻右族人俱下堂，即不知道了。

又闻省中候补人员有入教者，又云有教中出资代捐探听省中消息者，必须严防。

又闻此人系天主教大头目，故其结连滋蔓甚广。

又闻南乡一人因偷窃骡马为其本庄逐出，欲因刘君荣前往，以其无马及言不谨，不令去。此人近日随同十数匪类约往武定，云九月十五日会齐。

又闻三人在乡，言教首每月拜山数次，即系设一石拜之，拜毕有光高丈许，拜毕又祭山神，即出云，祭毕云即散。又云能前知能治病。又云马队甚多，演马在沙滩中。又云知南贼信。

赵栋为要犯，所云以回匪四千为之卫，乃问之小婿，土人所共知也。匪已起事，捕之恐即生事。武生刘君荣为要犯，王小花案差役不敢捕，伊为张逆取银皆扮官长，东至烟台，南至汴梁，北至武定，并为张逆约潍人作生意甚多，其铺有七八十处，皆以泰字为字号，运河一带暨各州县皆有，安邱、泰来。栾炳系栾家祠阜人，变产六千千，张逆予以二千作生理，闻太和围子撞旗，即自焚其庄，并小官阜二庄之人俱行，行至长山为安邱差赴省者所获，今则取保矣。太和围者即黄家围也。今者栾炳之戚言炳之言张逆定于十月十二日使各州县入教之人同时举火为乱，幸初六日破而事寝，炳之家来往者极多。又安邱文生王步云者，久言曹属有人分据，东三府则张逆所有。武定盐枭、运河水手皆其党羽，伊系官。福庄之从逆者，谋于十月初十日据圩，为其团长所觉，缚执六十余人，至初十日夜戒严守圩，果有持刀械人甚多，暗中循圩墙而行，至五更未见内应而去。闻黄崖破，庄人欲杀从逆者，其团长纵之。张尔康、尔奎系兄弟，尔康在围带队，云已死，刘均荣跳围逸，其人技勇颇可，其兄均召死于沟中。王小花供出张尔康、刘均荣时，张尔康即至昌乐城前庄文生高焕卿家，住三日而行，焕卿言黄崖万不能破，并云山有洞，洞口有深湫，湫道仅容半足，惟张逆能入内，竟烛不能抵彼口，出路亦多，伊师不能死云云。唐姓在围巡更，系张有家庄与张尔康同庄，不为要犯，其数人则乡中啧啧言之，省垣纷议其中或有为所误者，不习正教，难免玉石之俱焚，而弟所闻则人人以何公为此事之功臣也。都中谓为冤狱或亦未见饬札及各信各单耳。外虽宽大而内益紧严，似为近日之要。伏乞留意，又行。

王小花初供：

　　供所卖地土钱文俱兑韩玉庆手，韩玉庆上堂对质亦应允了，账写张尔康名下。自韩玉庆送黄家围子又供出庆丰酒店谭姓、安邱下坡李姓(名想不清了)，又供同张尔康、刘君荣入黄家围子俱骑马而去，凡入黄家围子者皆有马匹。刘君荣、张尔康在黄家围子读《孟子》，他读《千字文》，亦学写字，围子中亦有学拳脚者。又供围中人俱穿宽大衣服，皆是绸的，袖子更大，出围子即换了，饭俱围子里管，不吃牛羊狗肉，吃饭时有小跟班的伺候，系雇工人，穿蓝布衣服。入围子者每人有身工钱四十千，围子里的真行动初入者不得知，彼系初入，不知详细。教头姓张，初入者亦不得见。在围子还家者俱发盘费。围子在济南府西南距济南百四十里，距长清四十里。

方宗诚[①]致阎敬铭

（一）

十一月十八日

方宗诚顿首谨上丹初先生星使大人左右：

东平拜别尊颜，业已十四年矣，亮节清风，时深钦仰。等富贵如浮云，弃爵禄为敝屣，而己溺己饥之志，顷刻不忘。处则为一世宗师，出则为万家生佛，安得不令人心说而诚服。而宗诚才学双乏，误为曾文正公所荐，授以一县，于今八年，屡乞罢退，未蒙合肥相国所许，进退无据，徒荒学业，而毫无补于一邑之民生，实用内怍。枣强去岁亦大旱，请免全县下忙，今春又请免全县上忙，加以赈抚。而夏秋疫气大行，丧亡过甚，秋间幸获有年，然元气过虚，补养实无法耳。现在自修一仓为积谷备荒之计，仓成即请罢斥矣。久未奉书，今幸遇山东委员赴晋，敬以小儿在安庆所刻拙著《书传补义》《诗传补义》《读易笔记》《读论语笔记》《志学录》《俟命录》共八册，又合肥相国刻拙著《吴竹如先生年谱》一册，谨呈诲正。宗诚不能楷书，加以贱目昏花，伏求鉴宥。恭请道安，不尽欲言。

宗诚谨上

十一月十八日

（二）

敬再禀者，宗诚性拙才迂学识寡陋，惟谨守先人之训，罔敢失坠。往在曾文正公幕中，曾以先父鹤栖府君“到处留心皆是学”七言遗训，请文正公书之，海内贤士大夫题跋已满。我公刚正大节，无异昔贤，

① 方宗诚（1818—1888），字存之，号柏堂，安徽桐城人。清代学者，桐城派后期名家之一。官枣强知县，建正谊讲舍、敬义书院。著有《柏堂全集》《志学录》等。

而书法尤与褚河南颉颃千古，欲求公亦赐书先赠君遗训七字为一横幅，世世子孙奉为法宝，感且不朽。手肃，敬求台鉴。

宗诚再叩

（三）

八月二十九日

敬肃者，前奉芜缄并拙集一部，计已上达钧座。兹检出先人遗训卷子一轴，乃曾文正公手墨，谨因安徽解饷委员虞令玉辉入都之便，托其恭呈左右，伏恳台鉴，赐题数语，以为敝先人光宠，感且不朽。且宗诚不亲德范不闻教诲已十有八年，如蒙不以为鄙陋，不以为冒昧，赐题先卷，时时拜诵训言，直不啻如亲坐春风中矣。目昏不能庄书，诸祈仁恕。谨泐，敬请钧安。

方宗诚顿首

八月廿九日

虞令南旋甚急，祈仍饬交虞令带回为感。

（四）

敬密启者，从前中兴之际任贤勿二、去邪勿疑，如任曾、胡、骆诸公皆笃信不疑，保人才、筹粮饷，军事吏治皆委以重权，毫不掣肘，即如任左、李军事，江苏闽浙北捻西犯，军事一听其筹画，所行皆成大功，近则稍稍异矣。自古功臣要养其望，要任之得地、得时，要恕其小过而崇其名誉，使奸人不敢轻视，外夷不敢亵玩，且使后来人皆恭，建功立业以成不拔之勋。即如当日天津一案，朝廷意在委曲求全，何必要使曾文正出身以当其过，令外夷见之，以为中国大功臣亦不能不俯就于我，天下生民以为曾公不过如此，他又何说，所以中国威望日轻。今年越南之事，不保护之，则越南难保，即粤、滇亦难免后患，此将然之势也。明以兵往保护之，则法夷必与中国争，必致赴天津赴总理衙门相争，此必然之势也。朝廷如势难保护，则莫善于令李相驻津筹固根本,令左相筹固于南,而令粤滇督抚筹兵明保边疆,暗保越南,为其后路之倚靠,使法夷知内地无隙之可入,无业之可开,而越南知后路坚固,刘永福知中国暗助,亦必加以抵御,此善策也。如朝廷真欲保护,则当急令李相回津筹固根本,而令左相往与滇粤督抚筹画边防以保越南,名正言顺,以与法人相争。江南或以曾沅浦署督,起彭、杨治水军,专筹固江南,沅帅威名功德本在江南,其旧部近在湖南,专力筹固江南,而彭、杨助之,长江亦可保无事,左公一意任之勿疑。如此则越南既有所恃,而刘永福勇气自倍,法人见外内无隙,必可议和。议和则中枢与李相商办,外示以威,内怀以德,越南未尝不可保,滇粤未尝不可久安也。乃忽用李相督办越南军事,闻之甚骇,李相率师保障万万不可远去,远去则法夷必至天津争论恫喝,必至又要将李相调回,调回则法夷必又至越南,我既疲于奔命,且亦不成事体,此大错也。且人知朝廷之意不过虚声相喝,法夷岂喝之即惧哉?李相知率师不可空,故不敢遽行以亏粮本及怯夷至上海,而朝廷亦收回成命,收回成命此固根本之计,非误也。然先不应有此一误,轻于命帅,后又因法夷至沪而收回,实不成举动,为外夷所轻,为中国失望也,且亦令李相损名。在李相实是筹画大局,为固根本之计,不敢轻遽而行,然以丁忧去籍之员命督越南,则迟迟不行,命回任总督,则又往受,天下后世其孰谅其人哉?此又诏不善保功臣之名望也。又如彭雪帅,艰苦卓立忠贞义烈,虽老病颓唐,而炎天暑热尽瘁事国,巡查江海,长江、内湖来往万里,商贾安然。五省官吏亦各怀畏惧,小民真视如父母,此人在长江一日,则吴楚两省总可宴然无事也。朝廷以其功大勋久,命长兵部,洵佳赏也。然惟当令其仍巡查长江兼筹海防,则用得其道,若真用为部堂,则彭公于部务素不熟悉,未免用违其长,且彭公三月具折辞官,五月二十外奉寄谕筹办海防,五六七八炎暑之时,日在长江内湖带病巡查操练,而言者遂以为不入京,以为"启功臣骄蹇之渐",此不令功臣之心灰乎?且必役其所长,以为不足静仕途躁进之风,亦何其言之邪妄也。近又闻朝廷令赴广东查办粤人杀芒人案件，此亦用违其长也。彭公性情刚烈，若令其俯就夷人，恐性所不能，若不俯就夷人，恐又生出事端，且中国留一二功臣不愿俯就夷人，当亦是国家留刚大正直之气，何必令办此事，必使百炼纲化为绕指柔耶？是亦不善保全功臣之威望也。左公前筹画越南一疏，未尝非深谋远虑，而朝廷不准，左公忠贞之心，阳刚之气，何必不令其一伸耶？我公清风亮节，通达政体，素所服膺，久未亲教，聊当面谈，非敢妄论国计也，诚素凛不在位不谋政之计，里中不交官府，不谈时事，专功补读经书，亦不作文字，此偶与我公一谈，无疑为好论世事也。

宗诚顿启

再，前者李公之保方大湜实为爱才，方大湜在湖北据彭公云真是好官，张公之保张佩纶亦是欲收人才之襄助，即保洪汝奎亦是因其在曾公幕府久，以及曾、李、沈诸公皆推重，其前事已被罪矣，欲再造就之，此皆出于公心，即曾沅帅之保王定安，实因其人为曾文正所用，而不料其后来之负心也。李、曾、张皆功臣，其心皆公忠，有过申饬之可也，而言者必抑之，岂不虑损其威望，灰其志气哉？且又何以励功臣也。此种气象实怀隐忧，故略陈之，不可为外人道也。

宗诚又启

（五）

今天下诚所知人才，督抚不敢妄论，司道以下所知者当谨以附闻。

甘肃道陶模，前为诸生时，艰苦卓立，学有根柢。后为州县亦能艰苦爱民。

永定河道游智开，在安徽清廉爱民，治行第一，在直隶清贞任事爱民。

山西府道升广东商廉道李秉衡，廉干精明，果毅有为，在直隶州县管治盗贼，亦爱民，善办灾赈。

新放河南开归道陈彝，为翰林，颇有根柢，能直言，所参王翰林大有功。

浙江粮道廖寿丰，为翰林，监学有本原，清廉好善。

湖北臬司黄彭年，学有根柢，深系政体，恬静寡欲，志量远大。

福建新放臬司裴荫森，正派徒实，清廉干练，心乎爱民，敬贤。

广东新放臬司沈镕经，廉能正派，敢于任事，爱民好贤，议达其体。

淮安府知府孙云锦，历署江宁并通州，勤政爱民，兴利除弊，能任劳苦，事事能为久远之计，无私利之心。

被议浙江臬司陈空箴，学有根抵，敢于有为，湖南河北俱能主心办事。

现任桐城县知县陈兆庆，勤政爱民，听讼明决，不耽安逸，毫无嗜好。

此皆诚所素习所深知，故略陈之，以备我公之采访也。出位之罪诚素凛之，然以私衷所知，密启于当代大君子之前，而内无私意，外不告人，似亦无害。台鉴之后，望即付丙。

诚又启

再，诸君吏事皆所深信，兵事则不亲知。

冯誉骥[1]致阎敬铭

(一)

十月十二日

丹初尊兄人人左右：

八月杪黄令鹗呈到复书，敬审珂里康居，倡行积谷，期于岁杪数溢十千，公望所归，蒸成善俗，可胜感慰之至。询悉清恙霍然，尤为吾道幸矣。誉骥任重才疏，夙夜惴惴，惟虞不逮。我公乃以陈文恭、林文忠两公相期，适滋其愧，而使不敢承者也。第念文恭为乡先达，久获诵其遗书，文忠则誉骥弱冠时及师事之，召入衙斋，旦夕侍侧，亲承绪论而见其行事，以夙思效则之人。今又履其服官之地，将考其成法而踵行之，亦安敢妄自菲薄哉。欲再报谢，闻我公已还解州，比者复承手毕并钞示各件，一一祗悉。储谷之举本属政经，矧承两年旱祲之余，幸值今岁丰穰之会，诚能仿古义仓法而通行之，不惟艰厄可挽，亦且乐利可兴。目前要务莫切于此，用是剀且晓谕，俾速举行。第一省之中土俗异宜，有未可强为画一者，故弗预限章程，一切听民自便，庶几弊少而功多(方恪敏、陶文毅所著皆曾见之，其中亦有不能仿照者，盖时地各殊也)。迩来各州县条上劝办大略，均饬令听从绅民自为妥议，毋许官为强派，绅民亦皆乐从。顷各乡亦有修理旧仓及设法添置者，至常平仓易为民累，自古已然，不独吾陕苦之。誉骥所稔知者，今各州县常平积谷，曩岁赈荒时业经散尽，万不欲沿袭旧弊，苟以买补为名，致官吏得施其苛敛之术。近日核减差钱，凡从前拨作它项取用者，概予删除，一律提归常平预置仓谷。拟俟再将购存诸法详加厘定，颁行各属，务使绅为经理，官为督查，名虽常平，实则义仓也。本

---

[1] 冯誉骥(1822—1883)，字仲良，号展云、崧湖，晚年号卓如、钝叟，广东肇庆人。道光二十四年(1844)进士，授翰林院编修。历官江西、福建、湖北、山东学政，礼部、刑部侍郎，陕西巡抚等职。著有《显志堂文钞》《录伽楠馆草稿》等。

欲改常平为义仓，名目似较直捷，既思常平为古今通义，骤予改革，必致广招訾议，更恐别生事端。故只求其实，不骛其名。程子有言，于今法度内处得其当，方为合义，不须更改而后为也。来书所论乃正与鄙意相合，现除贵邑议将差钱归入丰图仓购谷外，其它各州县中如另有义仓者，固可仿行，即只有常平者，亦可普行照办，意存改易而迹泯更张，我公亦必以为然也。前黄令照临二牍，其说如有可行者，自当采入，何敢鄙弃以为不足与共事功乎！至差钱刻意裁减，亦谓宽一分则吾民受一分之益。来示谓较道、咸时犹重，固然，我公亦知西事未竣，骤难复旧，前读大疏亦筹及，此时势使然，仁人君子所无可如何者也。使缓至一二十年后，边圉晏然，吾民得以休养生息，将举此核减之数而悉蠲除之，安知后有来者，其眷眷爱民之心不如吾两人乎？惟当馨香祝之耳。陈令昨禀义仓事宜已详晰批答，其谓差钱俟筹备义仓后方可议减，自非我公之意。差钱虽多寡不一，而积年通算亦必大有成数，且一县缓减，它处有假此以济其私者，必思效尤。近兴平已有其事，委员往谕始息，故不可为也。相去辽远，不获亲聆至论，快悒方深，乃辱简翰频贻，相与讲求，以期共底乎道，此誉骥之幸，而非徒誉骥之幸也。如有未尽，仍希教之，勿吝手笺。并复，恭请道安，统冀垂察。时序渐寒，伏惟珍卫千万，不宣。

馆愚弟冯誉骥顿首

十月十二日

（二）

十二月二十日

敬再启者，誉骥曾视学山左，谬为士林所许，故多识其邦之人。获闻执事治迹甚悉，而尤为倾心者，则清察州县亏空一事。盖州县亏空不独国帑盈绌是系，实民生忧乐之本也。方今为理莫要于固民心，而维持必肇于牧令，自未有循良之吏，而累累负官逋者，亏空之病民可知矣。顾正杂款之故牵混也，新旧任职互弥缝也，偏灾之格于成例也，差徭之予以口实也。苟不能持平，而徒绳以文法，丛为怨府犹其细也，且恐横流旁决，反贻害于闾阎矣。言者谓执事索隐如洞垣，烛奸如然犀。民受其益，吏服其神。即获咎者咸自以为不冤，非探本原、中窾要，曷克臻此！誉骥忝膺简命，幸至大邦得就魁梧长者，采歌谣办风土，所望执事周详指画，以匡不逮，奚止一端。而窃计安民必先察吏，察吏必先去贪，本正源清而后可从容条理，故敢先以为问，然此誉骥之私见也，如有时地之宜，民情所望，利弊所在，非施之初政不可，而其要尤有先于此者。执事幸无以一言偶偏靳不举以相示，是则誉骥恳挚求教之深愿也。翘跂良殷，勿吝裁答，幸甚幸甚。

誉骥昨于望日请训，定于念五日出都，俟履任后再行详达，手笺附承，台候曼福，不备。

弟期誉骥再顿首

嘉平二十日

（三）

光绪七年十二月二十日

光绪八年壬午正月初六日到解州书院

丹初尊兄大人执事：

经岁未及奉书，猥承存问，且感且惭。伏审道祉惟和，教思不倦。河东人士薰德善良，事功岂浅鲜哉！誉骥近日敦请贺复斋明经入省，与诸生徒讲论宋五子书，冀以章明正学，异时成就当不仅在训诂词章也。续捐积谷之举，明知今岁两收较逊，并未限以若干数目，私意但欲连年接办，不至有中废之虞，庶几积少成多，可贻久远。又以无存储之所，谷将朽腐，是仓廒尤宜亟修。往者方恪敏督北直时，通省建仓，足资取法，因饬属一律仿行，仍于谷捐内酌折三成以作修费，俾民力亦可稍纾。比来各厅州县遵照劝办两项大半告完，第各处续捐多寡不齐，总未有如贵邑捐至一万七千石者，良由士民秉承乡先生之教，风俗谨厚，乐善好施，曷胜欣慰之至！大示拟以七千石折为修费，于三成外量加推广，以免支绌，自可照行。盖捐谷修仓，虽云两事，其为善举一也。况尚有万石之储，又岂它处所能藉口乎！誉骥材地浅薄，深惧无益吾民，而恤民之心未敢稍释，每于民事，不惮反覆推求，务期至当。执事远鉴鄙怀，明切指示，何幸如之！请即示知罗令，按照尊议具详，以便批准迅速举办。至修建社仓原系民捐民办，概免报销，俟完工时祗禀请委员验收足矣。春前已得三白，末场连七昼夜，洵属详霙，计合奏均当普遍，此以见天心之仁爱斯民，吾辈宜如何钦感耶！手笺奉复，敬请道安，恭贺年禧，统惟惠鉴。

馆愚弟期冯誉骥顿首

嘉平二十日

（四）

二月初八日

壬午二月初八西安发，十一日到解州

丹初尊兄大人执事：

旧腊手覆尺书，计邀鉴察。开岁以来，伏惟台候康胜。顷奉部文，欣审荣膺简命，晋秩大农，并诏令入都任事，当此度支告匮之时，得大贤综理其间，于以纾民力而培国脉，自有经常之策，而非为权宜之计也，颂甚颂甚。修仓一节，罗令至今未见禀陈，深以为盼。饶子维交卸北行，缘文泰初久在兴安，自宜饬赴本任耳。手笺奉贺大喜，祗请台安，惟希惠览，不宣。

馆愚弟期冯誉骥顿首

二月八日

（五）

九月十八日

昨所说易州信件，兹有妥便可否掷下带去，专此奉布，顺颂丹翁老兄晨安。

弟誉骥顿首

九月十八日

送呈阎大人台览，复候。

龚易图[①]致阎敬铭

(一)

同治十二年癸酉五月初一日

大人阁下：

肃禀者，去岁至今未奉赐谕，遥念起居万福，当如私祝，而下怀眷恋，莫可名言。曾由丁筱农寄上寸禀，并奉呈《朱梅崖文集》一部，嗣又由驿递上两禀，未知俱蒙钧鉴否。易图奉职海滨，惭无树立以报知遇，倏忽两载矣。彼人情状久与相习稍可就范，近尚相安，无意外要挟之事，惟近值法、布两国换约之年，恭逢皇上亲政盛典，彼族均求展觐，刻尚持议不下，未知朝议如何耳。近时英国最富而地分人稀，时虑他族窥伺，故无远志。法国为布国破败后，一时亦难再振，美国素无称兵之事，惟俄国自恃其强，日谋乎外，近在奉天海中占据一岛为停兵泊船之所，未知其意何在。东洋倭国近为西洋所愚，正朔、服色以及政事均已改从西夷，近亦来请通商，刻在津门议定合约，实逼处，此亦隐忧悬于肘腋也。外国轮船日见其多，内地贸迁多为侵占，故税务洋日增而常日损。易图去岁创收洋药厘金，每岁增款四万两上下，奉丁稚帅议，即以此项调闵厂轮船一只作为驻东巡船，以重海防，计轮船经费岁需专指药厘，其数略足相抵，现时船已到防矣。稚帅又议设水师艇船二营，恐艇船非轮船之敌，此亦自张虚声耳。易图近年以来，心力渐颓，而双亲奉养海滨，风土亦不相习，久欲陈情乞养，而稚帅未允所陈，稚帅恩深亦难遽自恝舍，尸餐无补和戎之策，更非所谙，夙夜徘徊，深自悚惕，素叨知遇，谨以缕陈。东省年谷顺成，地方近称安谧，差慰慈怀。单伯平先生精神尚健，近为代刻《古文续编》谨呈五本，呈请钧鉴。又，闽省所刻《正谊书院全书》，兹购得乙部，计六十余

---

① 龚易图(1835—1894)，字蔼仁，号含晶，福建福州人。咸丰九年(1859)进士，历任云南知县、广东按察使、湖南布政使等职。

种，并装乙簏，托丁筱农觅饷便寄呈，伏乞察收。惟求钧诲时颁，俾慰下悃，不胜翘望依驰之至。谨此具禀，恭请福安，伏惟垂鉴。

易图谨禀

癸酉五月初一日

王筠轩时有书来，家居颇适，知廑附陈。

贡璜[①]致阎敬铭

(一)

七月初五日

肃禀者,初二、初三等日连发两禀,计先后均邀钧鉴。闻宪节定于初六日由淄启程旋省,沿途泥淖,早晚凉燠不时,伏惟大人栉沐勋劳,随时加意宣节,祇切系忱。丁臬司昨有信来,原函密呈察核。此事刘制军不肯作主,具有深心,丁臬司一力担当,不知此后有无变迁,实在有无把握。宪台荩谋深远洞悉机宜,定可一言而决也。省城捐谷,拟将功牌酌发各州县妥为劝办,一俟前详,奉到宪批即行赶速办理。陈副将锡周所募勇队五百名已于初五日抵省,驻扎南关外。肃泐,恭请福安,统乞俯察。

本司贡璜谨禀

七月初五日申刻

计呈丁臬司原信一件。

(二)

十月初五日

肃禀者,十月初四日接奉手谕并外二信,当即分送。仰蒙廑念,感戢良深,恭谂大人福祉便蕃,勋猷楙建,极慰系忱。宪躬劳勚过甚,旧恙未见痊可,请假一月在营调理,计可渐次□复,思虑伤脾亦伤肾,时艰力竭,亦只可尽人听天,似不必作无□之忧郁,耗有用之精神也。务祈加意节宣,以慰僚庶之望,至祷至祷。此间懋德堂万应膏,手足有恙,贴即见效,奉上八张,乞察入。按穴试贴,似亦有益无损,如有

---

① 贡璜(1805—1867),字以黼,号荆山,浙江金华人。道光二十五年(1845)进士,授翰林院编修,历任实录馆协修、陕甘乡试试官、礼部春闱试官等职,翁同龢出其门下。

见效，容当续寄。贼踪回窜豫境，东防稍松，蒙示此贼办法非四面严防中间紧剿不可，确系荩谋胜算。爵相为难之处势所必有，此间科道不知外省底细情形，议论非不条畅，而惜多隔膜，言事易而行事难，况军旅耶！寿阳相国品学固不待言，名节始终完全亦近所罕见，谥曰文端，当之无愧。最奇者，卧病不言语者已十余日，忽起坐索纸笔，大书一绝，云："天子临轩选异林，八方平定物无灾，上元事业十年后，定有贤豪应候来。"细绎斯句，河清之俟当在亲政之后矣。仁山仙去，滇师甚为伤悼，月前亦抱恙，昨闻稍瘥。陕甘一督一抚均已引退，新任未来，军情不无懈驰。七八月间陕回曾围凤翔，又围三原，虽经击退，患犹未已。朝鲜与法人接仗大胜，仪部已据咨入告。英、法、日强屡肆蚕食，此番小挫其锋亦为快事，恐又别起衅端耳。鄂抚与督不谐，两星使疑是赴彼查办，小蘧前辈退出枢廷，恐有牵涉之处。乙巳同谱在京十六人另单呈阅。胡心泉、何新甫均已赴任。近来厂肆书籍字画日少一日，价值昂贵，殊出情理之外，退谷字时刻在念，见过十余种，多系赝本，一二真迹亦未惬意，近见知好藏一直幅，小有残破，无碍神味，展转托人购得，已付博古揭裱，下月可有，若得差便，即当寄奉。本前司于重九日幸得一孙，聊以娱亲，余无可言。手肃，恭请禔安。

前藩司贡璜谨禀

十月初五日灯下

顾璜[1]致阎敬铭

四月乙亥

顾璜谨上书协揆阎公阁下：

璜居常以为人生行事不能计出万全，惟权其义之重者而从之，人臣之出处去就也亦然。方协揆被征而起，天下士大夫延颈仰企，比之朝阳之桐、高冈之凤。而璜亦私心，窃意协揆经纶夙裕，量而后入，亦熟筹匡时之略，一旦举而措之，不啻行所无事也。比蒲轮来京师综度支，核名实，惩贪惰，废者兴、弊者黜。数十年因循陋习一洗而新，于是都人士益重廉耻。璜心仪目睹，未尝不反复嗟叹我协揆德行之餍人望，而名下之果无虚。去岁天子召入政府兼行译署，其以中外大事相倚畀者益重，而天下所以仰望于协揆者日益隆。前月协揆体偶不适乞假调摄，都中好事之辈遂有以洁身去位之语加之协揆者，璜闻则斥之，谓此世俗揣度私臆，何足以疑协揆！及有续假之请，而都中前言乃愈肆，璜终不以为疑。前日恭阅邸抄，协揆竟请开缺，璜时方病，寒体倦甚，不觉振衣而起，曰：有是哉？有是哉！固知朝廷舟楫任隆，必不俯允所请，而区区愚虑之一难自塞嘿。谨不揣冒昧，敢直陈于前。夫儒者读书行事，当以孔子为法，孟子称孔子"进以礼，退以义"，孔子则曰"君子于天下无适、无莫，义之与比"，义者所以权适莫轻重而定所从也。考亭朱子尝曰"观圣贤出处，须看至诚恳切处"，孔子处春秋时，皇皇求君未敢一日忘用世。去鲁曰："迟迟吾行，苟非迫于万不得已，不忍恝然舍而之他。"夫孔子周流四方，蹙蹙靡骋，岂不如沮弱之徒，知道之终不行哉，其心以为上有君下有民，尽一日心，行一日

---

[1] 顾璜(1856—1927)，字渔溪，又字渔滨、瑜彬，河南开封人。光绪二年(1876)丙子科二甲三名进士，选翰林院庶吉士。历户部主事、员外郎、通政司副使等职。后侍父病告归，曾任大梁书院山长。撰有《顾渔溪先生遗集》《顾大成行述》等。

事,幸而成,天也;不幸不克施行,亦天也,终吾身焉已矣。协揆抱伟略负盛名,微特大小臣工有所矜式,即环海比邻各国亦当陆詟水慄,无或萌肆无忌惮之心。现值法越之事尚未底平,边防、海防难尽数撤去,一切安内攘外事宜求无失算于目前、无留患于将来者,尚赖谠谋赞画。朝廷望治若渴,典学方勤,一日二日万几,惟是二三老成献可替否,以信今而传后。而远举高蹈,其谁与吾君治天下哉?或有难璜者曰:"古之君子三揖而进,一辞而退,以全身也。协揆守身如玉,其始至也,固将以大行其道,今其或者独具卓见,全身而退以保令名乎。子乃条条秩秩而为是言,岂深爱协揆者?"璜应之曰:"子之言为凡为人臣者道耳,乌可语于受恩深重之大臣?夫大臣者,存心举事皆从国计民生起念。苟利矣,身与名虽损弗遑,恤此无他,义在则然。君子以义制事,从其重也。故曰:古之仕者为人,今之仕者为己。如子言,是殆以今人之仕视吾协揆也。"或又有解璜者曰:"协揆忠贞自矢,心乎国事,岂遽欲归洁其身,其请开缺、其俟病痊而复任事乎?"璜应之曰:"微子言'吾固知吾',协揆之必非洁身而长往也。"虽然协揆开缺之请适足启人疑虑,窃有一策愿效矇瞍之陈,协揆而果无开缺之实,似宜倾忱具疏,宽请派署,病愈任事,如此则慰天下之望,而揣度之词无自而生,不亦见大臣肫挚之忱,争光日月哉!或曰:"子言然盍闻于协揆?"璜曰:"诺。"予浮湛郎署于今垂十年,录录无所树立,然亦不敢为放言高论、坚僻之行以耀人耳目,惟守己循分,尽其当然。而协揆于予,虽未尝重以任使,而亦未尝以庸人相待,是予受知于协揆者,一如予之自期。《诗》曰:"无德不报。"《记》曰:"君子爱人以德。"璜今者以平日所学献之知己,所以报也。惟协揆实裁度之。疾弗获面陈,谨裁书上达,诸希珍卫,不宣。

四月乙亥

顾璜再拜上

顾文彬[1]致阎敬铭

(一)

五月初二日

丹初仁兄大人阁下：

春间接诵惠书，久稽裁报，歉甚罪甚。比维政祉吉羊，履祺清燕为颂为慰。川匪遁归东路，多军克复庐州，西除东荡，全境乂安，望鄂中如天上矣。饷项支绌多省通病，仲翁守提洋税亦甚棘手，李少翁于前月接篆励精图治，而此间兵勇习气之坏已成痼疾，非伐毛洗髓不可，虽扁鹊亦骤难奏效也。西兵助剿火器精利，几于无坚不摧，然能为我攻，不能为我守，新来楚皖各勇不足万人，分拨不开，会剿两字亦不易做也。弟于团练事务幸可脱卸，而办理会防一时尚难摆脱，汲深绠短时虞陨越耳。属购字画，搜罗几种，未知法家以为何如？彦仲文心切承照拂，感同身受。专此布复，顺颂大安，诸希亮察，不宣。

教弟禫顾文彬顿首

五月初二日

(二)

十一月初五日

丹初仁兄大人阁下：

九月中肃奉寸缄，交彦仲寄呈，谅邀台览。比维履祉延绥，勋祺集祜，定如心祝。弟随同庞星使办理团练事宜，遐迩民情尚为联络，惟团练之响应必藉大兵之先驱，无如此间兵数虽多，得力者少，分守危疆尚无把握，欲图恢复，势所不能。现在官绅公函敦请曾帅拨兵来援，出水火而登衽席，在此一举矣。今日浙氛甚恶，此间海隅一角唇

[1] 顾文彬(1811—1889)，字蔚如，号子山，晚号艮盦，江苏苏州人。道光二十一年(1841)进士，官浙江宁绍道台。

齿相依，议者皆恃夷兵为护符，然狼子野心，鄙见揣之，未见其深可恃也。《松斋法帖》尚未购得，俟购到再寄。最先购得字画轴一件，敬以奉赠。肃此布泐，顺颂勋安，诸祈亮察，不宣。

教小弟顾文彬顿首

十一月初五日

官文[1]致阎敬铭

(一)

十月二十九日

丹初仁兄大人阁下：

前石逆大股犯楚，绥宁、城步二邑失守，贼众数万，旋弃二邑，复围武冈，分扰新宁，江道台率五千军战守七日得获胜仗，城围已解，贼党窜往东安，城破兵单，随为贼踞。离祁阳仅九十里，永州府百余里。下游即系衡州、长沙大路，贼意不过欲假道仍回江闽耳。幸骆中丞大军尚未出省，可以分御。翟署抚院即咨函前来，调杨、彭水师炮船数营上驶防堵。弟同胡宫保皆咨商杨、彭二公可分拨否，未见回音，唯南省炮船甚少，皆调往洪江一路而去，湘河甚属空虚，前贼之未得逞志于衡、湘，因萧辅臣炮船在祁阳防剿耳，弟深为切念。现调巡江唐游府瑞廷统带洞庭兵道士湫兵共炮船十七只，前往长沙候派，往何路堵御，先其所急，稍尽唇齿相依之意。伏计兄台拨给火药、铅元并小枪五十杆，要敷打二三仗之用，其不足再由南局发领。再，其口粮前因巡防故，与前敌口分稍异，现赴援湘南，即同战兵无异，暂应加增，候撤回之日仍按前章，合计巡江每月应六百余金，今须囊行粮，宽为筹备，若能发给二千两饷妙极。以次如留南省，即饬南局支放矣。计与唐游府面议是荷。时佳不另。

弟官文启

十月念九

---

① 官文(1798—1871)，又名俊，王佳氏，字秀峰，又字揆伯，满洲正白旗人。道光初由拜堂阿补蓝翎侍卫，擢荆州将军、湖广总督。咸丰十年拜文渊阁大学士。同治三年，升入满洲正白旗，封一等果威伯，后历直隶总督、内大臣，谥文恭。著有《荡平发逆附记》。

（二）

二月初七日

丹初仁兄大人阁下：

适曾沅甫廉访由湘旋鄂，来署面晤，云募勇十二营，分为三班，前班已到，求为宽备协饷银五万两、钱五万串，自粮台发给。弟细述时艰，“荆、宜进款用于施南，老河口上游用于襄樊，年终倾囊均解前敌，新正以来进款寥寥，及司道库全行调拨，藩库存项十余万又经希中丞协银五万两带往安庆。正二月火饷无着，万孔千疮，正在焦急此巨款无计可出”，唯云“新勇初到亦不能不筹给路费口粮，计与粮台丹公计议”等语。又要战马百匹，答以前拨已到马匹均已发与多、舒二公，营中后班马匹至今尚无到楚信息，俟到时再行酌拨，马上鞍辔须在省中购办，可具禀前来批示，粮台刘荩臣亦来禀请发积欠之款，并询渐出楚境，自三月初一日起，饷归何省支拨，尚须批示。我楚北进项日亏，而前敌屡屡增军，再兼本省边防用度浩繁，中外皆以我楚为利薮，不问来源，似此伊于胡底。曾帅皖南招抚降贼万余，其口粮亦令鄂粮台筹解，又风闻办买火轮船，即一只合银八万两，欲令楚北置买，以备转运（舍此巨款置此无用船，不能用之打仗，何相谬也）。时安不另。

愚弟官文启

二月初七日

附呈曾帅来函，阅毕掷还，以便寄覆。

（三）

十二月二十三日

丹初大兄大人：

旅次前后赐函均已奉到，展读之下，忠孝溢于毫端，求忠臣必于孝子之门，良非虚语。惟老伯未卜佳城，为人子者，营葬营斋，聊报罔极，稍释终天之恨，捂土未干即远宦他乡，哀恋痛心亦非人情之常也。奈处于天下多事之秋，凡有血气者莫不与贼为仇，况我辈受恩深厚，移孝作忠，至穿孝服百日之请，必应允俞，而山左近年之糜烂，贼盗蜂起，无兵无饷，再兼地理人情素不畅晓，吏治营制军务皆现入手，种种匪易，须从新布置，不可操之过急（小人依人始生羽翼，君子用事亦须人帮，助有邪正之分，奈小人若待之太严，必为人用，反来害我，仍须笼络，令其不生枝节）。政治随时更正，不必寻事办理，日久事熟，人心安定，咸知是办事上司，非害人上司。循规蹈矩谨慎谦和，使小人无可入步，则君子即肯出头矣。如始接任或有物议谣言，不可介意，久而自消，弟曾经过者也（到襄接任后，因屏退小人，故布谣言，众心皆忿，我不介意，久而息矣）。君子可欺以方，亦须防范，自己无机械之心，尚须晓得他人之机械，始能防耳（即用正人，他亦许被欺，虽胡文忠之精明未能免耳）。

不做当头人不能知其难，凡事不可吹毛求疵，过当恐难下台，自取其累（办事要先留自己退步），刚柔互济。弟本无才，叨承数年契爱，故敢絮言，或有片语可采择者也（不痴不聋不作阿家翁，只不昏聩足矣。阁下素能忍事能了事，仍不外此）。楚省虽云肃清，而朱溪尾贼未靖（安镇已派郧镇任矣），已令梁道五营进剿，唯边防二千余里不敷分派，而在楚，舒都护能统马队不能练步队。梁军不能离郧郡一方，襄阳金逸亭旧部拟随金公赴豫，欲派杨镇八营赴襄，穆镇、王副将各营不能离开黄州一带（明春皖南必有一变），现札上巴河，周副将应守三关，沈镇仍扎小林店，此楚省看家之师，俱不能外调。近晋省奏调楚军，派新收自下游遣来之副将袁复清（袁自镇江来）、罗洪勋（罗随江军门来成）二员各募一营赴晋（楚之兴国、黄州招募），而山左之役已覆奏无将无军可拨，未奉批回。适奉云章，弟同渭春中丞面商，于无可拨调之中，拟将在湘现随舒都护四营，因其不愿自管步队（周守办理舒营步队仍杂乱无章），即赵既发所招四营是也（多帅火性尚不如弟也。赵，多帅已给开复，前渭公用之太猛耳），派赴山东，又虑统率乏员，现李正郎云麟由浙至湘至蜀，均不得意（性稍磨磋），折回鄂渚其本部，多帅随带入关，伊无所归。因阁下伊所敬畏，可以笼络此公，只平素言语举止傲慢不恭，心地可取，打仗奋勇，能得军心，舍短就长，令统领。再，兄台两袖清风人所共晓，前往山左，何从垫办？与渭兄共议由底串中挪借五千两交给来手携往（不必急于归还），稍为宽备，以免掣肘，聊助嫁资耳。一笑，此候素祉。

愚弟官文覆启

嘉平月廿三日

于封缄间已奉到批回，准免山东筹军筹饷之议。唯兄台并非外人，不能不关心，所云四营如万不得已时，仍备调拨也。

郭嵩焘[①]致阎敬铭

(一)

同治三年九月初三日

丹初老前辈大人阁下：

去岁一奉笺，为东人申庆祝之忱，人事倥偬，书问阔疏，惟日闻政声之洋溢，企瞻盛德，私用忻慰。自台麾临莅，各路巨猾渐次荡平，不独军威之震叠，亦廉明刚毅之教，正本清源，有以迓祥和而销顽慝。伏谂荩躬多福，胜候增绥，钦企何已。侍亦迂疏之身滥摄封疆，粤中顽犷奢靡积习已深，惟得一二清廉艰苦之才为之表率，庶可稍挽一时之陋习，以渐轨于正。现调隋龙渊先生赴粤，俟到粤任后再行具奏，求老前辈极力怂恿成行，为粤人造福，不胜感祷。敬请勋安。

侍嵩焘顿启

九月三日

(二)

同治元年三月初八日

丹初老前辈大人阁下：

武昌一奉教言，匆匆两载，世事浮云，变幻百端，犹幸名贤得位，天下属心。朝廷新政焕然，拨乱反正之机宜在今日，下风倾首以日为年。侍屏迹深山，疾病无状，寄云中丞编辑《忠义录》强起一与其议，此不急之务，逸民可以任之，顷谋汇集各家奏疏，录存副本以备检查。《咏芝宫保疏稿》老前辈为任开雕之役，侍意欲求赐一副本，尊处写手必不能多，能将原稿寄南分别缮写，刻期一月可以蒇事。计老前辈必

---

① 郭嵩焘(1818—1891)，乳名龄儿，学名先杞，后改名嵩焘，字筠仙，号云仙、筠轩，别号玉池山农、玉池老人，湖南湘阴人。湘军创建者之一，中国首位驻外使节。道光二十七年(1847)进士，历任两淮盐运使、广东巡抚等职。

能垂情俯从也。又，宫保湖南专祠至今未能兴建，南坡方伯欲恳节相及希庵中丞代为设措。侍意二公于箴言书院已有资助，不宜重烦之，拟令宫保所隶旧部派费三四千金，能少有所寄，即可据以兴工。各营将官湖南不能周知，谨备公启十缄，求老前辈分别散发，其籍隶湖南及为宫保所识拔者，求赐提挈，派以成数，由老前辈汇收赐寄，宫保陟降之所凭依，南省士民同感大德，义渠方伯并乞一商。手肃奉恳，恭请勋安。

侍期嵩焘顿启

三月初八日

(三)

八月二十四日

丹初老前辈大人阁下：

去岁闻承命出理赈务，私心慰庆，谓庶几一出以苏吾民之困乎，补救于厄艰困敝之余，其犹晚也？已而见所疏陈及论荐人才，遒然古大臣之风，虽所治一事，规模意量固宏远矣。顷又见所论劾，非独以申国宪，友朋直谅之谊，昭然揭之天地之间，以使人共谅，非夫知道之君子，焉足以与于斯。窃计今时天下怀利济之心，居有为之地，而自度其志愿无以求当于今之人，以稍有裨益国家，则急奉身而退，徜徉以求自遂，约得数人。其才望有优绌，其声名有美恶，而反求之本原之地，固不甚远也。如公峻节厚行，树立伟伟，此嵩焘所铸金以事者。前岁道出山东，考求其政绩，以为百余年无此高风也。其一则彭雪芹司马，所谓蝉蜕尘埃之外，皭然而不滓者也。然窥其用心勤勤焉，以国计民生为念，未尝须臾忘使政府诸贤皆为曾文正，则亦揽辔驰驱，澄清天下有余裕矣；又其一则丁禹生中丞，其制夷若金之断其烛物，若炬之列履，艰钜而不慑，任劳怨而不辞，实亦救时之良材也。其下则嵩焘才薄而识颇自信，量褊而志常有余，尽天下之人骂讥笑侮，而坦然若不知有忌讳，径直行之，亦径直言之，至于困辱而不悔。此四人者，用之则为四友，不用而放之山林，亦不失为四逸，颇欲作为四逸图传示子孙。公如有助，相祈以见寄。近因乡人訾毁过甚，略刻笺奏数通，以解其惑。为夫洋务贻祸国家，肇之士大夫，而成之民人，宜今稍有知也。附呈一帙，敬请道安，无任驰仰。

侍嵩焘顿首

八月廿四日

何廷谦[1]致阎敬铭

(一)

丹初仁兄同年大人阁下：

春初接奉手函，即欲作答，缘旧恙时发时止，百事疏懒，遂稽裁复，甚歉然也。昨阅邸抄见劝捐议叙列有尊衔，知有心国计者虽家居不忘朝廷事，惟军务方殷，恐民力竭尔。都门自连镇、高唐相继肃清，人心大定，而泉货不流仍如曩日。省斋给谏（四月转兵科）去冬专折入告，其大旨不外老兄平日议论及鄙人所参末见，大部深以为然，而发言盈庭，无敢执咎，辗转数月，覆议三条终成画饼。东南兵事众所属望惟曾、向二公，向军克复芜湖，可断庐州、金陵贼路，曾军剿贼，湖中获胜，不日可达九江，若得两军会合，似易成功，惟逆氛蔓延数千里，仅恃此两人驱除，未知朝廷何日始得纾南顾忧。阁下侍养余闲，想益讲求有用之学，祥期不远，急图北上为要。弟碌碌如恒，旧患发动较去岁更甚，今已卧床两月，医家谓结管已深，必须提去方可望全愈，甫经施治，奏效需时，未知何日始能脱体。知关垂注，敢以附问。即请素安，不备。

年愚弟何廷谦顿首

(二)

正月十七日

丹初仁兄同年大人赐启：

别后四载，时听好音，每欲裁笺作贺，辄以事冗道阻而止，良用歉仄。近惟新祉增绥，兴居佳胜为颂。数岁以来，军事益繁，惟曾、胡两

---

[1] 何廷谦（1814—1879），字地山，一作棣珊，安徽定远人。道光二十五年（1845）进士，授翰林院编修。历任礼部侍郎、广东顺天学政。晚年肆力宋学，善书法。著有《退思堂诗文集》。

君日有起色，而胡军转饷尤胜，弟固知阁下总理精密，有以赞襄而左右之也。懋赏迭膺为国藩辅，令人钦佩何极。弟都门窘状，兄所素知，自己未乡邦沦陷，举族北来，食指之多恶逾三十，生计乃益不可问，幸有贵省之游，行橐所入稍足敷衍。目前所愧大邦人文非瞽目所能识别，附呈闱墨一部，教正为幸。春冻未融，呵笔命笺，恭请台安，不备。

年愚弟何廷谦顿首

正月十七日

（三）

十二月十六日

近闻捻踪已逼东境，情形若何？知不能不上烦荩虑也。敝乡人谢君骏声以即用得近慈軿，是其所幸，惟初历仕途，诸恐未谙，幸惟进而教之。弟自重阳后出省仅历四府，现试临江，月杪竣事后登舟度岁，正初即可以此接按袁吉等郡，惟赣南等府边防严紧，来春能否一律行考尚难预定，知关垂注，用敢附闻。谨此续布，再请台安，不既。

弟谨又启

嘉平十六日

羲初同年家居能否安堵？近在梓卿，想可得其消息也，又及。

（何地山同年札，名廷谦。）

（四）

八月初九日

前奉手教，以试事匆遽未即作复为歉。捻踪渐趋东南，辖境当可日就敉静。何廉舫同年前岁冬季还乡，至今未曾复来，昨清江友人来书，道其现在淮上办盐，谅不更作豫章之游，嘱觅其诗文全集已为函致，并恳其就近寄至东省，想不日必有报章也。弟前月廿三日回省接行首郡科考，扰扰旬余，乃得蒇事，一切尚托庇平顺，惟此邦科考之未举行者尚十一处，小住兼旬，即须出棚，终岁劳劳，绠短为虑，尚希有以教之。手此复请台安，不既。

弟再顿

八月初九日

贺澍恩[1]致阎敬铭

久隔台垣，春日旅寓奉怀，情见乎词，不能自已。谨成里言三十四韵，恭呈大人钧诲，祈赐削成为幸。

太华金天峙，生申柱石标。职崇唐四岳，节寄晋中条。卿月苍生仰，寒冰素守昭。鸣冈羁凤翽，遵渚慕鸿遥。忆昔书窥观，雄文笔涌潮。骚词陶共谢，汉策董兼晁。旧价高鸾掖，分曹涸鹭嚣。六韬资伟略，三楚奋征镳。气矗鸢肩马，功成燕颔超。德星瞻类聚，膏雨洽时调。楼为筹边敞，车频转粟饶。贞心凝劲柏，坟首沃青苕。圜转权通变，网持俗话浇。殊庸归鼎勒，大纛认旗飘。济水萑符靖，蒙山杞梓翘。淮阳来汲黯，梦泽走杨么。噢咻民忘役，端严范率僚。长城人正倚，介石皆弥劭。遗泽留青岱，慈云卷绛霄。温公归洛日，白传种花朝。图史娱高尚，旌麾肯下招。门强收魏照，风度皆松乔。每恻时艰窘，殷凭朽质雕。银钩颁褚薛，玉简佩琼瑶。毅概中流柱，冲襟太古韶。江湖系廊庙，书剑侣渔樵。年借昌阳引，荣辞异数邀。臣心明旦爽，人望歧魁杓。贱子渐奔走，高山隔寂寥。余生空绾绶，一障更乘轺。拟策庐峰杖，应鸣剡曲桡。春风思鼓铸，永日写啁噍。天半台星仰，并城旅舍侨。何时亲几杖，大冶就钧陶。

贺澍恩谨呈

---

① 贺澍恩(1809—1887)，原名兴霖，字麟馨，号雨峰，江西萍乡人。咸丰二年(1852)壬子科进士，历任山西稷山、太原、曲沃等县知县，永宁、浑源、朔州等州知州。纂修《浑源州续志》《恒山续志》。

胡林翼[①]致阎敬铭

（一）

十七日

《潜山硐志》一册，惟不应附灾异耳，已致书树人删之。言灾异，则足以荡民心，而又有不仁之恶念，其殆启犯上作乱之渐乎！树人采皖樵之言而不知察，弟故严谕止之。惟其办硐之勤密劳苦与其率作兴事之功，户口扼塞之得其实而居其要，亦不可掩其善而不嘉予也。弟思处事应物，惟无私心者乃当于理而得其平，愿与丹初勉之，并乞果臣、梅村两硕儒以时匡救不肖之不逮。硐卡志附上。即颂丹初仁兄大人安。

林翼顿首

十七日

（二）

二十六日

不恤其私，不能责以奉公，此千古君相御世之大权，即天地父母之恩、之德、之教、之养也。天地父母之恩，以养育为本，本此意以为政，万无阂格矣。故山、星二公之议，固较勒捐加赋为美，然渭春之爱吏意仍主于爱民，此中缓急权衡，二公酌商之。湖北州县城守，恐难责以一旦，仍责之官军，仍弟一人之责耳。如以为可，则请酌批，应告之方伯为荷。清查交库四千，暂罢大狱，不严则宽，即革职我亦不参矣。叙稿请饷，防指拨之部文，并防派拨明年部饷。本年需三次请饷，或可免冬月部派京饷耳。添奏粤海关按月二万如何？速以稿来

---

① 胡林翼（1812—1861），字贶生，号润芝，湖南益阳人。道光十六年(1836)进士，咸丰四年迁四川按察使，次年调湖北按察使，升湖北布政使、署巡抚。晚清中兴名臣之一，湘军重要首领。有《胡文忠公遗书》传世。

(不可再迟)。清查展限,即叙明前司错误,非彻底另办不可。定笔而无大痕迹,句句是求实济,核私弊之意,不求展而自展。怀、桐均合围,克复之期必待援贼能否破败,乃可预策期限。林翼不能不驻下游,亦可带及,均八月月折之事,或将前司交部监议,以迟延错误亦公罪也(因急求如限而错误甚多),酌之。请饷稿公主之,清查稿棻主之。

手此密及

廿六日

涤乞密件,二三万可于八月交之。

(三)

六月初十日

启者,王道开化即璞山部下之王梅村也,涤帅招之带三千人,尚不肯应。璞山之后,其部下将才以张凯章、王梅村为最著。昨得左公初一日来信,言王公不应涤帅之征,亦不愿即随左公东征,业已再四求请云云。前准涤帅咨,拨募勇经费五千两,初九日粮台来文,已于初六日拨交。伯符兄查王道梅村尚无出山之志,恐此次又归南省干没,应请伯符兄酌量,妥交王道开化,或先行函询,再交去为妥,此请台安。(祈即送伯符兄酌办。)

制林翼顿首

六月初十日辰刻

(四)

如前敌战事方棘,弟必会兵以当一队,届期总是岁莫新年,与统将诸将会合,不可无私觌之礼也。饷竭,不敢如七年、八年之阔大手笔,而绝无情谊,必不能堪,此事已成陋例,便中稍为预备。又报解文书有"备用"二字,终嫌蹈虚。本有应支马步各营口粮、文武随员盐粮及赏犒等事,不如改用此法为宜。希庵复信言忠武祠五千金应札交湘卿县转交，专弁送湘卿县，弟再备稿行知，又及。

（五）

二十日

启者，杨军门厚庵之弟，前经厚庵函开请扣郧阳养廉加捐知府衔，当经林翼函寄捐局，请尊处核办矣。顷间军门托彭方伯面言其弟愿捐道衔，请捐局填给道衔执照寄营（迅速附包封寄来为感），以便专寄军门。其弟在营望得此而后归里也，祈成全之。即颂台安。

弟林翼顿首

廿日

（六）

十二日

连日思重内防，并思城守之法，殊不能即有把握。请藩台访人，古人贵边材，良有深意。今夜作札稿专言城守，明日可缮发，省中英彦集思益我，所争者、所疑而不决者，是用民财、用军饷，用乡兵与用官军之别耳。可惜去年歆动，麻城士绅练成有营垒之一营，把守两路口，已相安矣。陈令以幕友家丁为腹心牙爪，奏撤，虽批饬之词极严，然绅士已不得势，求饷不得，官不作主也，亦不能不撤。州县与我为难，我亦不能代麻城五百人筹饷。

另函已起稿，明日即寄来。蕲州念南良吏无疑，边材则尚须试也，然必能尽心尽力（新蕲水想必佳妙，一笑）。香雪、文若兄可先与渭公、丹公速商。

制林翼顿首

十二夜

(七)

十二日

扬州之行宜速，救得救不得天也，不可不尽心力。余为良将不得不舍四月口粮外，非三万不能起行。若令江北尽亡，楚更不保，速即飞挽前来，恐须动米折存款也，粮台公阅。

制林翼顿首

十二

(八)

咸丰十年十二月十六日

丹初仁兄大人阁下：

十三日到太湖，处室中，不见风雪。病已渐瘳。作梅十七后或可来也。星槎于风雪中往返华阳镇道上，精力如故，弟尤自耻。近月大雪盈尺，寒气尤重，昨见报已解备用三千，年下足用。前恐亲往桐城，须稍备银钱，亦向来手笔恢阔之故。昨从都中购有翎顶等件，或可为诸将之仪。希庵则可以情告。万一见礼堂，则酌致五百金（向来如此，见都送一千，见多送五百），此间亦可筹也，应不必再由粮台另筹。（前函并嘱古彝函致，今日思之可以节省，即不必解矣。）至钱文一项，各局均有余存，亦可足用。手此，奉请台安。

林翼顿首

十六日

此次只恐因安庆、枞阳，而致李希庵左右为难。安庆兵将不可恃，而蔽而不知，枞阳兵强，而力太单。多、李并力，则陈、李均可破，多、李奔命不皇，则必有不支之势，密存于心可也。

（九）

二十日

陈镇帐房已经支应处借给三百余架，在胡、史、吴手中，又付二百架在冯守手中。尊处所发或可暂行扣留也。陈镇万串即可作为接济涤帅之款。湖口已守固无虞，十四日贼已退去。希庵如即援建德，则应解银钱以华阳为尤便，应加函咨希庵，并严札华阳委员设法转运南岸也。希庵以新仁营及舒六爷在后得饷，而前路欠数月，为不患寡而患不均，颇有议论也。弟病经作梅药治复活，兴言亦到，所见均同，惟气太弱，汗太多耳。渭春在此谈二日夜矣，再谈一日夜或可回鄂。此颂勋安。

林翼顿首

廿夜

（十）

二十八日

丹初仁兄大人阁下：

弟病笃时，希庵、雪芹来太湖抚慰再四，同房而居者一月。今以军事各欲归营，雪公画梅一幅（奇气）、对一幅，希庵作对一幅。弟特交署中便差奉上，祈兄鉴收。两公今古正人，为正人作书画，故不辞劳，且意兴勃勃，公其欣然乎？此颂台安。

林翼顿首

廿八日

第三号

（十一）

初七日

丹初仁兄大人阁下：

初七日得初四日手教，静澜之费已给去，甚慰。舒公有小眷属在省，向由粮台给钱百串，此次议添公费，除百串外，似应酌给二百两，名为比多公少一百，实止少数十金。其人忠朴愚拙，打仗之事实属可靠，治军之才甚短，天限之也。然近年三省能战之将，亦在前三名之内，不可不优待之。马队滋事，弟已函致严办，其不动公牍者，所以全舒公之面，而免致揆帅烦劳。如舒公不能严行整饬，弟亦不能不以咨牍严行也，姑待之。另禀另供抄上。

马队要夫是应赅供应，特不应诈钱，捆士人，带女人行走耳。都将军带勇三千余人，可以设法。昌营独当一路，不可不留。须现费粮台数万，然通盘筹之，冬春两季即可省去十余万之饷，亦鄂之利也。枢中、都中不知鄂力艰难，弟又懒于京信，不值诉穷，鄂中大吏如有京信，可随时言之。叶之制造，迟迟再说。替少固之人颇难其选，难在德，不在才，公见是也(须与渭春留意)。杭罗品地均悉，韦军酌济，难装糊涂，亦不能太见分晓，酌量点缀耳。涤帅欲大举动而借三万，不可不应之。其正分七万仍是亏欠耳。涤帅冬春之间将为扬州之行，是楚军拨去，仍可有所依归矣。此颂台安。

制林翼顿首

初七

渭春兄可公阅未另。又密件一函。

三十二号

(十二)

咸丰十年八月十四日

丹初仁兄大人阁下：

舒公公费，敬祈速行。治军以整纲纪为先务，不在小费。舒营弟已严行函致，革去各官，而并未移咨一字，留舒自行办理地步，且待揆帅操纵得宜也。顷得舒公函咨，可感可敬。此公忠良，惟惜少欠精明耳。然果精明，又恐未必如此之忠良，幸以公费优待之。责人以严，不能不养人以宽也。复多信抄上，意欲拨足三千，而尚未定。初四日批折回后，揆帅及渭春均未提及，如何批法，大约是碰，碰不要紧，一入世途，总是碰境，古人所谓待罪也。毛廉访与颜军门均北门保障，襄阳人爱如羊、杜。毛擢皖臬，颜丁忧，可速与渭春妥商，留颜莫走，切切。

制林翼顿首
十四日亥刻
第卅三号

（十三）

咸丰十年八月二十二日

丹初仁兄大人阁下：

另纸谨注于旁，采择酌示酌商。舒公另有巴图鲁名号，记各处均领，惟舒公未领。查之舒公之饷专弁走领，故不欠，而各处均欠。松子营移驻五营，应否另派人支应，抑札冯守支应，可函致冯守由兰溪转巴河排运，至罗田松子关程途二百里也。弟病反复异常，奈何！静澜募到，必是太行山内外一支强兵。静澜以北图中原为属，果能胜此否？

制林翼顿首
廿二日未刻
第卅七号

（十四）

咸丰十年八月二十三日

丹初仁兄大人阁下：

廿八号信廿二日奉到。吴亮才因同渠守围捕马钲，故未拨去。尊处俟营伍应调，即解行粮一月与部，而七月十五以后至启程之前一日尚难截算。此间备用，除例支小口粮外，并未动用，似尚有钱万串、银四五千两也。英、霍、潜硐卡将来可省兵力。余际昌三千余人，闻已病去一千五百余人，亦实可危。另函实言饷项支绌情形，已抄寄各处矣。手此。奉颂台安。

松江再失，上海被围。

弟制林冀顿首

廿三日辰刻

第卅八号

（十五）

八月初一日

丹初兄史席：

时清圃欲归未归，归不得。此积学之儒，贞介之士，弟应致三十金，粮台应致二十金。弟处公费未到，可先垫付。贫莫甚于汉帝入关之时，而鄼侯尚以养贤，致民为先政。公其勉之哉。

汪信阅后，即请送去。

制林翼顿首

八月初一日

（十六）

初一日

丹初仁兄大人阁下：

初一日奉廿九号书，应复于后。

桐城合围当可致贼而不速战，鄂中只要极力苦撑耳。舒已支勇号，足慰。此公只是耳目不精明，其实心、良心殊不易得，即如七年蕲州之溃，巴先日渡江，舒以三十人守至次日申初渡江，所有兵马均一一毕渡，舒殿而后，若无孟之反，则舟中之指可掬而人马化为鱼龙矣，此是大节可靠处。

一、都交一万可寄来（或再加二千，酌之），其交都之文可附封到此再发(专寄营务处),银则不妨早来,或札营务处另备二三千两为清都旧欠之用,以备不虞。

一、涤帅要二万,可解交水师彭方伯,请其专解,同一案说明,涤得实用也。

一、税契无益。

一、减捐必无大益,姑即行之。

一、小崖之子,义应教之。弟与兄均以长者自居,有一言一行之不谨,即当忝颜。以父师自处,乃合古道,其到鄂后委以苦差,酌给小分薪水(仅只供食而止),试用阅历,或不致颓先文恪师之家声。小崖太累,不能不如此也。缕复即颂台安。(林翼病久,然总必了怀桐之事,撤兵、节饷乃可行之也。)

制林翼顿首

初一日未刻

第四十号

(十七)

十二日

浙省或恐难保,涤帅来咨,颇焦灼急迫。都处一万两已强索而去,并索分一千五百串,步队一千一百必要遣去(应即奏明)。天听未及于下吏,总疑鄂人不发兵耳。即颂丹初仁兄大人安。

制林翼顿首

十二

四十四号

(十八)

咸丰十年九月十一日

丹初仁兄大人阁下:

十一日奉重九日书,敬悉一切。饷事难艰,正是磨砺我辈之时。

勤王之事，涤帅奏请派二人中一人，昨夜已寄稿矣。涤帅愿居其名，林冀并名亦不居。若如涤奏，必指派林翼无疑，林翼之志义不容辞。汝霖渡河，连呼于属纩之时；武候北伐，正当食少事烦之日，彼岂不知其事功之必不可成哉？自古有死，效命之地，惟义所在耳。至皖、楚军事，诚如尊旨，此后之事难言。近十日无京信，再过十五日批折乃回。折回后分应即日启程。队伍与主将不能久远，或道出鄂中，当可与兄一晤。天翻地覆，大局瓦解，全体土崩，吾辈早觅尽命之所而已。饷事信已寄希庵。手此，奉请台安。

制林翼顿首

十一日午刻

第四十七号

(十九)

二十四日

近日军事及北援事焦苦万分，枯槁憔悴不堪言状。揆帅请西巡，甚善。总要陕抚得人耳，不得人，则金汤亦难言守，豫中捻祸独不入关耶？此请丹初兄安。

制林翼顿首

廿四

五十二号

(二十)

咸丰十年九月十九日

丹初仁兄大人阁下：

访单二件，求密察答复，弟再酌量斥革札行。张子缄事，虽系小事，却是贪妄，另纸尚有从宽之路，由尊处湾转耳。后路满饷又私肥，前敌积欠又危而不安，恐壮士灰心，而贪人得志。幸今春有此提纲挈领之一著（偏值饷竭，此又正人之命应如此，千古同然。读方百川“小人之使为国家"□文即可知矣),否则粮台事已不可向迩,此则丹公之德,而亦渭公之功也。即颂台安。

决计不带希庵,楚人父老安堵无恐。

制林翼顿首

十九

(二十一)

二十六日

丹初仁兄大人阁下:

廿六日寄书后,得梅村一函,恰与弟所引役处、友处、臣处、师处之旨如合符。应托少固于弟存公费内养此儒士。粮台有无妥地位置,丹初兄酌之。此颂即安。

弟林翼顿首

廿六夜

汪信便中寄回。

文若告知木斋入京,可迟否?任吾五月交卸则可速也。

(二十二)

咸丰十年四月初五日

丹初仁兄大人阁下:

转运委员李容在水吼岭吞烟而死,弟已严查。文若言其妻典质衣裙回柩入蜀,乞请酌给盘费。公可酌付之,列入帐中,亦属公费义举也,顺颂台安。

弟制林翼手泐

四月初五

（二十三）

咸丰十年九月十八日

丹初仁兄大人阁下：

十二、十七日两奉手书，并欠晌清单、月收盐厘清单，均悉。入如此，而出如此，不待粤捻四夷之祸，而楚必不保。应复事宜条列于左：

一、都将军到寿州，已改道往汴梁矣，是北援之意。

一、勤王之举，涤必不行，即决裂到万分亦必不行。以八月中旬以后，廷旨尚催其速援吴、越，可卜天心。皖北拨兵到京，从今日起，到京在三月之内，恐无实济。但此事不容计较利害，不容反顾，惟天命之是从，惟大义之是趋耳。

一、涤帅于徽、宁之事，处处棘手。其治兵也防患过深，如豳人塞向墐户之法，窃恐德足以入文庙，功必不足入太庙，吴人渐怨。异日稗官野史，将蒙千古之忧，此一代苦节名臣也，心甚念之。

一、林翼北援十居其九，计本月廿六、七日可奉诏。另有调拨，临时再宣。

一、皖北、楚北力恐不支，再抽去万人，尤为单弱。贼气、贼势迥非五、六、七等年可比，株守安庆之围，必蹈和春之辙。如弟行时，必有痛切一咨行之粮台。如异日有警，只有撤围一法，足以保楚疆而全军旅。一万人围城，须另有二万人备战。处弱势而收强效，莫如不围不攻，讲战讲守，此千古兵事之切务。弟所属书局《兵略》一书刻成后，可以教士大夫之战事。

一、涤帅清节冠时，凡湘人如罗山、迪庵、希庵、厚庵、雪芹、璞山、荫渠均不以军饷自肥。林翼八年丁忧后，澹村先生将不能领到之蜀臬、楚臬、楚藩、楚抚（有未曾到任，而在粮台领取）之养廉，送给丧祭之外，尚余五千串，亦殊可愧。弟置书庄，作为义举。而自江西带兵以来，田庐宫室，费计巨万，此物奚由至哉！凡物有甚美，必有甚恶。如人参之芦与人参之枝相反，枸杞之子与枸杞之皮相反。物态人情，即同根亦不必同性也。

一、要力保湖北，如不撤围，如必分兵北援，则须另想他法。多公积劳久病，第一将才希庵部下万数千人，能制狗贼之命者莫如希庵。刻下南北两军之能步将者，亦莫如希庵希庵愿依我十年，合而不分，患难生死，同为一命，义也、情也，爱林翼之忠也。弟又曾与舒辅廷、李希庵约定，永不相离，亦情也、势也。在希庵护持不肖之深心，肝胆信义，古烈士之风范，弟又何能一日离希庵哉！窃计弟一身不足重轻，而湖北不可无希庵之万八千人也。经营数年，乃得二三年之安。且天下十八省，仅仅存此一省、二省有兵有将，一旦委而弃之，情实不忍。故可舍林翼，不必计较，而仍留希庵，以固湖北之门户。存此硕果不食之根芽，此亦惟愚公之愚，精卫之精，乃敢如此、乃肯如此耳。

一、湖北将帅，李第一，多第二、第三，鲍军第四、第五。此外，如成大吉、萧庆衍、余际昌，尚未独当一路，未敢逮列等第。其余仅一营官才耳。精思六七年，费用千万两，所得不过如此，所扩皖江、浔江亦不过数百里地耳。弃之可惜，忍乎不忍！

一、欠响行粮，如奉命之次日，弟即分撤行知，即行启程到省。饷项一事，丹初、渭春不得辞责，此非坐营可以稍欠也。

一、九年春，揆帅以万金賻李忠武，希庵领五千，退五千。揆帅又札饬粮台委员解交湘乡，为忠武祠墓祭田之费。现在忠武祠成，此项应问之文若，由粮台送交希庵。

一、备用之银，为养士及假归来依之营官、哨官起见，全副精神在提倡人才，收拾人心。林翼衣食用度、私交赠贿，概系抚署公费，此后银可酌减，钱存舟中有一二万串，可暂济军中。不开扩不能提倡人心，不节检而浪费亦非也。故此项可节，而不可少。

以上多密事，不宣。渭、香、午三人可公览一次。敬请台安。

名心叩

十八日

第四十九号

涤帅一议附上。涤帅必不北援，此议亦南宋人之议论多，而成功少也。实则涤帅必不入卫，何劳拟议。

(二十四)

二十二日

丹初仁兄大人阁下：

前书有漏未复者，子缄之七百串，曾经揆帅面告于兄，由兄酌之，不可急也。铜炮须有批乃领。此器宜于守城，宜于水师，不宜于步军。步军之好大炮者，久足自弱。弟于兵事，尚未尽如我意，力不赡也。若论大政，凡破火器之兵，莫如专用长矛，此冉子武城三百人，魏绛、杨素毁车为步之智也。铜匠酌留之，董安于酌用之。治国之要在尊贤使能，贤可尊而能可使，不可自隘。留希庵出于不肖之独见，此心如白日矣。奉旨来省，即专意索饷，计霍山不候替代，先行派援，从霍山至汉口，尚须十二日，他处恐不止十二日。兵行三五日，弟押后队启程，兵到三关，尚在弟后也。水师索军火，多、李索饷，减捐之单、之示、之札，廿六日可发，拟包封寄方伯，由方伯送督辕，可面催速印也。此致。

制林翼顿首

廿二日戌刻

第五十一号

(二十五)

初五日

丹初仁兄大人阁下：

忧边无术，结病已深，与公申约，弟朝死，公夕行，始终不违前议也。哀求笃恳，弟固无情可诉，惟有求情而已。贼入英、霍，希庵全军回剿，头起明辰可到太湖，希庵亦于次日可到，弟病不能从，当婴城以自守。皖抚战楚地，楚抚守皖城，何相报之速耶！

省城派小弁小员陆续由巴河等处运济，希庵一军万人，军火子药径送其营中，其营无定向，每次约百余石，逐日运之必可济也。大局必可保全，可告之省中，均无过忧。弟面色如白纸，神采如槁木，两鼻孔日夜翕张，盖喘息粗而神明已竭也。手此，奉颂台安。

弟林翼顿首

初五日

第五号

(二十六)

咸丰十年十月十四日

丹初仁兄大人阁下：

得初九日书(初十书亦到)，五日不能复，盖作字一二行，即昏眩半刻，呻吟不已也。渭春来信先已批复，所欲之将与兵，弟必竭力为之。弟不辅渭春，岂得谓为有良心人哉！且心忧河南久矣，得渭春为之润及湖北，凡欲自保者，非保邻不可。近人之识力，特如春蚕自缚、辕驹自促耳。顾淡如既廉洁可靠，必乞坚意延致之(一次不来，至于八九次不懈)。凡人到心地可靠，则才之短长皆宜，在所以位置之者，得所得位否耳。华阳镇委褚星槎(可靠人也)，自去督算一次。其小委员，公与星槎商之。弟昨专弁以百金迎刘融斋(名熙载)先生来鄂，关订三百金，弟与午山共作主人。凡楚士阅课之有文有行者(弟与午山公请此老，以教楚人)，可以融斋先生教之(并可为我辈之师)，其馆舍即赁屋而居，午山代谋之。三百金外，或须伙食六十金，多则融斋亦不受也。

又，专弁以百金迎郭筠仙于梓木洞天。贫苦如此，而求贤之渴慕如此，惟公尚以为是耳。强坐率复，恕不庄。

林翼顿首

十四

(二十七)

初五日

渭春来书廿日矣，至今因病未复(文书尚能复之，有文案可代行，只酌定三五字)。意欲杨、李速行，而熟料三千五百人竟为三万贼所破哉，以溃卒与人，则蹈为人谋不忠之戒，欲另行筹拨，而各路沦陷，全楚动摇，亦苦不能设法。公其为我先致此意，鄙人即将死，亦不能无情于豫州牧也。又及。

初五

(二十八)

咸丰十一年五月十四日

丹初、午山仁兄大人阁下：

弟力疾而行，近日尤苦。剧然得鲍公同援，此旧部之恋恋于鄙人，而极不忍舍我者。如攻黄州，尚须设法筑土山以瞰其城。(城西有山，本逼瞰城中，惜只容一二百人耳。如设法培宽，可以大炮轰击。尊处可先期饬薛令到江中接我，以便详询一切。)如兴治、通山有大股可战(能战更妙，战易胜而攻难得也)，即南渡亦可。不知何处最要、最紧急，当详悉示我。病状阅张仲说可知。前此敦请融斋先生到鄂，欲变化鄂中士习，前又奏请云岩来鄂矣，融斋先生到此，适因林翼谋兵不妥，致全省震惊，尤以为愧，尤以为惧。窃又念正人临楚，楚祸终必有豸。而林冀久病危笃，竟不能殊意者，尚待正气之复振兴乎？敬请台安。

弟林冀顿首

十四夜望江舟次

（二十九）

咸丰十一年五月十九日

台、局公阅：

贼过绥定三关十余日，且早已过尽。盛道台、张道台尚言守三关，何也？元圃并无招勇之事，亦无其人，其为贼伪托无疑。今日阅中堂寄元圃截留之信，汗流浃背。只盼十六、十七、十八日不失省城，则十八日头队七营已到，即应全数入城，待希帅到，乃分起出城耳。成发翔（三十余号）十五日已到黄州。黄州无贼，省中何不专人迎提，以护武汉。雪芹十八、九乃可到武汉矣。太湖米粮足支四个月，公不必以太湖为念。此请近安。

林翼顿首

十九夜

第八号

（三十）

咸丰十一年五月十九日

得南岸警信抄上，十六、十七、十八三日之中，武汉无事则平安矣。吴干臣十八日七营到省，应先入城，再过几日会合成、梁二军，再谋进剿。事已决裂，毋求速效，毋使孤悬城外，远隔城外，转恐城中有奸细，救应不及也。成发翔应调入省中，江汉分防，彭道台自督二营，须十八日、十九日乃可赶到。此间只盼十六、十七、十八省中文报耳。此请台、局近安。

十八日平安之后，此间得信，再行酌商，回明中堂。

林翼顿首

十九夜

第九号

（三十一）

咸丰十一年五月二十日

未得十六、十七、十八日省信，日夜如祷。十八日后，干臣得入城守。门内有人，门外亦可有人，则平安矣。此请大安。

林翼顿首

廿日

（三十二）

咸丰十一年五月十九日

丹初仁兄大人阁下：

昨十八日未刻风利，从望江之香口开船，一日之间已可到武穴矣。鲍军陆行尚迟（江中无船可掳），弟夏至前一月渐渐翻病，固已不支，然尚不过吐血二三百口耳，夏至日乃大呕血。此盖天之所废，不可活也。如揆席及希帅处有老山真参，可乞三五钱来，非真老山亦不必送来，非此二处之参，弟不敢受也。并嘱署中，如折差回，嘱其速来为要。即颂台安。

林冀顿首

十九

（三十三）

咸丰九年十二月二十六日

丹初、渭春仁兄大人阁下：

廿二日得十九日六号信，忧愤未平，未复已四日。所开荆州短钱，已雷行。此弊积久而愈深，不自今始。英山冯、沈作一局，支应过优及不画一之处，酌定分别檄行。管钱之金鉴，其父实佳，其子则因其父而养之。三四年来，惟衣服稍华，弟颇留意而未言，亦未闻其劣声也。人至为天保所侧目，大约尚有几分好处。春间，公嘱弟勿争小事，且付之一笑耳。公令承办，可以助力。少固诚笃不欺，蕢阶亦然，其才识短处，则随公与渭公随事补救。人到靠得住便可用，无才亦可用；人到靠不住便不可用，有才尤不可用，此天下古今之大局也。弟无私人，生不与人交托私事，死不欲人送我一钱，惟公与渭春知之。前此庄与天保同志，渭公未司柄，竟有不能独立之势，故不以少固入台怜之也。古彝责我非作人之道，弟顿悔其非矣。捐米局应专收谷，乞与香雪切言之。世乱如此，楚中必有婴城自守如余忠宣安庆之事。刘车龙浮夸，此川将也，其营仍留之。粮台日亏，来源日竭，此后凡有信到营，须如李文靖水旱盗贼必陈之法，可公阅也。帐房不可变法，可请函致各营，说弟林翼不准改章。此事弟始未措意，昨日细思，省钱踏实，只在用人。如作事踏实，即费钱犹应勉力为之。如刘晏造船，以两倍、三倍浮价给予经手之人，此古今大才也（其功在此，其死亦因才大也）。大抵军事惟无粮台者最可怜，涤帅无粮台，如泛泛不系之舟，故帐房由各营自造。窃谓帐房、抬鸟枪及一切必需之物，乃维持败军之一法。军事胜负无常，不能因一败不肯复振。试思金陵之溃，若常州、苏州预存帐房、枪炮及一切应用之物（与其令各官制衣服，何如多备几件军器哉），尚可三五日、七八日复聚集成营。因不成营，手无军械，夜无止宿，故风声雀唳，皆足以败军机而夺士气。窃谓凡粮台应办之物，其应酬者可改，其实切于军中之用者万不可少。不择人而思改法，无当也。以省城之大，而不能择一二可靠之人为我造办，又何能责望各营之委员，岂尽皆人才之薮乎？况鄂省粮台之弊尚不十分离经叛道，而帐房之弊尤微，留心用人，便可长久不弊，不必更法，亦不必急切也，渐次自好。公到粮台之一日，粮台委员衣服尽朴实，盖黎京兆减从骑、郭令公减声伎之象也。渐以图之，何患不治。尤不必再作脱身法（请渭春为公迎春），歌于斯、哭于斯、聚国族于斯可也。五年之久，渭公助我，惟助我以正人耳。弟与渭春应能事老伯之高年（分义应然），可请夏令派人，秋初启程。信我言，我言万万不错。兄作函，由渭春于早秋派人迎养来楚，迟则捻匪入关矣。

弟久病（吴亡、蜀乱，病亦固然，不复有他想矣），精力日颓，秋后当传授渭春以兵事，一二年可独当一路矣。五年来注意于将，目下尚可勉力其间，然亦渐有危机。他人不能知，即林翼亦不能言也。去年十月，知太湖必有大战，不得已而为英山及陈德园之行，苦心、苦境（都、希未来，涤与多未悉，唐与蒋、与鲍、与多均不洽也）。通国之人不能知。其时渭已入都，更无人可说。惟文若、香雪颇知之耳。近因病驻英山（城中比帐房高远百倍），尚须巡边界罗、麻一次。黄州本我所愿居，因下游之警，不便先回，如北防警急，汉、黄、德均紧，仍非英山所能控制，彼时或有专旨饬回耳。

作大吏宜引天下之正人志士为手足腹心，作小官（知府州县）亦宜引一府一州一县之正人志士为耳目手足腹心。今日之廷臣与凡一切官吏，皆亡国之人与役处耳。所以愿与役处，不愿与师友处，何也？好谄佞、好柔媚、恶冷、恶淡、恶方严耳。张洊三谨饬冷淡，而渭春识之。陈惺轩、履亨在安陆、在兴国，及八年冬九年春在黄州，均为我与星搓力言洊三之品行。在我未奏调之先，所谓好从其类也。陈公品如秋门而才识倍之，有府差齐训捐牙帖，陈允之。实则齐出名，而刘出钱也。陈因齐训不能全缴，欲改填出钱之刘姓，而黄虎卿力庇一差。弟前札行臬司、恐渭春未及见此札，今日又并前后各件行藩司矣。厌正士而庇一差，此人何其太愚。可惜异日有人责我保举不实，弟实无颜对人。渭春阅前后札，一几可与香雪切函严饬之。若如此居心行事，毫无长进，胸次日卑日俗，奈何其不早自引退？（若再二年、三年不改变、不向学自励，必劾之矣。）

又，郑人与我无私恶，惟近二年细察其人，吏事、民事、学力、识力一无所知，而胸次卑俗，又自以为道在是矣，故颇欲裁成之。近阅其署粮道所详各件，无一件不可笑、可恶、可鄙。此脑满肠肥之症也。意欲教之、诫之而无如其自是何。渭公细看尚可教导不致大坏否？手此缕缕，前后均不贯串，拉杂不堪。尚乞丹初、渭春仁兄鉴之，仍付丙。香雪、文若或有应阅之处,余均不必。半年来无此等多言拉杂之信,以近得价人画,可久留丹初也。(非常之祸,莫以为败仗可比。)吴亡与符坚肥水之事相似,非仅如杨慰农败仗可比。此等处近于亡国矣,伤哉!我辈公费廉俸应可不领矣。

弟制林翼顿首

二十六日

(三十四)

六月初二日

渭春、丹初仁兄大人阁下:

贵成制造步军枪件有意辞谢,径辞不管,谅贵成亦未必敢行此计。然我辈亦须谋人渐渐学习步军制造之事。周志圃精力过人,留心算法惟不懂人话,其所说话人亦不懂。又中军叶芸峰,似尚正派不浮,但不知其精力如何,应请酌试。此二人入局先同贵成办半年,则匠法可渐渐熟矣。即颂勋安。

制林翼顿首

六月初二

如不可,即请示复;如可,即酌行。

(三十五)

十四日

伯符、丹初仁兄大人阁下:

三河尖事大致可行,凡权利之法,使民有利而国乃利。去年涤帅期丧,即其胞叔,即温甫先生之嗣父,弟记致书粮台办祭幛公奠,不知已寄湘中否?祈查复之。涤帅之饷可迟不可少(月只三万),昨见文书解闰三月二万三千,不如改作三月补一万,闰三月先解一万三千也,须知涤军助我月费八九万,而我楚只费三万,若涤去而另募他军,楚中所费已多矣,吴祸甚烈,岂楚之福?吾用忧之。即颂台安。

弟制林翼顿首

十四夜

（三十六）

十九日

渭春、丹初仁兄大人阁下：

启者前阅粮台详报，张启基领坐船船价，查水师坐船向无官为给价之例。详称奉饬办理，奉何衙门之饬知，如谓揆帅面饬，亦应有面饬之谕，且揆帅面饬即必面告粮台司道，此等冒领奸猾之风断不可开，前已批明，如未凛遵，应由粮台详明惩处，且张启基水师应令每日轮派二三只听候护饷，其护饷船哨应由渭春、丹初查看去留。此请台安。

制林翼顿首

十九

（三十七）

二十三日

义渠、渭春、丹初仁兄大人阁下：

前路李、多之军日夜到英山索饷，此间机局不灵，不如马、罗八九年之事，藩粮有余，粮库尤厚，吝而不予，事何由济？今年之役能否支撑，殊无把握，弟则不能退却一步也。前路多、李有失，后路藩粮之饷亦属空存，所谓有粟，乌得而食之也？思之。即颂台安。

制林翼顿首

廿三日

霍山告警，贼分三路而来。

（三十八）

咸丰十年七月二十一日

义渠、渭春、丹初仁兄大人阁下：

都将军处已咨送二千六百人，马队在外。应开事宜除公犊外，应再函开：

一、各营欠饷有五月已清、五月未清及六月未清者，然合二千六百人，为数甚巨。即有二百余人尚是新募，然所费已属不赀，应速核定。

一、七月十五日前由鄂核给，十五日后交将军自行支放。此时已七月廿一日，转瞬即是月杪，似行粮一月必不可少，然一日不行，即是坐亏一日。武侯不云乎"住与行劳费正等"。弟意七月十五是截止之期，成军以出，须备三万余乃可行也。途间必有二十余日之程，七月十五至整队起程，尚不知若干日，恐非二十日不可。是七月十五以后及启程以前，均须另补，尚不可入行粮之内。

一、此次咨送都将军约计八九万两，藩库请拨五六万两，粮库请提米价三四万。

一、本营水陆马步之在皖者请另拨。缕缕。奉请台安。

弟制林翼顿首

廿一日

前十一日义务，念致礼，衔感无既。叩谢叩谢！

（三十九）

十五日

涤丈欲造册样子，请丹初、伯符同文若查酌，由尊处径自开送，鄂楚水陆样子不一，前已派赵君回省，应可督办也。涤帅原信奉上，即请尊处查照径复。文若言遣人扫雪堂。此间阴雨，立夏犹寒，连日尚著棉衣三件，寒雨败麦，十年东坝尚复不守，何军事之足言。吾见贼气尚能张于前，而部臣、枢臣或以为将安将乐也，岂不谬哉！雪堂暂不需料理，行止以军事之缓急为定。手此，奉颂丹初、伯符仁兄大人安，文若贤友安。涤信二件并乞公阅，仍缴。

弟林翼顿首

十五

（四十）

闰三月初七日

香雪、丹初、伯符仁兄、文若贤友大人阁下：

前得丹初初一日书，言训勇入河南事，文若之书大致同旨，当寄宿松筹商，兹准复信，应即照办。请即回明揆帅，札彭道、饬萧守回鄂，其札萧守之札，批明由彭道专差，俟禀复回到东流时，即以韦之二千五百人并萧守，留东流以谋枞阳。以唐时雍入周家口可也。此致，即颂升安。

弟制林翼顿首

涤帅信抄上

闰三月初七夜

（四十一）

二十四日

丹初兄：

近日心神总觉其苦，少固言粮台有上好燕菜二匣，次等若干匣，可寄三四簏到营（上中二样）。

制林翼顿首

廿四日

(四十二)

十一月二十八日

丹初仁兄大人阁下：

廿八日奉廿四日书，近日狗逆攻枞阳，韦军告急。礼堂复信，贼以另股伺我，欲官军之救枞阳，而即间道以扑安庆之围，围师之危殆而不安，固如是。希庵来言十日之外水涸，戈船不能留内湖，则安庆之瑕衅满地，而桐城一军将有应接不暇之势，以为危机莫大于是。前月廿八日之捷，所杀未曾创艾，故狗逆尚能胁制其党，而不使溃走。希庵曾密函言贼愈打愈多，亦愈打愈难，非亲历行间，不知甘苦也。希庵以桐城后路虚，怀宁果急，则且鹿不择阴，挺走无方，坚欲林翼入太湖城，言至再四矣。弟病后颓坏甚惫，足踏一炉，顶戴两风帽，年未五十，颓然如八九十人，亦何可丑！一月余未剃头，今日以烧酒洗剃，惴惴恐吾头之岑岑也。南岸亦紧变时至，涤帅请援之书，或日再至，然未议分援，而北军已可危。窃谓力必不及，非情之恝也。各营放钱能至一营二千串已属万幸，否则仍守湘军之法，一营每月千五百串。为稳兵事，只官府公家能吃亏耳。若算及兵勇便宜，若辈万事皆愚，独于切身之利，则至黠而至慧。彼固为此而始来也，恐不能专意于此。十二月须发全饷，并搭放正月钱文。岁寒后雕，晚节自厉，此可责之君子也，小人则曰：年荒岁莫饥苦，战士将喁喁然，而怨官吏之不恤其私。故年内一批，须多须早，毋使怨声溢于军中。希庵治军向不计较饷事，颇以参差为言，徐当晓之。正人可与忠贞之言，公不错也。年内饷，速请藩台、粮道台、盐道台迅济，冬雪风寒，早为起解，犹可及矣。至明年春三月之饥溃，智者不能为谋矣。林翼前病本觉不可活，作梅到又复活，活亦赘耳。贼挟全吴以乘楚，而欲以涓滴之饷供奉此军五六万人，以饥兵御强寇，人心又日积于宴安，譬如履春冰临白日，定不殆哉。幸与司、道公阅，迅图之，毋迟。此颂勋安。

弟林翼顿首

十一月廿八日

藩台、粮道台、盐道台、首府公阅，未一一奉恳也。

（四十三）

初八日

涂函抄上。都将军坐索饷银，须五月后加三月，并坐索昌营，酌之，饷银不能不送给二万两，专指马队而言，若昌营必去，则须另拟矣。此请台安。

制林翼顿首

初八

（四十四）

二十五日

香雪仁兄大人阁下：

廿二日书敬悉，清查案似以奏明展缓为是。（不定时日，只声明稍行展缓，何如？）欲期其稳，应求其实。抄藩条及信，奉请渭春、丹初、香雪三公酌定示复。久雨伤年谷，年丰而贼尚日多，况其灾耶？（应担当者，不能不担当，但须许我担当，毋使部人笑我。至于应碰应糟万分为难之处，弟均愿以一人任之，何也？弟本不足惜故也。若碰得无理，一经驳回，哑然自笑，惄然自沮，则又不值也。三公其鉴此心，是有理者，即违例亦愿碰，无理者尚待酌也。然苟有十分之三四可担，弟必担之。）忠骨已到，少村欲文若往吊（自酌恐无闲日），有此闲暇否？弟处已派子山前往经理之矣。涂信可交梅村一阅，即再请三公鉴之。此请台安。

弟制林翼顿首

廿五

香雪兄即送渭春、丹初兄密阅，请酌复。

(四十五)

初九日

涤帅欲取《楚军章程》《鄂军章程》，粮台可速寄(各百本)，查《鄂军章程》去年有新定之本(有“新定”二字者乃可行之)，其从前原定之本夫价一两者万不可行，不知粮台已将原板毁销否？其版未毁，其已印行者、未销者实为误事，应即查销，速行粮台、司道大人。

文若、少固均此，文案处并至之。

制林翼顿首

初九日

(四十六)

初四日

礼前杨，礼后蒋，及新旧霆营，惟马队、郧兵三百，尚未成军，应留七日六日，即由涤帅带去，饷项酌给之。昌营、六营礼左应留，恐须随都到扬州，酌送饷银到英，如派扬州，须从五月启程之日照楚军营制，不能照鄂军也。都是好人，拘谨可念，不能发挥。粮台台鉴，不宣。

制林翼顿首

初四夜

(四十七)

初二日

委孟廖购马，粮台可速行，另牍请鉴察。秋初当大战，及今谋之尚不知力量何如。手此奉请丹初、渭春仁兄大人安。

制林翼顿首

初二日

（四十八）

十一日

今冬之势，万一桐、怀异常警变，则须与多、李见面计，时或腊杪正初。彼时亦不顾身之强弱疾病也。前次击贼约六七万人，解散者已万余人。此次加调李逆，又必填数万人，前次希庵密信已觉不支，此后倍当戒慎。舟次如有银钱可不必说，如太少，可函致丹初酌解，如弟到战处，必有用处，不到战处，即不动用分文，此致古彝兄。

润之

十一日

（四十九）

咸丰十年九月二十日

丹初仁兄大人阁下：

本日得金逸亭观察书，以军粮告匮，采办维艰，原函奉阅（前有密件，尊议甚是）。弟处艰危之际，无可成之功，自古有死，无信不立，去兵去食，不为违德之事。即请尊处迅筹协济为要。此颂台安。

弟制胡林翼顿首

二十日

五十号

（五十）

二十九日

省中粮台：

阎大人处存有四、五月两个月养廉库平银六百两，派杨运保往领，以库平五百两送王宅小崖翰林（同信），以库平一百两送宋工部（同信），均须面交。王宅并可带阎大人信同交。此纸交杨运保送阎大人阅。

廿九日

（五十一）

初四日

不欲放其回里，然强之而心不怡，不如遂其心志，尚可望其痊速激发有为也。东山之诗曲近人情，此非关中圣人之遗训乎？愿渭春、丹初心为体验，付及。

初四日

再者，王诰缺委吴觐臣，觐臣缺委冯守。

（五十二）

咸丰九年五月十八日

丹初仁兄大人阁下：

从幼湖处寄到环章，知假归珂里，省视兰陔，倍深钦慕。鄂中延企之切，引领而望，如渴如饥。惜澹村先生抚闽，鄂中少一正直之贤。渭春、陈臬与公必合。渭春得公，其所造就当更美矣。林翼负罪从军，治兵于郴，稍稍可用。以石大开大股数十万之贼（自号六十万，如王翦之额），注重于湘，湘中以五万人御之，力尚不敌。此间先后拨水师八营，近日又拨陆师十四营（每营五百人）往援。鄂人之力有限而志无穷，只望当代贤豪为吾修府事、明政刑，使林翼得假手以尽力于兵事，则尚可赎大罪于万一，此林翼汲引求助之微意也。世人知盗贼之可忧，而不知所以致盗贼之由，亦可悲矣。到鄂时薪水取之公家，林翼另有章程行之。总局大致如河工委员之式，而利稍薄权稍重耳。由秦入楚，先到武昌，渭春必已迓于途矣。手此，奉请行安。

制弟林翼顿首

五月十八日

老伯大人前乞叱名请安。

(五十三)

咸丰九年六月十八日

丹初仁兄大人阁下：

到鄂慰甚，楚人之幸也。本欲即行邀来，而大营日夜匆匆，尚嫌烦劳。或俟十日后定局，或即请来营，迟速惟兄自酌。近谋狗事，殊以各将心力不一为苦。人无公心，便非美境，可慨也已。先布梗概，敬问台安。

弟制林翼顿首

十八

(五十四)

咸丰十年四月初四日

丹初仁兄大人阁下：

金陵兵败，大局不支，吴固危迫，楚亦旰食。弟久病，拟商定一切，回雪堂暂养，兼解暑也，可顾北门，或防内地。异日吴楚之交尚有大战，弟已预筹之，当与涤、多、希公商之。来函敬注于旁，较为明切。手复，即请台安。

弟制林翼顿首

四月初四夜

(五十五)

咸丰十年闰三月二十四日

丹初仁兄大人阁下：

廿一日奉十九日三号信，连日感冒，未即肃复。签条均悉，余签收存。而司事者护幕中之谬妄，尚不谓然。然必坚守我公之言，乃能不为都人士所笑。(司中已逐条签复，应即逐条仍驳回，乞速示及。此案必须片请展限也。)幸即密复，弟意仍不摇也。木斋、少固、湘浦、古彝，弟均无不可分任之理。一堂、乔梓与舒丹则均已札委矣。胡复初可用，如李君必须回籍，即应饬胡复初接手。所批李宗涑禀词，另行查明奉复。各营饷项均欠，一月二月均尚无妨，新立之营则难即欠，如贫家初立门户，较旧室倍形艰难也。罗公及其夫人忠榇已到宿松，而少村乃相左，尚在东流也。此请勋安。

弟制林翼顿首

廿四日

小崖似窘，弟拟助之。

（五十六）

咸丰十年闰三月二十七日

丹初仁兄大人阁下：

廿六日奉廿四日未刻四号书，少固由尊处委办（以杭同办，乃可有济），古、湘、木斋三公且缓来，舒丹已札派，惟公之所使之。清查事难委弃不理，而蕙生、张仲之复书直不成话，弟已另函寄省矣。贵成前已函嘱揆帅不撤（亦并未札饬）。手如奉复，即颂台安。

将注意于静澜，以为将先以百人、二百人试办一年、半年，如竟成才，则中原之利也。天下兵事尚有三四十年，公且勿忧，愿公劝世人勿喜。忧太过则伤人（而人憔悴），喜太过则心荡气浮，均非也。

弟制林翼顿首

廿七日

（五十七）

咸丰十年闰三月二十日

丹初仁兄大人阁下：

廿日奉十七日二号信，具承所示。廖一堂计日可到，伊言吴金鉴所用护卫炮划颇有弊病，欲弟札饬更换，弟已允行矣。少固、湘浦、古彝三人惟公委用之。古彝尚须稍迟，以一堂去后书丹又归，一切均交古彝也。至少固本在粮台,不必另札。湘浦即请密与渭春商酌派委。弟前次引嫌,弟之错也。文若暂留亦属可行。书丹已如尊旨札行。清查案已另函签议,交香雪矣。梁湘帆已调樊城。陶训导一营已停募矣。如饬湘帆就近在襄支领,须以札饬之,并移行道署,交毛骥云支放。手此奉复,即请台安。

弟制林翼顿首

廿夜三更

(五十八)

咸丰十年闰三月初五日

清查案须专一妥办,应于署中设局比较,其司详中措辞未尽妥适,及提纲挈领未能有条不紊之处(原经手之赵公亦可比较),请香雪、丹初、冰如仁兄大人立定课程,每日入署中督办二三时,事关四年奏销,不可稍有渗漏,致贻后患。近日农部苛细,以细事为大事,尤须直捷声明,毋阿毋激、不蔓不支为要。敬请台安。

弟制林翼顿首

闰三月初五夜

蕙生方伯、渭春廉访、冠九太守均原日设立清查总局之始基,亦应公商。

(五十九)

咸丰十年闰三月十六日

丹初、香雪、文若仁兄大人阁下:

清查案弟未曾一阅,粗观大略,见其字句不妥耳。今读香雪、文若兄信,是以手力讲文章尚后,而以心力、目力打主意为先,前后各书已微及之。兹发去过图印签条四十道,祈三公密存,以香公之宅中抄手或他处抄手(署中)代书之,其尾均盖弟图章,所以避丹初兄之嫌,而实则须冒丹初兄之实也。应驳之处,求丹兄尽诚补救。鸨羽方欲毛举我而搏击人，若粗心大意，是自贻伊戚，奈何不敬！如签议后，藩台以下不以为然，即请将签驳之处抄录营中（即以为然，亦应录寄弟处，乞先录寄），弟将以公牍询之。至签驳大概，弟即可奏明展限一二月（或不奏明，而随折声明亦可）。至应设法弥补之处，外省不能不担承，不能不设法。部中方以搜括为奇计，为经国之大猷，岂能在外间讨巧讨便宜耶！且官话亦不好看。弟因病后懒于看卷，又恃有丹、香二相在，故草草寄署中，不知司详中如何说法、如何筹补法，实未思耳。大抵此案以丹公主政，而札司道府会商。主政以后改详，以后执笔为文，则香公优为之。（亦须弹精竭力，乃能得其体要。子产有词，弱国可存，亦可慨也。）古彝颇儒雅，文、吴亦吏才，前已复之。文若如必欲派钱局，弟何敢以一人之私好，而违公道引私嫌！木斋尚可胜此否？一堂十六日已来省矣。（其人实可信任，弟非委以难地，取其不是湘人耳。用湘人之苦心而无私心，即自信无他，而人总不信，何也！亦当谅之。）手此，奉颂道安。

弟制林冀顿首

十六

（六十）

咸丰十年闰三月十二日

渭春、丹初仁兄大人阁下：

清查案，蕙生兄于廿一日、廿二日逐一驳回。弟廿五日复书，仍极和平，而局议仍不可废。此等事即办错亦非大过，何必代莫友护短！（已死事之州县，进无可进，监无可监，应另筹补，两者均失之。）俗吏无经术，而名士厌簿书，弟之复信颇委宛。清查奏案须著眼力、心力、手力，幸祈丹初兄、香雪兄妥办之。设局抚署中尚静，然事不可迫促，弟不预定限期也。即颂丹初、香雪仁兄大人、文若贤友即安。

名心叩

十二夜

阅后付丙，如爱字好，即密存丹处收之，勿宣。

（六十一）

咸丰十年闰三月初六日

冰如、丹初、香雪仁兄大人阁下：

昨将清查案卷寄省，请于署中设局，筹定折子。弟病粗愈，未能细心校核润色，乞谅之。大致在严法守，用意在有实济。（若如近年之监进无著，不仅无益于国计，徒使市中纸贵耳。门前差胥滋扰，急售敛怨耳。）即详中措辞亦有许多不得体要之处，即如无著乞恩，应从核实中著想，不应从乞恩中着想，立言之体则然，务乞三公深筹妥办，如尚有大段应商之处，亦乞示之。此请台安。

弟制林翼顿首

初六

一堂是否应派差委，须丹公书到，弟乃可委也。

（六十二）

咸丰十年闰三月初十日

少固世仁兄、丹初仁兄、文若贤友大人阁下：

顷已奉复一函，计犹在道。吴楚翘我亦无疑，且依随少固兄，即下等人亦有所畏，而不敢更有所怜，而不忍以婆心可怜也。惟是钱局拟派廖氏父子三人，而银局拟另派人。若杭、若罗分司一事，不为人所指目，即陈婴之母之意也。若令益阳人独当一事，则人且指而目之矣。且粮台之苦境，文若久受之，其况味亦殊不易处。少固之世态，决不如文若之精，难一；少固之仁慈亦与文若等，难二；以慈悲之心处求乞之地，弟又不能在省以当恶人，则少固窘矣。然则人必疑弟私少固，而特远嫌也，殊不尽然。益阳人最亲切，且时有家中琐事奉烦，不能不稍稍引嫌。近日人心如此，局脊犹恐不适，况其慷慨自任耶！鄙意不如敛抑，派少固问散事为是，此心惟丹公与谓春或可鉴之。

制林翼又及

初十三更

（六十三）

咸丰十年五月二十九日

丹初仁兄大人阁下：

廿九日奉廿六日手教，具承一切。旭初衔命，当能稍申正气。静澜之募马勇，因预为中原计耳（林三兄至今未来）。如能来此战阵二三次，则所益必多，异日当以马步助之。鄂竟居天下之中，如周时洛阳相似，周之时南服未启也。此所谓四战之国，非保竟固圉所能自圊也。惜兵太多、饷太巨，苦公以难堪耳。开捐以捐滴均归司库为可凭，若州县募乡兵，又是无限弊窦矣。加厘、加盐价可得二三十日之饷。江南裁兵事属可行，已函商涤帅、都公，未必能留昌营，或可不行耳。都意在留楚而畏远行，所谓恋恋不舍也。裁冗员可代作议否？丹畦之少许，不必累及委员，天下事那得清楚耶！造册事有曾元圃之饷及水师各项不肯造册者，恐终是不能画一。左信一件抄上，可送交渭公一阅，余事谨注于旁。此请台安。

制林翼顿首

廿九夜

（六十四）

二十六日

十二日得丹初兄与文若九日来教，千秋金鉴，即如公旨。设他日又诬及他人，或局中必不可少之人，不知渭春、伯符、丹初、文若又将何法以处之？少固切莫令其专管，彼是益阳人，蜚语中曾，亦可中我。少固及凡湖南人，除周寿珊一人幼稚相识，以犹子视之，此外无一人是咸丰五年前所识者。即如邢星槎，是四年在新堤，知兵事不得脱身，向李次青苦求人才（从四年以后，无见人不求才之日，特必先审其人可信，然后问其有无人才，大约在鄂，则惟渭春一人所举独多，楚人则星槎所举独多，将官则惟迪、希所举最多，弟实自己不举一人也），次青举二人，一邢星槎，一吴退庵。退庵在岳州见十日不发一言，弟运神力慧眼（此言独夸，实有奇决），决其必不可用，星槎素不通音驿（亦不认识），弟五次函恳，乃会集于武穴、九江也。相从八年，何负于我，何负于鄂哉！少固亦是五年乃见面，此则可怜人也，幸勿窘之。弟心之公，自谓绝世，而世人之知此心者鲜矣。去年以前，即渭春亦尚不释然，何论其余。渭举丹、午，洊而人疑，谓弟举等等，而人即疑弟，此世态之常，殊不足怪。天下皆乱，欲鄂独治，固是不可得之理也、数也。萧入川办土匪，尚可有功，此人颇猾，亦近利。西蜀无人任兵，又不可轻心以告之，恐告之而不晓我意，不晓驭将之意则弊更大矣。中原须预思一二将，静澜与听孙当为其选，密问冰如，听孙肯来否？能催之否？萧为度支日取，必不能行之事，必不可得之钱，与外间为难，而又以訑訑之声音处之，录以奉闻（骨中仍不摇，萧案不得意，不能不和以处之）。刘荫渠志行纯良，兼明兵略，粤人其苏矣。阿瞒如入蜀，蜀道难矣。华公不知何人，张月卿亦良士。多言万人不能合围桐城，仅是一面二面，询之金逸亭亦然。涤帅之兵已进安庆，然安庆之要在枞阳，不得枞阳，即顿兵城下一二年，贼可徜徉自如，暇来则战，不暇则游行他处，我不能谁何也。萧、韦、训为小浦所留，问鄂要饷，然则鄂中应另行雇舟，别载陆师袭枞阳，又派他军守之。如此五六月，贼必薪盐缺乏，有粟而不得食，及是时谋之，容或有济，否则十年不字，九载无成。惟贼计贼智必从霍、六内犯以解围，此不必远引往古，即七年之蕲、黄，八年之麻、黄，可借证矣。左公将隐，云先到宿松代涤公设谋（前数日已同次青去），即归去也。粮台事由渐而入，必成天下古今第一粮台（廿五日四更书到此）。应用何人，弟不预谋，惟一眼看定丹兄，他非所知也。惟丹兄为难之处，弟必任之，亦须渭兄委曲以全之。复庄蕙生信亦仅大概，今日尚有续函也。夜不能寐，早起补此。即颂台安。

弟制林翼顿首
廿六日

(六十五)

咸丰十年闰三月初九日

丹初仁兄大人阁下(文若贤友均此):

奉书均一一谨聆,注于篇中,所谓条对也。所询均剖明,惟吴金鉴之替人殊不易得,方伯所言如有实据,或稍有因缘,弟于吴公无私,不妨改委。若的确无弊,而因人言改委,则但道臣沅以为不可而已。是非难明,惟有切实访察,尽其在我而已。假如易一人,而人不可信,或可信,而人又疑之毁之,吾辈又何法而处置乎?是吴金鉴之去取,仍需查其真伪,不必因人言之好恶也。篆书有奇气,惜公早行,不及面谈。弟强留住此,亦不能久也。兵事则冠绝等伦,才在涤上(罗、李、塔及一切名人之上),毋论下走也。豚子顽健,足慰。小浦信寄涤帅,并瑞公信寄小浦,均抄上。少村以速往迎柩为是。伟哉澹公,不失为节慜,抑又何悲!敬问台安。

弟制林翼顿首
闰三月初九夜

(六十六)

咸丰十年三月十四日

丹初仁兄大人阁下(文若贤友同鉴):

病体仍未尽愈,而天雨,禾麦亦大可忧。左公从隆中折回小住廿日,强留不可。拟天晴即到宿、桐、安庆耳(是归湘之局,其意欲骆去乃归也)。弟处营中无可持赠,粮台秧参可请固封邮寄三四两到此(或另有好物配之亦可),往返约五六日,左必已行也。溧阳失守,苏、杭仍震,军事十年,并无丝毫起色。而庸人不知,即正人亦不尽知;外吏不知，即当轴亦尤不能知，可概也已。一堂明日从此到兰溪，同其子侄来也，尽可办事，此颂升安。

制林翼顿首

十四夜

回信五日、六日必到为企。

（六十七）

咸丰十年闰三月初十日

丹初仁兄大人阁下：

初九夜奉复一函，并附寄双款篆书对二幅。初十日得初八日书，以罗暂代吴金鉴亦可。此间拟即派廖一堂率其子侄二人（此人若有苟且，弟可全家保之。昔年批定薪水三十两，仅食三四两，近年其家属十口避地来鄂，乃食薪水。其母八十有八，同弟先后遭丧，弟以二百余金耳毕其丧事，此人之大概如此），此节概之士也，约十日前必到省。（札中仍书明弹兑、收支银钱二事，请尊处指派一事。）如以廖一堂司钱，则局中司银可另派人。贵参将事，已函告揆帅，不必撤局，仍当另札警之。文若为吴辨冤，均悉。是非在己，察实分明，不可含混。弟意廖能鄙事，是勤苦中历练之人，且精力过人，其子侄均谨，当可以舟次钱局委之，局中弹收则尚易也。星槎荐书丹入局，公试酌定。手复，敬颂台安。

弟制林冀顿首

初十日

文若贤友均此，未另。

（六十八）

咸丰十年闰三月初三日

启者，湘帆言近日所领枪炮不精，乞将所制存粮台之精制者，拣付一分，除由凯右梁湘帆另单专弁请领外，草寄寸笺，即祈丹初先生、文若兄查明拣选，交给该专弁为荷。敬颂台安。

制林翼顿首

闰三月初三

（六十九）

咸丰十年闰三月十七日

丹初仁兄大人阁下：

弟非欲米，欲为穷粮台添三万串之饷耳。舒丹采办即止之，仍照昨十六日札行。粮台至贫，而任公焦忧，弟之过也。捐事尚不知何日乃能得其实济，弟等不应先挟客气，若藩司之职实专一省饷事，不仅捐局是其专政，即粮台之大小事岂得视为藩司分外事乎？渭春以藩司衙门为藩司，不以一省之事、三军之命为藩司，是自域于小矣。然弟亦大错，弟应委任而责其成功，不应于条例之中书入有司之事，以意改度变法，是又弟之失其本而操其末矣。是过也，弟与渭春分之。希庵视累累若若者，如淫声美色之不可一日近。臬印尚不肯受，若能畀以使节，而以明白事理人三五人益之，皖祸其有豸乎？希公恶吴觐臣。林基人尚忠厚，才分稍短，或可先委令前往华阳镇帮办，由尊处酌定先委，林翼即加委也。梅村始以志圃之不专心校书疑即务外，继而知其痛家难而心屏皇，亦复怜之，欲荐州县征比，此风湖北未开，仅仅有一二儒生荐主书院耳。志圃似尚耐劳，若粮台有差委可派之，薪水不过十金内外，请以此意复之梅村，弟亦不另复也。此请台安。

林翼顿首

十七日

（七十）

咸丰十年十月二十日

丹初仁兄大人阁下：

来示敬悉，华阳舟次，请星槎暇时带妥实正人同往，星槎料理清算，即交褚令或陈令接管，此后必妥也。多、李之米均可止，惟求银钱耳。介营亦须量济。介唐十月十一日启程，此军或有所恃耳。渭春寄兄信已阅，此事弟不应于以小节条例中著意，如烟云过眼，胸中毫无迹象。渭春才力精神大可有为，惟望其学德日进，勉为名臣。若如近人之志，以为苟如是，是亦足矣，则是卑俗谀人之交，非君子相规益之道，是在兄之互为劝勉矣。近月是打仗时候，银钱不足，万难调派，非闲时可比。藩、粮二库，幸时时多拨，过此三月，当别有调处。湖北之力非裁去万余人，湖北不得活也。贼多兵少，贼富兵贫，吾岂有拥兵自卫之志，亦岂好为多兵哉！催饷之折须再发一次，明知其不可得，而姑缓他人之逼迫，亦稍自纾耳。此请升安。

弟林翼顿首

廿日

（七十一）

二十四日

启者，王翦用六十万人，日以善饮食抚循其士，而不遽战；李牧治边，日以市租椎牛飨士，而不欲战。养之久，而气势之蓄郁于中乃愈厚。近三月水陆各军，应请倾囊倒箧而出之，盖待饷则拔营不动，讨贼必无功也。贼数不至如常州人所供之多，比春间约多五六万人耳。闻商城之芝谓捐减四成，有碍京捐，果尔当驳正之，凡部臣不知外间苦楚竟如此。此请伯符、义渠、渭春、丹初仁兄大人台安。

弟林翼顿首

廿四日

（七十二）

咸丰十一年二月十八日

丹初仁兄大人阁下：

十六日奉十一日书，敬承所示。减捐复奏容二三日稍愈即缮奏。

署中支用一节，渭春以为来谗慝之口，弟故悚然。弟署中衣食及营中内帐房八十余人饭食（文案、书记均食帐房之饭，巡捕、家丁念其均正派，无营谋，故以此优之），及凡赠贿之出于私交者，均取给于公费。其养廉，则或捐或赠人，不能自奉，且年廉亦甚无多，固不甚足矣。惟渭春所言，亦为后患起见，或果有特见乎？营饷搭钱之原案，系九年四五月之事，请查之原文，系按每月所报市价搭放也。照市价加减，人不能怨，各营得一月全饷，可以卒岁。前闻老兄日夜勤劬，忧郁过人。弟为社稷，爱惜忠荩，故函请商拟一人助劳，非忍舍公也（愿澹如乞速求之）。来示云云，令弟悚惶忧惧，不知所措。弟久已默念老兄不愿久居危邦，微独老兄，即星槎、寿山以次，均不愿久留。弟欲强溷诸贤，并辱我兄，弟之罪大矣。兄一人独居省中，弟心何安，弟亦残忍矣哉！惟粮台事大，近日司会计者，无此正大光明、精微笃实之粮台。弟嘱营务处，用钱须读捐例一遍，名器如此之易得而不贵，而弟之用财如粪土，即谓与人非私肥，然亦何尝不侈乎？窃欲与公约定，公如视弟为不屑教诲之小人，则去就不可相强；如尚谓可教也，则弟与公当同命。弟久病（前十日已大佳，饮啖甚健。近十日又大病，十步即喘，不出房门又五日），日形衰老。弟气脱形委，恐不能久存，兄可俟弟尽命而去，一说也；又，近日贼势，因安庆之故，致李、多亦苦奔命不皇，此次军败则死之，事成则弟必当见几，奉命之日，即先行密约老兄分行也，一说也；如皆不可得，或弟就省中为兄助，或调兄入营，以日夜教训我，又一说也。午山与兄，均渭春特举，以告不肖。而林翼之敬公，重于渭春，常劝渭春日读《四书》，渭春以才气日增，不暇信也，奈何！力疾作此，余容续布。敬乞老兄念我愚诚，俯赐垂宥。

弟林翼顿首

十八日

（七十三）

二十五日

丹初仁兄大人阁下：

作梅廿二日去后，弟因客去而精神顿涣，又不适。兴言留此，本为多公久病，询问应送桐城否，而弟又受兴言之益矣。误服少阳、太阳、阳明表剂，攻伐元气，元气大伤，衰息殆逾八九十人，奈何！皖北贼仍是相持未下之势，奈何！手此，奉请台安。

林翼顿首

廿五

七十九号

（七十四）

初二日

内王诰稟四纸，营务邢拟二纸，文有谨慎之义（案一纸邢公），而尚恐事未必办。盖用人如刘晏造船之法，只能责己，不能求全也（二人）。至所用委员多浮，已面饬之，应如何酌定，请粮台细议发还。

润之拜

初二

（七十五）

二十三日

丹初仁兄大人阁下：

廿一日奉十六日书，荷承抝谦深致，且愧且惭。余庵一军闻改移集贤关外，须多给饷钱，乃可坚守，已札行万串矣（通行右案）。瞿定国来，又有年终馈赠之需二千两，弟仍当相时而后动。署中杂支，因公费久匮，近日营中私用已亏公项数百金矣，若再饰言亦非实情，当由古彝、星槎酌定即复，恐不能矫饰而不支也。子贞到此精力弥满，我愧不如。作梅颇以林翼病根是痺症为虑，言治去新病而病根不除，仍不保也。此请台安。

林翼顿首

廿三

希庵函付上。

（七十六）

初三日

丹初仁兄大人阁下：

感公功德，钦仰庭闱至训，不揣愚妄，谨具草札，以致礼燕。药系粮台寄来，曾自用一盒，送希庵一盒，似是佳品。肉桂是渭春所赠，或未尽佳。丽参则寻常礼意耳。白银二百两，谨佐春盘。弟至愚极陋，而悃悃不忘长者之愚诚，尚乞鉴原。莞纳转呈，即请台安。

弟林翼顿首

初三日

（七十七）

咸丰十年十二月初九日

丹初仁兄大人阁下：

今夜得报，伪忠王李寿成亦渡江，彼则协以谋我，我军必有应接不暇之势。连日大雪，弟病又三次反复，至今日饭只半盂（妈字脚炉如故），不如兴言在营时远甚，然初十日太湖之行必不可少也，如太湖与前军尚远，则且移潜山亦未定也。事之成败，不争贼之强弱多寡，而在我辈之和与不和、慎与不慎耳。伪忠与江浙之兵斗，今年以来自谓功多。伪英自正月败归，三月乃到金陵，未得苏、常之财帛，而又求救于伪忠李逆，此中或有乖异差谬，则在乎人事与天心矣。大抵谋事之诚在人也，而成功则天也。倘交手以后兵力不支，弟当自帅两千人助战（又舒马四百，郧阳马二百，贼如分兵则不可调，不分则必调），并查看情形，如梁如成有可调之势，亦须调拨也。曾、韦二军六千石之米报解已久，而收文尚虚，何其滞也！本月银饷并搭钱文，均望早行批解（定限廿前到）。手此，奉颂台安。

林翼顿首

初九夜

（七十八）

初九日

丹初仁兄大人阁下：

粮台支付另单所标题者，殊不得体要。渭春深以为虑。昨饬查开，乃六年七年在营中起即草草应付，如此入报，殊非计也。弟处尚有公费，若私赠私贿及随身衣食稍稍节省，即尚可支应。由弟处按单每月寄署，不可支付公款，祈即于十二月初一日裁止。此请升安。

林翼顿首

初九

八十二号

（七十九）

咸丰十年十二月十一日

丹初仁兄大人阁下：

廿八日奉廿四日书，近日狗逆攻枞阳，韦军告急。礼堂复信，贼以另股伺我，欲官军之救枞阳，而即间道以扑安庆之围，围师之危殆而不安，固如是。希庵来言十日之外水涸，戈船不能留内湖，则安庆之瑕衅满地，而桐城一军将有应接不暇之势，以为危机莫大于是。前月廿八日之捷，所杀未曾创艾，故狗逆尚能胁制其党，而不使溃走。希庵曾密函言贼愈打愈多，亦愈打愈难，非亲历行间，不知甘苦也。希庵以桐城后路虚，怀宁果急，则且鹿不择阴，挺走无方，坚欲林翼入太湖城，言至再四矣。

弟病后颓坏甚惫，足踏一炉，顶戴两风帽，年未五十，颓然如八九十人，亦何可丑！一月余未剃头，今日以烧酒洗剃，惴惴恐吾头之岑岑也。南岸亦紧变时至，涤帅请援之书，或日再至，然未议分援，而北军已可危。窃谓力必不及，非情之恝也。各营放钱能至一营二千串已属万幸，否则仍守湘军之法，一营每月千五百串。为稳兵事，只官府公家能吃亏耳。若算及兵勇便宜，若辈万事皆愚，独于切身之利，则至黠而至慧。彼固为此而始来也，恐不能专意于此。十二月须发全饷，并搭放正月钱文。岁寒后雕，晚节自厉，此可责之君子也，小人则曰：年荒岁莫饥苦，战士将喁喁然，而怨官吏之不恤其私。故年内一批，须多须早，毋使怨声溢于军中。希庵治军向不计较饷事，颇以参差为言，徐当晓之。正人可与忠贞之言，公不错也。年内饷，速请藩台、粮道台、盐道台迅济，冬雪风寒，早为起解，犹可及矣。至明年春三月之饥溃，智者不能为谋矣。林翼前病本觉不可活，作梅到又复活，活亦赘耳。

弟八年丁优，添田四千五百串，即拨三百租为书庄矣。本年六月后（六月以前，要还王小崖之情，六月以后可不支），凡养廉可停支一切。楚祸秋后必决烈，弟必竭力任之。都公不能有才，不能发挥旁通。扬州一线命根（在盐场里河），我既不能为助，我又不助都公，是不忠也。都公尚是旗中大帅之谨慎有品者。德、胜之荒唐奢侈，而浪费如此，无人参劾，都公谨慎，有人讥评，是不恕也。昌营忠良，或可自立。扬州十年来无此名将，苟有一分可取，即是一分之福。若因此而祸楚，即是林翼一人之罪。此等愚忠，九阍之虎豹或不及知，而公与渭春当谅之。都事不能发挥，应再给五月分之饷二万、三万两为是，以速为妙，委员径解何如？仿牙帖法办税契，汉口抽房主店租，委绅劝捐，长卿发难，文惑巴蜀，父老敬舆，草诏何朔。武夫悍卒流涕投戈，是在香雪之文，其钤制运用思虑之精密，是在公与渭春、文若之心精思之议之。李楚桢一时遗忘未保调，当另折调入楚中。邢星槎则谓如头场不中，即不必多言，引宣公劾裴延龄为训戒。然吴亡，皖城未复，何能退乎？此函有事，渭春、香雪可见之，他人不可见之也。

名心叩

十一夜

(八十)

咸丰十年十二月十四日

丹初仁兄大人阁下：

初十日舆疾登程，途次复感风寒，颇昏眊强行。十三日已入太湖，一片荒芜，巷无居人，殆不过十室之邑耳。弟先已檄存米三千石，到时验明加封，非临警不得妄食。雉堞均完，碉楼已修八九处，尚须添置，并令古彝速积煤、盐、油、萝卜，约费甚微，足供三千人三月城守而止。太湖令到任，一病殆八月不离床褥，不能起立，亦殊可矜。此间如无异警，则宿、太、潜、桐、怀、望六县，弟尚可谋十二万银饷，拟次第委行。其银仍归捐局收发，以期画一，便于汇奖。安庆、枞阳必在忧危之中，容在密与希、礼商之，然亦不过扶其危，不能图其功也。弟以寒疾纠缠至五十日，迁地或可廖乎？所以不以疾言者，事体方棘耳。捐例可捡二十分付来。此颂台安。力疾，字体太劣。

请运炮位十尊，交华阳镇速寄。

弟林翼顿首

十四日巳刻

第八十六号

(八十一)

咸丰十年十二月初五日

丹初仁兄大人阁下：

初三日奉初一日手书，具承一切。是月李眉生（回省驻弟署中养病）、包兴言回省，弟托眉生奉书，并不揣愚陋，以草牍函请老伯问安，军旅之间病废，手笔荒落，其心诚敬慕不能自已，尚祈鉴纳。王令所言，亦妄听之。弟因志未衰而病日重，亦不免前此之妄言。怀宁且日棘，此时应不可预存滑脱之心，待事定兵少，饷可量入为出，乃从赤松子游耳。钱搭军饷，可试渐行。天下只两种人吃亏，君与父母耳。凡吃亏事，均属之公家，故宜渐行，不可以此为正办。大约每营约搭钱二千串，或尚可行，而不敢深信也。另札请粮台破除情面，裁冗费冗员。又，弟署中应支周公及一应差胥杂费，请一并停支。均由弟自于公费内酌支，以昭核实，弟亦另有函行知矣。贤才者，国之本，谈书朴讷、守道自修之士，养之以礼，是救乱之法。其冗费冗员，则不可以蠹军饷而烦公家之费。公心力均焦劳，茕忧独切，应以何人为助？弟必奉命惟谨。顾澹如弟又加函敬请，以诚求之。手此，奉请台安。

弟林翼顿首

十二月初五日辰刻

第八十一号

（八十二）

咸丰十年十二月二十一日

丹初仁兄大人阁下：

十八十九两函均到，已买之二千石，当运之。其余仍碾仓米（恐另有札来），前札前函言之详矣。无可游移，无可吝啬，各营官密件言贼多余春间五六万，与尊处常州人供词大致相同（尚不如常州人所供之多）。元圃五千石并饷、韦志俊一千石并饷，可速解之。多、李各军之饷近三月不能稍欠。贼多不足畏，畏其另有他计，其蛰伏不动，须慎戒之。寿珊病愈即到希庵营，再到祁门及婺原左军处，不必强其为吏也。希庵异日必得皖节，亦乱极思治之机，但须贤才为辅耳。制吴者须邢公，委代者亦须邢公派人，林基儒不能受代也。手此，奉颂台安。

林翼顿首

廿一日

（八十三）

二十五日

丹初仁兄大人阁下：

霍山之贼非真狗，乃影也、声也，湘军以雨未行。希庵廿三日乃到营。又邢、金迭次函言无饷，弟颇恨之。弟近四日忽又不支，积思成痗也。溏泄八九月矣，近或日三四次，寝食亦不如往，努力苦撑。北援之请，廿九日可以奉旨，此请台安。

尊函谨圈出，仍望便中寄营，以时存览，可增益见地也。

弟林翼顿首

廿五

（八十四）

二十一日

丹初仁兄大人阁下：

廿日奉十七日手书，具承一切。煦初若肯往返函商，弟当告以愚虑。第一要件，要练马兵四五千，步兵一万，乃可保耳。以不教民战，是谓弃之，今日之说团练者是也。弟处批牍约十本，均无精义可取。昨承涤帅索取摘钞二本，另一分寄之兄处，可请兄同渭春、香雪共鉴定而选择之，仍批还。此如小学生作小讲半篇，望打圈，尤望先生改正也。弟亦病暑，不过二三日即可全愈，请勿悬念。此颂台安。

弟制林翼顿首

廿一日午刻

第廿三号

都公不欲行，不过籍兵以遂其退缩耳。若欲启程，除公用三千两外，弟仍愿再借数千以畀之，恐终是不肯走之局。

(八十五)

二十二日

丹初仁兄大人阁下：

刘公入蜀之议，谅可补救万一，然蜀中必无完肤矣。四面环绕，楚之存者几何！近年贼计专布远势，而我辈并忘近忧，可伤也已。煦初之行出于芝举，团练之说出于邸论，谓一有团练则凡兵可撤、凡饷可节。大抵肉食之谋事，总在便宜。如言兵，则以不费钱、不费力、不选将、不立营而委之团练；如言饷，则以大钱钞票等事为至计，其弊无穷，而其误国殃民只生于浮伪讨便宜之一念耳。请饷安得有饷？姑发一笑耳。此复，即颂近安。

弟制林翼顿首

廿二日巳刻

第廿四号

(八十六)

咸丰十年八月二十五日

丹初仁兄大人阁下：

公安大灾，请发帑抚恤。库款支绌，恐难照准，尚待公商也。公安县来禀，弟已批捐银三百两，交该县承领支用，专弁送交布政司转发，即求于宜昌公费支付，请告少固遵行。小惠未偏，惟公安、石首各捐三百而已，惭恨何如！敬请台安。

弟制林翼顿首

廿五日

第廿六号

（八十七）

咸丰十年五月二十八日

丹初仁兄大人阁下：

涤帅得督，而又派一人署督，朝政之是非可知矣。何根云至今不杀，亦无人一言，天下之黑白可知矣。公得员外何其迟乎，不敢即以此为公颂。派弁（同折差）送银三千到新乡交静澜兄。折差已由此间付银八十，另派一人可由粮台酌付银四十两。此请台安。

名心叩

廿八日酉刻

第廿八号

（八十八）

咸丰十年六月二十九日

丹初仁兄大人阁下：

静澜之马，深意在日后之用。其人志节清冷，亦楚之北门重镇也。浙饷即如廷旨如部议，亦只言解浙江以供曾之用（民捐之稿，且俟秋或再行。此时水灾方起，民心动摇，能不捐更好，特恐不能耳）。然则鄂省只应解曾，以供援浙之用可也。宁国是周天受，非张小浦。或解一万以至祁门，待涤帅酌拨，或竟不解，我亦无定见也。此时默计，宁国必危，黔省必不保。前奏一件及涤帅奏一件，计程六月廿八、廿九日到京。左之入吴无疑，刘入蜀，蜀中或可保全一半耳。全境保全，今世亦无此才。来英山必不可行，或往返函商，则无不可。以一绅孤立，群起而攻之，事何由济。假如督抚遇司道皆群小，尚不能成事，司道遇督抚为小人，功亦无成，况本省之绅士哉？可念！至齐鲁之使者，则不过昏天黑地，任地方之糜烂而已，无与焉。少固之才，实不足以御侮而烛奸，其人则一片至诚无贰无诈也。渭春言朱志良好，弟亦欲其入粮台，惟荆沙同知亦须此人也。此外有无好手，酌定密示。文若所引之杭姓何如？文若言恒琛好，何如？酌之。举人当慎之于始也。手此，奉颂台安。

弟访得孝子叶姓，为浙江提塘多年，留京多年，可司军装。其人天性敦笃，事事踏实，已函招之。

弟制林翼顿首

廿九

第廿八号

（八十九）

咸丰十年十月初二日

丹初仁兄大人阁下：

廿八日之教奉到，批牍荷蒙嘉奖，如老童生领取案首，乐何如耶！渐次习兵，乃是一生得力处。岨峿在意中，不岨峿不困苦，何能为豪杰乎？公安三百，昨得渭春信所论均当理，亦中情伪。当即复渭春信，尚以口惠，实不至自嫌反汗。得公书，亦与渭春见同。此事颇嫌其不均，又嫌其独异，或即中止乎？始意不过欲杜其凯觎司库之念耳，无他肠也，行止公与渭春酌之（人言我强毅，特妄耳，无可无不可）。作梅金叶已到，力辞不受，再四强之，允以归时再领，贞介人也。粮台佳士有守如少固而御务之才胜于少固者，乞怜少固而位以空间寂寞之地，仁人之心，仁人之术也。幸与渭春速决之。志圃同叶芸峰造枪炮之说何如？弟昨求访一孝子义士叶公云岩，是浙江提塘，已函招之（克勤小物、综核名实，一事不放松，踏实地人也），如得早来，亦公之助也。弟依作梅法服药有效，四日来惟昨夜不睡，然五更即能起坐。向晦即不看一字，持以恒心，当有大效。即颂台安。清春、香雪兄未另。

制林翼顿首

初二日

第二十九号

（九十）

咸丰十年五月十四日

丹初仁兄大人阁下：

十四日奉十一日晚间十二号手书两件，粮台惟楚颇阔颇实，而今年情形独窘，不减大司农矣。已将二件送都公阅看。都公近日只求五月以内口粮，不敢复作六月以后之想。如涤帅即募水师，则扬州一著大可有为，以此地可通江河湖海，且目下江苏难民、难官尽在乎此，如能为江北保全一块土不失，清江、淮安则异日尚有措手之处。昌营之行，以肯速办水师不速办水师为断，口粮则不过到扬州而止。各省火药，弟当催之。寄信各处支绌情形应以实告，或加倍写法，然老兄心中却不可着急也。天下总是危局，吾辈惟在困知勉行耳。闻嘉兴已失、滁州已失（李世忠之地）。昌营六将官一统领无一不佳，我岂肯舍。然昔年罗、李入鄂只三营，又宝营、训营、峙衡湘后营，共五千三百人。此后宝、湘后援江西，而凡在楚所生发之二万人，皆弟之所为也。天下事患不思耳，何患不可为；天下才患不求耳，何患世无人。安庆已扼贼吭，乳狗之窝四面受制，猘子亦解噬人矣，是怒贼而使西犯也。弟必扶病强撑，决不告饶。楚疆危，弟愿生死以之。怀、桐得，则楚之藩篱可固、经费可省，弟当以大担子推与渭春，必放心放手，然后推位让贤，有一分不安决不推诿也。人莫患于不智，又莫患于不愚，智与愚合，而力量乃大。手此，奉颂勋安。

制弟林翼顿首

十四夜

（九十一）

咸丰十年五月二十四日

丹初仁兄大人阁下：

得五十号手书。华阳之事，承选及舒丹。舒丹为人正派朴实，然精力太差。华阳二十余营，兵气颇嚣，领运之事，日不暇给。舒丹任之必苦，头晕眼花，不五日而甚矣惫，亦惫矣甚。且领支应亦须识人，此次支应各员，均非舒丹之目力所能鉴别，应仍以星槎前去督算，即由星搓酌派陈、褚二人为宜（酌定一人）。香雪病甚，弟念之最切，祈慰问之。乱世切不必以病为忧，心先无忧，病自少轻，此良药也。果臣一件附上，即颂台安。

弟林翼顿首

廿四

七十号

营中日夜无暇。贼来一次，亦如乡下老人抚幼婴，当得出麻痘一次也，其担心如此。

（九十二）

咸丰十年三月初九日

丹初仁兄大人阁下：

得初六日四十三号手书，具悉。渭春请颁木质关防一说，弟不敢应。弟之愚虑，总以乱世之事，非脱尽衙门科臼，屏谢世禄门户，掊击官场陋习，事必不成。读史至秦、汉、元、明之际可知其概矣。渭春疑我之疑藩属，且以不入藩属为耻。弟即应改前札之过，而自任其错。渭春有豪杰之志而不充其量。公与午山其渐次匡助之，国破家亡，林翼决无意气也。实则渭春之于鄂节及湘、豫使节，总不出一年及数月之中，所争亦客气耳。湘军困苦，希庵心术具见于来函中，请速谋之（军情吃紧时，手笔须放开）。援贼大至，蛰伏不浪战，动者必躁，静者必不测也。高丽参一日而尽，另有单附来。弟非不能吃此，吃此尚无补耳。敬请台安。

制林翼顿首

初九早起

贼势已重，各军均求迅解饷糈，银钱均可，钱尤适用。

（九十三）

十六日

久闻志行，如饥如渴，始得之渭春，继访之午山，又证之以传诗，而倾慕之诚，结于梦想矣。顷奉上谕，已蒙恩俞允。从此鄂中受福无穷，延望之殷，尚乞投袂而起，不我遐弃。新野卫公，是吾死友王槐轩所举。去年即欲同午山奏调而不果。弟不知卫公字号，尚乞老兄转致愚忱，一同速驾。军务地方，不拘一格，必军务乃能逾格，必地方得人，军务乃能顺手，此机当共鉴之。弟才力至劣，而好善之诚，殆过时人。如怜其愚而教益之，则事犹可为也。天下之患，不独在盗贼，患哉人心不转，人才不出耳。人才随时而生，患在人之不求耳。欲言不尽，聊抒梗概，敬质高明。

（九十四）

六月十五日

前将酌增舒六公费一节函致台端，谅蒙察照。舒公忠厚朴拙人也，打仗忠勇，不欺不猾，实近日战将中不多得之员。现已将该营克扣月饷，弥补公费之事一律禁止，应请老兄速行筹给公费，以资办公。盖责任以法，须养人以私，乃所以养气廉也，似不必斤斤计较为是。

（九十五）

二月二十八日

前缄缮好，再接初十、十四日两函，具悉一切。作梅修脯收到，渠尚在益阳未旋也。上犯之贼，成武臣在上巴河恶战竟日，殊费支持，已函催多公来援。逸亭一军不知何时始到？希帅近日渡江矣。

（九十六）胡林翼复阎敬铭、丁取忠[①]

二月十七日

彭雪芹自率二营进省，其成发翔、左光培二营十六、十五日必已抵省，此为横截汀面，保濮口、沙口、汉口之大宗，再得成镇、梁守数营守门，则可固保。希庵全军渡江，此着又错，应以水师拦江面，而分二千余人守城守门，并催调梁守入守。希庵劲兵渡江，则贼全窜，以附安庆之背矣。弟处文报终必阻隔，然城中米支四月余，粮尽贼亦尽矣，断不可轻走一步。

（九十七）胡林翼致阎老伯[②]函

十二月初三日

愚侄胡林翼顿首上书老伯大人钧座：

敬启者，世变不知所届，非正士伟人莫能宏济时艰。侄三年前侧闻老伯齐家治身之至德，笃毓英贤，秉承训教，卓然度越，时人不能及，亦不见知于俗。而沮格法律未能遽请丹初之助理，九年遇于英山幕中，丹初正学刚德兼容并孕，而人伦物理洞及古今，复能条理精密。自念获承师友教益甚多，而独于丹初则敬畏悦然，不可言喻。使侄补过纠愆以自策励以矜晚节者，惟丹初是杖手。鄂中以十州之力养六万之兵，以与全吴之贼势相角相抵，彼富我贫彼众我寡，以烦丹初忠荩，而胼胝忧劳独任其艰苦，林翼深自惭恨，冬春之际战事尤苦，侄力疾在军不能辟难，天下滔滔沦胥以隳坏，而俗士且煦煦相乐如燕雀之处堂也。岁末天寒，谨当倍加敬戒，以答长者之高义。人便，敬奉白燕一斤，肉桂一枝，丽参一斤，白银二百两敬佐春盘，尚乞赏收。侄无

---

① 丁取忠(1810—1877)，字肃存，号果臣，一号云梧，湖南长沙人。近代数学家。著有《数学拾遗》《舆地经纬度里表》《白英堂算学丛书》。

② 阎铁，字面如，阎敬铭父。

不义之财物，不致污长者之节，概野人所献，至诚悃悃，尚乞鉴察。军中废学，手牍白意，草率不恭，尤望鉴原。敬请钧安，百不尽一。

侄林翼上

十二月初三日

（九十八）

三月十六日

丹初仁兄大人阁下：

敬启者，久闻志行如饥如渴，始得之渭春，继访之午山，又证之以传诗，而倾慕之诚结于梦想矣。顷奉上谕，已蒙圣恩俞允，从此鄂中受福无穷，延望之殷，尚乞投袂而起，不我遐弃。新野卫公是吾死友王槐轩所举，去年即欲同午山奏调而不果，弟不知卫公字号，尚乞老兄转致愚忱，一同速驾。军务地方不拘一格，必军务乃能逾格，必地方得人，军务乃能顺手，此机当共鉴之。弟才力至劣而好善之诚殆过时人，如怜其愚而教益之，则事犹可为也。天下之患不在盗贼，在人心不转、人才不出耳，人才随时而生，患在人之不求耳。欲言不尽，聊抒梗概，敬质高明。手此，奉请升安。

愚弟制胡林翼顿首

三月十六

黄照临[①]致阎敬铭

(一)

四月初二日

先生大人函丈:

重闱白发,游子千里驰逐名场,德业无成,皇悚之怀,靡间朝夕。初三日为家君生辰,记珠握于长者,感激已深,乃蒙伻赐寿言,重以厚仪,对使仓皇,莫可左右。神定三思,权衡辞受之义,恍然有得,昔颍谷封人拜君之羹,翳桑饿宦乞大夫之箪食与肉,凡人子苟可以荣吾亲者,当力致之,况《礼》有"长者赐,少者、贱者不敢辞"之文,准此义,对使再拜登受,额悬中堂,以荣大赐,皃则准畜之之义,面酒荐之才,祖专函驰告家父,卜年卜世,永荷殊贶。邑久不雨而风,其占为蒙、为僭,负乘自愧,靡所逃罪。昨得透雨,二麦之槁已淡,而父老深恐以下考见累,争输额赋倍于恒年,人心之厚若此。水车已鸠工学制,月半可以试行,大约沿洛、渭处皆便,俟有效布闻。肃此,恭请钧安。

黄照临谨上

四月初二日

(二)

十一日

先生大人函丈:

闻一善言见一善行,快然若身受其惠,大君子以天下为己任,一刻不忘,如此于清端公之名闻于草木,后进惘惘,得遗书读之,顽儒之气当为一振,百渊之锡不是过也,叩谢叩谢。亥刻马来,悉三世兄高捷,丹穴雏凤,瑶阶芝草,令人敬羡,吾乡曾湘乡、左参政均有令子数

---

① 黄照临(1834—1890),湖北石门人,同治元年(1862)举人。

辈，其诚笃则让两公子远甚，西北地气之厚，亦德门培养之深也。公私用钱之便，愈思愈信，昨作《问难》一篇，将呈之当路者，择其缓日肃稿奉上，敬求削正。仓事禀谕终以求拟为要，或先生将中幅说着清楚，学生做个破承了题，算学生文章亦可。孙观察名片附上，据云有禀续至也。县试前后十名进十五人，学使见待之厚可见。肃此恭贺鸣谢，即请道安。

黄照临顿首上

十一日卯初

（三）

二十二日

先生大人函丈：

山东书寄到三部，附以阿胶八函。来书称稚璜宫少保去后，萧相法度小有更易，阅数月愈有帆随湘转之势，归志已决云云。夫一君子在上，众君子从之，众欲为君子者附之，去则均去，士气类然，岂独田氏五百哉！司马在洛，托于礼以不出，闻东事得毋慨然否？心宅者郑道之侄孙也，千里寄纸求书，亦慕德辉之意，来人说节前后当还，想此时阳谷交代未了也。如有覆书，乞以时寄下为恳。肃此，恭请钧安。

黄照临顿首上

廿二日巳刻

（四）

二月初九日

二月初十日午到即复

先生大人函丈：

桑苗藩属捐种局车运回，不取直也，已送二百给赵渡矣。初七日孙观察至，即致前命并陈易银为钱之便(孙公刻主厘局)，反覆问难十数条，似见采纳，未知肯通行否。大庆刻下大庆局议移新市，空车空马、一切负戴小贩，任其过河，不赴局取印票，不取钱，平余容不能全裁，拟出示以一两纳一两零五分，果如此，亦姑徐徐云尔矣。以钱代银之说，细思妙不可言，当再絜陈。永寿徐令经中堂撤任查审，以里民局浮派之故来文严核，且有该官昏庸字样，饬司抄呈院阅（内云近日风气第知恤吏，不知爱民，切中切中），余无新闻，仓事宜堵衙门之隙，至哉斯言！然聚朝父老议之亦道谋也。求先生代拟一示稿札稿禀稿，将来以此存案以此勒石，有隙悉堵之为善，宜勇乘此上宪，爱民当汲汲也。府上未呼趋谒，不审得见学院否，如见，当道意仁甫先生第一，谅闻之矣。

黄照临谨上

初九日百忙申

（五）

十三日

先生大人函丈：

十一日筒车成，试以水，如法计每筒得水三升余，刳木架空可润数里，第此时渠尚未就耳。浊水伤稼一说久闻之于泾人，疑《汉书》且粪之谬，度阡细视，今之抱瓮者率作仰畦，泥入而淀干则凝结，诚如泾人所言。窃谓古人沟洫之制，皆分田为区，纵横列渠，畦均隆起，水过畦旁，渗及禾黍，渣滓之物淤填渠中，待其干而锄覆畦间，所谓粪者非耶。此次拟将此法广之，则无间春夏矣。匠人尚有编竹一法，其用更省，且质轻易于激行，谋续为之。昨阅省抄，召伯续假，有请开缺之说，孙小云观察忽有江苏之行，又闻白河有耳语之变，幸未成而捕之。（此事不知曲折，闻之行人。）穆将军已至长安候旨，新臬到任，吴廉访将于月洵出关，余无新闻。忙中肃此，恭请崇安，伏惟霁鉴。

黄照临谨上

十三日戌刻

(六)

十六日

丹初先生大人函丈：

雪飞六出，四境沾足，二麦定卜有秋，惟河滨严风发发冻骨，殊难支持耳。仓事经甲正禀后，尚未得有胜算，思之、思之，鬼神通之，来春妥商未晚。考院抽帮整旧，诚如胡文忠所云。刻又添制床几各件百数十，事以待友处之惠然者，第恐学浅望轻，朋不宷来耳。北乡昨有烈妇殉夫赴井自尽者，已具牲仪致祭，将上详矣。才短财短，年下颇形竭蹶，十脡之敬，专足呈上，伏乞哂存。恭请道安，虔叩年喜。

黄照临顿首谨启

十六日

(七)

二十一日

先生大人函丈：

初六日午抵长安，中丞以下均问起居，殷敬甚至，并盼杖履一临行省，以慰瞻仰。禀辞时，中丞又再四致意，杞人位卑识陋，杂进忧天之谈，半蒙首肯。空粮一节，上游尤为动容，惟以部议为虑，且以历来未报关系前任处分为说，谓应于夏秋大水后禀闻情形，据情陈奏立案，以为后日题豁张本，华阴只或百余两，已蒙允准。长、咸沙压暂豁，案有区别，不能仿行，此事当筹思万全再行举动。中丞谓可使本甲花户互相挤纠，或可网丈捷法，总之此事上峰以为难在上，而不知其难在下也。左相奉旨出督新疆军务，袁司农回京供职，西方又开一局面。照临乞归之说，三陈不许，至末一次少有活动，或得藉差南旋，到藉再行禀恳也。贾恺臣寄上一函、一包，恭呈左联榻，出者不多得，孝经有分书成幅者，亦买得二分，自留其一，余呈上。山阳民人于路上见遗芋粉，副以糕匣，乞哂收为祷。正肃函间，奉手示并笋百枚，肃使代亲拜领，屡承长者之赐，甚抱不安，肃谢，恭请道安，伏惟慈鉴。

黄照临谨上
小儿承嘉随叩
廿一日申刻

牛雪樵先生已归甘肃，左相礼聘主讲兰州，不出也。甘陕分闱已定，已请简放主考。陕中六十三名，甘中五十四，共划留十八名，归入下年取中。并闻。两世兄文佳。

(八)

五月十三日

先生大人函丈：

十三日奉手训并墨宝，敬谨开视，气骨嶙峋，精神酣足，舒卷自如，有余不尽，唐之颜鲁公、宋之朱子，经济学术横纵六合，俎豆千秋，出其余力以作书，学者得半纸皆拱璧奉之，先生其今之古人哉。陆公语质实切至，作圣之基、治国之要如是而已，岂第家训哉。得此张之堂皇，名笔名论作人恭敬，卜年卜世瞻仰至德，百叩敬谢。空粮一节办理刻不容缓，秋禾在田，丈量为难，只合延至八月，此事上游无不准行，部议亦非可虑，难在下面清楚耳。兄之说动听，恐太高，做不到。各清各甲报有空粮者，则丈之似为省事，而寄隐贿证，奇变百出，办理亦非易易，此事到任后即欲为之，耽延至今，昕夕悚恧。来训责问求退之故，愚陋窃禄尚属第二义也。老父来秦五次矣，今秋又将只身残杖以去，为人子者安乎？谭台宪以昔年杭州守任内乞养，为马制台所阻，引为不可去，确据不舞之鹤，放否尚未可知。先生经纶宇宙之才，栖迟空山，霖雨之不降而抱瓮以灌一区者，可以已矣。事难，意必谒见时再请训示。河南专折请宋军门庆扎潼关，已到矣。袁户部闻将于月内北行，甘闱分定矣。四川几篇和事文章，想于椒轩处见报本。

山东李有寄附呈，恭请道安，伏惟慈鉴。两世兄文佳。

黄照临谨上

五月十三日

小儿承嘉随叩

（九）

二十九日

先生大人函丈：

本竟丰年，亦借助他邑，今麦秋只五分耳。函询西凤，亦复如是。容自都来，称亢旱太甚，直隶、山东、河南春收有一二分者，有不成分数者。又怀庆人来说，河北三府旱尤甚，下吏职微，不能忧天下之忧，而是弹丸者，当晋、秦之交，舟汎而水烦，车载而土敝，秋冬之会，粮价大起，将先河东而受害矣。拟乘此晋商未至，豫商为备之先，籴麦数千石以作旨蓄之谋，如秋收上熟麦价减少，官认耗折，如饥则以平粜（决不食言）。先生若以为可行，则请将义局在羡之七千借我作一周转，照临别筹私款或挪公款益之，事关民莫，立求训示。节后晋、豫交乘，恐局面又一变也。肃此，恭请钧安。

黄照临顿首上

廿九申刻

先生若肯借饷兼借办事之将，则更感谢。

（十）

十一月十二日

先生大人函丈：

东行未获走送，望尘抱歉正多，乃蒙训言下逮，奖饰逾恒，悚感交并。恭惟起居禔福，道德延和为颂。照临驽下之资，奔走山东，企仰人师，七载饥渴，天假奇缘，得倚杖履，清楚真实，用人理财尽发生平蕴秘，夫清楚也、明也；真实也、诚也；一也，中庸之精也；用人也、理财也,即孔门所用以平治天下也、大学之要也。先生每发一议,似皆陶镕经史诸子而出之以浅说者,窃谓嘉道以还,诸学者溺于汉,而窃五经之余乎,兴诸大贤,出入于汉宋,而得经之意,后之视今亦犹今之视昔,五百年后必有想像盛德大业恨不亲炙其人者。照临何人而得素沐训诲,骥尾青云,自用冀幸矣。仓事小变,其文岂必经书幕之手耶!买粟以速为妙,匪惟价略低,凡事久则生变也。阅邸抄,十月有旨,督察院左宪广兵右夏赴陕查办事件,不知何事,差事奉道台批后,又将一切情形缕告岑式尹代陈矣。权君暂归,冬至或当来。手此,敬请道安,伏惟慈鉴。

黄照临谨上

十一月十二日

两世兄文佳。《国朝先正事略》家中久未寄到,闻同乡易兰生兄携有刻本,已函询,不日当有回音也。

(十一)

十月初五辰刻到

先生大人函丈:

河东人来,询悉九秋后道履康和,至为忻慰。钱碑自澧榻来数张,精神完好。此碑朽折,以后难得矣,专走呈上,以博快览。再,敝族人《雪竹楼诗集》间有可采之句,昨家中寄来二部,分呈其一。先生爱湘中物,附以豆豉鱼、银鱼,均乞哂存。仓事思久,无警策之句,谨摅忱为议一首。意欲别存千缗,八分厘生息,岁入息九十六千,按月交衙门,陋规八千,庶几后来不至于变法否,求教正一切,无隐。粟谷时价不及二百四千(八缗),可以济事,如朽麦可变钱三千贯,则事不大,第恐麦无受主,则必动用差局钱,如春间甲正所恳耳。月前至荔,闻之主者,渠县今年换仓一千四百石,每顷派粮数合,而甲里口食已派索每顷二升,官亦对之浩叹,莫可如何。照临五日按事,及瓜不远,日内量料出入,别存千缗以备换仓之用。乞先生移住县城一月,了此公事为要。

肃请道安,伏惟慈鉴。

黄照临顿首上

霞轩短项亦为筹出银五十两弥补,并闻。

(十二)

初三日

先生大人函丈:

读手谕论数省及秦川民食情形,如掌指回环玩索,心绪一定。照临目击竟内歉收,昕夕忧之,适得友书并藩台筹买备荒手札,急欲先得鹿于天下,奉教后,细思此事不必如此,其亟月底六月初再作打算,刻已函询乾风矣。山东书已寄去,翰周条幅亦专马送去,以博求书者一快。前日呈上之桑寄生系雒南伊君所遗,今日又得伊书,自称未卜真伪,乞检出弃置,不宜服食,至要至要。麦食已当羹肉遗母矣,敬谢。恭请崇安,伏惟垂鉴。

黄照临顿首谨上

初三日卯刻

(十三)

二十九日

先生大人函丈:

廿六日因事至河东,杖履已移中条,未克入山叩谒,歉甚。今午接省友函,悉沅圃宫保奉命抚陕,并据称本日又有蓝印夹板过境,系行川中钦使便道赴鄂查办事件公文,时事多艰,如何如何。圣贤以天下为己任,恐不获久处泉石也。(西南重圻必得重望,日月重光于时当出。)仓事两院批示均由藩台行府行县,欣无异议,此篇文章交卷矣!行户图买仓麦掺和渔利,故谣惑众人不肯投帖,如骤减价,正坠术中。俟节后允到,集思候核。昨与世兄久谈,端严诚笃,令人心折,他日当遣小息诣觇大雅，以资师效。肃此，恭请道安，伏惟慈鉴。

黄照临顿首谨上

廿九日亥刻

（十四）

十三日

先生大人函丈：

十三日奉到府札，惊悉二月廿日嘉顺皇后崩逝，省城已于初五薙发，初六日成服，一切礼文未奉部示，省中拟用蓝印，十三日成服廿七日。本县拟于明日薙发，十五日成服。四川因灌县冒饷案，竟成大狱，曾沅甫宫保改授河督，谭文卿方伯升授中丞，山西臬蒋升陕藩，立斋先生升晋臬，此近日事也。仓麦昨今两日粜出约三千斛，明日可了事矣。风大，河难过，想当于山中设位、成服，闻之催粮委员，嘉顺皇后绝粒十四日以殉贤哉。琐陈，恭请道安。

黄照临谨上

十三日四更忙书

（十五）

三十日

先生大人函丈：

顷奉廿九日手示，奖饰溢量，感皇交并。恭惟道履潭祺，康强逢吉，无任仰颂。乱后民穷为盗，对之恻然，欲清其源，莫如养民，梼愚不克远图，莅此二年，于厘地亩正赋税一节尚不克行，愧何如耶！华阴之行本欲诵以空粮之故，昨专探回，据云前之议原为毅庙祈福，今作罢论矣。召伯奏请息肩或者别有局面，此时进省饶舌，恐将去之仁人不暇计乡民利弊也。民害未除，又因为利，日复一日，如刺在背，奈何！市麦价四百五六七不等，现遵走告，权君于初七八日至县，先生初九初十可到，一切谨候面命办理。河州又一次勘定，捷报昨由谢主簿呈达，计早邀垂览。霍邛州、罗汾州二事不如人意，山中谅已知之。邸抄三本寄呈，恭请道安，伏惟慈鉴。两世兄文祉。

黄照临谨上

卅日夕

（十六）

二十三日

先生大人函丈：

廿三日巳刻奉训示，详尽周至，一言而利国、利商、利负戴之民，且为仓学张本，大贤无时无地不以利济为心，如此遵即照缮，分谕绅约，令即日过河晓众，乃午后因事行经河干，见绅约次且，始知渡口复挪下数里，必明早乃东渡也。无赖梁栋等因赌械斗，彼此受伤甚重，已登时饬验，并手票拘犯矣。人事日纷，人心日坏，咎将安归！是用悚惕。肃此，恭请道安，伏惟慈鉴。两世兄文佳。

黄照临谨上

廿三日戌刻

（十七）

二十六日

先生大人函丈：

有缘得亲杖履一日，训言切实，长人神识。昨午朱方欲于治事毕来谒，忽汗热又作，蒙衾偃卧至今午始能出卧室，安车东行未及踵送，皇悚至深。晋省一切已承钧诲，当勉力为之。南方干盐菜甚好，家中携来少许，副以南肉二、板鸭一、面梗二，戋戋者家父意也，伏望哂存。恭请道安。两世兄文佳。

黄照临顿首谨上　小儿承嘉随叩

廿六午

（十八）

六月初一日

先生大人函丈：

前日面恳代作请豁空粮禀稿，迄今未蒙示下，盼甚。刻拟就一稿，语多老实，恐于四面八方有碍，递此事关系生民忻戚，非寻常应酬文章，言之不文，自形鄙陋其害小，言之不善，上游乘隙指驳，批语十成，则转移为难，万恳大为删饰，以归精当。七月中旬拟即缮正，如先生已经代作，则请即日发下，此事应否禀左相及通禀道府，并求酌示。恭请道安。

黄照临顿首上

六月初一日

（十九）

先生大人函丈：

十月初八日奉手谕，爰鹤殷殷，氄毷增愧，三府批墨，如亲杖履。世兄长安一晤，深惭简亵，乃蒙齿及，仄悚益甚。空粮事已面陈中丞，并将示下原函呈阅，当允先行入告新令综核，荷长者一字之褒，知必有实可称，慰甚慰甚。西事仍请克庵京卿出山，督抚均有疏，或邀允准。当道新发帑金为北山买粮存储，又使者数辈查各路差徭之侵浮者，善哉政也。照临才短望轻，于事无补，投差竟后，料量南归，陈情未沐允诺，而枫落江寒，老亲不能久待，已于登高节后还里，只合暂为逗留，北来传闻异词，当事必有布置。稚璜宫保今日有函来否？时事多艰，恐大贤不能不出大庆关，盐脚改道，穷人只合尽力滩地以谋生而已，引领来望，不尽依依。肃请道安。两世兄文佳。

黄照临谨上

小儿承嘉随叩

五成之说已便中回明，渠无甚把握也。

(二十)

先生大人函丈：

读丙子腊十二到手谕，并三十三村堂额、朱澈、土仪等件，皇悚莫措。恭绎额语，奖饰溢量，百倍汗惭。由珂里入山，凡五日程，皆峻坂鸟道，嘉惠下逮，实载诸父老厚意以俱来，万不敢却。谨望北再拜登受，飞函告知家父，以荣尊赐。空粮一事，朝廷之恩至渥，上台亦能体恤民隐，石臣与照临食君之禄，一纸公文分内之事，何敢贪天之功乎！仓事承先生之训，所存千缗朝坂之物，非照临有也，齿及更增赧然，前函附上各件，想已早呈风座，时事多艰，非德猷冠世者挽之不可，苍生望久，伏愿再出衡山，以苏斯民，至祷至祷。秩璜宫保闻已到京，年内当可西行，西南从此定矣。关外人来悉玛纳斯城亦复，刻正进归南路，安夷狡诈，闻有要求英国求抚之说，相帅意当主战也。商于林壑最佳，每于风晨日夕，同乔山长商拟扳杖履一临，明知道范之不克远莅，不过有此向往而已。牧职息肩，当诣中条，再听训诲，先此布私，恭请道安，伏惟慈鉴。两世兄均好。

黄照临顿首谨上

小儿卯生随叩

附呈火肉、豆豉、茶叶。

(二十一)

四月初二日

丁丑四月十八到

先生大人函丈：

立夏后三日试院奉手训，殷拳恳挚，羊公爱鹤之深，真令深源刻骨也。恭惟杖履恒绥，云山禔福，恰如私颂。长短议乃去冬大雪事，简摅其愚忱，过蒙奖饰，弥觉惭悚。东路皆旱，陕中亦歉，妖人剪发惑众，由南而北大肆狂悖，此又阴凝初六之象。岱云在山，抱瓮千人，恐不济事。菊圃太史素未识面，数千里以书见教，齿牙余论声闻于外，如此汗赧曷极。刻拟作书由局便径复矣。卷阿桐、孙庆衍，朝阳同切欢抃，雏凤失母事出意外，绿绮重张当亦不远也，念念。协吾观察寄候起居兼呈各书册，细阅题签，恐其来迟迟，均属石兄。已呈之册，此章重出，然千里致此绵薄，当达其忱，特专足叩上几席。曾刻《经史百家杂抄》，据来书云，尚未觅得，缓当续寄，今又托人往购矣。此公五十六岁无子，昨始生子，故思再作出山之计。第大树移荫，帡幪非昔，齐鲁一变，以是迟疑。照临两亲白发，久作归计，去年先祖之变，请退不许，一病数月，精神顿减，今正踵省求饬实缺到任，亦已允许。瓜代不远，定当滕跤度岭，一叩中条，然后南行也。人便附上微物，粲收。肃此，恭请道安。

家父由南至商（至已三日），精神饮食如恒，命笔请安。

两世兄文祉。孙世兄吉佳。

黄照临顿首谨禀

小儿承嘉随叩

四月初二日

(二十二)

十月初十日

先生大人函丈：

熊介主讲旋山，奉手训敬谨三复，如亲杖履。恭惟道祺泰定，潭祜恒绥，德门敷荫，秀茁孙枝(照临亦于十月初六日抱孙)，积善衍庆，忭贺良深，何干千家。久困赔累，今蒙俞允，共戴皇仁，事之妥速亦始念所不及料也。四川东乡之案，物议纷然，致特简秩璜宫保移督此邦，蜀之幸、西南方之幸、国家之幸也。闻之欢忻数日，第左辅去一屏翰，又不无少虑，先生不出太行一步，霖雨之望海内同殷，年来各疆臣所筹之件，山中当有所闻，事关君国生民，中怀自有不获已之者，函谕仍当求之吏治，探源之论未经人道，治法治人舍我其谁。在山之云其尚可作一转计耶。照临下愚惘惘，入山期年无补时事，惟欣宾寮安靖，民情翕然，秋收中稔，饷道畅适，差堪告慰慈注耳。春月两求解任回籍，以遂乌私，中丞两上笃章，以退为进，昔人所羞，狼狈之势，人谓我何。刻正改义仓为粮会，亦因时制宜之意，谨将章程上尘一本，商于毗连。豫楚哥匪游勇伏匿勾结，非真行团练保甲不可，除将州属画作五十六区，立镇为主零畸附之、编查保甲外，训丁壮或百数十名，日省月试，技艺卓然可观，各十三杆、七星杆、大红拳、春秋刀、琵琶棍之类，按式练之，以后转相传授及于通团，或亦保卫地方之一计也。境内戏已禁、赌已断，鸦片烟苗已净。拙作《长短议》一篇呈训，再有《东西议》一篇，其要畅发损东民以益西之义，俟便续呈。丁宫保为今名臣，此次入蜀当道经漳华，一山障阻，不获钦仰光辉，怅慕交萦。协吾表叔闻于明春入都，缓当有禀屡闻也。蒙赐名帖，叩领谨谢，肃请道安。两世兄文佳。

黄照临谨上

十月初十日

小儿承嘉回南应试亦落第，并闻。

（二十三）

先生大人函丈：

潼关一函，计达慈览，沿途天晴风顺，十二月中旬抵家，远托福荫，两亲康健如常，全湖有秋，人情安帖，堪以告慰。廑念恭惟道履，时绥潭祺，日懋如颂。晋中新拯之民，初离水火，全赖山中宰相左拥右扇，想春风正盛，蒲降千里，均乐和煦也。郇属差局寻观察之意颇殷，今想实惠及民矣，念念。霞轩令兴平朝坂之任，正长水利之兴，可望补前令未竟之憾。春初觅得常德桃源胡姓兄弟，年力强而无嗜好，议定每一名月给二赀银，或两雇主管饭，以到工所之日起算，除由石至朝沿途工赀、盘川已经清付外，将来遣回，每名给川赀银二两二钱。该匠能制四六人坐车、三二人坐车，脚踏手搬，相地立埠，丈尺长短。因水制宜又能做竹筒皮，掩矿厂吸水之车，第用之深井须于井畔倚斜作槽直达于水，或中间作等置盆接替引之，一切圆器及簸扬风车，南匠亦胜于北，可令试造以利民用钱用。严碑拓就多纸呈上，以便分送，西南迢遥，瞻依日切，引领太行，不尽驰念。肃此，虔请道安，叩贺春禧，伏惟霁鉴。

黄照临谨禀

小儿承嘉随叩

两世兄文祉，不另。

（二十四）

六月十五日

先生大人函丈：

六月十三日饶子维回秦，谨悉蒲轮安抵都门，天宠优渥，慰问殷勤。旋赐朝马以尊齿德，君子在内大来有象，为天下庆、为国家庆。夫中国本不贫，贫于用银一，贫于失政刑二，贫于吸食鸦片三，而绿兵之虚縻，勇丁之坐耗，固人人知之者也。今民穷而事不可息，鸦片难骤返用银积重之势，所可整顿者，惟政刑耳。皇上大家当地丁也，耗于交代关税也，耗于造报厘金也，耗于调剂漕也，耗于浮收而民力不逮盐也，耗于各省疆吏主见不合各争目前，此则政刑之可整顿者也，而理财与用人相辅而行，有为有守，安祈所得数十人而分置要津耶！昔在中条亲奉杖履，陶陶永夜，渥闻绪论，华云出岫，泽遍天下，引领望之。今正初五日，照临束装南行，忽奉谭帅书留并函告陕藩饬令销假，感知己之厚意，郁郁居此，又阅数月，此间应期会而至，见沈犹柄政，张国钧、王炳煋等以人材进用，自愧才力不及，去志决矣。文帅爱之留之，至今闲居如故，欲再告病，似近反复，岂蔚蓝厚我，以此玉成我耶？月初函告文帅，求给便差回南，此请已三次矣，或者有准，则安分不敢再书矣。因关慈廑，一并附闻。省城麦价半钱四百一二，此实仓时也。秋禾得雨甚茂。朝邑蔡令文田到任，同州以钟署理，云卿都转之子也（寻道署盐道，文泰初署潼商道）。余事俟王藩台到京，必面谈也。此请道安。

黄照临顿首谨禀

六月十五日卯刻

立仲世兄近佳，未另。闻梅卿编修放差得意，未另函候。

（二十五）

先生大人函丈：

六月中旬由谢少亭寄上一函，计已早达慈览。数月来，依恋道范，鳞鸿乏便，有稽禀候。恭惟经纶名世，道德匡时，勋祺政祉，壹是罄宜如颂。照临六月杪奉委巡查汉江厘税，常驻白河，到差所即将各局丁役需索革除，函牍往复两月乃得就绪，沿河签匪劫窃，会同地方查拿，耳目所及尚无罅漏，尝维圣人居卑居贫而已矣。三字之义，不敢于此外作越位之谋也。湖北郧、襄一带岁歉，兴属界连三处，亦形荒窘，刻下十室九空，民日逃亡。秦川尚称安绥耳。本省府厅州县挨班轮委，以劳绩压班，按一年瓜代，亦有半年一轮者，其待属寮甚允，而署事之人因往还川资、交代遗累，亦有贫无措手者矣。义仓每年加捐、劝捐、查仓、出晾、出易，使者接踵道路，大府之尽心民事，可谓至矣。防军绿营日糜司帑，玩嬉之卒，空额之伍，恐十八行省如此，不独此间为然，而此间搜索已不能支。省中回民生生不息，已数倍于咸同年间，人穷而悍，黠而易猜，近来屡聚徒党与居民械斗，数月来打伤职官舆夫，殴砍守协兵目至危，结党（百余人）乘西五台庙会打伤众人，戏场屡次行凶，地方官莫之能制，反扛抬回民赴院司衙门喊闹，此又初六履霜之忧也。此事照临亦尝陈策前任当道，招其强悍者为兵，移驻临省，令其携带妻子，此抽薪之暂计也，给叛产使出城耕种，回弁令得指省候补，回民听其出他省占籍，此决引河之暂计也。广设义学，编回号以录其通材，徐徐而诱之，以吾道俾改旧俗，使百年后不辨为华为回，长治久安之策，行之实难也。同州守升署潼商，以钟善复（云卿先生之子）署事，闻尚能洁己（不收节寿，不搜陋规）。秦锡之署大荔，乃成叔世兄房师也，来函称世兄二场甚好，以经学见重文衡云云。九月邮致解梁一函，不审到否？德门福荫，贤贤相继，英年高捷，为国庆幸。立仲世兄已否考荫？念念。小儿荐而不中，学问太浅之故。家母于冬间携续娶新妇来白河，家父来函责以守此以抑其躁进之心，只得暂行安守，索性去家近，音耗易通，月遣一使，往返易易也。太山之云雨遍天下，凡有血气共沐仁帡，惟祝福履康强，受禄宜民。僻远下吏，曾受大君子一日之知，望北引领，欢欣靡量。十二月廿七日兴安、赖张两孝廉过局门，引蒿刺船，催成此函，草率自觉愧悚，肃此，恭请道安，叩贺年喜。

黄照临谨禀

立仲、成叔两世兄元安。

（二十六）

癸未十月十五到，即复

先生大人函丈：

谨禀者，太原由折弁呈上一缄，计达慈览。雷仪斋到晋，传到钧诲，寻绎书绅愈切感悚，恭惟论道经邦，朝野瞻仰，茀禄咸绥，以忻以颂。照临七月十一日奉委护理河东道篆，自维才力不称，求藩司代辞，衙见面恳均未允准，留省卅日，考求地方及盐务情形，中丞间日传见，训迪甚周。兹于八月廿四日到运接事，省浮费以节用，正款目以归公，去中饱以恤商，严稽查以除蠹，开运道以畅行。事匪易易，可幸年谷顺成，差徭新减，民情安帖。上年烟苗拔除，土价渐高，浇风或有转机，地方平静，得以专心鹾务。日内询问琐细，应正己洁己以率属者居多，先生所谓“管束自家要严”一语，此处正用得着，而“清楚真实”四字时时寻绎，或可收效。月计陕豫路亦有应办之事，第当缓以时日，使民贩不畏官，而信官之不害民，或当挈赀而来，恐非“五日京兆”所能了此也。永济近又有控差徭者，缓当严查恶手，阴始凝也。今日李孝廉兆蓉并州吏目到运，细询立仲病已愈，近服某人符，然体气尚未大健也。明后日当遣人探之，盖以此行一主一仆，初到烦冗，未能觅得妥人照拂，故应酬亦简。光甫廉访北上在即，草草肃此，虔请道安，伏乞霁鉴。

黄照临谨禀

成叔世兄留安，未另。仪斋闻已赴本任矣。

（二十七）

八月二十七日

廿七日未刻，立仲世兄来运，面询书符治病者薛姓，今日虽间有发病时甚轻，时亦渐短，可望渐渐全愈矣。竹报暨外件均由照临送光甫廉访处寄上，再请道安。

照临再顿

八月廿七日戌刻

（二十八）

谨再禀者，燕都逼迫，海疆无险可守，非王公守国之义，故敌船游弋洋面而都城戒严，道与时为变通，不可胶柱。俄国北临冰海，南面而临各国，如六国之秦，故强我之西安，北依蒙古之亲，西疆万里戈壁，南自川黔以迄三藏，东临十八行省，重山叠险，帝王万世之业也。刻下回番慑服，年谷屡登，如简明干为陕抚，就地筹款数十万，修饰行宫及朝班处所，照依盛京规制具体陪京，而宗庙壇壝则必皆备，此汉唐两京、元上都、大都旧例也。丰水古称东注，近则北流，而淤垫河身过高，持锄决之可行平地，费数千金移城中冗兵治为渠，可浇省近城田数千顷，以益陪京仓储。蓝田七盘坡可开车道，由龙驹寨河转漕，或入潼关或入蓝田，均易易事，而宁夏渠田多芜，招垦亦可接济，至城内花门给赀迁之，是顿法于其人。招一二营以回目统之使不疑，调赴江南等处充伍，十数年后而强悍之气化矣。西安去此千人，则鸷猛之辈尽去，其余徐以诗书道德化之，亦目前苟安之计也，朝臣敢言之士，章奏日数上，自诩风骨，而此陪京之议无人敢说，岂不闻尧舜禹三圣各异其都，文武父子各异其都，事取其便也。况今之计，非迁都之谓，乃建陪京以固根本，以安君父之至计乎！谈洋务言铁路之利，惜无此款，若能由燕至秦修一铁路，则两京气脉可通，长治久安之计无过于此。此事昔曾陈之左右，自知愚无一得，今复贡之。晋中政事人才近在右辅，朝廷自有确闻。香帅承先生办理之绪，清减各属差徭，拯晋民于水火，未竟之处尚稽续办，而刊本严札之条，近日亦有蛰漏，禀商未蒙采纳。一切用人、理财、治兵，臬司例不与闻，到省后幸免出位之讥。河东盐务十年分销数尚好，秦中得一千九百石包厘，缉私之力亦丁道之确守香帅成法为之也，可敬、可敬。禁种刻尚仍旧，城中开灯赌博、城外劫掠暨丁役横行近略收敛。臬司及三监一切规费立石，裁革别筹丁役、禁卒津贴，均嘱后任照办。大同、山阴、应州、代州各处春荒甚棘，已派员携赀前往接济，仓储均散放，其赀则善后款，即昔年之赈余，惜已挥霍将尽矣。天下大计海疆、筹兵，安静省分宜筹款，舍破除情面无以为开源之计，舍俭啬无为开节流之计。只此小事难得妥人，奈何奈何！先生人物权衡，乞广进英贤以济时艰，退吏爱国，不尽祷祝。

照临谨又禀

年来右手麻木，眼花不能作字，医者以为血亏也。

（二十九）

十月初三日

癸未十月廿九有梦琴带到，外百合一匣

先生大人函丈：

奉八月廿一日慈谕，如亲光霁。日来杂事丛集，才不逮事，久稽禀复。恭惟道德康时，经纶翊运，戬谷罄宜，为颂为祝。照临八月廿四日到河东护任，库款出入大费厘正，不入季拨一项几至漫汗。日来逐款开列四柱，凡丝豪均造呈盐院查核。晋岸新议盐行太汾以销积引，刻由阳曲造船下驶灵石无梗，又由绛州试行霍州，如能上溯则运脚轻减，或可收效。秦岸卤泊滩盐久筹厉禁无功，地方不愿，无可如何。花马私贩浸灌，则近日堵截似有微效也。豫岸本可通畅规复，奈商本难措，现正筹议，钧谕谓只可刮垢磨光，无速顿之策，洵然洵然。永济差徭行户有浸长之渐，经崔养性等控院发查，逐件厘正，禀稿陈阅亦可悉其原委矣。郑令已撤，以陈继三署理，其余差章尚能遵守。钱炑垣九月开缺，身后窘极，当委夏县兼摄，议以所入归钱家属，以作归榇之需。禁种烟苗一节，正在出示，令民赶种二麦，不许留地种此恶卉，明年或可渐渐消除否。西南一带绿营废弛，盗贼蠢蠢，晋帅议整武备，以何鹿秋镇南路，或可渐振威声否。前月双星下照，清风亮节未尝闻睹，安邑、北相仅备便饭，上下三棹开销十缗以外（谓酒席所值也，余无一文一分），车六轿、马卅余、夫六十余、肩舆六乘而已。立仲世兄病已愈，日内到运接晤，阖潭均吉。照临近接家信，父精神如常，不知来春能携孙、曾西来否。双亲垂老，本应归养，此行为感激君恩优渥、大贤知遇，然亦不敢久恋微禄也。石臣未到秦，饶子维总查东路厘金。大庆关与晋民扒捧相盐一节，梧县府至今未了，已饬郑令断结，近日不知了否。肃此，恭请道安，伏乞霁鉴。

黄照临谨禀

十月初三日

（三十）

十一月初一日

癸未十一月廿八书吏带到

先生大人函丈：

十月初由濮止泉驾部肃上一函，计邀慈览。恭惟道履康绥如祝。旬前立仲、良荪两世兄相继到运，询悉一是平安，立兄已由朝往盩厔矣。昨朝坂绅耆偕至，谈及寨窑工程渐次就绪，局中屡受上官驳诘，今释重负等语。蔡紫岩尚平稳，永济郑已撤，一切章程奉院批转行，新署陈令出示勒石矣。大庆与蒲人扒捧运盐一节，经前洪令挑斥，屡生讼端，郑令不问不结，中丞深咎之。今已饬令仍照扒捧断案，以昭公允，尚未接到该县覆牍也。菊圃开藩黔省，何不移曜秦中，此处亟宜整顿也，鹾库积案两月搜括清厘上之帅座矣。以后拟论年不论纲，量入为出，以每年积数万金弥补前亏，细算似尚略有把握。昨禀牍中有"积一日之俭啬，获一日之赢余，任此后之怨劳，弥从前之挥霍"等语。太汾试行盐运一节，刻已运数十石到霍，计每斤止合钱十七八文，以车则构，操目众人不知何似耳。汾河行船无梗，中流有石当泓，可以移去，骤兴此利，不识晋人能习此否耶！河东书院仍延念堂编修主讲，宏运新延寿阳任保甫，水部高紫峰所荐也。解梁织局货尚好，而销渐广，此地兴此一利矣，若春夏再添种桑株，则利益拓。朝邑水车据绅等云泥水不能激取，已议转售于盐池作用，池中如合用，则工本大减，不知能用与否。肃此，恭请道安。

黄照临谨禀

十一月初一日

(三十一)

十二月初七日

癸未十二月到

先生大人函丈:

由北相驿奉到十月廿三日慈训(赐到钱碑,叩谢),委曲微至,谨领一是。恭惟论道经邦,勋祉恒绥为祝。道库正杂纷错,抵拨轇轕,经两月勾稽厘定款目,合盘陈之盐院,并开光绪八年一年出入折,援为比校以定嗣后用数。目前除陋规归公,城勇裁撤,节省修理经费,但销员八成,每年所余积四五年恕劳,可弥十数年之挥霍。不知此四五年中经理何人,甚难预必。陋规之减,除洁己外,皆于外面缉私公费中略加撙节,而盐场丞杂之入悉仍其旧。晋省每石卅两之数,前酌减为廿,以销足七成。起支贽见、节寿一概裁免,刻示张贴各盐店矣。太纷运局已开,乘晴明出运近八十石,东路行销尚无把握,陕中卤泊滩据委员来禀,有照蒲滩津贴代赋之议,禀闻帅座,未蒙定局。陕盐包厘函商不许,将来惟有行诸明文耳。永济差徭已定,闻喜亦减去每年二千,可以八千串办公,下余作为生息备用。昨单车驶行各属,饬闻喜以差余划款买粮矣。绛、李、作、昔去年有物议,今亦未能了之,已密陈矣。绛县撤任。临晋新饬艾令到任。芮城县曾令初到,信用门丁(已逐),其典史擅受被控,提讯明确,亦咨参矣。猗氏马令质地甚好,差役甚横,昨亲至其境拿其役,交十四条,均制伏差役之方,已委员会绅商定出示矣,此端或可通行。其典史之门丁及马令之门丁智姓均逐,昨至稷山,门丁黄姓亦不甚妥,甚哉!此物之难也。拟开年再巡行平、隰一次,禁种罂粟,又经抚部出示缉捕,近日颇密,地方尚靖。道仓已略买麦粟,将商之四世兄收买,尚未定议,解属十九斤斗一两,一石粟约七钱,谷贱伤农,至于此极。省垣亦经照临条陈收买,未奉回示,朝邑水车据各绅来谈,不适于用,运至盐池试行甚妙,当归原价于朝局也。越法不得已而议战,战或有了时,和则无了期。

事势至此不必智者而后知也。海滏人心趋利，而近日豪强皆出其地，何以聚人？曰财。为将相者不可节省小费，使放恣之徒南越而北胡也。能做到中人不为洋奸，彼族万无如我何！一句明话，要惜钱，钱不可惜也。先生天下清流仰望，仡仡怌愦，其可用也。钱秋垣身后事已代料量，将来归榇可剩二竿有余，南垣先生字石及双钩本，渠家属允交解梁，所费据云不受，将来必将此款送付也。此席已委大同县许令接署，万令即当回任，魏子乾亦作古人，日卿兼摄代者为朔州牧，春初乃可到也。朝邑常有人来，甚安静。四世兄病已愈，虞卿崔甚安详，平轩亦稳实。河津、荣河、万隶均尚好，陕中以刘汉卿署同州，调潼商道进省至临口而设此缺，何不利至此，闻政事率由旧章。承询好官，河南之李嘉谟（此人学行、官声均好，举人，共事最久，知之甚深）、李正心已告终养，山东之焦云龙丁艰（勇于为善，一往无前，进士），黄鹗尚未西来。刻下惟候补直隶州喻兆圭实心爱民（刘克庵中丞明保，一次军功，此人才堪大用），力果量宏，久历戎行，能断大事，只少读书耳。宁乡人刻下愚甚，候补知县鸣珂为官有循声（应酬甚好，上司亦喜之，优贡），心地光明（澧州人，无事）。商州李素（举人）云南保山人，居官勤廉，学问亦可。兴安府童兆蓉（举人）宁乡人，稳细不欺，勤于政事，署鄜县赵嘉肇质直诚笃，廉正爱民（茶陵保过，举人，此人与照临一同拣发到陕，知之最真），出言拙直，为当道所弃。再有藉差回籍之于承谟（监生），江夏人，试用同知署，心有筹夺，长于文案，字亦劲美，居官亦好。富平涂官俊文学最优，居官勤谨（品行端方，言词不苟，进士，江西人），此就所知而言之如此。晋西一带入冬无雪，自十一月来，日未出时红光满天，移时乃见日轮，日已落后，红光返照，经一时乃息，似为阴不藏阳之象，仓储一事是用殷殷也。肃此，恭请道安，叩贺年喜。

黄照临谨禀

十二月初七日

六世兄留安，未另。太原交折弁之函亦无要语，额大司农、张督堂过境两次，甚见优礼，年节不敢以例函候安。

（三十二）

二月初一日

先生大人函丈：

正月连奉两函慈训并《邠风广义》一匣，恭惟道履勋祺，康时名世，丰财戢兵，八埏蒙福如颂。照临于年内已将各款目分案详院，出入细数备载。其出款拟按衙门立纲分注，将来刊为《河东盐法会计编》化胡涂为明白，官商各给一本，大约二三月间可以了此也。光绪九年满年销盐不足八成，比之八年多解京饷十万两、协饷一万两，销假京帮、省关津贴共一万二千两，而库存视上年相埒，此事似略有转机。正月河南来骡甚畅，已销五百余石，为数年所未有，外欠亦略有收获。日卿事公变为私，银化为盐，盐化为债，急难收拾（所用多系仆丁），奈何！东场丁内艰亦欠二万余金，均旧日通融也（黄菊卿署此缺）。积谷各处议办社仓尚未就绪，孙子常已回，正议买谷。曲汾徭政主者亦思见好，只尚未能一了百当，缓当代议之，临汾未问津也。临晋颇见长进，二月各祭祀完后，当西游平阳一次，桑事、公牍、私函敦勉，各属亦多欣动，筹款设机房甚好，当谋行之。江前任公事雪亮，光甫支款比他略节，均难得也。洋事海内人以战为上策，均系闭门造车之说，然刘一裨将而屡捷，所以人言以为比究竟如何方好防之，伤财甚矣哉，奈何奈何！安邑署令为许汝济，已嘱其转寄京函，四世兄今日甚健旺，病根虽未除，已渐瘥矣。处事接物和平安详，加以仁恕，可见学问日有进境（从未与衙门往来）。幼樵先生清风亮节，近今罕见。所言陕中厘卡过密，甚得要旨，此事照临尝上言未行，只留东西路入境各卡，到卡即抽，两道以下再不过问，腹内各卡均撤去，入公者可多于旧，商民沾恩无量，此等山东成文也。言轻不行，今欲便民裕饷似宜如此，可否为润民中丞言之，不必称哓舌之人也。立春前微雪，地方均安静，盗案亦少。南皮之政如置邮，可惜秦中不得沾其惠也。院上公费止支七成，上年已如此办理（道署颇有赢余）。道以下自近始合计各署进项，而议减议停，不敢使人为难也。各州县缉私经费出示以廿两为准，揭晓后似尚遵照，不知后来如何耳。研征司马闻将到，尚未见面。瀛先生行期甚促，潦草书此，虔请道安，伏惟霁鉴。

黄照临顿首

二月初一日申刻

成叔世兄太史，未另候。

（三十三）

二十日

甲申正月初二到

先生大人函丈：

十二月十八日奉慈训并《豳风广义》一部，悉前由北相一函内陈收到赏赐钱碑等事，今尚未到。恭惟道德经纶，名世康时如颂。照临夙承"清楚真实"之教，到河东后，手披案牍，望洋兴叹，徐寻头绪，将唐任以前截断，核计透支款目，造具总散各册，呈院以后核定一年出入之数，通按年论不以纲论，量入为出，立法自缚，凡外省缉私公费，固谨遵部示，即本省各官吏亦按销数起支，零星款目会同清源局详定立案，拟刊印成本（院道署先自减成，此次详定款目后，如再滥支、透支，责令盐道赔补，后任不准出结），以后官吏遵照办理，第能销足七成，则每年可余出万余金（或可再多，今年不止七成），永绝透支借垫之弊。库款经中丞谕令藩库提还河东，先年垫发河防经费银三十八万两，各垫款可资补完，第款多轇轕，尚有续查续议事件，封印期内可了事。南皮实心经理，千载一时，不乘此时截断众流，为公家整顿此一饷源，可乎？日卿指空领本至三万余金，欠课至二万余金，年已望八，身无子嗣，款多唐任发给。刻正发露求计于院贤，而光甫视公家如秦越，贤者如此，他可知矣。其他如东场及各官商尚有欠课亦已着近(均数万金),此均无文报,亦无人相告语者也。临晋、猗氏、河津、泽州、稷山、闻喜,均单骑亲查过一次,余均委亲信探问地方情形,稷山黄门丁、猗氏智门丁、芮城张门丁、猗氏捕厅李门丁均经专函专札逐离,且为猗氏立拑制书差规条十四款,示令通详会绅刊石立案,以垂久远,奉院批后拟通行各属也。中条山中杂职收受习为常例,已劾芮城捕厅一员,以儆其余。虞卿崔平稳无习气,夏县万安详,猗氏马仁恕而谨饬,第气太弱耳。临汾马有气可造就,绛州及其考也,非昔日矣。已发露绛县去矣,不能为力也。稷山、马宝山尚好,近来喜听戏而不禁宰牛,车柜未裁且有诈伪一节(所办案也),此所谓凡民无文王则不能兴者耳。陈继三比郑为优,艾又回临晋任,似少有进,太平朱如常,霍州方如常,大约风气尚好,从上好耳。无真出色亦无恶劣之员,闻喜、洪洞差徭递减已定局矣,余亦无敢违者。近日禀请将余银买粮,亦闻有买者正办社仓,尚无端绪。蚕桑一事在南山时行之有效,故劝茶陵行之通省,未观成而茶陵去。欲禁罂粟,必行桑政,使之入彼出此,利在而民趣之,然后可久也。入春当通行办理,吸烟之山长不荐,吸烟之生童不取,旨哉此物蠹国殃民,天下所以恬然者,在上不以为可恶也。必使天下群晓然于吸烟之不肖,而或可渐图转机矣。陕中历年厉禁,通池之可叹之。照临食秦粟十余年,临行体察五事皆可行,不必万不能行,不过得大贤主持乃集事耳。其一则来训所谓城内居住者也,此物不准出城生理,不准出城埋人,生齿日繁,西来者无阻,教之乱也,逼之乱也,乱机已兆,不治于履霜,而治于坚冰乎?官如传舍,视此事难办,无其才亦无其心。日积月累,何堪设想。照临以为宜先择其中绅目为营官,招募一二营,使防海疆,用其猛鸷之气,御彼外侮,而釜底薪抽,暂可安谧一二年,因防而编为伍,使携党徒,南方之气柔之,则党渐杀而气渐馁,一策也;就其武职(武生、武举)而官之于南省,优其阶资分发一策也;北山旷废之地,给其资使耕牧之,一策也;教以义学,定其学额中额,以文柔之,襄其埋人出城耕种之禁,惟准城内者出居,不准城外者入居,此以恩结之之下策,又一策也，均渐法也。顿法则择一城以迁之，易其居庐，给其资以安至，非钜款不可。以外四事，一差徭也，一罂粟也，一引丰水浇附省城地亩也，一于长安设立陪京，以固国本也。后一条愚昧以为切要，此地崇山峻岭，西倚要荒之固，备阻蒙古之亲，南通巴汉之利，东开匕盘以联江汉之气脉，规模大于汉唐周秦，居上临下，可备非常。刻下料量兵农，略饰宫室，皇上春秋既盛，以时巡幸，此长治久安之计也。如因海疆用兵则恐宜作先安君父之计，此事尤不可缓，南皮办理晋疆已有头绪，可否移节办理，其气正旺，其心正挚也。以上皆小儿谈天之语，乞恩笑阅而秘其诞也。言忠信二句，始终不可渝，栖岩淘淘时早见及言，惜不能尽人而喻之也。照临初意为贫居卑，今朝版后含肉跃马，已非意料所及，今以当道留难，两被恩命，翘车畏友，负乘收冠，固不待言，而力小任重，恐伤先生知人之明，刻拟料量盐务入出之数，刊本立案后仍陈乌情，归处山中，寻祖父耕桑之旧，老父七十、老母七十有一，精神大不如昔，况去家数千里，扶杖就养不易，断不敢绝裾出门，久处名场也。今有官如饮食，寒暖各只自知。敢布微忱，慈怀谅亦以为然也。肃此，恭请道安，伏惟垂鉴。

近日右手中指掣动，心血虚之，故作字愈劣，乞原之。六世兄留安，未另。

黄照临谨禀

廿日

(三十四)

三月二十七日

先生大人函丈：

文观察到，奉慈训未及禀覆，廿四日奉晋帅手札，谨悉入直枢府，群贤并进，朝廷得人，阳气日长，无量忭慰。文君迂道过访，当以秦中大致告之数语，而后亟欲就道不能竭忱也。霍赵之事昨已到运，具呈批准提讯，此时方公尚未解任德牧，亦将到矣，大约事尚易了。种桑风气渐开，各属均报办理，糶粟正在委查，京饷、甘金（二批）各饷均分批起解，目前可以敷衍。地方及盐属均平安（拟四月初东巡平、隰，兼查烟苗），廿二日至解，贺六世兄翰林归娶之喜，刘宗一人、霍媒一人，两筵而已，礼简而用节，诚足矜式天下，岂第可以挽晋、秦奢浮之风乎！四世兄病渐全耳。边帅已于廿日自晋启节，至柏相当在月杪，镐垣旧日啖饭之地，极望整顿，届时当往修属吏之礼也。廿三日家父自家西来，须白齿落，精力衰颓，三年不见老态顿殊，兼之家母病嗽杂寒热各证月余，眠食失常，照临与继妇轮宵坐守家母，厌宦思家已非一日，回忆一官为贫，本无远志，小廉曲谨，荷蒙知遇，闲冗下寮，擢任要职，久悚非分，乃声闻过情，将来恐有后命，更难称职，决计告养，忻年未及衰，可寻祖父耕凿常业养亲，藏拙不再出矣。杖履绥和，天福斯民，论道经邦，责任甚重，遥祝茀禄纯嘏永之康济，门墙粪朽与有光显。肃此，恭叩大喜，虔请道安。

黄照临谨禀

三月廿七

竹报一件、书一箱附上，解饷委员赍呈矣。火肉一方，果狸一尾，由饷员上呈。

（三十五）

初二日

廿九日润帅过北相，路谒禀商卤泊滩事，据云调一营镇此，且言陕中一年轮委非是，约初八日可以到任。是日接省抄，悉中丞奉召入都，秦晋麦苗均好，入春河东销盐至千三百六十石之多，廿九日截止，为数年来所无。解州牧姚官澄甚明稳，近解一带种桑均活，左相所调之甘肃候补道周崇傅，号子岩，湖南进士，署甘肃道篆，质朴廉介，爱民习老，束躬甚严，接物无私，为相诸客之冠，惟有太清，办事不动之过，刻下闻已回籍。近日出查蒲、解，未见烟苗，日卿事尚无端绪，同善义仓已经孙子常买粮入仓，当缓之加买。

初一日清晨小雨，此函拟由饷员携呈，忙中未付，改由北相寄呈。

初二

(三十六)

闰五月二十五日

先生中堂大人函丈：

洛水自入河，河滨老人之言奇验。天生大贤，康时翊连，名位之得，下应山川，非偶然也。恭惟两府宣猷，三台禔福，兵农兼领，异数殊荣，古风额手，为天下庆。照临闰五月七日卸篆，将一切逐条告知慎五，计在任九月十日，销盐四千余石，已过八成，历任轇轕亏空详请抵拨填补今已清楚，除本年已解京协饷廿七万两，库存正款七万备解外，存不入孚，拨银十六万余两，太汾局尚欠库银或万余两，任怨在先，后任可顺手矣。廿四日接印，此间武乡、广灵数大案经前任历验历讯未了，不能再推，惟有殚竭心力，以求诚极则道而已。照临此次离家又忽四载，三月老父到晋，齿发益衰，笃念乡里不肯久住，已于月初回家，濒门嘱即陈情引退，且言照临才量不称高位，不如早归以全微名，并引吕先生“恩宠过礼，臣妾之灾”等语为戒，送出运城又言深荷栽培，期望甚殷，此次署事可以暂往，刻下两地想系心绪已乱，交卸署篆后，当即谨遵父命耳。河东麦秋尚好，连得透雨，秋禾满种，烟苗亲查数处，尚无违禁，及委员四出条山及平阳属，颇有大块，当即分别记过勒拔，而耳目寄人，终难深信，曲沃庐舍办理清丈减徭已经了当。霍州、赵城事路过断结批示，地方官万象沾滞，于改限年为均徭一节，未能举行。频催并告之后任，给以朝邑石刻章程，且全仿照荣河办法也。桑苗已种水地八亩，新生息本勒令加畦具保办理竭蹶，然细思实无良法。永济误良为盗一案，新为平反，日卿事终不了，张裴尚欠万金，以上亦不了之局。李剑秋敷衍下场，钱秋垣家属经平轩等代筹二千金，发商生息，以资养活(即于署安邑余平项下归钱)。六世兄数日前到运相见，谭府平安。省近新得透雨，一切照张香帅章程。肃此，虔请道安。不敢以四六虚词叩贺荣喜,伏惟慈鉴。

黄照临谨禀

闰五月廿五日亥刻

(三十七)

十一月二十七日

先生中堂阁下:

久不禀候,不敢以农牧山野之词上渎论道之座也。冬至前三日奉慈训,殷殷如亲道貌,并悉政躬违和,渐臻全可,天壤不可少之人,吾躬不可辞之任,盖自读书谈道时已责无旁贷矣。大臣宗子一德康时,毅然任之不能引退也。大湖以南岁稔,洞庭涸出沙地数百里,游民趋之谋生,藉安反侧亦足欣也。照临躬耕力食,非敢藉奉养以图安逸,自顾才学无补当时,故知难而退也。所幸两亲强健,终日怡乐,贱躯耐劳,秋收有余,足以仰慰慈廑。小儿葆元久滞都门,过蒙饮食教诲,感激曷既!菊圃方伯藩秦,必能惠及父老,为秦人幸。此时尚无见惠函到,不敢以山人先施也。窃维关中西阻新疆万里,东临十八行省,北依蒙古亲藩,诚地球岸国中一大形胜,如能略饰壇庙宫殿作为陪京,以时巡幸,如唐之两京,元之两都,无事居北,有事居西,则根本既固,可岁省海防经费若干万。盖燕都逼近海疆,一有兵船游弋则各口戒严,岁岁筹此防费,不及十年天下民力竭矣。如君父得安处堂奥,藩篱有警不过贱者当之,筹饷调兵亦易易也。况以屏蔽海疆界之重臣号令,乃一阅世而后名贤不可必得,保无外重之虞,不如重关叠险胜十万师也。若能修铁路以通两京更妙,只经费为难耳。俄人都城北背冰海,一面以临各国,如六国之秦故强,亦可以比方而得其道矣。西安花门安之迁之均可,只宜得诚笃有才之抚臣任之耳。再有陈者,绿兵糜饷为天下一大漏卮,百余年来无人过问,能否饬各行省尽改练军,尽撤庆军以节经费,下士管见,自知无当,素承容纳,敢布区区,肃此恭覆,虔请道安。叩贺年喜,伏乞钧鉴。

北望依依，不尽。

黄照临顿首谨上
家父命笔请安

立仲、成叔世兄文祉升祺，未另肃候。

十一月廿七日

吉灿升[①]致阎敬铭

光绪十三年丁亥三月二十一日

肃禀者，去冬刘守景宸回东，面奉钧谕，并携来银七百两，谨同宫令收存，当先由宫令禀复，灿升未遑修禀，正深悚歉，新正廿八日路礼门自都来东，赍到训函，祗领捧读，藉知客冬肃禀已邀慈鉴。春韶景淑，恭维中堂顺时调燮，介祜康绥为符孺颂。蒙示禔躬葆摄，复元后屡次陈退，未能如愿。仰见九重特隆眷倚，四海共祝寿昌。灿升久沐栽培，亦愿造福苍生，迟开绿野，是为忭祷。成叔弟旋里，春间计已到都，立仲弟清恙调养定臻痊可，均切记念。所刻《时艺窍》十七卷已经完工，容再校雠无讹，兹先刷印样本呈电。《时艺开》《时艺向》两种现正刊刻，约计四月上旬可以完工。书局因星宿庙嚣隘，已移设城内娘娘庙后院。灿升与宫令常川监督办理，蒙发七百金，由宫令支销，将来全工告竣，灿升当同宫令核明支销盈绌，详细开报以副谆谕。书成后拟各刷二十部以富家塾而惠士林，至书板运存解州书院，届时当由灿升妥为办理也。礼门才情开展，历练亦深，灿升已于中丞前婉陈其意，前月即已奉札调工当差，甚慰垂注。东省堤埝各工，上岁动手略晚，加以冬雪普多，春融后凌汛猝至，济阳、长清等处民埝复有漫溢，业已克期堵合。两月以来各堤埝赶为催督，以速补迟，约于四月半均可蒇事。倘能防守得力，三汛顺轨，诚为侥幸。王家圈口门现已缓堵，赵庄横堤工程亦已缓办，缘黄流奇幻局势变迁靡常，因势利导，可信者人事，不可测者天意。现购得外国乞泥机船两只为疏通海口计，其能否得力实难逆料，总之河患百出，只须导海得法，便可一劳永逸，否则工账相表里，民生日蹙，急不复所，终非久计。绥戢要领，中堂其

---

① 吉灿升，字剑华，陕西韩城人。拔贡出身。同治十年（1871）任山东平度知县，署胶州知州。光绪二十年（1894）署济东泰武临道，后升山东盐运使、山东按察使。

有以训迪之，齐鲁蚩氓受福无量矣。灿升株守省局，昕夕操劳，刻懔冰渊，无裨时事，深恐坐掷居诸，略无一筹可展，诚不如昔年作牧时，得竭愚能尽心民事，较有实际，夙蒙中堂饮食教诲，略分言情，厕于子弟之列，勉为循良之吏。久违道范，不罄孺忱，临楮殊切依恋之至。李峻臣世兄人甚精细，已蒙派赴上游曹属一带查河。马仁卿世兄亦谨饬，去冬委赴东昌监修临黄堤段，不匝月撤去差使，未识何故。渠已回东昌寓所，昨来省晤面，云拟张罗入都办理起复承袭等事。师伯骏先生去冬来省，蒙中丞荐令主讲武定书院，岁修二百四十金，本月接渠信，知因家事赴都尚未到馆。又有前河南即用知县郑子侨，山阳人，在豫因案罣误褫职，兹来东省，亦蒙中丞荐青州书院掌教，岁修二百六十金，且允将来为其开复同乡，近事附以禀闻。兹因王令成驹入都之便，肃修芜禀，恭请金安，伏乞揆鉴。

灿升谨禀

丁亥三月二十一日

附呈《时艺窍》样本三十四页，乞赐鉴。

贾致忻[1]致阎敬铭

十二月二十日

约盦仁兄世大人阁下：

小阳月杪自东返都，惊悉世伯母大人仙逝，闻信之余不胜感悼。阁下回里又未及来京话别，五中歉仄，实深不安。迩维素祉清绥新祺纳祜为祝。弟京华随侍，善状毫无，幸寓中均各安恬，址纾远注。家伯又转领农部，公务益形匆迫，兼以京尹纷繁，筹帑非易，时势如此，其将若何！昨自梁世兄经先处接到家书一纸并银一封，仰承费心寄带，感谢无既。家兄去陕时想留信于午山世兄处，谅早接到，明岁何时回京销假，盼切之至，望便中示知为荷。取便望箴言时赐，以慰渴想，是所切祷耳。缄短心长笔难尽述，余维心照可耳。肃请礼安。

弟贾致忻顿启

嘉平念日灯下呵冻草次

如致午山信时，祈代为附笔致意并道谢一切也，幸勿忘却。

① 贾致忻，山东黄县人。荫生，贾桢后裔。历任陕西旬邑、城固、甘泉等县。

江人镜①致阎敬铭

(一)

正月二十一日

壬午正月廿一日到

谨禀者,月初躬诣讲帷,藉申鄙系,祇聆矩训,益启蓬心,佩戴之私,匪言可罄。恭惟大人抗怀伊吕,接迹周张,每企德辉,辄用神往。职道天资中下,学道无成,然闻海内名卿钜公,自度虽不能至,而心尝倾向之。中兴以来,名与实相副者固不乏人,而似逊于胡文忠与大人者则又有说,夫以一无凭藉之湖北,经文忠公独出奇谋,一运掌而吏治整齐,军实充足,洗百数十年之陋习,以赞成历朝所未有之武功。鄂事甲于东南,临壤犹蒙利力,以万难收拾之山东,得大人独运精心,一反手而豪奸帖服顽儒奋兴,辟数十次之谤言,以苏息左辅千百万之民命乐利贻于后世,祸乱定于须臾,此何等襟期,何等识见,何等操持也!岂一言一行之长,一手一足之烈之所能几及哉!职道内外观政三十年矣,深以不得见文忠公为憾,而犹幸得奉教于大人,又幸以袜线之才谬邀诱掖,居近芝兰之室,足跻著作之庭,质之此心已无缺欠。兹以身婴旧染,致蒙不韪之名,而为时贤所摈,不获进德以补救前愆,静言思之,徒滋愧悔耳。昨闻大人以朝命敦促,拟暂入京,默计行期谅在清明旋里之后,迟速潜见,知必有酌乎今而合乎古者,但春光如驶,恐当疏传还乡之日,已属隐之去郡之时,三载熏陶,千山间隔,殆东坡所谓道缘终浅者耶?一俟诹吉登车,仍先趋叩鳣堂,以布钦仰依驰之意。立仲四兄已否回解?前借《玉台新咏》乞检付奴子捧回,以便分手赶录为感。赵字、铜琴二者只求指一文贞遗笏,未必有此英灵

---

① 江人镜(1823—1900),字云彦,号蓉舫,江西上饶婺源人。道光二十九年(1849)应顺天乡试中举,次年任镶白旗汉学教习,咸丰三年(1853)任内阁中书。

也。安邑差钱已嘱赵令批核减并，因其人入省有期，饬即趋前禀请一切，轻徭、节用实非仰承硕画弗克臻此。肃泐鸣谢，虔请福安，统惟垂鉴。

职道江人镜谨禀

正月二十一日

立仲、成叔仁兄均此申候。

（二）

壬午二月初八到

谨禀者，初五日马守诣解，曾嘱其代叩起居禀陈一切，度已上达清聪矣。昨接马守、魏牧来函，公审大人荣承温谕起掌大农，擅旋乾坤之才，树辅世长民之德，胸中无所不有，杜武库犹逊，清名天下，尚有可为，吕申公能扶正道，帝心悦豫，众望交孚，引企鸿飞，尤殷雀跃。职道三年侍教，一瓣熏香，道慕犹龙，智输伏鹄，南溟水击笑斥鴳之无知，西华云开愿前驱之早发。肃泐，衹贺崇厘，虔请钧安。

职道人镜谨禀

（三）

二月初八日

谨再禀者，闻喜核减差钱，昨张令回郇得悉禀蒙鉴定，虞乡差钱亦面嘱崔令即日遵减，以留有余。顾此日薄征弛力，负戴不劳颁白，深幸晋安喜自今食节事，时仓储饶有陈红，远逾汉治将所谓才品识略卅年无并者，于此已复见之于此，犹有进之者也。职道亦系苍生此后曝背茅檐，亦获与利用安居之乐，何幸如之！肃此，再请勋安。

职道人镜谨又禀

二月初八日

立仲、成叔仁兄均此申贺。

(四)

十二月二十三日

谨禀者，本月十一日接奉钧函，垂爱之情溢于言表。泡菜等件重荷齿芬，倍增颜甲。恭维大人肤公彪炳，首祚骈蕃，翘企德辉，弥殷孺系。墨卿先生与职道祖父为莫逆交，两次广州得其笔墨甚富，咸丰辛酉年敝庐猝遭寇炬，戊寅夏季在藩属又遇祝融，簦笈半成灰烬，每忆及家藏旧物，神志沮然，明春查点行箧，如尚有隶书真迹，当遇便续呈。前奉楹联请暂留为槐堂装壁，幸勿掷还。沅帅处日前曾致一禀，军事方殷，人惟求旧亮，未能遽赋宽闲。闻其闭门谢客，岂气体犹有所苦耶？职道借地卷蜗，遇寒坯蛰，胥疏为法，缄墨自甘，近承合肥相国偕司道约以覆勘畿辅，开雕统志，固辞不获。旋复送关，每月修膳银六十两，来岁饘粥之赀可期丰给，查是志计有三百卷，黄子寿廉访殚十数年之心力纂辑而成，职道才非德棻，何敢妄缀一语竽吹滥与，惟俟手民篇页成数，校其有无乌焉而已。闵贡累人，愧赧奚似。法人扰我边陲，北洋现议再战，意在张立国威，第交绥后馈饷益繁，善后之谋殊难为力耳。二十一日李守晏征过此一饭而行，屈算山程至孟平一带已及岁阑矣。专肃，虔请钧安。

职道人镜谨又禀

十二月二十三日

附呈芩生孝廉禀一件。

(五)

十一月初四日

江蓉舫书，癸未十一月初十到

谨禀者，叩别以来，瞚经三月，只因风尘跋涉，闲居又少见闻，未敢摭拾寒暄上尘清听，然依恋之忱则无时或释也。恭惟大人绩楙匡时，学优名世，杜武库宏敷农政，姚元之兼统兵储，翘企棫辉，良殷藻颂。职道券外期费，虽悔莫追，乃铨曹复谒，幸获珠还，此皆大君子善善从长，无惜齿牙余论，遂使菲葑末质视同药笼参苓，清夜自思，感惭交至。中秋节后由京回保，离家数月俗累益深，因合肥相国时加询问，于九月初旬买棹赴津，承其倒屣下榻，情意殷殷，并以年力未衰无耽暇逸等语为勖，奈洋务防营均非素习，群材萃合，相处亦难，自顾黝生，何敢攘臂下车，再贻讥于冯妇，小住匝月仍回保阳。前蒙训诲多方，矢之终身弗坠，非仅作书绅而已。附近书院如束修有三四百金者，实所乐就，惟此地离京较近，待聘者满谷满坑，当道颇难措置，屈指选期，须在一年以后，目下量柴算米尚可支撑，来岁饘粥至赀不得不于砚田是望。头童齿豁，重寻笔墨生涯，四十年寒酸秀才岂堪回首，然借润青毡，陶情淑性，免异日莅事面墙，未为非计，但不知能偿斯愿否。立仲兄现未入都，成叔兄想仍侍侧，督经课史，福躬定叶康强，第兵农全资硕画，晚风曙雪紫陌多寒，尤祈善摄兴居，以纾远系。肃谢，虔请崇安，诸惟慈鉴。

职道人镜谨禀

十一月初四日

成叔世仁兄均候。

（六）

光绪九年癸未十一月十六日

癸未十一月廿四日

谨禀者，本月初四日肃具禀言，令职子忠抃代叩福祺，亮已早尘钧鉴，驹光迅驶又阅一旬，依恋之忱与时俱积，恭维大人裘带增绥，兵农楙绩，翘詹德范，曷罄颂私。职道蜷居旅馆，媒晦自安，镇日沦茗围炉，搜寻庄子及陶杜诸家以排世累，亥眠卯饮，并可藉以卫生，惟忽忽无所用心，博弈不如为可愧耳。六月十二以后道员已选三人，今冬明春如再出一缺，应循例赴部投供，彼时再叩台墀，藉申企慕。奉上泡菜一小坛，薄同芹献，窃比挈瓶之智，不敢假人，仍遵啖薤之风，兼知为政，又弹丸两枚为保阳三宝之一，以麦麸小口袋盛搓光莹后，运之于掌，可舒筋脉，菲物微值，均乞赏收。附呈墨卿先生单款对，并祈鉴存。异时拓本多惠数张实所深愿，前求成叔兄代写馆联，如经挥就，亦望遇便寄交，悬知此间纸贵，骑门限而求者皆识华亭之真笔，不要公勇之自书也。端泐，虔请崇安，统惟慈鉴。

职道人镜谨禀

十一月十六日

成叔仁兄均此申候。

蒋达[1]致阎敬铭

(一)

同治二年癸亥十二月二十六日

丹初仁兄大人阁下：

别久思深，无缘合合，停云在望，延企为劳。前在湖北蒙赐手书，曾复一函，属陆凤池转致，及建牙山左，旋有外忧，亦有数行奉唁托黄芝山附寄，未审均已入览否？吾兄命不世之才，际非常之过，福星作莅，耕市俱安，求之古人殆不多见，犹复吾斯，未信推让再三，固为君子之谦，窃谓贤者之过。盖丈夫既受知遇之恩，虽遗大艰，惟期尽力，彼叱驭者果何人哉？吾兄又何多让也！惟创痍甫定，牧令亟须得人，昨日寿阳老人以此建言，可谓知本，第牧令虽贤，非久任亦难见功，惜此老言之犹未尽也。至于今日之患，莫大如贫，劝捐抽厘，剜肉补疮，后忧方大。愚以为既无可闻之源，何妨稍节其流，如为长吏者事事躬行节俭力求撙节，为将帅者在在简其军实无许冒滥，则抽薪止沸未始不可稍救目前。昨晤同年毕东河，盛称吾兄刻苦自励弊绝风清，力挽从前积习，大有包孝肃、海忠介之风，闻之深为击节。盖惟廉则明，明则公，公则正，他日丰功伟业皆可为吾兄预贺矣。方今可语此者骆龠门、刘荫渠、沈幼丹之外，殆亦罕见其人，惟望吾兄勉之而已。弟亦才疏性拙，无补圣明。客秋甫奉【缺文】之念念，岁年云暮，纸窗竹屋，灯火萧言，念故人载深离索，辱承问讯，感念弥殷，拄杂成书聊以代面。余惟努力加餐，为国为民珍重自玉，临颖不尽拳拳。

愚弟蒋达顿首

癸亥除夕前三日

---

① 蒋达，字立人，号霞舫，广西灌阳人。道光二十一年(1841)辛丑恩科进士，授编修，咸丰三年(1853)补授江南道监察御史，以直言著称。后任奉天府丞兼学政，掌翰林教习。著有《古柏山房诗存》。

闻竹朋前辈掌教省垣，匆匆不及作书，晤时祈代致渴怀，方伯贡荆山同年亦祈道念。（并问近日书画有所得否，为之一笑。）

再，敝同乡陆凤池夙承垂爱，正冀有为，昨于前月忽以瘵疾不起，身后萧条良可矜恤，贵同司袍泽情深，多承赙赠，并有函恳吾兄为之将伯，想麦舟高谊定当不让古人也。再，弟有一通家名周毓南，以知县候补在辕，其人系循吏之子（父名周文清，官声甚著，亦有文藻），性情和谨，心地亦甚明白，今幸得依仁宇，尚望推情垂盼，进而教之，渠必感激思奋，断不至如羊公之鹤也，恃爱冒渎，不罪不罪。

（二）

丹初五兄结邻于斯，过门辄呼，有奇共赏。近以病卧数日，忽闻有于役武昌之命，余既喜其才之见遇，而又虑其别之速也。辗转床褥不能自已。谨于枕上呻吟得此二首，聊以志别。即请正之。

愚弟蒋达扶病拜草

李鹤年[1]致阎敬铭

(一)

丹初中丞仁兄年大人麾下：

月初奉答一函，附寄募勇章程，从邮骑驰上。十四日又遣高县丞来役赍回阵图一帙兼匆报数行，计已分达左右。逆众再渡运河，遂复蔓及曹境，近盘踞于黄流以南乃已旬日之久。直之开州、东明所属俱有匪踪，循岸往来，意在北窜。荫渠制府移驻大名郡城，调集各军布置，似已严密，而贼情狙诈，自经邸军截剿，今又回扰濮、范之间。声东击西本其故技，万一悉众乘我不备，在在可渡，恐不及防，此则今日之情形，有大可虑者，直境地势平阔，战守皆无可据，惟恃黄河天险为之屏卫，初有防河之议，同僚佥谓不可，盖以客兵越境，呼应不灵，形势茫昧，转恐贻误，且掣肘也。比闻执事亲提一旅驰驻东昌，未审作何部署？禁闥咫尺，我曹正宜竭力捍卫，以纾朝廷宵旰之忧。两省兵力如何联络，如何守御，务使不涉此河，方不至震动畿辅。尚乞明公就目前情形通筹全局，或分军助剿，或合军协防，函商荫渠制军彼此策应，念相唇齿，敢布腹心，惟执事实图利之，幸甚祷甚。专此奉达，敬请勋安，鹄望赐音，不尽延俟。

年愚弟李鹤年谨启

(二)

二月二十二日

丹初尊兄大人执事：

月初旬奉到手缄，领悉种种。即谂兴居多福，至以为颂。弟兼权抚篆两月有余，莫展一筹，豫灾较晋为轻，办粮亦易，徒以库储空遗，

---

① 李鹤年(1827—1890)，字子和，号雪樵，辽宁义县人。道光二十五年(1845)乙巳科进士，选庶吉士，历任直隶布政使、湖北巡抚、闽浙总督等职。

大部袖手从容，请银请米无不议驳，遂至智尽能索，无可如何，此亦劫数使然，诸君子固无成见也。入春以来，土匪四起，鲁山、南召、泌阳、邓州、卢氏等处群盗如毛，因令宋祝三军门自归德驰往剿办，崔季芬镇军继之，祝三百战名将，而该军自裁减后分防运道，队亦无多。月之初九日遇贼于南召之腰子岭，匪首胡豹子纠众约三千余，宋军仅三百人，鏖战四时之久，始获大胜。十一二日季芬又败之于东西羊沟，此股所余无几，而豹子仍未获，其时卢氏县又有教匪张尚义倡乱，宋军别将宋得胜歼灭之，此皆弟旧时部曲，颇能出力。第此后饷需不继，亦难责以枵腹荷戈，则又弟所悚悚危惧者也。听庵通信二次，尚未晤面，已致函阻其来汴。贾鲁河运道不通，不如陆运之便。弟为此河竭尽心力，迄无成功，缘两岸皆浮沙，挑挖之后不过一两月仍然壅滞，故历任皆不能办，晋省此番转运，地步过长，宋军既有战事，不可兼顾。昨函致沅翁，请树字营渡河填扎，不知肯见允否。频年亢旱奇荒，其惨为从古所未闻，偏有此不愿报灾之人，讳莫如深，以至溃败决裂不可收拾，末路英雄造孽深矣！午山两世兄向未来见，不知近作何状，一别二十年也。兄辈学业想均有成就，孙枝几人？念念。弟之诸子惟三四儿稍知读书，现随任所，一孙十龄，读《尔雅》日百余字，中材也。闽峤之行所历殆非人境，身经瘴疠，大病几殆，年来齿牙摇落，发有二色，世间老态矣，渐及貌躬，已非复少年意态矣。絮絮布复，不尽欲言。顺请大安，不具。讶庭老兄望致意。

弟鹤年顿首

二月廿二日

（三）

壬午除夕

豫抚李子和中丞，光绪癸未二月到京，原寄百韵璧回即复

敬再启者，我兄东山复起，声望日隆，闻之雀跃。弟前此待罪河壖，涓埃无补，去秋改任地方。旧巢重返，淑状毫无，幸年谷顺成，冬

来屡次得雪，明年麦秋颇有可望，差慰绮系。所耿耿者，镇平临刑呼冤一案，自去岁至今浮言四起，皆以此案为诬良，而弟与小岩河帅提审十余次，各犯上盗情形供吐如绘，实属毫无疑义，刻闻大部业已讯明，惟因原奏措词过当，不能不曲为开脱，此亦人情之常，弟亦何敢饶舌。第有不能已于言者，中州盗风甚炽，前次捻逆削平，萑符稍靖，大荒之后又复不然，明火持械之案几于无时无之。自镇平狱起，牧令视缉捕为畏途，盗犯解省无不翻供冀免一死。南阳各属有被抢者，事主不敢报案，盖因镇平事主张肯堂解部恐受拖累之故，开封发审局，狱讼繁多，全恃各委员夙夜在公，悉心研鞫。自有此事，人人疑惧，弟虽再三劝勉，仍不能踊跃从事，是胡体洝罪名，出入关系实非浅鲜。云阶少寇公正老成，弟夙所敬佩，亡友张十洲方伯亦屡称其贤，此案冤抑与否，谅已深知。惟闻元秘塔中人有意为难，一味刑求，颇涉锻炼。刻下捕盗之人体无完肤，而盗犯转逍遥无事，各存一侥幸不死之心，是捕盗者转不如盗，人将愿为盗而不敢捕盗矣。颠倒如斯，令人慨叹。弟出京二十年，此种怪怪奇奇之事向未经见。迩来昕夕焦虑，肝疾大作，一俟此案结后，即当据情引退。因我兄关怀大局，故敢絮言书此。都中同年已无几人，讦庭卧病有年，有传其遭回禄者。胪卿又因事牵涉，退之磨蝎，或亦命宫使然耶？手此，再叩春祺，不具。

弟又及

世兄高捷秋闱第一喜事，景升豚犬不如也，贺贺。

壬午除夕

李鸿裔[1]致阎敬铭

(一)

十一月初一日

丹初老长兄先生足下：

鸿裔十三日开舟，廿五日抵安庆，念公挺特刚介之气与缠绵悱恻之情，长江孤棹，无时不西望武昌也。日来每见帅府必问鄂中，阎公谈及宫保身后之事，亦甚叹足下所见之同。涤帅云宫保遗编以批禀为弟一，生时曾手选两卷相诒，皆其所惬心者，尊处如欲参观，可相告也。又云左太常与宫保交情最早、最笃，尺牍往还亦最多，有疑事可与商酌，又云年谱可不作，宫保生平大事碑铭中择其要者表之，他不必及，余详海航兄信中，皆涤帅属闻于左右者也。昨云卿太守书来，知即真鄂臬之喜，贺之。鄂中大局已非哲人未萎之时，眼中落落，惟望公以大力持之，以广心纳之。申甫所患尽去，精神如常。局事及地方之事，头绪颇繁，一俟规模粗定，即可料理淮盐一节。隋公龙渊、陈公心泉与申甫皆是一个鼻孔，事或易举。寿县之变，鄂中想已早闻，严中丞有书相约会剿，此间兵力亦不能及，昨接叶介唐书，英霍前队已至六安，但其漫无下手之处，亦不能议及前进耳。余容续布，即请大安。

十一月初一日

弟鸿裔顿首

梅郎先生、云卿太守乞为道念，孙、殷两千总途中极为关照，旅人受福多矣，感谢感谢。

---

① 李鸿裔(1831—1885)，字眉生，号香严，又号苏邻，四川中江人。咸丰元年(1851)举人，官至江苏按察使加布政使衔，官兵部主事。著有《苏邻遗诗》《益州书画录》《昭代尺牍小传续集》《瓯钵罗室书画过目考》等。李鸿裔与剑阁李榕、忠县李士棻，合称“蜀中三李”。

(二)

五月初十日

再,弟抵汴未久,即出省视师,四月廿三日驻扎归德,廿六七日赖逆大股猝至,弟督率宋、马诸军与战于商邱之大周集,败之贼回窜亳境,刻又探在徐、宿一带,不知刘、李各军接仗否也。豫事之难,难在乏饷,子青河帅善于理财,据云前已智尽能索,弟此时更无可罗掘,如何! 又及。

五月初十日

李鸿章[①]致阎敬铭

(一)

十一月二十四日

丹初年伯大人阁下：

自丙寅冬间通问后，想望风采忽忽十余年，每念时事日艰，若长者强起应召，必有起衰振敝之功。偶在朝右与当轴历数并世人才，愈推执事如翔鸾威凤，可企而不可及，今三晋雕瘵至此，乃举吾丈于草莽之中，畀以督查之责。选读大疏，幅幅流民图辄为掩袂屑涕，沅翁请借山左六十万，势非得已，无如东库经数任挥霍，情形大不如昔，稚璜兄所称未知果合前后事堪验实在否。式翁谨司莞龠，前允十万，似嫌过少，鸿章从旁复竭诚推挽，冀稍助执事艰危于万一，顷得复书，录呈沅帅，欲全数拨至尊处，或多运购两万石之粮，直境荒歉亦甚，俭薄召殃，疚心曷已！手肃，奉颂起居慎护，匆匆不庄。

年愚侄李鸿章顿首

十一月廿四日

(二)

十二月十三日

丹翁年伯大人阁下：

连奉冬月廿五、腊月初二、初五日手教，如接晤谈。仁心厚德，真气至诚流溢于楮墨间，所处时地之穷，鸿章未能效毫末之助，夙夜愧疚，乃蒙长者奖藉逾分，期许逾恒，循诵再三，惶悚无地。东省续拨运费五万，本与沅丈约一谈，解直即转解台端应用，嗣未准拨解明文，适王鼎丞赴东禀求增益，恐无可再增，即留此须添补来春东漕道口。以

---

① 李鸿章(1823—1901)，本名章铜，字渐甫或子黻，号少荃(泉)，晚年自号仪叟，别号省心，安徽合肥人。晚清名臣，谥号文忠。著作收于《李文忠公全集》。

上之费昨又缄商沅帅，如本地捐项有余，即先酌拨抵解，倘晋中无从拨抵，当请沅老另筹他项，必不落空。周口采买先有五万应急，随买随运，当可陆续指用也。海内困穷已极，理财又难得其人，尚不如咸同初年气象，晋、豫如此奇灾，论理应发帑数百万拯救民命，而内外库储俱竭，部款固无可请，即江浙闽粤川楚财赋素雄者，今皆寅支卯粮，毫无储积，沅丈借拨各省仅五万，犹以捐项作抵，窃适未尽照办，至捐项取之商富，近来口岸愈添生意愈淡，华商本利俱微，佥知晋人相食，乐于为差，或多力不从心。敝处募捐报数约十余万，以之购运赈粮仅两三万石，遍地饿莩，从何救起？吾丈空拳赤手，其谒蹶更当何如？清卿运抵清化之粮只有万一千石，除拨翼城二千石外，其余尽给凤台、阳城，急切尚不能入灾民之口。明春江鄂东漕十四万石，盘旋山谷，计需数月乃到，人寿几何？岂能缓待！真焦急无法也。闻豫境饿莩亦众，子和、筱午二公欲借洋债，既被部驳，欲借华商又无成数，时向敝处筹商，直境荒歉之余秋麦未种，冬雪未降，来年春夏不知是何景象，非有数十万金接济，必为晋、豫之续，记从前兵劫丛中无此危迫，实不仁而窃高位阶之厉耳。复叩起居，谨璧晚谦，不一一。

年愚侄李鸿章顿首

嘉平十三日

（三）

久未奉书，正深歉念，顷披手示，敬审荩躬积劳致疾，比计假期届满，调理就痊。望霖雨者遍天下，苍生岂第三晋孑遗已也。鸿章驽钝无似，于邻灾无丝毫禆助，重辱期勉，只增疚悚。东漕起运甚速，二月间当全数入晋，由沅丈与王鼎丞多方筹催，日来大雪漫天，普丰有兆，惟祝麦秋告稔，与民休息，吾丈亦早遂还山之愿矣。手肃布臆，惟慎护起居，不一一。

侄鸿章再拜

岁除日

叔耘见在幕中，来函即交去。

(四)

二十五日

丹初年伯大人阁下：

日昨快聆尘谈，顿慰渴想。奉旨给阅各折已详细阅看，谨包封两套送呈察收。闻译署诸公尚未得见，可否转送阅看？（另一封系漕运、治河二件，是否交总署阅，祈酌。）手肃，即颂钧祺，不一一。

年愚侄李鸿章顿首

廿五巳刻

李榕[1]致阎敬铭

八月初八日

同治四年八月

中丞阁下：

榕在济宁将行之前日奉赐书，未即具复，到徐二十余日，爵相移节于此，榕之行馆去幕府百余步，每日早入晚归，颇为闲适，近日无甚警报。驻徐以整顿马队为要务，而马倒人疲，以数言之则有三千，将来能上队者恐不及半，人言纸上谈兵，今则纸上画马矣，如何如何！协饷一项凡公作谆属者，具为爵相言之，以谓月拨三万，另拨鼎营一万五千，此为至诚无息之道，既无虚假又无间断，至鼎营柴草油烛之需，月用若干，请在协拨三万内照数扣除，以榕愚见，此项为数无多，若仅在千金之内外，不扣亦可。公之用人行政持己清严，爵相极为佩服，且言近来与各省大府通函，若叙一信榜当推公为压卷，惟言尊处办事过拘文法，动款至千金者必入告，必咨部而后行，不过曰吏议可畏也。自来封疆被吏议者不闻其疏，于文法条条有例节节可据，吏议而去者踵相接也。一身之去就，不能早一日，不能迟一日，苟利国家不为私谋，正须打破此关，放手做去，此自默断于中而未可宣扬耳，又言公于乡绅不甚假借，亦有清而过激之处，不识尊意谓然否？《通鉴论》《恒产琐言》《马队营制》有未刻就者，有刻就未在行箧者，后当陆续奉上。九帅病未痊，已陈请开缺。傅军门现未到，徐公驻节衮府，目下东境无虞，何时旋省有定议否？专请大安。

李榕顿首

八月初八日

---

① 李榕(1819—1890)，原名甲先，字申夫、申甫、申凫，号六容、鹿容，四川广元人。咸丰二年(1852)进士，选授翰林院庶吉士，通籍后改名榕。历任江宁盐运使、湖北按察使、湖南布政使。著有《十三峰书屋全集》。

李续宜[①]致阎敬铭

七月初一日

丹初老兄大人阁下：

五月初七日尊函，六月八日始乃奉到，六月廿日惠书，廿七日到（静澜信亦到），二十五、六日两蒙华翰，今日均到。弟自五月廿六日起，吐血大作。六月初以后，益以咳嗽之症坐卧不安，至二十间几濒于危，廿八日始渐回头，现在病之标症已什去六七，然元气过伤，恐须二三月方能复初也。久未致书老兄及各寅兄问候近好，想必不我责焉。日来接有老伯大人竹报否？《易》曰："积善之家，必有余庆。"此可为尊庭信之，乞释廑怀，毋过忧愀，是所切祷。

多帅到陕，必能使汉回畏威，如能藉此声威多方调停，使之怀德，则蒇事更易。然此等事究系冥中暗操其权，特假手于人事也。弟在皖兵力势难再拨以守庐州，已咨覆官、多两帅，请其暂缓调石镇南渡。昨接涤帅函，宁国已于六月十五日克复，是南岸游击之师，忽添出鲍公大军，则金陵援贼不患无人打矣。淮南北事病根太深，尤虑官兵助苗逆树援植党，有背苗而控苗者，胜帅即严办而诛戮之。弟主持正论不激不随，胜帅屡疏严参，而朝廷信任更隆，深惧报称为难。六安牙厘总局月入总在一万内外，而招敷安徽之官与兵，及一切杂用甚形棘手。三河尖现经胜帅设有厘卡，则弟处所设之卡不能不从轻抽收，以安商贾之心，此事将非入奏不能专收。玉体前受潮温，此时已痊愈否？念念。

胡文忠赙分各项，即照尊示用法，甚妥。保单谨遵台命办理，传令即照二次单核改。弟拟七月杪八月间，亲率大军大举征苗，乞速筹

---

① 李续宜(1822—1863)，字克让，号希庵，湖南涟源人。清末湘军将领，浙江布政使李续宾之弟。咸丰十一年由湖北巡抚转任安徽巡抚。

解大批子药军需，如或并重大力，在此时为弟在皖之一万六千余人筹解一月满饷，均所盼切。奉请勋安。

弟续宜顿首

七月初一夜

李宗羲[1]致阎敬铭

八月二十八日

再，弟知兄避嫌，故未敢以芜函屡渎左右，亦可谓心心相印矣。弟此番到晋，军事吏治均未办好，抱歉难名，且服官廿余载，况味备尝，今兹回里，惟有以阁下为师，不复作出山想矣。手此，载请道安，不尽缕缕。

宗羲又启

八月廿八日

① 李宗羲(1818—1884)，号雨亭，四川开县(今重庆市开州区)人，道光二十七年(1847)进士，历任山西巡抚、两江总督。

厉云官[①]致阎敬铭

（一）

二月二十三日

丹翁中丞年大人左右：

顷奉腊杪赐翰并马艺翁及舍弟所覆函禀，得悉所事琐渎清神，至为感佩，比维节钺功高，为民造福，引詹道范，定惬颂私。承示东省公事不易着手，亦前数年无人整理所致。我公鉴已往之非，亟欲改头换面而又不能事事顺手，故益形荩画之劳，然转移风气，手有斧柯究不难就我范围，特多费一番精神气力。读来教亦是圣不自圣之意，具见大君子忧勤惕厉不自满假，真令人五体投地矣。此间风气小变，笔难罄述。爵相函盖万象，无论智、愚、贤、不肖都在覆被之中。少翁中丞刚正和平，事事核实，亦爱商量，其居官行政可师可法。黄钟实为清庙明堂之器，历久不渝。云官虽不才，亦恪守安定子陵矩矱，不敢自纵自逸，宜若可以治矣。而乱阶已伏，不日恐至大乱不可救药，盖六如一人开其风气，明公昔在楚时当亦知其人之行径，今更加横矣，而又佐以叔敖并非我同类数人（相济为恶），欲不乱得乎？叔敖盖佥壬啬夫之流。子陵爱言，荧惑遂至，决裂去位之后，顿失所依，及入六如之室，托为腹心如鱼得水矣。月川权兴国，以实心行实政，吏不敢欺，民悉称便，其效之可睹如此。子泉虚心好学，日有进境，仰垣亦知向上，惟兴国、远安实缺已准补有人，行将交卸。张刺史委赴汴梁办硝，约春杪可以回省，亦诚笃士也。陶锥庵久无信至，吴铁生尚在江陵，承询书画，近年绝少至者，偶一有之而索价视昔数倍，云官日事簿书钱谷，兼以人事杂沓，心绪恶劣，即旧藏之物亦竟无时展玩，俗可知已。楚境甫报肃清而捻氛又复回窜，日来愈逼愈近，黄、孝、应、德、

---

① 厉云官（1808—1876），字伯符，江苏扬州人。道光二十三年（1843）举人，历任湖北藩司、湖北布政使。撰有《历代沿革与图》。

安、麻处处戒严，中丞奉命督师，定于廿五日起节，先赴齐安看贼踪趋重何处，再移营他适，此公久历行间，又能与士卒同甘苦，此行必定如意，惟略嫌权轻责重。欠发饷项过多，不知能否应手，近来闹饷之案层现叠出，大帅偶一垂询，一味欺蒙粉饰，最为大患。淮盐已试行一载，销路尚不甚旺，以大局论，疏销淮盐自是正办，以鄂事论，淮课远逊于川课，川盐不至，则鄂饷更不可支。货厘自雨亭去后尽变其法，尽易其人，独断独行（已换大半，大都湘人居多），不由中峰主政，理财、用人、瞻军三大政悉是太阿倒持，恐齐鲁间尚乱不至此。不肖备员此邦，自愧不能称职，惟时以保全善类为念，特力弱才疏动多掣肘，惟自尽其心而已。此书阅六日始写，得此数纸，则精神之短、事务之杂已可想见，未尽之谈再写数十纸亦不能尽，又不知积几许时月，报书又不愿过迟，只好草草收煞矣，乞公恕之、教之。手肃，祗请崇安，伏惟垂察。

云官谨叩

二月廿三日

计九纸

云官素蒙垂爱，故以近事上陈，语多拉杂且涉忌讳，求阅后焚之，至恳至恳。

（二）

二月二十三日

再，晏守方琦于云官为中表，行十余年不见矣。未知居官光景何如，家乡及山左有人来谈及，皆言其尚无公子习气，且肯学好，究竟何如，尚求赐示，如尚不在不可教诲之列，伏乞俯赐琢磨，试之以事，至感至祷。

乔令玉琛署长乐，事因土匪滋事致烦兵力，现虽扑灭，恐官不可保，此读书君子，心甚重之，然无法保全，殊为可惜，知念并及。

谨又肃

梁经先[1]致阎敬铭

(一)

天中节后五日

甫昔少年日，与君共砚席。比踏京洛尘，同射明廷策。我为水曹郎，君作玉堂客。真人足官府，神仙暂迁谪。王家正多事，司农费筹画。才者例不闲，星晨讫月夕。困兽在郊原，军储更逼迫。郎潜十五年，颜驷头颁白。大名动诸侯，鄂渚远征辟。节度当世豪，求贤慎选择。翼轸吴粤邻，襟带江湖扼。四国资应援，群村赴络绎。帝念轸东南，诏许收后宅。宗成今宏达，岑范古风格。琴为伯牙弹，坐通心与迹。马为九方鸣，敢辞辕与轭。男儿志四方，壮岁耻虚掷。流波蜉蝣裳，励此鲲鹏翮。文章炳台阁，功名垂竹帛。扬历宣勤劳，岂以中外易。堂上健椿年，阶下森兰璧。亦知怀归情，毋使简书积。鹉洲秋草绿，鹤楼春酒碧。良愿执鞭从，重寻开经益。

咸丰己未春。

丹初五兄奉命将之武昌，索诗为别。以久病未能执笔，今行有日矣。廿载心交，一旦远出，良用惘然。呻吟絮语，不以诗论。录请方家诲我，并乞赐和。时天中节后五日也。

羲初弟经先并识

(二)

甫昔少年日，与君共研席。比踏京洛尘，同射明廷策。我为水曹郎，君作玉堂客。真人足官府，神仙暂迁谪。王家正多事，司农费筹画。才者例不闲，星晨讫月夕。困兽在郊原，军储更逼迫。郎潜十五载，颜驷头颁白。声名动诸侯，鄂渚远征辟。节度当世豪，礼罗慎选

① 梁经先(1822—1879)，字曦初，后改名景先，陕西三原人。道光二十五(1845)乙巳科进士，历任工部主事、兴化知府，官至监察御史。著有《学圃诗存》。

择。轸翼吴越邻，襟带江湖扼。四国资旬宣，群村赴络绎。帝念轸东南，诏许收后宅。宗成今宏达，岑范古风格。琴为钟期弹，坐通心与迹。马为伯乐鸣，敢辞辕与轭。男儿志四方，壮岁耻虚掷。盘郁尺蠖沿，长养云鹏翮。文章炳台阁，功名垂竹帛。扬历宣勤劳，岂以中外易。堂上健椿龄，阶下森兰璧。亦知怀归情，毋使简书积。鹦鹉洲草绿，黄鹤楼酒碧。良愿执鞭从，续寻开经益。

己未春。

丹初五哥大人奉使武昌，索诗作别。久无以应，今行有日矣。兄事廿年，一旦远出，良用惘然。呻吟赋此，聊以纪言。录请方家正韵，并乞和章。

羲初弟梁经先未定草

林溥[1]致阎敬铭

图史清华旧草堂，槐香梧碧润琳琅。曾横老干栖鸾鹤，争引新柯接凤凰。绿野浓阴裴令宅，白云清阴郑公乡。相看偃仰千章峙，郁勃扶疏称栋梁。

绿芸轩馆散春烟，诗礼传经忆往年。广厦异材多映日，德门佳树总参天。摩挲昼锦怀先泽，培植青箱毓后贤。谁识河声悲壮里，世家乔木自森然。

良材国器擅风流，杞梓楩楠一例收。燕寝古香凝瀣露，龙门空翠挹高秋。十围苍润含元气，百尺风云在上头。雅爱文翁兴教化，东山棫朴似南州。

佳气葱茏旋马厅，树人树木两钟灵。谢公泉石成霖雨，荀氏门庭聚德星。蔽芾春深棠荫美，清芬秋迥桂枝馨。书林文囿贻谋远，常并终南万仞青。

中丞大人命题慕槐仰梧书屋图，敬拟七律四章录求钧诲。

甘泉林溥谨呈

---

① 林溥，字少紫，坚园，江苏扬州人。咸丰二年(1852)进士，历任即墨、东平知县等。

林寿图[①]致阎敬铭

(一)

九月十二日

使来承慰勉甚厚,垂询至悉。前书深以西关、北山两事关系安危,知台端与文中子同年尚有交好,某卑拙不能自达,冀藉阁下达之,使知民隐也。来教“太冲恐震其才名、中垒易撼”等语,自顷探得麟径出都,已抵彰德,枢友函告展觐之日面保,秦事自中垒接办,大有起色,其才胜己十倍。“望圣心勿为浮言摇夺”等语,领枢轴者如乐道主人及文中子皆深然之,内外之交甚固,似无庸发也。枢友又云,见面后乐道告其属曰:“林某屡言太冲饷事,盖不能上进,抑郁怨望耳。”噫!母老且病,陈情之上,前已再三,某岂恋此栈哉!特以未蒙恩允,欲力持公道,稍尽乃心也。又得太冲幕中书,谓“龃龉屡见词色,不如善自为计”,所以爱我者至为切挚,现已赶办报销,稍免子孙之累,便即奉母而南,姑为阁下略陈数事,窃谓时势未了,不如忍之。某在官尚有三数月,遇事自须力挽,若令揣知饶舌出于营干,并此三数月不可居也。太冲本无意西方,此次不得不来,其来必不肯速,即速到陕,亦必逗遛不进,彼时当有严旨催之,某再随事记载,专足呈览。擒贼先擒王,麟径不易删削,仅去其次者,后有替人,必力与为难,于公无益,惟详察乌立齐何时交卸,能过岁否,及隐居中条寓庐,有无更卜之处,便中示悉,庶往返简札不误于洪乔。丙寅年九月甫举一男,去年腊月甫嫁一女。自恭履珂乡,不复嘲弄风月,江都来此,重晤故交,时有技痒,然皆愁苦之词也。二十余年谱谊,海内仅存,如大君子政迹之美,气节之高,已成一代伟人,如有命题,固将附以不朽,弟雕虫非壮夫所为,值可有为之时,处可有为之地,不能有所为。歌咏虽工,后

---

① 林寿图(1809—1885),初名英奇,字恭三、颖叔,别署黄鹄山人,福建福州人。清道光二十五年(1845)进士,藏书楼名欧斋。

有识者，将訾议之，况又不工耶！专覆，敬候道安，附呈类书一册。

某顿首

九月十二夜

(二)

载肃者，此间乙丑、丙寅间官常整饬，禁纲疏阔，有乱极思治之象，适不才纠察过当，丛集罪戾，霞老构中蜚语，及其事白再莅，志气渐懈，军律从驰。灞浐之役获咎解官，代之者吏治尚圆通，榷算务苛细，争趋若骛，风气丕变。太冲负南疆才望，未入关之先，众皆仰望风采，疏陈利弊，妄比刍荛，迨所施设专尚浮夸，将怯卒骄，民之畏兵甚于贼，冰桥往事无论矣。其陷襄盖亦自知未堪一战，主招安为迁就之计，流毒遂至于今日。然太冲犹曰："吾仅抚回也。"近且议抚土匪，有巨寇董幅详、扈彰者，庆阳团首也，各拥众十万，董踞定边，扈彰踞安定、保安，藉避回为名，挟溃勇以为重，纵横延、榆、绥三属中，未尝一矢相加遗，抚董之使已发于途，尚未知其究竟，比乃云扈彰投诚可信，速于泾阳、高陵择地以耕，不才以逼近省垣深入腹地力持不可，已拂中垒意矣，因不复垂询，遽面许以鄜州肤施、中部、甘泉听其居住，且逼宜川、洛川、澄城、郃阳、韩城、蒲城、白水等七州县，各为远道买粮转运，供其半年之食，并责司度支者，筹数十万金给其牛籽田庐之费，再上书与争，则疏已上达无及矣。以鄙见论，土匪溃勇之患甚于叛回，其入北山也，为叛回分我兵力，无论供粮运粮，官与民无此力量，而鄜州等处为出山门户，要隘以失则堂奥不守，形势之易见者。未尝与战招之使抚，又情事之易见者，西方安危关系甚大，执事系怀桑梓，将何术以救之？不才人微言轻，时局目击无涕可挥，老母患风痺已逾一年，日来赶造糈台销册，约计及冬可以竣事，便当携书陈情，不忍坐视颠危也。愁怀抑郁，信笔略陈，阅后请付丙丁为感。

欧斋谨白

(三)

同治七年十二月十五日
初七日发自西安，十五日至解梁书院

丹翁中丞大人：

使来连奉惠章，返书却聘，诸已聆悉，固知携家高隐，无意入关，念自蔼翁父子东游齐鲁，梓乡大事无与箴规，硕望宏才，尚为楚南所貌敬，欲藉共扶危局，因有关中之聘，既而熟筹时地，亦已计旋车之有难焉者，寿图一身支拄，两大之间建白而适触其怒，缄默而窃有未安，顾曾越职抗章，历陈利弊，枢友移书辜言相戒，谓当轴诸老疑有所图，故叠下太冲酌度，适增娼嫉之心，无裨艰危之局，夫疑贞女以有淫行，若不断指截发，将无以见其心，比发陈情之疏，盖表贞之意也，决不能与暴夫相处矣。公其谅之，老母患风痹已逾一载，前月廿九夜加以泄急症，三日夜气息仅续，虽渐有转机，而益伤元气，今犹在假侍疾，命题图卷不敢以芜陋辞请，宽留数日，托月农转寄，不使有失。大著五章指陈简要，而此间现办有枘厘，不入者另疏别纸(共三纸)聊尘清听，料理医药未暇能详也。伏惟起居万吉。

年小弟寿图拜手

同治戊辰嘉平

(四)

再，六月西关之案，固属汉民理屈，究不可长寇仇之心，颓团练之气，且获有通逆信函并及军械，包藏祸心，其情易见，即欲少杜其口，将团总常添喜正法，科以擅杀，余众可从末减，中峰志在招抚，西台揣摩迎合，请戮五人，并改以候选训导生员苏渫为首，律以枭示，提营伏刑之日，三原罢市，中峰亲兵亦忿然曰："用吾侪以杀回也，今乃因杀回而多杀汉。"每勇各醵钱六文，为焚冥襁于营之外，道之左。府试届期，诸生有倡率不预者，此亦秦中一大关键也。中峰以弟立异，故奏稿但据西台之词，录以奉览，不备。

欧斋载肃

（五）

正月二十五日

约盦年大人左右：

六年待罪，惭负父老，母病增剧，蒙恩矜释，聊藉以免愆尤，大府嫉其径情自达，申奏羁留，顾老母犹呻吟枕上，固不妨暂与小住。月农来奉手教，寄喟何深！宋玉有云："天下之佳人莫若楚国，楚国之丽者，莫若臣里，臣里之美者，莫若臣东家之子。"乡曲小儿目未睹燕赵吴越之姝，尤自矜颜容绝代，倾人城国，贞淫安足办哉！侧闻圣天子西顾并垣，将起公泉石寄以神京右臂，欲扶大厦先荫维桑。寄呈《青门随笔》一册，援据精凿，足资佐证，作者既费苦心，览者当不忍搁笔，如奋博浪椎，即先中副车亦足褫枭雄之魄，而伸公忿于域中，不才将为五岳外臣，不再妄谈九州中事，所言已尽于此编。至武彝买棹，期在夏间，从此将傲我公之不终为中条山人也。临楮驰溯，复颂春祺。

年愚弟欧斋拜手

正月廿五夜

麟光[1]致阎敬铭

杂感四首兼呈丹翁中堂，敬求改正。

昔年归潞水，奔走又农曹。无策干丞相，闻声感伯劳。赀郎曾卖赋，小吏讶挥毫。菽水年来缺，饥驱首自搔。华岳云中卧，应伤多事秋。势叹强弩末，梦唱大刀头。白发光阴促，黄金河水流。愿君探药笼，海内病全瘳。纷纷裘马客，岂乏济时才。门第都堪羡，掩婴尽可哀。国门欣粉饰，宦海涌楼台。拭目东南望，祥云捧日来。公袖经纶手，敲门贱子临。遗容求唱玉，宝墨惜如金。天许清闲日，希闻咳唾音。围炉寒闭户，敢乞捻髭吟。

麟光呈稿

---

① 麟光，富察氏，满洲镶黄旗人。额驸景寿孙，世袭一等城嘉义勇公。清末将领。

刘典[①]致阎敬铭

十二月二十九日

光绪丙子正月初五专力送至大庆关寓，即复以病不能前往

丹初中丞尊兄大人阁下：

久仰鸿仪，未亲尘诲，私衷向慕，与日俱长。矧值雨雪载途之时，益切在水溯洄之想，遥审道躬迪吉，福履增绥。腊鼓催年庆，集禧于绿野，边钲如昨。知系念乎苍生，翘跂吉晖，无任倾颂。弟庸材栗六无补时艰，昔年承乏珂乡，满拟稍尽绵力救敝补偏，奈心虽有余，才终莫逮，九年春告养归田，藉藏鸠拙，维时执事掌教晋省，致未趋谒台端，心殊抱歉。自此以后，地角天涯，无从问询，风雨晦明之下，常以在陕省有年，未克接见大君子为憾事，抚心良自追咎，亦只以会晤有缘为解耳。今年秋叠奉朝命，责令奔走西陲，揆诸公义私情，碍难执意辞谢，遂于月前就道。昨廿七日始抵龙驹寨，接见商州黄牧，询悉起居，藉慰饥渴。本拟登龙叩谒，祗聆教言，乃奉朝命催促，难以稽延，心用耿耿然，而高人宛在，渴思终须慰也。拟请屈驾会垣作一二日谈，未审能许可否也？弟窃观时局，常切杞忧。西事方殷，而东南之绸缪又似有趁此之势，以现在力量而大举兼营，窃恐有疾趋致蹶之患，盖于轻重缓急之间，似未能筹之熟而择之精也。弟才识疏浅，未能远谋，而厕身军阃，饷糈拮据，用是焦灼，大君子其将何以教之？途中感冒，因在龙驹寨度岁，定于正月二日起程前进，初七八日可以抵省，拟于十一二日由省启行西上，并以奉闻。临颖神驰，言不尽意，手此恭请福安，诸惟芳照。

愚弟刘典顿首

十二月廿九日

---

① 刘典（1820—1879年），字伯敬，一字克庵，又作克盦，湖南宁乡人。参与了平定太平天国、陕甘回变以及阿古柏之乱等重大历史事件。有《刘果敏公遗书》传世。

刘蓉[1]致阎敬铭

筹笔经年，未遑笺候，查委员来陕带到惠书，藉稔丹初仁兄大人荩筹宣勚，节钺崇勋，敷膏泽于岱云，固金汤于表海，益隆重畀，式协颂怀。汉南饷项陕库垫发已多，今日库款情形尤觉艰窘万状，承解还万金，稍济眉急，后项尚望随时筹拨，明知东省亦非宽裕，第较之关中四尽三空究属有间，想珂乡关念必不恝然也。陇右军事近虽略有转机，而秦中转运供支亦复疲于奔命。天时苦旱，麦收稍歉，近幸连得甘澍，可以播种，大秋差可报纾锦念耳。泐此，复颂勋祺，惟鉴不具。

愚弟刘蓉顿首

前函封竟，忽闻捻逆窜扰贵治曹、济一带，窃计阁下筹军筹饷正在焦劳之时，不欲更以此等重烦台听，遂辍不发。比闻逆踪还窜皖、豫之交，直东一律靖谧，而秦中窘乏殊常，遂不得不复申前说矣。关辅凋敝情状不谓遂至如此之极，弟履任既逾年余，抚绥无术，于地方毫无裨补，顾日取疮痍待尽之民，追呼敲扑割脂髓以奉邻封。平生谈道读书粗闻治术，一行作吏，事事违心，苏长公诗有云："平生所惭今不耻，坐对疲氓更鞭箠。"时迫势穷，诚不自意乖违至此，自愧材识迂庸，谬肩钜任，上无以副朝廷委用之意，下无以慰苍黎仰望之怀，晨夕扪心，惭悚交集。隆中军事祇冀杨厚庵制军整饬而振厉之，然亦苦所部兵力太单，粮饷两绌，猝亦难于展布。六月初七日雷伟堂、曹荩臣两军为逆回诱入伏中，败于金积堡，损折大半，恐其势难于复振。隆事棘则秦事愈不可支，不知何以为善后之图也。西、同、凤三府荒地迄今如故，颇思治农田、兴水利、减赋则、均徭役，以垂经久之规期，苦经费无出，万般棘手，顷草疏三千言沥陈艰窘情状，请拨湖南东征局

---

[1] 刘蓉(1816—1873)，蓉一作容，字孟蓉，号霞仙，湖南湘乡人。诸生出身，湘军将领。著有《养晦堂诗文集》《刘中丞奏议》《思辨录疑义》等。

厘金协济甘饷，以纾陕力而苏民困。然滇黔两省觊觎其旁，兼之涤相停止之议早已喧播，正恐即荷圣主矜怜允准，亦呈画饼指梅，无济饥渴耳。疏草谨系呈览，此中束手仰屋情形亦已了然，倘蒙阁下俯念窘况，稍一援手，即陆续协拨二三万金，亦拜仁人之赐于无既矣。夙仰丰裁，钦佩不已，辄拨冗手奉数行，并希矜鉴。

弟又启

刘长佑[1]致阎敬铭

(一)

来示兵疲将懦,此间亦然。上年奉谕抽练标兵,几费心力,粗有改观,然欲驱之以御狂寇,则力不敢恃。非兵不可用,实将未得人也。此次欲尊处拨兵来防北岸,而以直军为策应,亦谓无险可扼,有兵如无,画河而守,或可化弱为强耳。至于饷糈之绌,尤为同病相怜,自顾未遑,而悉索者犹不稍缓,其奈之何!相距非遥,玖仰有素,尚乞时惠训示,是深感祷。顷报贼窜范县属境之罗家楼,虽尚在黄河南岸,距开、清均不甚远,如后路有兵跟剿,或不敢偷渡也。手此,再请勋安,诸惟威照。

弟长佑又顿

(二)

敬再启者,直境南北现虽一律肃清,惟莘堂冠馆之间匪巢林立,伏莽尚多。宋景诗近在肘腋,召集叛党筑寨屯粮,其包藏祸心显而易见,万一将来苗逆北犯,乘机而起为之接应,导引者必此人也。为今之计莫如乘邸帅大军尚未南下,请先移营西来,或统率直东诸军并力合困,或调赴大营效力,诱而执之,庶可以拔除祸根,以断苗逆勾引之路,此患一除,其余伏匪不难次第收拾,此东省安危一大关键也(亦直事也)。如仍欲施以羁縻,亦当妥为区处,俾免首鼠两端,是否有当,伏希密商机宜迅速示遵,迟则恐无及矣。肃此,再请勋安。立候回示。

弟佑再顿

(同治二年四月初接东任即来此书,为剿宋景诗之计,其端直隶开之也。)

---

① 刘长佑(1818—1887),字子默,号荫渠(一作印渠),湖南新宁人。湘军重要统帅,谥武慎。著有《刘武慎公遗书》。

卢定勋[①]致阎敬铭

（一）

九月二十八日

中丞大人阁下：

谨禀者，连日叠奉谕函，均谨聆悉。青州一案闫守、何令等获犯，不候宪示先即正法，办理本极猛浪，唐巡捕会同陈、邓两令前往黄崖庄，适张积中往游五峰山未回，家眷说写信往催，准于二十四日同吴守到长清一同进省。嗣是日未到，唐巡捕与陈令两人复往该庄，情形稍变，一路似有埋伏，该二人径往见吴守，探询张积中所住临庄相好者，回云来人恐有不便，速行逃走，该二人闻信延至五更，吴守着人领路，由小径而逃。吴守次日亦携眷踉跄潜回省城等语。嗣吴守来见，所述相同，藩司与本司商同出示，告以出来，以察真伪，并不加罪，其余概不牵连。并令吴守致书，及伊同乡均令致信并述及宪意，饬令出来打官司便可剖晰，以息物议。今奉示令，胡巡捕往招，如肯出来，自可解释。藩司于二十八日戌刻出省，带同吴守、林令前往，亦商同此办法，但察其情形与陈、邓两令探报恐竟弄假成真，不能消弥也。谨将该令等探报呈阅藩道，闻已前进水里铺，虑惟所阻，以后饬姚、绍、修等营陆续进发，藩司所带新招之勇千名、兵三百五十名会合，可以镇定长清一带胁从，亦可断其外匪来援之路，并商藩司须调炮船数只，以截武定等处勾结之匪。惟省城重地，伊官幕商民往来者多（读书者固结尤深），耳目甚重，稽查防范最关紧要，又值院试，屡商学宪，不愿改期，而存城兵太单，本司督饬府县及各委员，惟有日夜巡防不敢少懈。正在泐禀间，复奉谕函并给平原赔项四百五十两，谨遵命收存其银。照例，宪台率本司共分赔九百两，业于二十一日如数交接，

---

① 卢定勋，江西上饶人。道光二十一年（1841）进士，官至浙江布政使。

解委员搭解平原张令收讫。昨据张令回禀已照数收到，并送收银印，领存案前搭解赔银九百两，并详明宪台候批立案。肃此具禀，恭请福安，伏惟垂鉴。

本司定勋谨禀
九月廿八日戌刻

（二）

十月初三日

中丞大人阁下：

谨禀者，初二日戌刻肃具覆禀，计呈钧鉴。初三日接奉初一日午刻两次谕函，饬齐河、滦口派员专查，并飞札以东各河口州县等因，遵即照办，其滦口所大使及卡员前日已密札严查。今日晤商藩司，已派惠守带勇百名扎滦口，雇船沿河日夜巡防，再有炮船上下梭巡，更为周密。二十六七日即访闻该庄纠入武枭数百，邓令探报亦同。此次藩司饬勇分扎水里堡等要隘，盘获船上竹杆数捆，硝磺粮食等件皆由盐河而来者，往后勇团合查可断接济，奉谕调十余营前往，严饬各营不准动手等因，足见恩威并用。第此事逆迹已著，无可解免，恐伊执迷不悟未必投首，惟有加兵剿办而已。大兵若速进，分据山隘水道，直抵该庄，山寨虽坚，不久自下。内官幕等固宜网开一面，其枭匪及首逆不能不歼除也。张绍陵于三月间讨江苏侦探差使，至今未回省销差，闻在该庄，未得实。恭请福安。

本司定勋谨禀
十月初三日酉刻

（三）

十月初四日

中丞大人阁下：

谨禀者，初四日早刻接奉初二日卯刻谕函，饬令姚丞济勋赴营差遣等因。遵查姚丞于夏间署理泰安府通判事，请饬泰安惠守传谕该丞速赴行营。再，票地减二成票，前奏准至同治五年限满，上月本司据商禀援案，仍减票二成，展限酌核，如可行，望早出奏，缘领来年新票应减与否，冬月即须详咨清领也。顷闻寿张黑团有蓄意阴谋之谣，望钧节临莅之处须有亲兵驻扎，以壮军威，亦以资防护。既有所闻，不敢不密陈。黄崖已抗拒，急须剿办，闻旗书八卦中写太平天国，勾有捻匪枭匪在内，则蓄谋非一日也。肃此，恭请福安，伏惟垂鉴。

本司定勋谨禀

十月初四日辰刻

（四）

十月初七日

中丞大人阁下：

谨禀者，日前具禀，海阳沾商名泰运兴，本名李文源，商伙赵栋、虞二即虞恭、虞四即虞让，又同伙投诚枭匪张光汉等，向在黄崖住寨内，枭匪约系伊等勾来。昨日攻克山寨，张七与伊等曾否擒斩，抑已潜逃，尚未得确信。兹武定府张守禀称，海阳沾商等逃入黄崖，并称各店伙避匿巡役，惟虞星散请发巡费等情。查海阳沾之泰运兴于同治二年起试办，二年至上年冬间禀请再试办一年，至本年冬间限满，因有黄崖之事，前数日已出示招商另行接办，其十月分巡费银七百五十两今日即传引票纲首支领，勒令日内即带巡费至彼处散放，俾巡役不至观望，督令严防枭徒窃发，并令将各店妥为经理，照常行销毋误票岸，俟有商接办再行交替。至张守禀请派勇二三百名弹压之处，现黄崖已克，外匪何敢再行啸聚，应否派勇前往该郡，候察核，饬张守遵照。肃此具禀，恭请福安，伏惟垂鉴。

本司定勋谨禀

十月初七日酉刻

(五)

谨禀者，海阳沾商名泰运兴，出名者前任新泰县李天鹭之孙，商名李文原即李孚甲，暗中合伙虞让，即虞四（弟兄三人，虞二名恭），又赵栋三人合办，利津铁门关所井亦名泰运通，大约各处皆是此字号。李、虞、赵三人家眷皆在黄崖庄住，此回枭匪未必非伊等勾入庄也。又闻前数年投诚之枭首张光瀚与李、虞、赵等皆系伙办盐务，又有孙翰者（前枭首）在惠民当巡头，不知在此内否，泰亨钱铺及泰运通行皆是虞四等合开，廿五六由省遁逸。

勋谨又禀

(六)

十月初八日

中丞大人阁下：

谨禀者，昨晚奉阅颁发告示，谨悉初六日辰刻攻克山寨，张逆举家自焚，人心为之大快，并不根究结拜师生，尤见恩施宽大，足以化疑惧而戢群情。海阳沾商逃巡涣，已饬纲首支领十月分巡费，日内星速前往散给，并令将各店妥为整理。昨经禀明钧鉴，一面飞函知照张守饬属暂为垫放巡费，纲首到日即行还款，并将各店饬属照料经理，统俟纲首赶到接办。兹复据张守函禀各情，自系尚未接到昨日覆函，谨将原函呈阅。海阳沾商业早闻有人愿办，业已出示招商，但值旧商逃亡，必须饬纲清理，慎选的实商人方不致悮，其本年三县额票已兑领过五千零六十张，尚未领票一千零二十张，接办尚不费力。张守开送投入黄崖清折附呈，破寨后被戮者无论已，如生擒内有此名姓，伏祈饬令委员讯办。肃此具禀，恭请福安，伏希垂鉴。

本司定勋谨禀

十月初八日酉刻

（七）

八月初一日

谨再禀者，久稽肃禀请安，歉仄之余，时殷依恋。正月捻匪窜入畿疆，维时勋挈眷赴直，行至德州，献县失守，大道阻滞，延至二月下旬始抵保垣。司库奇绌，地粮仅剩八千余两，杂项动用一空，另存京饷八万余两，专放军饷，亦不敷一月之需，幸蒙爵相奏请江西等六省各协饷十万，又以各省一时未能解到，奏请借拨京饷三十万藉资接济。连年灾患频仍，蠲缓过多，上忙征收九十余万，不及常年之半，仅发上年冬季旧欠兵饷二十五万有奇，又发本年春夏两季陵饷十八万余两，即已动用无余，其防剿兵勇口粮月需十二三万，全赖京协各饷接济，业经告罄。欠饷累累，不得已详请奏再借拨京饷，只准十万，现当酌裁营勇，不敷清欠，存勇之饷亦无所出，殊为焦灼，此司库支绌大概情形也。捻匪自入直境，盘旋畿南各府州属，至三月遁出河北三府，兼旬即北窜东昌，径扑天津，自是往来东直之间，官军莫如之何。各大帅定议，自东昌以至天津沿运西岸筑墙堵截，为圈诸运东聚歼之计，然河墙高低不一，团勇疏密不齐，河水亦消落将涸。四五月间，贼不猛扑越运而西，殆天夺之魄也。六月初黄汛盛涨，灌运各路炮船三百余号，提入运河分段堵御，水又漫溢，贼屡次扑运不得闯越，二十七八等日窜至庄平一带，正值运河决口，各路追兵均集四面合剿，降者无数，歼除悍贼殆尽。李爵帅报捷内有张逆带八人逃逸之语，旋获八人中之王双仔，供称张逆实系投入徒骇河伏诛，据此复红旗报捷，英、丁中丞亦查访张逆投水属实入告，惟左爵帅疑未确，悬赏急购不获，朝右渥赏，各大帅及将士、有差中外各官加一级，如收复金陵故事。各路官军陆续凯撤，左、李爵帅月初均入觐，曾爵相调授直督，约九十月方可莅任，现军务平定，勋呈请代奏陛见，爵相因办善后，欲奏俟明年北上。此间官场流品混杂，动辄营求京信络绎不绝，虽主持不敢狥情，亦令人烦厌，勋五月初患疟疾，即呈请出署，可藉此引退，爵相慰藉再三不允，至六月初疟愈销假，此疟症大耗气血，至今未甚复原。此地结习太深难以挽回，亦不愿郁郁久居也。遥维道履庸和，颐养强健，久未得钧函训示，无任企祷之至。肃此，载请福安。

定勋谨又禀

八月朔日

路德[①]致阎敬铭

(一)

二月初七日

丹初、礼园[②]贤友研席：

五月初七日睹散馆名单，不怿者累日。丹初写作工夫未馆选时根柢已高侪辈，馆选后功益加密，平心论之，留馆无愧。但此事关乎命运、临时机缘遇合，非人力所能安排，有机缘巧而得者，即有不凑巧而失者，自属偏宜失者，自属吃亏。目前事局如此，若论将来之偏宜吃亏却又不在乎此，编检中蹭蹬者或反不如部曹中得顺风者，有时胜于编检，安可以目前之得失，定终身之利钝！但使写作无荒，留心部务，虽暂屈于今日，终脱颖于他年。军机之试以时计之，想不甚远，楷法不待肄习应用有余，考军机所作乃时下之清整四六，且系二三百字之短篇，不比长篇古四六之难为，但取彭文勤公《宋四六选》《宋四六话》，分别应读应看作为根柢，再取近人之时四六揣摩而模仿之，百日工夫即可应用，比平日无诗赋功底者省功多矣。何惮而不为哉！但此事亦须应声气，写作在行，又加之以声气，实可操必得之权。此事某公为政，渠前日阅卷时不能违同事之言，致丹初负屈改官，事后必不安于心，遇可以补过时必思有以补过，此事大可图也。不然循资按格听候补缺，恐迟在十年后矣。昨接庄书云丹初改官后心颇于色，寄书尊甫大人，有舍此鸡肋之意，仆切以为不然，丹初年甫三十，循资为之不过十年之后，内而科道外而道府，唾手可得，若得军机，更不俟十年矣。陕人入赀为郎者不可胜数，犹沾沾为株守计，今不待入赀而为郎，乃欲弃如敝屣，岂不谬哉！仆现寄书尊甫力言此事，想不河汉斯

① 路德(1784—1851)，字润生，号鹭洲，陕西周至人。著有《柽华馆全集》《蒲编堂训蒙草》《仁在堂时艺十一种》等。

② 阎敬舆，字礼园，阎敬铭弟，以举人官刑部郎中，后因病退居回乡。

言。礼园春闱失利，此尤不足介怀，刻下务当养身心、却病防病为吃紧要务。喆兄现为京官，不久当移眷入都，礼园心境易纷而难静，家居实非所宜，不如即在京静习。每日以半日写字，写字时即养心时，半日愿读则读，愿看则看，愿作时方可作，且勿勉强。以宽闲之岁月，用进渐之工夫，用力不疲而所得可恃，京官子弟中进士者，鲜不馆选，且多在三人十人之中，其境遇玉成之也。今礼园有此境遇，善用之则为玉成之资，不善用之便是坐失机宜，负此万金难买之境遇。此数言乃无等之咒，愿礼园熟思而处之。此布，即问文祉，不一。

友生路德拜手

二月七日

（二）阎敬铭存路德函

初四日

传师来渭，展诵惠书，知潭第绥吉，并悉庄郎占取第八，入泮大有可望。及询以府试名次及刘生超名次，俱云不知，想在十名以外矣。弟现住渭南差局，此间官长绅士俱极敬。书院前后新建房舍五十余间，土功不远将竣，而新墙一时难干，然丹初兄弟若来，弟当拨给干房暂令栖止，断不至感受潮湿，俾新房干后移入可也。祈勿萦念，肃此布复，即请台安。并丹初兄弟文祉。赵先生处致意并道谢，恕不另启。

愚弟路德顿启

初四日申刻草于渭南差局

（三）路德致省轩函

六月十五日

省轩八兄大人阁下：

闻客冬亲视事蜀中，是以久稽音敬。闻丹初入都后与礼园并居庶常馆，工课甚密，满望补授编修，及见邸抄，大失所望，留者至四十余人之多，而丹初不在其中，改者仅十一人，而丹初恰居第二，以平日工夫论之，改官实属屈抑，以临时事局观之，机缘不巧，人力难施，食禄有方，只好听造物者之位置矣。闻丹初意甚牢骚，有弃官旋里之说，静候尊示。弟窃料吾兄必不听其所为，弟改官户部，雅不愿为，决议乞假归里笔耕养亲，旋奉家君严谕，云我年近五十始得县令，今汝年未三十，计四十以内可得道府，胜我多矣，奈何弃之！弟从此不敢言归居。二年考取军机，有蒸蒸日上之势，奈三十四岁忽遘目疾，三年不瘳，自知匪官场中人，三十八岁引疾归田，若非目疾，四十岁已可观矣。丹初之官惟有守之一法，即告假暂归亦不可为，缘部曹专计资格，后人一日让人一步，散馆改部者，到部之日即为候补之日，丹初于五月初到部，其名次已在梁羲初之先，缘由进士分部必俟三年报满后方算得候补人员也。羲初尚欲坚守，丹初乃拟轻弃，岂非忿激之过？鄙意不独劝丹初住京，并劝礼园住京，何也？吾兄精神犹健，家事外事办理裕如，无须渠兄弟助理，而礼园为人，在家则诸事萦心，在外方能空洞，空洞然后能养心，养心然后能养身，养身然后工夫有进而无退。京官有听鼓应官之劳，而礼园无之，京官有往来酬应之烦，而礼园可以省之，京官有办理案牍之责，而礼园专务习静，比阿兄受用多矣，且京师得风气之先，以工夫论亦远胜于家居，秋冬间当移眷入都，望并将礼园眷口亦并送去京寓，虽增食指，家中所省者亦差足相敌也。今将寄丹初兄弟书底另抄呈览，即望酌夺为幸。专此布闻，祇请道安，不一。

通家愚弟路德顿首

六月十五日

(四)

六月初八日

丹初贤友史席：

四月念一日接会试录(报梁宅者顺送报单一纸)，五月十六日得殿试名单(尊府专差)，忻慰无似。丹初早膺乡荐，五入礼闱，一旦颖脱而出，翔步木天，得之虽非易易，而以年齿论之，仍属少年科第，兼使礼园鼓舞，从此益加砥砺，棣萼联芳定知不远。贤昆仲自负笈千户经，今十有三年，耐性用功寒暑罔间，其得力尤在尊甫大人口授诸经厚其根柢，为后来增高继长之基，今日果得食报，比他人务剽窃争捷获者确有可凭，使吾乡士人知斯道之非迂、循序渐进之可据，且使信道不笃者稍知自悔，于士习文风庶有裨益，亦快事也。惟是沧海遗珠，至今尚有数人，天下事难免缺陷，真令人唤奈何矣。

丹初文字诗赋兼学有年，文不如诗字，诗字又不如赋，赋学深稳可靠，施之散馆，大考定能出人头地，今既成进士入词林矣，舍短用长，视他人专业时文至此乃习诗赋者，其劳逸生熟得失工拙奚翅霄壤，来札犹云文人济济，相形之下倍增惭恧，又云散馆可虑，即每月常课亦恐同辈所嗤云云。无乃视人太重自视太轻，历科同馆赋抄丹初见知久矣，每科如丹初者有几人乎？但此事最怕生疏，宜仿窗下作文纸例，月作五六篇足矣。让出工夫，取古今赋分别抄录，择其适用者读之看之，同馆赋劣者多佳者少，卷帙虽繁，可采者不过十之二三，《赋汇》一书，为赋学钜观，且题目分门别类，便于览观，其中太高古者，虽未能骤分轩轾，其近于应试体者不难剖辨得失，每月宜披阅若干页（凡《文选》所登《子山集》所有者，宜各归原本读之）。阅一遍，觉其不适用者不必复看，觉其有可采者，再看一遍，即行加墨。如仆之阅看一联，好则圈点一联，一句好则圈点一句，其粗恶直率之句则抹之，其全篇好者，过三遍仍觉不敢动笔，不妨暂为缺疑且勿动笔，俟之将来，切勿勉强圈点，致此心游移无主，开卷时惝恍无凭，世间盲称瞎赞者，终身不知好歹，良可悯也。惟试帖工夫尚浅，遇难题势难妥当，容易题亦未必即好，此事尚须下苦工夫，或日作一首或隔日一首，不可再疏。作时务用表对时，总勿过一个时辰，如孙吴兵法凛之毋犯，方能炼出本领，却又不宜太速，太速则思力不到，仍不能炼成本领也。来书云不难于切题而难于在行，惟丹初可作此言耳。若统论众人，则在行较易，切题最难，草茅新进多不在行，果能随处留心，一二年内不难通晓。南省人更不待此，若论切题，非平日根柢深者，虽破除一二年工夫，恐终不能妥协。馆课赋其明证矣，虽素称好翰林，曾持陕甘文柄者，其所作直下不去。前年所见《自是丰年有笑声》一诗殆非出自心裁，不如现在者多矣。空言在行，天下岂少此辈？惟切题者之在行为难能可贵耳。此中有智慧有学问，不专在熟于避忌、工于颂扬，先须认得题目立定主意。如作帝京赋、正大光明殿赋则以尊题为在行，作八砖日影赋、眼镜赋则以驳题为在行，作落叶赋又以如题悼叹为在行（此癸巳秋事），若令专讲在行者，为之必不敢如此矣。澄海楼赋以洞悉此事源委为在行，角黍赋诗又以不知源委为在行（三闾故事佯为不知），余皆类推，大约非知古知今必不能如此。详审每日出门应客及披阅邸抄，但能留心，随在皆益。请假之举似无庸急急也。来书云楷法不难于学帖而难于好看，与侯叶塘先生教庄之言两相符合，其言曰多写卷子不必临帖，诚今日切要之言，独不可以概丹初，丹初字少姿媚全赖临摹功久，字能压卷，高列前茅。今欲弃古随时，岂非舍长用短，倘圆熟之后仍不好看，何若左规矩右准绳，犹自具端严气象，令人可钦。此事仆未深历，姑言所见。丹初自酌可也。来书云接人处事阅历毫无云云，当五月初六日（馆选次日），正新贵扬眉吐气之时，独能念虑及此，即此便是不凡。谦恭和厚四字何人不知？且今日士大夫能此颇多，其动而不能无阻者，谦恭和厚未可以声音笑貌为也。知天下至愚极陋之人有时亦能胜我，安得不谦恭？知言动悖理、以刻为能之人必无后福，安得不和厚四字行的真切，虽蛮貊可行，不然虽欲久假不归，不可得已。来书又问作人之道，此言尤为亲切，此书前数行云云，尚非探本之说也。仆中年以前志高气盛，言动多失当，言动时不暇审度，只觉得理该如此，惑之甚者也。辨惑两见《论语》，少时读之格格不入，四十始有疑窦。樊迟虽然粗鄙，何至忘身及亲，子张乃堂堂大夫，何至欲人生死。夫子何为而言此？甲午、乙未间，四更起坐忽然有悟，凡事自我为政者，我不肯用心，惑也。不自我为政者，我却要用心，亦惑也。如秀才望榜，惟恐不售，又恐不如我者幸而获售,此便是爱欲其生恶欲其死。怒为七情之一,义理之怒不可无,血气之怒不可有,血气一动义理无权,皆惑也。如皋巍背书荒谬不觉,忿怒勃发,持械敲击,不酌轻重多少便是忘身及亲,憬然曰吾五十年来日在惑中,今乃知之,自是以后日为亡羊补牢之计,逐事分剖,力矫前失,惟忿怒易动难防,樊迟之惑仍未能免,子张之惑幸已开搴殆尽矣。凡用心处必系分所应办力所能办之事,其不应不能者,乐得从省,省得许多心思,更省得许多烦恼,反得了许多受用。故十余年来日日用心而锋芒不顿,今六十一岁矣,精力日渐衰颓,而返之此心比之去年又微觉开朗,今年所作文艺非去年所梦及,益信圣人之言不我欺也。惜闻道太晚来日无多,上达之说恐不能矣。今丹初年未三十,果能从事斯语,岂徒作好翰林哉!丹初之学虽无间断,为学之心究非专一,用心于不应用心之处,遇应用心处,用亦难入,道理艰深微妙,非全新不能入,妄用一分便损一分,况不止一分乎!(礼园尤不免此病,后果能全改否?)妄用究在何处,仆无从知,大约观理太浮,杂以流俗人之见,所谓惑也。早辨则过少而功多,迟辨则功少而过多。使仆三十年前见及于此,岂犹为今日之仆耶?今丹初进身伊始,窃恐趋向偶差受变于俗,不得不谆谆言之。贤昆仲如能见到,定然乐从,人品、学术、福泽俱系于此,幸勿以寻常尺牍视之,《课士赋》续增之五篇当即告文筠堂速行寄京,专此布贺,并问文祉,不一。礼园统此,不另。

友生路德拜手

六月初八日

来函内白帖连三,照依官例,书内称禀不望古谊,足征用心之审,今将帖照例登存,更愿礼园他日依样为之。殿前作赋时以拟古命题,倘不知题,虽好手亦恐束手,知题而不知原赋,作时亦难得主意。阅赋汇时须择其可作拟古题者,取其用意处酌录数语联,即原作不佳亦须撮其大旨,自家酌记数语时时看之,时购一部看之,当记者记之,此翰林简切工夫也。又及。

(五)阎敬铭存路德致礼园函

礼园贤友孝廉足下:

八月接来书,知气体仍未复元时形困惫,现仍服归脾汤,不敢加用桂附,较觉放心。此时习静都城,一切功课优柔厌饫以求之,比刻意用力较觉稳实,且无妨于调摄,入场时务须将得失二字置之度外,与牕下肄业时无别,心无所苦,且能展其所长矣。来书云:“批示谆谆如承面谕得所遵循,不至入歧途迂道。”此言良是,但只是趋向不差耳。射者各射其鹄,其趋向何尝不是?而一发破的之能,非巧力兼至者不可以,巧生于心,力生于气。来书云:“人无气力,文安得有气力?”又云:“理非积不深。”均可谓自知之明,又不难于自屈积理,云者非谓研究书理便可有得,吾秦人少读经籍,而留心于四子书者较多于东南大省,其为文则空疏浅陋,与不研究者几无差别,何也?彼但知求理于四书,而不知求理于身心,且求诸见见闻闻也。自家念头起伏、学业纯杂,一切言行得失及他人之邪正是非,但用此一点灵光略加参想,理即了然于心,如此便是积理,不惟此也,每日见宾客共游谈、应事务及街谈巷议、妇人孺子之言动,无一非积理之资。较之读语录、看讲章者,其所得尤为真切,且随时随处俱可暗做工夫,即疾病困厄风尘扰攘之中俱可用之。能如此,则心不劳而理日积,工夫之最偏宜者无逾于此,愿试为之。旧恙自癸卯至今,养而无害者逾三年矣,即以老人处此,计时应亦全愈,而礼园依然羸弱,气体不充精力不旺,咎固不在气体也。药物虽良,亦只能培气体,而不能变心。仆年六十有二,自知心血无多,而年年日日训课生徒,且不幸而得浮名文字,不敢不用心,此外一切冗务,外则委之阿舆,内则委之妇人,实不肯轻用此心稍妨吾业。故用心不苦而道路日开,穷通得失,明知思之无益,且非徒无益,所以乐得不思,有不思而后又专思,且无须苦思。礼园年力正富,果能如仆之用思,气体与心思并长矣。气体之病可以药物除之、饮食培之,心思之病必须以智刃斩之、以淡泊之心逐之,天君泰然而气体不辔然者,未之有也。书到时切勿作答，能用其言足矣。即颂文祉，不一。

友生路德拜手

慎皋附笔致候

（六）

十二月二十三日

丹初贤友太史足下：

自八月得书后，至今始得裁答，缘意中许多话不能以数行了之，又不获此半日工夫，非慵惰也。计抵京多日，楷法诗赋工夫有作无辍，临时当可应手，写字但能圆润即可。轶辈超群，缘临摹多年，不患无间架无气力，所争者只在圆润耳。至于诗赋，不患不工切，患在专务工切，而出之不能容易。殿前作赋不比平时，应将就处亦须将就，每段中须有一半不费苦心随手点窜之处工夫，乃能从容。若逐字逐句而研炼之，窃恐日不足用矣。试看赋则中若《宁戚饭牛》《牛羊勿践行苇》诸赋，其人皆当代钜手，而篇内率易之句不一而足，不是才力不给，只坐光阴迫之，读此诸赋时，不但学其好处，且要学其率易处，率易而仍不失为稳妥，故不为阅者所斥，大抵散馆大考之作，最忌句句求工处处要圈，即偶有单点亦不害事，但不可有大点耳。句句要圈，到来不及时，势必有大点矣。丹初于此事肄习勤矣，既作零段又作整篇，一切词头字眼渐积渐多矣，一切句法调头渐积渐熟矣，多而且熟，此事自不难办，但恐有难以措辞之题如“富贵如浮云”，难以下手之题如“如石投水”，难以包举之题如“正大光明殿”，凡得此等题后，须先审量一番，务得其作法，然后下笔，而炼识之法却在平时，平时博观成赋，俾此中许多道路皆在吾心中眼中，斯临时胸有成竹，不至游移无主。闻金可亭云“如石投水赋”有考列二等前名之某君，通篇全系古赋，用留侯事殆尽，却又能切合题面。穆相国亦击赏之，因系古赋，抑置二等。此赋都中传抄，丹初曾见之否？如未见，宜设法求之，但学其切人切事而仍切题面，勿学其古也。古赋作者难，识者尤难，可亭亦如此云云。又云殿前作赋远不如科岁试之赋，缘赋须善用翻腾，而翻腾处易有语病，题本说好，翻笔必说不好，非阅者所喜，此一段话尤须领会。其《太翁殿珊侍御赋》二十余篇，仆一一加墨，今录寄尤佳者十三篇，以资揣摩，其自居不尽精工，而作法多好。如《正谊明道赋》切定董子，通篇便无沉浮陈腐语。《记事珠赋》切定燕公，说来便易生新，其得诀尤在机势，如《道远知骥》诸篇皆可师也。至于试帖题作法，《桂花馆》已粗备矣，无劳缕陈。时当简炼揣摩，此书到日万勿作答致误功课，俟补编修后早寄捷音可也。即颂元祉，不一。

友生路德拜手

十二月二十三日

慎皋附笔致候

自正杪晤后，六月中接一函，内有诗赋大卷及八月一函，此外再未得书，邮筒之难靠如此，故此书不敢邮寄。

（七）路德致省轩函

二月十六日

省轩八兄封翁大人阁下：

客冬快慰阔悰，畅聆绪论，茅塞为之顿开。迩惟福履绥和，德门集祜。经理家务之暇，时与两文孙讲书谈艺，致足乐也。前接丹初兄弟书，见解谈论迥胜从前，其功夫当由忧勤惕厉得来。礼园诗字俱进，惟八股尚未精实，业于复书详言之，兹特露函呈阅。庄于三月初一日北上，度廿日以前总可抵京，过四月初十日后即回江浦。兹有寄庄一总函，皆到京后应办事件，前闻贵邑有进京送信之人，每月两次，妥而且速，敢恳八兄大人趁京脚启程之前，期与竹报并为一封便寄丹初，由丹初面交庄手为荷。专此布恳，即请道安，顺祝潭禧不戬。陆甫生处致意。

愚弟路德顿首

二月十六日

前书缮就，适接庄由浦寄家之书，云定于三月初一日北上，度廿日以前总可抵京，过四月初十后即回江浦，兹有寄庄一总函，皆到京后应办事件，因塘信每多迟滞，特托尊甫大人附竹报妥寄。去年面谈云朝邑每月必有进京送信之人，一月两次。烦于庄到京后，即行面交，以便办理，万勿遗忘。又启。

路慎庄[①]致阎敬铭

(一)

八月二十五日

春明聚首,形迹俱忘,把袂道别,心甚耿耿。自文驾出京后,弟称孤道寡,如有所失。甚哉!一聚一散之难为情也。雨水连绵,长途迢递,阁下与秀冬大兄不知若何苦楚,弟方深系念。顷接手翰知七月初三始抵潼关,从此顺抵里门,家庭聚首,乐何如之!迩维侍奉曼福,潭第凝床,为颂为慰。未稔刻下已赴宏道否?阁下寓京两载,弟应接多疏,阁下不以疏慢见责,而乃辱荷齿芬,愈增颜汗矣。前舍亲萧七兄入都,已蒙礼园令弟将前项寄还,弟亦已有札申谢,兹承询及,故再述之。此覆敬请文安,不尽欲言。

世愚弟路慎庄顿首

八月念五日

(二)

五月二十一日

丹初仁弟大人史席:

客秋一别,转瞬经年,秦树燕云,时劳怅望。比想锦旋后孝侍庭闱,荣增闾里,书生获报,快何如之!八伯大人顾之怡情,想起居愈增佳胜。四月间接奉惠函,藉悉北上之期约在夏月,不胜伫盼,但五六月间冒暑长征恐非所宜,且雨水时行,亦多未便,似不如秋末来京之为得也。礼园八弟正好一同来都,以候春闱,诚为两便。鲍子远到浙后尚未接有来信,想早经到任矣。兄一切照常,京察之不放亦照常,

---

① 路慎庄,字子端,号小洲,陕西周至人。路德子。道光十六年(1836)丙申科进士,授翰林院编修。历任日讲起居注官、御史、给事中等职,卒赠光禄寺卿衔。藏书宏富,编有《蒲编堂书目》等。

考差之不敢必得差也亦照常。惟今春蒙钦派抽查漕粮，业于三月中旬赴大通桥驻札，日日抽验米石，劳民伤财，又增一番赔累，直至九十月间方能完事，中间空闲时，偶一归寓耳。逢儿读书虽稍胜阿兄，而浮光异常。现在秀冬兄以乡试在即辞馆，移居关中馆避嚣用功，鲁坰亦大其用功，皆存有不让人之心。敝处现延羲初课读，甚为相宜。知关绮注，故缕述之。此复，即请留安，不一（礼园均此）。八伯大人前叱名请安。

世愚兄路慎庄顿首

儿辈侍笔

五月廿一日

毛昶熙[①]致阎敬铭

(一)

七月二十八日

丹初仁兄同年大人阁下：

春间接奉手书，未及登覆，即匆匆出京。兹复承惠函，备承垂注，期许之过诲迪之详，令人生感，非相知之深，何以至此。藉谂勤劳懋著，起居多吉。以阁下之雄才大略得所藉手，自必建立非常，又况得与润翁共事，何患不建丰功耶！令人健羡。弟赋性朴拙，本无才具，乃蒙朝廷采听虚声，委以重任，此事本属创举，无例可循，兼之无米求炊，事事棘手，而地方大小官吏惟恐团局一成百姓势众，不能任意鱼肉，皆袖手旁观，阴为掣肘，吾兄所谓闷气呕人者，真明见千里之外矣。至来示乡兵之说尤为卓见，刻下敝省归陈一带久经匪扰，民间习见战争胆气颇壮，且数年来贼扰之处亦屡与贼斗，技艺行阵亦颇谙练，诚能抚而用之，可得精兵数万人，惟火器火药民间尚少，又蹂躏之后，民食惟艰，非广储经费不能以集众，而此次办团不准动用正款，劝捐一层本不容易，况本省捐输局全交饷票(大营粮台所出也)，较京师捐铜局尚为便宜，今若另开捐局，万不能十分踊跃。至厘金一层，藩司已搜罗无遗，尤无办法。弟数十日来寝馈难安，职是之故。吾兄农曹十载，理财擅长，且楚省用兵累年，士饱马腾，必有善筹之法，务望切实指示，并将楚省一切筹款之法详细开示，则弟有所遵循，或可号召乡团，自成一队，内固豫省，外与皖、楚二省联络声气共扼贼峰，异日稍有建立，皆出自知己之至成，曷胜翘切。舍弟观政工曹分在屯田司行走，闻本月初十日请假出京，不久想可到藉。春湖兄兴致益觉高超，自吾兄出都后收藏益富，其最佳者为宋拓皇甫碑及汪退谷先生小

---

① 毛昶熙(1817—1882)，字旭初，河南武陟人。道光二十五年(1845)乙巳科进士，光绪八年(1882)官至兵部尚书。

楷书乾坤二封，墨迹尤为可贵。近日松坪比部入直枢垣，暇日颇少，弟又复回籍，此兄竟有独据琉璃厂之势矣，吾兄闻之得无艳羡乎？津门夷务日坏一日，大沽自撤藩篱，津城又开门揖盗，该夷仍以讲和饵我，闻燕山相国现又奉命而往，正不知伊于胡底也。西齐同年春间赴吴，自姑苏失守后尚无旸耗。子和丁艰后仍住京师，闻秋末冬初回籍办理葬事。近日京师又设团防局，恐不能置身事外也。梯月已赴宁夏，新任怍山，闻现亦回籍。回忆前年冬间灯红酒绿抵掌雄谈，曾几何时而风流云散，一至于此。弟出京时泎堂、春湖二公颇同此感，想阁下亦不能无情也。专肃奉复，即颂勋安，不具。

年愚弟毛昶熙顿首

七月念八日

润之前辈夙所宗仰，然尚未谋面。四月一疏实属意料不及，足见其公忠体国，求才若渴之忱。拟当先行通函，嗣后如至光州，即当竭诚往谒也。

（二）

诏书忽下五云端，军府需人博采宽。儒术本能通将略，幕僚古亦屈朝官。声名自讶闻三楚，帷幄从今有一韩。揽辔澄清吾辈志，定看指日靖楼兰。

十载农曹任剧繁，钩稽综核阅朝昏。更劳心计筹军实，依旧头衔出国门。望重能生疆吏慕，疏留虚受上官恩。冯唐自昔谙军事，好共中丞抵掌论。

武昌南望使人愁，两度红巾窜上游。从古战功夸赤壁，只今扼要重黄州。纵横封豕何时靖，颠沛嗷鸿亦可忧。闻道军中筹饷急，脂膏应为小民留。

欲问行期倍惘然，同庚同馆又同年。兵戈满眼悲千里，书画随身共一船。燕市赏奇虚夜月，楚江鼓棹忆遥天。悬知此后相思梦，长在荆门汉水边。

丹初仁兄同年大人将有楚北之行，率成俚句四章奉赠，即祈削政。

年愚弟毛昶熙拜稿

毛鸿宾[1]致阎敬铭

同治二年五月二十三日

二年五月廿三丁稚黄廉访带到淄川

丹初仁兄大公祖大人阁下：

接诵惠缄，祗聆种切。老伯大人德福兼隆，窀穸之谋必得吉壤，北望引领，无任拳拳。伏惟大公祖诚笃专一志在匡时，兹奉朝命夺情署任东抚，圣人轸念齐鲁生灵疲敝已久，必得贤者镇抚其地，以安疆宇而卫京畿。此固全省士民之福，而我公移孝作忠，尤是上慰先灵，仰筹帝眷，正不必过拘小节，以出山为嫌也。（言之皆是，即一一如所言而行之，即所未言者[极多]亦行之矣。所自恨未行之事，治黄河无款无才，负吾民矣。）

承垂询东省情形，仰见虚怀若谷，集思广益之宏规，钦佩之余曷敢不胪举所知，藉备大贤葑菲之采，惟念自服官以后背井离乡多历年所，宦场旧识既类晨星，故里之交亦皆疏阔，一切近事无能洞悉其详，间有自东来者细询情状，知年来积弊日深，上下交困，几有无可措手之势，敢敬为大公祖约略陈之。二东夙称瘠苦，本地原无殷实大户，由于山多水少舟楫不通，百货往来概用车载骡驼或小车装运，成本既重，孳息自轻，不比楚南北号称泽国，富商大贾，转运便而获利丰，故捐输厘金易于积成钜款也。向来东昌、济宁、临清擅运河之利，最为

① 毛鸿宾(1811—1867)，字寅庵，又字翊云、寄云，号菊隐，山东济南人。道光十八年(1838)进士，选为翰林院庶吉士，后被授翰林院编修。历任监察御史、给事中。著有《毛尚书奏议》《澹虑斋诗文集》。

富饶。自黄河北徙，运道梗阻，该府州遂就凌夷，又滨海郡邑间称繁盛，近因夷人内通，海船稀来，亦非昔可比，其明鉴也。年来地方官因办捐抽厘百方抑勒，以致官民失欢者比比皆是。今欲先安民心，势不可不亟革弊政，然捐厘不行，更何所资以养兵，此经费不充之难也。（不惟不劝捐，并开行十余年之米谷大捐亦停止，厘亦概停，因办地方事无资又未便劝捐，留张秋、泺口二处，岁入二万金，已以十四万金修省城石圩，计须七年归款，若军饷分毫未用厘捐也。）

盐策之利，管子以之富国，本朝乾嘉年间号称极盛，然尔时殷商大半皆晋人为之，自两淮改票后，南盐倒灌销路壅塞，利息已彻，浮费如故，日朘月削，赔累滋深，其黠者席赀以退，而愚且懦者竭蹶图存，至于穷家荡产而不可复振。商既疲败，无力养巡，私枭日炽，官引愈滞，比因盗贼出没，地方糜烂，几至片引不行矣。自来欲裕课，必先恤商，欲畅官，必先缉私，此一定之理。（枭已除矣，课亦旺矣。运库岁入正粮几五十万矣，四十年来无此之多。）

今农部征课方急，而此疲癃残疾之传，将何术以起之？此严课不裕之难也。钱漕为维正之供，有丁即有粮，民间无不周知，虽在豪强不敢抗违，而良懦无论也。虽值灾祲，一皆输纳而丰穰可知也。近年各牧令用官帑入私财，视亏空为故事，其始由于浮伪之徒夤缘请托贿赂交通，一经入彀恣意亏挪，长吏不敢举发反为弥缝，或捏报偏灾指完作欠，或批准滥抵列款流交，今更借团防之名冒领冒销，名目张胆，以售其欺。于是刁衿劣监觊觎生心，猫鼠同眠狼狈一气，若奉严催则挟众抗拒，一人作俑，众人效尤，浸成风气，莫挽狂澜。噫！亏空日积，饷项何出，此又一难也。（钱粮岁入二百九十余万，与道光初相埒，自到任以至去任无一处抗粮，民情可感也，亏空则无之矣。养兵三万，上月预发下月之饷矣。）

军兴以来，策时务者皆以团练为要义矣。夫第艳称其名而不详究其实，则各保身家，即以共卫疆土寓兵于农，岂不甚善。乃屈指计之，各省受团练之害者历历可数，而得其力者百无一二，即如楚南团练海内驰名，然办理妥善足资堵御者仅止数处，而此数处者尚须官军为之前导，团众但助于后以张声威，从未闻专恃团丁足当一面者也。况办团必先集费，民纵好义急公，偶一为之或尚可行，累月经年何堪其苦！故有团无练，安望知方不练而团，徒滋拖累。又各乡首事未必尽属廉正，往往朝为团长，暮作威福，苛派抑勒，肥己营私，弊已不可胜言，甚至挟嫌复仇藉势抗官，铤而走险，浸成叛徒。比年捻逆横行，会匪蜂起，其始皆类也。承平之日，民间有私藏兵器者罪无赦，团练行而户有军火矣。鸣锣聚众，例禁綦严，团练行而结党无忌矣。履霜坚冰，由来有渐，此又团练之难恃，不可不察也，种种情弊，不暇殚述。开草昧而经纶之，是在我公旋乾转坤之妙用矣。愚见以为初政之要必须专养劲旅一大枝，无事则资坐镇，有事则规贼所向，星驰雕剿，展必胜，攻必取。俾奸民闻而生畏，潜敛恶踪，善良幸获安全，互相捍卫。民心既定，大局自易支持。惟养勇之费所需甚巨，只可设法于司库内无论何项奏动一款，断断不可骤然求之于民。（始终未求，无论骤也，并不必如此。）迨日后各处安堵，或仍从民间劝办以偿库项，亦未有不可。然必从容续议，暂时实不可急遽图之，应将闾阎疾苦礙难敛费实情详息具奏，并将利害安危关系紧要之处恳切言之，请于司库中暂提若干，以供养勇之用。我公渥邀天眷，倚畀方殷，谅必言听计从，上蒙俞允，仁人之言，其利溥哉。收拾人心、转移危局实赖之矣。（咸丰十一年司库岁入四十万，尚有何款可用！所以从前养兵八九千人欠饷已二年也。）

上年江西沈幼丹中丞请将漕折四十万全数截留（无须如此），大部议格而终邀恩旨允行，亦足见圣主贤臣同此一气，果其无不达其下情，自无不克宣之上德也。若夫东省吏治之弛已二十余年，准诸不非其大夫之义，何敢斥言！然此最坏风气之数人，昭昭然在人耳目，但使平心访察，自能得其梗概。（一如示办理，尚未从严，何又来訾议耶？）

我公下车衣始发聋振聩，择贪鄙巧滑之尤者从严劾办，俾大众知所趋向，必能去浮薄而反朴诚，至于乡间公正绅耆固不乏人，大半不肯出而任事，然亦实乏体用兼备克当大任之人，不敢徇情妄对，致蹈举不以实之咎，惟我公实心实政，有以感孚同僚，各地方官能与民相亲，则凡一材一艺之所长，必皆乐为效用，有德斯有人，有土斯有财，理固相因耳。弟远念梓桑，寸衷如梼，辱承殷殷垂问，谨就闻见所及略陈大概，伏希鉴存。丁稚璜廉访奉旨补授东臬，现于湖南挑选营哨各官，招募堪充什长之选及精壮勇丁共千名，带赴山东，就地扩而充之，以楚军营制部勒东省兵勇，冀可力图实济，以免迁地之弗良，其千人行粮已由湖南筹措发给银二万五千两，并军火器械一一具备。稚璜善人也，亦正人也，浑厚精明，勇于任事，谅可供指臂之助，不尽之言已属其面为缕陈矣。此间各路边隘幸获粗绥，而饷项支绌非常，思之但增焦虑，心长笺短，不尽欲言，临楮神驰，曷胜思企依恋之至！专泐布复，恭请勋安。伏惟鉴照，不具。

治馆愚弟毛鸿宾顿首

莫友芝[1]致阎敬铭

九月初六日

丹初廉访大人侍右：

徂暑奉别，遂尔秋晚。德黄之收，恰在皖池。先后筹笔，定益豪快，军机方利，而益阳大老乃应落星，不唯鄂、皖人惊痛欲绝，举天下识、不识罔不陨涕，想吾丹老倍难为怀。忆益阳病中尝言，吾纵不起，所储以肩封疆重任，已有丹初、希庵诸君子，然则后此未完艰钜，幸赖公等担当，曩昔亟亟抽身谢去，诸闲论计尽当束置耳，大贤以为何如耶？友芝始至东流，涤帅欲拉居幕府，以与幼湖有秋末西上之约固辞。安庆既收，又拟即开镜湖讲席，以相位置，且谓幼湖今岁晚决不能行，不妨来岁更作计。大府于布衣旧故殷拳乃尔，自不容不为一留，荒落无知转用惭惧，冀时时箴教之耳。前者去鄂，承指赐运舟，甚赖稳便，尚有未携之大小书箱四个、竹篼一个，并竿尺帷篷绳，悉寄存署鄂藩照磨黎伯庸兆勋所，如有转运皖省馕械之便，敬乞饬知黎君遣送运舟，属其寄皖，感切感切。肃请勋安，伏唯昭察。九月六日莫友芝谨白。

前为乞涤帅榜联，闻已并皖捷布往，且还报亦至，知已达矣。友芝尚有四纸，乞法书大著，冀并寄下为祷。友芝再叩。

蓂阶、守之、溶江、子英诸君同候，有致黎伯庸信，乞饬付。

---

① 莫友芝(1811—1871)，字子偲，自号郘亭，又号紫泉、眲叟，贵州独山人。晚清金石学家、目录版本学家、书法家，宋诗派重要成员。

倪应复[1]致阎敬铭

八月二十四日

丹初仁兄大人阁下：

曹垣共事，诸荷关垂，宦迹分驰，时深廑念。恭惟鼎细笃祜，泰祉凝祥。迓九重特达之知，膺万里长城之寄，仁缄勋猷远布，僚属腾欢，引睇軨辕，倾心颂藻。弟照旧供职，无善足述，驹光虚掷，马齿徒增，今秋复带仍未蒙记名，官运之迟滞未有如弟者，以吾兄长才前虽久屈，今已大伸，指日勋垂竹帛，真意中事耳。京中光景大非昔比，衣食二字支拄维艰，所幸贱躯粗适，眷口平安，差堪告纾绮注于万一耳。尚冀箴言时赐，俾知法守，是所企祷。特泐芜函，顺请台安，统希崇鉴，不庄。

愚弟倪应复顿首

八月廿四日

---

① 倪应复，字克齐，云南昆明人。道光二十年（1840）进士，贵州府遵义知府。

潘骏文[①]致阎敬铭

(一)

十一月二十九日

十二月十二

中堂钧座:

肃禀者,窃前司十月望后曾肃一禀并呈清折,谅邀钧览,恭惟荩勤日赞,禔履云臻,引领崇墀,倾忱颂龠。前司于上月奉委覆查各属大堤丈尺是否相符,当即周历南北岸并上下游,往返二十余日,查未被水各属堤身大致完整,惟决口数县冲刷淤垫多形残缺卑薄,刻值天寒土冻,难以施工,来年桃汛较早,俟开冻后诚恐赶办不及,业经详晰禀明。又来年防汛事宜,现在人犹涣散,料未豫筹,恐蹈本年覆辙,亦经切实酌议具禀,一并抄稿,呈请鉴核。在途次叠奉中丞行知,前禀已蒙据情入奏,虽尚少删改,而前后不着一字,具见老笔,奉回折已交部议,现尚未奉部文。前司此次至铁门关以下六十余里察看,更确见海口之散漫,非收束则河病难望转机,前拟费绌则缓筑海口两堤尚须再酌,惟利津宁海决口,业经涸出淤高,民间已叠小埝防护,中丞派弁补筑民埝,仍留口门四十丈以备泄水,实未知用意之所在,或俟齐河李家岸能否合龙别有斟酌,将来部文到日如何筹款饬办,前司仍应详慎覆筹具禀,无论是否奏咨,亦聊以备案耳。肃此具禀,恭请钧安,伏惟垂察。

前司骏文谨禀

十一月廿九日

附呈清折一扣。

---

① 潘骏文(1823—1893),字芸阁,安徽泾县人。潘锡恩之子。历任刑部郎中、山东知府、福建布政使等职。

（二）

十二月十四日

谨再禀者，月初肃呈一禀并附抄稿，计邀钧览。顷奉中丞行知据情转奏一折，部覆分别准驳，并照拨增培大堤银两，实非始愿所及，民埝之万不能守系属确实情形，中丞虑不及此，吴漕帅虽见及而不能言，前司以差遣微员乃敢言之，而略无瞻顾者，以但事模棱，于办法无是处，今虽经部驳，而此理则已昭著，将来当有采用其说之时。至分泄之口不堵，则河患日甚，追悔恐不在远，所惜者当此极为支绌之时，大部犹筹此钜款，如合上下游而并治，除护庄埝格堤从缓外，即利津南堤、海口两堤变通筹办非不可为第，中丞偏于分减之见，又有部驳为词，前司马敢以微末之员持危疑之局，多费唇舌自寻苦恼，只可付之一慨，所难得者，大部洞鉴下情，语语归重中丞，俾前司得释重负，实为厚幸。现仍具一禀，以结前案，并抄稿呈览，此后照旧趁公，谅不至强以所难也。伏念前司不由科第官至两司，久作劳薪，年逾六十，微罪解组，尚复何求！惟以世受国恩，宜思报称，未衰精力尚可驰驱。去秋闻命，即日登程，亦异稍裨河事。比到东后，规模已定，赞助无从。若以唯阿取容，生平所鄙，年余维持一切，亦已煞费苦心，势难再为久处。顷河事一议必大拂东绅之情，此邦又何所系恋？如以菲材尚堪节用，但望得一他省道缺，尽可随地尽心。倘因获咎之员不堪录用，则见几知止之义亦尝闻之，便当早脱樊笼，长作闲云野鹤，正复坦然。惟培堤工程系原议之员，未敢诿卸，所有收支派委均请中丞主裁，前司自当随宜照料，约计来年正月杪动工，三月中蒇事，即当决计引去，实不忍频见河事之坏，非仅不愿分谤也。琐琐之忱，言止于此，亦不敢屡渎钧听矣。李家岸决口情形十月中已禀陈，大概口门溜势约七八分，仅用三丈宽单坝办法过于苟简，委任多非其人，豫前司亦无能为力，月初口门收窄，两坝先后走占，拟于十一月合龙，又将金门占冲去，中丞现亲赴工次，急欲成功，未知能顺手否。知在荩廑，用以附及。肃此，载叩钧安，伏惟垂鉴。

前司骏文谨再禀
十二月十四日

附呈清折一件。

（三）

立冬日
彬卿书癸未十月廿五到

大人阁下：

肃禀者，窃前司于五月中曾肃一禀，陈明交卸后回籍，谅蒙钧鉴。嗣以驰驱靡定，禀牍有疏，恭惟泰履凝厘，鼎祻笃祜，翘詹棨戟，曷罄轩饕。前司于六月中旬抵皖，由芜返泾，省视松楸，料理各事，藉释十余年系念之私。八月中赴吴门就医，本拟九秋前赴闽峤，旋于邸抄恭读谕旨，仍饬回东省差遣，沐天恩知高厚，抚感悃而奋兴。事关水患灾区，未敢濡滞，即于九月初八日启程，廿九日驰抵济南。禀到并措捐赈款，现奉中丞委赴工赈总局，会同司道办理一切，惟有勤慎从公，查河务事宜，业经中丞于廿五日将次第举办情形详细具奏，并分委道府大员赴先办堤工各州县勘定基址，即日兴工。其各属灾黎除前放急赈外，现又请截漕并凑集捐款，再加普赈兼给棉衣，亦可陆续就绪。中丞任事不涉避回，定见不轻摇惑，务期审慎以收实效。前司分居差遣，职在奉行，如有垂询商酌之处，自当知无不言以备采择，若奏案已定之事，亦未便轻于置议，致蹈躁妄之嫌，夙蒙栽植逾恒，用敢附及。肃此具禀，恭请钧安，伏惟垂鉴。

前司骏文谨禀
立冬日

(四)

光绪九年癸未十二月长至后三日

山东来书,潘俊卿癸未腊九日到,折一件

大人阁下:

肃禀者,窃前司抵东后,曾于十月中肃函禀陈,谅蒙钧鉴。辰惟荩躬笃祜,硕画绥猷,翘首台垣,倾忱轩鼓。前司滥竽局务,勤慎从公,蒙中丞不时派查事宜,其无关紧要者均随时开呈说帖。昨奉委查利津十四户决口及铁门关海口情形,因全局攸关,不敢不切实禀覆,至举办与否,应候宪裁。现在先办遥堤,各属牵计约有三分工程,天寒地冻即将停工,须至春融接筑。应续办者尚有五县,亦须开春赶筑,以符四月统限,中丞于河事急于求效,惟不拘情形,不泥成法,所信任商榷之幕友或犹阅历未深,但徇己见,致办法未能悉合机宜。其用财于所欲行,虽可省,弗稍靳惜;若所不愿,即当用,惟恐虚糜丰啬,亦难恰当。如开河分减,虽系旧法,但此时河身病在淤浅,自以专力攻沙为是,再分则正河愈弱,海口愈淤,而堤岸亦未必可保。前拟由杜家沟建坝,引黄入徒骇河,须挑新河六十余里及疏浚徒骇二百余里,约需银四五十万两,所费既钜,且武定各属人情难免惊疑,又拟挑小清河,欲省东一带清水悉由寿光会淄入海,查历、章之小清故道淤废已久,所有山泉雨水向就近入黄河口门数处,近虽因倒灌受淤,然尚非不可治,若必开河使之东趍,则海口距省五百余里之遥,所受沿途山河湖泊之水指不胜屈,节年济南之邹长新、青州之高博乐各属民间控争水利,积牍如山,未能平息,若更增历、章两县向不东去之水,悉令由此入海,岂能容纳宣泄?此时各属积水尚多广袤,数十里之区或二三年未见籽粒,或四五年不得耕种,安可不设法亟为宣泄。所拟挑河之处多在水内无可施功,而专待河成以泄水,似亦非计,若所估经费二十余万,断不敷用,犹其后马者。至原续奉拨堤工经费银一百万两,小清河专款银十六万两,截至现在已解到八十余万两,将来约可收及百万之数，而统核各工费所短尚复不赀，岂本省三库所能挹注。刻下节逾长至，除登属稍有得雪外，余皆分寸未沾。防营均调工次，每年例办之冬防布置过形疏略，伏莽未清，人心浮动之处，念之殊可隐忧。前司随班画诺，本无责任可言，第目睹河事之纷、民生之困，不能用一言画一策稍为补救，但期免疑忌之嫌，上辜朝廷录用之恩，下负闾阎仰望之意，拊躬能无愧汗！谨将近日查勘禀稿录呈钧览，稍见梗概，此东省共闻公事，不妨昌言，其余所论各情，素沐慈垂，用特缕及，此间未敢为外人道也。肃此具禀，祗请钧安，伏祈垂鉴。

前司骏文谨禀

长至后三日

附呈禀稿一件。

庞际云[①]致阎敬铭

(一)

庞省三，甲申腊廿三

中堂钧鉴：

窃际云未接清光而企慕数十年矣，始于艺文继于政事，而用人取精实正大之才，此尤云所服膺者。年来未敢以一字上渎听闻，守外臣不内交之义，当亦大君子所深谅也。兹有管见所及缕陈左右者，自咸同以来，湘中将相备出，湘军之名震天下，至今招募不绝于途。克复金陵之初，曾文正师能发能收，全撤回湘，宿将锦还，勇亦销甲归农，一旦有警，取给于有勇知方之士，甚善也。二十年来事大异矣，以将言之，可用者或实任或带勇在外未归，归者又或为他省调去，其家居者贵而且富，纵欲晏安精力衰颓，不愿出似亦不能出，中驷且不能当，何况上驷。云拟选后起之秀，志虑纯实官阶不大者，使之历练，以期有用，至从前有名之人，此时能否奏功不可知，况其他乎。以勇言之，戚少保先选将，将领自选营官，百长自选什长之法，今皆言之无行之者。杨厚庵水师出身，不知陆路，上海尤恐望洋，此次出师，人教以戚军之皮毛，而不知其中条理，徒欲以三百亲军效之，已改曾文正公营制，其军师乃已革举人罗瀛美也。今日募军如十人中有二老成勇丁以定人心，其八人皆精壮以助其气，方较为合宜。今年王朗青派人来永州一带添募，至六七起后弱丁不少，此亦势使然也。昨见刘省三，言营勇不可恃，似系切实之言。江忠烈开勇营先声，三十年亦一世矣。物极则变亦天道之常也。况近日多游勇应募领饷，中途即逃，杀

---

①　庞际云(1822—1884)，原名震龙，字省三，山东宁津人。道光二十三年(1843)举人，咸丰二年(1852)壬子科进士，选庶吉士，历任江宁盐巡道、两淮盐运使、湖南巡抚。著有《淮南盐法纪略》《十五芝山房文集》。

之而不能禁,耗饷病民无济于事,中堂亦必习闻之熟筹之矣。筹饷之难,至今已极,督兵大臣能使兵皆有用,疆吏皆矢血诚,庶有豸乎?云素不工书,而于所尊不敢倩人代缮,以致此敬而已。手肃,恭贺年禧,虔请钧安,伏乞垂鉴。

本任湖南布政使庞际云谨上

(二)

光绪十二年丙戌三月十五日

云南藩台庞省三际云函,丙戌五月初九到

中堂钧鉴:

窃际云自叩别后,便道回里,展视松楸,并拟添茅屋数椽,为数年后退归计。小住浃旬,即南行至清江登舟出瓜口,溯江而西,涉洞庭至常德登陆,遇李菊圃于桃源,晤谈两次,内心沉毅,见理明而持志定,能肩重任,此其选也。行历辰、沅,关隘险峻,昔年偏沅巡抚驻沅州,提督驻辰州,实据上游。云抵沅后,因黔路须用马驮,箱只皆改装配匀,岁聿云暮,冰雪满山,臧获亦多病,僚友投辖,遂在沅度岁。云初至沅署,沅州协赵副将玉田出队相迎,如火如荼,军容甚盛,兵无老弱,弁多福相,及考其营规,弁兵无以营中为护符者,绿营积习一扫而空。至于塘兵素同儿戏,且多豢盗,云任湘抚时,副将禀请去留各半,当即批准,现在所留之半调协署操练,五日一班,纪律严明,而弁兵皆帖服,细察其故,营中所领正款、杂款或用或存,榜示头门,云亲见之,有余则添制军装,文武和衷。调署芷江县余令良栋亦勤民而善缉捕,地方皆一团朝气。云素重赵玉田,尚不料其能至于斯。然三年来众谤群疑,大抵皆不愿赵某独为君子,倘绿营皆能如斯,地方皆能如斯,何患不靖,何必募勇哉!入黔后,镇远最为繁盛,总镇和洪额忠勇素著,不近利亦不争功,为滇人所共钦,然黔省馕绌,军气苶然矣。由此西行碉相望而兵甚单,人烟寥落而莺粟花满野。一入滇境荒芜更甚,或数十里不见一人。云有句云"荒原古墓比村多",概可想矣。云在黔省接砚宪来缄，嘱由沾益州先赴开化行营，云即取道曲靖府广西州前赴开化，山路崎岖，尖宿无地，僰夷杂处，居民之苦，不堪言状。闻滇省以迤西为上邦，宪所历届迤东、迤南地也。抵开化后谒见砚宪及周阁学、唐观察，知法带兵官已至保胜，而定界法使尚无消息。滇边法人在南英人在西，边防日久，边饷何以能济，以云揆之，边无战事，似不必以重兵耗饷，而非云所敢言也。开化西行回省道出蒙自等县，有矿处所便道查看，蒙自距关外甚近，个旧锡厂甚旺，成色亦高，外人颇为垂涎，而内地销路较少，陆运尤艰，成本过重。云意急为开采，将来滇厂似以此为根本，铜矿颇多，仍以东川之汤大茂碌四旧厂为最，惜铜本太少，招商不易耳。云至开化幸未染烟瘴，连次夜雨，人皆衣棉，且或穿小毛，其地寒暖无常风狂如虎则大似北地矣。滇省别有天地，史臬司言官场廉耻道尽，云于三月十九日任事，诸务当徐图之。惟年衰子幼，恐沦异域。既承中堂厚爱，尚祈鉴原，如能随侍若菊圃，固愿之，而不敢请耳。途中读赐《柽华馆集》，多座右铭语，某宦裔一节，今日多视为故常，《柽华馆》责之甚严，中堂跋语从恕，然义利之辨益明矣。再叩钧安，伏乞垂鉴。

际云谨再禀

三月望日申

致菊圃信，祈转交。

彭玉麟[1]致阎敬铭

(一)

同治元年三月初一日

丹初尊兄大人阁下：

碧海春深，谅起居佳胜，无容赘颂。月之廿六接到去秋克复商安保举部覆，兹将刑子英、张仰垣等饬知三件寄尊处，乞转交为祷。希帅到皖，渭翁到鄂，两省人事俱各增新。沅甫廿四开差赴无为州，大约月底可攻巢县耳。特请台安，不尽欲言。

愚弟彭玉麟顿首

三月朔日

(二)

同治元年八月初十日

丹初仁兄大人执事：

别四载，于月初六日由涤帅处递到七月十七日手书，不啻五云天降，快慰渴忱，三复临风，敬悉种种，握晤荫教，不是过也。金陵幸克，天实为之，否则钝兵坚城，几于财力俱殚，不堪设想。谬蒙奖喻，滋愧良深，惟是获遂吾衡起义兴师奏克南京初愿，得了一春心事耳。不才楚之下士，志在山林，先慈弃养，功名念销。久拟墅屋闲焉，不做梦松之想，滥邀懋赏，殊觉失实，夜深展侧，五内难安。长揖归田者，不卜几生修到也。虽则扫穴擒渠，江鄂余氛尚烦兵力，所幸江西所陷五城经鲍春亭许湾痛剿，实杀贼数万人，此后皆迎刃而解，刻已次第攻克五城，而降者亦十余万人，余党窜近闽界、赣境宁都等处，不日即就肃清，

---

① 彭玉麟(1816—1890)，字雪琴，号退省庵主人、吟香外史，祖籍湖南衡阳。官至两江总督兼南洋通商大臣、兵部尚书等职。光绪十六年三月，病卒于衡州湘江东岸退省庵。赐太子太保，谥刚直。

浙之湖州亦于七月念七攻克，皖之广德尚踞，谅势不久立矣。惟鄂中事大与前非，发捻盘踞黄、麻境内，我军虽众，能战者不指屈。陈国瑞一昨失利，逆氛大炽，窜近英、霍，皖北可虑。弟以鄂、江未靖，暂在湖口，江、鄂、皖可兼顾。年来旧病频发，记珠全失，非常忘误，可恨也。六月在鄂垣登黄鹤楼遗址，谒胡文忠祠，不禁怆然涕下，出于不自知，此公不见金陵之克，实于金陵大有前功，此公若在，鄂事早了。今金陵大功告成，诸路统帅尤宜慎所剿防，不可大意，不可抽身，纵使余氛净扫，各路善后非年余两载未能妥善，苟稍骄懈，吾恐滴水穿堤之患尚所难免，可不谨惧乎？灯下草覆当面，敬请台安，诸惟心鉴，不尽神驰。

弟麟顿首

八月十日

(三)

十二月十六日

再者，秋中去周家口，往返四月，归来心疾愈忡，颇为所苦(第一善忘，可烦之至)，行年五十三，老迈不堪，头浆骨折，步履为艰，蒲柳衰质，至于如此，可叹可笑。日不能食，夜不能寝，其能久乎？当兹岁暮，马齿又加，莫补时艰，愧愤欲死。长江事宜不知明年能弄了否，恒以不能终局为虑。我兄清恙当必勿药，念甚念甚。再请岁安，不尽神溯。

弟麟又顿

十二月十六日

(四)

同治四年四月十五日

丹初仁兄大人再览：

音敬虽疏，驰思实切。去冬以来手足频麻木，不能多作字，兼之巡驶江上，上下往返查勘，设立水师营汛地段，办理善后章程，事因创始，晷度少暇也。我公抚鲁，剔弊除奸，不避嫌怨，百废俱兴，风前引领，敬佩万万。弟从军十三载，筋力既疲，心血更耗，蒲柳质衰，难胜重任。向无作吏之心，乃来漕督之命，惶悚失措，莫知所为，与其免强担荷贻误于后，何若剖怀直陈，沥情于前，两次具疏婉辞，幸邀俞允，仍责成长江善后事宜，刻下赶办清厘，不卜秋冬得以竣事否。只以性情偏急，心神近多恍惚，失红旧症频发，每日心旌摇摇，数次恐成正冲，多病善忘，焦虑殊甚而已，无可足陈。江北捻逆扰及徐、宿，涤帅已派刘铭传军门、张枝珊镇军各率大队进堵淮南北剿办，敝处亦派水师入射阳湖、清江浦等处，会合黄昌歧军门，扼要力保襄下河完善之区，倘有吃紧，不才即行亲往，不敢自闲苟安耳。皇上御极，两宫垂帘，议政王公忠体国，中外臣工同心协力，得有今日中兴气象，实乃朝廷宗社之福。乃居高必危，古人所鉴。议政忽出军机，出人意料，天下有心人能不抚膺欲痛！纸短情长，再请台安，诸惟心照，不尽神驰。

弟麟再顿

四月十五日

（五）

同治四年某月十五日

丹初仁兄大人执事：

夏五望日接奉手教两函并大咨，敬悉种切。邸帅战殉，东鲁紧急，北渡可虞。不才深以为虑，诚欲溯运流东上，派拨师船以听指挥，无如行抵邳州，以江外船炮笨重，内河汙滞多搁浅处，因返棹宿迁。适接西江警报，以霆军两枝哗饷生变，一叛于鄂，一乱于闽，均以西江为壑，似有会合勾结之意，章门空虚，飞咨求援，而长江上下游勇乘机沿江抢劫叠见案报，因于天中节后率师出江（十三旋抵裕溪），派定、乡、左三营上驶江西，弟暂回裕溪老营，清理积牍数日，随即溯流，拟驻湖口，就近调度去，而江外师船难以入黄，情形已于前月经曾、吴两帅先后奏明，应就黄河内船添设炮位，配以土著兵勇，庶几人地熟习，驶驾相宜。昨过金陵，晤涤帅，已饬派船，俟运河水涨，即载炮数百尊到济宁，交尊处派员检收，以便立黄河水师矣。不才援江未能入黄，惭对旧好，惶歉实深，当求鉴宥是幸。匆匆草率，履请台安，统求亮照，不尽神驰。

愚弟彭玉麟顿首

十五日

(六)

同治四年七月晦日

再者，捻氛入豫，此时皖北、山东、淮南皆肃清，尊处防务稍松，秋风多厉，可期节劳为慰。涤相移节徐州，已派刘省三踪剿，少春中丞通谋合作，能不使他窜否，鄂疆亦甚可虑也。长江幸无恙，惟秋潦泛涨，禾稼半在蛟宫，哀鸿满耳，殊焦灼耳。金口叛卒已入粤，与发逆汪海洋合，盘踞镇平，不忘西江旧路，转瞬不卜何似。弟闰月自维扬返棹，回江上驶，中途大病，迄今近三月，尚未复元，幸未与鬼为侣，两足无力疲软心冲冲不止，精神困顿之极，难以振作，为之奈何！蒹葭在水，思与秋深。再请丹初仁兄大人大安，不禁神往。

弟麟又顿

七月晦日

(七)

同治四年九月初五日

丹初仁兄大人阁下：

暮秋四日接奉中秋还云，三复临风，如亲晤对。我公抚东鲁，心力交瘁，任劳怨者数载，口碑在道，声名难泯，天下事岂能尽如意，但求无愧心而已，达人当以此言为是也。捻氛由豫之唐县近逼枣、麻，鄂日紧矣。粤贼经江西娄云庆、席宝田两军阅境入粤三获大胜，收降两万余人。刻下汪逆势孤，刘岘庄中丞已接篆，是知兵者，江事当为无虞,若得闽粤合力围剿,即可扑灭。长江多盗,以各处遣撤兵勇之故。弟卧病,遣部下沿江盘获数起,枭示廿余人,近幸稍安。赵镇有勇猛之气,乏谋略之才,是一小营官,不足当大任。贱恙已痊,惟神摇心悸,手足频麻木,精力衰疲,诸难振作,焦虑日甚,为之奈何!自病后难于作画,此事久已置之,无以复命。恕恕。胡少芝颇聪颖,陶夫人不惜束修,延师善诱,或冀有成。郭筠老所谈文忠公行状,敝处尚未见,俟有时当为寄尊览也。先父母一生辛苦,不才谨述行略,辱承雅爱,敢呈大教。敬请台安,余惟心鉴,不尽神驰。

弟彭玉麟顿首

九月初五日

(八)

再启者,弟于冬月望后,率水师自鄱湖返棹江南,冬令水涸,各处散勇土匪勾结为盗,沿江肆扰,刻下层节严秘防拿,稍觉安静。捻匪自徐、济诸军迎击,窜往河南,经周镇盛波败之于宁陵,刘省三军门败之于扶沟,张、赖等酋现合股窜扰襄、叶、桐、舞、西、遂等处,曾爵帅已派包、树等军往周家口,替出刘省三作为游击之师,与捻纵横驰逐或有济也。其疏、德、徐、临各军仍镇守不动,以便相机邀击,刻下战守并筹,较有把握。粤逆汪海洋于十月廿一日袭陷嘉应州城,蔓延松源一带,鲍春亭于冬月望前始抵会昌,与席砚香合兵会剿。知关绮注,用特附闻,载请大安。

弟麟又启

(九)

八月初一日

再者,捻逆此剿彼窜,飘忽无常,未获聚歼,流寇滋害患实甚焉。刻下皖、豫、苏、鲁分段扼守,各有专司,而鲍、刘、周、王诸君跟踪游击,或较前易于得力为功也。弟江防如故,无善可陈。惟入夏又大病，近日秋凉始稍痊耳。然精神败甚，为之奈何。载请丹初仁兄大人大安。

麟又顿

八月初一

（十）

同治五年八月二十日

丹初仁兄大人阁下：

秋节前曾修芜笺，计程当达尊览。顷赵三元来，接奉手教，盥薇雒诵，敬悉种切。辱蒙绮注殷拳，私衷已深铭感，乃荷远赐汉魏各碑，古色古香，如见三代文物。逐一检玩，胸中积愤俱消，不独扑去面上三斗尘也。谨什袭藏之，感谢无既。不才近状前次函中详及，兹不赘述。不日溯清江上流入洪泽，历临淮赴豫，往晤涤帅，会商长江水师设官分汛善后诸事宜，以便入告，归时当在冬月矣。中兴颂一碑、茶碗廿个伴函，乞哂存。复请台安，用鸣谢悃。精神久不振，年始过五十，目花灿灿，背已龙钟，百病聚生，时艰莫补。素餐滋愧，乏善可陈。每思人事时势，不禁感叹。语言不尽，余惟心照。

弟麟顿首

八月廿日

此函物交赵镇带，恐迟迟其到也。

（十一）

丹初仁兄大人阁下：

自鄂垣一别，光霁忽忽，十数寒暑不奉尘教矣。只以勇退告蹈，天分南北，山林泉石，鱼雁难通，遂疏音敬，而暮云春树，渠月帘风，无在不神驰大君子左右也。每逢旧好知我晋公，莫不细问起居，情殷向往。不卜烟霞高隐于在山泉水之中，尚一念及江海洪涛浊浪间，有万不能脱却沉沦获登彼岸之人否？时际维艰，人心不古，狂澜莫挽，浩叹何如！旧日患难同侪，搔首晨星落落，抚今思昔，曷禁涕零。当此天灾示儆，北旱南蝗，伏莽思逞，尤切杞忧。我公东山未能高卧，奉命赈恤，饥黎幸甚，朝廷倚畀，惟祝霖雨普济苍生，天下幸甚，不独珂乡赖福曜已也，是所盼祷。麟以告病朽材，谬膺巡江重任，年年逐浪，岁岁奔波，职所应分，不敢告劳。但老病颓唐，心忡气逆咳血，左手麻木，筋骨旧创疼痛等症不时举发，春夏尤甚，行年六十四，不复当时顽皮，精神疲困，无补时艰。于江海防务毫无救济，抚躬清夜愧愤殊深，加之命蹇德薄，遭家不造，仅一子又于今春不孝长辞膝下而去。小孙黄口，内无成童，外无次丁，不敢以私废公，只好弃私家于不顾，心绪恶劣，夫何可言！湘鄂冬春连雨，五越月阴霾不开，凑无十日晴，秧苗尽烂，大江南北蝝孽勇出，遍地皆蝗，倘灾及东南，时世不堪想矣。刻下北方获透雨否？念之念之。兹以阻风青草湖西获闲，扶疾手此，端请台安。言不尽意，诸惟心照，无任神驰。

愚弟彭玉麟顿首

再，卫静翁放浙抚，湘中人无福，未能得受其福，以致静翁丁艰，不获福我邦土。湘中吏治、军政、士习、民情，非静翁来不能整顿，望云骧首，浩叹实深，梓桑不幸，良用涕零。奈何！胡文忠夫人作古，有讣闻并弟处信件，拜恳由尊处转寄。南北天遥，不卜静翁珂乡居址，鸿雁难通故也。又及。

（十二）

十月二十二日

丹初仁兄大人阁下：

天南地北，越雨燕云，音敬久疏，恒以为歉。一昨余都司出都来浙，递到手教，五云一朵天外飞来，殷殷道故，矩度如亲。钞件两疏拜诵，敬佩莫可言状。荫绮注之情深益，私衷之感愧就谂。别后十余年，家世尽筹，杜躬康胜，忭慰弥深，时际艰难，人心不古。国计民生隐忧殊甚，得我公总司会计，酌剂盈虚，苍生幸甚，天下幸甚！麟不学无术，每年奔波江海，纵横万有余里，毫无补救于防务，清夜思维，徒生内疚而已。今年老病愈形颓唐，家中私事尤不堪言，自儿子死后，尚有一弟支持，去年弟又死之，孤孙黄口，内乏成童，外无至戚，复多内顾忧矣。年近七十，怔忡咳血，旧创筋骨疼痛等症不时举发，苦况难言。屡辞差使，未邀恩允，心神时见恍惚。幕冷无宾，秃管一枝，钜细须一手经理，遇事善忘，似此衰朽，其能勉支不偾事乎！履簿临深，刻刻滋惧，饮食少频，通宵不眠，尤为苦境。磨蝎星照命，夫复何言！近状如斯，扯杂为我公告之，以当晤谈，能勿一嘘乎。承索拙书，兹乘星叔侍郎由浙返都之便，破美写就梅花四幅、拙书挂屏四幅以寄。端请台安，统希爱照，不尽神驰。

愚弟彭玉麟顿首

十月廿二夜浙寓泐

（十三）

二月初二日

丹初仁兄大人阁下：

自托许星叔侍郎便寄梅花四幅、肃泐芜笺一函之后，奔波江海数易春秋，老病颓唐，无善可慰尊怀。故久疏音敬，未敢以无补时艰指之愧愤形诸楮墨，渎我公清听。转劳远道裁答，于衷更为不安。且国事艰难，世道隳薄，人心浇离，我好杞忧，举笔不免牢骚流露，无谓之极，是以每欲搦管敬候起居，屡又中止，不卜知我者能海涵否？

麟素不才，不足当大事，且不学无术，不敢为官，敢任奔走，劳怨不辞，在当年顽皮壮岁可也，兹年近七十（我公亦来年七十矣），筋疲力尽，气血衰萎，遇事善忘，木朽如斯，岂能任重耶！而天恩高厚，无已有加，惶悚弥甚，时凛冰渊，苦状不能名言。谚云："哑子吃黄连。"其滋味只自知耳。去冬巡江海差竣，本入都遵旨陛见，而心忡气逆，神情惝恍，故痛剖苦衷，力请开缺并除巡阅差使，拜折未数日，奉来粤办防之命，维时粤中警报交驰于道，以为法鬼狡诈莫测，恐脱利古之言果尔，则羊城必不可问。麟若顶住告病请开缺之疏，拜折力辞此行，岂臣子致身事君之道，天下后世将谓我何？故不待开缺折批回，立即单骑起程而来，筹兵筹饷筹防，妙手空空，作炊无米，此间主人自顾不暇，未能及客，情状焦灼万倍。一冬以来，遍呼将伯，借助他山。幸蒙江、皖、湘、吴诸旧雨公忠顾全大局，量力各有所助，得以敷衍一冬过去。今幸沐圣恩，饬贵部议准拨海防经费三十万，饷源有着，可免焦急，得以不靠主人。所宜添防一切可以自行从容布置，静以待动，法鬼真来则拼此老头皮与一决战，稍申积年血愤，以报效朝廷，致生死成败利钝不计也，敢以告我老友。别后廿余载，愤闷不平之心，惟期阎罗早速见召为幸，否则欲退不能，求生不得，苟余残喘，病魔纠缠，苦况难乎其难，可不虑终归，颠蹶不振，致败晚节乎？近日发心忡气逆咳血筋骨疼痛各症，日除搿管躬亲公务勉支外，则与床榻为伍，此何生趣耶？且长江各标公事仍不免杂踏而来，虽已奉明旨交左相、李与吾，弟亦屡次公牍私函辞难兼理，无如江上年久，诸将官不遵，一切事件频频来扰，亦足见长江五省各将官员弁依念之心，可爱可悯也。弟于腊月移驻大黄窖炮台，营中便于督操，无事则幸，有事则台存与存，台亡与亡，以坚定我志。十日内未能见客出门户，偷暇手此，端请台安，欲言不尽。

愚弟彭玉麟扶疾顿首

二月初二日

再，至于此间公事以及防务，积习已深，官样文章不实事求是，素来若此，难以力挽澜回。不才创论以为天下事无不可为，无如诸当事以公家事不能如私家事认真之，所以难为也。曾有感书怀句云："官场治事坏，因循盖重有愧焉。"此间事大抵然也，一言以蔽之而已。傥官场事不以因循颟顸，粉饰敷衍，则天下太平。我公以为然否？我公近兼户兵两部堂官，重任能不劳瘁否？念念。又及。

再，左相年迈，诸事不如从前，犊爱尤甚。为前岁盐务，蒙旨交敝处查办，王诗正实有不堪明言者（乃其四世兄妻舅也），再三曲全与以暂革，仍交左差遣，而朝廷加重革职，逐王归里，非干敝处事也。屡挟弟开复，又挟调用，不允其意，则近来遇事与为难(甚矣办事之难也)，万分可笑耶。且亲笔来函痛诟之，不堪卒读。有是理乎？弟只复言“另笺谨领钧教多多矣”以了之。付丙。

(十四)

三月初八日

光绪十一年四月十一日广东委员陈巡检带交

丹初仁兄大人阁下：

远戍海南筹画防务，加以老疾颓唐心绪恶劣，不欲以一腔忧抑琐渎聪听，音教致疏，久荷挚爱，不知见谅鄙忱否？辰维柱躬康胜，政务延床，仰止台垣，当符心祝。法夷犬羊成性，枭獍为心，反复无常，固其然也。去年就和天津，而越南观音桥背盟开仗矣，复闻撤兵入关，而台湾鸡垅已为所夺矣。彼何信之有！以为欺侮狡诈，行其鬼蜮，实可恨也。朝廷赫然震怒主战，命将远征，各疆臣体国公忠，筹兵筹饷筹援煞费苦心，年来计费用数千百万，始得谅山大捷，法鬼酋歼毙实多。正值天讨方张，维扬我武，北宁旦夕可得，山西、西贡、东京冯子才已预备内应，但看戎机顺手，不难埽荡，而前乃法鬼行其故智，就津约以缓我师，我不免堕其术中矣。圣朝柔远，恩深政崇，宽大彼族，恐未必守信义以终局也。且条约未能速定，革其面未革其心，有此一和，由是当事者以和为得计，无复自强之远谋；领兵者视和为终局，潜销致果之敌气。边疆险隘又以屡和之故，武备懈弛而不修，一旦该法虏蓄船坚炮利之精锐，乘间以与我为难，我将何以御之？麟愚憨以为非造铁甲以立自强之基不可。五中焦灼，寝馈俱废，思之不能旦夕稍安，到防以来，百病聚生，几无一日不与病魔为伍，时际艰难，何暇自恤，惟期该逆到粤防与决一恶战，断送此老头皮，以报朝廷深恩于万一。今以和终战，不复望。其如老病难磨，一丝残喘不得终局以正首邱，何思之足心悲矣。奈何！兹有无名津约五条阙谬，颇中肯要，照录一纸寄呈台览，孰谓草茅下士，食毛践土，不与敌忾同仇关心大局耶！

今以委候选从九陈本基送部饭银及报销册入都之便，扶疾草草，敬请台安，诸祈心照，不尽欲言。

愚弟彭玉麟顿首

三月初八夜

再者，年来越南用兵不力，旷日持久，虚靡饷项。除滇军实以饷项军火不足难期用命外，至于桂军实因主帅昧于调度，举动乖方，又加刻薄营私，致失将士之心，离心离德，又屡以败报胜欺蒙（湘涛气愤之至，莫奈彼何），众口同声，烦言啧啧，噫可叹也。此须各军用命，实喜主帅去位，各舒其气，得一鼓而复。谅可惜就和，台北亦昧于主帅之偏僻养痈，皆无非故为促以归和，不为国计民生作长久计，是何肺肝？诚不解也。岂人力不能胜，天理实不能胜数耶。苏元春资望勋劳皆浅薄，不足当大任，任屡坏事。为主帅徇师生私情庇卫之，故得掩饰其漏。王德榜固有挫失，然能扼扎前敌，为诸军在在援应，多获胜仗。主帅忌之，变白为黑，致一同去职。真冤屈莫明，足寒将心。幸冯子才能自强，否则与王德榜同归黑暗地狱矣。时事艰难，有何公道，人心不古，如水就下，狂澜既倒，无力挽回，宜痛哭也。但期朝廷威福，远人归心诚服，庶几台越可安，否则患不旋踵，实切隐忧，奈何如之。弟素憨拙褊急，不知忌讳，有言必吐，有知必说，否则郁闷不能寝馈。由于学问不深，少读书之故。今实老眊昏昧，心神恍惚，举动无有不谬，无能为也，奈何奈何！夜深兀坐，刁斗声寒，旁皇四顾，走笔狂书，不尽。又及。

（十五）

初一日

丹初先生大人阁下：

昨遂瞻韩，欢忭无似，只以酬应匆匆，未得快领教益为怅。喜驻营沙口，省会匪遥，再图握晤也。一昨公会厚扰，郇香浃髓流肌，难名谢臆。今夏珍赐食物，拜领增惭，军火如数收禁。敬请台安，兼鸣谢悃，心照不尽，谨璧教谦。

弟麟顿首

朔日

（十六）

十二日

丹初仁兄大人阁下：

昨自下游反棹，曾肃寸笺，不卜获邀青盼否？顷由甲甫处递到初四手教，承示幼湖兄拟来荒营共患难，弟于今年春在太湖共起居近十日，仰其人品豪爽，学问醇笃，深所敬佩。惟是敝水军规模素小，一切执事友人颇浮于事，文案较陆路亦简，位置甚难。况舟居不同，房屋宽余亦不同，陆师可多支架帐棚，便可住客，水师多一人则须多一船，此时雇船颇费事，再四思维，深难为情，在幼湖此时为家计更未可作游客闲住，弟已请开缺，一切均仍旧制，幼湖所谋究不如鄂中为佳耳。兹敬求贵台代弟送六十金为幼湖鄂中旅费，聊以表意，俟妥便即行奉还不误。匆肃寸启，即请台安，希维亮照，不尽神驰。

愚弟彭玉麟顿首

十二夜

再，承示炮廿尊已代铸好，并《兵略》一部交委员解涤帅处转交，刻下尚未奉到。厚庵部下嗷嗷，实难度岁，前次三万不足济事，弟欠九越月更难挪济，乞广施德惠，赶解数万金，实感同身受也。又及。

（十七）

咸丰十一年初六日

丹初仁兄大人阁下：

弟于冬月四日自皖成解缆，赴下游内河长江无为州、运漕东关、旧县、芜湖等处查看情形，布置一周。以前敌无陆师，未便进剿，暂饬水师稳守，以度残年，俟曾九先生来，则陆兵有主，或可谋进取也。否则陆师散漫无稽，不但可战无将，即守尚须水师在前后护卫之。刻下东关三汝河运漕之水不满三尺，横不过十数丈，两岸堤高二丈三丈不等，日见干涸，贼恒以水路来犯，幸皆击退之，颇有斩夺。陆师袖手旁观，不出濠墙，遵九先生教也。若何？再干不能容三板驻泊，实可忧耳。巢县已为水师攻克，贼弃城，去而复返，以无陆师之守故也。本月初一返棹皖江，奉手示并承寄到诰轴，谢谢。外江水师饷绌，尚祈原谅，筹济二万，俾得度岁是感。草草，敬请台安，不尽神驰。

愚弟彭玉麟顿首

初六夜

(十八)

同治元年五月十三日

丹初仁兄大人执事：

月之十三在金陵城下接奉赐函，承示代做炮架一半试用，以炮耳有前后大小不一之故，此议甚是，初弟未及想到此也。需费若干，尚乞示知，便寄上。弟于四月六日自皖江黄皮夹开差至铜陵夹为老营，即乘一叶三板率各营进兵下游，幸将士用命，一月以来破金柱关要隘，收复东梁山，克太平府、芜湖两城，肃清黄池、湾沚至宁国，踏平东门渡、油榨沟、庙埠等贼墙，以离城十里水浅滩高，未到城下，返棹搜剿石臼、固城、南漪等湖，清弋、水阳等江，初一出江破烈山、采石，初三夜战大胜关，破夹岸两伪城，乘势前进，三更时破白河口三垒，四更时破江心洲、蒲包洲夹岸四垒五卡，五更过金陵水西、汉西两门，抵九洑洲，环攻至初四天亮，我军伤亡太多，未能得手，以该处仅一大垒，高宽如城，环濠数道，曲折若螺旋，该伪城上中下三层巨炮，濠内大拖罟战船十余，万炮齐拒，子若蝗雨，非有大队陆师由蒲口攻出，拊该垒之背夹击不为功，否则徒伤我精锐无益也。初四辰刻收队，即分泊蒲包洲、草鞋夹上游、水汉西门一带，与贼相持。连日派勇登岸，乘机陆续将近城河贼馆、贼卡、贼墙，毁焚净尽，此城西也。沅甫方伯陆师亦入秣陵，逼近城南，我水师在下游相离较远，未能相依，日对清凉山色，不知何时乃可入石头城擒渠献俘耳。江涛滚滚，我怀如何。宁国未复，终为陆师后顾忧。金陵为贼十年老巢，非可幸得，虽抵兵城下，防守不易，宜时刻小心谨慎，以防他虞。统兵者以为该城在掌握，不知何所恃而不恐，尽调后路防兵，于秣陵关内不严守。秣陵关通衢要道，我是杞人隐忧，实甚意见不同，一旦有援贼大至，水路不相依属，难保无意外虞，涤帅亦以此悬念也。弟精力心血年弱一年，较去年在鄂时远逊，计在三板四十余日，近颇难支，兼受风寒燥热，筋骨痛疼寒热大作，无医药，拟布置水师严守扼要，交王柱堂、成发翔主持照料，弟暂抽身，不日于老营料理应办公事，就医药调理之，再赴前敌，江面或一时无碍也。念自衡州起义兴立水师，原为金陵计，不意南征北剿，东补西漏，至今十年之久，乃抵此城下，前路茫茫有如漆室，抵此城，安易克此城哉？思之怅然。惟力辞皖抚，得负弩前驱杀贼，遂我出山初心，寸衷稍慰耳。但欠饷十一个足月，江流万派谁是财源？且西江药局被灾，军火不济，焦灼弥深，守此暂养休士卒。防务稍暇，走笔草草，琐琐以当面谈。鄂中旧雨关心诸公，乞出此一阅，不遑另启，中堂处亦未暇细赘，代达近况为感。特请台安，不尽神驰。

愚弟彭玉麟顿首

五月十三夜金陵城下泐

(十九)

同治元年正月十四日

丹初仁兄大人阁下：

弹指光阴，年华又换。谅春祺多茀，公移感嘉，定如臆颂。客腊承赐《兵略》一书，并铸炮廿尊，均拜领，谢谢。顷奉到手教及公牍，荷蒙厚解杨军门饷项，俾七千饿卒安然度岁，感何可言！第三次陈情请开缺，圣恩高厚，不加罪复加恩，以兵部侍郎候补，惶悚莫名。希帅仍回皖抚，严渭翁调鄂，熟径重经，于两省皆多裨益矣。弟楚材中朽木，得卸封圻，重任藏拙，幸邀抱惭靡既。草草肃复，即请台安，兼鸣谢臆，诸惟心照，不尽神驰。敬璧大版，幸勿再施。

愚弟彭玉麟顿首

新正十四日

（二十）

正月初四日

同治元年

丹初仁兄大人阁下：

弹指流光，年华又换新春，定多佳况，无容赘颂。客冬在鄂托买江西景镇磁蒸盆，兹以谢哨官解饷返棹之便，寄呈一个，又磁荡壶一柄，均藉以伴函。草草，即请台安，并贺春祺。

愚弟彭玉麟顿首

新正四日

祁寯藻[1]致阎敬铭

(一)

同治三年甲子十一月初六日

示及东省吏治积弊相沿已久,酿患者梱哉,而去弭患者竭蹶不遑,天下事大抵如是,致此大劫,岂非人事。阁下比年整饬已有成效,然起敝拉衰恐非数年所能挽回也。民生系于牧令,舍是别无长策。顷见李君瑜致敝席端木子畴书,论东省积弊颇切,节录呈上,闻此君现馆泰安太守幕中,似有心人,此稿幸勿宣露,恐触时忌也。衰病退休,尚兼直班,又叨俸糈,不知何以图报。精力如此,惟有感悚,承惠益增愧歉。命书二联勉就,笔弱惋僵,不称箴言。附上石刻两种,皆门人所刻拙集八本,芜杂不已,观一生踪迹,聊备自检,尚望知己削而教之。戊午以后诗拟明年再刻奉寄,近来读书写字作诗大不耐劳居数。阎梦岩户部沈潜恬退,数相晤叙,此敝门之粹品也。初五日大雪竟日约三寸许,此好兆也。西事纷纭日甚,能示所知大略否?手肃布谢,再颂新祺,不尽。

愚弟寯藻顿首

十一月六日

丹初五兄大人阁下

同治甲子冬

(二)

十月二十一日

承惠汪退谷钞南园联语朱绿拓本二十副,刻工甚精,拓亦鲜润,蓬庐为之生色,惟不肯收价,殊不安耳。手谢即颂时安,不一。丹初

---

① 祁寯藻(1793—1866),字叔颖,一字淳甫,避讳改实甫,号春圃、观斋、息翁、间叟,山西寿阳人。嘉庆十九年(1814)进士,由庶吉士授编修,历任各部尚书、体仁阁大学士、太子太保,谥号文端。著有《马首农言》等。

五兄左右

寯藻顿首

长兄附叩

十月廿一日

(三)

八月初十日

来示详切，如面聆教，感念交至。近以眩疾作书甚艰，谨以鄙意属端木舍人埰代笔奉答。子畴馆敝宅多年，留心时事，忠孝人也。寯昨再疏乞退出内廷休致，蒙恩体恤俯允所请，仍叨全俸，俾终余年，自顾衰躯曾无寸报，惟此伏枥，区区之志，则没齿不能已耳。承念附致，即请近安，百不罄一。丹初仁兄大人阁下

弟寯藻顿首

八月十日

梦岩兄属致书并上。

(四)

五月初三日

邸帅事出意外亦竟在意中，十余年用兵少有挫折，宜其忠勇之性，愤不顾身，可痛可惜。部下尚有能自成一军者否？陈国端闻受重伤，尚在否？东省将材何人？文职中能得民心、团练足倚者何人？直隶此时防堵吃紧，两省联络且遏贼势，想揆帅南来亦必迅速，现在贼踪何向，又与我军抗犯否？副帅作何布置招集溃散，尚有若干人？恳切恳切。京城旱热异常，日内似有雨意，闻京外多处俱得雨，麦收可望。弟病近来略减，闻此等事，即闲居亦如坐针毡，风便希示大略，公冗不须手书也。诸惟鉴察，不尽。

弟寯藻手启

五月三日

祁世长[1]致阎敬铭

(一)

三月初三日

再肃者，自闻世伯大人恭膺简命为敝省查办赈务，以手加额者久之。嗣读屡次大疏，既佩仁人之言，更严非种之禁，卓识定力不待鄙人颂祷也。山右奇灾无端丁此，顷又奉特旨发库款二十万两，截南漕十六万石分给山西、河南，圣恩浩荡至再至三，重以亲历各郡核实办理。沅帅又复大声疾呼，州县必当实核实放。得讦庭前辈暨菊圃、杏樵两兄书，饥民惨状直不忍闻，敝省运米艰难已极，即捐输亦恐不继，不知现在已否得沾透雨。敝县寿阳冬雪微乎其微，春雨又无消息，京师入春来多狂风屡塺，旰宵设壇祈祷，尚未得沾雨泽。就食之民日多一日，如何如何。侄随分供职，毫无裨益，自愧读书无得，才识庸顿，自少鹤、梦岩两公仙去，畏友益鲜，菊圃归里又叹索居，回意当年侍教时情境不可复得，值此时艰，益深怊怅，尚望惠赐箴言，并示赈务一切情形为感。讦庭前辈、菊圃、杏樵两兄、吴清卿太史未及一一致书，乞晤时代致鄙意为感。手肃再布，祗请台安，统惟涵察，不尽欲言。

侄世长顿首

三月三日

---

① 祁世长(1825—1892)，字子禾、念慈，一字子和，号敏斋，室名思复堂，山西寿阳人。祁寯藻之子。咸丰十年(1860)进士，授编修。著有《思复堂集》《翰林书法要决》等。

(二)

光绪七年辛巳十一月二十二日

祁子禾辛巳腊初十到

丹初老前辈世丈大人阁下：

不接风采历有年矣,数年前敝省荒歉万分,又经贤劳周历抚摩而噢咻之,感激殊甚,亦未敢以寒暄套语上渎清听,然每一回思,无日不神驰左右也。迩维餐卫增胜著述等身,江湖廊庙之心知不能免,当轴之求贤若渴者,时以火虞在山为憾。近来精神意虑复何如耶?香涛先生今之贤者,现承简命抚我晋疆,朝廷为地择人,晋鄙之人莫不以手加额,而香翁抑然自下有歉于怀,素仰执事,久住敝乡,民生疾苦、吏治贤否,与夫士习文风醇疵高下,察之已熟,拟请台驾移驻省垣主一讲席,庶可朝夕请益,意甚笃诚,属为敦劝。长意以为与其河汾弟子偏坐春风,何如使并冀全区同沾膏泽也。虽为私心所窃愿,实属公议所从同,敢布腹心,伏惟裁度。长夙疴虽愈,年过始衰,只有一子颇晓读书,前岁夭亡,甚无聊赖,幸有两孙,却尚稚弱,大者粗解诵读,小者顽钝无知,欲赋归来,研田难活,俯仰逐队,无补于时。先人著述待梓者尚多,而力不从心,徒深负疚。天寒道远,不尽欲言。敬请台安,统惟涵察,不宣。(恃爱不作端楷,乞恕之。)

世年愚侄祁世长顿首

十一月廿二日灯下

乔松年[①]致阎敬铭

(一)

十三日

再恳者,郭镇宝昌荷蒙大力为之开豁严谴,得以遣戍新疆,免与成翼长同罪,感甚感甚。惟此时嘉峪一带道路梗阻,新疆官犯概不能解,前接甘督来咨,应解新疆人犯均暂停起解,皖省有应解新疆之萧道一员,已遵文停解。未知贵省曾否接过甘省停解咨文?如已接过咨文,则郭镇势不能往。如在东省守候,资斧维艰,仰恳我兄大人将其发回原籍,交该县看管,一俟道路疏通再行饬提起解,否则或咨交弟处亦无不可。如尊处并未接过甘省咨文,则祈宽郭镇一两月期限,令其措资,而先将此案咨知甘省,甘省接到咨文亦必咨覆停解矣。倘此时遽即解往甘省,不能转解,或随地截留,或中途折回,则其人亦太苦耳。敬此布恳,务望俯允所请为感。敬此手恳,再请勋安。

弟松年又顿

十三日

郭镇如交至弟处,将来倘有疏失,责即在弟,不虑其逃逸无踪也。

(二)

再者,弟处军饷万不能支,而卓胜营尤为艰窘,此军之饷原由贵省暨晋省两处协拨,若贵省不肯援救,其军必即溃散矣。从前此军隶邸帅时饷未尝缺,即改隶陈庆云,亦尝接济,今隶皖省,遂不复顾,老兄毋乃近于世情耶?皖省所入不敌贵省十分之二三,而养兵则倍之,

---

① 乔松年(1815—1875),字健侯,号鹤侪,山西清徐人。清代官吏、文学家、书法家、藏书家。道光十五年(1835)进士,授工部主事,后任湖南乡试副主考,卒谥勤恪。著有《萝藦亭遗诗》《萝藦亭札记》《萝藦亭文钞》《论语浅解》《乔勤恪公奏议》等,编有《纬捃》《乔氏载记》等。

是以卓胜营一军实有不能兼顾之势，非老兄俯赐成全，即将绝粮矣。无论尊处如何为难，总望设措一批赐下，感戴无既。敬此手布，再请勋安。

弟松年又顿

（三）

顷阅邸抄，知丹翁又疏请开缺，丹翁年齿未衰，何遽作高蹈之想？朝廷亦不肯听其去也。弟以钝才当此要地，惟恐用人行政时有过举，丹翁如有所闻，务乞举以见示，乃见夙昔相爱之深、谱谊之厚，切恳切恳。

弟松又顿

（四）

丹翁仁兄年大人阁下：

久违光霁，时切驰思。前闻得赋遂初，无任欣羡。满拟锦旋后可以常通音问，多领教言。嗣闻留居敝地，相隔稍远，军事益殷，遂未及作书致候，顷奉谕旨传知我兄赴京陛对，是我兄勋猷炳著，向用方殷，此时中外需贤，愿即应诏而起，勿久恋东山泉石也。弟则智尽能索，于珂乡无毫厘之补，亟求引退，以免官谤，业经具折奏请开缺，不知能邀俞允否。敬此布陈，虔请台安。

年愚弟乔松年顿首

饶应祺[1]致阎敬铭

五月二十六日

受业饶应祺谨禀夫子大人钧座：

客秋肃申两禀，谅荷鉴垂。嗣闻恭奉陵差出都，是以久疏禀候。昨阅邸抄，欣悉成叔世兄南宫联捷，甲第高标，染翰木天，凤毛继美，此固由世德之积累、家学之渊源，而叔兄卓越天才，不惟文字俱超，亦且德性纯笃，他日芸馆留编，芝輶出使，实于文风士习俱有关系。可为朝廷得人贺，不仅为德门发祥庆也。门生正初奉委总查大庆、三河、辛村、夏阳、芝川厘务，其实上台之意以夏阳之岔峪、芝川之榆林历为土厘偷漏之所，因有此委。门生查郃阳坊镇当四路之衢，驻扎总卡，并于夏阳等处分设巡卡以便稽查，愚意便商而后裕课，是以诸从宽减，以广招徕，而土贩自前年厘章加重，均绕走北山无卡之所，现请移辛村，委员于石皮一带驻查收厘，未知能杜其偷越否。此卡查货验票不收厘金，与碧川所查之木瓜沟一律尚无经手银钱之累，惟严禁丁书之讹索、水夫之留难、委员之匿报，惠及于商，利归于公而已。讳弟分江宁，蒙委襄办机器局，月薪可自敷衍，福弟因在省无长差，三月请假送眷回家，再来候补，碧川尚未回省，赴晋恐在新秋也。肃此，恭贺鸿禧，祇请钧安，伏惟慈鉴。

门生应祺叩

五月廿六日

成叔仁兄世大人侍安，并贺大喜。

---

① 饶应祺(1837—1903)，字子维，号春山，湖北恩施人。同治元年(1862)举人，历任同州知府、甘州知府、新疆巡抚。

任葆贞[①]致阎敬铭

六月十三日

丹初五兄大人礼席：

都门握别，久疏笺启。偶阅除目，礼园选耀州，急觅缙绅，丹初补贵州司，客腊托入都者作寄书邮与岳汉阶吏部各函驰候，窃拟早达记室，忽于夏初接弟树楷家言，惊悉伯母大人于去秋八月弃养，丹初闻讣归里，中年多故，喜惧交集，益感扬子云爱日之说矣。葆贞迂道见母，聚未五十日，终南往返徒费唇舌。冬初抵兰，逐队趋跄，甲寅六月承乏镇原，名为亲民，止四阅月，秋杪因算交代赴兰，腊底始旋。前县季玉生捏报团练纸上谈兵，未便更张，泾州奉檄亲查，据实通禀，制军斥蒙混搪塞，立登白简。二月十三日卸事，代者管文卿接办未及两月，四月初八日众哄罢市，泾州委灵台令抚谕，民仍疑厉，五月十一日平庆泾道偕泾州同至镇原，婉言解散，计罢市月有四日，道宪悬牌招告逐日细讯，驻辕十有六日，带原告十余人、被告书役数十人移驻泾州，管公自领司阍随辕待质，近又带全案人证回固原，未知作何归结。葆贞视篆连闰计九个月，赔亏银五千余两，半垫银价半饱衙蠹，实堪发指，舍将伯之呼再无别法，丹初何以教我耶？知我自有鲍叔，其如不我闻何？葆贞于吟咏一途，非所长亦非所喜，素守藏拙之戒，壬子过夏，候虫自唱，得诗十一首，癸甲两年未滴一字，尘俗可知。二月解组戏凑五言八韵，嗣困愁城，饱食昼长，聊弄笔墨，得诗共四十首录寄。弟葆淳似美人香草之心，非甘雨和风之象，因题立意亦异，不病而呻。丹初他日见之，当谓非余事作诗人乃常读离骚，大不祥也。丹初在不言之际，葆贞如此喋喋者，悲愉不以相闻，必休戚不相关之人而后可，虽犯古人所讥，不能以礼处人，亦不恤矣。挽言祈附灵帏，并

① 任葆贞，字子正，陕西澄城人，道光二十年(1840)举人。

冀与礼园节哀为祷。老伯大人前叱名请安。

研愚弟任葆贞顿首

六月十三日泾州逆旅将赴平凉

任道镕[1]致阎敬铭

(一)

九月二十日

壬午九月廿五到

丹翁大人赐鉴：

吉牧莅东，奉到复谕，渥承奖励，感愧万分。恭谂大人精神强固，百度惟贞，景星庆云，中外仰望，不独旧吏私心向慕也。道镕无德无能，谬膺重寄，时惕冰渊。东省库储节年销耗，几于空诸所有，去秋履任，首汰无实之冗军，酌停无益之机器，裁并局务，严核度支，经营半年余，司库稍有节存。方冀从此积累数年之后可复旧观，忽于六月间黄水骤涨丈余，历城、桃园庄漫决一百四十余丈，灌入徒骇，八月初后涨一次，如历城、济阳、惠民、滨州受灾最重，其次如章邱、齐东、齐河、阳信、海丰、沾化、商河等县均经漫溢，统计上下游坍塌房屋无算，灾民约在四十万之数，现已普律办赈，截留三万石，再有不足，以捐输继之，当不至填于沟壑。惟黄水滔滔下注，已分溜六七分，决口一日不堵，民命即一日不保，无田可种、无家可居。较之南数省蛟患不止加倍，惜无人知之，无人言之尔。至决口工程比甲庄则稍易，比侯林则倍难，所估工需七十余万，据目下情形而言，屡经潘臬司前往察看，据云水落归桥口门，能收至百丈以内，尚可节省。现正赶办料物，拟于凌汛前合龙，而开工须至十月中旬，凌汛在冬月下旬，为时颇促，止可尽人事以待天矣。此时工赈兼筹，无此力量。奏请改拨协饷，俾资挹注，舍此别无可图(下忙实解止二十五六万，照派数则多)。此次办法与前两届稍异，经费须核实，局势须收束，事后奖叙亦不能滥施，委员敷用而止较前届不及半，当不至于靡费。工竣仍开单奏报请免造销，

---

[1] 任道镕(1823—1906)，字筱沅，一字砺甫，号寄鸥，江苏宜兴人。道光二十九年(1849)拔贡。历任江西按察使、山东河道总督等职。

省得伪造虚账，徒饱吏胥之壑也。今天下患在贫，源无可开，流尚可节，公家固有之才，当为公家宝之。十八行省能于节用爱人之道切实讲求，十年可收大效，徒舍本逐末，非自强之策也。道镕素愚，肝疾年甚一年，自四月迄今，每月饭不满盂，胃气上逆，颇不自支。拟工赈事毕，决计引疾。蒙谕粮道交案，已饬陆道查明年款欠数具详核办。沈露轩诗闻其乃郎尚存二百余首，家境极寒，道镕旋里即为付梓，其诗近七家体格，自应流传以惠后进。十四日奉得七日赐书，州县支应兵差章程询之峻峰，板已残缺，亟须补刊，有旧刊两本，先行寄呈。承询东治营并东军章程，遵即饬局抄呈鉴核，并将近年东军大略上陈钧听。查东军马步水师有三十余营之多，王正起带十四营，约四成队，余尚不足四成，惟精健五营，约有七八成之数，分散各属，不操不阅，将骄兵惰，专讲酬应奔竞，王镇复每营每月河费七十两，习气尤重。营官止得薪粮五十两，若非舞弊克扣，费从何出！营规败坏，种种虚靡，莫此为甚。以六十余万至绌之饷养三十余营无益之军，年复一年，殊不成事。道镕到任先后裁撤十营，所有随员、制造等名目尽行沙汰，择尤参劾，郭参将升堂，王镇则善遣之。酌换营官，立告诫五条，与诸军约法，并加公费五十两以润泽之。从此严以责成，庶可渐有起色。然究不如练军汰勇之为得也。初意拟练二千人，以经费无出，但就缺额不补之兵饷，勉强先练千二百人，如可动拨正款，尚拟添练绿营，酌减勇营有无窒碍，敬乞训示。至东治中营于本年七月改东军营制，因大减营头之后，凡军需局至不可少之杂支难以融销，余出夫价数百金，俾可周转，是以未经报部，谨据实并陈，此外则应有尽有应无尽无矣。统计自去秋迄今，节省营饷并各项浮支二十余万，停止机器七八万，酌减协饷十余万，裁并局务员役三千余金，营务处薪水四千余金，禁止历城报销工程二万数千金，此大略也。东省库款自我公整顿以来，实已甲于天下，不图十数年中销耗至此，言之可慨，即如机器一端，本无所用，从前但做子药，自福皆到东省，广东县丞恩佑报捐道员到省，大为恢扩，招集员役工匠四五百人建盖洋楼照相，并造各色玩物,虚靡正帑。道镕到任立时停撤,但造子药铜冒,恩佑恐登白简,托两司辞差而去,现复投入神机营小作威福,亦姑置之。天下如恩佑者不知凡几,洋务为近时捷径,慕利希荣之辈层出不穷,此亦人心世道之忧也。而求一实在能办洋务者绝无仅有,动曰收回利权,实则收商民之利耳。去今两年,彗星屡见,各省水旱相乘。滇中销案攸关大局,似此气象,如何如何。此间有美国教堂案,前官格外迁就,愈纵愈刁,屡派洋员到此,与之坚持一年,而总署奏明须与还屋了事,止可遵办,然已怄心之至矣。吴仲伦先生著作自里门庚甲乱后,书板无存,其后人亦式微已甚,容再访之。道镕违侍钧颜忽忽二十年,不克躬亲榘训,因拉杂陈之,不自觉其言之琐也。恭叩福安。

旧属道镕谨复

九月二十日

(二)

十二月初七日

丹翁大人再鉴:

冬月十五宫令旋东,奉到钧答,过蒙奖励,惭感交并。恭谂荩忠弥笃,朝野咸孚,至为钦仰。昨见邸报,劾去姚、杨诸人,纪纲为之一振,惩既往,正所以策将来,农曹风气转移,所关于国计者甚钜,而官常从此整饬,尚不在此一端也。各省营勇日事闲游,即湘淮各军恐亦不免虚冗,愚以为各省防军尚可酌减,如谓不敷分布,可每营暂裁二成,既省有用之饷,亦杜缺额之弊。钧示所云兵不可用,财又耗尽,不如节存库储,犹可备不时之需,诚至论也。绿营疲敝,天下同之,军兴二十余年,未闻得一兵之力。先年曾上书于沈文定,议及减兵节饷,文定以为本朝定制,未便议更。钧示所云先裁兵额,去弱留强以省饷,裁汛归营,合散成整以厚力,再抽其精壮加饷勤操,即唐代府兵之大旨,亦即近时练军之本计也。道镕前议亦以为一郡额兵当聚于郡城,无事则操,有事则调,外汛千把外委可汰其半,继思各省兵饷皆不足数，或五成或六七成，或少一两季，率皆挂名兵籍，仍各自营生，不专恃食粮也。若调聚一处，不但足饷，且须加饷，为款甚钜，窒碍难行。窃谓整理绿营，约有两端，统天下七十一镇之兵，一律汰去老弱三四成，即可减兵二十余万，不必主减兵增饷之议，两浙绿营饷则增矣，兵如故也。其次则缺额不补，以十年为期，所扣额饷另款存储报部，酌抽练军，认真操练，将勇营渐渐裁汰，此练兵不加饷，裁营更可节饷，似亦统筹之至计。东省练兵已缺额不补，前奏办练军即此饷也。就使不言练兵，专言节饷，毕竟于公家有益。至马兵率皆有兵无马，每日例有喂养银四分，春秋止有三分，尚须七折。各省情形不同，万不能足额，亦竟不能与之认真。绿兵之有名无实，亦由于此。今天下患在贫，节用之道，首在减兵裁勇，而严交代，禁滥支垫放尤为切要。近年山东颇有此弊，不能不实力除之。拟捐年复一年提捐作杂，司书串通幕友从中舞弊，累及州县，已申明向章，逐渐整理，务使出入昭然，庶几于官于库绝无牵混。道镕任直藩年余，库已空矣。即从糜烂不堪之交代下手，清出现银一百三十余万划还州县，领款六十余万，将多年不办之奏销逐案严核，各清各账，使州县无从藉词，虽有怨言，亦所不恤。为上吏者须先去见好之心，凡事自有起色，不独理财一端也。此次桃园大工，形势倍难于侯林，彬卿估工八十余万，改七十余万入告，人人以为不足，不办春工而办冬工，人之以为不可，冬工省而难，春工费而易。道镕任河道两年，深知河工习气，无非拘泥成法，先事铺张，若照前两次办法，则河北五十万灾民必误春耕，来年无计谋生，虽百万赈银，亦属无济。不得不一意孤行，冒险为之。计十三日合龙，二十九日而工竣，适遇冰凌大至，在工人等拼命抢办，幸未决裂，前奏约省三十余万，现统计实用二十五六万，实省四十余万，其要着不多用委员，择人而使，终日驻河干，与之同辛苦，计工料。不必杀人参官，自然知感知惧。从前侯林料土用四十二万吊，贾庄用九十八万吊，此次用十一万吊，即此一项所省已多，而亦最难稽查者。料将此次办法留一记载，以俟将来。工愈速则费愈省，而工员亦愈苦矣。东省河患迄无底止，海口不能疏通，河身节节坐湾处处淤蛰，亦竟无法修治。水小之年尚可幸免，水大则遇险即溃，民堤万靠不住，止有修筑遥堤之法，而两皆一千四五百里，非三百万钜款不能措手。其间沿河村落又不愿筑堤，动辄阻抗生事，此其所以难也。赈务已将办竣，遍加察访，尚无孤亡。留六万余金以待春赈。道镕驻工四十五日，受尽严寒，顿患脾泄，腹胀气逆更甚于前。正拟上疏陈情，复以开复彬卿之弟有干吏议，止可从缓。自揣奉职无状，地方遇此奇灾，实属咎有应得，但望从此归田，免再渎请，亦所甚愿，未悉部议援引何例耳。此间非精强之吏断难胜任，何况痛躯。昨已据实函陈政府，地方紧要，乞公遇便言之。道镕自顾精神、才力实难肩此钜任，不敢讳饬因循，老亲年过八旬，思归甚切，亦不得已之隐衷也。肃此，以当晤陈。再叩钧安，不尽。

道镕谨又上

嘉平初七日

僧格林沁[①]致阎敬铭

同治二年八月

敬覆者,月之初八日接奉手书,备悉壹是。丁臬司所禀宋匪乞降一节,自应由刘制军办理,应剿应抚当不致遗有后患。至沁已于初五日督军驰抵白莲池,一路托庇,均属平善,刻下驻扎来传庄,查教匪人数现尚不下万余,均已窜上山岭盘踞,恃险抗拒,我军四面扎营,虽迭有斩擒,而山势险峻仰攻不易,现商令国工部进扎该处,督饬攻剿,初八日拨调炸炮,沁亲往督率各营兵勇进攻,惟因连日阴雨,山上贼巢已皆湿透,轰击多时未能得手,一俟晴霁再行督饬各营兵勇设法进攻,以期早就蒇事。知关廑念,特此布闻。再,接署提督恒龄寄来宋景诗告示一张,附此寄阅,即候台安,惟希荃照,不庄。

僧格林沁顿首

① 僧格林沁(1811—1865),博尔济吉特氏,蒙古族,晚清名将。道光五年(1825),入嗣袭扎萨克多罗郡王,道光十四年(1834)授御前大臣。后历任领侍卫内大臣、正蓝旗蒙古都统、镶白旗满洲都统等职,颇得道光、咸丰两帝宠信。

单为鏓[1]致阎敬铭

(一)

单伯平先生书由历城县寄来，同治丁卯七月朔到解州

肃禀者，窃卑职二月具禀并书数种，交粮台差赍呈，想蒙钧鉴。日盼销假之音，三月得省信，知大人归卧东山，决然舍去。不知气体果未充裕，抑篙目时艰不肯久留，私心悬恋，无可名喻。此时计铃辕定将西指，东方士庶如何失望。卑职山中小草，受恩最深，虽大人志在致身，不日即当北上，而犬马没齿不及见功业之成，但有呜咽。卑职业于三月回任(三月回教官本任)，只身海上，情况可怜，家事亦难挽回。仍当卧治诸生，不敢有负期望。前书想已委人抄录，务乞录竟命寄高密林令，必能收到(已录毕交首县转寄林少紫矣)。肃此，恭申依悃，虔请金安，临禀惘结。

卑职为鏓谨禀

(二)

十一月十五日

肃禀者，为鏓自春初叩违慈范，惘惘登车，不可为怀，及闻大人引疾暂归东山高卧，肠如轮转心似旌摇，引领西方，忽忽若失。四月曾寄禀济南，未知能否入电。夏秋连奉起节，前二次手札读之黯然，业将手谕装潢成轴，朝夕瞻依。方宗伯各书均从林令处收领，省城佣书手十日夜抄出，仰见大人显微阐幽扶持世道至意。惟关中不可居，寄寓河东，不知有何亲戚门生可为地主房室，一切是否妥适？气体是否已能如前？为鏓不得左右就养，但呼负负。想盐梅霖雨，指日还朝。惜为鏓衰朽残年，不及一待福星重耀，目睹功业之成，良用于邑。为

① 单为鏓，字伯平，号芙秋，山东高密人。嘉庆十八年(1813)拔贡，官栖霞教谕，清代桐城古文派在山东的代表人物。著有《四书述义》《奉萱草堂诗抄》等。

鏓三月回任，家中地四十亩分给两子自养。长子悖逆，率其妻孥归去，幼子夫妇皆因其子女嘻游之地，不忍重来。只身在此，惟恃此四十俸金自活。大人之所矜怜，乃彼苍之所废弃，君相不能造命也。自旌旗西去，而捻逐渡运北来，蔓延八郡，在登州两月，直抵栖霞城下，杀掠甚苦。为鏓惟日写千字，读书盈寸，日为避难入城诸生讲说《四书》疑义。绳悬梁上，城破即自裁，不敢负大恩也。今寇又到莱郡，太平之期河清难俟耳。大人在山东各尺牍、批答，乞于闲中汇为一册，寄赐雠校，以待刊刻。为鏓尚有手批《四书》《书经》《左传》及摘录经说子史、唐宋诗，无人交付，拟寄呈胄子四兄存阅，为细流土壤之助，不知何处觅便妥呈，所以历述苦况，正如古人所云，疾痛则呼天呼父母之意，欲师门一知觍缕，初非有干求大人，深信为鏓必不陨获于贫贱也，此禀递蒲州李守转呈。目力渐昏，不能庄楷，竹节书之。祗请金安，伏乞钧鉴。

受业为鏓谨禀

十一月十五日

再，栖霞王令屡言感戴栽培，业有专禀，谨附禀。

（三）

肃禀者，夏间具禀并赏给银两，由文藩宪转呈，计蒙慈电。十月见邸抄，恭悉大人升补少司空，私衷庆幸，谓有获侍之期，顷知大人坚卧不出，惘惘若失，无所依归。或气体果尚未健，抑蹈严陵高义，肠回百结，为一己忧、为天下忧，不知函丈仍驻解州或返朝邑？尚祈示谕，以释下怀。为鏓仍前孤苦，幼子绍勋已赴宜兴，冷官坐老，教授亦无选期，且亦不愿再动，无可禀慰，惟海内指日永定，深堪庆耳。各书谨遵前谕，陆续呈文藩宪、龚府宪寄上。大寒，伏惟珍卫，肃此具禀，恭请金安，并叩师母大人懿安，四兄大人文安。目力益衰，不能庄写，伏乞钧鉴，临禀瞻依。

受业为鏓谨禀

（四）

同治九年庚午正月二十二日

受业为鏓谨上书大人阁下：

去年五月由文方伯处上书，知残腊尚未得达，不知何因。旋奉到春间手谕，言将往中条，不知从何处恭叩起居，因循至今。中冬薛丞自京回济，接其书，托其寄上一书，计可得邀电鉴。今年元夕由薛丞寄到赐札，如父师之于子弟，捧读再四，似觌笑言，欢慰更深，夜遂入梦。始知今年仍驻解梁，但未提及气体比年如何，又深悬系。并知太史介弟、立仲四弟同入泮宫，继起有人，绳绳勿替，前人所云交手相付，如操左券者也，不胜额庆。门人段生来书言大人笃念孤寒，又饬龚太守厚赏白金，而太守知文方伯处未尝祇领，属匡侍郎代问，为鏓不能左右就养，焉有受师门重叠之赐之理，已令段生转启匡侍郎代达矣。为鏓自入春来，腰膂作痛，面食一两余，行步惧跌，丁少保虽再三来招，岂能再往？伏念为鏓八十无闻，疾疢忧虞，行将就木，又无可以交付之人，然得大贤知遇，已可无恨。惟不获再侍慈颜为于邑耳。薛丞西去，接信已迟，故未上书。《尚书札记》已录，清本无由面奉诲正，将来包固，同杂书呈龚太守妥寄，从此崦嵫岁月，惟有谨守钧谕，将家难度外置之，以尽余年。读"东西一隅，聚首无由，岁旧怀人"之语，不觉泪如雨下也。命以行草上呈，昔高宗曾命方敏悫公奏疏用行草，谨援其例，惶恐惶恐。肃此，恭叩鸿喜，并请金安，临封惘惘。

为鏓谨上

庚午正月廿二日

（五）

同治九年庚午三月初七日

受业为鏓谨上书大人阁下：

去夏一上书，去冬再上书，今正马递解州，三上书不知已蒙电及否？春来气体是否完裕？悬企空切。为鏓近益衰老，无可上慰慈怀。前言书籍，兹包固。计蒲包一件，寄呈龚方伯觅便送上，外清单一纸，皆请立仲四弟收阅，不用寄回，无人收也。肃此，恭请金安，伏乞恩鉴。

为鏓谨上

师母大人懿安，立仲四弟元安。

庚午三月七日

（六）

同治十一年壬申四月初八日

大人阁下：

去春由薛丞处奉到手谕，如亲声颏，当从栖霞县署上书递解州。夏间又交周滃递上一书，内附小古文一篇，曾浮沉否？半年余不得一信，未知函丈仍驻虞乡抑又旋里，无从上书，悬心空切，恭想大人起居安健。眠食是否如前？有还朝之日否？太史去年假归，曾经济南，未能相见。天伦聚顺，衣锦还乡，乐岂可量！已入京供职否？为鏓冷官匏系，味同嚼蜡。近来气体日衰，前途有几。在任二十年，除俸钱及新生贽外，不名一钱，将来倘得首邱，此间士民必能妥当送去，庶可不负期望。务乞将年来动定详谕一切，以释牵怀，并从何处可以上书，亦示遵为祷。肃此，恭请金安，师母大人懿安，立仲四弟、幼弟均文安。伏惟慈鉴，临封惘惘。

为鏓谨上

壬申四月八日

（七）

同治十二年癸酉二月初十日

大人阁下：

自上年从本道宪处寄禀，遂将一年，前数禀未知皆到否？七年之久，无日不系心函丈。既未知虞乡城至所典房相去远近，又未知虞乡明府肯往来送信否，故将近一年未曾寄禀。起居何如？还朝何日？引领西方，但有怊怅。闻省中来人述四弟娶妇一切，因作小文一篇记事，曾呈本道宪阅，本道宪出三千金为为鏓刻古文八十余篇，三月初可以印出，不知从何处可以寄呈？太史公回京寓何街？乞谕知。此间时有入都人，可封固寄京转呈否？前禀有威仪一篇，不记何时封发，曾浮沉否？今上亲政，拭目太平。大人北上，竟不能为二千里往返一叩慈颜，既无此筋力，又无道赍，但呼负负。去年山东大有年，人心安帖，惟为鏓八十三岁气血耗尽，亲操井臼，无子孙侍侧，虽长子、次男在此，不过有一亲人，亦不能省心省力。《左传》云："天既祸之，而自福也。"自思百无一长而着重裘，爇炉炭间有肉食，已为过分，岂敢怨尤！闻大人命将丁宫保翻刻经书印数十部，安有此许多钱买书给人？此即以天地之心为心也。其中《礼记》《左传》系为鏓手校，《左传》本高宗读本，删去林注或者错误尚可，余径恐错误仍多耳。薛丞闻仍在丁宫保节署，久未通信，辰下大人不知尚在虞乡抑或返朝邑？师母大人住何处？但可寄信，务从李小湘方伯处加递，以释悬悬。肃此，恭叩鸿禧，虔请金安，师母大人懿安，四弟、幼弟文安。伏乞钧鉴，临封惘惘。

受业为鏓谨上

癸酉二月十日五鼓

（八）

受业为鏓谨上书大人阁下：

去腊手谕言"岁暮怀人"，今忽忽又将岁暮，大人德业日隆，而为鏓崦嵫日迫，引领西方，回肠百折。今正薛丞来书，言即将由秦而晋一叩函丈，计夏间尝返济南，寄书问大人起居，乃知丁宫保咨留未去。不审年来气体如何？仍作出山计否？下怀悬结。为鏓今年八十，衰境渐甚，家无可归，恋此栈豆。三月丁宫保言将刊十三经，为鏓请来

《左传》《礼记》两书，长夏校勘此二书，凡动笔三万余处，始无甚错误。《左传》林注原难与杜武库并行，谨遵高宗纯皇帝御览宋本，全行删去林注，将来刻出或有可观。幼子往宜兴一年未遣人来。江苏张伯隆方伯乃为鏓同年胞侄，苟无大过或可优容。前请大人将奏稿、批答各件汇齐抄出发下校兑，未知已有成本否？夏间梦人人持此书使阅，当是周礼之思梦也。去夏由文方伯处上书，今春由栖霞县令马递解州上书，夏间寄书一包，呈龚方伯便寄，未知皆蒙电鉴否？为鏓块然独处，无可与言，又不得人交付，虚生一世，恐遂索然，念之怅怅。万一大人近中肯起，或可到京一谒，亦恐难遂，负负何言。高厚之恩不能报答，即图再侍尊颜，并不可得。岁行尽矣，何以为怀！太史公想已北上，立仲四弟工夫想精进。肃此，恭请金安，并叩师母大人懿安，立仲四弟昆季文安。遵谕仍用行书，惶悚之至，临封惘惘。

为鏓谨上

（九）

四月初十日

受业单为鏓谨上书大人阁下：

春间薛丞寄下手谕，恭悉气体如常。今年已辞讲席，将往中条，并接薛丞书，始知于虞乡县乡间典屋数间，此地去朝邑不远，何不归去而侨寓此方，况西事虽非目前可了，而山陕可无虞，再四思维，不解何故。并知健饭胜前，能与薛丞夜话，欣喜之甚。惟闻须发渐白，而功业未竟，不禁悬企惆怅耳。太史公早晚当有留馆喜音，四弟工夫当精进，闻十四岁幼弟居然象贤，定成大器。将来慕槐仰梧之记验矣，更为额手。为鏓八十一龄，气血耗尽，虽有孙子，依然茕茕，德业不能再进，孤负师恩。引颈西方，恨无健翮一诉苦衷。但有于邑龚观察在济南时推爱，屡赐手札，今升登莱，为鏓特往海上一谒，名官之后果异恒流。具见大人以人事君之义，钦仰实深。肃此，祗叩金安，师母大人懿安，四弟、幼弟文祉。遵谕用方恪敏奏折例，用行书。伏惟电鉴，临封惘惘。

为鏓谨上

四月十日

（十）

受业单为鏓遗禀夫子大人阁下：

生蒙知遇之深，殁亦不朽，未能报答，赍恨来生。为鏓已于今年正月初八日病殁。属纩之特书此叩别。身后一切妥贴，绅徒送归，足副恩注。为鏓伏枕叩禀，临封涕泣。

沈善庆[1]致阎敬铭

五年节钺肃鸾台，宦习畴能力挽隤。贪吏惊心廉吏感，豪民侧目庶民怀。防河不假囊中策，爱士偏收爨下材。砥柱中流今李郭，旌旄何日可重来？

鞅掌驰驱兴不疲，筹兵筹馕费措持。丰标远隔思公度，尺一亲裁即我师。报政自惭三岁久，著书深悔十年迟。南山漫续归田录，正是苍生待命时。

俚句恭求大人诲政。

候补知县沈善庆谨呈

---

① 沈善庆(1820—1874)，字心香，号继卿，江苏如皋人。沈猷之孙，沈岐次子。道光二十九年(1849)举人，历任山东新泰知县、东阿知县等职。

沈锡庆[1]致阎敬铭

沈鹭卿，乙巳同年，翰林

丙寅秋东平营次

丹初中丞年大人钧鉴：

前奉手书知所泐芜笺已邀青及，恭悉勋猷遒骏，福祉庞鸿。为一代之伟人，颂万家之生佛。惟祝银河洗甲，麟阁酬庸，是所盼祷。弟十余年来备尝艰阻，始则金陵、扬州、镇江大兵云集，俱恃里下河州县筹捐助饷，继而苏、常迭陷，常熟、江阴与通如仅一江之隔，沿江数十港门，防不胜防，风鹤之警，无间昕夕，共事者如王菽原方伯、徐剑华大令锟，又多掣肘，惟矢此清白之衷，外则联络水师，内则激励民团，公私支绌，仅免愆尤，不敢冀望优保第加侍读升衔。先文清公弃养，丧葬之费赔累弥多，不得已至汉口伯符处一行，回籍谒少荃宫保领咨北上，值僧邸之警，在船数月，托孙松坪学使代雇车至济南，欲趋谒钤辕，再由省进京，而竟无车可雇，风暑交侵，带病南旋，卧床两月至冬始愈。今岁赶紧入都销假，未能迂道抠谒行营一聆尘教，藉纾十余年之渴衷，五中至今歉仄。家兄诸承教诲提携，莫名感激。入都后，两掌院相待颇优，已派教习庶吉士。同谱贡荆山诸君不时聚晤，惟是齐云燕树，延望为劳，尚祈时惠箴言，藉资布佩。专肃，祗请捷安，伏惟崇鉴，不庄。

年小弟沈锡庆顿首

---

① 沈锡庆(1823—1888)，字春芳，号鹭卿，江苏如皋人。沈猷之孙，沈岐三子。道光二十五年(1845)乙巳恩科进士，授翰林院编修，历任山东兖州府知府等职。

史念祖[1]致阎敬铭

(一)

光绪十一年乙酉二月十一日

史绳之书,乙酉二月廿五到

敬禀者,贵阳一禀专陈险滞,慈鉴所及,定蒙宥原。现于正月廿一日到滇,廿五接印,此皆伏遇中堂以圣相立贤之公,寓菅蒯不弃之大,虽钝鲁如念祖,犹得假尺寸以期得五之效,顾受者报称愈难耳。滇民贫而稀,诸务棼脞,匪独刑名。现惟殚忱徐图尽职,无用渎陈。惟日前有近忧大虑,默念知遇,徘徊思度,明知僭渎,愿言大略。盖滇省军务本与各省迥殊,姑不具论,自大军攻宣光,全力扼驻管司,前敌合刘团者不及半,左育距宣五十里,即所谓逼城而垒,以故二里之城,俨同逼阳之难下矣。近粤军失利,援贼千人先犯刘团,刘设地雷以计获胜,而遥驻之军闻声疑溃,粮械委弃倍于兴化之役,昨知已劾刘之黄将,中丞每欷歔愤懑,深叹黑白颠倒何竟如此,顾终以越俎,不欲有言。至宣光守贼极少,通国不讳。去腊帅幕傅某奉檄驰阅前敌,有家信云法产仅三百,粤人仅四五十,特亦不敢闻于帅,窃思以惊而退且百三十里,设真追逼则宝胜,管司独能扼险乎?自刘之内附也,势日蹙情日格,中丞尝谓为孤臣孽子,昨虽批答,慰藉奚益。夫自古豪雄率无学术,万一徘徊歧路别怀去就,事局尚堪设想耶?此故愚以为近忧大虑,而饷竭兵弱,尚弗与焉。大抵月余所见前陈,未敢及百一。良恐太骇听闻,只可凛君子居邦之诫矣。专此手禀,恭叩钧安,伏乞慈鉴。

本司念祖谨禀

二月十一日灯下

---

① 史念祖(1843—1910),字绳之,别字弢园,江苏扬州人。清代刑部尚书致俨孙。监生,同治间从军,镇压捻军。光绪间官至广西巡抚,旋因故罢归。著有《俞俞斋文稿》《弢园随笔》《清画家诗史》。

(二)

十二月二十七日

敬禀者,窃本司违侍钧慈,刻萦孺慕。回溯暂亲光霁,深愧未遂仰钻。伏维中堂手捧重轮,志清四海,人庆恩流亿兆,公惟默赞万儿,吐握忘劳,知枢密关人材消长度支从节,惟司农识君国盈虚,望道虽遥,服膺私幸。本司京华滞梗旅况萧条,荷品题于稠众之中,鉴朴樕于文字之外。遭逢不料,图报难言,自叩别骁征,顺经乡里,旋驶武昌,十月初汉上阻风渡湖躭阁,正值湘中遣勇强劫,虽未目见伙窃,固已身经,自幸辎重不丰,仅攫去衣裘十余事耳。至滩江水落,逆流愈觉难行,曾于黔阳最险之滩忽被下水来船撞击,彼此裂舱折尾,几致胥沉。嗣复沅州触礁,舱中水已盈尺,屡次幸邀福庇人口未伤,而船具衣囊修晾颇稽时日,大抵辰沅与川江相埒,镇远之山路崎岖,既未惊动地方,水路倍形险阻,凡此会逢其适,实为非意所期。现于十二月廿七日甫抵黔垣,本拟遄征年内履任,竟违初愿,莫慰钧怀。谨将到黔及遇险迟滞情形先此手禀,仰纾廑系,虔请揆安,恭叩年禧,伏乞慈鉴。

本司念祖谨禀

十二月廿七日亥刻申

(三)

敬再禀者,楚鄂佥称中稔,黔中粮价亦贱,民情藉以安谧,惟鲍军募勇告示前曾张贴数省,以故游勇慕羶随处麇集,此辈聚易散难,人心不能毋恐,闻自奉严旨于庐州遣去五营,现已由毕节进发,特虑滇省民贫而悍,鲍军向非节制之师,此次到滇正值关外行将发瘴,进则徒劳,留必滋扰耳。手此再叩钧安,乞宥,草率。

念祖再禀

（四）

滇藩史绳之，乙酉八月廿八到

谨禀者，窃本司四月曾将清理积案起数及秋审办毕各情缕陈钧鉴，伏维中堂安天下于至危，而务培其本，寰海忠智同用叹感。本司自摄藩篆，懔惧益切，正值库款奇绌，铜本挪空。盖刚升司，息借商款指边饷扣抵原不得已之举，讵边饷不继势且扣及协饷，司库于是日竭，司库既竭，仍有时须凑垫边饷，铜本于是告空。入春频奉部文催报册裁冗费，可为至迫至急，以滇省出入款目之极简，一切浮支亦优于他省，倘无边务镠轕，司中就有定之款核有定之用，似不难。乘此澄澈一番永定规则，此中梗概，刚升司渥被知遇，当必面陈。窃以滇省历称受协，近且成无当之卮所，以故岂滇真不可为哉？各省协饷岁可到二十万，滇虽褊小，岁入条丁盐课厘金亦逾七十万，共约九十余万，而官租杂税等不与焉，其岁出则全省绿营四十八万，文武廉俸各正支十二万，练军防饷十三万，杂支十一万，共八十余万，而通省局用自督抚武职月课，以迄各项赏号、夫马杂费无不与焉。然则就滇筹滇，苟节有定之款，裁无定之用，所谓五年还铜本，十年停协饷，非夸论亦非异能也。本司受事三月，凡百核革勉提还铜本数万，非为已甚之苛，亦颇不避拂众之谤，惟思不节其大，终鲜补救。因查边饷向需月解十二万，四月先扣解二万，五月如之，六月则仅解八万，此后月拟不得过七万，明知督师以多寡课殿最，但大局所系，未忍仅为自谋。本司当同治末年尝论天下漏卮，莫甚于无事，固不裁营，有事争请添勇，无事则规仿洋法以造器，有事则又舍旧而图新，而浮销之费、滥溢之支犹其末也。盖自军兴以后，各省骄将黠吏充斥盘踞，明指防营为调剂，下多声气之请托，上贪报销之消纳，故佥诋裁营为拙谋，一旦闻警，张皇征兵，群举杂荐将才如牛毛，而彼武人奉一敕捧一檄又必争多校寡，不厌其欲不已，不知平日防营安在哉！机器之兴也，炮台枪械悉准洋法，未用之时必盛称得法，以示帑不虚掷，既用又争言未精，以便另购别造，二十余年国计之亏于此，凡百旧制不能复由于此，而司农无可度支，报销无可核实，亦由于此。试就近日滇省裁勇而言，咸丰末年本司束发由百夫长忝历总统，期间两值遣撤，要仅收军械备行粮给欠饷而已，现则于足饷之外更给川资，未尝不叹用情之厚迥异他省，乃鲍军昨以廷旨饬滇垫给遣费，脱口以四十万为言，无论滇不能任，恐亦川所骇惊，区区杞忧，謇言何补，既任度支，曷敢缄默。专此手禀，恭请钧安。芜杂冒渎，兼乞慈鉴。

本司念祖谨禀

(五)

七月初八日

谨再禀者，铜务委曲非博采深思莫究其要，既非洞老山空，亦不尽关本短，乾嘉极盛以迄乱前未闻衰兆，安能截然告竭？盖囊日富商专务开尖，开尖者掷孤注以求新洞，今则预恐亏本，勉事淘旧，其愈久愈绌，岂山之空哉？近年厂病莫甚于丁少炭遥，有本难放，炭非财力所可运购，砂丁飞土人弗堪其苦，前此官商迭办亏累，则一幸招商局全守楙绩，独肩其难，才裕虑远，或迫请钜款，或停款不领，操纵颇中肯。现频奉廷催，司中早经通筹厂势，措款以树树，调剂以集丁，明知缓旷，亦疾而求艾之意。秋间京铜可添运一批，似亦数月来之小效也。谨陈大概，再叩钧安。

本司念祖又禀
七月初八灯下

(六)

十二月初四日

滇藩史绳之，庚寅二月十二递至屯里

谨禀者，窃自去秋逖闻天眷耆耉，遂养平泉，疏傅留帐饮之图，欣瞻盛轨，使者乏牂牁之便。莫肃起居，川涂沮深，企怀何极。恭维中堂康愉禔福，庄正自强，白云在山，下泽自遍，鹤书赴陇，天语常温，杖履增绥，黼佩同慕。念祖崎岖遐裔，倏忽五年，智索心殚，罕有效纪，本年十月仰沐圣恩调任云南，迪以新机引兹旧绪，自维謇謇祗益悚惶，大抵滇黔相毗，情形迥异，滇省岁入稍富，边防吏治难在得人，黔则贫瘠特甚，欲思奋兴振作之方，先求厘核节缩之法，此固念祖亲历两省灼有所见，而愧才力之有未逮也。伟帅现因新任未到，奏请暂缓赴滇。知蒙慈注，谨以缕陈。专此手禀，恭叩钧安。

本司史念祖谨禀

十二月初四日

树诏致阎敬铭

(一)

一昨侍教,极聆麈玉之雅,别来伏想起居万福。大著读悉,兼录副本,谨将元本奉缴鉴收,至幸。肃请中堂年丈福安。

树诏谨启

(二)

人还,奉赐书兼赐名果,甘鲜肥美,芳沁心脾,珍荷无极,嘉名百合,乡味三条,知山川钟毓,定应迥出寻常也。颂翁所言系廿四日兵部报房闻之,公局亦以轮办为美。公既以假期不出,专以此事谆托箴相,必能操纵有法,缘上年局面,如彼敛之则疑为俭,循之则旧局未圆,呼应必难如志,且同署中有拘牵之人,预嘱来正必不可举,若它人为之,侄亦可相喻于无言,较胜于亲闻之而旋背之,同署人日日相见,不能不为此周旋。我公深明世事,曲体人情,不得已之苦衷,断无不曲蒙鉴及者也。谨此肃叩年丈中堂福安。

侄树诏谨启

劼侯所云或当在廿四日之前,至二十四日颂翁陈说时,劼侯在座,应不复如前说矣。

司徒照[1]致阎敬铭

(一)

初八日

接奉环章,诸叨藻注,藉惟丹初大兄大人时祺清燕,履祉延鸿为颂。所询服阕起文一事,可由县径详弟处,无庸由府转达。令弟澄城一席,位置已定,当即具关也。弟本不善书,日事勾稽,罕有余暇,偶尔搦管,殊愧方家,辱承奖饰,倍觉汗颜。专此肃答,即请礼祺,不具。

馆愚弟司徒照顿首

初八日灯下

(二)

二十三日

日前文驾到省,藉聆教言,心佩靡既,惟匆匆一别,主谊歉然,乃读来书,尚蒙齿及,倍觉滋愧,即维潭第绥和,新祈懋介,为慰为颂。今早晤黄庚垣,知令弟关书尚未送到,已严谕首县即日写信澄城,将关书送省,此事断不至有错,请放心。来人未便久留,俟关书到时即寄到贵邑转交。专此布复,敬请升安,统惟朗鉴,不具,摹璧晚谦。丹初大兄大人阁下

馆愚弟司徒照顿首

廿三日

① 司徒照(1803—1859),字于临,另字芝邻,广东开平人。道光九年(1829)进士,钦点为翰林院庶吉士,历任刑部主事、刑部江苏员外郎、陕西巡抚等职。

宋钧元致阎敬铭

淡泊以明志，古有天民者。难进而易退，行藏辨取舍。明公莅山左，启振聩与聋。朴实以身教，靡然皆乡风。百僚私庆幸，高山行仰止。涵育兼熏陶，自化庶可俟。不才中下质，备官奉典型。处囊未敢请，脱颖兹安能。愧不立修名，庸碌无可禀。启言或中伤，慈母竟投杼。弥谤惟不争，加勉讵可忽。瞻依惜睽违，趋向如有失。谢公果不出，其如苍生何？康强祝再起，兼善斯益多。

中丞大人，予告言其行有日矣，依恋情见乎辞。恭呈钧诲。

末属宋钧元谨呈

苏廷魁[1]致阎敬铭

同治丙寅十月

风云气壮体何羸，握手东平慰所思。清水千艘输正赋，黄崖一鼓拔妖旗。威行慈爱天应助，病起勤劳国待医。河海虑深非我独，在舟长忆仲宣诗。

同治丙寅冬自涕还汴奉怀丹初五兄大人。

弟苏廷魁

---

① 苏廷魁(1800—1878)，字德辅，一字赓堂，广东肇庆人。道光十五年(1835)乙未科进士，选庶吉士，授翰林院编修。同治元年(1862)，受任河南布政使，后擢升东河河道总督，专管防治河南、山东境内的黄河与运河水利。

孙日萱[1]致阎敬铭

丹初年兄阁下：

春明判襼，不觉三度月圆，耿耿深情时殷感念。昨阅会试题名，喜知阁下高捷南宫，快极慰极！鹏程万里，从此飞腾直上，何乐如之！贺贺。生别后，一路叨芘平安，于季春廿四日顺抵里门，沿途诸知好尚皆情厚，稍有倾助。所有出京时借垫各项可以清还，惟到家后四壁萧然空诸所有，殊无所为计耳。故居人满，眷口难以安插，现借舍亲房屋，暂住城中西街，以后或典或租尚须另觅他所，俟一切安排稍定，当作粤东之游。知关雅念，用琐陈之。匆此布臆，即候元安。伏惟亮察，不宣。

友人孙日萱顿首

① 孙日萱，字春叔，安徽休宁人。道光六年(1826)丙戌科进士，咸丰五年(1855)在休宁战死。

孙如仪[1]致阎敬铭

十八日

同治丙寅冬日

丹初老前辈人人麾下：

前蒙赐覆，尚未裁答，顷复奉到手毕，备荷心存并渥颁厚贶，前辈之赐，万不敢辞，但拜领之余，殊深惶愧耳。祇谂荩劳太过，贵体偶而违和，九重笃念，予假三月，然柱石之躬，中外仰望，不日调摄复元，精神当益形强固。上慰天眷，即下顺舆情，此不蔡可知者也。侍亚庐读《礼》，瞬届三年，驹隙惊心，驽庸觍面，行将潜踪人海，藉便鸠藏，乃使挹润廉泉，概分鹤俸。

老前辈清风亮节，遐迩咸闻，而关垂后进，筹及膏秣，古谊云情，感戴曷有既极耶！年内摒挡琐务，拟开正即请咨北上，知关廑注，并以布闻，专肃鸣谢，祇请崇安，统希涵鉴。

馆后学孙如仪頓首

十八日

---

① 孙如仪(1820—1880)，字亦何，号松坪，山东济宁人。咸丰三年(1853)一甲第一名进士，授翰林院修撰。

孙毓汶[①]致阎敬铭

（一）

手毕祇悉慈恩倚注专切，断维遂东山雅志，春和以后定卜政体益康，前献刍言，必希垂鉴。晚此番感寒较重，更多积热夹杂，两次续假，日内甫就轻可，仍服药调理。百八百九两结药税厘，几及四百五十万，初念所不及也。赫司月前有水关加支经费之请，盖承署中前议，数逾千五，再议加添，而言其中有两新关经费及巡船革修，晚未病时曾与面商核减，伊允再酌筹，不知近日来署禀复否，俟数日内询明专覆。百合领到，晚正患病后气短，思益良多矣，手谢丹翁中堂。

晚毓顿首

（二）

舍亲内阁中书杨保彝，至堂先生之孙，勰卿之子，人开朗朴实，材颇可造，附呈名条一纸，可否推爱栽培，俾克自效。恭候钧裁，不胜心感。

晚毓顿首

（三）

收一件，发三件，乞带进。英不允存祀，坚执呈仪，不审星叔处有醇邸书否？潞下游已入缅境者让我，即早间所看图中近南掌一带。（但云潞东，便与新街、八募无涉。）丹翁中堂台鉴

晚毓顿首

---

① 孙毓汶（1834—1899），字莱山（亦作来杉），号迟庵，山东济宁人。尚书瑞珍子。咸丰六年（1856）一甲二名进士。官至刑部尚书，卒谥文恪。

孙宗锡[1]致阎敬铭

（一）

庚辰腊十八日

丹初年伯钦使大人钧座：

夏间由都门肃寄一函，计达签掌。年华荏冉，寒燠屡迁，伏惟福体豫和，因时导摄，门成邹鲁，道德承流，兼善为怀，出处一致。南境差徭自硕画经纶，随宜厘定，民被实惠，官守定章，近来民力大苏，景象大改，徐复元气，富庶可期，以此上报国家，尤仰见魏阙湖湖之志也。侄秋间暂假出都，因眷属寓居晋中且欲入蜀，遂以九月抵家岳劳令闻喜署中将息旬月，为安顿眷属之计。前家岳归自行辕，为述垂注殷拳，至增感戢，即拟十月初旬趋诣解梁，重聆诲示，属拙妻抱病误医致剧，不得不守护调理，近旬病势始渐解，是以未果前来，不胜驰结。现在补葺行装，须明正初间始能启道，彼时再当叩谒讲席，以释下忱，荩神康复，裕体勤施。方今时局多虞，圣心倚眷旧宿，想为苍生再出，明春当可定入觐之期也。前闻世二兄青庐之喜，未及补贺，至为歉仄，此时想仍双佳随侍，怡养承欢也。耑肃，恭叩钧安，伏惟垂鉴，不庄。

宗锡启上

世兄处未另，希恕。

（二）

六月十七

丹翁年伯大人钧座：

新正指辔解州，再叩崇阶，饫聆谆诲，兼复拜蒙食品珍味重颁，意

---

① 孙宗锡，字公符，湖南长沙人。光绪三年（1877）丁丑科进士，光绪六年授翰林院编修。光绪九年于贵州学政任被革职。

挚情殷，弥殷感泐，正拟抵都具函陈谢，以到京匆遽，日涉应酬、夕理功课，以是稽缓，负罪良深。伏惟福躬嘉豫、道履绥宜。前者朝命敦起，侄额手为时局庆，而年伯持难进易退之高节，贞淡泊宁静之素怀，以微疴遂其高志，现优假之期将亦届满，窃于春初谒见时仰窥仪采，座无倦容，言论逾时，条理一贯，深叹神思强固，犹能彻始彻终。前周荇老年丈询及，侄不敢不举所闻见以对，窃谓苟出而匡济时艰，必更有一时之事业。今朝廷引重耆德，延企甚劳，道与时伸，盖无日不望谢公之再起也。近威吒吗又发难端，得年伯办洋税之法与之执理以争，于大局裨益岂浅鲜哉！前知世大兄随侍讲坛，因叩别匆匆，未及请见，抱歉至今，现犹趋随左右否？侄三月朔行抵春明，旬日后移寓内城，欲资静养而人事牵扰，疏阔招尤，未究掘井之功，终见倒绷之诮。散馆之试取录不高，只以今年留额稍宽，兼为二甲首选，仍得滥厕清班，滋增愧恧。舍弟宗谷名列二等前例，得并留，但翰林本文学之职，而同时尤多宏博之才，自维疏庸，名实难于相副，此后惟有勉求之学，读未见之书，冀得稍文芜庸，附于大雅。尚乞时加训迪，发启颛蒙，俾知为学之方，致力之要，其荷赐为甚宏多矣。家岳劳令已接万泉篆，自此居近仁宇，随时随事有所禀阶，或免蹶足之虞，且得循墙之训，在家岳诚不胜私愿，但家岳近年宦况曾蒙垂问，足仰见优示体恤之意。侄不揣冒昧，妄有干求，又须藉其余润以资索米之穷，而家岳自太平积累以来，近状极窘，颇无余力相资，可否仰乞鸿慈于函致沅帅时，便中为家岳假借一二语，则不特劳令渥被栽培，即侄亦受庇无量。蒙垂念先谊肫然古怀，辄以私情自贡，非敢径为劳令乞恩也，尚希宽宥为祷。罗年伯风痺未愈，毛年伯归营太夫人葬，秋间当入都起复，荇文步履稍健，然以跄济内廷，亦须俟更臻矍铄也。耑肃布谢，敬叩福安，伏惟钧鉴。

宗锡敬启

谭钟麟[1]致阎敬铭

(一)

十二月二十一日

再启者,昨奉手示知尊恙尚未霍然,而精神流于楮墨,即占“勿药有喜”。办赈绅士准予奖叙,已奉明文,惟各属知有此举纷纷禀陈,每县不下数十人,又似一次大获全胜,删则无从删起,如来谕概予弗录,又无以对实在出力者,此事煞费踌躇。老前辈将何以教我?入冬迄今未得雪,正深盼祷。十七偶沾不及寸,西南各属上月廿四有得二三寸者,麦苗尚润,以秋雨多也,近事另纸录呈。即颂大安,并叩岁禧。

侍麟再叩

腊月廿一日

(二)

九月间白逆余党百余骑,自布鲁特境窜至乌什,劫掠粮食牲口,经道员罗长祜要之于布鲁特境,截其归路,只骑不返,近日探报库车所属沙雅尔地方缠回头目暴敛,几至激变,幸善后局委员查凶有藏匿军械之事,将首要各犯拿获正法。又,阿克苏属尹阿瓦堤地方,缠回三百余谋叛,戕害清丈委员,幸官军速到,立予剿灭。又前踞喀什噶尔之安集延回酋阿里达什,随白逆遁俄境,近乃扬言由俄告假出来,拥立和卓木条勒取回喀什噶尔,此后不上粮不纳赋等语。勾通布鲁特及沿边回子七八百人,扰至英吉沙尔卡外,十月十五夜刘通政亲率马步驰剿,十六日黎明一战歼之。又探得张朗斋军门报有布鲁特头目差人贡马十匹,递禀求内附,据称俄国前派兵数千守卡伦,近已调

---

[1] 谭钟麟(1822—1905),字文卿,谥文勤,湖南茶陵人。咸丰六年(1856)进士,历任江南道监察御史、杭州知府、河南按察使、陕西布政使等职。著有《谭文勤公奏稿》。

回国，伊犁俄官亦有回国之说，以俄方与英属国争城滋事也，此系南路近日情形。至北路塔尔巴喀台山内向有逃回在彼游牧，时出劫掠，秋间有抢台站马、戕兵之事。经锡子友（领队大臣）派兵截击，毙数十名，见诸奏报。此外别无他贼，然此种亦非白逆党也。道路传闻大约见邸抄锡大臣所奏耳。

（三）

光绪三年丁丑九月十一日

丁丑九月十五晚到

丹初老前辈大人阁下：

久未奉书左右，惟道履绥和为祝。今岁旱灾，秋收绝望，节逾寒露，二麦未种。此皆地方官不职，上干天和，致此闵凶，抱惭何极！秋初即饬各属妥为办理，俾穷黎不致失所。官款断弗能继，不能不借助于富绅。近据各属禀报办理情形，不同固由，因地制宜，未可强为一律，而详细推求，似皆未得其要领，办赈以清户口为第一义，此之不审，则全无把握，然欲清户口，非得正绅核实稽查不可，曾札饬各州县虚心延访，并出示劝谕诸绅出而从事，无如耳目不周，识见孤陋，绅士之伏处，严阿者未能洞悉，因思灾以河北为重，赈即以河北为急，同属除二华外，皆需散赈，虽经委员前往襄办，至今尚无头绪。省城距远，禀牍往来动辄旬日，拟于同郡设一赈局，专办同属各县捐借、采买、散赈事宜。即将来南米到时，某县应派给若干及如何设法转运，亦须官绅同心同力，极力撙节妥筹，方有实济。拟以饶守应祺为主人，而求老前辈与张石洲前辈提挈之，明知老前辈东山高卧，何敢以琐事相渎，但求一亲至郡城指示纲领，某县应请某绅，俾各举所知，则端人正士知老前辈一出，当群相景附，不过旬日大局可定，事皆核实，款不应糜，不第侍感激无既，即数十万灾黎同沐嘉惠。手此奉恳，虔请道安。

侍期谭钟麟顿首

九月十一日

（四）

光绪三年丁丑九月十九日

丁丑九月廿二未刻到

丹初老前辈大人阁下：

十二日寄上一笺，计达左右，越日奉寄谕知有稽查晋赈之命，当令饶守函达，计亦上尘清听。既已举办赈务则当查，若无钱无米并未放赈，似可缓行，尚求老前辈将河北赈事办好，始及晋省，亦由亲及疏之道也。分济湖米一节，昨已函商曾沅甫宫保，陕省初拟湘鄂购米十万，嗣因丹江水涸舟不能抵荆紫关，自襄来者率从淅川登陆，而漫川一路舟仅能载五六石，且舟不满百，一月六往返，只运三千余石，老河口至荆关一舟亦只五六石，以二百舟计，一月仅三往返，亦只运三千余石，现函知湘鄂仅买七万，襄樊购杂粮二三万，先行试运，如水运不能速，当雇车由樊运潼关，然一月一往返，千车始能运万石。三套车约价三十两，湘米价二两上下，每石用二袋，计银四钱余，合之水脚车费，每石百三十余斤，到潼关尚不及六两。樊城不得许多车，必由各县分雇，照民价给直或可迅速，然以如许米粮历河南乏食之区，欲求无事恐不可得，再派兵押运，所费愈多。此事正欲令饶守前来，请老前辈酌示。各属雇车数百辆亦可代赈，未知可行否。委员赴宁夏采买（初欲往包头，闻晋省已往采，故改宁夏），昨接冯镇来函，今岁亦非丰收，所购不能多，其赴秦州董志塬之员，谅亦不能多购。本意以包、宁所买供北山，以甘境秦、庆济邠、乾，尚未知能敷衍否。河北十余州县仅以湘鄂所购供支必不足，犹恃前两年西路买存，尚有数万可以移拨，即使分湘米万石于河东，亦属无补。晋省如欲多购，则函知湖南委员收买，惟由樊运潼关必由蒲、解各属分派车千余辆始可行，若老河口一路则万不可恃也。陕亦无款可筹，委员分往各省告哀，或有怜之者，大约所得无几，幸洋款五百万已借定，将来过陕截留二三十万以济急，想左相亦必许可也。寄谕当俟沅甫宫保函覆后始能覆奏。

老前辈报起程折亦当叙及湖米事，不妨以此间水运之难，声明不能多购，陕中初议用夫运，亦以工代赈之意也矣，而舟行甚滞，不得不改用车矣。手此奉布，即颂大安，希复示为幸。

侍期谭钟麟顿首

九月十九

(五)

光绪三年丁丑九月二十日

丁丑九月廿二酉刻

丹初老前辈大人阁下：

顷奉十七日复书，敬悉种种。朝廷倚重老臣为山右灾黎延旦夕之命，诚不可不强起一行，顾晋灾自去秋歉收已早闻知，本省仓储空虚与秦相若，花潭前辈去任时请饬各省举办积谷，于本省顾未之能行也。沅翁适当其厄，而款叔前辈又以微罪去。老前辈诚能遄往为沅翁一助，亦私意所深幸者，不第因朝命之敦迫也。特晋省截留之二十万恐非现存，此次部拨二十万以现时粮价计，不过四万米耳。前日沅翁函来，言无论赈银赈粮，总需四百万金，谈何容易。大约此时赈事尚未举办，故昨日函恳有缓行之请，亦窃意老前辈居晋地，当知其详，而同郡切肤之痛彼此同之，似可先布置，然后及晋，免启节后之返顾也。若谢折已报起程，则侍亦不敢妄有所陈，如尚未报起程，拟奏明已请老前辈主持赈济河北一带，并转运胡米事宜，俟料理竣事再赴晋省查勘，即晋省尚未办赈亦可叙及，不识老前辈以为何如？沅翁屡以秦地遏籴为言，不知沿河一带实无粮可购，蒲荔绅士具呈则以北山闭籴，三原、泾阳则以兴醴挡粮具禀，究之皆无其事。曾委员密访，偶有地方土棍藉端讹索粮车，得数十文始放走者，并无大商贩运粮阻禁之事。自中秋后，民间讹言已息，自咸泾至同一路畅行，亦无妇女围车索粮者，可无虑也。此刻咸阳之粮皆自灵台运至，然亦不能多得，前委景守赴秦州采买，比得其来禀，亦复不能多购，若庆阳则歉与陕同，董志塬一路存亦无几矣。此间赈事先令各属请富绅集议，而要以清理丁口为第一要义，少一分浮冒，即多活一穷黎，现虽纷纷举赈，究似未得要领，故求老前辈一为提倡，即厘剔丁口亦非正绅莫办也。现委子维前来，及行旌未发，一请指示。周令本由赈局委往樊城收米，既在朝得力，亦可帮办同局事，即如命留朝可也。余详前函，不缕缕，手复虔请大安。

侍期谭钟麟顿首

九月廿日申正

河北最难者，蒲与郃、韩，西安则富平为甚，殷实固少，绅亦不肯出力，渭、临地在河北者，贫户亦多，高陵人少而存粮尚多，三原、泾阳富绅尚肯解囊，邠长民间盖藏可支一岁，以地僻往籴者稀耳。凤属惟宝岐为歉，仓粮不多，汉中秋收虽四五分，昨初九得大雨，麦豆已种，西安惟盩、鄠、蓝田皆已得雨种麦也。

（六）

光绪三年丁丑十月十五日

丁丑十月廿一日到太原

丹初老前辈大人阁下：

奉廿八、初三两次手书并读大疏，忠诚肫挚，老臣忧时拯世之心溢于楮墨，无任钦佩。复得饶子维书，欣悉精神矍铄，谈论风生，其所以指示而训勉之者，无微不至，感戢同深。侍念地方穷黎颠沛，无术以拯，则愿老前辈留藉，以系众绅之望，念晋灾之重，沅翁独任其艰，又欲星轺之速发，以固唇齿之邦，且奉特恩简派，决无擅留之理，故于附片陈明（已咨达冰案），微示絷维之意，其时尚未奉两次赐函也。

石翁到省商酌同局决不可少，拟从东路稽查，便过同郡集众绅计议，似七属各举一绅在同会办为妥，局费则于厘金局取给。南米仍分三路转运，荆紫关以骡运，龙驹寨雇夫负至，蓝田可用车运，漫川关则全用夫运（雇骡不得，计程四百卅里），至省南六十里可通车樊城，已派员前往试运。来示赊旗店一路，往时下第归曾经此道，下水较便，此刻丹、浙两江尚浅涸，则唐河可想矣。昨子维函言王牧（大庆卡员）兆庆（裕州人）谓裕州牛车往往赴会兴镇运盐，若能雇数百辆赴樊领运至会兴载盐以归，价必稍省，现委王牧归试行之。第牛车不能疾驰，不识一月能一往返否。此时惟求速至，劳费皆不暇计也。宁夏米亦不能多购，缘榆林各属率从彼采买，价亦遂昂，而克胜斋将军不准出境，已函牍交恳之。（近日长安城中绅士复联名具禀，乞奏请陕中米粮不得出大庆关，潼关欲批驳，则又恐惹众怨，只得请石翁婉辞退此禀，事之可笑，有如此者？）董志塬一路委员甫至，价即骤增，地方官与委员龃龉，因退至长武收买，巩秦采购亦未有大宗，只是零星收买，而价亦日起矣。今年无事不棘手，天时人事可畏之至。（初一仅得雨寸余，自河北以至邠凤麦仍未种，奈何！）月朔彝营勇丁自三原拔赴邠防，中土溃变，两哨初三追至子午谷口，擒其哨长正法，余勇收回递籍。昨蒲富余匪同教化儿自甘逃归，纠党攻北寨堡，杀乡约父子二人，盖恨前次乡约之乞援于官兵也。不速扑灭则煽惑饥民，恐愈聚愈多，纵之不能，剿之不可，其若之何？侍入秋来有便血之症，调理稍痊，日前又感风，右手腕沉痛（亦旧恙），屡欲作复未能握管，近服祛风痰之剂始愈，草草书此，不庄希谅，虔请韬安。

侍期谭钟麟顿首

十月十五日

昨又接子维转递霍庶常等公呈，可想众绅依恋老前辈之深，惜不早至，此际自不能作奏留之语，拟从兼顾一节申明之，请旨允于稽查一周之后，仍回同郡，以慰梓乡之望。彼时南米运到，分匀拨济，非得大力主持众绅，恐招嫌怨或相推诿，想朝廷亦当俯允也。山东库藏川欲借十分之一，晋欲借五分之一，而秦中欠饷（九万）已委员往索，恰符九九之数，昨俊臣之甥夏竹轩观察自东入川，过此细询，藩库仅有三十七万，他库不可知，据云自稚翁移节后，不及一载又耗费百数十万，此俊臣所言者，然则三百之说不可恃矣。

（七）

五月二十四日

丹初老前辈大人节下：

十九寄缄计入典签，比维起居安适为祝。汝州南米恐运脚迟滞，因令咸阳拨市斗豆麦四千石以应急需，渭水大涨，计数日可抵老河口，请老前辈饬袁游击收存备拨，至分拨何处，价值若干，陕省皆茫然，应由老前辈酌量，前函已详陈矣。王兆庆久不见禀报，未识运会兴者几许。倘万难接济，当由省另运足万石之数，以符奏案。日来屡雨，登场麦尚未碾毕，干种者正黄，亟盼久晴也。手此，虔请勋安。

侍谭钟麟顿首

五月廿四日

（八）

十一月二十二日

丹初老前辈大人阁下：

前月十五排递复缄，不识何时递到，嗣接大咨奏稿，知廿外由太原出巡南路，计此际当返旆蒲阪矣。风雪严寒，日以荩躬康吉为祝。附片请阁下兼顾同局，顷差弁赍折回，奉旨"著照所请，钦此"。阅之庆慰，同局尚未定端，俟老前辈归，举一二正绅常川在局与子维商办一切，可就近禀请酌夺。石洲前辈到省不数日喘疾复发，调理旬余始愈。行至富平忽增泄症，昨遣人往视，尚未回报。自维不才安坐衙斋，重老长者奔驰于风饕雪虐之天，心甚不安。南米到樊苦无车，王牧归雇牛车恐笨缓，不能计日，即得千辆仅万石耳。漫川至潼，骡亦甚少，以夫负运计九千夫（三路并运），一月仅得万二千石，蜀河赴潼不便，改运蓝田，夫亦无多，荆关亦无骡以运，军饷尚不敷，曾函知子维于同属雇骡，不知可行否，今岁无事不棘手，宁夏之粮，河冰已合，必二月始到，前以北山各属分到赈银，粮价甚贵，函嘱宁夏冯镇军雇骆驼分运宁条梁，而蒙石之驼亦不多得，尤可笑者，宁夏各属纷纷具禀求停采买，幸冯镇早已订买，或可得四五万石以济北山，尚可敷衍，第缓不济急耳。秦巩委员分购尚无确数，长武日可收一二百石，价日益昂，只好暂停。（粮价之责由奸商居奇，拟南米到后，平价何如?）幸凤郿虢镇往岁买存尚有未动者，可匀拨二三万以济邠、长一带。省仓所存不过十余万，而城关内外已有七万余口（逐日阅城门报，每日进粮车不过十余辆，殊可虑，不敢平价，正坐此故），计日授食，当耗省仓之半。蒲城已拨九千石，据石翁云尚须二万，而李令禀则少三万，皆由丁口未查实之故。临、渭禀各需万数千石，富平则犹未定，前任刘令并未查清，业经撤参，高陵亦然。大约各属丁口之数必不得实，只宁滥无遗而已，子维谓同郡需六万，亦约略之词，却亦无良法就所有者匀拨，而时虞不足，函令湘中多购二三万，价亦大涨，且襄河大船不得上至汉口，须改驳船，不过载三百石，散载则恐发水霉变，用袋则刻难制造。初拟袋至可改造棉衣，一物两用，于计亦得，而过时则无用，所购寒衣万数千套，仅以给赤体者，偏值今冬寒甚，为数年来所未经，哀此灾黎御寒无具，遍购不可得，现制已无及，徒切悲叹而已。

老前辈当此寒天，星轺乍返，不必遽渡，当令子维前诣，请指示一切，以便遵办，各属有办理不善者，请老前辈密以告之。山东三十万能如约否？三晋得雪否？闻泽潞麦已出土，果遍种否？乞示及一二。手此，敬请轺安。

侍期谭钟麟顿首

十一月廿二日

（九）

九月二十六日

丹初老前辈大人阁下：

昨奉廿三日手书，仰见忠诚，根于至性，公义私情罔弗周挚，无任感佩。同州一局，本欲老前辈主持其事，以石洲前辈始终之，东山伊迩，子维得以时往请示，一气相孚，事无弗举。石翁未奉旨帮办之先已允来城面商，昨又函促之，想不日可以命驾，第有帮办全陕之谕，则其住省住同尚须到时酌商，故日内未遽入奏，而同州之局必不可少。已嘱子维速诣节下，面聆一切(今日已启行)。应如何先行布置以俟石翁之来，或石翁不至，更宜敦请何绅，将来分粮转运如何妥善，目前河北散赈应否一律，诸望指授，俾有遵循，感激直同身受。子维质性纯正，必能仰体训示遵行，则冬日台旌南返，不至另起炉灶，即此番北行可免维桑之顾，想亦老前辈所心许者也。湖米之来不但河口窒滞，即襄河亦复浅阻，数百石之舟辄复阁浅，此从来未有之事。幸初八九兴汉一带均得雨深透，或可新涨尺许，否则无计可施也。西路挡粮一说，境内未闻。顷徐太守韦佩西来，面询沿途情形，言之如绘，长武日可采买一二百石，皆平、庆来者，咸阳则自灵台运至，据车夫所言，东西均无阻滞。昨承示及，已饬府县函知前途矣。省中廿三得雨不及寸，探寻干种者亦能出土，今午稍大，现复淅沥不止，冀三日若如此，则诸事就绪矣。常平仓粮原以备赈，尚何责还之有，此石臣之迂也。余子维能面罄，不缕缕。手此，虔请韶安。

侍期谭钟麟顿首

九月廿六日未刻

(十)

十一月二十七日

丹初老前辈大人阁下：

昨奉惠书，知尊体尚未全安，同病相怜，两地如一，此中痛楚，不病者不知也。承解到粮价二万四千七百廿三两，已由局兑收，批回即付。来弁赍上大庆关赢余六百余，当饬李丞如数交票号兑还尊处矣。另笺聆悉此番办赈得本地绅士力为多，已奏请择尤酌奖，未奉批折或可仰荷恩准，至地方官奉职无状酿此大祲，应干严谴，即使悉心办理亦属功不抵过，鄙意正印人员毋论正署皆不得言功，其余委员、教杂由局分别等差详请，给以外奖谢，主簿若能始终勤奋，俟有应升之缺，由司酌量请补，暂行记功可也（杂职得人尤难，如来谕云云，实不可多得，谨志之）。手复，虔请大安，伏希善自营卫，不尽欲宣。

馆侍谭钟麟顿首

十一月廿七日

（十一）

四月十八日

丹初老前辈大人节下：

昨奉初十日复书，谨悉荩劳万端，昕夕不遑，无任驰系。老前辈此行不独晋人蒙庥，即沅伯亦深荷匡襄之益，固朝廷所深倚，亦中外所共知。来谕痛自贬损，乃饥溺由己之素心，益令麟辈身任地方者愧死矣。山东官捐蒙分润同属，不胜感佩。核奖由老前辈酌定，报销自应归陕，已咨达冰案矣。遏籴之请，去秋末众绅即已具呈，时石舟前辈在城，当即发交石翁请婉解之。春间议论益多，麟以去秋曾经出示，屡奉谕旨，煌煌此语何能出诸口，不特无以处晋、豫，抑亦何以对星使。比来官场亦复以为请，而察看情形亦实有岌岌不可终日之势，故据呈咨询台端，乃荷曲谅，准如所请，而环顾河东阌宝之间，仍觉于心未安，故有拨粮平粜之议，虽请旨未知允否（折稿咨呈），然必须求老前辈酌度如何办理，方臻妥善。南米均积汝州，车价之昂姑不具论，约计运万石至会兴镇（京斗每石百三十斤），需银三万二千余两（每千斤需廿五两），此项脚价均由陕局给付。惟自会兴运河东，应设局何处，分给某县若干，所运有远近，即价不一律，此项将来即于平粜粮价内开支。既曰平粜，则价当酌减，麟意京石在五六两之间，合计湘米运至樊城每京石需二两二钱零，由樊至赊旗店五钱二分八厘，由赊旗店至汝州一两一钱零，至会兴三两二钱五分，共七两零，由会兴至河东大约不过数钱，即照五两售出，每石所亏不过二两余，均由陕认，惟米只万石，地方甚宽，为日方长，如此办理，于晋赈有无妨碍，则非愚昧所能及，务恳老前辈区画尽善，速为赐示，以便遵行。（或于大庆关、永济沿河市镇设局，俾就近贫民买食，万一平粜之粮不敷，新麦登场价已平减，亦可循环购济，价即缓归亦可。）至委员或委绅必须先由尊处派定，庶于晋省地方官通气，秦中在省之员寥寥，且亦难得妥洽者，伏乞鉴谅。陕中自二月廿四五以来，却无五六日不雨，河北迄未深透，昨十四日至十五大约均已沾透，闻太原初八已得透雨（折弁所言），运城一带何如？汉中、兴安二麦可望丰收，商州及西安、南山各属亦然，特所种不多，得此大雨，秋谷可以播种，惟蒲、富、韩、郃流亡较多，元气太伤，耕牛食尽，无法补救。赈粮罄，省仓所储或能敷衍至六月间，初尚虑省城空虚，不可不留以有待，现已得雨，二麦指日登场，即悉数空之亦自不妨。汝州存粮各属以小车夫骡往运，亦恐缓不济急，且由省仓拨给，幸渭河水涨，舟运尚便，惟蒲、富则不能不陆运，殊费力也。麟自去秋无时不病，特以时势孔亟，不得不强病周旋。雨苍过此晤谈，尚未知孱躯之外强中干耳。此公穷无所归亦殊可念，其议论风生，尚尤昔也。手此，虔请韬安，伏希示复为幸。

包头本有李令天柱驻局收发宁夏之粮，现饬多购一二万，但不知于番晋局有妨碍否，两相购则价日高，势所必至。如晋尚须购，则可止李令不买也。

侍谭钟麟顿首

四月十八日

（十二）

四月十九日

再启者，此间出境之粮去冬尚少，价亦不昂，自春水发生，帆樯络绎，咸阳京石已卖至十一两零，前日厘卡委员面禀，下水粮船皆竖钦差旗号，到卡不服查验，明知有夹带私货亦不敢过问云云。当询其有无护照，则云船到以一人持尊衔印封严密封固，问其何以不拆验，则大声呵喝，谓委员不配拆看，闻之发笑。昨接来示云所给护照不过临晋数家，因令卡员查验，有护照者即刻放行，其持印封者必取至省城拆视，顷据草滩委员呈到，系尊衔空白印封排单一纸，并无年月，亦无授何衙门官衔，尤觉好笑。因思招商之际，自未便绳以违例，惟此辈将本求利，不妨赴地方官衙领取护票，何必如此狡狯。现今省局委员前往查讯，亦不使之为难，该贩既拥重赀，必系殷实，当此灾黎垂毙，应顾桑梓之谊，该贩系何县人即将其贩运之粮另派勇押归本县平粜，每京石仍给价五两，该贩获利已厚，稍有亏折亦无损也，质之老前辈以为何如？印封排单附呈，乞验存。手此，再请勋安。

侍又启

十九日

（十三）

五月初五日

丹初老前辈大人节下：

初二日奉上一缄，计尘记室，辰惟重午集禧为祝。商贩将本求利买贱卖贵，此人道之常，无足咎责，当招商之际，方恐其不肯出赀懋迁，设法招徕之不暇，何能深咎？此番暂禁出境，但为平价起见，初非与商贩为难，故十九日委员呈到印封亦一笑置之，当饬局委员往草滩查验数目，派弁押至同州平粜，一面函知节下，嗣奉大咨嘱交袁游击，当饬饶守遵办，听候老前辈分拨平粜，初不知此中有贵族赈粮也。昨接来示，始悉颠末，深悔此举孟浪，究之商贩不服查验乃前番事，四月初委员来见，当以此事甚微，一笑颔之。后得老前辈书，言护照只给数纸，因饬委员遇有持印封者，送省拆视，而十九早即得此排单，适值发缄，因附呈左右，初非求老前辈严惩商贩也。来书乃以此责世兄，未免过严，此举何得为世兄咎，本家购粮以此为左验乃寻常事，老前辈若责世兄，则似乎前缴马封为有心举发，麟当受咎矣。况未出示阻禁，商人贩粮亦无罪可科。十九局中委员往草滩亦谕以未奉旨之前有护照者即刻放行，无护照者派弁押船至三河口转押至同州局，讯明何处人将粮发何处平粜，厘卡不得需索为难，以为此事已了，而不知有许多曲折，此麟粗心浮气之过，尚祈老前辈恕之。大、朝、潼、韩、郃于赈粮外另发粮数千石为平粜之用，大约新麦登场，价必平减，惟由汝运会兴恐不能速，请饬委员随收随发，据王牧兆庆禀，云目前价增，车尚可雇，已解银数万赴汝，或可毕运也。余详前缄，不缕缕。手此，虔请节安。

侍谭钟麟顿首

午日

廿六日寄谕谅已奉到，昨接沅伯书，言有函奉商左右，想已接到，惟平粜价应如何酌定，望就近饬饶守知之。

（十四）

五月初二日

丹初老前辈大人节下：

廿八奉廿四手书，敬悉福体康适，甚慰。赈事艰难，荩劳可想。碧川归，述一身兼司百役，武乡侯之治军，同此况瘁无此窘迫，钦佩钦念。秦中十四五得透雨，廿四复然，秋禾已种。昨遣丁四出查验乡里，蒲、富、韩、郃一带种不及四分，西路较胜，有七分者。流离初复，无牛具、子种，现令各属给以种，而牛则不可归。死者已矣，存者何以自全，中夜以思，负疚莫释。老前辈且饰词宽假，益令愧死矣。承大咨两件，业经肃发，如命办理，肩挑背负在所不禁，已于奏折中及之。平价一着，久思示禁，以粮入较少而止，新麦登场，似可举办。拟京斗一石百三十斤不得过四两，各处平粜若不减价，则奸商百计偷贩，而新麦价益腾贵，虽示禁亦不行。现由省拨粮数千发大、朝、潼、萧平粜，京石五两。河东阌宝运费照加，每石不过数钱，务求老前辈斟酌示及为幸。平粜粮罄，仍以粜价购新麦，可资接济，价果平减，驰禁停粜可也。贩运之粮，本饬局委员押至三河口，厘局委员派押至同州。

昨接来牍，已函知饶守发交孙游击看守，听候发落。包头粮价亦长，委员李天柱来禀，似不能多购，已飞饬赶办（买一二万即止），否则黄河水发，亦不能运矣。罂粟年年谕禁，牧令奉行不力，总以不忍夺民之利为姑息之词。今年所种较少，不趁此严禁，则流毒无穷。盩厔以不拔罂粟被撤，他邑相戒或可认真耳。究之种此者皆腴地，且皆有力之家，未有极贫种者，拔之无伤也。蒲城烟棒盛行，毒及阖省，拟设法禁之，业此皆巨室，恐不能不得罪也。手此，虔请节安。

侍谭钟麟顿首

五月初二日

另笺谨悉易令本粗才，自军营起家，气质未化，师心自用在所不免，至贪赃枉法则可保其必无。去冬有匿名帖传至署，当令饶守密查，所可知者，捐输之数，检查易令禀数相符，并无少报之说。咸阳买粮以无水不能速运荆关（匿名帖谓假托咸阳荆关买粮，将银干没），本托瞿丞代买，因官粮用夫骡多，部粮即停运，此三事皆不得归咎易令。余则未敢知，嗣据饶守函复，谓其办事尚认真，遂置之。昨接来示，复密令饶守亲往确查，轻则撤，重则参，无所回护。乏才之患，秦中为甚，自办赈以来，无智愚贤不肖皆有差事，去秋即饬局中通饬各员弁印委，如有藉赈求财者，照强盗例请旨正法，办理未善者旋撤旋参，同寅有谓发之太骤者，实亦无可如何之势，不如此不足示儆也。近复有委员朋友盗粮事发投水死者，可见利之所在，虽杀身亦为之，人心固难测矣。

（十五）

五月十一日

丹初老前辈大人节下：

昨奉午日惠书，谨聆壹是。计前寄两缄，应达左右，伏惟兴居体鬯为祝。草滩运粮询之局员，确系咸阳市斗，既奉公牍垂询，自应饬局禀复咨达冰案，蒲州粮贵是应有之义，而奸商藉阻禁以抬价亦不可不防，咸阳近日粮价大落，市斗只卖六两零（较京斗百卅斤四两余耳）。昨遣人扮作河东防营武弁往购以探之，即增至七两零，此辈殊不可理谕，密查囤户十余家，尚存万余石，而市间亦有粮可采，现饬局嘱马令谕令囤户出粜，否则封存。如尊处需之甚急，可密遣可靠之员来长安同往购定，即以七两余买之，一水可通，不数日可抵河东，或一时无现银，不妨先运数千石，一面以所收平粜价银陆续来运，亦无不可。阅沅伯复函，似以汝粮为累，此却不足虑。王兆庆前月函来，言价增则车亦多，此间自发折后，即饬会兴委员，粮到不复运三河口。近日已到若干，尚未见信，大约可源源而来。如果迫不及待，尚有一通融之法，陕省仓现储小麦万余石，初虑麦收未可知，恐秋收后民间麦种不可得，留此以分给各属为籽种（晋南似亦虑此）。现据汉中及南山各县函告，今岁麦大熟（双歧甚多），每穗六十余颗至八十余颗，匀称饱绽。老农谓十余年所未有，以作籽种甚宜。现拟陈麦粜去，另购新麦以散种，若河东十分需用，即运往平粜，取价银以买新麦，于晋于秦无所损益。不识老前辈以为何如？（总之此番阻禁为平价，非有畛域之见，秦民、晋民同是朝廷赤子，力所能为即分所当为，并无歧视也。）包头粮前月已饬委员停买，现约算各属赈至六月底略可敷衍。初七八大雨，秋禾萌生，能再得如此甘霖三四番，则秋成可望矣。手此，虔请节安。

侍谭钟麟顿首

五月十一日

（十六）

五月十六日

丹初老前辈大人阁下：

十一日寄复一缄，计入典签。昨接初十日手书，敬悉福躬康适，欣颂奚如。咸阳囤户尚存八千余石，暗遣人探询，麦石百八十斤价银七两二钱，豌豆二千石，每石百八十五斤，银六两七钱，如尊处急需，即请飞示，派弁运去，特恐存银不多或运其半，俟粜价收齐再运亦可。

侍因接初五手示，言蒲州粮价翔贵，甚为焦急，故筹议及此，不识老前辈意下如何？若猝不得银，即请备牍于陕赈局（此当出自公意，不必言函商也），暂挪二万两付咸阳购运亦可（局存虽不多，尚可暂为腾挪），但求于事有济，必当设法也。大咨已另牍咨复，悉听老前辈酌办，原奏以平粜为词，故有亏折由陕弥补之说，若尊处以此粮散赈，则不必归价，他日丰收，晋省买谷还陕仓亦可，诸希酌裁。秦事、晋事同是公家事，同是公款，无畛域之分也。昨接王鼎丞函，言东漕转运殊艰，道口五万运晋南者刻不能达，而获鹿一路，雨后泥泞亦多阻滞，奈何奈何。手复，肃请节安。

侍谭钟麟顿首

五月十六日午刻

昨草滩委员禀有粮船十六，运粮二千余石（咸市斗），无护照亦无赈商姓名，仅呈船家合同十六张，注明运至三河口交卸，念系四月廿九、五月初三所运，在未经奉旨出示之先，饬局派弁押至三河口，交同州饶守讯明何县人，发往平粜，如系河东人亦可稍资接济也。

（十七）

五月十九日

丹初老前辈大人节下：

顷奉十五酉刻手书，知前缄已达左右，十六附公牍复上一函，计亦呈冰案矣。闭粜之举非麟本意，去秋陕绅呈请遏禁，不敢批驳，曾托石洲前辈婉谢之，春间浮言繁兴，谓巡抚见好邻封不顾本境，麟阳为不闻，至春水发生，粮价日长，势甚岌岌，司道谓众绅所请甚坚，若不禁出境，恐无济晋、豫之生，先致陕民之死。因据呈咨商老前辈，侍亦未敢置一词也。嗣得复函，始据情入告拨粮平粜实由，此心未安，并非谓豆区釜钟有裨晋、豫万一也。前书有蒲州粮更贵之说，心怦怦然。于无可补救之中，作咸阳代购之想，明知老前辈处此艰窘，无从筹兹钜款，故十六日寄函详悉言之，其实咸阳非产粮之区也，去冬至春，由甘之灵台一带以小车驴儿负贩而来，亦非有大帮，车骡每日收买不过二三百石，囤户收之以售，诸晋、豫商贩迨至三月灵境闭粜，粮来不多，商贩争购，囤户益居奇朝夕增价，数日之间风声远播，省近各属稍有存储者，举而输之咸阳，省城日进粮三五骡，附近村民觅升斗不可得，怨讟交作，官场有差事者薪水不足数日之食，亦啧有烦言，赋闲者无论已。自阻禁后咸阳价落而东路尚未大减，现方出省仓发各县平粜，并出示存粮之家按口留备一年粮食，余悉出以粜之本境，否则查出以囤户论罚，冀市价稍得平减。日内新麦未上市，不识将来如何，至汉中、兴安二麦丰收，是一转机，渭河以南所收亦厚，而种者无多，恐未足赡本境，河北以至邠凤则专恃秋成。前晚大雨至昨夕止，深且盈尺，秋禾得此，有四五分可靠，六月再得一二次足矣。粮价悉平即当驰禁，原奏已经声明，重以台命，谨当体察情形为之。目前奉旨才半月，似不便作此语，且恐开禁后价仍不能平，亦无以对陕民也。区区苦衷伏求亮察。咸阳粮已饬马令封存八千石，照时价付之，以运东路平粜，即由官运至大庆关亦无不可。

尊处若不急需，则可散给各县平粜也。省仓拟出陈易新，前函谓拨晋省变价，亦深恐汝州万石为晋之累，故有此通融之议，余悉具十六函牍，不缕缕。包头已停购，而李令昨日禀粮价较咸阳更贱，特虑河水将涨不能运，只买数千耳。手此奉复，虔请节安，诸希涵鉴。

侍谭钟麟顿首

五月十九日午初

（十八）

正月十一日

丹初老前辈大人节下：

首祚迎祥，伏惟勋功万福为祝。除夕奉到手书，洋洋千数百言，具征精神福泽，而忠爱之忱荩劳之况溢于行间，凡所区画至周且密，毋任钦佩。晋灾重于秦、豫，赤手空拳无可措置，幸老前辈与沅伯忠诚交孚，感格天心，所求辄得，各省亦协力相助，此晋人之福亦大局之幸。闻淮商、乐输四十万，江、楚、蜀借款数十万，加以捐输或可稍资周转，惟老前辈处此瘠区无计生发，其艰苦与侍相若，旰夕焦劳，光景可想，尤冀顺时调摄，为国为民善自珍重为祷。同局欲仗大贤主持，此官绅之夙愿，霍太史等咸出于至诚，亦朝廷所深谅，而事势有缓急，老前辈之不克遽尔西渡，亦迫于势之无如何。闻霍太史才、学、识三长具备，必能与局绅仰体盛德，妥为筹画，惟求随事指示，俾饶守辈有所遵循，亦无异于星轺之莅止也。目前所急在转运，初议以樊城、荆关、漫川三路运五万于潼关，以蜀河一路运省南，而樊车甚少，王牧所雇牛车不能径达会兴，由汝州雇车接运未必能速，此路能于三月内运万石已属幸事。老河口一舟载六七石，至荆关十日始达，夹河一舟载八九石，至漫川六七日始达，即使民夫多集，而船来甚少，自非春水大涨万不能济急。去腊韩、郃、蒲、澄、富需粮甚急，于省仓各拨数千石，而运费不赀，省城四关近九万口耗省仓三之二。自腊月中粮食入城者，日只十余车，正初益少，欲平价而不能，若正月以后仍如此，势不能不开仓平粜，则省仓空矣。现饬四关委员查明外县饥民十六岁以上至五十者，于二月初各给粮一斗，豌豆四升，令先归下种，另给以票，三月初向各县领赈。其老小妇女留者赈至四月底遣归，现值春温，群黎聚处秽气熏蒸，恐滋疫疠，且少壮各种一亩豆，四月后可望得食也。自冬月两得雪，至腊底廿八始沾微雪，北山与南路大而河北独小，昨初九微雪至今三日不及二寸，只冀上天降康，庶有转机。囤户居积求利，此市井故智，亦无足责，去冬奸商乃以五百石粮，朝售于甲受其赢，夕即暗使人少加价以买归，诘朝又重价售于乙，夕又买还，如是十日，市价骤增两倍，而奸商辗转售买获利甚饶，嗣查访得实，械系之，以其粮煮粥，价始稍落。比以入城粮少，价又稍起矣。昨准沅伯及台衔大咨，拟委员至西安一带采买。咸阳近亦无粮可购，陕中现委员赴清水张家川购买，价亦相宜。第恐两省委员并收，则价又斗涨，俟尊处委员至，令与陕员商办，不必言晋中往采，或可照常分收，现饬各属将粮数截清，如可敷衍，则陕可停采，尽晋中往购，运至虢镇，便可备舟顺流而下，所省较多。邠凤存粮，往年所购为多，自去秋旋采旋停，局已数易，皆因价涨有碍民食之故。至各属贫民愈赈愈多，始议可以敷衍者，近则纷纷请增，如蒲城于冬月初询之石洲前辈，谓二万可已，现则三万不足，他属率类此，将何以满志耶？大约牧令得人则实，否则不可问。即撤之亦难得代者，只求其滥而不遗足矣。罂粟久设厉禁，州县奉行不力，民间狃于积习，谓夺其利，幸去冬亦不能种，已饬属严查，拔其苗而以其地充公，此际较易为力，禁得一亩可收一亩粮，以渐图之，欲令愚民悉断，恐严刑亦不能遽止，道光中立法甚竣，而吸食者如故也。水旱偏灾，无十年不见者，如东南方之水则十年辄二三为患，但使有款可筹一巨艦，可活数千百人，故民不甚病。秦、晋则非自有储蓄，纵他省助之粟亦不得入口，现时南米十二万余至河口，尚不识能否悉数入境，其明验也。道光廿五年之旱，豫省人亦相食，而秦中各县仓粮率二三万，林文忠公令民间各保各村，不足则开仓平粜，禁止涨价，不闻有泛舟之役，维时值丰亨豫泰，民多盖藏，可以自顾也。乱后公私荡然，能自赡者百之一二，又值频年谷贱，中户作一喜庆事用二三十金，即耗粟三四十石，其所存者寡矣。义仓宜贫富均捐（贫者亦捐，则经理者侵渔即犯众怒，有所忌而不敢），丰年农民收一石出一二升，富者收租一石出二三升（如十二三年丰收，一升值十余文耳），当粒米狼戾时不为病也。各存各堡，官稽其成数，绅司其出入，青黄不接时借给种地贫民，石收五升息，以备耗用。一县有三千顷地，岁可捐五六千石，积之三五年便得二三万石，官仓不必另捐，凡有里局之处，痛裁浮费，多者万串，少亦数千，悉提以买粮，不三数年，官仓亦满矣。往岁通饬各属举行，卒未切实办理，盖民虑出易之害而不愿，官以己无所利而不为，经此番灾歉，官民交困，以后举办或易为功，总在官绅得力耳。三晋情形不知若何，而陕中事宜，据愚见所及似合如此。质之老前辈以为何如？辰下运费四五十万不知所出，司库如洗，春间不能启征，一切支款无以为计。各省欠饷报解者不过十余万，川省仗稚璜宫保、立斋方伯之力解饷二万，捐款四万。此外函牍哀恳，应者寥寥，约计湘、鄂、宁夏、平庆、巩秦采买二十余万，合米价、脚价近百四十万，往岁本省所购仓粮每石九钱零，以二十万金即能办此，苦当时无款可挪耳。黄碧川以母病无人侍奉再四恳卸（妻病不能下床），强之不可，亦觉不情，且自愿抽出闲日以办转运，已于腊底交卸。其保归府班又为部吏所持，颇不高兴。石洲前辈病尚未痊，春融当可霍然。同局诸绅据饶守禀，已请示选择入局，且有霍太史襄助，必能得力。夫运需钱，前托湘、鄂买八九万串，仅支一两月，镇安试办铜厂，岁不过得铜数万，收采旧铜不多得。陕省官钱铺乃军兴来一流毒，数载设法收拾，至去春决计了之，又罹此灾，数年所储银钱一举空之，以后恐未有了日，而钱贵银贱，非设局鼓铸万不可支，官铺一日无钱应付，则事端起矣。去秋以来侍无日不病，入冬愈剧，值此时势万不敢请假，且向来事必亲理，不能假手于人，纵邀天恩赏假，而事无可诿，何能静摄，百病丛生，最苦者心跳不寐，年未六十早衰若此，殊觉可愧。念老前辈耆年硕德，优游林下，际此时艰，亦复强起为朝廷分忧，为穷黎造福，则身任地方者尚敢偷安以爱身耶？腊底手膀痛甚，服豁痰药，近始稍减，草草书此，殊不能庄。来书以前寄寸函迟答为言，彼此相谅。老前辈身任艰钜窘迫万状，岂复以酬答为事，但求于此间事有未协者随时训示，则感叩无既矣。手此，虔请韬安，并贺新禧。

馆侍生谭钟麟顿首

新正十一日

（十九）

正月二十日

丹翁老前辈大人阁下：

十九奉十七日手书，聆悉种种，伏惟勋躬安适为祝。采买以近水路为便，去秋本已委员赴包头购买，嗣闻晋省已派员于包头设局，恐两省争购必至价昂，故改向宁夏，不料宁价亦复腾贵。现以半由陆运宁条梁，半由包头水运至龙王辿。昨据包头收粮委员李天柱秉称，包头粮尚多，价较宁夏为贱，晋省不复采购，陕中可就近收买云云。此间南粮若悉数运至，约可敷衍至四月底，目前所焦急者运费无所从出，司库荡然，无余赀以收包粮。尊处由周家口采买，陆运繁费，且不能速，莫若派人从包头采得，顺流至河津，以济各属为便。咸阳不能多购，此刻空船难行，必须春水发生，姑可利济。十八雨水节早间得微雪，午复明朗，今日倏阴倏晴，只冀甘霖渥沛，庶有转机耳。山东米捐去岁十月已委员携照前往，托文式翁委员设法劝捐。嗣闻黄芝山同年调首府，即函托代办，想亦无多。老前辈既托东省官捐，则此项即归河东，将来由晋省汇奖，若两省分奖，殊觉轇轕，其已经填给执照者，捐款归陕，由陕咨部可也。米捐章程大要与黔不相上下，已饬局详开捐单，赍呈台览。去秋以来州县托病请假者皆未准，一以杜趋避，一以资熟手，非十分不可恃亦姑听之，实亦难得替人。石臣未有请假之禀，省中亦无更换之意，不知此说从何而来。碧川早有卸意，禀三四至，皆未许。嗣陈令归，面述其太夫人之病甚剧，其妻亦病莫能兴。碧川出则办公，入则侍疾，苦不堪言。碧川密陈苦衷，令人恻然，故许交卸，而运事仍以责之，现委赴老河口、樊城一带查办收发南米事宜，嘱其由樊至汝察看情形，与王牧商办妥帖，然后返潼。此番派出人员甚多，无论才不才各有所事，而信心者卒少，势无如何也。石臣此时非果病，何故若此，当令子维询之省城，无所闻也。侍自去秋以来无时不病，值此艰窘万万不敢避病躯恋栈之嫌而置身事外，石臣纵有病，此时亦决无遽去之理，请老前辈放心，即以告贵邑人士可也。昨得刘毅斋书，喀什噶尔、叶尔羌均收复，和阗早已反正投诚，南八城事了矣。安集延回酋遁归故部，白逆随之而逸，惟善后颇难。湘阴相过欲设行省，似力为其难，想朝廷当有远谟也。手此奉复，即请韬安。

侍谭钟麟顿首

正月二十日

(二十)

二月二十七日

丹初老前辈大人节下:

前月寄复一缄,计登签掌,辰惟起居万福为颂。赈粮陆运艰难,竟至接济不来,省仓已拨数万匀给各属,而近日粮价愈增,省门竟无粮入城,殊可深虑。现将虢镇凤翔买存者运万余于咸阳以济河北,劳费皆所不计,而雇车甚难,焦灼万状。樊城之米麇集汝州,而鲁山卢氏灵宝之交,时有警闻,昨接祝三军门函,幸已击散,而见食垂涎在所不免。尊处所运亦同此路,未识已到若干,樊城之运潼关者,恐不能满二万也。荆关、漫川水涸舟稀,夫多亦无益。蜀河之运省者,每日不能三百石,似此迟滞,何时始能毕运,令人急煞。本月十二得雨不过二三寸,廿三雷电交作,雨雹兼下,自巳至戌忽起忽止,省城得雨不过二寸余,渭河南有二三寸者,河北仍不过寸余。近日率属步祷阴雨四合,冀得渥沛甘霖,以甦民生,以解疫气。省城慈幼堂三处收养幼孩二千余,疫疠大作,医药罔效,月初数日间伤百余口,老妈杂役死亡相继,委员亦病莫能兴,嗣分居各仓(幸仓已空),始得安平。粥厂已赀遣万五千余晋、豫流民,八千余亦给粮遣散,沿途各县日食以粥,至潼关酌道路远近给银数钱归趁春耕,无家可归者给以籽种农具,赴三泾垦荒,无如不欲归而又不能垦地者甚多,竟无法以处之。本地饥民昨得小雨,愿归者众,皆有业者也。各处运费需五六十万,无可设法,各营月饷久未发,而满营且索陈欠。春征已停,司库早罄,昨有沥陈艰窘情形稿呈阅,可备悉也。山东官捐,文式翁咨及俊臣方伯、黄芝山太守函至,均复以既承大惠一体拜嘉。至如何拨济,悉听老前辈裁夺。此项已购米济河东,即不必分米于河西,晋民、秦民同是朝廷赤子,有何畛域之分,此间南米能运齐尚可敷衍,只求得透雨耳。惟请奖一节,须老前辈斟酌,或他日联衔一奏浑函出之,不必分款目之属秦晋,何如?盖其盛意不可没也。张石洲前辈遽作古人，闻之悲悼不已，谨会台衔奏请赐恤，不知能邀旷典否，折稿另备牍咨达冰案。折便已拜发，不及预行请示，乞谅之。侍当寒士数十年，未尝愁钱愁米如今日之甚，弱植早衰，强病支持，何堪重任！痛念石洲，且惭且惧，晋北宁朔事了否？已得雨否？望示及为幸。手此，虔请韬安。

侍谭钟麟顿首

二月廿七日

（二十一）

八年秋曾以饷力艰难久恐弗继，必将勇丁裁汰，酌留确数与诸公商，嗣接复函，似现有之勇尚不敷分布，则亦不敢再言。其时天山南北得马兵五千、步队二万人尽足防守。只在统领得人，核实撙节，每年有饷二百万足以养此，其余满营人数无多，合计不过二千名，加以兵器费，转运局费，岁得百万足矣，此关外兵饷大略之数也。

金、张两军确数不可知，大约每营五百人，有十分之六即是好营头。现在金营所拨之饷解到者亦不过十之六七，未有饷不足而勇数足者。张军食汴饷，尚能按月报解，不足则从西征粮台借支，然两军精锐略尽，以之设防则可，倘有缓急未见可恃。目前所防者哈萨克、布鲁特、浩罕各种零匪出没抢劫，若俄事决裂，恐非此等勇所能了也。湘军尚存旧日规模，人数不短，然劳攘近二十年，亦暮气也。毅斋识字无多而天分甚高，亦肯虚心，惜左右无一有学识之人为之匡助。罗孟威稍有见地，近年阅历较深，与各营将官尚能联络，不幸于二月初二物故。铁真是一谬品，中无所有，意气用事，不善驾驭，必至偾辕，毅斋近亦略窥其隐矣。关内防勇八九两年裁撤一万数百名（九年春止已撤八千人，秋冬至今又去二千数百名），现存一万二千余人，以后不能再撤，查甘肃承平时兵额五万七千余名，现存兵二万四千余，合防勇不过三万六千余。地方辽润，回番杂处，非此不足以弹压，即以饷论，旧额关内及乌巴两提镇兵饷百十七八万，现需兵饷四十四五余万，防勇饷七八十万，与原额不甚悬殊，惟本省入款甚少，每年丁税到藩库者不过十万，厘金二十余万，仅足供驿站夫马、祭祀孤贫及各官廉俸之费。每年必得调拨百二十万两始能敷衍，而宁夏凉庄满营兵饷不在此数，约计八九两年裁汰勇丁、减省局用及一切浮费近百三十余万，而九年关内各营已发满饷并无欠款，惟旧欠尚六七十万无从清厘，倘以后每岁得百二十万，撙节弥补，即可支持。至于地方善后事宜，陆续举办，皆有轨辙可寻，不似从前之杂乱无章，此后但得一中材稍胜于者即可办理裕如，不至如不才之竭蹶也。此间地气高寒，非衰朽所宜，自冬月以来出门即感冒，咳嗽气喘，牵引肝气，怔忡不寐，杂症迭出。现已春分，两足时以火烘之，稍离则溶溶如在水中，时而转筋，痛不可当，官刑未有如此之甚者，既无良医亦鲜良药。束手待毙实所不甘，拟俟海氛少息，请假回籍就医。自维年才六十有三，不应衰颓若是，或调理克痊，能再报效三五年亦素志也。

以上数纸拉杂乱书，语无伦次，欲令书吏另腾，又有不能令他人见者，恃爱故敢呈稿，并求阅后火之。

(二十二)

五月初七日

丹初老前辈大人节前：

久未奉书驰讯起居，而此心耿耿，无时或忘。昨奉廿四手笔，如亲道范，欣慰莫名。陕境东、南、西三面麦秋较丰，渭北仍歉，北山专恃秋成，盼雨甚切，廿七、初二两次大雨尚未识普遍否。三晋亦苦缺雨，九帅来书谓祈祷术穷，若秋不能种，以后当如何办理，焦灼情状溢于楮墨，不知近日曾得雨否。甘省平庆一带颇旱，西南尚好，伊犁可望璧还。兵费、防费尚未定价，崇地山星使(曾为住京公使)与总署书言布策，以其私告所需无多，或怜我贫耶？日本阻琉球贡我，近且郡县之意在挑衅，闻有起丁雨生中丞总办海防之说，未得其详。沈幼翁至京颇主战议，然动辄需费，中外空空，其何以支？西征饷入秋又罄，收还伊犁，善后非一二年不了，费从何出？此刻以撤防营为第一义，而欠饷累累谈何容易！陕地防军早思裁减，亦因荒赈欠发者多，撤一旗必我发万余金，只好陆续裁汰，无如何也。华州里局浮费经饶守酌减，尚属浮多，已批司饬再核议。汪牧不能早自检举，应行撤任，两司以系相沿陋习求免详参，然十年轮充法本不善，设遇歉岁，承办之里苦不可言也。麟春间病剧，请开缺调理，未蒙俞允，假期已满，仍请展觐，冀得交卸少休，久以病躯恋栈贻误地方，罪不可胜诛也。咸宁、蓝田之交蝗蝻萌生，现派员弁率兵督同农民搜捕，尚未展翅，似易为力。惟地多翻犁，挖蝻子恐无迹耳。手此，复请大安。

馆侍谭钟麟顿首

五月初七日

(二十三)

六月十四日

丹初老前辈大人阁下：

初四奉月朔手谕，谨悉月前福躬小有不适，旋已安复，庆慰奚如。平粜各事蒙分神酌拨，可就近饬饶守遵办，惟每处只数百石，窃虑不久即罄，而汝州之运未识能否接济，颇为悬系。至粜价随时递减，不必拘定三四成，即减至五六成亦无不可，纵减之又减，以至于无，亦与散赈等耳。陕省原不惜成本，请老前辈不必顾此。昨得沅伯复书，言河东粮价已落，弛禁即可稍缓，自是格外见原之意，自上月廿间以来，雨多晴少，早秋深虞损伤，极无继以极备，对此愁绝。而长安面价每斤仍须七十文，新麦入城者亦鲜，幸昨早放晴，天高日迥，农民欣欣，各有喜色，秋稼或可丰收。月底察看情形，一面具奏，一面出示开禁，不必俟批折回也。晋省籽种当及早筹，凡有护照来购者一体放行，已于前牍声明，想达冰案。所禁者，囤户、私贩抬价居奇，若官为采买，例当通融，此亦名正言顺之事，但于护照内载明粮数，所遇即查验放行，不至留难也。近日湿气熏蒸不异南中，早晚棉衣，日午始热。麟本脾弱，此番河鱼在腹，殊不可耐。肃复偶稽，伏求亮察，率此，虔请大安。

侍谭钟麟顿首

六月十四日

(二十四)

十一月初七日

丹初老前辈大人节下：

八月初奉手书，适孱躯大病，至九月中稍愈，而左肩甲沉痛不能举笔者弥月，近日肝疾又作，时复晕眩，蒲柳早衰无足怪，而身任地方诸务废弛，其何以堪！甚至数月不能复一书，罪何可言！前阅邸抄，见大疏深为惦念，曾嘱子维函询近况，昨奉前月杪来示，欣觇精神溢于行间，知福躬当即霍然，毋任忭慰。承示大庆平粜余款留作冬赈，甚妥。特李丞来禀，已将钱六千四百六十七串廿六文解交厘卡，现银贰仟六百两亦于十月廿九撤局后亲解回省，计已起程，李丞本卖买中人，不知事体，此事只听老前辈指示，不必自出主意，前已于数次来禀批饬，如解钱解银，此间并无成见，何必请示，既请示而不俟批又已易银，其意亦无他，不过虑银价之吃亏耳。究于办理此事之本旨未能体会也。此番撤局又不俟老前辈吩咐，径解银钱以归，可想其鲁莽矣。事已如此，只求老前辈将七千总数合计已解银若干，解钱六千余串，按时价合银若干，余当补解若干，赢余即于此中扣存可也。抑麟更有请者，加价之钱所余能有几何，于冬赈亦无甚济，老前辈察看大庆一带情形，如民间十分拮据，莫若于七千石内酌留若干，来牍但称前运陕粮七千，除粜去若干石，得银若干解缴外，下存未粜粮若干，留为青黄不接时散给贫民之用，该处本陕地，非有所私也。前闻朝邑平粜三两一石，而大庆则五两，一河之隔相悬若此，心常歉歉。夏间麟所以定五两者，因彼时每石价十两，故减半出粜，且曾有价落再减之请，并非必欲以五两售出也。如汝州、陕州之粮，每斤只粜二十余文，但使于穷黎有济，何能琐琐计较，所用者公家之钱，秦、晋、豫皆公家之民，麟亦非欲以市恩也。陕库虽绌，所短不在此数，惟老前辈斟酌行之，侍处无不谨遵办理。今秋本大熟，南北山每亩收三石余，向所罕有，初秋苦旱，九月淫雨不无伤损。河北仅得三四分，且有一二分者。各县均未请勘，密遣人往四乡察验，乃得其实。停征亦无益，将何以善其后耶？西路牵算仅得中稔，而粮价卒不少减，乃囤积者多耳。强病手复，不尽欲言。不庄希宥，虔请大安。

侍谭钟麟顿首

十一月初七日

中国近现代稀见史料丛刊【第八辑】

阎敬铭友朋书札（下）

张剑 徐雁平 彭国忠 主编

冯雷 王洪军 整理

本辑执行主编 徐雁平

凤凰出版社

汤修[①]致阎敬铭

二月十五日

二月初旬接奉翰示，知前启已承清览，所寄各件均荷转交，感感。伏惟丹翁仁兄大人详刑集庆，筹饘宣猷，传畀益隆，勋勤感仰，引詹吉曜，定叶颂私。弟侨寓星沙，息餐无恙，祈纾注怀。兹有五品功牌兵丁宋长发者，弟自襄阳赴鄂，毛中丞派令护行，自武昌转徙长沙，又得其照料一切，人甚朴实勤干，现经中丞荐至贵粮台当差，以图进身之日，人甚可用，务祈鼎立玉成之。手泐布渎，祇请崇安，统惟朗察，不尽。

世愚弟汤修顿首

二月十五日灯下

---

① 汤修(1811—1871)，字敏斋，晚自号泔翁，浙江杭州人。道光十九(1839)年举人，官至太常寺卿。

唐际盛[①]致阎敬铭

(一)

二十一日

敬禀者，川私一节，昨奉批示严切拿禁等因，查沙市川私至少亦在十万以外，一经差缉，立见讹诈抢索层出不穷，不缉又无从禁止也。因与忻丞朱令再三斟酌，印谕各会馆董事，劝令大铺行户首先呈缴，即于沙市立局，委员当面销毁，似觉乐从。至钱渣作何办理免其取去复铸，容另细筹，是否有当，伏乞裁夺示遵。周大狗案尚有满营之瞎小陈陈一名，案发立逃，已据旗营除档，现派府县差总二十四名分途截拿，能不漏网为妙。此请勋安，统惟钧鉴。

唐际盛谨禀

廿一

(二)

初七日

敬禀者，昨奉密札，谨聆存记，幸荆属向无天主堂，去年夷人由荆河过亦未上坡，当免此一番唇舌也。初五日又接手谕，渥蒙奖掖，尤增惶愧，伏惟鼎履冲和如颂。去秋际盛从省中归，闻红湖一带积贼颇同游勇作恶，旋派千总李鸿升带领巡船四只，勇廿名上下梭巡，每月由府捐给薪水、船价等项钱一百廿余串，故少窃案，比行知接壤之沔阳、钟祥、汉阳、汉川、监利各处，无奈不甚关切耳。保甲之法最为清源，卒因纸上谈兵，遂成老生常谈。现因松滋土匪迭出，非此不足以弭内患，业委丁令景森、刘令继熊等四员，发给牌示，前往松邑认真稽查，实行十家连坐之法，不限时日，专求的实，希冀其绝根株，亦由际

---

① 唐际盛，原名启玉，字荫云，湖南长沙人。唐方煦子。保授荆州知府，后晋湖北按察使。

盛每月发给薪水六十四金矣。计莅荆南于今四年，诸恐贻悟致增宪廑，殊为惭悚。张巡检一节，因南京王姓向以整表营生，各衙门皆属主顾，颇有积存，近日两子游荡，此老忧闷，遂致身边常常遗失，适钱萍江之弟交给一子儿表令其修理，于金龙寺过船失去，钱某送巡司押追，并云系陪奁，物上有佩带小翠玉件，足值一百廿金，王姓比另觅子儿表照赔钱，坚不允。际盛乃将王姓唤入署中告以亦禀巡司缉查，殊不数日报于枝江县之江口地落水矣，满城旗人与其两子相合而于巡司不合者，乃思构害。际盛立传开导，非独未经加责，亦非羁押冤抑，不在巡司亦即了然。夷发于上海互为攻击，渔翁必可获利，但未知确否，施南情形，内防似不可少，前禀尽之，想荷批回矣。肃此，虔请勋安，万吉。

唐际盛谨禀

初七日

唐景皋[1]致阎敬铭

(一)

卑职唐景皋谨禀大人节下：

自秋莫叩谒道颜，钦佩瞻依，日甚一日。窃惟我大人倡明正学振兴吏治，允足扶翼世运，陶冶僚属，近如驿政则扫除弊端，立见整饬，差委则起拔湮郁，惠普而公。昨接监利县查令来函，敬悉蔡世怡一案蒙已札驳提讯，更仰见我大人慎重人命，精核刑名，厘剔隐幽，无微不入，真令风尘下吏钦若师保、畏若神明。计此案第三次系卑职承审，咎有应得，然而无限苦心有不可言尽者，衾影惶悚，直至于今。今幸秦镜高悬，仍水落而石出，俾应抵者不至漏网，已死者不至含冤，斯亦卑职与接署监利令王翰之所仰天而大快也。卑职自到天门寝食不遑，究无寸绩，近虽钱漕便可扫数，捐输颇有起色，了案亦已数十起，而伏思宪台之所期望于卑职，与此间父老之所翘首待泽于地方官者，尚未尽其万一，尚祈我大人俯赐针砭，使得渐近于道，则此后有生之日愈不忘再造之天。肃泐，敬叩道安，伏乞钧鉴。

卑职景皋谨禀

(二)

属吏唐景皋谨禀大人阁下：

日前听鼓鄂垣，仰荷开诚下士，破格优容，自惭樗栎庸材，竟得菲葑下采，撮壤仰泰山之高，导涓知沧海之大，望尘遥伏，钦佩莫名。恭惟大人本天真以澄吏治，笃忠悃以济时艰，指日崇晋封疆，为本朝二百余年中兴元佐，天下之福也。辱在末属曷罄轩蘘，卑职以苦窳材肩繁剧任，纵使将勤补拙，仍恐报最偏迟，清夜自思，冰渊倍惕，谨查卑

---

[1] 唐景皋(1809—1872)，字鹤九，湖南郴州人。道光二十九年(1840)举人，历署监利、江陵、天门知县，安徽六安知州、太平府知府，后提升道员。

县前此钱漕一项，一误于清丈之参差，一误于定议之反复，一误于包征包解，致若辈之欲壑难填，而转为挟制。卑职现拟于初一日点卯晓以利害，明定章程，惠可普沾，弊宜永绝，俟底册催齐办有微效，即当另肃禀闻。堤夫一案闻先已了楚矣。虔泐，恭请福安，伏乞慈鉴，临禀不尽依依。

卑职景皋谨禀

唐训方①致阎敬铭

唐义渠直隶方伯，余任鄂臬。义渠任鄂藩，调署皖抚，
余奉特旨署鄂藩，义渠旋调直藩，后寄此书至济南

丹初中丞大人阁下：

得手谕，深感谦逮眷注之意。奉别三岁，常仰仪型，疆域匪遥，幸承嘉政。齐鲁礼教之地，海岱雄健之风，久企循良，今依名德，百僚励节，四境归仁，一变至道，其效不远。直省近临京辇，远控边关，旷土游民已难施治，藩司以理财为专政，察吏为要图，而此间财赋正供向不足用。承平时每资拨济，今则更有京饷协饷之需，南三府昔号膏腴，今则更有流民饥民之赈，至所辖州县多至百余，北方吏治之疲已为明公洞悉，加以事沿旧例，难议改弦，地在邦畿，易通消息。方来从皖楚重领监司，碌碌充位，既有素餐之饥，处处更张，又有见才之谤，来谕以为易治，殆未暇体察下情，若方之质鲁材疏，夙蒙鉴谅，惟希随时赐诲，以策驽骀耳。子和廉访与方相得甚欢，承命致声，具已转达。官场手版非所以副明公雅怀，此后非循例称贺之笺谨不再上。手肃，恭叩钧安，伏惟照察。

唐训方谨肃

---

① 唐训方(1809—1876)，字义渠，湖南衡阳人。道光二十年(1840)举人，咸丰三年(1853)大挑得二等，历任湖北粮道、湖北按察使、安徽巡抚。著有《俚话征实》《从征图记》，有《唐中丞遗集》传世。

涂宗瀛[1]致阎敬铭

(一)

丹翁先生再览：

贺函甫缮，接奉赐缄，所以推奖而勉策之者甚至。蒙惠新刻《柽花馆全集》一部，存之家塾，可奉楷模，纫感奚似。伏惟荩躬多健，令闻日崇，式符颂臆。宗瀛德薄能鲜，谬领湖湘，忝继当代诸大贤之后，深以才不副位，夙夜祗惧，若涉冰渊。乃蒙期许过情，益增汗赧。鄂省昨逢歉縻，财殚力痡，内而工赈兼营，外而转输环迫，弥觉应接不遑，回忆二十年前我公与益阳胡文忠二三俊杰，抚兵燹残破之余，值民生凋敝之会，独能艰难撑拄，转贫弱为富强，卒开东南恢复之业，其谋略诚不可几及也。今天下耗用多矣，百姓之困穷抑又至矣。来示谓财无可生亦不可别图生之之术，仁人之言，实勘仰佩。议者欲裁兵勇以节饷需，昨已奉旨通行，自属救时至计。惟各省局势稍有不同，以两湖情形而论，额兵本不及勇丁之得力，且从前乡兵削平大难，惟湖湘之人为最多，而此时撤伍远归，以游勇散布田间，亦惟湖湘之地为最众，群居失业，往往聚而为匪，旋起旋灭，盖匪一次。年秋冬之交，襄樊光谷一带即有会匪欲图起事，幸拿办迅速，消患将萌。然若辈无以资生，讵能常保无事？鄂中自屡加裁撤之后，存营本少，实已不敷分布，留驻襄、樊、武、毅四营自前岁移赴直省海防，迄今未得调归，空虚更甚。此间据天下上游，为南北关键，加以伏莽、会匪时虞窃发，是以去岁忠义军遣撤后，即补募南字等营，非敢浪费饷糈，诚以临渴掘井所费多而勇不得力，不若未雨绸缪训练，预而有备无患。鄙意

---

① 涂宗瀛(1812—1894)，字阆仙，号朗轩，安徽六安人。道光二十四年(1844)举人，同治元年(1862)大挑一等，历任江宁知府、湖南按察使、河南巡抚、湖南巡抚、湖广总督等。著有《涂大司马年谱》《涂朗轩尚书政书》《重建江宁普育堂志》《童蒙必读书》。

此事宜令疆吏各就地方情形详加体察，可裁则裁，可并则并，斟酌而行，势难一律论也。以天下大局而论，第一耗财漏卮实新疆军饷耳。自议协西征月饷以来，湖北一省已陆续解银七百余万矣。现在伊犁收回，关外局势大定，而统帅尚多，营勇亦众，似宜及早设法次第遣撤，以节饷项，否则年复一年各省财力均耗于此，即或内地一省防营全撤，所节饷银亦不足以供关外数月之粮，想大君子亦早鉴及，知必荩画周详，毋待渎陈也。至川盐为鄂饷大宗，前次动色相争本无私意，经大部持平核覆，究未知太冲之意若何，倘不遽易定章，即不至大有亏损。荩筹于此，所全实多，鄂刻《一统舆图》向称善本，惟旧存绝少，兹捡出新印之字画明晰者二部，将来交饷差赍呈查收。料峭春寒为国自卫，濡毫布臆，不尽欲言。专覆，祇请勋安。诸惟荃鉴，不备。

宗瀛谨又肃

（二）

七月二十一日

敬再启者，顷自南中寄来《许文正公集》《胡文敬公集》，谨各寄上一部奉览，又《豫省征信录》《三分碑记》二张，其章程有未是处，仍希指正。汴刻《童歌养正》二本附呈惠鉴。本年麦收歉薄，秋收牵算可得中稔，只陕、汝二属尚未得透雨，殊为焦灼。手此，再颂丹初先生秋祺。

宗瀛又顿首

七月廿一日

菊圃太史闻已回籍，未知何时赴惠州府之任，甚以为念，又及。

（三）

四月十八日

丹初先生载启：

正月接奉惠缄，仰蒙缕晰指正，无任钦感。查此事，宗瀛于四年到任后即咨请邻封严札本省须加撙节，不准滥支滥应，奉行者恐仍未能如法，至于派银办酒席、车马折价，本年严饬府州督率禁革，另立新章，杜绝中饱。据询之乡间士人，均云较向来减省得多，然究未敢深信，究再严密稽查，设法整顿，以期宽得一分即民减一分之害，隔省如有所闻，仍希密示，以广大君子爱民之德。拜谢敬恳，载颂午厘。

宗瀛又顿首

四月十八日

菊圃太史毕竟赴粤西否？久未接信甚为悬系，又及。

（四）

敬再启者，秋初于邸抄中捧读大疏，指陈差徭困苦情形痛彻淋漓，令人感佩，嗣后接菊圃太史来函，述及我公传谕河北三府情形相同，仰见恫瘝在抱一视同仁，深为感泐。豫省差徭困敝早有所闻，到任后即严切裁减，而实力奉行者究属寥寥，现惟有督饬道府州认真整顿力挽颓风，以仰副大君子推爱恤邻之意。再，日坐省垣，正如坐井观天，耳目殊难周到。尊处与豫疆密迩，如有见闻，尚希随时飞函密示为叩。手此布谢，并恳载颂新祺。

瀛又顿首

（五）

四月二十五日

敬再启者，传闻贵省尚有未尽得透雨之处，未知目下实在情形若何，大君子恫瘝在抱，贤劳可想。菊圃太史现未知在何处，寄函恳转递为荷。手此，载颂勋祺。

宗瀛又肃

四月廿五日

汪梅村[1]致阎敬铭

光绪十一年乙酉正月

翘瞻阿阁五云端，韩白龚黄满井干。风会日增枢部重，仔肩倍较大农难。近缘羊祜新开府，曾说延陵本古欢。倘以郭隗成故实，请公高着进贤冠。

奉怀朝邑相公。

（汪梅村先生见赠一诗，寄太原属吴栗生另笺录示，栗生即寄原手稿于李峻臣。硕儒耆德海内灵光，惟不才忝窃重任，时忧陨越为悚惧也。光绪乙酉正月识。）

---

① 汪士铎(1802—1889)，原名鏊，字振庵，别字晋侯、梅村，晚号悔翁，江苏南京人。道光二十年(1840)庚子举人，一生以游幕和接徒为业，为晚清有名的历史地理学家和著名学者。主要著述有《汪梅村先生集》《乙丙日记》《梅翁笔记》《南北史补记》《水经注图》等。

汪鸣銮[①]致阎敬铭

(一)

初九日

中堂钧坐：

前见恩旨，即欲走候起居，适旬日来时患头晕，并闻荣旋须在望间，因是稍迟。近知台从业经首途，拟即日至长新店追送一见，询之纪纲又云已往保定，忘尘不及，怅惘何涯。仆人昨从南中送行李来，谨以微物八色奉呈，戋戋之意，敬乞哂收。惟盼贵体康复，来都再聆清诲，杯酒之饯阙如，又未获躬送，莫名歉仄，长途珍重，不尽依驰。

林泉颐养之余，临池有兴，无论长幅短笺，乞赐数纸，俾得奉为墨宝，晨夕展对，如侍左右，企祷企祷。手肃，敬请锦安，统祈鉴察，不宣。

晚生汪鸣銮顿首谨启
初九日

(二)

三月二十七日

前奉赐书，适出试武定，未即肃复，至歉。属寄《六艺纲目》，侍自来山左，每遇书院高才生及试场经古所录优等，酌量分诒，近日适由南中印寄多册，兹寄奉四部，以备孙世兄观览，又近刻《经籍举要》，凡发落一等生员，新进文童各予一册，俾得稍识读书门径，兹亦附上四册，孙世兄辈劬学博文，不足资一噱也。侍甫由武定回省接任以来，

---

① 汪鸣銮(1839—1906)，字柳门，号郎亭，一作郇亭，又号得士，安徽休宁人，寄籍钱塘(今杭州)。同治四年(1865)进士，历任工部侍郎、吏部侍郎、总理各国事务衙门大臣等，后被革职。编有《万宜楼善本书目》，著有《能自疆斋文稿》。

岁试已毕。日内即往曹州等处办理科考，历试各郡均尚相安，惟自愧空疏，无以为诸生倡导，惴惴良深，济、武等属所筑重堤，闻虽经严催告成尚需时日，且时有抗阻等情，颇为棘手。开浚小清河之举，诸多窒碍，恐将中止，惟望伏秋雨风无意外之虞，庶几民情差可安帖，否则何以堪之。目击流离，辄深焦虑，知关荩注，用并附陈，折差今日即行。匆匆手肃，未及庄书，乞恕不恭，再请台安，统惟垂察。

侍鸣銮谨又启

三月二十七日

王博之致阎敬铭

初九日

再，兼署解州马玉山刺史，一人而办两处公事，未免过劳，且两缺均属繁要，殊非易易，马牧东奔西驰亦恐关照不到，月前宫保谈及以新补监掣。张丞元鼎自去秋委办祁县捐输，共捐十余万两，后又委帮办平遥捐输，亦不下数万两，宫保以其人结实可靠，办事认真，意欲饬赴监掣之任，伊月初始由平遥回省，尚未下委。适阁下于宫保来函拟令马牧专署监掣，而以李剑秋复署解州，与宫保意见不甚相合，昨宫保云阁下既为钦使，不便方命，只好将我前日意思与之相商，看阁下以为然否云云。拟即致书尊处，未知已经接到否，如已接到，乞阁下斟酌答复可也。手此，再请台安，恕不恭。此信阅后付丙。

前名不再具

初九日二鼓后泐

王定安[1]致阎敬铭

光绪丁丑，山右大饥，越戊寅，灾尤甚。朝命连发山东漕米三十万石以赈之，定安实董斯役，已卯三月挽输告竣，将返太原。幕友邓献之郎中投诗见赠，以舲、星为韵，因步韵奉答。

飙轮疾驰如飞舲，百里隐隐闻雷霆。羊肠诘曲费牵挽，欲移太行归东溟。尧痧汤灾古亦有，剧怜亢旱连雍并。我从津门初发策，驽姿偃蹇惭神駉。一谋刚就遭百阻，坐看平地生巇嵘。古来万事皆凿空，岂有成轨堪仪型。摧危锉险凭缔造，开山顿欲驱五丁。忆从鹿泉涉危磴，嵯峨遂至泜水营。枯骴白骨慎衢路，荒墟往往闻啼声。朔风哮怒吹井陉，万木干死无铁青。河汾涸竭恒霍赪，乌鸢啄肉来空庭。两宫仁圣迈前古，齐民上祷皇天灵。帑金仓粟尽颁赐，诏书怛恻哀群生。小臣三载剧奔走，燕齐赵魏无停軨。马头日色常黯澹，黄沙味毒东风腥。近闻吾乡亦苦旱，江汉水浅成洲汀。荆门赤壁归未得，万里远客同浮萍。君走京蓟我汾土，燕山晋水烟蒙冥。时艰岂敢忘君国，膏车夜发乘明星。

再叠前韵奉酬崧廉访镇青，即送其之官岭南。

鬲津三月客扬舲，东风狂噫入挟霆。越禽代马天各别，巨觥屡酌倾沧溟。长白诗人出世胄，羞将裘马夸燕并。十年官辙遍齐鲁，皇华载道绝双駉。舞雩沂水古宗国，龟蒙绵亘横崎嵘。萧然琴鹤寄幽兴，平泽好客追前型。迩来名臣盛东土，廓清锢弊从阎(丹初中丞)丁(稚璜宫保)。蜃楼明灭幻云海，喜看氛雾销青营。湖光山色满城郭，春来绿柳催莺声。我乘朔风下井陉，东游再见岱岳青。黄沙扑面尘容

---

① 王定安(1833—1898)，字鼎丞，湖北宜昌人。同治元年(1862)举人，历任山西布政使、冀宁道台及藩司、安徽颍凤六泗兵备道等职。著有《空舲文钞》《续古文辞类纂》。

赪，依稀海燕巢驿庭。谈诗朔剑暂嬉戏，仍虞灾疹殃生灵。古人忧乐关天下，岂徒樽酒同平生。君今陈臬在八桂，苍梧万里劳舟舲。衡阳南去雁声渺，蛮烟蜑雨饶臊腥。颇闻钲鼓动绝徼（时署浔州协副将李扬才叛入安南），天南烽火连邮亭。越裳交阯古藩服，讵容鲸鳄燔郊汀。圣人覆帱无内外，即看斩馘挥青萍。漓江庾岭在海角，桄榔月落天杳冥。思君一登太行顶，举头遥瞩斗南星。

三叠前韵寄怀方存之枣强。

微湖淼淼屯子舲，王师东指入惊霆。元侯幕府尽佳士，相携岱顶窥蓬溟。（同治丙寅定安与存之同客曾文正戎幕，从济南登泰岱，一时僚佐如莫子偲、程伯敷、钱子密、吴挚甫、薛叔耘、黎莼斋、王子云皆东南佳士也。）先皇恩义笃耆旧，重臣移节来幽并。黄金筑馆市骏骨，冀野千里空良驷。高材逸足归笼络，泰山北斗同嶙嵘。（同治戊辰曾文正由两江制府移镇畿疆，专疏奏调贤员，存之始以知县分发直隶。）自从贤相谢人世，谁复吐握追先型。厮养走卒跻将帅，或有峨冠不识丁。侯门宾客尽星散，惟余落月窥空营。桓桓介弟威毅伯，昔年战马喧江声。河山洗涤凭公手，有如巨灵开绝陉。功成长揖归田里，一苇夜渡君山青。衡阳雁声久断绝，忽有飞诏来彤庭。黄河万里走东海，威声潜慑蛟龙灵。太行连绵属右辅，谁教灾旱殃苍生。翩然古佛下人世，杨枝遍洒仙人軿。倒倾河汉沃焦土，滂流尽涤黄汾腥。嗟我行役来德水，再见桃涨生溪汀。知君作气在咫尺，离悰有如风吹萍。颇闻政绩满人口，河阳花雨春冥冥。十年旧游君忆否，天涯故友如晨星。

近作三首，录呈丹初少司空大公祖大人钧诲。

部民王定安

王仁堪[①]致阎敬铭

(一)

壬午二月初五日到

丹翁太世丈大人坐下:

肃启者,睽违道范忽已改岁,驰驰徂征,简牍尘积,未敢以混聪察,瞻望中条,心企无量。马太守至,敬述尊指,拳拳注念,盛荷周称。辱在大父之交,惠顾旧谊,奖励以诱其进,自维谫劣,虽知逾分而斤斤慎持,不见屏于大贤之门,既用自幸行自勉也。香涛中丞莅晋,衔命强起,方今冲圣临御,外患未夷,廷臣交章,四海延颈。公虽劳,其能已乎?命觅毛诗印本,适已散尽,寄呈《尚书音释》一部,亦祝刻也。去利条约附录呈览,望加之藻削为幸,手肃敬承颐安,春淑气和,惟为国珍护,不次。

王仁堪顿首

(二)

丹翁太世叔大人阁下:

廿载钦仰,幸接几杖侍教,移晷已不啻春风一月矣。顷捡敝簏,仅余《周易传义》,《毛诗》业已分去,容续寄也。此上,敬承颐安,唯鉴不备。

世再侄仁堪顿首

---

① 王仁堪(1848—1893),字可庄,又字忍庵,号公定,福建福州人。光绪三年(1877) 丁丑科殿试状元。

王榕吉[①]致阎敬铭

(一)

同治二年九月

再,直东数年大乱,邱县实为祸之首,教匪以邱县为最多,此远迩官绅所共知也,苦于地方官不敢查拿隔署者,又恐干越境拿犯之嫌,明道尽知其情形,若不乘此大加破除,恐将来为祸仍不胜言。(时邱县有抗官之案,故言之。信到时已拿获正法四人矣。)大公祖于此处加意,则造福无穷也。至来示密谕之人,榕与制军筹之已久(即杨朋岭以得其反复确据也),现又添派沈守燮同前往冠县面商办法,容再禀闻。

榕吉谨又禀

(二)

同治四年夏

敬再禀者,自星旌荣莅山东,清风亮节远迩传为美谈,绅民戴德倾心,即妇孺传颂亦早经异口同声,惟各省宦场痼习已深,一有认真破除者,不以为操之过激,即以为不体下情,闾阎颂声起而仕路怨声作矣。甚或捏造谣言流布蜚语,并群嗾无赖出而挟制之,此等恶风到处皆然。荆山方伯之事幸赖年大人中流砥柱,一力维持,俾狂澜藉以独挽,否则若辈一经得志,从此无敢参办之交代,无敢认真之上司矣。榕吉廿年畿辅舆情寅谊尚无忤拂,独至数月藩司几于大失众望,州县痼疾惟过来人知之,尚悉稍为摘奸而发伏,遂有以为忘州县之艰苦者,杜绝觊觎,不遂所求,遂有以为变易性情者,当此众愿难偿,积重难返之时,固非引避嫌怨意存见好所能为功也。惟时值用兵之际,不

---

① 王榕吉(1810—1874),字子莪,号荫堂,山东邹平人。道光二十四年(1844)进士,官至顺天府尹、大理寺卿。

能不藉群策群力相与系属掣肘，而因以违心一时之权宜，亦或出于不得不然也。榕吉幸隶帡幪谊叨谱末，夙荷年大人推诚置腹，用敢以传闻之异辞，聊效刍荛之一献，设使匪踪已经远飏，则无庸置议矣。手此密布，载请勋安。

榕吉谨又禀

（同治四年夏，因捻匪复张，属权宜用人也。）

王庭桢[①]致阎敬铭

(一)

同治二年七月初八日

同治二年

夫子大人函丈：

谨禀者，四月间两肃寸禀，由驿递呈，计邀慈鉴，因随节周巡，仆仆道途不遑握管，致疏禀牍，惶悚奚如！昨读手致中丞书，恭审我夫子吉座允升，勋猷日懋，翘瞻道范，用慰下忱。东省寇盗纵横，殊劳荩虑，襄勇到后军威当可大振，奈饷糈竭蹶，诸事呼应不灵，我夫子夙夜忧思，禔躬抱恙，闻之焦灼。惟望时加珍卫，为国惜身，不胜叩祷。闻西安省业已解围，东路通行无阻，未知师母大人曾否出省，念念。此间近尚安堵，皖江北岸一律肃清，南岸东流、建德以及江西九江、南康一带尚有逆氛，兴冶之郊又须拨兵防范，苗民逆命攻陷寿春，蒙城亦危于累卵，成、蒋、毛三军先后往援，均以贼众兵单，剿办未能得手。李希帅久患痨瘵，竟至失音，现仍养病湘乡，一时难望痊愈。亳东余捻势又狓猖，豫南正息等处捻踪充斥，鄂防未可稍松。下游军情自克九洑洲后，鲍军渡江而南贼势甚蹙，嗣以疫病复作，各军暂退休养，未能合围。金陵踞匪负隅如故，汉中被围已久，李黼堂方伯自募千人，道过鄂垣，偶一蹉跌半身不仁，现已奏明回籍调养。李雨苍京堂率毅健六营进援兴汉，嗣因闻讣奔丧给假两月，骆帅复保其总统川楚诸军，奉旨赏给四品京堂，督办汉南各军务，此时计已假满，当可回营。汉南群盗如毛，恐是不了之局。蜀中军事大有起色，四月廿四日紫打地土司生擒石达开父子解省就戮，尽歼丑类。十年巨寇一旦扫除亦大快事也。庭桢于五月望后随中丞返省，适以服阕参衙又增一番历

---

① 王庭桢，一作廷桢，字子泉，一字干臣，江苏无锡人。咸丰五年(1855)副贡，官武昌知府，王恩绶子。著有《清代画史补遗》《清朝书画家笔录》。

禄，入都引见一节本拟从缓再商，缘中丞迭次谆劝，方伯亦以为言，宪意殷殷，未敢故拂。现拟于八月杪由鄂起程，赶在年内回省，惟川资引费不易张罗，尚未知能否成行耳。嫡堂兄育芬号景韩，与桢同榜举人，咸丰六年报捐主事，签分户部。前年得广东司主稿，去冬丁忧，因道途修阻囊箧无资，尚未奔丧回籍，昨有书来言，拟只身赴东仰依仁宇，缘桢胞伯母已由家乡避至江北，若山左可以栖身，即可就近迎养，堂兄老成朴实，悃幅无华，久邀洞鉴。俟抵东后，伏求俯赐栽培，量材器使，素蒙垂爱，用敢渎求。庭桢前禀业已缕陈，因恐驿递迟延，故敢为再三之渎。又，敝邑附贡生朱临川先生名光照，就东省抚署钱席已十余年，与庭桢虽系世交，从未谋面，素闻其品学兼优，实幕道中所难得者，我夫子莅任后谅必照旧延请藩属书启。顾仲懿先生名渊，系庭桢父亲同年，庭桢幼时曾见数面，素知其中正和平通达时务，二君均久在山左，于地方情形必能熟悉，我夫子咨询舆情，堪备刍荛之选，庭桢谨举所知以闻。李雨苍京堂三月间曾至鹅江谒见中丞，小住三宿，桢将夫子欲其赴东勷助之情切实转达，嗣知其决计入秦，又请期荐举将才，渠即以何君开示，兹将原条附呈，再请采访其贤否而裁酌之。张松坪太守丁承重忧，周笠太守署荆郡，钟云卿太守回本任，孙树人太守接办粮台，蒋文若先生已作故人，可伤之至。潘牧亮功赴随州任，孙令福海署汉阳，并闻。恭请福安。

受业王庭桢谨禀

七月初八日

再，夫子致中丞书中所言王心安事，可以就近取具亲供了结前案，中丞即日有函复也，又禀。

（二）

肃禀者，十月十九日汪同孙司马来鄂，赍到五月初八日赐书，昨吴、廖两大令转赐言，旋又奉复谕，谨悉前禀暨各件均已上达典签，猥以些微土仪，犹邀齿及并蒙颁下墨宝，于胞弟忠荫代求之外，复赏旧宣纸屏四条，祗领之余，若名钦感。吴大令传谕近来不轻易为人书屏，庭桢何幸，藻翰叠叨且宣纸屏复书箴言，足当座右，仰见我夫子多方训迪，不厌精详，人受宠而必警，马加鞭而愈奋。至八法之超妙，海内无伦，集争坐位一联，何子贞先生中年笔墨亦不能及，传观寅好异口同声，特是子无誉父之文，弟岂有称师之义。一时欢忻鼓舞，有不能已于言者。惟有三薰之沐，什袭珍藏而已。庭桢赋质庸愚，谬膺表率，夙夜悚惕，深恐上负国恩仰辜期望，并无以慰先人于地下，今春量移武昌，任重材轻，坚辞不获，而承上接下尤虑不能称职，益切冰兢。我夫子在远不遗，勖以正己率属之方，汲引贤才之道，两书谆谆诰诫，俾有遵循，寻绎再三，不啻亲承提命，如冠翁书刻严仙舫联语，至今尚悬二堂。庭桢出入仰瞻，用以自励。往时守施六载，一切兴利除弊无异作州县时，虽不免侵州县之权，然同为亲民之官，分应如是，理应如是。乃承饶子维观察上达清聪，蒙奖不俗，将诱之使进于道耶？抑爱而不知其恶耶？刻下承乏首繁，民情较易治理，然有时不能不侵县权，迩来鄂中风气道府相率不提案，庭桢下车后破除情面，批提咸宁、嘉鱼各一案，人人皆以为奇。无所诛求，即能秉公办事，诚如来谕，焉有一守不能监察十余属之理，只要不爱钱不狗情，各属自勉为好官，吏治民风何患不蒸蒸日上！此间府试文童于十月七日开考，本月十一日告竣，十八日接试武童，约月余方能蒇事。转瞬封篆，年内为日无多，开春得暇当遵谕禀明各宪，便服赴各属周巡，如有上控案件，就近讯结，访属吏之贤否，察乡民之莠良，而于保甲蚕桑，并可随时查看。鄂省内不讲求蚕桑之法，庭桢前在荆门曾捐廉，专丁赴江浙等处采买桑秧、蚕种发给各属，并刻说略教之，甫见功效，调任以去，现仍捐廉派员前往苏湖一带购办桑秧、蚕种，由轮船捆载而来，约此腊杪正初当可运到，刻已借刷前山西藩台方菊人方伯大湜在襄阳道任内所刊《桑蚕提要》千部，俟桑蚕到后一并分发各属，劝令如法种育。此利果兴，逐渐推广行之，亦可如江浙之岁得薄利，兹寄呈《桑蚕提要》一部，计二本，乞察阅之。闻刘冈民云我夫子设帐河东，时劝令解州各属种桑育蚕，已获其利，并立机织局就近收买丝斤以织绸绢，是一二十年之后富庶可期，何晋民之幸也。卞制军力讲用人，行政德业日新。子寿廉访、次棠观察莅鄂以来，极能整饬各务，庭桢以诚事上，义之所在，必力争之，蒙各署优容，亦能倾心相待。寄次翁八言对，遵已托便带呈，并函述师谕矣。蓂陔大令随次翁赴荆州，旋委代理枝江，其人德胜于才，枝江尚可胜任，赐函亦已加封递去。沈鹭卿观察等处各函均饬送交，长沙一缄亦加封递去。成叔世兄少年科第，明春假归河东为鸾胶之续，未知诹吉何日？昔袁简斋太史乞假归娶，绘图题唱，一时佳话传播人间，事隔百年同为佳话，羡甚。我师曩年宦拜齐楚，竟不能置一椽，似此亮节高风，虽古名臣不数觏。闻夫子自奉尤俭，饭无兼味，并轻易不落荤，子舆民云五十非肉不饱，况我夫子年近古稀，措此穷家，倍劳硕画，平时宜以饮食培补，为国保身，万勿过事淡泊，抑庭桢更有请者，朝廷知遇优隆，正资倚畀，薄海中外，共仰福星，现在精力尚强，不必即萌退志，刍荛是献，尚乞俯鉴愚忱。胞弟忠荫不得已而改图，仍无出路，荷蒙随时训诲无微勿周，感戴之私有如身受。大儿镜蓉年十九，文理粗通，去冬回南小试，侥幸获隽，胞侄铙藻年二十一，系胞兄殿襄第三子，同归应试，亦忝列胶庠试艺，附求钧政，现仍令其来署诵读《呻吟语》《五种遗规》等书本，令各置案头，于功课余闲时常翻阅，兹遵诏示，日点数板以束身心，俾不至荡检逾闲，实为至幸。同孙于前月到鄂，庭桢系属初交，不深知其性行若何，想其家学渊源，谅不失为自好之士，庭桢与子寿廉访为之设法由盐道邀入幕中，月薪二十金，足支旅费。“利心轻而行事勤实”之谕，当与同孙共相砥砺彼此。书绅大小二联遵即转交，来禀一函画五张，谨以附上。包兴言司马有一子名希兰者，以通判需次鄂垣，庭桢面索邓完白楷书、程子四箴，渠托故不肯付阅，再三央恳始允，倩人钩就送至，特寄呈。鄂中善山水者无人如廿年前之陶锥庵，竟无从访觅矣。嗣后遇有好手必代求屏条寄奉。魏武帝“滚雪”二字，闻子寿廉访云在珂乡之褒城县，鄂中遍索不获，容缓觅呈。王右星现在新关当差，寄来宣纸七言对，当即寄恳篆书。楠木圆桌面已饬匠照式赶做，遵托坐轮船北上者带京，样书《文赋》屏条拓本尚未访到，容缓图之。月前刘冈民踉跄而来，备述前在山西渥蒙恩植，言之感泣。现在庭桢处襄办笔墨，颇为得力，兹托解饷委员陈子重大令元枢带上《制义礼要》四本、《楚辞集注》二本、《老学庵笔记》二本、《读史兵略》十六本、书目一小本、李阳冰篆书一张、新疆图一张、钟刻《历代帝王图府》，又庭桢在施南所刻《南郡书院课艺》二部、《字类标韵》十部，统乞查收，以后如再需各书，祈赐示，当即寄奉。恭请勋安，恕不庄楷。

受业庭桢肃禀

长至夜三鼓

(三)

五月初二日

谨再禀者，正初手肃禀函，详述庭桢在鄂情形，计已早邀钧鉴。三月杪奉调到省，接胞弟忠荫来书，知庭桢此次幸获量移，悉出夫子大人嘘植，祗聆之下，感戴无名。庭桢渥蒙栽培于兹卅载，计惟有洁己率属，汲引人才，竭其力所能行，尽其分所当为，以仰答高厚鸿慈于万一。庭桢捧檄接篆之日，适值教匪滋事之时，稽查巡防缉拿审办，旰宵竭蹶启处不遑，所幸匪首就擒，人心大定，现在编联保甲，省城内已办有端倪，各州县城乡亦次第举行。烟馆、尼庵向为藏垢纳污之所，刻已封闭清理，不至再匿奸匪，知系荩怀，谨以附述。胞弟忠荫以同知捐分直隶，乃不得已之极，思仍求遇事关垂，随时训诲为祷。手肃，载叩潭祺。

受业庭桢谨又禀

五月初二日

(四)

光绪九年癸未七月初一日

光绪九年九月十三到

谨禀者,首春、首夏两肃禀言,虔叩福绥,计已早邀钧鉴。隔门墙于在远,欲抠侍以莫由,孺慕私衷,无时或释。伏维夫子大人禔躬康泰,勋绩懋昭,遥跂绛帏,定符忭颂。月前黄子寿廉访、于次棠观察先后抵鄂,传述面谕,奖励兼施,祗聆之余,莫名感佩。庭桢前依函丈渥荷提撕,嗣后牧令十余年,深虞有负庭训师训,抚躬循省,临履常兢,虽宦途磨折久经,锐气不免稍退,然本性究难汨没,遇事仍不敢畏难苟安,至举世滔滔竞趋巧滑,寸衷自问,尚不至蹈厥污流,且平时奉教书绅,尤深恶而痛疾者,用敢倾沥,直陈杖履之前,尚祈训诲时颁,俾懔步趋,是所虔祷。子寿廉访忌行文章经济,庭桢素所心钦,今得舟楫同操,获益良非浅鲜。次棠观察清廉正直,立志期作好官,命向庭桢咨索人才,已择其办事可靠者荐举四员,业蒙带荆差遣,罗蓂阶大令亦曾嘱其往谒,因出外差方归,故未随往。涂朗宪居心公正,办事精详,惜已引退将归,不获久依长侍。卞颂宪闻已卸湘抚篆,不日即可履新,于吏治民风当有一番整顿。庭桢现蒙调补是缺,深惧力不能胜,莅任两月有余,审办教匪、清理积案,编排保甲,刻间均有端倪,后拟于各属各乡办保甲以稽图藉,使萑苻无从涸匿,庶可安戢闾阎。本年滨汉、滨江水势甚大,容俟秋后再行筹办堤工,并拟兴办蚕桑诸务,自维居一日之位,则竭一日之力,尽一日之心,以仰副吾师之期许而已。庭桢久欲稍申芹献,藉展藿私,而鄂中局刻诸书闻师门已备,碑帖字画均无佳者,兹觅得郑道昭天柱山摩崖四十六种,敝邑《高忠宪公集》一函,张清恪公《正谊堂集》四函,施南所产楠木文具都盛盘、墨盘、纸匣、笔匣、图章匣、铜匣、朝珠匣十六件,巴鞋礼料、被料各四件,乘吴令熤先、廖令玉麟解饷之便,嘱其带呈,仰求赐纳。肃修禀牍,缕布下忱，载叩崇祺，言不尽意。

受业庭桢谨禀

七月朔

庭桢自去秋手指患疔后不能楷书，目力亦不佳，尚希涵宥。

王文在[①]致阎敬铭

再启者,去秋七月初军机处交查单开各员,由吏部行文各省督抚,查明有无事故,作速咨覆。至八月杪,递行到县,内升翰林院编修王文在,山西进士,当于九月初四日呈明奏留办赈,留办荒地,暨丁艰服尚未满,在籍守制,守情由本县申覆在案,自冬月服阕后至今未报起复,据碧川观察云,起复例有定章,恐干吏议。窃维曾沅帅奏请留办荒地,声明一俟善后事竣,再行给咨回京供职。即吏部奏请断俸时,亦有差竣回院再接算从前资俸等语。现香帅饬令各处清丈田亩,稷山一带不久亦当举办,此实善后最要之事,至起复一节是否定有限期,殊不确悉,敢祈一一训示,以便遵办。素叨挚爱,用敢渎请,再颂钧安。

侄文在又启

① 王文在(1834—1889),字念堂,号杏坞,山西稷山人。同治七年(1868)戊辰科探花,钦点翰林院编修。

王正谊[①]致阎敬铭

（一）

同治四年春日

丹初中丞大人钧座：

前蒙谕诲，询及贼情，其时贼至信阳，去汴省约九百里，乃邸帅迎头截击，贼遂返而东窜，日行二三百里，不三日而省垣戒严，不数日而窜入东境，此谊之所不及料也。续奉手书，道及用人理财及折漕之事，查用人主于抚帅，理财主于藩司，折漕则藩司粮道为政。谊职仅刑名耳，其余皆不得其详，不敢妄对。因明察暗访一月有余，始知其略。谨为大人陈之，豫省军务有不可解者七，夫饷所以买斗也，去贼愈近食用愈贵，今兵日给银一钱五分，勇日给银一钱，马日给麸草五分，曾不得半饱而使之斗，至于败矣，则以贼众兵单为词，此不可解者一；花名册所以杜浮冒也，自饷用不敷，带兵者率以四五分队、六七分队，以为资补，又恐点查获咎，于是召集匪类闲人以备清查，谓之营混子，既不食饷，即难责以军法，于是抢掠奸淫，倚兵以为虐，而兵反从而效之，又加甚焉，恣其所为害过于贼，不可解者二；刀矛所以打交手战也，今则以枪炮为利器，然炮之及远不过七八百步，枪之及远不及百步，望见贼影即行施放，心慌手乱药灵枪热，至贼近身则弃械而走，刀矛未尝用也，此不可解者三；坚壁清野所以制流寇也，团练圩寨豫省设立久矣。乃数十人为一团，数百人数千人为一团，旗帜未尝不齐，丁壮未尝不整，贼至则鸟兽散，或数百家为一圩，数千家为一圩，贼至则以银钱、粟粮、器物、烟土之类求免于贼，与坚壁清野之议适相反，此不可解者四；馍饼麸草马兵所必须也，贼过之处百物俱毁，不得已令各州县办运，虽曰在月饷内扣抵，然例价与时价不同，转运又不

---

① 王正谊，字筱佺，号小泉，四川达州人。道光十二年（1832）壬辰进士。著有《惜心书屋诗钞》。

准奏销，官民苦累实不堪言，良有司不忍虐民，往往因而得罪黠者，缘之以为利，官取其一，吏取其一，民间之保正劣衿又取其一，民不聊生，安得不痛恨也。上司又从而庇之，此不可解者五；锣锅帐篷行军所必用也，今则居与行概不扎营，分居民舍，衣食任其取携，男则提为夫役，女则任意奸掳。王者之师，顾如此乎至民大不堪！有闭寨闭城者，无不从而罪之，此不可解者六；军令以严肃为贵也，“爱可厥威，罔济”，《书》言之矣，今则街亭无失律之诛，都尉有如狗之诮，装点战功，虽小偷亦为臣，捻要结厕养，虽懦夫亦登荐函，此不可解者七。豫省军弱如此，谊真抚膺太息，作杞人之忧而已。至于用人，莫先于知人，谊旁观推测以貌取人则失之子羽，以言信人则毁之宰予。不得已访之属吏而毁誉，出于私情访于乡绅，而是非生于干谒，甚至应参者或因京信而中止，应荐者或因左右之言而迟疑。夫人之好善，谁不如我？知千万人难，知一二人易，巫人曰“举尔所知”，又曰“举直错诸枉，能使枉者直”。故君子当事则小人皆为君子，但使一罪必惩，不容掩饰，一善必录，毫无屈抑。大臣法则小臣自廉，似为用人之要图也。至于理财莫详于《礼》，莫精于《易》，《易》以损上益下为益，盖益下者其利仍归于上也。《礼》以三十年之通制国用，并无锱铢较量之文，查豫省额征正杂款项约四百万，无损于下而大有益于国。今则劝捐、摊捐、烟厘、盐厘、牙帖、税契，委员四处搜剔无遗，皆益上之谋，然以三十年之通计之，今一年所入曾不及额征之半，损乎益乎？折漕亦兴利之一术，而弊则不胜除，何也？公私均不画一耳！每石以三两三钱为法，以三钱为藩司粮道之本，余以一两备军需，以二两解部，其解部之项必不可少，军需平余有足有不足，此公之不画一也。本管、道、府、漕规有全除者，有仍给一半者，各州县折收有每石五串余者，有多至八九串者，此私之不画一也。往年借运漕为衣食之贫民若干户皆变而为盗矣。旧日因办漕为美缺者无可办公，皆另生别法虐取于民，以为补苴矣。盖兴一利又生无穷之弊，伏愿大人勿蹈其辙也。谊窃以为自古治乱之机多起于财用，自上下之，天下益矣，益者富在国而不仅在民，自下上之，天下损矣，损者贫在民而究归于国，宋之乱始于青苗法，本朝之弊政萌于耗羡归公，幸留养廉一项，使君子可以自存活，故祸伏而发之迟。耗羡者火耗之羡余，非取于民之正供也，此外不得再有浮收，今之火耗、解费、平余等名目又从何起耶？养廉者，养各官之廉耻，非极廉之官不敷养赡也。此中不宜稍为减省，今摊捐、摊扣、弥补等款项又作何解耶？道府不得不仰召于州县，州县有罪，而掩饰弥缝之计出矣。州县不得不虐取于百姓，百姓不给，而刁健抗粮之狱兴矣，流弊以至今日，谊诚不知其若何挽回也。叩恳大人放大光明，发大慈悲，垂金臂以挽末流，则天下幸甚。

再，谊今年六十有六矣，心虚目昏不能作楷，遵谕放言，伏冀鉴原是幸。

王正谊顿首谨上

（二）

同治四年十月十八日

丹初中丞大人钧座：

敬禀者，前于八月廿日、廿六日因贼势东窜两肃芜禀，兹奉手诲始知初函迟迟未达，驿递沈滞如此。此贼已成流寇，非踞匪也。乘虚奔窜如入无人之境，谊因忆川楚教匪所以得平之故，因请以坚壁清野之法行之，我兵仍以日行三十里追之，贼无所得食，未有不溃散者，贼不能用其攻扑之计，未有不灭者，其责任在各州县，豫省官与民不相亲，州县率以欺君殃民为事，谊在兹任三年矣，外官俱以顾大局为妙诀，问其所以然，非君国之局，乃掩饰弥缝之局耳。大人所谕负初心，谊日夜怀惭，无一不与同事相抵牾。谊上一坚壁清野之法于抚帅，颇以为然，乃承办州县大以为不便于民，莠民羡寨长为寨主，可以聚众虐民而取其资，甚则抗官。数十家、百余家立一小寨，贼至，则赂之以食物、刀矛、枪药、马匹以求免，夫兵勇追贼之无所得食，贼败，则器械、马匹遗弃无存，而民反以此赂之，愚民无知，只图旦夕之安，而不知其害之大也。州县官不与民相亲而反以不便于民为难办，此朱子改《大学》“亲民”字为“新民”之过也。大人以为何如耶？子民之畏兵过于贼，粮饷不敷辙纵兵滋扰，此贼子所以不易平，而冒功贪赏之人无不得意，诸葛武侯所谓“荣之以位，位极则贱，顺之以恩，恩过则慢”，非今日之病乎？《中庸》言圣学以至诚为主，诚者实也。《洋夷入中图》大以要假不要真为中国弊，言之可为伤心。每役卒一名，岁给工食四两六两之类，每养马一匹日给银五分，此能敷其食乎？其不饥而死者鲜矣。耗羡者，火耗之羡余耳，今耗羡之中有无火耗及平余等？各州县征收丁地之外，将耗羡一项算入其中否？本朝无加赋之名而有加赋之实也。耗羡归公以后，分给各官养廉为数已不宽裕，今之捐廉、摊扣等名目皆损下益上之损政也。其先大吏贪污至于贯盈则从而抄之，今则变为通融之术，以便于下，而民之困穷无有过而问之者矣。《大学》以外本内末务财用为大戒，《周礼》以禄以驳其富，何谓也？孟子为客卿，岁得禄十万钟。原思一邑宰耳，得禄九百。一行作吏，未有弃其父母，馁其妻子，外其兄弟朋友以为廉者，今即使养廉全给已不敷用，乃廉不敷扣，又行令补解，州县无所出，不取之于民不能也。查豫省丁地岁征三百十六万，连漕项、驿站、杂项总在四百万之外，今岁入不及二百万，而抽厘、劝捐俱在其中，非损下益上者之适成其为损耶？谊思之稔矣。由今之法难以治今之天下，诚不知何术也。谊亦旁观人耳，但证于古验于世如此，伏祈大人哀其愚而教之，则幸甚。草此，布请勋安，统希鉴核，不一。

王正谊顿首谨禀

卫荣光①致阎敬铭

中丞大人钧座：

齐邦叩别十载，于兹只以颐养山中，鱼鸿乏便，遂致禀候久疏，顷奉赐函，恍如郇公朵云从天外飞来，欣慰何似！光奉讳旋里，闭门而居，不出者六载，嗣以家运多乖，屡遭凶险，家居不安，萌小草出山之计，适东省金折弁由晋抵豫，接读教言，有“东山之出何其迟迟”之语，而北上之志愈坚。次年放江安粮道，甫经到任，即委署苏臬，在署任年余复回本任。去春押运北上事竣后，绕道家园小住旬余，即奉旨补授皖臬，秋季回宁交卸道篆入都陛见，旋请假一月回籍修墓。本年四月杪抵皖，又升授浙藩，一年之中奔驰一万数千里，辛劳倍历而建树毫无，近况如此，闻知者必发一笑，现在具折请觐，俟奉到朱谕，或北或南，即当料量就道矣。再，光在都时晋谒政府，谈及宪台均有斯人不出之感，而当头者尤甚，刻下大局惟中外交涉事件颇形含糊，此外用人行政尚在清明一路，惟苦无竖起脊梁者一为整顿耳。紫峰太守到皖，言宪台精神强健一如平昔，趁此有为之秋，似宜大为展布，以成尊主庇民之业，请裁之。光游历数省，遍阅人材，大率任劳者尚有其人，而任怨者十无一二，纪纲不饬职此之故。渭春中丞乃国家桢干材，现又作古，可惜之至。承谕购办书籍一节，皖省并无书局，宁苏尚有新刻，亦不过史书数种，将来到浙时，遇有妥便再为呈送。江东渭北，即景兴怀，未知何日得一晤慈颜，畅聆训诲。专此禀复，恭请钧安，伏希霁鉴。

本司卫荣光谨禀

---

① 卫荣光（1826—1890），字静澜，河南新乡人。咸丰二年（1852）进士，选庶吉士，授编修，历任补翰林院侍讲、山东盐运使、按察使、山西巡抚等职。

文祥[1]致阎敬铭

二十日

丹初五兄大人同年：

侍史委写二帧，迟迟报命，已抱歉私，日来砚池冻解，极思作意为之，比画成，自观又拙恶如此，尤甚愧悚，希莞恕也。扇面壹张附求法楷数字（系小儿拜求），缓日走领，端此布恳，即请著安，不具。

小弟祥顿首

廿日

---

① 瓜尔佳·文祥（1818—1876），字博川，号文山，满洲正红旗人。道光二十五年（1845）进士，长期担任军机大臣及总理衙门大臣，官至武英殿大学士，积极推动洋务运动，光绪二年去世，追赠太傅，谥号文忠。

翁琳[①]致阎敬铭

咸丰十一年辛酉十二月初八日

丹初老伯大人阁下：

久违椠范，时切驰思。昨于致仲宣函中得悉起居安善，深洽颂忱。侄本菲材，素蒙垂爱，只以命途多舛，无路请缨，际此圣明，益耻贫贱。自去秋以来，司友大半还里，诸事愈形繁杂，即散走亦须留日进署，徒步趋公，濩足成茧，正未知何日得有寸进也。家乡于十月失守，幸老母迎养在京，藉堪告慰。楚北军务吏治甲于天下，想见贤劳丕著，克奏肤功，旋乾转坤，实深引领。兹乘沈燮堂通判赴任之便，寄呈小对一联，伏求教政。燮堂为琳同乡至好，以盘盘大才托庇仁帡，将来可得指臂之效，惟执事留意焉。专此，恭请台安，并贺年禧，诸惟蔼照，不备。

世愚小侄翁琳拜启

辛酉腊八

现在福建司掌印为文质夫，正稿为延又山、陆凤池，帮稿为张蔼堂仲宣、王兰舟、隐儒初及侄诸人。王少鹤升京堂，吉楚香改县令矣。知念再闻，又行。

---

① 翁琳，字巳兰，后改名翁庆龙，号解虚室主人，浙江余姚人。清代书法家，清代学者翁元圻曾孙，户部同知衔。

翁同龢[①]致阎敬铭

（一）

初四日

手示伏审尊体未和，下怀焦虑，莫可言宣。日来牵于署事，故未奉谒，俟面陈也。张、季信当与档房商酌，药厘八十万似断无不拨还之理，公牍函胡，或难免宜季之断断也。夺其款而责其偿，虽桑孔不办，至理至理。中堂台席

晚名谨上

初四日

原信钞出奉缴。

（二）

初七日

手教至，知九日当续假，益驰系。时事极难，我公在告，此下走所愁绝者也。用絜说帖雄发可喜，明日携以入内，午后再与北档房商酌。停海军、裁长夫、改捐例，此日来所筹议而未定，减漕借债容再审度耳。另篇二策，疏海口尤扼要，总之此士不凡。晚怔忡大发，稍愈再伏谒，以罄所怀。尊体千万珍卫，敬覆上中堂我师台右。

晚同龢顿首

初七日

---

① 翁同龢（1830—1904），字叔平，号松禅，别署均斋、瓶笙、瓶庐居士、并眉居士等，别号天放闲人，晚号瓶庵居士，江苏常熟人。体仁阁大学士翁心存第三子，咸丰六年（1856）状元，历任户部、工部尚书、军机大臣兼总理各国事务衙门大臣。先后担任清同治、光绪两代帝师，卒后追谥文恭。著有《翁文恭公日记》《瓶庐诗文稿》等。

(三)

二十二日

手教并唐公书读悉,当付曹司。河决郑州淮甸震动,宜备钜款,如何如何。圜法疑可缓,而以为急务,吾辈着力不得,若入对必力陈,否则无路上达。公一身所系者重,惟祝早愈强起,慰斯饥渴。专上中堂钧右。

晚同龢叩头

廿二日酉

(四)

二十一日

迩来尊体想渐向安,不胜驰仰。河南清查一篇花账该司驳议,语意亦复重沓,现在如何清厘?将来如何归宿?龢等所能任,伏望钧裁。梧、浔前亏之项,龢意拟驳,福公意拟准,亦望折衷。中堂钧席。

晚同龢顿首上

廿一日

(五)

二十五日

同龢以百忧铸成一懒,因懒而病,因病愈懒。蒙手谕,呼世兄事照办极妥,同龢惭负师门,言之腹痛也。陈、谢两生夙所深知,大抵楚金必占一席,余徐议耳。署司大难,其人若有知者,乞即示。同龢前日退值,欧泄伤气,今日以未注写勉强一行,辰初即归,时偃卧。毒热,伏惟珍卫,庭际万不可坐,不能追凉,徒受暑也。河流、雨候两系怀,如何。中堂钧席。

同龢顿首覆上

廿五日

（六）

手教一一聆悉，晨与庆邸谈，亦以全局所系断难更动，惟将盐税一节删除，并云百货所抽照数还粤，粤庶几默尔乎。拨巡船价一件，箴翁意欲分两截作，未知初六能上否。孱体无病，适腹痛遽还，承问感切。中堂钧席。

同龢顿首覆上

（七）

十九日

昨日侍谈归而自失，知纤草不足御长风也。原件奉缴，公其为国自重。中堂钧座。

同龢谨上

十九日

（八）

尘杂中亦一静观，矧公独居，深念稍愈。敬诣聆诲，九卿团拜（昨日事，龢却未去），闻箴公面恳徐师，重以公言，更好不卜夜，极是。龢感寒，兼以春至发病，今日偃卧，足重也。中堂吾师钧席。

晚同龢谨上

白花百合拟即煮吃，分惠珍感。

（九）

今日在内与箴相一面，团拜事未谭及，明当询之。山东交代一件细读一过，早付所司速行。晚体中已平适，冒风又颇头痛耳。游龙杖乃萧山相国故事，惜公不与同时也。中堂钧坐。

晚同龢顿首谨上

（十）

十二月十二日

同龢冬至后百疾交攻，荒忽若有失。窃闻中堂欲坚前请，此亦同龢疑惧之一端也，不敢多谈，敬为天下苍生匹夫匹妇九顿，告公强起而已，不一一。

腊月十二日

（十一）

初二日

二李今日之贤者，公颂言于廷，是也。但未审圣意何如，东藩劾语嫌其过重，明日站班归，当奉谒面陈之，盖蠲免之恩，奏销之限，部中并未举正，亦疏漏之一端也。尊体过劳，伏惟珍重。顷成叔来未晤，又有客在坐矣。中堂钧席。

同龢谨上

初二日

（十二）

二十一日

复刘件极妥，陈君请开乌布，未可批准。正拟奉商（明日面商），嵩武款不得不拨，卜魁仍袭前轨耳。坞工暂准以郑工捐划抵，惟严杜将来。晚感寒，本欲请假，福公力阻，今且通融两日，不至署矣。启续所呈，拟代奏，何如？中堂钧席。

晚同龢谨覆上

廿一日

（十三）

昨归，夜不得寐，公疾进退系时局之安危，愿静养深思，任此隆楝，幸甚幸甚。问梅堂帖一再见惠，睹其笔迹，益想见其为人。贱子眇然一弱茎耳，随风东西，视公真苍松古柏也。施君捐纳房差，当如指，仍商之箴公。覆上中堂钧席。

晚生同龢顿首谨启

（十四）

顷与箴公谈河工款项（因有已报起程六十万未算入清单，北档房请夹片声叙，晚意可听之，箴公亦以为然），归奉手示，敬悉。明日卯正（二刻）当专谒数语，即入也。中堂钧席。

名顿首

（十五）

二十二日

划拨折箴公以为与其续筹，不如全拨，其说亦是。至署削稿，秉烛方散。尊体想日有瘳，未获面商，不胜悚息。敬上中堂钧右。

晚同龢顿首

廿二日酉正

（十六）

二十四日

城南归，承手教论河事，知公饥溺之怀。汴西一道，宋时旋决旋塞，隋之板渚，宋之闵河实引河，历汴入淮，倘所渭汴东道者耶？然今之淮非昔之淮矣。自道光初，清口塞而云梯之路绝，全淮潴于洪泽，洪泽涨则溢，高宝湖之涨则并集于邗沟，于是江水受淮衡截，而濒江数省水患亟矣。今闻郑州决口三百余丈，大溜掣东，舍长淮无生路，小则于洪泽，大则破高堰、荡楚州，东南财赋沦胥，矧四渎并一，自古未闻耶！私衷惴惴，若堕渊谷。豫抚仅奏报，他处无闻，江督亦未闻折回之信也。中堂近体如何？不胜仰望。

晚同龢顿首再行

廿四酉正

（十七）

醇邸病闻渐愈，服凌初平方。初平湖州人，今住沈仲复处，脉理甚精。中堂益一访之。

（十八）

初三日

旬日来公私丛杂，若焦若熬，知公独居之念深矣。尊体有瘳否？悬系仰望，非笔墨所能罄。北档房所筹尚未与同人集议，窃恐无实际耳。早晚奉谒，不次。中堂钧席。

晚同龢叩头上

初三日

倭仁[①]致阎敬铭

（一）

同治癸亥秋日

丹初年兄大人座右：

前复一函，亮登签掌。足下以实心行实政，莅任以来，颂声载道。屡读大疏，无非为国为民，想吏治民情自必蒸蒸丕变矣。昔人云："变民风易，变士风难；变士风易，变仕风难。"窃意士为民之表率，仕之根基。士习端，则处为醇儒，可以矜式一乡，出为良臣，自能泽及民物，正学术、育人才，其今时之急务乎。黄流为山东巨患，议者谓宜疏支河以杀水势，将支河两岸河身淤泥所在挑浚深通，使水有容纳之区，自无漫溢之患。不知是否可行？足下关心民瘼，必有一番措置也。仁排日侍直，如恒粟六，幸壹是顺平，堪纾荩系。手此，布候勋祺，不一。

侍生倭仁顿首

（二）

同治甲子夏日

再启者，舍亲衡观察龄，人尚朴实，望进而教之，俾其勉为良吏为幸。舍侄咨文昨已领到，极承费心，谢谢。刻下竭力周章，月内准可赴东清理一切，不至有误。

生再顿

① 乌齐格里・倭仁（1804—1871），字艮峰，又字艮斋，蒙古正红旗人。同治帝师。道光九年（1829）进士，选庶吉士，历任工部尚书、文渊阁大学士。所著辑为《倭文端公遗书》。

(三)

倭艮翁先生书，咸丰元年出为新疆领队大臣，至西安作此寄京

都门晤教，稍纾积忱，赋别匆匆，转增离绪。嘱访之李时斋先生，过华阴时，即向地方人访问，始悉伊籍隶朝邑，距大陆尚遥。中有渭河之隔，往拜须得一日功夫，而定于初九日到省，其势难以耽搁，至路闰生先生并不在关中书院设帐。硕儒耆宿，均作秋水伊人。想久溷风尘，无缘得瞻有道者光霁也。又启。

吴大澂[①]致阎敬铭

(一)

十一月十九日

丹初年伯大人阁下：

前读邸钞，知长者奉命稽查山西赈务，未识行旌所在，因未肃函叩问起居。昨接合肥师相照会钞示疏稿，极陈三晋灾黎颠连困苦，读之令人泣下。晋省奇荒从来未有，韩侯岭以南情形较重，河东各属与秦豫毗连，两省接壤之处皆属灾区，无粮可籴，雍、绛泛舟已成绝望，地无颗粒，民无盖臧，外无转输，赤地千里，嗷嗷万众，安所得而存活？大澂早见及此，力主南路运粮之议，九月初旬蒙合肥师相奏调出都，即以此自任，盖知获鹿什贴之粮，势不能飞度韩岭，平、蒲、隰、绛恐不得十分之一二也。接济晋南各属，惟道口至清化有一线可通之路，无如津地购粮缓不济急，仅拨江鄂糙秈四千石及大澂集资采购之高粱七千石，于十月朔日由津开驶，水程迢递，节节浅滞，冬月五日始抵道口，兹已陆续运赴清化矣。沅帅来书以泽郡之凤台、阳城饥民甚多，拟拨糙秈四千石，高粱二千石，就近运交凤阳两县。其余五千石，拟运翼城。区区粮石只有此数，分给一二县均属杯水。遥想南路灾黎待赈之情，无力拯济，寝馈难安。大疏请借东款，文帅奏定十万，经合肥加函切恳，勉增八万。尊处购粮难得钜款，不知如何筹办，至为悬系。大澂即日由新乡赴清化，年内运事早竣，或在平阳度岁，明春再入都也。肃泐，敬请道安，临颖无任依驰。

年愚侄吴大澂顿首

冬月十九日

---

① 吴大澄(1835—1902)，初名大淳，字止敬，又字清卿，号恒轩，晚号窸斋，江苏苏州人。清同治七年(1868 年)进士。清代官员、学者、金石学家、书画家。

(二)

七月十二日

年愚侄大澂谨禀丹初年伯大人钧鉴:

手谕谆谆以远大相期,自顾驽骀不足以任重。数月以来,于民间利弊尚未周知,虑无以仰副厚望,时滋悚惕。昨阅邸钞,拜读疏稿,极陈山陕差徭苦累,亟宜变通恤农,与豫省情形大略相等。所陈办法八条,仰见洞烛民隐体恤周详,无任钦佩。河朔三郡连岁被灾之重不减于秦晋,钱粮蠲缓而差徭不能减免,实为农民一大病,历任专事河防不问地方公事,大澂履任后察访民情,以武陟一县支差为最苦,每亩派至二百数十文及三百余文不等,除沁工应缴民料夫土钱每亩约需五十文外,其余车马杂差皆系里差包办,每用一车派钱至十六千,一马派钱至八千,殊堪诧异,竟有以赈粮全抵差费,颗粒不给者,县官置若罔闻,胥役地痞分肥中饱,不可究诘。大澂因为核定章程,改由绅士设局经理,不准差役干预,每亩派钱五十文,一切杂派概行裁汰,每月酌给县署差役钱一百二十千,津贴号草钱一百二十千,所收之钱亦尚有余,计民间每年少出钱八万余千,局中每年可余千七八千千,以此盈余买谷存仓,亦可备荒歉之用,自前三月设局,已行之五月,尚无掣肘。武陟一县车马票由道给发,凭票赴局支应车马,其有家丁执持印札并非本员亲到者,扣札不给咨回两司,因此例差,借差近亦少减,应支车马概不折钱,似与朝邑所改差章大致相同,虽有官办绅办之别,而明定限制可免格外浮派,卫辉府属之封邱县近亦盖章,每亩派钱四十文,实减三分之二,此外亦拟次第举行,择其派费较重者量为裁减,而各县情形不一,远在数百里外,即未能洞悉底蕴,禀牍既不足恃,委员又未必尽言,自愧耳目不广,各属民情尚多隔膜,倘年伯大人不以为不可教而辱赐教之,自当仰聆训诲,佩作官箴,不胜感幸翘企之至。夏秋以来河朔各属旸雨应时,粮价大减,获此丰收,民困或可稍纾,惟饥馑之后,赎田赎妇等案纷纷呈控,府县多以为理不胜理,率多延搁，且书差之费动辄数千至一二十千，贫民力不能支，因控增累而案犹不结，愁怨太息之声咎将谁诿？大澂于此等词讼近在百里内者，不复批发府县，随到随传，随训随结，因此控案日多一日，然此亦荒政善后事宜，不敢厌其烦琐也。三晋经此大灾，培养洵非易易，尤在牧令中有爱民之心，方能实惠及民。驿路车马即照常供支已不胜其累，此后奉使过境，亦当稍知敛迹，能由部中议定车辆数目，每次不得过十辆，永以为例，亦恤民之实政，所系实非浅鲜。大澂往来工次两月，未曾少息，河工积习深锢，骤难洗涤，唯就其应办工程、应备料物略加整顿，如果工归实用，河防不致生险矣。手肃寸禀，恭叩钧安。辱在年家子之列，不用红禀官称，伏乞鉴亮。

侄大澂谨禀

七月十二日祥河工次

（三）

三月二十日

年伯大人钧座：

敬禀者，新正月初八日接奉去腊十六日手谕，奖励之怀、期望之意、恤民拯世之苦衷溢于楮墨。大澂虽不敏，愿事事求教于长者，如他日居官不自爱，不能自拔于流俗，即无以仰对知己。所论治天下至纤至悉一语，所该甚广，极深钦佩，尝服林文忠之言，必将各属大小政务逐一求尽于心，然后能举以验属员之尽心与否，若上司之心先未贯彻于此事之始终，又何从察其情伪，此意唯长者真知之而真信之，即如车马差徭之弊，各州县不同，而州县之中一乡一里又不尽同，敝署刑钱友人曾在安阳作幕，因知安阳有出省车马折银折钱之例，现虽停止（并非禁革），而于百姓无利焉，盖安阳之差费即加于漕米折价之中，每石折至八千余文，应支车马皆取给于县差，减车马而不减漕折，则差役之利究竟每石中扣出差费若干、实缴县官若干尚未知其底细。大澂到官一年，于民间疾苦仅知大概，不过十分之一二，特以初任人员虑涉纷更，不敢操之过切，辄复因循，未能稍有振作，清夜自维，愧无以对三郡士民，乃荷朝廷不次之恩，命赴吉林襄理防务，投艰遗大，岂薄植所能胜任，既蒙特简破除常格，何敢畏难图逸，自外生成。惟有竭此血诚，感激图报，驰驱鞅掌所不敢辞。大澂与鼎臣前辈素未谋面，观其钦慕明德亟亟求贤之意，自是公忠，为国不尚虚饰浮文，必可和衷共济，匪独大澂一人之幸也。俄人议约未谐，撤回土谷蛮之征师三万人，声言与中国有事，此系陈兵恫喝，未必肯毁和局，惟吉林为根本重地，以后防务未刻稍弛，尤以固结民心为至要。吏治之颓废，科敛之积重，非大加整顿不可。尊示所谓欲图自强必先自修明政刑起，又必自安辑百姓起，洵不刊之至论。该处金匪闻有数万人，虽经归顺，恐与地方官民未能浃洽，此等大半无业贫民，如何安插之，方须熟思而审处之，先生聚而后教，训善用之则成劲旅，非恩信相孚不足以深入其心而联为一气，权术之驾驭无当也。天下惟至诚可以动物，忠信笃敬，蛮貊可行。大澂于学问之道百无一获，平日居心不敢以百姓为可欺而欺罔之，此次奉使自当为圣明宣布德意，合众志以固吾疆圉。而访求人才以备缓急尤为当今之先务，尝谓吏才以爱民为贵，将才以有血性为贵，豪杰之士应运而生，固未可必得，中材则不乏可用，赖有鼓舞作兴之人，信赏必罚，一秉至公，人人乐为之用。譬如赏鉴书画金石，始则真伪杂陈，讲求既精，有真识自有真宝不胫而走，此种感召之机，全视乎好者之是否真好，知者之是否真知。以本朝二百年深仁厚泽，培养士气超轶前古，如今两宫之勤恤民隐有加无已，实史册所未有，意必有栋梁柱石之材接踵而起，为国藩辅翊，我圣人即不如前此诸名臣之盛德，大业或不致一蹶而不振也。涂中丞勤恳笃实，力求转移风气，近又裁减陋规，核定府道公费，刻有章程一册，缕晰条分，折衷至当，清厘州县交代，略仿山左旧章，一两年中必可大有起色。日前在省叩别之时，殷殷咨访，如父兄骨肉，大澂亦知无不言，自忘其僚属之分，濒行依恋，几至感而泣下。大澂于月朔交卸道篆，初四进省，十六日由道口登舟，计廿五六日可抵津门，当与合肥相国筹商一切，再行入都陛见。闻部中现筹东北防饷二百万，各省财力均形艰绌，万不能如数解齐，能实解五六成已属万分竭力，刻下征调防军不过自固藩篱，似局面不宜过大，练兵贵精而不贵多，中国之虚实外夷纤悉毕知，鄙意筹边之策不在虚张声势，而在实力操防，规模稍狭则饷需尚可支持，不致有仰屋之叹，当以此意陈之政府，不识以为然否也？李菊圃前辈久未通书，前闻回晋省亲，尚未南行，张制军已去桂林，未知行止如何，极以为念。长者得其消息否？平时器重之人，无论官绅将弁，有识有才或有肝胆者，乞示梗概，遇有需材之地，必求相助为理也。手肃布复，祗叩道安，不尽欲陈。

侄大澂谨禀

三月二十日馆陶舟中

（四）

前闻长者在山左时出省巡阅，不令地方供亿，心窃慕之。去岁因彰、卫各属事多隔膜，未及周知，查阅旧卷有冬月巡缉之例，遂轻舆简从周历各属，署内书差一概未带，仅令旧仆三人随行，用车一辆，自备火食挑，沿途住店不拘尖宿，地方禁止送席，始犹疑信，及两三站后，各县亦不预备，严谕家人不准收受分文，优赏之以坚其志，不致阳奉阴违。每至一县，查验卡房、仓谷、粥厂，调阅征收册籍、词讼案卷及收呈票差押犯各簿，与月报往往不符，所理呈词大都草率，或出票而永不传到，亦不比差道控批发之案，有延搁数月而不问者。门丁卖票、书差捺案之弊，不一而足。勤于听断、条理秩然者，不过三四人，择其疲玩尤甚之员咨司，各记大过三次豫中积习地丁漕折多不肯尽征尽解，年底核对所查之数，每县各短解二三千金，一经驳诘无可置辩，正在咨司提催，而瓜代期迫，从此松劲矣。约计此项亏挪通省州县每年少解二十余万，倘得严明精细之藩司力为整理，于库款大有裨益。此民间已完之正供，州县应解执政款亦不得谓之刻核也。长者以为然否？大澂又禀。

(五)

二月十七日

丹初年伯大人杖履:

前月廿九日由华祝峰太守交到廿七日手复并联纸三副,同日蒲教官出示二十日惠函,回环雒诵,感与惭并。宏道书院为路闰生先生设教之所,流风余韵至今犹有存者,此次校阅岁试生卷,各学均有五六十岁以上老诸生,根柢功夫非少年新进所及,此其明征也。世兄文字以暗中摸索,得之差为可喜。大澂所阅各卷,凭文取士,不拘成见,惟为时过促,未能细心参较,遗珠之憾未免抱疚。杨生仁甫在圣门为德行之科,其时艺亦简朴老当,擢为第一,似尚公允,此外尚有一二佳卷,欲以就正有道。廿三发落之日拟邀仁甫及年老诸生数人论文讲艺,即于是晚薄具杯酒,依五簋八碟之约,伏愿高轩惠顾,俾诸生获闻绪论,相与切磋。大澂亦得遂生平企慕之忱,长者其不遐弃我乎?世俗避嫌之举或不能无私,大澂之想望风采固不得以俗情相例,坦白之衷当邀洞鉴。拨冗手肃,祇请道安,伏乞垂察,临楮神驰,百不宣一。

年愚侄吴大澂顿首

二月十七日

段氏《说文注》及陈硕父先生《毛诗传疏》最有功于经学,《小学》现于吴中刷印二三十部,夏初计可寄到,拟发各书院,俾有志之士得资诵习,将来可留一部为世兄辈展览也。又行。

(六)

初七日

年伯中堂钧座:

顷间回寓得读午刻手示,承招万不敢辞。惟初十巳刻沈仲复太夫子招饮,昨已订定,此外尚无他约,谨以附闻,附呈药物四种,石印

《论语》二部，伏乞哂存。舍弟附笔，请安道谢。手复，谨叩福安。

年愚侄吴大澂顿首

初七日戌刻

（七）

初九日

年伯中堂钧座：

顷奉手谕，猥以不腆之物尚荷齿芬，愧歉奚似。仰承宠招，当于十二日辰刻率同舍弟趋聆教诲。抚屏京兆曾在合肥幕中共事数月，本系熟人，今日拟往拜也。手复，谨请台安。

年愚侄吴大澂顿首

初九日

舍弟附笔请安

（八）

十二月二十一日

丹初年伯中堂钧座：

到工四月，谒蹶不遑，久未肃缄上叩起居，献岁发春，伏维禔躬万福，颐养绥和为颂。无量、郑工两坝自冬月初旬添做夜工，大澂亲往坝头，日夕严催，如课蒙童，不令诵声停歇，始得于腊月望前将门占盘压坚实，十六日沉玉祭河，十七八两日合龙，幸免陨越。司农拨款尚留三十余万，可备善后之需。此次度支出入帐本皆亲自过目，侵蚀知其必无，靡费在所不免。河工积习真不易除，稍一松手又将荡然无存，不能不于年前谒力趱办，迟一日则多一日之费，自揣精力实不能周密无间，不过去其太甚而已。手泐，祇请台安，恭贺年禧。

年愚侄吴大澂顿首

嘉平廿一日

（九）

前见郭副将带回手书联语，精力弥满，颜筋柳骨兼而有之。新春天气和暖，求赐一联为座右铭，感甚幸甚。再请福安。

侄大澂再启

（十）

初六日

丹初年伯中堂台右：

仆人回寓奉到手谕，惶恐惶恐。香翁处电覆数字，容再作函详告之。捐输展限既归海军，它省自不能援例再请，粤省洋药厘捐实数自应查明造报，惟粤中洋款专赖此大宗，务求鼎立成全，得能全数划留俾资周转，香翁与大澂同深感企。澳门巡卡船只如有流弊，亦当察酌裁撤，当即函致香翁妥商办理也。手复，祇请台安。

年愚侄吴大澂顿首

初六日卯刻

（十一）

五月十六日

丹初年伯中堂台前：

叩别慈颜倏经半载，薄书丛裹，谒蹶不遑，久未肃缄上叩起居，罪甚罪甚。敬维台履增绥，荩筹为国，纪纲百度，师表群伦，仰跂德晖，瓣香心祝。大澂自仲春履任四月有余，迂拙性成，无裨时局，粤中吏治相习疲玩，州县征收地丁钱粮未能尽征尽解，一交卸则亏空累累，应解正款不图速了，辄思百计弥缝，以虚抵实，或以海防为词，或以缉匪为名冒报勇粮，图销钜款，大澂岂能以国家之正供资庸吏之中饱！惟有破除情面，督饬严催，有定之限期势难宽假，无端之名目概不通融。卸事人员旋省，令其先清交代，再来谒见，至各州县报解钱粮，仅有批解数目，并无详细清单，现经通饬按月折报征，存实数令经征书吏加结申送，并随时派员稽查红薄，如红薄与月报不符，查有隐匿侵挪情弊，即将该州县撤参，并将经征书吏提省查办。鄙意州县之拖延观望，皆上司姑息之一念累之，与其事后参革勒追款归无着，不如严之于未经交卸之时，俾知钱粮正款不可轻挪，平日用度亦可节省，每月解款不令稍松，则交代时易于清结，似亦保全州县之一道。粤省征信册较他省易于举办，一无蠲缓成数（向不捏报灾荒，各户银米无参差出入舛错之弊，易于核算），一民欠本不甚多（大约通省合计实征分数总在九成以外，历届奏销不过八分，其一分则征存未解之款，不入奏销册者皆州县之亏空也），一奏销限迟（多征一月则少一月民欠，征信册亦可略简，奏销本有例限，无如粤中疲玩日久，每年至十一月始能造报，十二月具题，未免太迟，然一时亦难整顿，现议每届提前一个月严催趱办），然州县之所以不愿奏报者，其故有二，已完实数再奏销册，未完实数在征信册，必两册相符乃能咨报，则征存未解之款系毫不能通挪，藩司造册必待实解到司，方能列人奏销，此州县之不便也。粤中大缺向例多报扫数全完，其实并未扫数，历任挪新掩旧，名曰统除统算，其弊甚深，藩司无从查考，督抚向不顾问，数十年来竟成锢习，一旦揭晓，则参不胜参，然不能不确切查明，勒令弥补不清，其源则征信册亦为虚设（若不力为整顿，则查造征信册时，州县仍可以新收挪补旧亏，于库款无益），此事非力加整顿不可，又州县之大不便也（令州县按月折报亦甚简易，然征收之款各归各年，挪新掩旧之弊一目了然，无从含混。乃札行一月有余，尚无月折报到，先催广属，其余亦不能不报也）。大澂亦明知积弊未易剔除，但职分当为之事，即琐屑繁重亦所不辞，决不能存见好属员之见，自耽安逸，幸香翁志同道合，事事商酌而行，并不以为多事，牧令中不满意者，必不少矣。拨冗手肃，谨请福安。

年愚侄吴大澂顿首

五月十六日

《粤雅堂丛书》三编乃续刻之本，长者想未见及，其初编、二编郵架中如尚未备，亦可代购，附呈鄞高飞水笔四十枝，伏乞哂存。

侄又启

(十二)

九月十二日

甲申九月廿九到

丹初年伯大人尊前：

久未肃缄叩问起居，想密勿参谋，忧勤为国，其难其慎，群仰公忠，不胜企佩。法人突占基隆，图开煤矿，近又封禁海口，各国商船不能出入，台北孤军望援孔急，省三来电情词迫切，不知朝廷何以应之？敝军十三营，分防昌乐一带海口五六处，自芦台至洋河三百余里，别无他营协守，颇觉兵单炮少，明春法人如有大队北来，不能不宽筹军火，七月间属盛道宣怀谋诸德商，密订克鹿卜炮八十尊，期于年内运到，在中国不通商口岸起驳，可无阻碍，得此大批军械，即相持日久，子弹不致缺乏，临阵稍有把握。惟今冬饷项殊形支绌，北洋军火捐输改归部库收捐，外间无从劝办，不得已奏请饬拨捐款银十万两，未知能邀俞允否，明知贵部拨款浩繁，支持不易，新捐能否踊跃，亦难遥度，惟敝处冬季饷银尚有应扣借款二万两，再四踌躇，拟现备文咨请暂行缓扣，仍谕领饷，委员到京后叩谒台阶，候示遵领，如何具领之处，尚祈指教一切，至感至祷。时局多艰，将士得力甚少，法焰未衰，将来如何收束？知我公夙夜不遑，同此焦急也。手泐，祗请台安，不尽百一。

年愚侄吴大澂顿首

九月十二日

(十三)

八月初十日

丹初年伯中堂函丈：

七月初十日折弁带回六月初八日手书，承示种种，且感且佩。粤东连年用款纷杂，头绪纠缠，未易清理，局员无综核之才，督造报销未能速了，大澂事事以我公为法，而精力才力远不逮公，时深惶惧。从前州县交代有亏至五六千金及万余金者，皆藩司平日不严催之故，一经参革，查抄款归无着，然力不能措缴者，其势不得不参，刻下尚有不了者数员，大澂窃以为上司之姑息害之也。此时大澂专代藩司督催各属解款，略有起色。（州县所报征存之款皆有书吏切结，似尚不致捏饰，惟五月报折有至八月到省者，皆严札申饬，限令上月收数须于下月初五日以前申报。）交代正款惟有丝毫不可通融，其所侵挪者皆实银，何得以虚作抵，似亦不得谓之刻，向来首县解款最疲，辄以酬应纷繁为藉口，今则一律严催，而敝署一草一木不令两县供应，彼亦无词可藉，近在同城，不时可以亲往调查红簿，鄙意整理自首善始，他邑必可闻风知儆也。征信册亦力催赶办矣。手泐，谨请台安。

年愚侄吴大澂顿首

八月初十日

澳门事另笺布达。

（十四）

成叔世兄于去冬告假旋里，似宜早日回京侍奉起居，京宦本论资格，积俸深则补缺易，即澹于仕进，在京阅历亦学问之道，庭训而外广求名师益友相与切磋砥厉，增长识力，名臣之后继起有人，他日必可养成大器，久居乡里性情易涉疏散，且绅士在家，奉承之人多而劝善规过之人少，似不如常依膝下之获益多也。质之尊意以为然否？

侄大澂再启

（十五）

八月十一日

再启者，前月大澂亲赴澳门体察情形，谨就管见具折陈奏，并钞录折稿咨呈钧署，想蒙鉴及。大澂不敢存喜事之心，所以必欲亲往查勘者，一则为晓谕乡民勿与洋人构衅，诚恐民情浮动，妄生枝节，或因口角细故，争殴酿命，葡人即据为讹索之端，办理愈形棘手。此交涉事宜最关紧要之事，民间多不深知，经大澂再三开导，谆谆告戒，如实有屈，抑准其来省具呈，不准聚众滋事，各村绅士商民幸能默喻此意，均各帖然心服。一则为数十年来地方官从不过问，葡人以为粤省不甚爱惜之地，肆意侵占，毁掘民墓广修马路，增建炮台，盖造兵房，皆在租界以外。此次大澂周历一过，俾知中国官员有慎重海疆之意，并非弃如敝屣，以后尚拟奏定每年督抚巡阅一二次，庶私枭逃匪，不敢以澳门为藏垢纳污之所，正气旺则邪气自消，似于地方不无裨益。此大澂前往澳门之用意，不知长者以为然否？以时势而论，现在葡人正当积弱之时，且有坐困之势，若议收回占地划清租界，此时此势正有可乘之机，盖葡人并无富商大贾贩运货物，专以赌馆娼寮、包私庇匪为自然出息。（最可笑者，粤省著名积匪有悬赏三百元五百元者，葡官皆有名单，其逃至澳门者即向该匪索银如其赏格之数，缴清后方准居住，并谓保护，可谓想入非非矣。）前数年间，闱姓专在澳门，每年抽收洋银四五十万元，藉此挥霍，大兴土木之工，岁供其国家二万金，自省城弛禁澳门，失此大利，遂致入不敷出，而国家岁需之二万勒索如故，其驻澳之地们总督三年更换一人，刻下葡督高士达去年接任，正在闱姓大衰之后，处此瘠缺甚属为难，因而加重渔课、增收商税，渔船已迁避他港，商人亦渐图改业，市面萧条，今非昔比。此时大可与之理论，华民所住各村，不准其擅贴门牌、擅收地租，彼若以为葡国管业，则从前未给凭据，实系私占私收，且勒缴地租皆近数年间之事，十年以前各村并不纳租，并无归洋人管理之说，只因民不敢抗，官不敢争，予取予求渐推渐广，然望厦一邨人心齐一，始终不缴分文，似不可不力为保护也。（该村绅民虑归葡管必受其害，人心颇属皇皇，所虑于葡人为难者，惟此一村，故大澂传见父老，谆切告戒之。）钧署现与议约，似应先与清理界址，大澂愚见有与应辨者数条，伏乞垂察而采择焉。

一 关闸以内望厦、龙田、龙环、塔石、沙冈、新桥及沙梨头七村皆华民久居之地，并有田亩，历年在香山县完纳钱粮，其势不能划归葡界。

一 向来租界以水坑门、三巴门围墙为限，历有案卷可查，今围墙以外添盖洋房不少，皆侵占官地民地，应否准其归入租界，免令拆毁，以示格外体恤之意。（去年在珲春收回俄人侵占之地，凡俄国所盖兵房、电线房则一律拆毁。）

一 莲花茎原有关闸系前明所设，年久毁废，今葡人修建牌坊一座，中无门，旁亦无墙，非关非闸，应否由粤省筹款兴修，拨兵守护？葡人于此处设有兵房，须令撤去，此一节最费唇舌。

一 青洲小岛在莲花茎之西，本不与澳门相连，葡人修盖房屋，据为己有，应否酌给修造之费，仍归粤省地方官经理。

一 澳门西南对港之湾仔有华民百余家，湾仔迤南五六里，地名银坑，有华民数十家，皆不与澳门相连，葡人近年在此二处勒收地租，尚未兴盖洋房，似应及早收回，以杜侵占之渐。（州县于该管地方从未周历，于洋人交涉事宜尤觉望而生畏，此次香山县张文翰随同往勘，所至各埠各岛多不能举其名，州县之疏懒怕事如此已非一日，宜乎葡人之逐渐侵占而毫无顾忌也。）

一 澳门南面海口谓之十字门，十字门之东有大拔岛，西有小横琴、大横琴二岛，大横琴岛北面山坡为过路湾，有华民百余家，大拔岛之麓为潭仔，亦有华民百数十家，大澂亲至该二岛，俱见有葡人设立兵卡，尤甚诧异。若令葡官撤去卡兵，亦应将洋房给价购回。（此一节似非力争不可。）

此外尚有炮台数处在租界外者，目前未必能一律收回，似可姑置勿论，数年以后葡人无可收之利，必致日窘一日，力不足以养兵，即各处炮台亦可设法给价归中国派兵看守。大澂为海邦久远之图，不能不于此时通盘筹及，伏望鉴其愚而教其不逮，幸甚幸甚，再请钧安。

侄大澂谨又启

八月十一日

（十六）

十二月二十七日

同治甲戌正月九日本邑蒲学转送大庆关寓

丹初年伯大人左右：

大澂弱冠家居，与乡人士论列时贤，辄钦盛德，私心企慕者积二十年矣。曩岁旅食京华，往来海上，不获假道青斋一瞻山斗，以为生平憾事。戊辰通籍后，时于晋甫同年处询问起居，未敢遽通简牍，今秋奉使来秦，道经三晋，河东父老称述教思，知春风所被哲士云從，咫尺邮程未能纡道造访，何怅如之！大澂自孟冬接篆后，按试凤翔，次及乾、邠二州，刻已竣事回署。贵邦士风朴实敦厚，无东南浇薄气习，导之为善，较易信从。惟自军兴以来，地方则患寡患贫，寒士则半耕半读，专壹用功者十无四五，讲求实学者十无二三，扶舆磅礴之气积之数十年而一发，积愈久则发愈宏，秦陇士民处凋伤贫瘠之区，迁播流离之苦较他省为尤甚，循环剥复自有转机，人材即因之而消长。兹值回氛埽荡，关内廓清，天心转捩之交，即贤士奋兴之日。大澂輶轩所及，留意咨访，苦口劝勉，有善必奖，有弊必惩，惟愿与多士日相砥砺，以收斆学相长之功。自愧辁材，根抵浅薄，不足为诸生表率衡鉴，既虞其失当迂疏，尤患其无裨，再四思维，惟有敦请大贤惠然下顾，日奉训诲，以牖其愚，以匡其不及，匪直诸生有所秉承，即大澂亦当在弟子之列。得闻绪论，趋步芳规，或稍免于罪戾，尚幸鉴其至诚，勿以为不可教而拒之，幸甚，感甚。手肃寸笺，谨属蒲、袁两教官躬谒台端代陈下悃，伏祈垂察。祗请道安，临颖不胜依驰之至。

年愚侄吴大澂顿首

腊月廿七日

正封函间，闻宏道书院山长余葵阶先生于除夕前一日遽归道山。此间讲席未便虚悬，侄所祷祀以求，愿率诸生请业者，舍我公其莫属，并有书院添课章程，欲候驾临面商一切，幸勿过于谦让，至感至祷。

容再遣使具关奉订，先此布臆，伏乞鉴察，并叩春祺。

侄大澂再启

甲戌元旦

（十七）

正月初三日

同治甲戌正月人日专差送大庆关即辞复

丹初年伯大人函丈：

前肃寸笺递交蒲、袁两教官转呈，计邀鉴及。敬维起居曼福颐养盅和，以范公忧乐之怀，开洛下耆英之社，后生矜式，远迩闻风，无任企仰。大澂自维薄植，忝掌文衡，任重责艰，时形悚惕，窃思朝廷设立学校之意，原期各教官维持风化培植人材，无如日久弊滋，事多旷废，旧章或视为具文，教铎几同于匏系，即使力为整顿，不过举行月课考察优劣，各安其职循谨无过而已。使者按临一属，亦第于点名发落之时，与诸生匆匆接见，情多隔膜，语不尽意，纵存乐育之衷，实少尽心之地。况凭文取士，但论工拙于临场，不如设教因材相与讲求于平日，苟书院中认真训课鼓舞激扬，实与学校相为表里，三原旧有宏道书院，屋宇零落，年久失修，诸生住院者亦甚寥寥。自许仙屏前辈筹款葺治，縻钱三千数百缗，斋堂厨湢焕然一新。鄙意寻常文课不足以励贤材，奖赏微薄不足以资劝感，必先优给膏火，乃可严立课程，拟于各属岁科试时择取品学兼优之士，送入宏道书院肄业，每月由大澂另给膏火银二两，此外课期前列者，照例给奖，俾得专心向学，无内顾之忧，倘得一二十人切劘砥砺，仿胡安定经义治事，两斋令于诗文课期外各习一经、各专一事，随其性之所近，限以读书日程，大澂为之另立规条，随时督察，似较常课稍有实济。惟主讲一席非我公之硕德清修不足为多士坊表，谨具关书一函、聘金一封，遣承差景庆赍呈，尚望鉴其苦衷，慨然金诺，勿过谦逊。大澂为关陇士子求得人师，愿长者亦为关陇士子广施教泽，他日贤才蔚起，文学修明，皆我公造就之力，此尤大澂与在院诸生所日夕跂望也。肃修芜启，祗请道安，伏乞垂鉴，不庄。

年愚侄吴大澂顿首

正月三日

（十八）

同治十三年甲戌正月十四日

同治甲戌正月十八到栖岩寺即辞复缴关聘

丹初年伯大人函丈：

初八日承差回署，展诵环章并掷还关书聘金，三复教言，悚惶无地。大澂不学无术，乃蒙奖誉过情，盛德谦光溢于楮墨，且感且惭。长者避地河东，屏谢尘俗，本不敢以芜词浅见冒昧渎陈，第念三秦士风亟宜培养，輶车所及丝毫无补于诸生，惟有平日书院中训课稍严，足以育才造士，区区私意不能不求助于大贤。向来山长或不能住院，当道即以此酬应私交，林下搢绅藉得修金为养赡之费。此固有道之所不屑，大澂亦不敢蹈此故习，贻误士林，倘一时未能枉驾，谨当虚此一席专待高轩，或者因桑梓之邦久乏师表，不忍坚拒，俯如所请，则尤大澂所焚香默祷而延踵企望也。至书院课程将来如何定章，一听主裁。大澂必不敢稍执己见，致有窒碍难行之处，总求俯鉴愚诚，勿吝教诲，幸甚幸甚。升竹珊观察处请阅课卷，本系邮传批校，相距不远，似亦无难兼顾，并祈与竹翁婉商定夺，早示复音。谨遣承差王顺赍奉关书聘金，伏乞鉴存。手肃布臆，祗请著安，不尽欲陈。

年愚侄吴大澂顿首

新正十四日

（十九）

同治十三年甲戌正月十九日

丹初年伯大人杖履：

顷由蒲教官递到初十日手教，正展读间，承差王顺回署又接昨日申刻惠复一缄，奖掖之词令人颜汗，谦冲之度尤且心钦。大澂与长者素无尺牍往还，贸然陈请，冒昧简率，殊不自量，既愧积诚之未至，重劳复札之频颁，盥诵再三，寸心疚歉。本不当以琐鄙之怀再渎聪听，惟大澂自履任以来，甫及三月，与贵邦贤士大夫踪迹疏阔，寡闻浅见不足以知人，博访周咨益形其不广，省中当道或不乏推毂之风，率尔订请亦殊未安，三原有贺觉生瑞麟明经，讲求正学，足以师表人伦。去冬造庐受教，言论风采至为心折。兹与举行吕氏乡约，为鹿原一邑士民之劝，惟其立志不攻举业，而书院课士势不能废弃时文，此意殊难相强。闻珂乡先辈李时斋先生品优学粹教有本原，余均流风至今未泯，尊意中必有笃行君子可司教铎，或乡党自好之士以培植后进为怀，向来设教勤勤恳恳者，乞示梗概，以便专函聘请，暂为主讲。俟秋冬馆课稍闲，仍拟奉攀大驾为来岁賁临之望，倘一时未得师资，在院诸生当令按期自课，互相切劘，万不得已只有援河东升观察之例，封送课卷邮呈批阅。尤恐厌其扰渎坚拒不允，此大澂所辗转思维而不得一当也。宏道一席虽由敝署专主，实梓乡造士之区，伏愿稍回青顾借箸一筹，使鄙意不致游移失据，实三秦多士之福。屡屡布渎，不欲重烦手答，请世兄代复数行，以慰下怀。至感，至祷。手肃再恳，祗请福安，无任惶恐。

年愚侄吴大澂顿首

正月十九日镫下

锡缜[1]致阎敬铭

(一)

丹翁仁兄大人钧席：

适箧中检得旧作，奉呈尊阅。诗甚俚，理尚不悖也。教之，即承动定不一。

缜再行

(二)

二十一日

久不晤谈，以执事无暇不敢奉访。近作一首呈粲，半年不作此手生荆棘矣。教之，丹老仁兄有道。

缜再行

廿一日

(三)

春初鸟过高轩，无任瞻企。缜卧病三阅月，几为二竖所缚，春分后始赋告存之诗。近刻王与卿字四幅，未谷指篆联拓本，又《爨宝子碑》，统呈尊阅。中堂钧座。

缜叩头

(四) 阎敬铭存锡缜文

病余读书十二首。

辛巳春正月，予病亦已笃。有时梦父母，醒犹吞声哭。家人顾大戚，谓予且不禄。予曰是有故，汝毋乱心曲。人心穷返本，此时理胜

---

① 锡缜(1822—1884)，原名锡淳，字厚安，号渌石，满洲正蓝旗人。咸丰六年(1856)进士，驻藏大臣，后乞病归，著有《退复轩诗文集》。

欲。或则无立锥，或则将就木。甚者将伏法，咸思莪桑桑。兄弟急难时，往往甚相睦。当其履丰厚，多不返真朴。岂是明德昏，晏安所鸩毒。

君子苦心志，恐惧乃致福。小惩而大戒，故是小人福。臣也畏君德，父也将了扑。惑之所亲爱，不忍苦相督。惟大执法严，明允判形服。乃知人疾病，其始感寒燠。甚致招二竖，良由纵六欲。败度至无赦，有汤命难续。譬如置重典，所谓其刑剧。其次稍败礼，亦难免桎梏。医药之所费，以当金作赎。诸罚天有权，无纵亦无酷。君子畏天命，戾敢厥躬速。《鲁论》书慎疾，《大学》言慎独。

吾当疾革时，参苓颇为功。病愈尚服药，犹以参苓供。有客曰止止，是药可勿庸。贫有昏祭事，财向富者通。事讫若再假，所负滋重重。他日索其负，釜且干为钟。日用贵自节，毋以人御穷。予谓如捕盗，必募死士从。事平亟遣去，不者将反攻。雨譬旱而愈，书以遗医宗。

有作易以传，羽翼经与史。剽窃与依附，其言多渣滓。甚则逞臆说，强夺圣贤理。良由所托高，后人无能诋。而彼藏书者，必先搜甲乙。巧博身后名，斯术亦已诡。收储数百家，鉴别能有几？观者惑模糊，作者半真伪。沙中求黄金，端在两眸子。

重臣与大将，史家多微词。匪是所见偏，或偏不自知。朝廷有纪纲，所贵以力持。枫宸以为纛，何况槐与棘。推谷制阃外，生杀任主之。良莠难遽别，挞伐无敢迟。愚者惑肆谤，明者亦见疑。碌碌靡短长，守贵高不危。后之执简人，岂能公是非。所以信史少，慎勿为史欺。

或云士论惜，或云时论少。此亦史微词，褒贬在言表。岂知当时士，未必尽明晓。事外论易偏，事后言易矫。当时有恩怨，颇难详细考。试观春秋书，不用语助巧。

文章忌肤词，去肤文乃真。及至肤词去，几难谓之文。如人无皮肉，仅有枯骨存。奄奄一息在，尚复得为人。乃知人有体，要在骨肉匀。八代虽云衰，不失酒之醇。所贵腹内书，犹若釜底薪。空空无一物，慎勿有所论。

学者不能思，乃惟冈是病。此非论读书，其理可互证。古书千百年，精义本无竟。但随思所至，如钟叩斯应。仁智如有见，日月总新盛。要以妙明心，细参大小乘。极之通鬼神，岂徒分纬经。为文去陈言，所贵以思胜。

喻义人莫知，喻利人易晓。凡为利所在，常与心缭绕。攻之乘其墉，伏之盐其脑。取之逢其源，刁之尽其巧。好学有若斯，所入必微渺。乃知人心灵，举世愚人少。良由择术差，遂分上下考。气衰之戒得，亦尤发愤劳。一时七千念，何为辨之早。

好古所推极，金石以为主。旁搜及砖瓦，又握铜于土。书籍木雕版，翻刻辄失古。宋金当大劫，祖本世罕睹。朝有开成经，上焉周宣鼓。据以证经伪，有功在甲部。抑且碑诸文，足为集部补。纪官与纪年，每与史相辅。如石有九功，金乃无其五。弟就点画论，贞珉多可谱。钟鼎在款识，伪画难悉数。唐贤自刻碑，铸工有伧父。顾以颜色佳，往往入秘府。二者不得兼，吾惟石是取。

今人好议论，可喜在新奇。世惟奇是喜，古为辞之诐。即如四书注，多与文公歧。岂知所歧者，公早驳其辞。载在惑闻中，此书传甚稀。而公说所祖，今无书可稽。又如许《说文》，南唐徐始治。后人据许说，以驳奉相斯。少温工点画，亦并为人訾。中唐所传书，二徐惑未知。介甫强行法，所令多逆施。官礼法虽密，周实未行之。人情喜新特，鲜能辨醇疵。为学不知本，为政实可悲。尼父尚祖述，一言莫敢私。但以奇见赏，治术只自疵。此风关治乱，毋使趁浇漓。

世人好讲学，动分宋与汉。试问宋以前，学也从何判？内外之所会，性理与经传。大贤有心齐，通儒无学案。摭实昧虚灵，蹈空寡闻见。如水但随波，如木早折干。强者相攻击，弱者守门限。是毋别流派，县宜辨真赝。所以真学者，无畔亦无羡。精粗视所造，但有不厌倦。

锡缜录辛巳旧作

徐保字[①]致阎敬铭

（一）

丑冬接展还云，备纫存注，只以行踪靡定，音问稍疏，翘首东云，每深驰企。比稔贤弟文祺豫顺，侍祉康绥，良符远慰。年来想仍在三原读书，约在何时北上？惟望早入木天为快。仆前承厚贶，本拟料理赴都，忽奉委买粮，旋几回任，兼以谳案勤渠，倍形劳碌，致去春怔忡复发，迄今未愈，不得已作乞病之举，约秋间就道。课文二本聊寄一哂。专此布候近祉，不一。

通家生徐保字顿首

（二）

五月初九日

丙春南下，相见华阴，惠我殷殷，复劳远送，感何可言！录别之年正深驰企，兹于端节后接展手书，诸纫注念，藉审贤棣潭祺多胜，动履绥宜，良符欣臆。闻今岁闰生先生主讲三原，九弟仍游门下，造诣自卜益进。春闱在迩，拟于何时北上？贵处地滨黄河，前把晤时曾提及水患，有移居之议。比年来形势如何？可省此一举否？念念。生别后家居匆匆两载，先君窀穸幸已次第经营。自笑迂疏，本不作出山之想，不得已于去春仍挈眷西来，四月初一抵兰谒见各宪，初五日委摄阶州，是郡在万山中，古邓艾通蜀之路，山险民悍，治理颇难。然不敢推辞。抵任来忽已年余，公私尚称平顺，惟缺苦而累，幸盐茶循化，二缺均可得补，不日即可交卸。小儿旧恙已愈，现读《中庸》，天资尚不顿置。生近体亦托粗适，可勿远怀。辰下奉调进省，将来邮筒往返，从皋兰转交最便也。专此布复，顺询文佳，统希

---

① 徐保字，字颉书，号阮邻，浙江湖州人。郑熙外甥。嘉庆十三年（1807）副榜贡生，翌年中举人，大挑授知县，补缺甘肃，曾任平罗知县。

鉴照，不宣。

尊大人前请安。

通家生徐保字顿首

五月九日

（三）

老年得子最难期，忽听牙牙转自怡。视我居然知有后，看人且莫笑无儿。之无未识书留种，汤饼刚开后满巵。但愿吾身康又吉，阿翁盼到抱孙时。

箕裘世业坠茫茫，话到艰难尚未忘。不信花还开老树，谁知稊又发枯杨。犁牛漫诩家能先，雏凤安占后必昌。笑指床头啼觅乳，可曾相识汝亲娘。

庚戌四月得子鼎唐志喜。

一索偏逢百琐期，从知兄弟自怡怡。休嫌异母非同母，不道无儿更有儿。四座埙篪调一曲，百年松菊介双巵。推窗恰又梅花放，东至阳生未几时。

漫提身后事苍茫，眼底欢娱总未忘。未必人才登达适，敢云理学尚游杨。乾坤秉气原无咎，棣萼交辉定尔昌。莫道呱呱听不断，唤儿枕畔有三娘。（东至后二日兰姬得一男师戌，即用前韵。）

小诗寄奉丹初贤弟一粲。

阮邻未定草

徐德良[1]致阎敬铭

(一)

丹翁世丈大人阁下：

专足至，展读手教如亲笑言，满意此日晋省可冀台旆从省启行，得以畅叙阔悰敬觇抱负，不图缘悭，怅甚怅甚。辰维兴居增胜为颂。潼关所惠一札，已于前月初间专赍大荔刘恒轩兄处，托其觅便速寄，不知其何以迟延未达，所有年来最忙未能亲理笔墨之故，俱尽前函，兹即烦来人顺道往取呈览便悉也。良到陕七年，握节三次，地非不善时不及春，实累愈增，虚名日甚，泥途辗转拔除无时，知我爱我何以荣之！委书各件容从容涂就，次第寄交珂第。想中流击楫，帷幄运筹，当不以此扰箧笥也。承复，敬颂勋安，伏惟珍重，不宣。

世愚侄徐德良顿首

(二)

立春前一日

丹初世叔年大人阁下：

伻来奉到惠函，再承赐佳果多品，对使拜登拜谢，敬谂簪裾笃庆，潭第凝厘，颂甚贺甚。委书各件谨当日内涂就，交小岑兄带交，惟宠饰过实，深抱惭惶，而德盛弥谦，倍增钦佩也。良栗六如恒，无善可述，幸贱躯粗适，足慰绮廑耳。咫尺之隔，不克抠送，都中鸿便，尚希时惠德音，是所跂祷。手此肃复，藉请升安，敬贺春祺，不戬。

世愚侄徐德良顿首

立春前一日

---

① 徐德良，字韵坡，江西桃江人。副贡，同治三年(1864)任高陵知县。

(三)

丹初尊丈年世大人阁下：

五月初旬接奉手翰，并承惠赐多珍，当即肃泐数行申谢，想已久邀青睐。辰维起居多福，政祉双清，定如臆祝。委书各件敬谨涂就奉教，惟此事久荒，俗尘积满胸臆，又未能一气呵成，正如百衲衣皆杂缀为之，甚有一纸而三四日始得竟者，阅四月之久而成此四种，披览一过，汗颜无地，又重以奖饰过情，欲验感惠徇知之一合，愈竭蹶而愈支离，不惟各体笔法结构不能截然不紊，即一体中亦彼此出入甚矣，遂知之难也。来书谓欲付镌，此则断乎不可，学本未成，何堪误人误世，只以足下嗜痂成癖，不得不勉为悦己者容，倘蒙鉴谅其苦衷而为之藏拙，幸甚。况足下个中人，深知此中之难，当必不致相厄也。抑有恳者，筹饷例究竟有无变动之说，外间谣传纷纷，有谓花样须改者，有谓年底再议者，又有谓展限一年到明年底再改者，或自传闻或从摩揣，迄无定说。总缘生员有切己之事，不能不忐忑于怀。良以筹饷例(过班)三年指省分发来此，彼时轮补名次属居第二，今年本省出缺八九，计第五缺即应到班，忽以分缺先、间花样，来者十七八人，遂为所压，叙补无期，亦拟勉事张罗凑捐花样，以章程内载过班人员虽花样在后，得依到省先后求补，良仍可以转压新来者。而忽有变动之谣，以致观望不决，敢祈吾丈确为一查，以便决计行止，且将来倘能邀福集腋有成，尚须仰仗鼎力为之办理。现在先求代查，如良捐一分缺先、间需实银若干(咸成搭钞票，一切花费总计若干)，又如已经试用期满者，其捐免试用一层能否邀免，均祈祥细示知为祷。琐琐费神，无任惶悚，屏营之至。九家叔久困京师，一筹莫展，想常晤面，外有一函饬送为荷。率此肃布，敬请台安，伏希融鉴，不尽。

对联一付，临赵文赋一部，《集圣教序》一部，方圆《千字文》各一部，乞教正为祷。都中奏本纸求代购百张寄下为祷，要原幅。

世愚侄徐德良顿首

(四)

冬至日

丹初世丈年大人阁下：

月之朔日接奉复函，知前呈拙书各件均荷鉴入，过承奖誉，弥益厚颜，敬谂兴居万羡，政祉百宜，颂甚颂甚。苏和卿处条幅当是三年在都时书，是何纸色写何文字，了不复忆，至于体格尤属茫然，如蒙委书，乞赐明示，遇悦己者不为容，更复何待！但屡奉手教，从未指摘其短，此则非所望于法家也。承示捐例分先、间一纸数目明晰，感甚感甚。至叙补之法此间已有现章，倘能如愿，确是后来者居上。惟张罗尚未就绪，及一切会兑、加子如何得有便宜，孰省孰费，均须一一熟筹，至换钞每两若干，此则不能预定耳。俟将来措齐后即便会京，仰求大力提拔。又闻上兑皆有卯期，究竟是几月一卯，从某月算起，是否每卯汇奏然后给照，及知照各省又如几时上兑，几时可以得照，外省奉到部文又须几个月，均求详细示知，拜祷拜祷。缘外省凡事皆以奉部文之日为始，此中大有关系，故不得不覼缕渎陈，叨爱有素，定荷鉴原耳。肃此布恳，敬请升安，统惟融察，不备。

世愚侄徐德良顿首

冬至日

(五)

昨承枉顾，迄未得趋谢，罪甚罪甚。贱恙幸小愈，再四被迫，只得力疾赴同，倘回辕在即，过同时千万使知，俾得畅聆座教为祷。肃此代面，敬请台安，不一。委书之件容缓报命，不敢草草塞责也。

世愚侄徐德良顿首

徐士谷[①]致阎敬铭

同治二年癸亥四月

丹初仁弟中丞阁下：

去夏曾承手翰，未作报章。嗣闻奉讳西归，正拟具函寄唁，旋接舍妹倩涂贰尹香来信，谨述台旌道出襄樊，接见该吏，详询仆之苦况，殷注拳拳，感何能已！近谂节临山左，令肃风清，本移孝以作忠，期振纲而饬纪，辞召而心悲子舍众所皆知，夺情则命出朝廷万不得已，固当亟图建白，无愧汗青矣。士谷陈情悔晚，罔极难酬，总缘贫宦远离，蹉跎贻误，虽欲稍遂乌私，而天亦不许，此后慈晖日杳，抱痛终天，永为无怙无恃之人矣。顷接家信，哀悉先慈太恭人已于去冬十一月初六日戌时安厝先大夫茔右，去岁本山方向合宜，以故妥灵甚速，而不孝士谷既不获视含于易箦，又不及负土以庐坟，彼苍者天，胡独是我茕茕至于此极耶！日下苫居十有余载，累累宿负了却维艰，现克期三月中旬就道，匍匐奔南，只余泣对松楸，仿右军之誓墓耳。但家徒四壁食指浩繁，断难卧雪餐风，势必饥驱出走，本省各书院捷足者俱已先登，或楚北或岭南，拟将谋一讲席，藉为阖家糊口之资。中丞谊敦沆瀣，早已为我等筹之，廉泉有润，速为挹注寄南以甦涸辙。都中吏部主事傅名大章号凤笙系仆同邑，现居顺城门外骊驹胡同，丰城南馆如有惠书寄交彼处，可以转达舍间，或径交河南臬司李子和处亦可。仆有公业油行在樊城，由河南寄樊较为便捷。再，四小儿德荃现赴东省平度州舒牧孔安署内入赘，倘来晋谒，祈推爱进而教之，感甚幸甚。谨呈讣启二件，肃函载布，顺候勋祺，并望复音，不备。

制箸通家生徐士谷顿首

---

① 徐士谷（1803—1866），字稼生，号拙翁，江西丰城人。道光十六年（1836）丙申科进士，殿试钦点第一名。

徐树钧①致阎敬铭

廿载别京华,黔南道里赊。烽烟连海峤,鄂渚隔天涯。久沛青齐雨,回瞻紫极霞。衰年离索感,惊喜晤郇瑕。

表海雄藩地,安危仗出群。力除鲸鳄患,威肃鹳鹅军。清望明湖月,高名岱岳云。几篇经国疏,遐迩仰鸿文。

累疏辞簪组,东山养望时。归装双袖冷,清节两宫知。被服仍儒素,行藏任险夷。苍生望霖雨,非久起旌麾。

故里无栖止,侨居寄解梁。中条严壑秀,涑水稻杭香。地近王官谷,园开表圣乡。何时藜杖健,好访午桥庄。②

王官谷里神仙窟,中条山翠当轩勃。归来结屋云为牖,老去观书眼如月。挂冠夜上神武门,振辔朝逾涿州驿。翩然疏传辞廊庙,邈矣朝官虚祖席。鸿飞直度青冥高,鹄举翻碍丹霄窄。原田可畊水可钓,春鸟引吭芳草碧。电光不照鹑首墟,飞轮岂越太华脊。鬓丝忧国讶成霜,腕力临池真屈铁。只愁海上翻澜紫,未许山中常衣白。鹿苹重见咏周诗,鲐背依然朝帝阙。

丹老相国年丈还里,饯送不及,赋赠一篇,寄呈吟正。

年愚侄徐树钧

---

① 徐树钧(1842—1910),字衡士,号叔鸿,湖南长沙人。咸丰七年(1857)举人,历任京畿道监察御史、布政史等职。著有《续访碑录》、《宝鸭斋诗集》、《宝鸭斋题跋》等。

② 编者按:以上四首诗似非此信内容,原书置此,故仍旧。

徐用仪[①]致阎敬铭

二十九日

丹翁中堂阁下：

今日合肥有信函（已送庆王处）并问答各件，内撤兵一节，大有关系。约定初一再议，明早必须得旨电达，希转请醇邸明晨进内商办为要。此布，敬请台安。

晚生徐用仪顿首

廿九日申刻

---

① 徐用仪（1826—1900），字吉甫，号筱云，浙江海盐人。咸丰九年（1859）举人，历任军机章京、太仆寺少卿、兵部尚书，光绪二十六年（1900），与户部尚书立山、内阁学士联元一起被处斩于北京菜市口。编纂《海盐县志》，另著有《竹隐庐诗存》等。

许庚身[1]致阎敬铭

（一）

二十三日

陈情得请，稍息苌劳，圣恩可谓厚矣。日来调摄如何？庚因受寒腹痛未能趋候，殊驰仰也。义庄条规奉上，敬请丹翁中堂台安。

世晚许庚身顿首

廿三日

（二）

初六日

丹翁相国阁下：

成叔世兄传述遵谕，已起身赴长新店，属勿往送，室迩人遐，辄动溯从之感。伏惟行旌安吉，罄无不宜，定如鄙愿。送上肉桂一枝，木耳两匣，茶叶四瓶，金腿两肘，聊佐服食之需，祈哂收。此布，敬请钧安。早晚天气极寒，千万珍卫。成叔世兄并候。

世晚许庚身顿首

初六日

山西陈醋色香味俱佳，嗣后如有妥便，祈惠寄一坛，感何如之，又及。

（三）

十月十五日

丹初中堂阁下：

自送驺旌忽忽又三易寒暑矣，驰仰之私，与时俱积，辰想绿野娱情，青灯有味，及时修德，学与年增，欣颂无似。雷质亭明府述及过晋

---

① 许庚身(1825—1893)，字星叔，号吉珊，浙江杭州人。咸丰二年(1852年)举人。

时曾谒华堂，见潞国精神康强如昔，惟令孙世兄以红症不愈，兰玉遽摧，闻之殊深惋惜，中堂达观有素，当自能遇事排解，正无待以漆园《齐物论》为慰藉也。成叔世兄随侍左右，承欢娱志，乐叙天伦，洵足尘视轩冕。晚精力日衰，时艰日甚，滥竽絷迫，补救毫无，夙夜负疚而已。兹乘质兄之便寄去丽参一斤，聊佐颐养所须，祈哂收，肃请道安。

世晚生许庚身顿首

十月望日

（四）

三月杪

丹初中堂师事：

一昨畅领教言，快甚快甚。《续经解》现已寄到，计三百四十本，祈检收，余俟迟日面罄。肃请道安。

世晚许庚身顿首

三月杪

（五）

初六日

丹翁中堂阁下：

日前畅领教言，甚快积愫。尊恙近二日已大减否？念不可言。送上钱南园、汪退谷字各一幅，又王梦楼屏十二幅，祈法眼决其真赝，从直示知为感。肃请台安，不尽百一。

弟庚顿首

初六日

宣房昨电已由署抄呈否？

许乃普[①]致阎敬铭

(一)

同治二年癸亥三月十一日

同治癸亥四月到

丹初馆丈大中丞执事：

国家求忠于孝，而执事移孝作忠，既展乌私，即宜叱驳，恐东人已不胜来暮之思矣。闻辖疆捻逆已稍经惩创，而教匪尤多伏莽淄川一邑耳，亦敢负隅，非赖德威何由敉定，然其要总在知人，举所知而及所不知，百闻不如一见，固藉目而不藉耳也。明试以功，自有脱颖而出者，岂有借才于异代哉！仆行年七十有七矣，老景日颓，南中兵燹无家可归，每闻时局艰危，辄胸次为之作恶。云南省城被陷，恐陕甘逆回益以纵肆，与东省皆近京圻，深盼执事作泰山之云，不崇朝而雨天下，即老夫拜德无量矣。专泐布臆，惟为国为民节摄，万不一罄。

浙西老友许乃普手启

再，候补县丞许之禄系仆胞侄孙，现有随营差使，伊上有寡母，日夕倚闾，颇为心恻。因思贵署有监印一差，倘蒙锡类之仁，即时指派，则公私皆可无误，此非补缺署事可比，敢以奉恳。

三月十一日

---

① 许乃普(1787—1866)，字季鸿，一字经崖，别字滇生，浙江杭州人。嘉庆二十五年(1820)庚辰科殿试一甲二名进士，授翰林院编修，充实录馆纂修提调官。历官贵州、江西学政，兵部、工部、刑部、吏部尚书。同治五年卒，御赐祭葬，谥文恪。

(二)

同治五年丙寅春分日

丹初馆丈大中丞阁下：

入此岁来尚未通一札，惟祝执事为国为民善自排解调护，勿药有喜，以上报两宫圣主特达之知，下以慰二三知己之望。兹有启者，黄令景晟婴城御寇，险阻艰难备尝之矣，荐剡中得如此兵员，令人起敬，不谓事已逾年，部中尚未定稿，黄令系仆江右所得士，偶尔与司中旧识谈及，以所保出语与章程不符(须有打仗杀贼等语声叙方免挑剔)，应令另核请奖，则涸辙之鱼何由得甦耶！督抚之于属吏见闻确而且近，一经声明立邀俞允，惟穷员株待苦海沉沦，是在大君子终始成全，云天援手，盍先与稚黄馆丈图之。专泐，虔颂荩禧，千万珍重珍重。

名正具

王筠轩本无官情，近恐退志益决，然世间自有公论，不足介怀。

午山到开封已得一书，上下交孚，可以报慰。少村虽离任，将来子和到豫亦必倚重也。

(三)

同治五年丙寅五月初三日

同治丙寅夏

丹初大中丞大人执事：

五月初二日纪纲交到惠书，以仆年八十，奖诩过情，既荷大耋齐龄之祝，复分俸百金润以廉泉，举家铭锲。闻曾爵相督师有顺道登泰山之说，想见谢太傅围棋、羊叔子缓带，好整以暇，指日尘清，然亦由执事德威绥靖相与有成也。体履近增健适，所患定已霍然，公余尚希珍摄，以副中外之望，久不得王筠轩消息，深以为念。率泐奉谢，即颂勋祺，不一一。

老友普草草
儿子随叩
五月初三日

(四)

同治五年丙寅十二月初八日

同治丙寅冬

丹初大中丞大人曼福：

自得七月廿五衮州行营一书后，知体履时有小恙，肝气偶郁，左腋生疮，以气虚不能即愈，其时李午山在京，少悉近况，既慰且念。时节如流，已届栗烈气寒之候。捧读惠翰，悉未述及，似已霍然。执事体古人治新国用轻典之义，略加整顿，并未刻求。谣诼烦兴，而两宫圣主方欲以足下之治海岱者治天下，虽部臣亦无异议，政府尤觉倾心，此正执事为上为德为下为民，信友获上，克展素志之时，惟鄙见总以留意将才、固有圉而销伏莽为先著，丕恐捻匪骑马贼一经窜近，龚黄必致束手。刻闻刘制府遥赴热河，而马贼业已逃匿，盖贼深知饷绌兵单，为狡兔三窟之计，辽阳一带尤令人蒿目（甘肃逆回饥卒构煽方滋，以视齐鲁何啻霄壤），明眼人幸早图之。岁事峥嵘，又承分俸，并谢，不具。

乃普手覆
腊八日

许彭寿[1]致阎敬铭

二月十六日

丹初老前辈仁兄世大人阁下：

舍侄之禄饷差来京带到赐函，备荷垂廑，莫名感沏。窃惟执事以万不得已之苦衷，任众莫能胜之艰钜，揆时度势，移孝作忠，固己谊有两全，心堪共白。承示东省情形，疲敝已甚，自以慎选牧令为第一义。任一贤员而中材咸知所劝，劾一不肖而阘冗咸知所惩，果能破除积习，以实心行实政，将见庶务皆不劳而理矣。至谓天下之患不在盗贼而在人心，风俗财赋之乏不在无生发，而在无政事，正如扁鹊视疾洞见本原，由是对症发药，有不沉痾立起者哉！他如盐匪纵横，鹾政亟宜整饬，河流冲决水患尤赖堤防，当此万难措手之时，而欲率作兴事，诚未易言，然上有好者下必甚焉。阁下荩忱亮节，官民自己交孚，从此挽回人心转移风俗百废具举，定有不期然而然者，尚祈于事事躬亲之下节劳珍重，是所至祷。家君今年七十有八，家慈七十有一，起居饮食均尚如恒，足纾垂廑。侍旧疾迄未大痊，现在武林克复可期，拟于得捷报后即乞假归视松楸，如家乡尚可安居，便奉两亲作南归之计。之禄在京耽阁月余，似尚不染佐杂习气，兹回东销差，特肃复此函，令其带呈。再，先胞伯之曾孙名宝名者曾任武城，现在已开复，是否堪供驱策，幸垂察焉。即祗请勋安，余容续布，不尽。

世侍愚弟许彭寿顿首

二月十六日

---

① 许彭寿(1821—1866)，字仁山，浙江杭州人。许乃普子。道光二十七年(1847)丁未科进士，官至礼部左侍郎。

薛福辰[1]致阎敬铭

同治六年丁卯三月

丁卯三月

年愚侄薛福辰谨再拜奉书年伯大人中丞节下：

使来奉到书价，重辱诲言，玩复千周，怀不能已。比闻节下再疏坚辞东抚，邈无少逡巡顾虑于其间，此固有合于大臣进退以正之义，然自冠裳至负担，无不相聚太息若重，有憾于其退焉者，何也？窃闻古名世之谋国也，苟道与君合，施设见于当时，务宜布其所蓄大润泽以生遂百物，不敢择其至安者休焉，而国家设为高爵厚禄，以待瑰奇之士，尤欲举其重且难焉者畀之，若避宠而逃与见难而止者，皆无当朝廷尊养之意。伏念节下抚东以来，至则蠲乱即理，廓清疆圉，既乃扬兵界上，犯霜露、冒锋镝，浚濠筑墙，与下卒均辛苦，尤能痛惩墨吏，租赋额征钩稽剔抉如指诸掌，终期所入校诸旧岁羡二百余万，强寇不敢涎睨，莠民不至内讧，十府二州百四州县之人皆如节下亲临其家，不饬而心肃，非节下条理镇服，宣布主上威德，其何能及此！一旦委节去位，则此方州数千里之中，谁与福黔首者？譬有弃婴儿于旁，力能转诸衽席，顾望望然委而去之，几何其不相率呼号以毙耶？彼傫然立于殿陛者相环也，其悠悠之数漠不能为有无，虽空国而行，何病焉？今节下忠孝文武为戎臣师，海内倚为安危者垂十载，遽而引疾执祛，未能狂瞽如福辰，焉能默默而已乎？语曰："狂夫之言，圣人择焉。"唯节下择而取之，幸甚，不宣。

福辰拳拳谨再拜上

外附韩文二部，计四函，乞查收是幸。

---

① 薛福辰（1832—1889），字振美，号抚屏，江苏无锡人。清末外交官薛福成之长兄。道光三十年（1850）秀才，咸丰五年（1855）顺天乡试举人。著有《青萍图文集》《医学发微》等。

严树森[①]致阎敬铭

(一)

【缺文】北省乱之初生,所论八病,力透纸背之语,任贤以为勘乱之本,竹如先生服光道气(鄂无福),江东无卿比也(折漕专商之,贤才专求之),一切访之必有端倪,并道树森钦佩之忱。曾两次切举(并未告之)而朝廷未肯大任,殆天留以辅我公郅治乎!(楠木桌面二张、磁盆、碗、绍酒、烧酒俱收到,谢谢。)观人必于其大,亦必于其微,未有于五伦漠然而矜言才气者也,有之必乱人国,此少正卯所以必诛也。公心慈而面少和,第恐人望而畏之,则下情无由上达矣。公论"曲体人情""结实从事"二语无等之咒,即我夫子之道忠恕而已矣,二言可以赅之矣。《论语》道千乘之国一节,万古圣君贤相不能出此范围,以为何如?公处所需以银项为第一,张、李二友急急欲全搬书箱,鄙人恐二友因此笨重之物,途间不能速行,或因春雨,或遏捻氛,转使需用之兑项急切不能到手,是因无益而害有,益为小而失为大矣。面告子泉寄语张、李二友赶挑有用好书带几箱(着子泉送书单来,兄代挑之,凡雕虫小技不用也),余则开单两分(一送尊处,一存箱内)。将数箱抬至敝署加鄂抚印封,代为检存,如树森别有量移,转托信心之人代商,如树森或遇罢斥,则亲自托妥奉上,总之树森之物存,则老棣之物亦必存也。不以微物累贵友,则所需者乃能早到,以为然否?漕事各省情形不同,陋规名目亦不同,中饱种弊亦不同,要办此事总要各州县守漕实在底子帐单本,进若干,出若干,剩得若干,得此一物以为据,随高随低的一减,使公家实得若干,私宝落得若干,百姓受得利若干,去得弊若干,中饱挖出瓢子若干,庶上和下睦,公私都下得去矣。巨室刁绅摇撼不动,孤妇寡儿不至啼号,则得此中三昧,夫不浮收则不

---

① 严树森(1814—1876),初名澍森,字渭春,四川成都人,祖籍陕西渭南。道光二十年(1840)举人,入赀为内阁中书,历任贵州布政使、广西按察使等。

能收,不勒折则不能折,其中妙义可为知者道,不可为不知者言也。公努力为之,富强之基在此矣。今年恐不暇说此话,姑且先要底帐为是,无他巧也。多军鄂月协以三万五千饷,已奉旨允准,鄙意按此做将去,决不食言。载请勋安。

树森再启

(二)

十二月二十三日

丹初中丞五棣大人麾下:

嘉平廿二日奉腊八日手书,敬知陈情一疏未蒙俞允,初六日请假百日,窀穸事毕,定于明春二月假满剃发即行,忠孝两全,圣人天理人情之至,必照所请行矣。东省吏治之坏伯仲河南,难分优劣,所谓鲁卫之政,自古为昭也。树森不识一东吏,不知其病根在何处(只知卓如吴先生正人良吏,国士无双,晤时道念),不敢妄对,以鄙见悬揣,大约浮伪欺饰阘茸乱耳。得公精心果力亮节清风从容料理,不激不随,自然日新月异而岁不同矣,拭目俟之。齐鲁士民有福,军事顺手,或有办地方之日也。痛陈团务乱天下一言,钦佩无量,即树森曩昔所谈寨平练散,中原可望升平也。到任后望再切实疏陈,总要动中朝之听,俾外间情伪托出合盘,乃能挽此颓波,然已无及也。天下岂有不选将练兵而能打贼之事哉?又岂有以干戈折冲之事寄其权于闾阎者哉?乱天下者非贼也,团练大臣也,非团练大臣也,疆臣之醉生梦死不长眼睛不用心思也,帅臣之欺罔粉饰捏功滥保也。呜呼!此弊将何所底止哉!运漕已复,巢州或难久踞,庐州、庐江、安庆俱有重兵,此皖北也。池州之贼犯至建德,鲍军大捷于清弋江,杨军大胜于金柱关,曾军稳驻于雨花台,此皖南也。左军克严州,惟闻该逆在溧阳大造战船,志在窥伺长江。四川全清后而石逆大股又在叙府横江金沙江一带蔓延一二百里,略阳之游氛犯至广元,发捻伪遵王等现围兴安,有入川之势。河南之毛在汝宁督师,子青少宰抚豫后尚未出省首，奏调月碑往汴差委，楚已畀之，此鄂以外之近事也。骄帅已北行，而后之握兵符者闻打胜仗甚好，回逆纵使剿平，秦事亦非一年所能底定，鄂吏只办陕饷，月以三万五竿为率，作协济饷随便（由陕造报），再济以军火，以是为尽心焉耳矣，余事不问，亦无力管得到。劾高克二疏，天心既以为不谬，或可告无罪于关中父老也，此意只我公心能鉴之。鄂之穷彻骨，而明年提地丁、洋药、盐厘、漕折共约六十万两，尽心竭力做去，然大局之撑不住，恐鄙暗如小人必偾事败德丢底，然亦无可如何矣。应复之事条复左方：

一 借将。王桐柏带领亲兵已紮下游吴头楚尾间（亲兵断难分之外省），终当赖之，未便更动亦无可更动，与中堂会商此层碍难遵命，拟以李雨苍正郎代之，雨苍由浙而湘而蜀皆不能合，而其营又被多调去，树森委婉面留在鄂共事，现委带抚标毅健四营，并令其再募一营为毅健亲兵亲自带之，以为该四营之标准，须正月乃能练好，尔时敬候朝命兼候覆书，如以为可，即会同官节相、毛骥帅三衔入告鄂任数十天饷，以到东为率（湘或可分些，中堂酌商之，公可不问），嗣后不能接济分文，盖此营丝毫不欠饷，帐械一应全。近在襄樊，北行甚便，此将至好，明公素所赏鉴，树森珍若拱璧敬如手足，以此资明公。中堂与树森皆惬心贵当之作，雨苍亦欢然愿往。自成一军能打仗能开风气，而不必以别军扰之，若允行，飞示我即刻札行，我公断断不可先奏，一切事应安排者，中堂与树森、伯符、云卿、皓升无不尽力经营。东省是畿辅藩屏，为人臣子何忍稍分畛域，然请不先奏者，东抚是明公能爱将，故资以佳将，能爱兵故资以制勇。“青萍、结绿长价于薛、卞之门”，他人则非树森所敢请也。往年不佞有中州之役，胡文忠为抚，唐义渠为藩，明公掌糈台，尔时能畀以穆时轩、杨飞熊二将（楚多难时），虽仅止空人，而厚意不可负此举，亦仰体文忠遗意也夫。

一 借饷。同人读手函后无不倾心拜服，中堂与薇柏糈台两首府均请益为五竿，方敷摒挡，若止二竿则万万不足用也。敬俟张友搬行李到鄂，由糈台面奉五竿，仍以兑在晋人银号中为便，明年二月毫捻例须西犯，豺虎满途行人不易，此款自底串中提出，乃我公清廉精核，所余不必拘拘以归赵为念也。一切见事俱详前函中，计已入览，兹不赘。官场照常，惟如冠九观察封篆日到省任，小园新选顺德太守，尚未瓜代有人，新到山左三即用一拔贡，皆美材也。豹岑、云吉二贤人尚未到，雨亭新自皖回，附笔请安。树森私事皆适，眷属儿孙一概平安，堪慰注存，只家二兄侣棠尚滞迹蒲州，早来乃好。拉杂，伏请孝安。

小兄树森谨顿首伏书

嘉平廿三日武昌节署

礼园八棣痊安，诸郎文吉。青门之仙眷当以早接到太原一带为是，不必拘牵濡滞。子泉不便东行，前书已详。丁玉等皆不能来。

(三)

十二月十三日

丹帅老棣中丞大人麾下：

腊月初十日奉到潼关冬月廿五日手书，并于相国座间恭读。陈情一疏，情真语挚，钦佩无已，天心眷顾东鲁，断不能俯允所请。然揆情论理仍以再行切恳为是，若再不得请，即抑哀违礼而往，天下后世当有谅其苦心者矣。我辈交情不敢说一句泛话，东省无兵无将无吏无饷，而衮、沂遍地豺虎，一去就要打仗，并无办地方公事之时，直是无从下手，思之辄为心悸，愧我无饷以助，无兵可分，无将可让，况南人不惯北省饮食，多军之入秦也，犹奔逃不已，况齐鲁耶？兵非旧部不习，将非旧帅不附，半路出家，种种为难，鄙人亲尝其苦矣。前会同相国附奏一片，切陈明公长于吏治，军旅非其所长，请宽其责成，假以时日等语。中朝平贼念切，往往不问其将之有无、兵之多寡、练卒之成否，而地方绅士、京华台谏往往不问其到任之久暂，敦促求战，即群相观治，夫岂知生人生地，赤手空拳，开场一戏已不容易唱，而遽欲齐声叫好，岂不难哉？以梼昧之见忖之，似宜直陈不谙军旅，恐偾戎机，以求中朝之见谅。盖不应去一层，前疏已痛快淋漓，而自惴不可去一层尚须委婉陈说，即使胸有把握者，于兵事措辞亦当如是。夫兵凶战危，谈何容易，以我至圣本领尚以临事而惧训人，况三代下之人材耶？狂瞽之谈，明公以为然否？倘迭次坚辞而不获命，尔时即遣一价来鄂。所商之件，公论俱遵办无异词也。礼帅握兵符拥强兵，鼓行而西，从同州下手，此逆回之最劲处，此处得手，则迎刃而解矣。然关中之祸岂尽在逆回哉！能御贼，我能信之；能平贼，吾不敢信也。旋乾转坤之略，在乎镕经铸史之才、义精仁熟之学、推诚心布公道之手，乃能消兵戎而定祸乱，岂易言哉！吁，皖北和、含、巢相继不守，好在尚非大股贼犯，无为州幸树字五营赶到，城赖以完。刘臬司连捷，又以湘后、副后三营来助，近则萧为则之八营、毛竹丹之六营亦到，拟由南往北打，以规运漕，此路不单。惟庐州仅石镇四营，而唐义渠之新募三营前往驻守，以守则可，而扼其纷窜尚不能也。安庆近有重兵，似可无虑，此皖北也。至于皖南，绩溪、祁门次第沦陷，幸左帅派来王道文瑞，合以皖南镇唐义训所部，即日攻复，贼遽退距太平、石埭一带，大股蛰伏不动。鲍春霆一军在宁国，粮路几断，东西南三面环宁皆贼，颇不甚佳。芜湖金柱关大股麇集，时思拖船出江，幸彭、杨二帅船扼之尚紧，迭有斩获，此皖南也。春霆现已丁忧，在营穿孝。曾事恒太守以冬月十八日卒于军，下半年事机颇不顺手矣。至于鄂之艰窘，丑态百出，今年侥幸撑过，明年不知若何了结。昨奉部文加提元年漕折五万两，明年提藩库丁地银廿万两，荆、宜盐厘七万两，武、襄盐厘七万两，二年漕折不与焉。多礼堂之饷，以鄂力计之，断不能按月全应，现会同揆帅奏明，请自明年正月为始，月解银三万五千两，从瑛兰坡夏间之奏案也。军火等仍源源解济，请饬陕抚设局于荆子关，关以东鄂任之，关以西秦任之。计此月底可奉批答耳。积欠征饷六百万两，并每年实入实出各款不敷一半，叩恳天心怜鄂，以延东南数省一线之命。和盘痛快而出之如在汴，疏陈汴艰故事，得旨下大农议矣。既为鄂吏，断无舍鄂不顾，而矜言博大，不分畛域。如人家数日不举火而胡赊乱扯，开筵宴客，入肆烂醉，夫岂过日子之长局也哉？此鳏生之所以愦愦不逮前人也。然今年下半年解在皖各营、援陕各军饷却亦不甚少，人已交顾，实在顾不到，却亦无法。与揆帅相处，愈觉和气浑然，抱定委曲求全四字做去，守定避其名而蹈其实，任其事而不居其功两句行去。要转湾处我自转湾，除奈烦二字无别法也。苦矣哉！任事之难而做人之不易也。洊三幸放荆道，荆府未识简放何人。伯符兄有旨放署理北臬开其底缺。雨亭、豹岑、云吉三君子准交鄂督抚差委，而不准越级保道，俟有绩再奏请。圣训煌煌恪谨遵奉矣。退窜桐、唐之发捻，绕扑郧郡不得逞，南窜房县竹山，近则伪遵王、祐王等已入平利、石泉，而尾股伪启王尚盘踞竹溪，已成三省之前局矣。梁湘帆五营已拔赴房、竹，而崇如之兵当图继进。舒六爷有马五百骑，并抚标毅健四营步队，加之逸亭旧部，除多礼堂调去建威一营，省中札裁刚右、贞左二营，不计外所留四营，并崇如所带二营，俱扎于襄樊，新凤四营驻守应山，城北二营屯于三里城。沈镇共带四营扼于小林店，此皆守局，穆时轩马步八营、王副将桐柏四营会驻军于上巴河，乌桂二营总马队附宜昌镇，杨朝林六营营于黄孝，此皆雕剿之师。真个下游大股贼来，尚虞单弱耳。然穆之廉勤(无伪)(近日大和平矣)，王之沉毅(不欺)(终日读小学)，总算铁中铮铮，吴头楚尾间终当赖之矣。至于何绍彩之营已推送出门矣。吴太守廷华二营已扎皖南，此楚中兵事大概情形也。云卿之综理稭台，事事守明公矩矱尺寸不移，盖不可须臾离人也。明公清声大德遍满江汉，请此公为甘棠之余荫，想亦不忍为豪夺之行也。王子泉其父殁于王事，英魂毅魄尚徘徊于黄鹄山头，子泉盖亦不忍舍之他适，八口嗷嗷漂泊无依，抱一支秃笔与其昆季茕茕相依，望明公仍以此苦人属之于鳏生，必不负怜才好士一副热心肠也，以为何如？丁玉、黄贵两孩子甚好，即此小小事亦推鉴赏之真，因此二仆质朴勤苦，遂将树森左右之华伪者逐之，若遣之赴东，则敝署又少奔走之人，非无人也，无乔野质实如此二人者也，不如仍听其在鄂可耳。四川全省澄清矣，近日稍稍又有滇匪石党扰于叙郡属县，有吁帅之知人善任，霞翁至调度有方，雪叟之激浊扬清，终当了之。儿辈挈眷微服出青门，平安到鄂。明春遣其回川并携其孀嫂孤侄以往，分宅而居，藉可照料两家家务，盖胞侄一房在秦之房廊、衣物、器具荡然无存，约值六七万金。自明至今，世守之物都化烟云，而蜀中尚薄有菁华，衣食之外略有余饶，此不幸中之大幸，不能不自为经理耳。兄陕家屋舍亦付一炬，而四川尚有田可耕，安排此儿为田家老瓦盆，不干预外务也。并拟卜宅于万里桥西，一二年间倦飞思还，扶杖以观。老棣台经天纬地之业，此志不知何日偿也。旅寓固不易卜牛眠，然购一二弓干净土亦不难。西北之乱始兆其萌窀穸之谋，愈早愈好，不必过于拘牵也。高克小人恶贯满盈，一击而碎，天道不爽哉！八棣以静养为宜，并县之北，地极苦寒，此中或有安乐窝，聚眷属而早图之为是。河汾在望，企想为劳，拉杂乱涂，不尽百一，敬请孝安。八棣均吉，诸郎文爽。

愚兄严树森顿首

嘉平十三夜二鼓

儿孙侍叩

杨翰[1]致阎敬铭

(一)

同治元年正月十九日

丹初年大人执事：

去冬上书，熛忽之间已更新律，昔人谓煮羊胛未熟而光阴已过，况日在军书中，年年虚度，能无感慨？正思手简通诚，乃荷赐笺亲擘，数年结轖，为之一开。命弗以手版从事，敢不恪遵？惟九年日居层城赤日中，热毒发于右拇，今虽愈，乃以四指夹笔，作字不复成形，草率之状，非至交不敢唐突也。年大人自历行间，伟略卓著，帝心简在，不次之迁，自足卜苍生之福，不仅为同谱光也，乃谦抑之怀，若弗克胜，此真古学者之风、大臣之度，不能于今时观之，钦服愈甚。翰自到南省，累权边要，常德禽治巨猾，沅州济饷筹防。履永州任以来，即值粤西贺县失陷，派勇越境助剿，次年石逆大股至矣，自江入楚，旬日之间连陷十数县，风驰雨骤，遂围永州。其时无饷无兵，幸与阖郡绅民誓死固守六昼夜，预募乡兵缒城击贼三次获胜，待援师至，会合一战而捷，贼始遁往宝庆，其不能肆志于楚，皆永之战为之夺气也。自时厥后，来往奔窜，离城数十里、百余里，不敢复窥城垣，三年之内七次寇氛，心力实尽瘁于此矣。连年多病，勉力支撑，而宦况终无进境，军事迄无了期，决计今岁引疾乞退，拟觅一讲席养亲，良以抚此时艰，殊难措手，不如投闲置散之翕愈耳。闻节相留心人才，又有我年大人为之屏翰，北事自足砥柱中流。翰将作江汉之游，晋谒襜帷，面谈时事也。尚乞诣秀相时将永州防守情形述知，即为南服之幸耳。翰筹笔余闲难除结习，邓守翁在此曾刻其先德完白先生小篆数种，又重葺朝阳岩、澹岩、绿天盦、碧云庵、濂溪书院、浯溪诸胜迹，刻石崖上。人生倏

---

[1] 杨翰(1812—1879)，字伯飞，一字海琴，号樗盦，别号息柯居士，河北河间人。道光二十五年进士，授官湖南辰沅永靖道台，官至永州知府。

忽易过，况烽烟满目，一切皆如浮云，惟此深谷高岩，大书深刻，期与元、黄诸公同寿千古耳。见索墨拓，兹先寄呈《西铭》，知与年大人心源契合，又浯溪涪翁诗刻及可存各种，余候续便再寄。翰所刻古墨颇多，如不嫌竹头木屑，此后行李往来当为蟺蜡加重也。都门旧雨云散风流，回首昔游，多有山川如旧城郭已非，况人民乎。每念金阊、西泠，悲从中来，如何如何！时事日非，转旋无计，只有遁迹深山中，了此余生而已。我年大人仔肩渐重，自有戡定危乱之术，下风草木当翘首俟之也。楚北惟《怡亭铭》为李少温最佳之刻石，在汉阳奉乞精拓十余纸惠下，珍感之至，兹附周梧冈总戎（凤山）赴鄂之便，病手作书，尚乞鉴宥。草率，无任感幸，上颂台安，临颖依驰，不尽。

年小弟翰顿首

壬戌孟陬十九日

（二）

丹初年大人左右：

蒋叔起同年来永，得以承问政事起居，颂慰无似。前奉复书，备蒙存注，过辱优奖，感愧难言。翰数载驰驱戎马，七次望寇，劳积病深，右拇不能作字，四指夹笔，荒率可憎，非我年大人垂爱之深，不敢恶札唐突也。指示北省军事，足澂茕哀忧时，闻之同深慨喟，蜀中事已不佳，下游亦无捷信，闻捻乱已侵楚疆，各军接战情形如何，伏希确示种种。叔起到粤，月翁极为关拂，大约不到南郡。浔州一带尚未尽拔根株，此间边防仍无了日也。翰宦河退鹢，所以尚勾留者，培葺山水佳处名胜尚未蒇事，浯溪、柳侯祠、愚溪、绿天庵、碧云庵、朝阳岩、澹岩均已改观，山灵有知亦当有知己之感，一俟竣工，便当去郡，作打包行脚计也。梅煦庵道及久未通讯之意，因数年宦况不佳，有失期许，故尔阔疏，现已渐入蔗境，嗣当常寓书也。邓守翁久无消息，如晤，乞促之来永，此邦人士望赴讲席久已。李眉望是否在皖？皖事近又如何？江浙间想不堪问矣，为之奈何。北省有癸卯同年孙补堂明府福海，刻在何处？尚乞垂拂是感。《弟子职》全套拓上，桂未谷《汉镜铭》乃吉祥语，乞同鉴赏之。煦庵专使赴鄂，便肃，上颂大安，荷恕不庄。

年小弟杨翰顿首

（三）

丹初年大人左右：

肃上草缄，托周梧冈总戎寄鄂，敬颂勋业，计可以达荣览。前未得拓澹岩山谷诗，兹遣工往拓，并选其有意致各种及抄书墨本，因近患右大指已不能作字，故刻此以副人之请，自知不可存也。补元次山《朝阳岩铭》尚可作故实，楚中碑刻以耒阳《谷朗碑》为第一，真不可多得之物。外分寄一副与张仲远同年，匆匆不及作信，转致是幸。翰决计不在永州，引退后仿作两粤之游，即到武昌拓怡亭之铭，访黄楼之址，亦决无道取之意，将由三峡重作蜀游耳。兹有同乡周广文兆星在周梧冈幕府，渠向在翰处，笔墨尚可用，乞推情拂拭之，则感深矣。草草再上，乞恕病指。颂政履万福，不庄。

年小弟翰顿首

见仲远同年，乞道近状，《怡亭铭》乞先寄数本。

杨济致阎敬铭

(一)

同治二年癸亥夏

同治癸亥夏淄川军次

卑职杨济谨禀,为速攻淄川以免日久生变事,窃思淄川城日久不下,所以然者,石城坚固炮力难施,此不能攻者一也,贼粮甚足固结死党,此不能攻者二也,勾结南捻马队数千,彼众我寡难与之抗,此不能攻者三也,绕城无濠,我军孤弱不能合围,此不能攻者四也,而今之情形则异是矣。贼粮本足,日食日少,每获贼讯供均称贼粮已空,但余高粱豆子,则粮渐不足也。旬日以来,屡有逃出投诚之贼,则党渐不固也。捻匪前此窜出,我军追杀大半,则南捻久散也。濠已挖成,围濠札营十八座,大营复在其后,共计兵勇将及万人,则无所谓彼众我寡也,然则贼至今日所恃者,仅一坚固之石城耳。是贼众之势日蹙,我军之势日张,得奋勇之士,率敢死之军,一麾而登,坚城立破,此其时矣。然而攻城之道,非募死士不可,募死士非恳重赏不可,非立严罚不可,请军中下一令曰:有能奋勇爬城者,即报名登册。又下一令曰:有能首先奋勇爬城,城破之日赏银三千两,不论兵勇,得赏之后并保奏守备赏戴花翎,其随同爬城破贼者,各赏五百两,并保奏千总,如系武职赏照常人,官则越级超擢。当奋勇报名登册之后,即密定攻城之期,如有退缩不前及始勇终怯爬而后下者,立即军法从事,重赏严刑一并出示,再三申谕,咸使闻知,窃谓此万余兵勇之中,未必无数百奋勇敢死之士也。用兵之道一鼓作气,蝥弧先登,郑师毕登,此一定之理,安见坚固之城不可一朝破哉!说者谓城中形势究未深知,冒昧进攻,恐中贼计,伤我军士,自古及今,攻城攻寨无不互有杀伤,若谓破城灭贼不折一兵,此又必无之理耶!试思攻破坚城生擒首逆,即伤我兵勇多名,亦处不得不然之势,况乎合围之后,炸炮日夜不绝,破淄之日,聚而歼旃,淄城之内即有良民亦孰得而救之,火炎昆冈玉石俱焚，良民且因破贼而冤死，兵勇忍思不攻城而偷生乎？若谓大兵云集，环濠札营，蕞尔孤城粮尽援绝，待其自毙，试思既以全力围淄川，即不能统大军剿教匪，顾此失彼非良策也，况乎老帅糜饷收效无期，久不休兵，居民迁避，其弊有不可胜言者，甚至困兽犹斗，穷寇莫追，贼至穷极之时，定必扑营而窜，我军即奋力截剿亦必有杀伤，与其杀伤于贼窜之日，何如杀伤于攻城之时，不待智者而后决也。且贼既纷纷逃窜，安知渠魁不趁此远飏，必待贼去城空而始悔攻之不早，亦何及矣。更有可深虑者，日久变生，复行勾结，山东之匪各有老巢，不必专恃南捻以为外援。降众各团均各包藏祸心，相时而动，设一旦纠合，各匪乘机而起，自外而入，联为一气，彼以猛鸷之众当我疲乏之兵，守且难，言攻无论矣。惟今之计莫如神速用兵，志在必捷，总之赏格既重，勇士无不奋身，军令更严，败军不能偷活，则贼自平城自克矣。至于若何运筹，若何决胜，大人自有神机，亦无俟卑职之轻尘足岳坠露添流也。窃见大人封疆重寄军国忧劳，承办事认真之褒，奉责无旁贷之谕，犹复旁搜博采，下逮刍荛，管见直陈，不揣冒昧，伏求大人训诲而指示之。目昏手弱不能庄书，尚求鉴宥。

卑职杨济谨禀

（二）

同治二年甲子春

大人钧座：

肃禀者，卑职于冬月廿五日到黄县任，地方一切详细情形尚未能周知，数日以来留心访查，大抵民风安静士气朴诚，团局已散而不聚，乡绅不乐与见官，闾阎富庶，城内关外悉是瓦房，无一茅茨土屋，气象大佳。书院条规甚好，山长系由乡绅自请，其修脯膏火另有书院地租一项筹备，每月两课官师分之，闻今年县考有八百余人，足见斯邑读书人多，士风之亟宜培植也。卑职每接见同城文武及诸绅士，必反复指陈殷殷劝勉，力挽斯邑向来苞苴恶习，并云："大吏因吾素守堪信，特委来此署任，亟当整顿地方革除积弊，托情行贿，倘有巧为尝试者，必当根究讯办，尤望诸公相助为理，代为严密访查，如有本署人役在外撞骗生事者，立即告知，定当从严审办。”卑职窃闻此地佐贰杂职多狃于积习，每有包揽之风，故为是言以绝七妄想，非独表明心迹也。署中止请刑名、钱谷、账房三友，征比、书启皆不延请，征比本无须，书启则自办也。家丁共用九人，不拘何处所荐，一概不收，卑职亦不顾人之见怪，此辈少则养活稽查均尚易耳，减之无可减。署中食指尚有四十之多，此缺自然应得之项，平余当规及一切杂项零星规费共有四千数百金，不足五千之数，每岁除摊捐酌提共四千数百金不计外，必须用之项约计总在六千金外，而西至莱州东至登州，往来接应无定之费尚不计及，此署内入不敷出之实在情形也。卑职半年随侍大人行营以来，仰蒙大人格外优容，格外体恤，又素悉曲察下情，无微不达，用敢不揣冒昧不顾琐屑，缕陈大人之前，卑职固不敢论缺之盈绌，亦并不敢摊捐各项之为他日之累，但求目前能敷衍办公便是大幸。卑职惟有再加刻苦、再为裁减，极力支撑，绝不敢有误公事，倘有至万难撑拄之时，则惟有叩乞恩施栽培嘘植，始终成全而已。附禀缕陈，伏求垂鉴。

卑职杨济谨禀

（三）

同治三年甲子冬杪

再，卑缺支绌情形，前已禀陈大概，今经半载通盘筹画更悉纤微，总之无论如何节省，万无支持之法，处此境地，稍不坚定便已随波逐流，譬如乱世之民，因饥寒而起盗心耳。既有不取诸民者，亦不能不挪移杂款以为目前救急之计。然则此缺实迫人不得已而为刻薄攘夺之吏也。今将二弊断绝，合计一年自然进项实在不敷所出，卑职极力裁减亦只裁去道府节寿一项，余项无可再裁，提摊各款无从设措，只可缓图，然摊款中如科场经费及牛筋黄蜡等项又系必应垫解之款，亦不能任令久欠，则真一筹莫展也。卑职仰荷大人栽培，不以卑职为甚不肖，使之来此整顿地方，何敢以畏累趋避，特恐日久日累公事办不下去，不得不据实禀明，仰求大人格外施恩，量移他处，或幸而卑职于此数月内得以照例补缺，亦求不待部覆，先令往署。卑职才虽驽下，然自问尚是有心想做好官者，亦尚非与地方百姓毫不裨益者，如荷裁成，并求使卑职不必卸事就此之官，若待卸事到省，则交代不清便无到任之日，如果大人以卑职治黄半载尚未误公，且一时更换无人，仍令暂权数月，卑职此时亦不敢遽然求去，俟之半载再乞宪恩，总求大人预先留意，勿待临时，但使卑职早离一日免受一日之累，则感激鸿慈，实无既极。素蒙大人曲体下情，用敢不揣冒昧缕晰密陈，伏求恩准，是所切祷。外黄县每年出入各款清帐录呈钧览。

卑职济谨又禀

（四）

同治四年乙丑四月十八日

大人座前：

肃禀者，三月初间接奉钧谕，荷蒙赏给《胡文忠集》一部，谨领之余，下怀欣慰。正欲禀复叩谢，适闻逆捻扰东，恭悉大人力疾销假督军东平，嗣后警信频来，居民疑惧，遂日与绅士熟筹防守，昕夕不遑，正值上忙开征吃紧之际，又不能不故示镇静以防其变，更值学院催考极为严切，未敢抗违，复于百忙中扃门考试，一月中忧劳冗迫不可言喻，幸至三月底试事已毕，钱粮已完，而贼氛已渐远矣。一切仰托大人福芘，均无贻误，尤可喜者，此间三月廿五、四月十二等日两次透雨，大田沾足，定卜丰收。地方极为安静，更堪上慰慈怀。本年钱粮仍征八分以上，除解司外，德麦业已批解道库，上忙已毕，已由公牍申报，今岁报解杂款之禀又蒙宪批嘉奖，感愧交深，然侧闻外间议论多不谓然，甚有以为迎合见好者，悠谬之谈何足深论，然可见一事稍异庸众而谤者交乘，况卑职叠蒙大人厚恩，本易招忌，而形人之短，招忌尤深。惟有恪遵训诲，事事认真，以求自信。然在己之愆尤可省，在人之排挤难防，诚可畏也。读大人众口烁金之谕，真慨乎其言之矣。专此恭请勋安，伏祈垂鉴，并叩节禧。

卑职杨济谨禀

四月十八日

(五)

同治五年丙寅七月二十二日

卑职杨济谨禀大人座前：

叩禀者，七月初九日幕友朱君至胶，奉到钧谕并手卷一件，荷蒙训诲殷肫，命济作书卷尾，且蒙奖饰过隆，又许宽以时日，接阅之下，愧悚难名，一俟公暇心闲即当书呈报命，惟胸次太俗，学殖荒落，自觉惴惴耳。恭维大人鼎祉秋清，履祺日懋，临风驰仰，深慰下怀。谕及腿力稍弱，不便登涉，此由感受风湿之气，亦由军书旁午伏案时多，血脉不甚流通之故，切勿误为虚损重用补药，似以渗湿去风之剂治之，或再行饭后百步之法，当必有效也。济到任方十日，一切事宜尚未理出头绪，必得悉心静气扼要以图，一俟地方利弊得有端倪，再行详禀，此间同城文武众多，访闻向来尚不甚干预公事，济则防微杜渐约束尤严，佐贰杂职皆有自然之利，足以自养，或不致又别生事端，惟确查海口积弊，则有灵山卫大港口、红石崖三私口尽饱州牧贪囊，实害大口正税，有非急加整顿不可者，大略情形已具通禀，而措语极有斟酌，不至一发难收，追究既往，其细微曲折种种弊端不能形诸公牍者，则详于本道夹单禀中，录稿呈阅便了如指掌，一切洞悉矣。济之禀报归公并非沽名见好，实因稍知廉耻，不忍侵吞。济所到之处不裁陋规何也？州县廉俸外皆陋规也，万无裁理，譬如此三口收税抽厘之外，尚有船规等项归之州署作为津贴，则仍是陋规，何不可取之？无如今所收者非海口之陋规，乃海口之正税也。公家之利，私口收之，相习成风，恬不为怪，吏道之坏尚可问乎？济在黄县严断小税之弊（小税之弊为川陕州县利薮，黄县亦大有此风），而税契始有起色，两年以来解司库者七千金，试思不断小税而税契何由整顿，犹之不杜私口而海税终归偷漏也。济荷蒙大人殊恩，特保操守，济因此倍加儆惧，夙夜扪心，时恐防检偶疏，以致上负知遇，设使义利取舍之间稍无定见，亦每年诞此千数百金之利，谓私口相沿已久无事更张，则姑与安之。孰知济待罪牧令，年来累蒙破格栽培，久为同僚猜忌，伺隙者或嗾商民控告，或讽台谏纠弹，谓济自立私口擅收税银，事确情真，本无以解，则不独身败名裂为东吏羞，而且初终异辙，为大人辱。此在稍知利害者亦不忍，而况顾惜声名，素昔不肯妄自菲薄者乎！因论海口情形，遂至语多愤激，未免伤时，然于大人之前又不敢效嗫嚅者流，作欲言不言状。昌黎云微知己无以发吾之狂言，其是之谓欤！署黄县王令朴实节俭操守可信，地方利弊尽与言之，而尤有要言不烦者，黄邑为腥膻之地，积习已深，仅言洁己尚不足以尽其变，而无明察以济之，则两袖清风终不免为人所卖，此等情形，朴实人胸无城府，每多偏听轻信，最易受欺。济故剀切为王令言之，王令深以济言为洞中窾要，当必知思患豫防也。六月间交卸黄篆后，偶得数日闲适，案头有《杜诗》，因集联遣兴，录呈教诲，未知其中尚有可采用者否。专此禀复，恭请勋安，伏乞慈鉴。

卑职杨济谨禀

七月廿二日

（六）

八月二十八日

再，卑前任陈署牧交卸数日即移交千余金，卑职以为如此交代必能速了，当与核算各款均无异词，惟始终争执者，则去年垫修监狱银九百两，分年流摊之一款也。其略已由公牍禀请院司批示，其中委曲有不可形诸公牍者，请为大人密陈之。陈署牧此举本是东吏惯技，然当新奉通饬之后，似稍知顾忌者亦不敢为，乃争执不已。始以奉府批准为辞，遂禀请本府批示，府批云“既奉通饬不准流摊，本府前批应毋庸议，陈署牧则又坚称渠修监狱先将人犯寄监，禀明臬司有案，且是一律大修，与他处仅止粘补者不同，仍须自行请示，必得流摊”等语。伏查大修粘补凭何查考？大修必准流摊亦未奉有明文，且九百之数，孰定之而孰见之？不待智者而知其必不能邀批准也。而该署牧敢于毅然请示，自必另有主见，难保不改易字样，避流摊名目作按年分认等语，希图蒙准，且滑吏伎俩层出不穷，劣幕用心更同鬼蜮，或别有挪移牵混之法，以欺上司，以卖僚友，则非思虑之所及矣。卑职非敢较量锱铢有心挑剔，然巧者侵入私囊，拙者代还假账，天下亦无此情理，况乎此风一开，相率效尤，人人得计，东省交代更不可闻，即如去秋登州十属大雨，衙署监狱无不坍塌败漏，轻重不等，后查府案不禀办流摊者，只有黄县一处，迨今春蓬莱李令禀出冯前令监狱流摊之案，即萌宪批严饬通行，而众论哗然，痛诋李令之谬，谓其不顾通省大局，不留本府地步，而李令几成州县罪人，并闻有以不办为矫情立异者，尤为奇辟。诚如钧谕所谓吾辈以此持身应务，而人不以为刻，即以为异，不知若何方当今人之意也。卑职此禀又为李令之续，其得罪同官较之更甚，虽因公招忌无愧于心，而众谤群疑亦殊可畏。仰求大人接阅此禀，但请照例批驳数语，便于公事有益，万勿盛怒严饬，尤望勿饬通行，则更感大人始终保全卑职之恩，实无既极矣。海口委员吉令于八月廿三日到州，茅县丞系由利津动身，刻尚未到，其灵山等小口原有历前任幕友家丁住屋，卑职到任，此屋遂皆闲空，今与吉令商酌，即仍此屋安设税局，甚为便宜，无庸更觅他处。其一切章程事宜已禀请道示遵办。吉令年少而事理明晰，可望有为。卑职遇事自当与之随时商酌，无不尽心相告也。此间书院经费全出于发商生息，今本少利微，每年共收息钱六百余千，合银二百余两之数，必俟再有发商之款生息日充，再议延师，课士则不知俟之何年月日。卑职愚见莫若先尽此数商议明岁举行，束修膏火均出其中，此间旧章本非长年，月课经费更可节省，卑职先有此意，当未奉钧谕之先，已致书贾敬之，与商明岁之局，并告以束修约在百四十金上下，如不嫌菲，即可代谋，已得其复书愿就，已算定局，不日寄信自当将钧谕殷肫之意先行告知，即请大人据卑职之禀复之可也。刻下地方安静，公事顺平，下忙本月初三日开征，刻止有千金之数，闻向来总在九月半后方能踊跃，大约月初可报头批也。知关垂念，合并陈明，专此，再叩勋安，伏乞慈鉴。

卑职杨济谨禀

八月廿八日

(七)

二月初八日

大人座前：

遥禀者，济于上月廿八日就道，月之初五日抵黄，而自叩别后，依恋慈颜，五中怅结，至今无一刻稍释，所以然者，睽节钺逾三年，亲训迪只数日，虽连次晋谒，荷蒙饮食教诲侍坐终朝，而自私心计之，尚觉惟日不足也。此间地僻未见邸抄，尤为念切。总之大人一身之去就系乎一省之安危，朝野共知，绝非私语。窃以为此番若奉挽留之旨，似不宜再行陈请，虽乞假之疏在前，不至迹涉幸幸，然以大义论之，当代疆臣中，大人品望最高，受恩尤重，况际时艰，正当致身图报，若以谣诼之兴遽思引退，亦殊非大人救时之本怀。彼蚍蜉之撼大树，虽谤书一箧，庸何伤哉！近日吏事清闲，禔躬静摄，自必愈健，然尚望随时啬神养福，是为至祷。旧藏退谷手札虽非平日精能之作，而随意挥洒较有天趣，且简澹数语亦可追想前辈风韵。大人深嗜其书，而近日所作又复酷似，用特寄呈赏收，残编剩字得遇赏音，此册可谓得所归矣。济粗官，心境非但无暇及此，而且无意及此，是以前此陈明，不敢拜大人书画之赐也。黄邑地方安静，公私顺平，可抒慈念。周静涵偕行至此小住两日，已为雇觅山轿，今日已赴烟台矣。并以禀闻，专此恭请勋安，伏祈垂鉴。

卑职杨济谨禀

二月初八日

再，退谷字册一本，求检收后谕示数字，缘恐去人或有错误也。又禀。

叶兆兰[1]致阎敬铭

同治元年

丹公廉访仁兄大人阁下：

木工归鄂，携缄赍呈，想邀清鉴。辰惟荩躬迪吉，餐卫百适如颂。弟材轻任重，去冬入皖，庸碌自惭，过蒙阁下体恤，取求不少。瑕疵数月以来，军饷倍足士饱马腾，俾鄙人得以藏拙，幸告无罪，私心感激，莫可言宣。顷承手示，犹以饷乏不给，猥自㧑谦，读之令人惭悚，抑亦可愧天下之骄矜自肆者。贼窜陕中，珂乡之感难免愁结，惟多军以得胜之师，谅无不可殄灭者。昨闻一股回窜鄂郧，不审确否肃清。无几时而边防历常告警，我公与同事诸君靡有宁日矣。惊闻午公丁忧道远徒深怀想，且念我公又去一密友矣。桐云来亦少住，飘然竟去。弟自惭名教罪人，当此军政稍松，拟报销毕，即乞假还，补行终制，兼小儿来，言堪舆家谓先慈坟墓前年草次从事，今棺已浸水，急宜改迁，以此归思益疾，计交秋时，可返棹湘南矣。去秋交阁下数纸实收，请饬填换部照，以便还鄂走领也。此复敬请勋安，惟照不具。

教弟叶兆兰顿首

午公处乞道意。

---

① 叶兆兰(1813—1876)，原名元桐，字介塘，湖南东安人。道光二十三年(1843)举人。

荫昌[①]致阎敬铭

光绪三年丁丑三月

岁龠更壬戌，戎旃昔侍公。窗分绿槐雨，阁引碧梧风（历下珍珠泉在节署中，为七十二泉之最）。楮素承先泽（公藏名迹甚多，往往使寓目），旌麾著武功（公抚东日捻氛犹炽，洎扑之渐熄，始请告归）。至今传海岱，万口颂司空（公归田后朝命再以工部侍郎驰召，坚辞不出）。

光绪丁丑三月

荫昌补题

---

① 荫昌（1859—1928），字五楼，后改字午楼，满洲正白旗人。早年毕业于同文馆，后留学德国，习陆军。历任洋武备堂总办、出使德国大臣、江北提督、陆军部侍郎、尚书等职。民国后，曾被袁世凯任为总统府高等顾问、侍从武官长、参政院参政和参谋总长等职。

佑宸[1]致阎敬铭

同治乙丑秋日

再启者，沂州科试渐将蒇事，以衮、曹等处未能顺道按临，已檄饬登属调齐，即当移按该处，约俟莱、青试毕，暂行回省。文风士习整顿綦难，伏乞教之。郯境河防闻尚周密，足纾荩廑。竹邑侯碑武城令曾否拓就寄呈？侍按试临清时，面嘱张牧当将原条转交矣，并嘱其多拓数纸，如已寄至，尚乞分惠一二是幸。肃泐，再请勋安，统惟钧鉴。

侍佑宸谨又启

① 佑宸，原名赵有淳(1827—?)，字粹甫，浙江宁波人。咸丰六年(1856)年丙辰科进士，官至大理寺卿。著有《平安如意室诗钞》。

余自兴致阎敬铭

病卧掩关久，闻君出武昌。一官唐幕府，十载谨廷郎。此地几沉陆，中原百战场。脂膏须护惜，不徒重戎防。只我何堪别，天涯得友难。靡朝还靡夕，相见即相叹。肝胆向谁诉，图书只自看。到时应忆我，明月满长安。

余自兴

袁芳瑛[1]致阎敬铭

咸丰八年

丹翁仁兄同年大人阁下：

昨展手书，种承爱拂，感佩曷胜。辰维履祉吉羊，宜官宜人为颂。捐封一事应照实缺知府加级请封例，核算银数有盈无绌。弟已遵兄示申详藩，悉由本省更正进去，本月当可出咨，今将详稿录呈，俟文到时，尚祈垂照为祷。弟滥厕云间，瞬经两载，薄书钱谷历碌终朝，尘秽徒增，冰兢时切。视诸君子翱翔日下者，判若云泥。回首春明辄为怅怅。松江董书石刻甚少，惟大字兰亭尚完好无缺。当命工精拓数本，觅便寄上。弟自到江南笔研日就荒落，虽征文索墨时复即之，不能不勉强从事。惟俗器渐染，又值时事孔艰，在在俱无适趣，况敢雷门布鼓？真属胡颜，辱荷嗜痂，容俟不计羞丑涂写数纸，寄请指示。浙省既就肃清，旋又玉常告警，闻现已解围，尚属幸事，夷务如此，能勿杞忧！上海税则之议，似不难于措定，但未卜此外局面将来究竟若何耳。晤及诸同年，统希代为致候为幸。专肃泐复，恭请著安，诸惟崇察，不具。

年如弟袁芳瑛顿首

详稿一纸附上。

---

① 袁芳瑛(1814—1859)，谱名袁世矿，字挹群，号伯刍，一号漱六，湖南长沙人。道光二十五年(1845)进士，授翰林院编修，后擢陕西道监察御史，咸丰九年卒于任上，赠正二品资政大夫。

袁泳锡[①]致阎敬铭

八月二十四日

同治二年八月

谨再渎者，自宪台得简抚东，正值泳锡小住都门，稔闻士论翕然，我东人之翘盼惠临，望泽亟切。泳锡以曾叨同谱私心，尤为欢欣。旋里之余，躬逢大人下车伊始，故亟思勉敦一得之愚上尘钧听，而旌旗初莅即赴淄川，旋往东郡，倥偬戎马，竟无暇晷，终不得畅罄所言，深为怅结。然泳锡仰荷谦垂，又以桑梓情切，兹复东粤远行，实有不敢终于缄默者，刍荛之献，所冀俯纳一二焉。前月起节之日，忽而喧传已有弹章入告，一时街谈巷议欣然快之，惟传写名单人数较多，中又有无咎无誉之员，识者疑为不确，迨日久无耗，乃知果系讹言，是必怨者忿无所泄，乃因心造境而故为此空中楼阁以自快耳。此情诚属可恶，故历城大令严谕示禁，于是讹言又谓执事本欲严惩，特为他人乞罢，至有疑过于宽厚者，而不知大君子自有权衡。到东不过三四月，精神全注于筹兵筹饷，焉能遽然兼顾吏治哉！所望凯撤后加以密访，或者不无可劾之人，察吏即以安民，此不能不望之大人者也。又闻谆谕首府以下各官留心词讼，并选派县署谳局问案之员，可见仁人用心，固无时而不关乎民瘼也，感佩之至。泳锡窃闻从前府县两谳局中委员皆不过三四人，纵然偶受请托，亦决不至颠倒黑白，近则流品太杂，其甚者，本省官幕之子弟皆大半生长于斯，人情极熟，一旦捐官指省，此间即无异土著而作本地官长，一经到省，先谋一谳局差使，以示威福于平素恩恳之人，而此等差使又不须上宪札文，不过转致首府县遣人持帖赴伊寓所，请到谳局帮同问案，该员即凭此一请，便向人诩为谳局问官矣。昔年不过三四员，近年渐积至县局由二三十员之多，

---

① 袁泳锡，字祉轩，号次山，山东历城人。道光二十四(1844)年甲辰科进士，散馆授检讨，历任广西学政、江西广信府知府。

虽不必人人常川入局，而喜事者却亦不肯旷日，纨绔成习，不知民生为何物，声名为何事，其弊可胜道哉？今如遵谕选择廉明科甲，州县补给印札，其向来流寓在此及毫无检束之辈概予裁汰，此即造福之一大端也。或者曰新班州县到省，原藉谳局以资学习，若止选择数人，则其余多员何由而学，不知真愿学习者十之一二，果有愿学不妨进局观望，特不准无札之员擅自判断耳。又闻县局章程须凭总理幕友将案签分问官，如一案传到，始而分与张官堂讯，曲或在原，继而分与李官，曲又在被。虽问官极称廉平，而不能于承审之际自操必可结案之权，是宜撤去分案幕友，仿照乡会闱房考分卷之例，公同掣签，如有十案八案约问官，有印札者几员，即搭配几分，责成局中名次居先之员监视掣签，谁承之案即归谁一手了结，如实在不了，情愿改派他人，再另掣签亦可，然亦不能常有如此。则廉正之员承问一案可以始终由己，而分案趋避之弊悉除矣。此节望于暇时接见局员密询一二老成者，看其如何回复，再为酌改章程，似即整理谳局之一法也。再，山东贼焰之盛，起于盐枭者十之七八。盐枭之敢于恣肆，实由于地方官将盐务与地方歧而视之，以为盐枭抢掠只害商耳，与地方无涉，何必多事，往往盐店被劫后报知县官，不惟不设法缉捕，亦直不禀报列宪，且并不肯前赴被劫之店一验情形，枭则以为官惧我也，遂愈聚愈多猖獗难治，宋景诗固纯乎枭徒，淄川刘逆则召呼青、武所属枭匪助虐白莲池，则曹、衮、沂、济之枭匪多在其中，以致大费兵力不能猝灭，而其根株实先起于武定。前抚军文星翁知武郡必不可不示以兵威，檄调登莱兵千名专剿盐匪，惜兵尚未集而文星翁以迁任直督而去，后任以为议不由己，因做罢论。谭竹翁莅任后亦极思惩办，无如所派兵数既单，委员亦多畏事，只好议抚而已。其匪徒之胆小者多有就抚充巡，其狡黠者则以为充巡所得之薄不如为匪所获之厚，或直不应募，或名为应募，而仍充匪首，纠邦伙抢，依然如故。自前岁以来，伊等勾结关东匪徒，将彼处私盐航海运至海丰埕子地方，复由剥船运至内河发贩，并明目张胆在海口开行包揽代销，名曰白粮行，嗣则不止关东私盐，即我本省各场之盐皆从海边潜运彼处。刻下直、东两省被该匪侵灌私盐者约有六十余州县，而我东商尚可支撑之处亦不过十之二三，悉被其害，不能畅销。地方官图其厚规，畏其强横，力为包庇，所以夏间海阳沾之商人会同武汛前赴埕子缉拿私船，烧毁囤私之家房屋数处。该匪等竟敢啸聚袭杀商巡，却先具呈控告，而海丰县江令则挟同其说，以商领土寇抢劫良民为辞通禀各宪，虽委员查办，亦不得不迴护该县原禀，婉为调停，却毅然置阵亡巡役三人于不论，使该匪等得意扬扬，是巡不如贼，向之由枭充巡者尚肯安于为巡乎？所以此案不得其平，该商万难接办，哀词禀退，然则海阳沾经谭竹翁同运司几费筹画，始得复设此商，以为东纲杜私之门户，今若因此废弃，则我东盐务更不堪问，诚可惜也。且此案之后不及一月，而沾化围城，将城内大街房屋烧毁一空，并将县官之子枪伤几亡。不数日又有纠抢利津县永阜场盐一案，新近武定营武弁张守备等带兵往利津查办盐匪，驻于该处二十余日，未曾获犯一人，路过滨州孙家集遇有私贩，正在查拿，却被该匪撞钟聚众掠去官马，并缚官兵，逼立并无私盐字据，然后放归。其详细情节另有该商伙寄信抄呈钧览。况埕子匪徒原具有永不贩私甘结，乃案尚未了，委员尚在，刻下又探有海船百余只装载私盐到口，是皆以前案不得其平，以致日形狂悖，此而不示以兵威，不予以痛惩，恐为害不止于盐务已也。前月谒蒙面谕，拟拨劲旅二千，具见果有定见，感佩之至。惟带兵之员须烦精选，非真有胆识认真剿办，终非一劳永逸之道。谅该匪等决然不敢对敌，却不可以其已散遽行撤回堕其术中，是惟购线密擒巨魁数人，并将该匪等房屋焚烧田产籍没，亦是稍示惩儆。大兵撤后仍须防守埕子，拟请会同直隶奏派大员各一，分驻内河东西两岸，缘河东为我东所属，河西为直隶所属，东省查办则移于西岸，直省查办则移于东岸，故非两省会防不足济事，两省各驻兵百名，其口粮即可饬商公摊，不致为累，亦商所情愿。如此办法，似不但山东、直隶盐务大望起色，即地方亦必安堵矣。以上所陈近于狂瞽，决不敢述之于人，所望秘而不宣，行否悉听钧裁。但勿使进言者空召怨尤，则感荷大德非浅鲜耳。眼昏手混，红纸楷书万万不能如少年矣，又不便请人代缮，勿将此信付之典签，尤为祷切。

八月廿四日

谨又禀

（其言未尽当，进只言一隅也。袁雪舟殷殷盐务，固有以也。此同治而二年八月来书，东昌宋景诗事未完，姑置盐枭。九月即为办枭，并办盐法，至三年运库入项四十七万余，四年则五十万矣。）

恽世临[①]致阎敬铭

(一)

八月初四日

丹初仁兄同年大人阁下:

五月初奉手书,祗悉一切,其时有远行,未及作复,辰维升祺集吉,凡百咸宜为颂。今年所入能稍旺,旧欠纵不能还,新债不至再积否。珂乡突被发捻蹂躏,复遭回匪劫杀,舍侄信内所云,则是精华已尽,尚不知伊于胡底。荔园奉年伯大人徙居何处?抑已绕道来鄂,良深敬系,便中祈示悉。弟五月出差,六月中旬方旋省,患病数日,清厘案牍,日不暇给,边防虽不吃重,而二万勇丁不能裁减,月费白金十数万,加以调浙兵勇纷至沓来,又如张石翁、杨厚翁、曾沅翁等种种索饷,计用去五十万金,区区瘠壤何堪如此搜括,库空如洗,债集如猬,无日不在饥荒。阵中又有格外支节,一波未平一波又起,虽事不干己,而调停摆布亦煞费经营,尚须放开度量,饱受闲气,塞着耳朵不闻蜚语,阁下思之,此是何况味耶!幸闻文式翁孟秋入都,计重阳时可以抵省,从此匿迹销声,不复兴闻,世事又当侥阁下矣。董太守精敏练达宽厚和平,色色都到可称,发来办二事,悉臻妥协。惟陈事如此了结,原为本人实有委屈,是以怜其孝而且贫,众人皆愿如是,而细人妄生觊觎,谓可从而效之,则是不揣其本而齐其末矣。已革江蓝同知椿君在制军辕前程控一案,想阁下已闻之,敬为陈其颠末。其人十一年正月撤任,弟履任时旅见一次,面恳给咨当为核办,于今正上详,奉批已劾,毋庸出考,初未知其详也。嗣知在江蓝时勒索团总汪际会等未遂,乘骆中丞查问,即捏禀私设卡局抽厘肥己,抢掠人财,奸占人

---

① 恽世临(1817—1871),字季咸,号次山,一号听云,江苏常州人。道光二十五年(1845)进士,历任山西道监察御史、山西布政使等,后被劾罢官。著有《恽中丞官书摘抄》《鼎州治迹纪略》《常德防务盐厘档》《栎存草堂文集》等。

妇，禀请就地惩除，经骆公批提，葆、李二守讯供十余次，毫无确据，后委杨丞鼎勋往查，亦无实在劣迹。汪氏弟兄在押已久，群知其冤，毛中丞到任十日之内李守逢春禀称汪姓并无不法，惟抽厘不候批准即设局，究属不合，请纳赎而开复功名，中丞莅任之初务崇宽大，批准照办。后知其详，遂欲提省另办，适石逆窜南，江蓝吃紧，汪氏弟兄承办团总未便调省，中丞嫉恶严，此事耿耿于中，遂于年终密考参劾，而不知该员已具禀请咨，此实在根由也。据理而论，汪姓弟兄无丝毫之罪，则前之禀请就地惩除者，其罪当居何等！中丞办此事失之疏非失之严，彼椿龄者可谓不知便宜矣。呈内牵控各情已禀覆，呈尾有南省保举或更动抚藩无不彼此私情通融之语，中堂札内未提，而仍委弟会同查覆，知己之深，曷胜铭感。惟忝权藩篆，而今属官作此语，侥幸上司不追究，自己即隐忍不言，其自视将居何等！故禀请中堂严究惩办质之，阁下谅以为然。心地朴诚意思肫挚，自莅任以来分外不取一钱，众所共信，地方公事凡有益国计民生者，见请即行，绅民僚属悉皆爱戴，其所欲者兼听而不能独断，假有偏听之时而又素性过急，不免徇人以纤，及至事后徒留后悔，心慈手软做事，深恐人搁不住，不知去恶不尽又是祸根，阁下明眼人，此数语可得其大概否？总而言之，如此封疆已是上乘文字，缘好人好官实不易得也。天柱已收复，赵镇福元之功，特欲代为踞守，良不易之。阳朔之贼归入老巢，暂时梧、浔至省可以不梗，然闻自蒋芗泉行后伏莽尽起，荫翁主抚益长戎心，南路之防日紧一日，明年恐有事也。草此布意，即请勋安。风便祈惠数行为盼。

弟临顿首

八月初四日

南北一家，若被劾之员可以肆口诋诽捏控上司，既洩其愤又遂其私，则攻讦诬控之风恐将自南而北，人心、风俗、吏治大有关系，惟赖最高峰作中流之砥柱，临纸不胜企祷，载颂升祺。

(二)

八月初三日

鹤龄族侄孙书来极称推爱,铭感无似,其人性情尚属聪明,然虑其浮滑。故乡失守,亲友无一逃出,此同姓子亦属难得而可贵矣。在帡幪之中尚乞饮食而教诲之,俾不至入于下乘,则感同身受矣。段春湖倏然事外,李子和入于幕中,愿为春湖而不愿为子和也。五月至六月日行山中,往返三千余里,几忘世事,南岳登其巅观日出,九疑则探斜岩、玉琯岩之胜,永州之浯溪、澹岩亦走马看花聊存鸿迹,似以九疑为最。石刻澹岩最多,宋以下题壁已请海琴揀拓十种,寄到即奉送,兹先寄《中兴颂》四本(故交董太守带上),祈查收。湘妃竹九疑并无佳者,且不可得。有虚堂,王姓为使臣进香,憩息之所主人赠数枝即以转赠,确是山中所产,并非赝作,然不及市肆所购多矣(顷又细看,实不佳,故未寄)。天下事大抵皆名不称实者耶!在云南司三年方准补缺,意思淡如也。载请大安。

弟临顿首

八月初三日

(三)

同治四年端午节

丹初仁兄同年大人阁下:

年来病不去身,日理公事之后,即偃卧呻吟,不能握管,去秋闱事毕,十月杪武闱亦竣,正在乞假而查办之使至,耐心忍气,四阅月方得交卸,离任本可即归,无如故乡兵燹后旧屋无存,疮痍满目,势难骤返,又因气痛日甚,调治数月,尚未见痊,其病起于九年春间,水寒土湿中气日衰,遂成胸痞,饮固不能,食亦减少,去春复失血,益觉支离日甚,年将五十,衰已甚矣,如何如何。阁下亮节清风,夐乎莫当,真能不负所学。前读奏结荆山一疏,防微杜渐力挽颓风,山左吏治隆隆日上,民生之豫可旦夕俟之矣。弟拟秋间回南,如常州万不能居,则在白下小住,囊中本无所蓄,交卸后此邦绅士知其无以为家,敛赠赆仪,居然有四五竿之数,以素性而论本当力却,惟卓锥无地妙手空空,朋友之馈不同官场之货,故不为矫假之纠,得之以买山十余口,可以食哺鼓腹,以养余年。惟大兵之后亲族皆冻馁流离,仍不能一人温饱耳。大儿赴直候补,昨解协饷一万两起程矣。肃此布请勋安,并颂谭福,不尽。

弟世临顿首

五月天中节

午峰、稚璜、筠轩皆春明旧雨也,阁下办工之暇有朋友之乐,羡煞羡煞。

(四)

敬再启者,弟自官湘省以来,念国步之艰民生之蹙,一意孤行极力整顿,谬得遭际,承乏抚藩,凡所设施动多尤悔,而私心自信惟此区区操守,似同侪即相怨怒,不至屈廉为贪。不意御史风闻,谓外示正直阴受苞苴,构一无名氏之卖花婆以为出入通信,又云有戚党张昆祁招权纳贿,皆其一手经理,夫既知听信妇言收受脏私,则是房闱之事无不尽悉,而独于出入之卖花婆不能举其姓氏,其为凭空结撰任意诬蔑已无疑义。张昆祁在湘十余年,咸丰十年分府常德始识其人,元年昆祁卸署黔阳巡检回省,因在常共事,知其操守干净,极知要好。派司火药局三年以来共得三百万,较从前节省一万四千余串,解金陵前敌及东征药局皆其制造,不下百余万,未闻火药不堪应用。其人耑办此事,从未另派一差,亦非火药局事不来晋见,乃以张昆祁为通贿之证,夫通贿有人受贿有人,何独于行贿之人不能确举一二,其为罗织诬陷又无可疑。星使严讯密访四十余日,知其冤枉,然以为事必有因,谕令细思有无仇人,答云平素谨饬实无他仇隙。又云曾奉差使否?答云曾派随护香差。则云既随同出差,可有所参撤?答云回省后参撤二员，则云汝即写入亲供，不料竟以委查州县劣迹致招物议，不知检束，降调改省。其实弟并未委他密查，新田令梅霈瑄因被控诈赃，奏参严讯，众证确凿，该员逃匿，奏请通缉有案。高振瑀任安仁令，被民控告浮收钱漕，渠又率具通禀，奉院严饬，因而详奏撤任另补，如果委张昆祁密查，则皆得实例无处分，若云同乡不应任用，则例无回避同乡明文。加添火耗事因各营领银多费火耗唇舌，局中赔垫不少，四月会详请由各营公费内扣出倾镕费，寄帅批驳复令妥议，六月上详请由厘局补解火耗每百二分，寄帅于六月十五日批准。星使覆奏谓弟上详亦系弟批准，又属舛错，至于常德公办盐捐事，前已奏明，奉有谕旨。三月内常德孙守禀护院，谓九年禀准办理盐捐之卷归在九年防堵卷内，去冬检查未知原委，故未呈星使阅看，今查实系书吏误粘致有舛错等语，是任意等八字当可邀免，原参条款惟劳铭勋、胡崧委代理系错误，然彼时因洋人在临湘多事，劳在岳局与之认识，故委代理，且该员在滇局捐离任，又南省多成案可援，故有是举。胡崧奏留系文式岩署任办理，酌委系裕时卿署藩司详请，伊等与胡镛十余年旧交，岂不知之。科以失查，当不自弟始，且两司会详，两院批准，不能仅责之一人也（且回避例，本员不呈明处，本员上官无处分）。然犹为事属因公，可不必置办，独此脏私二字虽经星使覆奏并无确据，而屈廉为贪，例应革职提问，颠倒是非（如常德盐捐目为侵吞；管理军需局极力节省银钱十数万，目为尽入私囊；节署寻常供应一概删除，目为阴受苞苴；编造卖花婆出入，希图诬陷），亦干明禁，至末欵所叙长联，南省并无一人看见，停科之时弟尚未到省。吝饷事，弟到藩司任欠本省勇粮四十九万有零，次年交卸并无新欠，且还旧欠十八万有零，局中均有帐可稽，各营只有称颂，并无怨讟，横征暴敛究竟所指何事？（弟履任节省钱粮浮费三十余万串，奏明有案。）如为厘金捐输各事，则皆非弟所倡办，且此事几十年官绅经理，尚称得法，商民均安之无异言，惟一二乡先达开口便说厘金早该停止，询以军饷如何筹画，则云有人此有土，有土此有财而已，此外别无怨言。常德盐捐除养水师外，地方城堤各要工赖此办理，彼处人士方且感激之，何曾有怨言？（近日有常德绅民百余人来省呼冤当道。）其为御史捏编已无疑，义例定匿名揭帖者绞，有据以入奏者降三级调用，长联即匿名揭帖，且经星使覆奏与弟无干，其为信口诬蔑谩骂，尤为世道人心之害，恐例准风闻，不能准其任意编造也。上年秋间长沙城内即喧传被贾铎参奏，十月解京饷委员曹源回省，据云见仓景恬云："御史贾某参恽某，我又招怨，其实不是我唆使，御史密封言事，景恬如何能知？"是盖欲消弥影迹，其为仓稿无疑矣。仓无他隙，惟不令其署藩司，即日告病，渠每向人云此仇必报，不知所挟何仇？弟当时因其性情偏执，广收门生，凡列门墙者皆多方庇护，不入牢笼者即百计陷害，故不令署藩。平素有参撤他亲戚门生数事，故衔恨次骨。宋玉璐伊表弟也，署醴陵，考代书出"无情者不得尽其辞"，尽字写画字，民壮写民状，合省传为笑柄，故撤之。候补知府马丙昭，渠最得意人也，屡荐于寄帅不用，弟亦未用。候补知县周继芬目不识丁，买妾送之，多方照应，代为乞恩，弟以文理荒谬劾之。候补道万启台拜在门下，渠荐于寄帅，谋得岳长澧道，万匿丧不报丁忧，仓求弟恳求当在官厅，答云此种有关名教之事实不敢预闻。寄帅专折奏劾，仓深衔之。候补知县郑铨人尚明白干练，仓授意欲伊白门，郑却之，仓遂向弟云此系南省第一卑污，与文式岩之门丁换帖，宜详劾，当即密访实无其事，复委代理零陵，郑捐助京饷公费银三千两，由首府批解军需局，今御史折云勒捐、贿和椿龄，幸星使查明覆奏，未曾波及署。辰溪县史长华，仓门下士也，在辰溪多劣迹，撤之，复有诈脏案即奏参革职严讯，案已审结，史发新疆。城步令黄枋，仓同乡也。烟瘾极大，诸事废弛，劾之，因此种种遂构成诬陷之案，仓貌爽直而居心巧诈，毛初履任以其同年信之，渠曾递密禀，首列彭知府汝琮，考语如狐之媚，如虺之毒，次列衡永道陆传应，考语行止卑污，毛分别参撤，仓阳与彭、陆较好，而嫁祸于弟，其实劾陆时弟未到省也。彭汝琮捐银一万两即告病，仓仍欲出不堪起用考语。弟谓如欲参劾则不该要他捐输，既已捐项交足，本员业已乞病，可不为已甚之事，又大拂仓意，其实彭、仓换帖弟兄也。司道公见寄帅时，仓云陆传应寡廉鲜耻，曾跪送左季高程仪五百两，寄公益信参劾不虚，其实左非受钱之人，陆亦不至如此。恶赖平时议论谓湖南坏于三人，骆吁门宫保、左季高制府、曾涤生节相，其附成此祸者谓黄南坡、郭意城，其乖谬至于如此！弟在常德即军需局所办各事，渠亦深以为然，乃一如意即颠倒是非编造谣言，至于此极。尚复有人理耶？振之素行同司无不周知，此番举动尤出人意表，昔日共事并无怨隙，惟前为其亲戚情托，弟置之不答，或因此而怀恨耶？阅其原奏所称"减军价值设立常德炮船"，事皆属实，而颠倒是非，余则拉杂成文砌词罗织，非有授之者不能如此，甘为人之鹰犬，其意将何居乎？草此布意，即请台安，素承挚爱，用敢缕陈以明心迹，非负气也。祈谅之，又行。

曾璧光致阎敬铭

同治九年庚午十二月

自己未出都，不奉明教终一星矣。遡听远猷抚山左日，官常营制一一整顿，钦佩久之，乃移疾以去，寓居山右。往年阅报欣悉朝廷倚重，召为工部侍郎，坚以疾陈，不果就职，伏冀喜占勿药，早出东山，一副苍生仰望也。手此载肃，布呈丹翁老前辈大人座右。

馆侍曾璧光顿首

曾国荃[①]致阎敬铭

(一)

光绪三年丁丑十一月初四日

丹初先生老兄年大人座右：

渥叨训诲，感不去怀。别后弥深依恋，遥想道躬康豫，定慰具瞻。长途辛苦，惟祝珍重中流砥柱之身为叩。初一日午未之交奉批折，敬谨恭阅会折及批旨，均求早赐咨行，并希咨直隶、山西知照。江广漕米六万石已奉部驳，佥称顶奏，可望特旨允准。国荃以人不足重，故其言不见信于枢府，如十一月中旬再奏一次，非仰仗纯臣纯儒，前衔仍难邀俞允也。究竟应如何办理之处，望赐教言，俾有持循，拜祷拜祷。手叩道安，统惟心印。

年愚弟国荃顿首

十一月初一申初

(二)

十二月初三日

办赈已历年余，以劳苦致疾，而死者为数已多，莫不寒心，全仗虚荣以鼓其气，至于敬其事而后其食，竭力而不骛名，只可求诸吾党好义之徒，非所以驭大众也。众之所畏在于严诛罚，即可以知其所慕在于利名矣。国荃查看情形，非此不可，是以冒不韪而为之，虽系低手文章，似却利于考试。此等事件原难以真是非绳之，不过行旧轨，以免覆辙，藉此安慰俗情耳。谊应点列有道台衔，伏惟格外原

① 曾国荃(1824—1890)，字沅甫，湖南长沙人。曾国藩的九弟，湘军主要将领之一，因善于挖壕围城有“曾铁桶”之称，官至两江总督、太子太保。光绪十六年卒于位，谥号忠襄。

谅。菊、讦、杏三公皆一时不可多得人才，开印后再行胪举，合并附闻。又叩。

十二月初三

（三）

十月十五日

九月十六因感冒风寒，今已一月，尚未霍然。可见晋省山高地冷，非同别处可比，每日勉强支持，了妥日行公事，见客甚少。执笔、改稿则头目晕眩，如欲颠覆于地。不中世用一至于此，可恨可笑。顷接合肥相国十月初九日信，称“闻有人劾蜀帅数款，星使遂已西行，今日疆吏动辄致谤，可惧也”云云。稚帅为当代名臣，整顿吏治实心实力，川中士民莫不隐受其福，乃竟以此获谤，岂不可叹！想恩禄圃、童薇砚两公必能主持公道也。薛云阶廉访初五日到，初八日接篆视事，接谈数次，正派和平，最好共事，欣庆无已。闻葆芝翁九月廿六到天津，十月初一入都，计十一月可到。合并附陈，再叩道安。

国荃顿首

新愈率泐

十月十五

（四）

十一月初八日

日来大风，天气亢旸，殊少雪意，大似阴不潜阳之症。“蒙，恒风若”，古语真不虚也。万方同慨，不仅三晋为然，吾道将安之耶？葆芝岑方伯到京弥月，有请假两月尚不遽来之说。司库日绌，求饷者纷集，无以应之，将奈之何！赵守怀芳已见一次，木讷不发一言，观其引咎自责，尚属出于至诚，似在可悯之列。病已渐愈，即日启行赴辕销差。适有两湖所捐棉衣四千件，令其带呈，求分派散给极贫之口，平阳亦有二千余件，亦系该守带交该府转发。外，呈上先兄《文正全集》二部，求我公查收，另三部求转交菊圃、杏樵、黼侯三公各一部为叩。

弟又顿

十一月初八日

（五）

十一月十二日

日来心中着忙，惟有吁恳朝廷拯救之一法，派赴山东领漕米，一定请鼎丞走一次，兹将会列台衔折稿抄呈慈阅，明日缮就，即拜发也。部款五万两今日起解，七八日到行辕后听候分拨，兹以所拨数目呈上备查。再叩勋福。

国荃又顿

十一月十二日

五号

（六）

正月初七日

初五日至客堂见客数次，复感风寒，昨服桂枝、细辛、麻绒等味，得大汗乃松。昨读廿八邸抄，佩相撤去差使二件，荣仲华开工部尚书缺，又开内务府差使，似乎雨露变为雷霆，莫不悚惕，以后日增整顿，部务更有起色矣。再叩钧安。

弟又顿

正月初七日

（七）

光绪五年正月初三日

去冬底两次得雪，共不满寸，惶悚弥深，未知今年岁事何如。五内焦灼，夜不成寐。弟偶被雪风，廿七八九足疼不良于行，元旦亦未能诣万寿宫行庆贺礼。头疼未出房门，更未能见客也。前读邸抄，欣知吴清卿来晋，山西得一好官，当是民间之福，后又简放河北道矣。清卿当更得意，豫中多得一好官，晋中便少一员矣。近十年来，源不清则流益浊，各省皆同，可为浩叹。昨读京报，有停捐输之议，户部果能办到，或是以后吏治转移之机欤！窃恐滇黔过穷，未必甘于坐困耳。当午亢阳，大有春意，惟嫌雪少而已。再叩春禧，并候立仲、成叔世兄大人均绥。

国荃又呈

五年正月初三日

（八）

十一日

韫斋先生及陈舫仙廉访所藏南园墨刻尚多，顷已肃函奉托在长沙多觅，倘或不得，请以家藏分润，早寄晋省，想端阳前后必可寄来也。太原省城萧条特甚，殊少春意，粮价亦未大减，贫民日苦，惟祝雨泽比上年更早，二麦有秋，方是生机。再叩道安。

弟又顿

十一日

（九）

十二月初四日

北路调遣均已咨呈冰案，该将领所呈探报多不尽实在，是以未敢抄呈，以后如遇有前事情形，即当抄寄慈阅。合肥爵相称直省饷绌，马步未易移动，嘱国荃仍宜恃树字营往北路，而以南岸护运之事托宋军门，盖未知胡豹子一股也。荃因熊六股匪击散，遂未敢强直隶兵力移动。合并附陈，又叩。

奉第八号信最详，印花文书均领存，俟发元旦贺折，一弁两匣赍进分投，求纾慈注。阳曲历任无不负累巨万，亟宜设法变通。首县去路甚狭，忻绛之缺恒不易出。李剑秋焕扬好人好官，现已陷入阱内，无术苏之。王重光珠耀便不想补此缺，弟只能禁本署内之需索，而其威不足以慑惮其下，贤者则从而效之，不肖者则吹求如故。鄙人虽尝以厉言风示，弊虽去，其太甚，而于省首县之费无损益也。公精明寓于浑厚，闻见阅历胜人万倍，如得妙算，度时地之易行者，祈密授机宜为盼。山西此次之灾，断非二十年能复元气，如真能禁绝罂粟，改定车马章程，则又十年可复也。固哉！一虔口谈仁义，而喻利之心特重，向善若退然不胜衣，作伪则悍然而不顾，齿已老而性已定，无可箴规之路矣。家运不济，只得且怜悯之。荣河令撤后查之，查明实据，即可动手。公就近调问王丕显、潘道桂及其门丁，在于行辕委员讯问得其端倪，即可定稿。此外或有托病求退者，断不令其占便宜也。明年二月密留张、罗，五月劝李、王指蜀。人才难得，以人事上，谊应如此。

弟再叩

十二月初四日

(十)

六月初三日

省城初一二又得雨七八寸，人皆谓既沾既足，六月二十前无须再雨也，运路之迟多半因此。静庵先生之弟毅庵在籍病故，静老孔怀谊笃，相见辄潸然泪下。多方劝之，忧思为之稍抑。小山署缺后，无耻故态近又渐萌，昨因公裁抑之，或自知敛迹为妙。芝岑、云阶两位到晋尚早，闻南路种秋不及三成，地广人稀，后患方长，无术拯之，惟有太息而已。再叩道安。

国荃又顿

六月初三日

（十一）

五月二十八日

另示敬承一一，持论非常公允，钦佩无涯。五月十九日邸报抄呈慈阅，印花咨文谨领存，六月初十后缮写同发。何、马、夏、俞为晋官之贤，昨拜折密保之，谨抄稿密呈钧览。祈勿以语人为叩。迩来疾疫益多，有饭啖者亦多即于死亡，真浩劫也。各路滞运，弥深焦灼。手叩道安，不尽万一。

国荃又叩

五月廿八日

（十二）

保德州绅士赴督察院为朱焜诉诬，闻已代为陈奏。朱牧为人，弟未见面，林方伯手折所开考语："貌似有才，心实险诈，出身卑贱，难膺民社。"注云："长随出身，是以劾之。"又弟初到之时，保德州数绅递呈请补朱焜实缺，查朱牧到保尚止月余，据前任周牧天麟询之来绅，云："朱大老爷赏发川资，不得不来。"其可笑如此，尊处如得呈词，祈赏阅为叩。又及。

（十三）

五月二十一日

六月廿八日万寿贺折拟六月十一日拜发，求尊处寄印花一颗、奏事处咨文一角，于初十前寄到，以便一差同行赍进。弟头晕目眩腿软之症尚未全愈，知蒙慈注，并以附陈。手肃，再叩道安。

国荃又顿

五月廿一日

（十四）

五月十二日

张听翁请恤，细思宜作正折，方足以昭敬重之意。国荃已将原稿略为增易呈阅，今日拜发，而以陈、刘二员附片于后。涂改清庙生民之诗，恃爱多年，当不以谬妄嫌也。节逾芒种，夜凉殊甚，未知碍种植否。国荃头晕目眩至今未愈，所见所闻皆非境内佳景，弥少欢悰，知注附陈，再叩台安。

又顿

五月十二

（十五）

十一月二十三日

丹初先生年大人阁下：

奉第四号手示后，未得赐书。弟所呈一、二、三、四、五、六、七号未知均到节辕否？抵运城后，福体康泰否？至以为念。听庵观察初八到运，计早畅叙一切。讦庭先生昨日见面，精彩焕发，气谊甚孚，明日就道，十日可到。此间十一日启解之五万，计已到行辕矣。廿一日呈解杂支项下四千两，廿九日可到。式帅又允八万两，弟函致合肥相国，请其转告式帅，并将加增之款悉呈尊处，以弟与我公共办一事并不分家，但求款项早到，早活民命而已。两人无不符之意见，无不合之心肠，国荃无不从之条教。河东之民托命于我公，即是国荃之幸，即是三晋之福，但恨不能助指臂于万分之一，而一刻未能忘情耳。闻南路饥民倒毙日多，心慌肉颤，神昏气沮，食不下咽，寝不安枕，继思徒亟无益，仍是一心办公为妥，心绪稍定。昨夜得雪将半寸。讦庭观察云祁子禾阁学交出正派绅士一单，大可襄助赈务，弟拟分别咨行照会，札饬送至行辕，指派分途襄办赈务名单，祈察核。会衔借款已奉俞允。呵冻手叩钧安，统希心印。

愚弟国荃顿

十一月廿三早

（十六）

十八日

丹初先生老兄年大人座右：

第六号信想可先达慈览，连日奇冷，遥维福躬康泰，至以为念。昨得菊圃太史、星桥主政、讦庭观察复书，均于初六初九先后出京，计廿后可以到省，菊、星二公川资百金皆璧交小儿纪官手，三公到省即请其诣行辕办理一切。初四日所发重请江广六万石，公忠诚格，天荷蒙允，准十四日由驲会奏之件，廿三日可奉批。倚重纯儒臣之时，必不至于驳斥。顷得合肥伯相书，欣知山东感我公德政，又许加八万两，兹将原信抄稿呈览。合肥竭力救灾恤邻，从旁怂恿，尤为可喜，此万两应悉数解呈行辕。赵香林十一日启行，王鼎丞赴山东廿一日启行。此叩钧安。余均见公牍抄件，不琐呈。

年愚弟国荃顿首

十八日

（十七）

十一月十五日

前日寄呈折稿，昨上午缮好，下午拜发，外加片保鼎丞一次，以其心地厚、读书多，肯亲正人，实系有为有守之才。亲炙文正多年，性根已定，后当不至变坏。趁此机会保一次，蒙大儒鸿恩顾盼，明年或可望生光辉。稿呈尊处备案，均不咨行，亦不使外人知之，除会台衔咨行正折并札委鼎丞前往东省外，理合缕述清听。再叩钧安。

又顿

十一月十五日

(十八)

另示敬承一切,持论公允之至。顷接稚帅信,令人且读且感且佩,诚伟人也。寄呈慈览,仍希阅后发还。会折已拜发,先抄呈览,随后再送会回稿备案。山东续增运费五万两,如已起解更好,如未起解,则留为正月德州陆运获鹿之费,另由幼丹处兑正阳关五万交赵乡林买粮,亦不至十分迟延,函咨即日五百里排递矣。吉州段牧所为伤天昧理,已有实据,不得不劾,明年当请之出口,以儆其余。禁种罂粟一事,省城日内议论繁多,细思亦真不容易,且待明正二月熟商,乃敢下手。第百弊皆伏其中,为之奈何!晤菊翁时,祈详细道之。再叩道安。

国荃又顿

廿二日

(十九)

初七日

去腊底求雪三天,得大风一天,得雪一宵,将近二寸。廿八夜感冒,服羌活、麻绒、桂支近十帖乃起床,至今手足犹麻木,勉强见客,尚未出门拜年。山西冷劲,竟非弱們所能堪,弟不中用,一至于此,每读手教,精力弥满,弟视之直如天上神仙,乃犹谦抑,谓不如人,弟对之弥增惭汗。吉州段牧蓉舫,闻其领赈银不发,大有肥私之意,是以撤委,派吴葵之前往接手,一俟访查实据,即与荣河之案一并参劾,不敢稍涉瞻徇。禁种鸦片拟封开印前预备告示,遍贴各属示内,亦严禁地方官收取亩税,封开印后陈奏一次,第陈晋省一隅,不敢齿及大局也。其实未施信于民,而遽欲民之信从,其可得乎?国荃初意夏前只办赈务,秋间办各属车马章程,数月之内将庸恶陋劣之吏淘汰十之七八,冬间严禁罂粟可望令行禁止,为治之次第不紊,属吏之心性较孚,弊端较少,今菊圃诸君子佥谓此事迫不及待,自不可置为后图。第所忧者，行法不得其人，利少而害仍多耳。此事非口舌所能争，非尽法令所能禁，全仗整躬率属，精神运量于边境，乃能十去其六七。公以为然否？再叩台安。

弟又叩

初七

（二十）

二十五日

立秋后得雨四次，太原附近似已深透，惟获鹿之粮难以运行耳。从前酷热，弟无日不病，心忡手颤，目眩头昏，每日了日行公事，几弗克胜，新凉后稍愈，但心忡目花如矇而已，老景逼人，年光又复亢旱，万事皆行不动，可见运气之屯蹇，固无术以回之也。折件昨夜拜发，底稿呈览。

国荃又叩

廿五

（二十一）

应州为官又贪又酷，当劾之以示惩。公所闻最确，求代拟一片稿，即于下月拜发，方可以快人心，若俟司中查明具详，迟延窒碍多矣。理财以考核田赋为第一要义，此千古之名论，水牧谨当遵谕留意。八月十二日白露节，正当要雨种麦，求我公督率道、府、县十二、十三、十四求雨救民为叩。

荃又顿

（二十二）

式帅似极有力量，观采臣之无端而奉来京另用之文可见矣。前数日嘱容舫与静安先生备文，拨平阳局粮五千石，听候节辕指拨，公牍想已入览，如有续到之粮舟，行备牍呈拨。久未得幼丹、寿山二帅复信，未知借款交赵湘林买粮之款已许拨否？心亟如焚。至于山东续借十万两，已迭托合肥相国早为速解河东。复式帅信亦已肫托，但不知年内果皆到否。归绥旗兵及两镇标绿营兵丁四五六月饷，不能不点缀，以免饥兵内讧，不得不罗借山东三十万两发给兵丁度岁(至今未到)，而提平、祁、介、榆、太五县之捐项以完此款，充明年正、二月之运费，而以明年之赈籴各粮，完此五县之赈款，无米为炊，万难万难。我公到同州布置一切，能仍回驻河东度岁，则晋省官绅士民有所恃以无恐矣。拜恳拜恳。

弟又叩

(二十三)

十一月二十八日

丹初先生老兄年大人阁下：

发第九号条封各件，计可先到。李菊圃太史、王星桥驾部昨日见面，蔼然可亲，肃然可敬，议论正大，事理条达，果系济世之杰。其论晋省致荒之源在于民间种罂粟太多，近日大有穷则思变之机，若由上及时厉禁，可望兆民遵从。公威德感孚于晋境，实足以令行而禁止，趁此大灾之余，吾二人同心同德，或可将此事办出头绪。明年再定车马差徭章程，二件皆拯救民困之大者，虽为牧令所不甚愿，不暇顾也。菊圃、星桥今日启程趋谒节辕，讦庭观察日内可到，德星群聚于河东，沴疠全消于山右，其在兹时乎！稽查各郡县一节，以本地之绅，发吏胥之覆，近于令善人种怨，揆之道长道消之义，亦宜斟酌。怨当不肖一人任之，诸君只可任劳养其望，以为他日布泽。少吃苦楚地步，何如或群住河东，遍通各路音信，弊去其太甚，裀防于未然，用功于此而收效于彼，亦是一法，均听老兄酌夺施行。前因捐输事，拟折稿求合肥相国陈奏，顷得改定折稿并原信，抄呈钧阅。弟以其所议优于前说,即当复信请相国在保定拜发。无钱无可如何,究非心之所愿。手叩台安,统惟心印。

年愚弟国荃顿

十一月廿八日

(二十四)

二十七日

另示谨悉沈牧大谟无大劣迹,呈请开缺禀到稍迟,始以计典之年,未便咨题,十月展缓计典,固无不可矣。弟所耳闻者,沈牧于地方实无可议之事,亦毫无欲劾之意,不特无查办之说,亦并无必欲调省之言。今渠退志已决,听其自行告病则可,不忍勒也。我公如有便,乞转告之。山西民间气息奄奄,不忍再纵贪吏、奸书、蠹役悬厉禁以摧残民气。吃烟一事,父兄所不能尽禁于一家子弟者,君上安能厉施之于泛而无稽之民哉!况大吏之所恃以令行禁止者,全在良有司以为爪牙耳。试观山西有司良者几何?授之以梃刃,若辈推行于四郊,不害莠民而杀良民,则一乡一邑之元气更大伤矣。治天下贵于无为,为者败之,古有明训。今不先清吏治之源,而行挽狂澜于江河日下海口之荣,窃恐利未兴,荒未救,百弊益滋,千创日甚,不如亟求更易良吏,而后为之。公试较其得失利病,谓为何如?旬月熟思此事,夜不成寐,总未得下手端倪,如仿华帅之所为,则亦不过博一时之美名于京师,而于地方之实际无当也。高明以为然否?慎五世兄信已交到,再叩道安,并颂春祺。

国荃又顿

廿六夜得雪一寸,廿七早叩上

(二十五)

所领部款,闻十一二可到省,到即径解河东五万两,清化镇转运费万两,东阳关万两,平阳转运局二万两,什贴二万两。获鹿局已截留四万矣。已与容方面商，先派员定妥，候银到，即启行。赵湘林太守感冒，候一两天即启行，各处借银函咨均飞递矣。知念附呈。

又叩

（二十六）

丹翁老兄年大人钧座：

昨承指示一切，逐件照办，明日未刻当皆就绪。拟会列台衔共一夹板，廿二三发行，容俟明下午晤教，听候训示施行。捧读大疏，妙不可言。东款六十万，理宜分三十万到河东，合肥断无异议，此外各处之项均应酌分，随时解至河东，听候大儒指拨，断不忍令南路饥民有向隅之叹也。片稿内之万七千两，弟前奏因展缓各饷，不得不浑涵其词，称与我公商定饬令河东道借银二万两买粮，续再议借，以为转运经费，已咨冰案，尊片可否浑涵之处，祈酌之。原稿奉缴，即叩道安。

国荃顿首

夜间目矇草率，伏惟原谅。

（二十七）

好官本难得，而山西尤不多见。穷者本多而胆特大，竟是无术可治。州县无鱼鳞册者多，包户吃花户者所在皆是，懦弱花户竟有完至三四次者，一次完包户手，或以一次完差役门丁手，或一次完不肖官亲手，而本官又额征一次，此皆无鳞册油串之祸也。此次普免成灾州县上忙，晋省有力之家往往上下忙皆于上忙时并完，无力者或置上忙缓至下忙时乃完，然不多也。弟拟趁早出示，凡有饷一两者，只完五钱，有饷一钱者，只完五分，晓然共见，庶可普被皇仁，否则富户贫户苦乐不能均也。我公以为何如？晋中大病在不恤民，故一溃而不可救药。用人不足以劝善，培植小人非一日矣，君子安得不视为畏途哉。弟知识有限，全仗大儒扶助，方少乖谬，孤立无与，斯可惧矣。

又叩

(二十八)

二十六日

七号信到，讦翁已动身两日，自应俟其到节辕后，面订一切。就其所愿到之区，乃以公牍烦之为是。菊圃、星桥二公到后亦应如此办法。张、罗、李、王办公薪水无论行坐皆宜七十两，庶四贤乃得以其坐日之少用，贴补行日之多用也。听庵观察行多坐少，似宜另津贴局费。闻南路灾民到处倒毙，弟忧心如焚，寝不安枕，谈之心慌，思之泪下，竟无术以苏之。卓甫候马玉山所言丙子纲，俟详文到日即当陈奏。张、罗二公皆救世之才，明年二月宜切实密陈，以此请简放司道实缺。文正公当日常有此举，不过数月即放，若放实缺，左帅亦无话可说。目下办灾不暇理会吏部文书，仍以不复为是。不过宜查明，防范劣员之藉此揭告而已。荣河事已照办，即求就近提讯为荷，如有实据，亦惟有会衔奏请革审之一法，拜托拜托。临晋须明春乃有部复回来，目下尚未计及替人。我公闻见最确，如有可胜临晋者，乞指示为叩。闻喜廪生控谢革令诈脏案已札马玉山提讯。荣河已委马鉴署理。太平令系孙芝房亲家，与徐寿衡至亲，声名亦不见佳妙，闻尚在可造就之列，然辛阶先生家法总未能湔除也，投鼠忌器，已有信至，闻日来较敛戢。其兄与所倚之泰山切函训诫之，且看明春赈务，何如？再叩台安。

弟又叩

廿六日

(二十九)

十一月二十九日

丹初先生老兄年大人阁下：

昨早寄呈第十号信，上午菊圃、杏桥二公又来见面一次，云廿九日启行。昨夜接合肥相国信，知式帅又加借二万，共得十万，自应悉解呈节辕，以资采粮周转。顷已于复合肥节相函内请其径解矣。山东之五万则由山东径解，至于应否就近拨交，乞飞函告知保定、山东为荷。年前为日无多，以银到河东为稳着，路上到处不靖，封印以后深恐他虞，河东尚是乐土，商贾见有现银，未有不贩粮来者也。至于明年东漕由道口运翼城，所费不赀，直隶所运江、鄂漕米，今年之五万石已欠津门运费不少，明年之六万石全仗九省借款早到，由保定运获鹿，脚价不下十一万，而由获鹿至什贴以达东南各郡，则需费更多矣，所望九省救灾恤邻。正月起解，二月有银到津，则十四万米三月初间方可到饥民之口。至于正、二月全无生活，惟祝公所指定正阳关、周家口各处有米到河东为幸。昨夜得雪将近一寸，顷已晴霁，若再得三四次瑞雪，每次三四寸，则岁事犹有生机。河东德星聚处，天象已有征验，花飞六出，聊为忭庆。公得毋笑弟叫乏子穷快活乎！即叩勋福。抄件呈阅。

年愚弟国荃顿

十一月廿九日

（三十）

十九日

度岁伊迩，公事益忙，请米请银之禀纷至，无以应之，默念各属灾黎，不觉抚膺太息，寝馈难安。两镇标兵夏三月饷尚未点缀，饥饿不堪，情殊岌岌，年关尤不易过。咸丰年间在军极苦，犹未有如今日之甚也。大寒已过，雪意更少，冬无祥霙，明春生气必迟，种种为难，忧思成痳。遥想我公以天下之忧为忧，伏惟珍重为祝。

弟又叩

十九早

（三十一）

九月十三日

云阶廉访如已至河南东，祈我公催令早来履新为盼。前奉批旨："着照所请，钦此。"目下自可毋许北上也。司详请展赈期，不得不筹米筹款，亦实别无良法，此折若奉俞允，便可一心专谋运费，仍求我公多方赐教为幸。目恙，率泐。再叩钧安，不尽万一。

国荃又呈

九月十三日

（三十二）

八月二十七日

舍侄纪泽出使英法二国，奉命颇迟，催行最速。定于九月初四出京，由天津上海出洋，七万余里，辛苦可念。国荃焦灼万状，初登仕版即膺重寄，未知果能不辱专对否。崇地山以全权大臣出使俄国，其事亦未易勾当。知荷慈注，并以附陈。

国荃又叩

八月廿七下午

（三十三）

十五日

得劼刚舍侄信，称李、罗、王三位已各交百金，均允近日出京，到晋即当请其前诣行辕，足纾慈念。小午帮办河南赈务，则李小湘大有可以加恩之望，冰如则恩之所及微矣。余俟续呈，再叩台安。

弟又顿

十五下午

（三十四）

二十六日

天高风燥，毫无雨意，念念焦灼如焚。弟昔年受病已深，此次抚晋罪大孽重，民间之饿死者约计当已逾二三百万，是何异弟亲手以梃与刃而刺之也欤！言之涕零。菊圃太史已来三信，皆言州县观望，不张贴禁罂粟告示。不得已又通饬州县赶紧贴示，严刑厉禁，然各属书差衙役必又视为开源之具，亦只好不顾一切，以顺正绅之所请耳，余均遵谕办理。

弟又叩

廿六日

（三十五）

二十日

另示敬悉一切，弟与赵守别无渊源，亦并不爱惜其才学，始则怜其以举人出身，四五十岁始博此一官。忠厚者，老实之别号，亦即蠢之大概也。继则因合肥幕中有托保全之说，且因其在晋素无取巧行诈之事，是以迭求恩施，格外宽恕。蒙我公高厚鸿慈，已有霁意。赵怀芳自运回晋，感激涕零，如此愚拙，此生亦断不能有实缺黄堂之望。若参以离省降选，则一门之饭碗无着矣。弟若再为之乞恩，则重拂讦翁之意，非所忍也。若会前后衔，则亦负文友之托，势处两难，叩求原谅，拜祷无已。

弟又叩

廿日

（三十六）

大疏文、李并赞，窃思采臣不可以德感，恐他日不能不以威胁之。如东省覆奏仅允六分之一或三分之一，则公与弟不能不再奏至第三奏，则不能不将十三年质甫之事和盘托出。公此片似宜只赞文而不赞李更妙。先生大人夕安。

年家弟后学生百叩

（三十七）

十二日

初九早之雨似有普沾之象，十一日未刻雷雨一阵，兼有小冰雹，省城约得雨将近二寸，墨云不宽，雨必不广，然一隅受泽亦可喜也。杏樵到京已有信来，关切晋事之心甚笃，可敬可感。四川二客长文章一篇，观其文如见其人之心，所幸户部公道，朝廷明见，万里之外抄呈慈阅。

弟又顿

十二日

（三十八）

二十一日

会衔一件，尊处专衔一折一片，共一夹板，只需安折三分，两衔弟处已缮就矣，诘朝呈览，即可封发。尊处所书单衔安折应留为下次之用。复叩丹帅先生年大人即安。（张听翁信已发行矣。）

弟国荃叩

廿一

曾国藩[1]致阎敬铭

(一)

十二月十一日

丹初仁兄年大人阁下：

顷奉惠书，知前寄揆帅密缄上彻清听，所陈拙议不中肯綮，仰蒙指示详晰，又得陈作梅兄剀切办诘，从古有事必注重江汉(金陵)，以制下游之命。近岁发捻交炽，尤以湖北为数省之枢纽，鄙人军势亦以湖北为根本，鄂中少有疏虞，则敝处之饷道易断，兵心亦摇。倘使希帅移节而无益于皖，徒有损于鄂省、有损于湘军，亦鄙人之大不利也。谨即如指，速罢前议，不复陈奏。袁、严诸帅迭次奏催雪帅驰赴颍寿一带，而雪琴万难舍水就陆，渠已两次疏辞，国藩亦当代为入告，明所以不能遽离水师之故，请朝廷另简皖抚迅履新任。封疆重臣自以中旨特擢为宜，此缺春间袁帅荐希，秋间官帅荐雪，卒不能瀹皖民之灾，今亦不欲更循斯辙也。浙江危殆日甚，正催左帅由徽州进援严州，而徽郡乃被杨逆围攻，安危莫卜，左军救徽不遑，不能不置浙于缓图。东望德林，只增忧愧。润帅遗集稿本已就绪否？此事端赖梅村兄为主，敝处事繁，恐编校不审也。张廉卿思得阅卷二三处，敬求留心，即请台安。

弟国藩顿

十二月十一日

---

① 曾国藩(1811—1872)，初名子城，字伯涵，号涤生，湖南长沙人。宗圣曾子七十世孙。道光十八年(1838)进士，朝考一等第三，道光帝亲拔为第二。湘军的创立者和统帅，官至两江总督、直隶总督、武英殿大学士，封一等毅勇侯，谥曰文正。有《曾文正公全集》传世。

(二)

十一月初五日

同治乙丑冬至衮营

再，潘琴轩来此，弟与之论王伯尊英峙明决，荷阁下激赏非常，此次带勇当能卓有表见，因托其照料陶镕，并商同扎一处，琴轩以为伯尊必求振奋有为，不可但用旧营，必须另募新勇，改弦更张。因言山东银钱丝毫皆当奏启，历年均有定式，哨勇薪粮悉从节省，各营均有定章，未可一旦更改，尤未便一人独优。弟以伯尊如募新营，尽脱东省科臼，纵不用敝处四两二钱之例，亦须用三两六钱之例，或实系山东之营而托名隶鄙人之部，若带三四营，除在山东藩库应领例银外，余由敝台津贴若干。长依潘营左右，朝夕不离，全用湘军、淮军之法，使伯尊得以另开生面，而阁下亦得干城腹心之寄，与奏咨报销亦无妨碍。如尊意以为可，则大致如此，其中细节调停请阁下督同伯尊熟商办理。再颂丹翁尊兄同年大人台安。

弟国藩谨又启

十一月初五日

(三)

三月十二日

同治五年丙寅三月十三日到

正书缄间，又于十一夜接是日午刻来信，知尊处布置周密，防河之法自以逐本地船只为第一义。承询琴轩采驻何处，弟亦无确见。十一夜复李幼泉信一件抄呈台览。潘、李稍退，贼焰愈长，运东尤为吃重。此时重赏之下必有勇士，请阁下即日悬赏，置现银现钱于河干。贼以小队来扑，马步仅过百人(二百人)，堵住者赏银五百两，贼以大队来扑，马步自三百人以至数千，堵住者赏银千两(前此长沙、江西堵地道,元年舍弟在金陵堵地道十四处均用此法,人见现钱无不踊跃者),或文、王、赵、王四军同此一格,或分别极险、次险,高下其格,均候卓裁。如山东例不准报销,请于下次解第一万八千金内扣除。军中最重文报,求尊处与潘、李二处常常专人送信,自送信外不准一人渡运可也。丹翁同年左右

国藩顿首

十二早

正书缄间,又接琴轩十七日申刻自梁山营发信,渠拟于十八日移扎靳、巨西岸,正合鄙意,想必与尊处常通消息,不再抄致矣。

弟又启

(四)

初五日

丙寅三月初五日到

顷接单县初三日报,贼尚在单县,刘省三于初三日至黄冈集,而邳宿八闸等处亦为贼所窥伺。弟拟暂不赴张秋,特此奉商,祈裁示。顺问丹翁同年大人台安。

弟国藩顿首

初五日

(五)

同治五年丙寅四月二十五日到

此四月四日翰博曾广莆所交,以其与敝宗无涉,不欲干求阁下。顷偶尔谈及,阁下慨然以宗圣祭产为念,兹将原纸呈览,闻祭产固甚歉薄,即翰博与其族人亦皆贫窘,不能自存。鄙人忝为宗圣后裔,拟捐五六百金,殊觉无济于事,可否仰仗大力将此项叛产奏拨,或别有良筹,可以维持敝宗之处,伏候鸿裁。又闻被商家京控之曾某(偶忘其名,曾经咨商),即系嘉祥曾氏之最秀杰者,拘系已久,门祚尤替,可

否先行释还，抑或迅速讯结，均候酌夺。

嘉祥县曾博士欲以嘉庆时叛产廿顷为曾子祭田，查此地已无著矣。

张鼎辅[①]致阎敬铭

(一)

敬禀者,昨日酉刻肃修寸禀粘用排单,限六百里递呈钧览,本日又据海阳沾等县纷纷续禀前来,称该管乡集各子店一闻总商避去,各店所存盐包非减价售卖,即偷运回家,乡民惶惑,谣言四起,该县等持卑府谕帖到彼晓谕禁之,方无他议,但不知其存盐确数,幸海丰总店有各子店月报存盐存钱等册,经刘令提存署内可查。沾化城店商伙亦逃,器具搬运殆尽,仅留盐数十包,并经该县盛令查点明白派人照料,惟每月初九及二十四日系支放巡役工食之期,初九之期在即,支放万不可误,盐务之举废,地方之安危全在乎此,已由卑府飞饬海阳沾各令及蔡大使通融垫放,并谕知已禀请宪台即派纲首带巡费前来,以应垫款,俾得宽心筹办。伏思黄崖山逆情败露,该商人闻风惊散,此其处心积虑已非一日,是以将各子店统行租出,系本地人居多,彼已心怀不轨,岂复顾全纲大局,而卑府仰蒙各宪委任整顿地方盐务亦费三年心血,从此败坏,殊为可惜,现经饬各该县收拾余烬,似尚可救全于万一,惟有仰恳大人迅饬纲首潘鸣銮携带全月巡费,并查明票课完欠数目,星夜来郡筹议善后。至此项巡费无论是否已届宪台衙门应放之期,不得不从权办理,预行给发,一发千钧,关系匪细。再,赵商已逃,岂能复回,即回亦岂能再充此商!闻愿办海阳沾商业者此间有人,统俟纲首前来定夺,商店之不可一日无主,犹地方之不可一日无官,祈饬该纲首务于三日内赶到为要!肃此,恭请钧安,仰祈垂鉴。

卑府鼎辅谨禀

附呈武属投入逆党清折一扣,示各盐店谕帖稿一纸。

---

① 张鼎辅(1812—1871),原名珩,字楚佩、一字节佩,号小峰,浙江宁波人。道光十四年(1834)甲午科举人。

(二)

同治五年十月初六发,初七到水里铺

谨禀者,初二日辰戌刻先后奉到钧札,当即具禀粘用排单,限六百里呈递宪鉴。旋据海丰县刘令禀称该县泰运兴公店商人赵栋自八月初旬赴省未旋,昨据该店伙李姓来言,该店自二十七八日以后管事人等纷纷收拾陆续避去,赵栋系二十八夜间回店,次早即去,店中仅剩该伙李姓并一山西人阎姓等语,当即派人前往查验属实,查阅店内仅存盐包及零星什物,并无银钱,讯据该伙李姓、阎姓等供,均称伊等系新进雇充伙友,并非寄住黄崖之人,亦不知该店人确实踪迹,现已由卑职谕令照常买卖,不必惊惶,请即酌派兵勇来县弹压,以防土匪私贩乘间滋事等情到府,卑府当查海阳沾总商泰运兴字号系原任新泰县知县李天鹭之孙李文源开设,赵栋系其承办伙友,各店并无张姓其人,恐涉株连,未便轻举,乃该店管事人何以未奉札查以前,先于二十七八等日纷纷避走,赵栋于二十八夜旋来即去,是显有与逆匪沟通情事,一闻黄崖叛迹败露随即惊散,似无疑义,惟海阳沾系行票要地,为通省门户,店主一逃,巡役星散,枭匪窥伺乘机窃发势所必然,三年整顿隳于一朝,殊于盐务大有关系,急宜保护各店,以顾全局。当饬张令酌带勇队前往弹压,一面谆饬各该令设法保全各店,并函嘱永利场大使谕令管巡将巡丁严加约束去后。本日续据刘令禀称,查得该公店毫无存项,现虽照旧售卖,除开支外,所余无几,转瞬初九日放巡之期,无以应对恐巡役藉口生衅,稽查各子店均仅存盐数十包,风闻该子店人有将存盐运寄他处锁门逃去者,有连日销数颇旺者,甚至减价售卖者,现已传该地保讯究,并出示晓谕禁止,至放巡一节万不可误,应作如何筹画请示前来,除由府谕示海阳沾各城店子店照常行盐,毋得怀疑观望或减价售卖,致误国课,并分饬阳沾各令暨场大使将应放巡费通融商办外,理合禀请大人迅饬运司转饬票纲首星夜来武,以筹盐务大局是为至要,至武属既有勾枭往彼情事,即难保不乘机窃发，已派候补县保谦会同韩守备酌带兵勇前往各属关津渡口，稽查弹压以壮声威。再，访得利津铁门关有该逆等所开泰运通行店，已并饬保令韩备会同该县严密查封，合并陈明。肃此禀复，祗请崇安，伏惟垂照。

卑府鼎辅谨禀

（三）

十月初二日

谨禀者，本日辰戌刻连奉六百里排单宪札两道，祗聆壹是，谨将遵办缘由开列于左。

一　黄崖山匪犯张积中在武郡各属行卖盐斤，并有开钱店杂货各铺一节，查武属商开盐店八处，新旧业商内并无张姓其人，海阳沾三处系原任新泰县李天鹭（山西人）之孙试办，商主年幼，托其母舅赵姓代为料理，赵姓名栋，系候补从九（亦山西人家眷寄居黄崖山）。海阳沾各子店被该商租给本地人分办，刻已饬各该县将公店、子店、伙友及巡丁籍贯姓名查明开具，限五日内呈报。此外，惟闻铁门关口有黄崖山人在彼开设行店之说，并饬利津县密查。

一　此次聚众竟有枭匪入山一节，查同治元年卑府前次署任时，曾访闻阳信、海丰两县民人多有携眷入黄崖山者，嗣复纷纷搬回，惟阳信之枭匪张光汉（系秀才）、张铃阁二匪去而未返（俱有抢劫阳信杨令眷属巨案），此后有无相继而去，及现今有无前来勾引之人，已派武弁蒋继文、吴振邦（俱本地人）往各处密行查访，一面饬近河州县多派干役押回，各渡船水手稽查往来过渡之人，以防越窜而杜勾结。

一　查明如实系张逆行盐，即将该店查封一节，查海阳沾既无张姓行盐之事，赵姓为李姓伙友，如果查有从逆勾党情事，即当严密筹办，似未便因其寄住黄崖遽加株累，至海阳沾一带民情安帖，盐务较上年更有起色，就目下情形，似不至有枭匪蠢动，惟有督率牧令实力防查，俾不致勾煽为患，以仰副宪台思患豫防之至意。肃此具禀，恭请勋安，伏祈垂鉴。

卑府鼎辅谨禀
十月初二晚四鼓

(四)

同治七年戊辰七月初一日
同治戊辰初秋解梁书院

谨禀者，四月初九日由省城天成亨记递到钧复，渥荷温言垂奖，回环捧诵，感愧莫名。当拟裁答，以纾廑怀。适捻逆由盐庆趋而南窜，办理防务倏忽旋更莺蟋，有稽简牍，积恋弥深。恭惟大人讲学培英，人才鹊起，龙门峻生，翘首情殷。鼎辅夙承恩睐，付以河北一方，诸有秉承，数年来民蒙其福，不料竟遭张总愚之劫，自夏及秋三月以来，地方蹂躏殆遍，该逆渡滹沱河以后，亦自悔无出路，北据津要，西设运防，南阻黄河，东滨瀚海，近复于德州、禹城地界横筑长墙以遏贼于东隅，而武属成战场矣。郡城地广人稀，素称穷瘠，由府倡捐立局，修补城垣，添设炮械，以为守御计，题太枯窘下手真难，难民充塞街巷，半患饥寒半遭瘟疫，其远近乡邨被诛戮者复不可胜计，官军名为追剿，往往三五日不见一兵，任其盘踞肆扰，及兵至而奸淫焚掠之惨或更甚于贼，民也何辜，遭此荼毒！自五月廿三日陈侍卫国瑞在徒骇河南苦战一日夜，将贼折冲四散，此后各军亦稍稍得手。六月初五日陈军又将散而复合之贼截分三股，旋又诱其贼目伪淮王邱元彩率骑迎降，贼势更孤。高粱刈获后，计可一律荡平矣。河北八属已无完土，所幸各处城守事宜尚称紧严，屡经扑攻不至疏失，惟海丰城太破烂，贼甫至不及准备，被其阑入，县讯各官均罹严谴，刘令亦未几因疮身故，殊为可悯。武属本盐枭充斥，贼初入境，上宪以勾结为虑，鼎辅知其必无，凡前随枭党而革面洗心者，今且同仇敌忾帮助民圩杀贼无算，海丰漏网之冯物率团接仗，毙贼百余名，力竭阵亡，其同党几歼无遗类，亦一快事。鼎辅本拟南旋，适逢寇至，不得不支持从事，只盼捷音早报得遂初志耳。知关垂注，缕以附陈。客岁区区芹献藉表微忱，未蒙赏纳，读来谕恳至周祥，转以琐事重劳椽笔，临风拜命，益切悚惶。原银因道途梗阻，暂寄天成亨记，容俟探便取回。肃复，祗请崇安，伏惟爱鉴。

张鼎辅谨叩

七月朔日

（五）

十月初二日

戊辰腊月廿一日李石湖带到

谨禀者，七月初一日肃修芜禀，邮递解州陈立生刺史处转呈，谅邀钧鉴。恭惟大人培才鹊起，养福燕安，引领吉云，曷胜抃颂！鼎辅自大兵凯撤后，因武属蹂躏皆遍，又遭黄水漫淹，满目疮痍殊堪悯恻，正拟灾区历勘为民请命，嗣于商河行次得后任长守履新之信，当即回署，于八月十三日交卸武定篆务，旋奉宪札饬暂缓进省，将各属被扰、被水应如何议蠲议账章程帮同新任会衔禀办，遵于九月初旬妥议完竣到省，即援例告养，力辞去官，不复作曹南之行矣。自维山左十余年，幸荷青垂，畀以久任，凡所禀承而行者，皆易知易从确有把握，又复曲赐栽培，俾授一真除之地，此恩此遇岂可多得，所谓得一知己可以无憾者也。今严亲年届八旬，不得不速赋归與以遂初志，乌鸟私忱，早在洞鉴。辰下由黄入运尚可舟行，已买棹赴武接眷随同南下。素蒙挚爱，并以附闻。祗请崇安，伏祈霁照。

张樗寮《金刚经》系江西板，非焦山原刻，谨先附呈。

鼎辅谨禀

十月初二日齐东舟次

（六）张鼎辅陈阎敬铭武属通匪人员名单

十月初二日

谨将派出员弁查明武属之投黄崖山显有与逆匪沟通情事者开列呈电：

赵栋，山西人，系海阳沾泰运兴盐店总商，并在利津开设泰运通行店。

赵宽，系赵栋之弟，与赵栋同时逃走。

朱渊

朱尚电

曹文谟

赵大湘

以上四名俱长清人。

赵成，平阴人。

管巡刘爵，诸城人。

以上六名均系泰运兴公店商伙，于二十七八等日先后逃走。

高玉身，又名高卓，海丰人，系泰运通行店掌柜，家眷全在黄崖山。

刘衡，海丰埕子口人。

吴孟领，海丰吴家店子人。

以上三名均泰运兴、通行店伙党，现俱在逃。

王立江，惠民人，全家在黄崖山，访得其子新近由铁门关用船运载高粱往雒口一带而去。

马芳辰，青城人，原名马岫云，咸丰十一年及同治元年间入牛贞伪团，把守城门挟制官长，后赴院试，经尚学台大加训斥，科试时改名马芳辰入学，嗣因牛贞被控到案，党羽俱逃。现访得该逆投入黄崖山，变卖田宅，携眷而去，并置有小船两只，时同铁门关来往，似与硝磺竹杆由利津水道载运而去之说暗相符合，其与泰运通行店之伙沟通一气亦无疑义。

牛贞，青城伪团长，访系由省发配，于九月二十左近在中途脱逃，投入黄崖山，该逆与马芳辰一党，其同党尚有徐飞龙、商景彦二人，亦系文生员，查无下落。

王以清，即王老四，惠民王福安家庄人，全家在黄崖山，新近曾骑驴回来数次，似作侦探情状。

纪凤，青城县西北于刘庄人，其子纪新田寄居惠民县，在清河坊开设药铺，今药铺已闭，父子俱投黄崖山，访闻武属往彼之人多系该逆所勾引。

杨九仔、杨受同俱惠民县杨家庄人，有沟通逆匪形状。

张光汉，阳信县人，系生员。张铃阁阳信黄金寨人。

以上二逆本地均有抢劫重案，投入逆党已非一年。

再，查海丰县各乡居民投入逆党者不计其数，容俟确查明白分别是否甘心从逆，抑系愚民被诱，另行禀达。（亦不必深究。）

张佩纶[1]致阎敬铭

(一)

引嫌久不趋教，贤郎列名二等三十八，在嵩犊山处共抢到眼终迷之愧。陕西有一等二人，而甲第在前之郭君以叔孙之叔误作平声，竟作孙山，度贤郎必接武蓬莱矣。欲言之事甚多，闻今日留寿丈夜谈，颇思作不远之客，而明晨新进士引见须待讲班，不克奉诣矣。丹翁前辈

佩纶顿首

香翁书来，属为致贺。

(二)

十二日

久不晤教矣，送上范文忠手书卷子，乞题增重，能速为幸。香涛以公赙其贤兄属致谢。官学米已由棣华代恳，当见诸矣。丹初尚书前辈

佩纶顿首

十二日

(三)

二十四日

昨日醉酒饱德，谢谢。何愿船先生《朔方备乘》奉上，乞列入邺架。范文忠卷子《博泉侍御》欲先取回，觅子青丈题句，俟公归来再行奉上。柳堂先生祠墓在马伸桥祠，为蓟人所建，墓旁松树周垣，则佩纶所募修也。驱从过时不可无斗酒只鸡之奠，以慰孤魂。其墓碑已

---

① 张佩纶(1848—1903)，字幼樵，一字绳庵，又字篑斋，河北唐山人。同治十年(1871)进士，授翰林院侍讲，后入李鸿章幕。著有《管子注》《庄子古义》等。

购而壶公文尚迟迟，此事当属我公耳，敬上。丹初尚书前辈下执

佩纶顿首

廿四日

（四）

六月十二日

《昼锦记》奉还。忽忽数月，亦未能一临也，闻唐鄂生有《论云钢》一疏（大约是滇抚所奏），能借阅否？丹初前辈

佩纶顿首

六月十二日

孝达书来属讽公力任越饷，又启。

（五）

光绪九年癸未三月初六日

南园一幅已购定。公既深赏，能附入钱帖否？遣呈，乞察入。下月见还可也。尚有两件出闱，捡呈。丹初尚书前辈

佩纶顿首

癸未三月初六日

（六）

二十二日

晨间所陈一节，已承鉴及，闻随员宜有刑曹（望详考），取其例案娴熟。如赵舒翘（老手）、如张承勋（新进），均山、陕人而长于刑名者，乞酌之。丹初前辈尚书

佩纶顿首

廿二日

（七）

十四日

今日承教甚幸，十五举官学大课，归须薄莫，当于十六晚（或十六晨耳）奉诣也，复颂丹翁尚书前辈兴居。

佩纶顿首

十四夕

曾刻亡友吴子俊同年诗一册，呈政。子俊曾佐左幕，其人忠笃无匹，惜乎不禄耳。

（八）

昨未能畅谈为怅，公以天下为己任，人臣之分莫大乎以人事君，似当有所陈荐，以副明诏也。户部堂官处分罚俸非例，降留亦太轻，故特劾之。敬上丹初尚书前辈。

佩纶顿首

（九）

三十日

昨侍教恨未畅，吏议稍轻，欲引户例驳之，不知允当否，谨录上，乞为酌定。奏销自以引户例为是，原议引刑例而公式无婷条，故疑之耳。丹初前辈尚书坐下

佩纶顿首

卅日

（十）

九月十三日

闻趋公甚勤，未敢造谒。昨日梁侍御《论报销开单呈览》一疏，疆吏皆曾、胡则可，不然似有流弊。燕闲愿闻教，乞示期也。敬上丹初

老前辈尚书。

佩纶顿首

九月十三日

(十一)

九月十八日

昨日聆教,如灌醍醐,拙作今日已入告,如蒙采纳,可由公补其疏略,否则续论何如? 申酉间必在舍。

佩纶顿首

九月十八日

(十二)

二十二日

润帅处道仓文牍送上否? 日来屡欲觅暇诣谈,而北宁既挫,群鬼汹汹,终日见鬼,遂致不敢见人,奈何奈何。

昨有寄谕令潘晴轩赴粤西,此君虽淮将,近亦无甚方略,军事不得人,所谓折冲尊俎直空谈耳。愤懑曷任! 此上丹初尚书前辈。

佩纶顿首

廿二日

(十三)

十九日

来示具见忠悃拳拳,容再面陈,今日无暇矣。裁兵之奏如能实力奉行,所节当钜,不知何时入告润帅? 久未见道仓各牍,明日取回奉缴。敬上丹初尚书前辈。

佩纶顿首

十九日

（十四）

十九日

筱棠书来云五城赀需已见允，公出书遍示同人，岂愠其激切耶？皇悚无地。北宁已失守，越事更棘，直无人能任此责，如何如何！仓卒求才不易，筹国者何所逃罪耶？愤懑愧汗，愿有以教之。丹初尚书前辈

佩纶叩上

十九日

（十五）

十二日

十八日巳刻柳堂先生栗主祀于故居，同人咸集，欲约公往拈香，不知暇否（巳刻以前亦可）？谨闻。敬上丹初尚书前辈左右。

佩纶顿首

十二日

左相给假回籍开缺，署事者乃裕禄也，如何如何。

（十六）

十四日

惠答谨悉，昨高阳言之恭邸定于十七日具奏，拙作恐多疏略，恃公以农部兼本兵必能妥议也，有人谓此举近于明代汰驿卒者，危言悚听令人心悸，有老成处之，定必条理秩如。香翁来疏与鄙见多合，其极大议论政府，不愿行，然足以维持国是不少，同此拜倒约盦尚书我师。

佩纶顿首

十四

(十七)

十二月初五日

仿蜀菜甕四送上，苦无暇日与先生以甕头齑下酒耳。今夕尚拟奉诣合肥，有事奉商也。恭颂丹初前辈大人时安。

佩纶顿首

十二月初五日

(十八)

十三日

本署裁并营汛一疏，酌稿呈政，有不妥处请从直批改，实发五百万，内系约略之词，究竟绿营兵饷是否减成，实发在若干万，望确示。余容诣谈。敬上丹初尚书前辈。

佩纶顿首

十三日

柳翁故宅一额已书否？又及。

(十九)

九月二十八日

丹初尚书前辈阁下：

前谕报销开单存案外重内轻，极承许可，以为得叙财之要领，退而始敢具疏，冀以补裨国计，非有所不足于梁侍御也。廿三日奉教则公已颇主开单之说，谓开单须有轮廓，心窃讶之，及见下各司钧帖“有目不必一一造具细册，俾有简明可循之章”，心益讶之。公诚意在开单，则前日求教时何不以梁说为是，诚意不在开单，则今日钧帖何又以细册为非公事公言，侍为执奏之人，公为核议之人，本不当再有私渎，唯我公既商榷于前，在今日愿终竟其说。窃以为开单未有能有轮廓者也，不造细册简则简矣，未有能明者也。至八月以前八月以后，前奉谕旨如此，今既有悉心妥议之命，则前言不妨反汗，似不必过于拘执，若八月以前仍令开单，则种种弊窦相因而起，八月以后即别立良法，已属亡羊补牢，况不能杜外省舞弊之原，而但为随事补苴之术，不塞漏卮，不抉痼疾，公且为负吏所轻，终亦归于无法而已。理财莫详于《周礼·司书·叙财》，郑谓钩考其财币所给及其余见为之簿书，职币用邦财注谓"军旅亦必楬之以书，岁终会出"，足知军需报销，即元公复生，断无不造细册而能参互考成之理。我公虽以防内外之弊并提，大意防内弊之见胜于防外弊要之，行一事须彻先彻后，求一至中至正之理，户部不可有云南报销之见存，我公亦不可有楚军报销之见存，斯为得之。日内当悉其见闻，以备采择，惟事涉会计，但能烦悉不能简明，如公不以为迕，迟当呈教也。公子举贤书尚未走贺，先此申臆。敬颂兴居，唯祈鉴察。

侍佩纶顿首

九月廿八日夕　左玉

（二十）

十二日再因无暇，祠中亦有事，谨改十三或午或未，请公亦定是日，侍无事转可畅谈。丹翁前辈我师

佩纶顿首

（二十一）

十月二十三日

日昨承枉顾，有失倒屣，罪罪。报销疏咨各省时，另咨严杜部费一节，万不可少。近年部费过多，非三令五申不足杜若辈之贪壑，而释疆吏之疑团也。余竢面罄，不尽欲言。丹初前辈尚书左右

佩纶谨状

十月廿三日

(二十二)

十九日

获聆名论,如古瑟铿然也。《造册疏》再乞一本,因香涛抚部求之耳。敬上丹初前辈尚书。

佩纶顿首

十九日

(二十三)

《造册疏》昨夕由谊卿编修送阅,具见苦心卓识,区区之愚欲举天下事以劳公,不仅在部言部,斯则主圣臣贤,吾辈唯当效子渊作颂矣。承以旧藏黄文节书见惠,真范致能所云“譬泰豆之御,内得于中,外合马志”者,视俗刻不啻璞鼠之异。佩纶拙书乃荷尚书垂教若此,从此得授笔决或稍有进地耳。至“富贵浮云畏首畏尾”数语,则坐右之箴也,敢不拜嘉?敬上丹初尚书前辈。

佩纶叩头

(二十四)

丹初前辈尚书左右:

久不奉教,胸中尘积斗许矣。香涛书未以《造册》一事为念,闻已奏允,可得先睹否?天寒,闻趋公甚勤,幸自珍卫,不尽所怀。敬颂兴居。

佩纶顿首

张盛藻[1]致阎敬铭

(一)

大寒后一日

日前趋候，未晤为怅。顷有敝同年江古于托领旗匾银，有刑部印领一纸，祈阁下到署饬吏领出为幸，缘催限甚促也。委书册二开早经书就，因恶劣未敢呈，教丑妇见人能不发笑耶？严寒伏惟珍啬。丹初仁兄足下

弟盛藻顿启

大寒后一日

(二)

寒食日

丹初尊兄中丞大人阁下：

不奉手教瞬经两载，饥渴之忱无时或释。昨阅邸抄知阁下因贵恙未痊，陈请开缺调理，朝廷眷倚方殷，未允所奏，兹又宽假，自应速起任事，从未闻虞廷、皋夔能赋闲居也。东省吏治经大才淘汰振刷一番，已有整齐严肃气象，但亦不必操之太急求治太速，鄙意尚望宽猛相济耳。黄县杨叔通济、临清张云骞应翔均为阁下所赏识特用者，亦均与弟相知，杨君已蒙超荐，而张君近闻境内有一失盗之案，摘顶留缉，目下限期将满，恐遭严查，惟念张君平日官声颇好，绅民爱戴，此案失事只数十金，现已获有要犯四名，似可恩予宽宥免其严查，实为厚幸。不特张牧与弟同年，私好亦是因循良难得爱惜人才，与阁下平日赏识之初心相印合耳，千祈垂念无任感荷。弟供职无状，早拟乞养

---

① 张盛藻(1819—1896)，原名志绣，字素君，号春陔，湖北枝江人。道光十七年(1837)丁酉科拔贡，由户部员外郎，补授江南道御史，光绪二年任温州府知府。有《笠杖集》《三雁纪游》。

归里,去秋奉派管理街道,应俟差满始能陈情。贱躯粗平窳惰如常,望锡箴言以资儆畏耳。缕此渎闻,恭请痉安,伏冀爱照,不备。

小弟张盛藻顿首

寒食日泐

闻东省近日石刻邓完白书颇多,希惠赐数种。

(三)

十一月初一日

十年旧雨,联襼燕台;三楚福星,流光邹鲁。去夏鄂垣拜谒,极荷雅谊殷拳。抵里后即肃函致谢,旋闻奉讳回秦,未知已达青览否?辰惟丹初中丞大人中外仰如泰山,朝廷倚为柱石,夺情为国移孝作忠,泽美旬宣,江汉留棠阴之爱;勋酬昼接,封圻膺简在之恩。触石而兴,不崇朝而天下遍;东山不出,问斯人如苍生何!引领下风莫名钦佩。侍于今春三月俶装北上,四月杪到部销假,六月补福建司员外缺,七月补江南道御史缺。抚隙驹之易逝,惭仗马之徒随。尚望时赐教言,俾资遵守,是所切祷。肃此恭请台安,伏惟荃鉴,不庄。

侍生张盛藻顿上

十一月朔日

敝寓大安南营路北。

张树荧致阎敬铭

三月十六日

约盦中丞大人座下：

叩别道范倏又经年，企慕私忱与日俱积。去冬今正两次策驽趋叩起居，均为风雪所阻，临河而返，怅恨曷胜！刻维福躬日泰，潭祉春和，定如下颂。荧遭家不造变出多端，去春甫将先慈殡事告成，自夏徂秋料理分爨，虽幸无阋墙之祸，而心伤魄悸，所处殆非人镜。折居后得荒园一区破屋六间，复值俭岁钱粮两竭之时，逆理兴工大非本愿，无奈嗷嗷众口，露处为难，虽见哂于有识者，而亦不能中止也，大约入夏可以苟完。四、五两儿年皆弱冠，尚未毕姻。年内拟为草草完娶，妙手空空正不知如何办法，所幸去春晋谒归来，每述先生家法，儿辈渐知感化日返朴实，布衣菜饭处之泰然。乡居别无嗜好，诵读之暇，略事畎亩，忙则奔波终日，亦不以为苦，此年来进境可以上闻者。贱状佀常，服阕多时，年内必不出山，少间定欲趋诣畅领大教，专肃敬叩金安。

张树荧谨启

暮春既望

再肃者，手民刘子梧冈在营，曾保蓝翎守备，缮刻两精，厌倦营务，仍理旧业。伊闻高斋需刻书集，乞为推荐，其人艺精心细，妥当可靠，能否录用，伏候钧裁。

荧又启

夫人痰疾谅已久痊矣。

张曜孙[1]致阎敬铭

(一)

五月十九日

丹初仁兄大人阁下：

前肃两函谅经鉴及，即辰伏承勋猷日懋，峻绩风高，定符额颂。曜孙差事舌敝唇焦，无如此间定见疲赖，抚藩合力，众人附和，独一薛钦使说公道话耳。赫税司赴汉未知能否速行定议开关，若尚有一二月耽搁，不如先行文令委员坐收，捞一月便可得一二十万，夏令正税旺之时，弃之殊属可惜也，已具禀。（现拟请命薛钦使即行办理，不知肯主持否，总望节相文书速来耳。）节相阁下与义翁、谱翁、伯翁诸公商之，若以为然，请即迅速行文，真一寸光阴一寸金也。如以为宜办，即添派一员（李师宾甚好）前来帮同料理，盖必须一人坐守银号中也。曜孙奉差无状，徒耗盘川，实深悚仄，窃欲捞回些须，以小作贴补，使汉上、沪上所赔浇裹有着，聊尽心力之所能至而已，非有他意也。他日汉关开征，永远之利，海关从此衰矣。上游庶足自树立，不至仰给于人，曜孙首倡此议，亲见其成亦一快事耳。此间洋人助顺攻克嘉定、青浦、拓林，后以曾相之奏索然意尽，遂尽撤各处之兵，三处复归于贼。现洋兵均在近处，贼烽虽逼此地，不惊上游，能一鼓下金陵则苏常自易收取，惜湖州终以粮尽援绝而破，恐从此官绅无敢再议守城者矣。陕事可忧，闻多将军赴援，甚好。然多军去而楚又空虚，奈何！鄙见陕事如蜀，恐非暂时所能了，粤西之刘、黔之田似皆可调，庶足支持北事，壬癸两年西北之祸不下东南，久经料及也。《通鉴》以纸本尚未得，先将《宜稼堂丛书》带呈，即乞检入。儿子夭折，积愆所致。另

① 张曜孙（1807—1863），字仲远，号升甫，晚号复生，江苏常州人。道光二十三年（1843）举人。著有《谨言慎好之居诗集》《产孕集》《重订产孕集》。

具补函，伏希矜鉴。此请大安，不宣。

年愚弟曜孙顿首

五月十九日

义翰、伯符、谱香、作人诸兄均乞候安。

（二）

同治元年五月十九日

再，沪上军事以官军在白下，下游之贼悉数赴援，故烽烟稍远，遂铺张撙厉以言功，侈然有自得之意，殊非大将气度，与西人终不协，后虑方深，官场营务俱不能次第整顿，即筹饷一事，任听海道之颠倒任意，略不过问，日前寄回之折可见一斑也。观此间公事，实令人气愤已极。楚中白日青天，上可对朝廷，下可对百姓，近可对百年，远可示万古，天下更无第二处也。至于差事备详，节次禀函，及书中昨有致方伯一书及咨文一通，尤备言之，不复赘述。现心力交尽，惟盼楚中速奏，俟朝中旨下，总理衙门、户部文来，孰胜孰负，孰是孰非，方可办理，否则计穷力尽矣。最可怪者，总理衙门奏定归楚西之长江税三款，海道抹却一款，经曜孙通禀请饬另行会查，而薛、李二公批竟不置可否，殊不可解。奏定之案能朦溷过去耶？不知是何主见。现已录批，据咨遥禀督抚宪，请参不遵奏案朦溷隐匿，看其如何转湾，此皆出人意表之奇文也。新到藩照磨孙慈庆系舍甥，人尚老实安分，若上谒时，求推爱严加教诲为祷，又行。

子山现在会防局与李中丞亦不接洽，此事竟毫不能为力，此间风气不比楚中，竟无一人敢与抚藩异旨，即朋友书吏明知其错，亦无一人开口也。

(三)

四月初八日

丹初仁兄年大人阁下:

揖别以来忽忽三月余矣,萧艾之思劳于寤寐,即辰伏承勋祺介吉,存祉延厘,载深企颂。曜孙于二月初在汉口解维,沿途风雨雪交加暨阻滞,廿外始抵皖城。禀谒曾节相暨李中丞,耽搁数日,即拟折回九江,附轮船东下,适沪上有雇募轮船来皖迎师之举,曾节相命留皖待之,毋庸折赴九江,讵意第一二批所到之船装至二三千人,满莫能容,待至末后一批,仅装三百余人,始获附载,然亦甚挤,幸三日即达沪上。乘风破浪,其行如飞,为生平所未经,亦足一快胸臆。所苦者,饮食皆腥膻,不能下咽,忍饥三日,仅以糕点充饥,亦竟不自觉甚饥也。到此后,谒见薛中丞,并晤署藩台吴晓帆观察,言及差及,中丞措语甚属公平,吴晓翁则大有为难之意,言辞闪烁支离,殊无头绪。现苏抚已放,李少荃都转、薛中丞交卸在即,势须待谕旨到来,李中丞莅任后方可商办,幸此间不乏熟人,必当尽力设法以期有涕也。近日洋人效顺协助官兵攻复嘉定,明日往攻清浦江北,巢、含和西梁山均已克复,经过时已无一贼,惟九洑洲尚有贼垒,亦无多人。南岸之芜湖尚与我军相持,其石埭、青阳、铜陵均已攻拔,我军现攻宁国,江面自芜湖至金陵一带并不见一贼船,江淮水师即可傍此岸顺流而下,九洑一洲不难一举平之也。曜孙现居洋泾客栈,尚未觅得住处,屋少而奇贵,所用之物无一不昂,亦生平所未闻见。属购书画俟定居后与子山共购,渠鉴别之精较胜曜孙耳。蜀中贼势如何,宜荆安堵否?省中一切想蒸蒸日上,整顿一新,便中乞示知,以慰驰系。草此奉布,即请勋安,惟希鉴察,不宣。

年愚弟曜孙顿首

四月初八日

张荫桓[1]致阎敬铭

(一)

六月十九日

谨禀者,晨趋东华门,适已散直,询星叔,言无事,遂与荔秋、蕙吟在临廷处略谈而返。正服药,适得署书,谨呈览。事机至此,恐将不可收拾,荫桓虽病而未请假,午后仍拟进署再诣函丈禀商。祇叩钧安,伏候垂察。

受业荫桓谨禀

六月十九日

(二)

四月二十六日

夫子中堂阁下:

谨禀者,初春肃禀一函,专足赍呈,亮邀慈察。比阅邸抄,恭悉道履违和,屡廑圣怀赏假调理,时艰孔亟眷注方隆,窃愿早占勿药。翊赞宏谟,永戢干戈,渐培元气也。荫桓京宦半年身败名裂,比以芜关册档无理牵缀,来津请示交卸,适遇邓鸿胪极道盛德,深愿珍卫为国,毋赋遂初,景跂之情,远近一致,知公道尚在人间也。法约犹是依样画胡卢,特此一年间摧折人才、耗损财赋何可胜计,事定之后可虑尚多。御侮之道,严考军实渐收利权,为中外交涉第一要义,防勇既撤,虑启狐嗥。洋债子母宜量予清结,补疮无肉深费荩筹。但使岁熟年丰萑苻无警,似亦无难就绪,只是洋商侵占利益,中国膏脂潜耗于不

---

① 张荫桓(1837—1900),字樵野,广东佛山人。中日甲午战争中曾与邵友濂为全权大臣赴日谈判。1898 年 3 月,协助李鸿章与俄国签订《旅大租地条约》。戊戌变法时,调任管理京师矿务、铁路总局,倾向变法。戊戌政变后遭弹劾充军新疆,1900 年被杀,著有《三洲日记》。

及觉，过时历月终成坐困之势为可忧耳。近闻赫德擢任英使，乃弟接综税司，则交涉与税务两事均归其挟持，流弊有不可胜言者。赫德居间，法事得以息兵，总署方感激之不暇，何肯稍拂其意，惟此中机兆，蠡见所及，不敢不上陈函丈，聊备采择。昨闻锡司寇言荫桓尚有使美之信，叩之合肥谓郑光禄已病废，美使非粤人不可，内间既不下问，不便致词。云荫桓去年留京不及回皖清厘关务，致有今日之调，所可自信者，非亏非挪，只是征不足额，册档无款起解，梁道不肯照章代办，必要本任自理。又撇却署任之孙树人专与荫桓作难，各省关无此办法，事前绝无一字致询，遽尔请调，庐署抚不查关章、不核卷册，惟恐册档逾期为人受过，率尔入告，殊不可解。梁道禀称第八届征存税数与未解银两不敷甚巨，非经收经报之人来关清理不能明晰，是否征存未解，抑已报未解，颇难索解。又荫桓虽经收十月，而合届经报则孙树人一手经理，如何造报未准抄稿移知，无缘得悉。荫桓移交树人有二万余金，树人接征两月，除支解外移交梁道几何，梁道亦未察叙，荫桓从何清理？然自得此信，津门同僚已争谋李代，幸裕寿帅月初过津备述荫桓委曲，许以到皖调卷核办，免荫桓之行，昨合肥准南洋转达寿帅来电，业请庐署抚查核卷宗，划拨清楚，不致再有纠缠。议由孙署道与梁道清理会禀完结，荫桓无须亲往候算，似此便不致无辜牵累，然免九赔一之项，荫桓应缴八千余金，不能不竭力罗掘，遵限于九月前解司以清首尾也。荫桓丛谤之身，复无端被击，仰荷圣明不下特旨命往，但令咨直转饬，感激圣恩不禁零涕。前得筠丈传谕，荫桓跼蹐之状，尚荷钧垂。此时横逆所遭益难设想，人生几何能禁如许磨折？回首龙门，惟增愧悚。本拟日内返署，合肥谕以明日法约画押，司道均应预会，只可腼颜以赴，恐拜送星使乃能成行。咫尺都门无由趋侍杖履，谨专丁赍禀代叩痊安，伏祈霁鉴。

受业张荫桓禀

四月廿六晚津寓申

（三）

光绪十年甲申十一月二十八日

甲申十二月十六

夫子中堂阁下：

谨禀者，十月望后津门手禀一笺，计邀慈察。续有以荫桓旅况窘迫为言者，大府恻然，即日檄委赴任，遂于廿四日首涂，过保定少憩与崧镇，青假盘川以行。冬月十四日抵大名，许署道已合龙返署，当于二十日受任。今日送学使启节，明日查库，后日赴东明验收堤埝各工，腊月望后当可言旋。此间民俗悍甚，户鲜经诵，土风尚武，尤是魏博之遗，毗连东豫之交，盗风尤炽。镇标练军移防海岸，冬防益吃要，尚有马队一营时出梭巡，冲衢堆铺实有其人，刻尚粗安耳。僻处一隅远离江海，鲸嘘蜃母风唳无闻原为幸事，只城内一教堂，法教士来谒荫桓，谢不延接，更不闻娵隅之音，大可遵养时晦，岂悟东明河务重累不堪，从前岁费二千四百金足资修守，近乃费至七八万，明年估至十三万余。前任移会前来，只可为之转请，此中有无浮靡，殊难臆断。光绪七年已奏设厅汛，地分上中下三数，上汛关系东明县城，中下两汛则东省屏蔽，今秋中汛不守，流波及曹，幸未夺溜，旋即堵合。水行曹郡之东，可以灌溉宁运道，且阻水行曹郡之北，则老河旧址或竟南趋，河身久淤，势必泛滥，近放楗石之劳，思维辅车之义，直东难分畛域也。工段不长而坐湾甚多，奇险屡见。他省河务霜后便庆安澜，东明须十月杪乃定。现在河厅勤勤求退，中汛汛官承檄到任，辄仰药自裁，遇救而活。前任不得已为之改委，此中棘手绝非虚语。又厅汛各工均在南岸，而荫桓衙署向驻北岸，距河壖且二百余里，每当三汛抢险，须亲往督役，波涛汹涌时，印须以济。视豫中南北两道之各顾堤岸无烦涉险渡河者较为吃力，若先期而往，又不能日行各事概行摆脱，向章军流以下人犯，由道审拟，时有提讯案件，势难专力于河，而切肤之痛则河为最要，固籍人工亦恃运气，以荫桓丛谤之后，胆气颓馁，董斯工役，窃虑不克支拄，重负恩植，良切兢惕。虽奉派会办知府一员，全工赖其经理，道员宜可弛担，然该守公牍列衔在道前，各事又不肯独立，有险工辄牵率道员以往。一钱之微，道员不能自主，又不敢不闻命即行，历任咸以为苦，该守今秋亦求退，大府属荫桓酌其去留，荫桓自维不谙河务，得熟手为之提倡工员，差有秉承，虽折节下之，亦为保卫地方而然，人不以为諂也。堤上有练军一营，归道管辖，而营官系提镇，向与道平行，隆以客礼，又皆淮部立功之人，难收指臂之效。厅汛皆道属，河厅来见，荫桓索一河图不可得，但云备呈大府而已。东明距津且千里，安能遥顾哉？荫桓后日到工察看情形，陈力就列，恐须续烦钧聪，赐之拯拔也。比者国家庆万年之觞，而赐乐独遗魏绛，窃恐兵事饷糈仍烦荩虑，荫桓梦绕觚棱神驰函丈。抚今思昔，忧悃万状。顷闻孙学使言兹事将有成议，能不待东风解冻甲洗银河，后此设施仍可从容布局也。献岁发春，无缘趋贺，谨肃芜禀，祗叩鸿禧，虔请钧安，伏乞垂察。

门下士荫桓谨禀

冬月二十八日申

立仲世兄谨此致贺。

（四）

光绪十一年乙酉正月二十八日

乙酉三月十二到

夫子中堂阁下：

谨禀者，荫桓抵任后曾肃手禀，托许筠丈转送，计已得邀慈览。春和景明，伏惟道履康强，钧祺茀禄，至为颂祝。荫桓客腊曾赴东明验收中汛河工，历览情形，各段均极吃要。新工虽竣，系就缺口处退挽大堤并筑顺水坝，费省而事集，筹画良善。特坝根紧靠大溜，回旋圈刷，凌汛水枯，埽段频蛰，伏秋大汛更烦撑拄。此外上下两汛并有险工，视新工稍轻耳，三月间仍当亲往督役。相距二百余里又隔一河，殊形纡折。此间一冬无雪，开篆辄设壇祈雨，连得大风，深虑无麦，兵事方殷，何堪岁歉，畿南又毗连曹汴，民气强梁动辄聚众，而各营将半属大府厮养，获咎见疏后，乃投之闲散，类皆骄踞贪惰一流，缓急无足恃。荫桓向未从事，淮军尤形冰炭也。解冻后津防益严，遥闻谅山不守，台围复紧，南洋五船，法毁其二，招宝亦有战事，彼族且增兵东来，似竟大举矣。兵事利钝原难预期，惟海运南漕，恐因而窒碍，英美商船法若诘以局外之规，虑不敢为我挽运京仓根本，弥且杞忧。然南漕究无与战局，仍可与之争辩也。何天爵借款不识能否践约，闻何天爵之行系杨约翰因其频赴总署言事，故撤之回国，另派他口，不复来华。又杨约翰为美国新闻馆秉笔之人，众望不孚，他国不甚推重，此皆荫桓出京后之所闻，未悉确否，敢以奉告函丈。比者反舌无声，朝廷似将大悟，可以收回自主之权。殷忧启圣，然诸事已难为收拾矣。荫桓谗口余生，迹同禁锢。每念时事艰危，尽勤昕夕，不能稍供发纵指示之效，弥用愧悚。肃禀，祇叩钧安，伏乞垂鉴。

门下士荫桓谨禀

正月廿八日申

（五）

光绪十一年乙酉八月二十二日

乙酉八月廿三

夫子中堂阁下：

谨禀者，荫桓五月驻津，禀叩起居，旋即返署料量尘牍，驰诣东明督防。六月下旬伏汛奇险，扫段随厢随走，正在胼胝焦灼之际，忽奉廷旨出使泰西，楗石驰担悬布再登，应即回署交替，惟全工文武均萃力于此，昼夜靡间，义难独去。因俟抢护就绪，伏汛平稳，乃于七月五日言旋，十六日得代。适漳、卫并涨，积潦盈路，轮蹄既阻，沿河居民护堤守险，列械以拒，行舟水程亦复迂滞，且家累萦绕，骤难摆脱。念拜命逾月，亟应诣阙，遂于八月三日单舸来津，值传相趋朝，严装星驾，旆旌徒御，馏顿难同，只可望尘缓发。明日可抵通州，先遣奴子入都觅一小寓，并托钱吏部为备安折，乃能前来。荫桓客岁京居奉职无状，蒙恩外擢，惭汗交萦，群疑众谤之余，自分永无瞻天觐圣之日，猥荷成全，重拜使命，感激奋发，何可言喻。曩者郑光禄奉使道缺缓开，盖有余恋，大府亦期派代者试看数月，再予拜真，故道缺仍然旒赘，荫桓之于大名常怀恐惧，惟虑去之不速，且远役万里，尤挟左迁之缺以行，亦贻人笑柄。荫桓并非求开道缺复玷卿贰，上年以卿衔笺译署，独不可以卿衔奉使异域乎？但得奉国威灵不系乎实缺否也？吴会办谓前由河北道赏给卿衔，往吉林治军，当时谕旨亦未开缺，系自向政府陈请，云传相亦言开缺为宜，而不肯代渎圣聪，只允晤商函丈，谓政府之权不敢越俎云，不识已达钧听否。慺慺愚诚，务求鉴察，无任惶悚，祇颂崇禧，虔请钧安。

门下士荫桓谨禀

八月廿二晚申

（六）

初二日

夫子中堂阁下：

谨禀者，昨辱钧示，恭聆种切。汪冏生有志远游，且有纪群之雅义，难却之。惟日来总署各堂荐条杂遝，夹袋中已极济济，容诣函丈奉商也。赐书谦谦，展读增愧，手禀祇叩午安。

受业荫桓谨禀

初二日申

（七）

光绪十一年乙酉十月二十八日

乙酉十一月初四到

夫子中堂阁下：

谨禀者，重涴京尘，忽忽三月。经帷载侍，穆礼频饫，恩谊绸叠，匪言可宜。叩辞后，廿一日宿通州，廿四日抵沽上，因候轮舶又苦酬应。购制字模一事，访之熟谙之人，如潘彬卿之弟梅园及李丹崖，均有见地。承开示略节，各有可采，丹崖所论尤精，所云扈上有友人制就未用之中字、小字各一全份，或可商购，殆系铅字粒，非铜字模，自不合宜。所言申报馆翻制及美华书馆工匠偷制者，万不可用，却系至理，容到扈再为考究也。潘梅园之论以字形展长为得法，送阅局刻《艇雷纪要》一书，字系长形而行数不整，似逊总署所刻各书也。谨将两说先呈钧览，以备采择。承饬带样本，一为二号，一为四号，潘梅园以大小搭配非宜，力主长形之说，证以四号所刻，自系长形者排列较为好看，然其自刷之书乃复参差，似长形未为尽善，李丹崖谓样本大小可以搭配，且以署刻为整齐，说亦不谬，既自制铜模，总宜考定模形，折衷一是，荫桓抵沪当再禀闻也。此行随带各员原恃候选道伍廷芳熟悉西律，何慎之熟谙泰西语言文字，可以相助为理。伍廷芳本系各省关公捐薪俸，而津海关乃专据为已用，此事已不公平，秋间来津面商，传相准予随带，并请示须令伍道自觅替人否，传相谓可不必，及定议后，津关以荫桓未先与言，遽与传相商定，心滋不怿，坚期挽留，且谓如将该员带去，则各关必与荫桓作难，闻之骇诧。各关公捐薪俸之人，专供津海一关之用，荫桓挈之出使，各关捐款可省，尚何作难之有哉？荫桓在都时，津关禀请传相谕留，荫桓举前言为证，传相亦不置词，故敢具疏陈请，既奉旨照准矣，乃日前抵津，传相谕留，荫桓谓传相"向办中外交涉事，以信为主，未既有既许而悔之理"，传相弹然，属与津关相商。昨日重诣津关，再三恳请而周道持之愈坚，且述传相之言，谓前此所许，此时不算，真奇谈矣。重与言之，许以明年六月准令出洋，其实伍道已觅有替人，传相亦经札委，伍道并无经手未完之事，总是津关有意作难耳。不知荫桓从前禀商传相并非越津关而上陈，盖连访不遇，持帖约会又不晤，不得已而上达传相，不悟坐此龃龉，荫桓意中别无他人。此去经过通商马头，须令参赞往拜各国领事，使臣不枉拜，所以崇体制也，即香帅所陈能否办去，亦须从香港先行考订，伍廷芳于此等事最相宜，荫桓并非图懒，盖此等事不能不倩人者也。又同知衔何慎之一员，本系保险局习洋文之人，八月间调之来京，其时招商局绝无一言，及荫桓奏定后，盛、马两道乃禀请传相扣留到津，即奉来咨询诸何慎之，谓向不经手银钱，并无亏空，荫桓原不敢遽信，只可挈之到扈，令与该局核算而已，保险股本一百万两，招商局借用七十万，开平局借用三十万，以致保险生意停歇，股友频请商局拨还，盛、马两道因假以藉口，此中外所知者也。荫桓丛谤之余，重拜使命，圣谕诣切不敢掉以轻心，自顾迂庸，亦期竭犬马以报，而所调得力之员，一厄于津关，一厄于商局，而均怂恿传相钤制，势如太山压顶，荫桓若和盘疏陈，曲直是非难逃圣鉴，必触传相嗔怒，以后办事盖难措手，然此中波折总难恝然，且远使殊方，亦非一手一足所能集事，委婉下怀不能不陈之函丈也。海门将冻，明日登舟，统容续禀。祗叩钧祺，伏祈垂察。

门下士荫桓谨禀

十月廿八晚津寓申

（八）

光绪十一年乙酉十月二十九日

乙酉十一月廿日

夫子中堂阁下：

谨禀者，昨晚四更手禀一函，交巨兴隆西号带呈，并书样一本，计日当达函丈。荫桓今日申初乘小轮舶至大沽，登海晏船，大约明早乘潮展轮也。奏带伍廷芳一员，津关仍龋龁，原订六月为期，早间传相光送于紫竹林，津关亦在座，荫桓重陈前约，以此时沿路访采如有替人，便不勉强，否则期届六月仍当咨催。传相谓六月之约，姑为此语，其实不能随带，云荫桓并非少此一人便难办事，特百事应以信实为主，既不任随带，当时可以不许，传相近境每多如是，左右近习又极力怂恿，未及放洋，已令人意冷矣。海外船捐一事，津门晤舍亲李若农，言香帅之意甚锐，叩其有无把握，亦自茫如，意在先行购船，所有驾船之人、养船之费不计及也。若农最佩香帅，持论略同，其追悔和局之速成，几于眦裂，殆有肝胆者也。荫桓出京时拟定专上吾师电报密码一纸，托恭将军转呈，不识已否送到，兹重录呈，伏祈察存。海外远征，送递数万里，遥望绛帷可胜依恋，此时如蒙赐书，交总税司赫德转寄为速，即封冻后亦惟赫德陆递为便也，若交巨兴隆转送，文报处较转折耳。缅降于英，此间已见新闻纸矣。肃请钧安。

门下士荫桓谨状

十月廿九日大沽舟中

（九）

十一月初九日

夫子中堂阁下：

谨禀者，津沽两肃禀函，一附巨兴隆，一交旧仆梁福带呈，先后当邀垂察。荫桓朔日自大沽展轮，初五日抵沪，奏带伍廷芳一员熟精英律，为津关所留，马建常一员熟谙法文，又以母老不能远役，何慎之一员，商局扣留算账，该员本无亏空，但将经手事交代便可成行。询之马建忠，已蒙允准，特伍廷芳一员，颇难觅替。其马建常一员求带尚易，既不忍断裾而行，荫桓亦深钦佩，不再强之也。惟此行数万里，远役三四年，甫出国门辄多轩轾，以后何堪设想，更可讶者，昨在沪复郑玉轩一电，交文报局转发，该局初言加盖印花即可照发，及盖印予之，该局乃复推诿，谓须请示上海道乃能照办，往返三四次，及荫桓自认电费然后发，及发电后，译其西文错误殊甚，文报局员保奖向与出使随员同一优异，若如沪局情形，以后差次寄回文报电报，深虑贻误，而此项文报又非一国使臣可定去留，殊闷事也。至应须川装、薪俸、经费银两，上海道亦复折驳，尤为不堪。随带十六员，除却伍、马，尚有十四员，学生、供事、差弁犹在外也。按定章，每员给予治装三月薪俸，参赞、领事薪俸较优，则治装之数较巨，荫桓现未定派名目，一律照随员薪俸，每员各给六百金。俟到任后派定差使，照章补给，即此已须万余金，而自津而沪，自沪而港，自港而美，火轮船车之费恐亦须万金左右，到差后应需经费自应备带一年之用，昨商上海道，请拨十六万金，上海道颇不谓然，属将资装领去，余俟明年续汇，无非寄顿钱庄多营子母，诚不念使事之艰难也。此亦龋龁之一端，姑备文予之，能否照准却不可必，出京后动多窒碍，若抵美都，亦复为若辈所厄，则呼吁较难矣。吾师若不以屏诸四夷相视，尚乞眷顾及之也。现须资装发给后乃定行期，如能赶及，则十八日搭法公司船，否则廿五日搭英公司船，南京应否前往，须候沅帅复信。又三远铁舰近将抵沪，前承醇邸谕询能否便道一看，刻值该船来沪，荫桓亦欲一拓眼孔，已属商局届时知会耳。又日斯巴弥亚公使刻亦抵沪，荫桓奉使该国，不得不一往还。外此则意使卢嘉德亦须一拜访，至各国领事，则向不理会，仅遣员代拜，所以崇国体。伍廷芳不来竟无合式之员可遣，北洋但为津关计，亦不念使臣得人之难也。慺慺愚虑总以后路茫茫，若如此纷纷之掣肘，则甚难设措，敢乞函丈垂悯也。承饬订购印书铜范，现觅得一副，如所携样本二号、四号之式较津局所制为善，每号六千七百字，二号每字英洋二角，四号每号一角五分，共英洋二千三百九十元，外加炉合等费，约洋二百元。又油、墨、印架五百五十元，其尺寸能印连四纸对开，倘用中国水墨则可省此印架，惟不能速印耳。此项铜范系美华书院旧司事涂子巢之物，随时可售，亦兼铅字，其价系按分两核计，但运至山西或致擦损，不如自制铅字为妥，故未予订价。此种铜范虽非极品，然价值相宜，视津局为远胜，兹将样本呈览，盖二号、四号之式，幸酌定电复，以便定实，将来运津仍交商局，当不致误，或托松沪厘局苏桂舲世兄（赓堂河帅犹子）亦自妥当。因寄式样未便电禀，计此禀到京，奉到电复当在本月廿五日以前，荫桓可以遵办也。如刊木另制，则一年方竣，不如就津局制办为便，惟津局字形殊有参差，未臻善美耳。统乞示遵，祗叩钧祺。

门下士张荫桓谨禀

十一月初九晚沪寓

(十)

十一月二十日

夫子中堂阁下：

谨禀者，抵扈寄赫总税司代呈一函，计程十三日到京，刻想得邀垂察。伏惟道履康强为颂。荫桓准廿五日登舟，昨复电禀字模一事，价值尚廉，已再三考订，如荷准购，荫桓即托松扈厘局苏世兄一手经理，价值二千三百九十元，荫桓拟先垫付，其炉合银二百余元，留交苏世兄访买。计明春启冻准可运至都中，并不费事。共须规洋共二千六百元，每关库平银百两作规洋一百十一两四钱，每规洋一元时价七钱五分，合库平银一千七百五十两四钱，规元纵有长落，相去亦不悬殊。此项价款，吾师俟山西公款到时，寄还粤东省城张济堂蜡丸店转送荫桓家内，因荫桓远役，家无恒产，仍须拨留薪俸养家，如此一转移，则两得其便，谨候电复遵行。荫桓因南洋未令赴宁，遂在沪候拨经费，陈荔秋拨廿二万，郑玉轩拨二十万，荫桓现拨十六万，沪关甚艰涩，及呈解前来，仍系期票，本月二十日到期，又须届期往取，现已取出分汇旗昌、汇丰两洋行各六万五千两，余三万两发给随员治装，并备带轮船轮车之用。荫桓此次随带各员，视玉轩加倍，而拨款乃不及玉轩之数，沪关已有难色，出洋后备文请拨，恐尤吃力，思之骇悚。一切轩轾之况已具前禀，伏求鉴察。荫桓在沪适济远快船道经吴淞，因往登览，谨上复醇邸一禀，谨祈阅后粘封饬送。该船利病略序禀内，此就蠡见言之，亦尝接见德国兵官，考求至再矣。又另致贵同僚谢函，亦求饬纪纲顺便送去，毋任感悚。日来适与蔼仁相值，聚谈数日，询及粤事为之太息，意兴萧然，欲盼重赴鹿鸣，光复顶戴，可笑亦可惜也。渠日内赴苏，旋作西湖之游，并访严濑云，荫桓睽别十年，他乡重遇，相逢遽别殊难为怀，余容抵粤具禀。附呈五大洲图一纸，乞察存。手禀，祗叩钧安，伏祈霁鉴。

受业张荫桓谨禀

十一月二十日沪上

再，随带各员划留薪俸赡家，向系援案办理，已备牍呈核，另为书与赫德，尚乞便中转语之也。各该员不无内顾，必求划留，切实亦人情也。肃禀，再叩钧祺。荫桓谨再禀。

又后路文报最关紧要，沪局总理之员并不在局，已电请北洋改派马建常矣。桓又禀。

（十一）

十一月二十五日

夫子中堂阁下：

谨禀者，廿一日述禀字模价值一千七百两零，前日交价时，洋银每元仅值七钱四分，并炉合价亦交楚，均系涂子巢之物。其炉合本系自用，相让亦可，微嫌其旧，属另购新器，渠已允诺，即令出立合同留于扈厘局苏世兄处，明春启冻即代运京，将来由京运晋须在同文馆假一匠役前去，以便安放炉合。一切刷印制字之法，叠于前禀言之矣。荫桓以其值廉，且现成之物较自制为宜，计须留款赡家，因遂付价作转移之计，行期既迫，电谕迄未奉到，殊觉怍怍，念此嘉惠士林之事，愿速成之也。合同抄出一张先呈鉴察，所有挑选装运送至京，已谆托苏师兄矣。到京后，如须挑换或添制多字，即可谕知苏师兄照办，涂子巢住上海城内，距厘局不远，故以托之，且系世好，而其近办洋药厘捐亦甚得法，已将其所办情形另函禀陈矣。若能持之不懈，岁入可增百余万金，不无小补耳。荫桓今日登舟，如荷赐书，乞寄粤垣，容续禀。即叩钧安。

门下士荫桓谨禀

十一月廿五日辰刻沪上

（十二）

正月二十一日

夫子中堂阁下：

谨禀者，十七日电禀一函，本拟夜潮赴港，香帅登舟相送，复以会议之稿未能妥定，属缓至下届船期乃行，惟舱位已定，该公司不肯退，遂于十八日赴港，与其通融下届仍附该公司船只，颇烦唇舌，幸已如愿。适接旧金山领事禀请禁阻华工赴美，并派员驻港稽查，就商港官助力，当与东华医院诸绅董会论一日，持两议与商，一系已去之华人如何保全，一系未去之华人如何停止，该院绅亦无把握，属美领事停发护照，该领事云已停发，然查昨日船期赴旧金山者，尚八十余人，均携有金山税关回据，所谓回头纸也。此回据到时不能不令登岸，惟此回头纸每多冒领，该处海关往往得贿作弊，故影射冒领之弊层出不穷，拟请俯商美使设法整顿，或令中国驻金山领事画押、盖骑缝印，互相查考，斯弊或可渐息。现在美境驱迫华人系山里各埠之事，其金山大埠、二埠均无恙也。若辈呼吁于东华医院，并达香帅，意在暂止华人之往，荫桓拟乘此为筹护商之计，港商议论骤难齐壹，且金山系总名，其华工之散处者，多在深山矿穴之间，船力不能远及，须到时查看情形也。在粤晤黄遵宪客秋从金山领事销差回，询及金山情形，极言领事如旒赘，美外部威令不行，惟有倩讼师，遇事与理刑衙门辩驳，得直庶可自持，而讼师之费无出，故办事棘手云。荫桓愚，窃以曲突徙薪莫如暂止华工之往，其华商有生业者，仍旧往还。其已往之华工，到时妥筹保护，能否如香帅所议，容续陈也。人日钦奉寄谕会议钟德祥条陈一疏，香帅谓其志在毛遂而大不可靠，前年来粤几酿事者屡矣，桂抚欲核之，而不自发端，贻书于东，事过遂不深究云。荫桓谓既若是，则不如就近归粤督兼顾，盖南洋各岛，均从香港发机，粤较闽为近，但偏劳耳，香帅颔之。续叩黄遵宪谓此议创自郭云仙，尚非荫桓创解也。香帅拟派员先往一查，已酌闽人一员，荫桓濒行乃酌派越人余嶲曾，从日本领事回者。香帅章奏最恭谨，必须手操，庶政又繁，每迟迟脱稿，荫桓在此守候日费不赀，下届船期须二月初旬，现与港商博访外埠，各情形仍返省与香帅会定。前稿久容初归，亲族故旧迄难相顾，又半多中落，相对唏嘘，急思放洋，心绪可略清净，兹乘差便，肃禀，祗叩钧安。附寄粤刻书廿七种、猪婆参五十斤，伏候莞存。统乞垂察。

门下士荫桓谨禀

正月廿一日申

（十三）

光绪十二年丙戌四月十九日

丙戌四月十九美国发，六月十一到

再，日本行次肃禀一函，附文报处转寄，不识已否得达。自渡大洋，昏昼殊暑，眠食失度，虽无巨风，时或晕眩，三月四日舟抵金山，税关索阅国书，阻碍登岸，当诘以税关无接阅国书之权，必欲展阅，须还我凭据，否则函商外部，即不登岸，原船回华亦无不可。该关理屈词穷，荫桓即驱车就馆舍。盖国体所关，不能迁就也。续电致玉轩转告外部，该部行查，该税司乃来寓赔礼。当答以接任后再与外部言之，而美东一带新闻纸馆并言其谬，咸议斥退，而外部袒之，其复荫桓书，未尝不为引咎而援引前年六月增修限制华工章程第十三款，内云中朝或别国使臣及各官员等，所奉文凭可替执照，其本身及随从人等，不在限制之列，洋文所译别国二字，指中国所用之别国人，文凭二字则国书亦隐括在内。其时玉轩驻秘鲁，其代办之员仅予驳辨华工假道一事，而于此等有关国体之事置之不问。回溯其时，署中正料理法越之事，无暇及此，其误总在美使署代办之人也。现荫桓以所奉国书惟总统始能接阅，该外部以为中理，谓律例必有讲解，俾执法者奉为指南云。经此辩论，后之来者或不致阻碍，仍乞便中询之田使，以税关阻碍荫桓登岸一事，尔曾见新闻纸否？贵国接待公使自有常礼，岂于中国另有一种接待之法？尔到中国时，税关如何待尔？可将此意达之外部云云。田使若举限制华工章程为言，可驳以华工二字可以专属中国，公使二字宜合友邦言之，盖不独中国始有公使到美也，并望转达外部云云。夫如是，则外部知中朝遣使，并非投荒之意，荫桓遇事与商或不歧视。自玉轩有暂留之信，荫桓内治外交之事重费筹躇，粤人谣诼易兴，彼族势利之甚，此中支绌之处，非笔墨能尽也。现善后章程，玉轩并不置议，而去洛士丙冷赔款，议院又展议数日，其他五案，外部分别饬办，大旨总委之属邦，谓属邦有自主之政，玉轩分谕各领事转饬华人先赴属邦衙门控诉，不得直再达之外部。荫桓愚虑，大约洛案赔款既定，他案亦易措办也，此两月内焚逐华人之焰稍息，前此截杀公使之谣，到金山时仍有所闻，无非虚疑恫唱而已。美国驻防舍路之兵将撤，华人电禀求缓，荫桓商之外部暂缓数月，外部亦为照办矣。特美事如此之繁，自不能遽赴日、秘，且日国国书称谓不符，咨请署中代奏更换，亦非刻期可达，现将三国参领各员酌量选派。日都参赞酌派礼部郎中候选知府延龄，秘鲁参赞调派古巴总领事刘亮沅往替，而令原驻秘鲁参赞徐寿朋来美相助。此外领事、随员、翻译各差，新旧间用，旧员之已办西装者决难留差，虽异能奇技，荫桓亦摈之也。到美恰一月，酌派各差粗有眉目，俟秘鲁参赞接替后，便可开单奏咨，拟将嘉里约领事与参赞并住一馆，以节经费，俟他日必须移驻海口时，再分未晚。现在情形，领事与参赞之居相距不逾里，而两署并支经费，似非核实之道，荫桓并非表异，但经费有常，应节则节耳，然此须与驻秘参赞言之也。随带各员多未涉猎洋务，未敢遽令独当一面，且各领事须与华民理事，强半粤人又非粤员，难于透达，未敢引嫌致多轩轾也。又麦西哥求通商一事，去冬总署宠饯之日，曾以奉商未能定议，荫桓抵美晤郑玉轩，乃知前年十二月初四日奉署电，准与在美议约，玉轩已告之墨使，该使又欲在墨议约，得步进步，彼人长技，玉轩却之。该使乃欲援巴西条约作底本，玉轩函达总署未奉示复。荫桓到美数日，墨使遽来照会，请期议约，彼此往还尚未会晤。辄请议约，抑何孟浪，当答以外国与中国通商，向系专使赴华议约，兹欲在美定议，须函达总署请旨云云。该使复请查阅二月杪所贻玉轩书，盖以巴西约作底本之说，荫桓未便再复，窃维使臣无有议约之权，亦向未办过，忆陛辞之日，曾将此事陈奏，业奉圣俞，此时只可仍令专使来华定议。该国既援巴西之例，则巴西当日系合肥与议，该使果来，似可属之合肥，如其不来，即作罢论亦复何损。该国通商之意仍志在招工。近因美境厌恶华人，原可藉以融纳，惟细查该国亦复分党，其厌恶华人之党亦如美国，则华人前往亦无利益，此外该国互市者，只洋银一项在墨洲行用不过八折，惟中国口岸则作十成，类皆英商贩货往售，易银运销中国，此项利益为英所夺，若得通中国，则自行贩运，获益良厚，故该国通商之求亟切矣。荫桓仍坚持前说却之，听候署示饬遵可也。又荫桓所带经费由上海买磅汇至伦敦，每百两只得一百二十二元零，耗损太甚，使臣及各员薪水约得八三折，荔秋当日作正开销，玉轩接办，署中驳止，玉轩乃将存款生息，以滋弥补，盖玉轩当日接荔秋留交经费二十八万，又自带二十万，储之银行取息，岁得万余金，使署不能开销之项亦取给于此。如洛士丙冷案委员往查盘川及律师之费，间遇随员回华格外赀助及使馆洋仆工资诸费，玉轩未作公事移交，只律师一项备文知照耳。荫桓现接玉轩移交经费银三千余元，利息项下一百余元，自带经费十六万五千两，除给各员治装、川赀杂费，各项仅留存上海银十三万两，此时差满回华之员须给川赀，计仅敷初冬之用，利息一项无从生发，外国银行随时取用之银不能取息，若署中岁拨来年经费早日奉文，尚可藉溢息以弥补磅价不识之年。三月例拨经费时，美、日、秘三国已拨若干（玉轩谓三国统计约需十五万金）。伏乞查示，并求谕催总办行文知照也。存款生息，玉轩曾函布总署，而其任内生息若干、支销若干并不见示，亦殊疏略，此为公中之私，究以清楚为是。荫桓远适异国，凡百生疏，使馆服食略如中土，而所见所闻动不如志，一月以来仍不能食，水土固寒，时将中夏犹御棉衣，调摄甚不易。仰叨福芘，刻尚耐劳，应办各事次第经理，以慰垂廑。肃禀，再叩夫子中堂钧安。

张荫桓谨禀

四月十九日申

（十四）

光绪十二年丙戌十一月十六日

丁亥正月廿三日到京

夫子中堂阁下：

谨禀者，九月二日肃禀一函，计邀垂察。比阅申报，恭息十月朔日销假，朝廷俯鉴诚悃，允释枢柄，计部译署可以从容坐理，颐养数月，道履复元。窃虑仍有后命，现虽暂免趋值，而疑难直事当复温谕咨访，际古今极难之境，荷古今殊异之恩，求退之难，史册亦所仅见。惟念起居违和数月，重理庶务，日逐仍不免出门，上下车沿究行劳顿，可否权雇肩舆以代，所费固巨，然为国事而葆尽躬当亦应有之义。现幸中外交涉之事较前稍简，译署可无需常到，只是度支奇绌，又届畿辅秦晋水灾之后，实烦挹注捉襟见肘，总是前年虚掷之累耳。近日丝茶之贩运外洋者大都亏本，而东洋茶务直从旧金山七日火车之路运销欧洲，不惮车脚之费，其他绸绫巾扇之物，美俗亦喜其适用，其国人多巧思，务求商务之拓，亦大可畏也。印度茶、法国丝均赚吾国生计，而洋药、洋钱每年售易吾华财币乃不可数计矣。劼侯闻九月十三日内渡，中外大致当可谈悉也。乃郎患肠痈，倩西医割胁取脓后，乃咳嗽不能收口。荫桓虑不任车轮颠簸，曾劝之缓行，久未得消息矣。荫桓患寒热眩晕之病，自秋延今未愈，西医之术亦穷，只可自为调摄，此间连得大雪，气候宜清，乃雪后仍昏雾，日夕之间寒热仍靡常也。议院复集未结各案，正在商办赔款，年内能结亦未可定，已泐公函奉布矣。此次申报并悉十月初四日荫桓蒙恩补授常少，容台重贰，唐代以为至荣，感激圣慈，何有涯涘！惟须候明文乃能陈谢。今春芝田补常正，系凭署电具疏，荫桓续有恩旨，可否援芝田之例，赐之电述，俾疏谢不致过迟，伏候裁察。肃禀，祗叩钧安。

门下士张荫桓谨禀

十一月十六日

(十五)

光绪十三年丁亥九月初二日

夫子中堂阁下：

谨禀者，顷得筱云侍郎书，知四月禀函已彻钧右，并荷饬送总署核办所有自禁华傭及麦西哥通商之件，并得署示复。承电询豫拨经费数目，荫桓亦均分别具复矣。伏闻道履违和，遂初频赋，辞荣圣世，深廑慈怀。此数月来赏假、遣医备邀殊眷，秋高气爽，颐养当已复元，北望经帷，良切驰系，时局艰难，度支日绌，来源既窒，决漏莫堙，筹海、治河、防边增饷，自开辟以来钧轴之难，无如今日比者。今上有亲政之期，太后允训政之请，宫廷辅弼益赖宏猷，吾师但可支持，断不为独善之计，不识日来杖履已否如常？假满拜飏可能如式，遥维倚畀之殷，当之闲闲之境耳。成叔世兄改部，等木天于蘧庐，知者惜之，然克绍箕裘扬历中外，韦平之业岂让美前人哉？荫桓奉使抵美，瞬已半年，积案累累，未获一结。洛案赔款虽已定数，仍俟冬间议院复集时乃能清结。惟辨凶一事，美律宽纵，恐踏拖无了期。近日总署既自禁华人来美，足以愧之，且彼知中朝眷念残黎，不令外洋受虐，更当钦仰。即嫉忌之徒知华人来路渐稀，亦少改仇视之见，总署此举宏益实多。荫桓与外部往还刻尚融洽，惟委随寡信为可鄙耳。美都天气夏凉秋酷，荫桓时患头眩，间倩西医服药亦不见效。前月循西俗避暑之行，遍游各枪炮厂，冀换天气转水土，往返兼旬，头眩仍尔。恐须炎蒸毕退，乃清爽也。近得松沪厘局书，知饬购铜模均已运交清楚，从此士林拜惠，广被楷模，海外闻之亦为欣慰。此次包封并得慎五客冬复书，已在太保骑箕之后。荫桓曾托抚屏京兆寄去唁函，计慎五此时当在蜀中，太保丰功伟业炳耀千秋，美谥佳传亦应有之义。蜀中盐务嗣者当能萧规曹随，营兆之卜为黔为济。慎五共祖兄弟类多不才，均为之念。吾师道义至交袍泽旧谊，微特山阳留韵感切厚怀，抑且西华葛帔重蒙拂拭。荫桓驰驱异域，追怀旧恩，远道无所闻见，尤难释然。

肃禀，祇叩钧安，伏乞垂察。

门下士荫桓谨禀
九月初二日申

（十六）

四月初三日

夫子中堂阁下：

谨禀者，客岁十月廿四日手禀遥叩道履，只颂岁厘，计邀垂察。叠阅邸抄悬车之请，事由恩夺。遥维圣慈倚畀，赏赍稠叠，休沐以来，康强逢吉，当已照常视事，仰慰宸衷也。比闻岁出入各款，会计只缺百余万，视甲申京居承谕以阙六百余万，已大有起色，且甲申以后，洋债频仍，切虑岁阙或有过之，今则阙数浸少五百余万，此数年间函丈宣劳，诚可共白于天下矣。郑工近事筹拨几及千万，若能合龙，则江淮财赋可保。如医者治虚损，人标病除渐培元气而已。河流北行，其害较轻，意南北必聚讼，合国计民生统论之，南行诚非宜矣。近日沅帅筹开引河，不识能否应急，河南徙而始相地挑引，恐落后著也。惟盼宣房奏功卫薪能属，后此补苴尚不致重烦荩虑耳。荫桓发春以来与外部汇结积案，互订约款，善后之道悉在乎此。美共赔银二十七万六千余元，从此中美邦交益形修睦，视前年初抵时，燔逐驱略风鹤交警情境顿异，明年接任之人易为力也。约本已咨呈钧核，请旨批行后寄还美馆，钦遵互换可耳。计其时荫桓亦已自秘旋美，因秘鲁之行无可缓，谨定四月初十日登舟，往返以三月为期，返美当在六七月间也。此去船期不能凑拍，自纽约展轮渡大西洋，约十日可泊巴拿马，此岛四时皆热郁为烟瘴，西人相戒视为畏涂，到辄换船，不愿旅憩。比以巴拿马，赴秘国之船月仅四次，荫桓此行须在巴拿马驻十一日，乃能换船，际兹夏令，益难调摄，换船后，或八日可达秘都。此沿太平洋而行，抵秘则正是冬令，殊方气候。远邀福芘，或能强撑拄，则诚幸矣。

容续禀。祇承钧安，伏乞霁鉴。

门下士荫桓谨禀

四月初三日美使馆申

（十七）

光绪十四年戊子年十二月十八日

夫子中堂阁下：

谨禀者，初夏兼使秘鲁，濒行手禀，遥叩起居，谅达函丈。南发以后备历艰危，既蹈胶舟之险，又复旅滞瘴乡，从者多病，至于旅役舟次，又值无约之国，甚烦区画。中西殊制，强人就我，诚不易易。幸邀福芘，诸能就范，业具疏详陈矣。荫桓行役至此，始悟古人投荒之说，瘴气所迫脉乱神摇不可按纳，抵秘都后略可将养，又值美约掀翻，民谣肆诼，询日之间三接总署来电，若出三人之手，无所适从。正在踌躇无定时，美廷不候再商，遽废此约自行禁例。九月九日荫桓自秘返美，已无可转圜，自禁华工之说，建议于郑前使，总署嘉纳，为之照会美使，察明自禁三端，犹虑不切实，又照会英使转达英廷饬下港督助禁，而今荫桓径议章程照会外部，其时甫奉妥筹善后之旨，此新约所由来，叠将议约情形随时具奏，并屡达总署，约成而后，总署初言大致妥协，续谓与庚辰续约迥殊，各卿恕谤沸腾，布为说帖，暂难奏请批准。奉电之后颇深骇诧，及得总署公函乃知此约为合肥所阻，殊出意外也。合肥来书方盛称此约周匝无遗，讵为民谣所动，太阿倒持，且又不计及约废之后，美自立例，变本加厉，尤于华工有损，此中参错只是荫桓命该招谤，遂致如许波折，合肥此时来函亦谓荫桓抱不白之冤，然此种谣诼较甲申随侍钧座时尤难为怀也。差幸积案一清，美廷共赔偿银四十二万余元，散之被害华民，不无小补，究于国体有裨，聊存什一于千百耳。且瓜期既届，可以回侍春风，尤为欣幸。比阅邸抄知悬车得请，自计良善，瞻怀时局，不无杞忧。郑工蒇役何时？海军经度伊始，都内用款岁增，捐输势成弩末，源枯流漫，诚不知何以为计也。遂初获赋，道履康强，谅不致恝然不顾耳。荫桓归国当在明年春夏间，意必在都门承教。兹乘许静山春闱之便，肃泐存禀，薄摅依恋之诚，此间屈竿之境，静山当能言之也。肃禀，祗叩钧安。

门下士荫桓谨禀

戊子腊月十八日美使馆申

（十八）

闰四月初二日

夫子中堂阁下：

谨禀者，二月初十日手禀一笺，遥叩起居，并及芜关赔款。顷廿六日奉到电示，仰蒙照办，感蒙无极，复以荫桓幸转一阶，电述谕旨，俾得及时陈谢，渥荷廑垂，不遗在远，虽驰骋欧洲，无异日侍春风之座也。荫桓四月朔日由纽约展轮迤逦大西洋，其壮阔迥殊东洋，无风亦浪，舟中眩者十九。时遇冰山下浮，昏雾四塞，舟师亦加意戒慎。仰叨福芘，得以稳渡。舟中只眩浪半日余，均眠食如常，此行附搭法公司船，直抵法国口岸，并未绕越英伦，归涂之便，当取道罗马百灵，以至伦敦。前过法都，已与许竹筼会晤，各述奉使之宜及彼都政教，亦偕竹筼往访其外部，福鲁昂承语中法近交益睦，戈克当驻华系了事之人，非生事之人，大约戈使为渠一党，而法之近境亦非黩武时，其于德国近事尤极谦逊，民心幸幸每思复德之仇，而当事者乃曲意与德交欢，殆亦别存深意。各国外部大都词色极和，而心计极周者，求其表里如一殆不多觏也。荫桓驻法旬日，于廿四日早抵日国，沿途车路所经大有荒凉之状，日法辅车相依，彼此皆派头等公使以相联属，又同奉天主教之国，情谊尤笃。日自去秋兵变，戕总兵官于兵部署中，至今余焰未戢，新易兵部纠之以严，纷纭益甚，其君后假避暑驻行宫。荫桓昨得迅递国书，彼实拨冗相接，孤儿寡娼当极强浸弱之际，旧规犹在而振作甚难，拭玉周旋之下，不禁恻然。今日之英即百年前之日,西国盛衰靡定,仍恃德政维持,不尽倚兵力也。日政有吏、户、兵、刑、工、海、藩七部,刑部之案吏部复核,而吏部却不管铨政,各官升迁调补乃属户部,或亦理财、用人理无异致耶。其外部衙署与宫禁相连,殆重视外交之意。外部近因兵队之事终日筹商,忧形于色,中日交涉之事应俟其内治稍定再与商也。外洋四序与中土递缓,吾华之夏,彼族之春,故水土能服而天气顿殊,欧洲亦与美洲小异。此行经历三洲,中国使者驻紮之地均得游览,特语言文字不习,究不能博考以供富强之筹,殊愧歉耳。芜关赔款前此咨呈缴一免三,数目当无舛误,设内府或有吹求,务乞补拨清款,无须展转相商,抵拨后赐示咨文,俾荫桓于署中减支之处随册察叙,便了兹夙累也。近得都友函知,道履康强,精神如常,良深忭慰。肃禀,祗请钧安,并叩节禧,伏乞垂鉴。

门下士荫桓谨禀

闰四月初二日

(十九)

二月初十日

夫子中堂阁下:

谨禀者,客冬十六日手禀,恭叩道履,计达钧右。献岁发春,伏惟起居畅适为颂。美都雪后气候渐清,荫桓寒热眩晕之病渐退。议院复集,遂与外部催索赔款,腊春之交,酬应纷沓,疲恭不堪。仰邀福芘,赔款大定,当经电达,并即奏咨及外部文件译呈鉴察。美国赔款甫成,荫桓赔款又迫,凡事殆有其机也。芜关一项,昨奉咨追无可延宕,宽典再邀,更不敢自误,只是远役海外,无处设措,家本寒素,久在鉴中,出使以后弱子应门,尚须时寄养赡,若展转托人挪借,窃虑贻误期限,惟有将今年出使俸薪咨请提扣,解交内府,以顾考成而清夙累。现经备牍咨呈,并函托总办,伏乞赐之照拂,俾荫桓了兹首尾,无任叩祷。本系一已之私,不合牍请,特舍此别无速了之法。荫桓前年出京，日在行役之中，抵美而后积案累累，日烦笔舌，既乏余资，亦无余暇，似与任催罔应者有别，初奉明文即行筹解，以非有意稽延，均求鉴谅。今日美议院已散，荫桓俟款项交到转发金山领事，就近按册分给，未了各案属代办公使催商，荫桓即可为日国之行。客腊承传电限制经费，荫桓当于除夕截册电复，只候文函到日居行部署，即赴纽约搭船。近有快船水程可速，途径英法，小有勾留。到日后，恐须留驻数月，日事无甚棘手，惟小吕宋设领事及从前华人被损各事，促以查理而已。美署代办派候选道徐寿明可以胜任，该道随郑前使出洋，又曾膺榷关大幕，条约习熟，人极和平，名利之信均淡。荫桓到美后从秘鲁调回，相与共事半年深相契许，有此得力之人，际美国繁难之境，荫桓远适日国庶无后顾忧耳。肃泐芜禀，祗请钧安，政事纷纭，尚求珍卫，统乞垂察。

门下士荫桓谨禀

二月初十日申

（二十）

九月二十八日

夫子中堂阁下：

谨禀者，乙酉初冬叩辞函丈，海外孤踪，屡烦钧听，曾不获一奉德音，仅于邸报中得悉遂初之乐。窃冀差旋之顷，犹得追陪杖履，讵客春抵京，蒲轮已发，白云在天，龙门不见，蓬心秋实之效，怅惘何如！复命数日，蒙恩仍回署行走，旧巢重拂，意境皆钝。逾冬徂秋频有迁擢钟鼓，而享爰居车马以载鼷鼠，徒骇观听，无裨政事，纤尘足岳坠露添流固非所拟，况无尘露补益之微，而直江河日下之势，每维恩遇檀辐自伤，抑塞之怀无可告语，常熟尚书间有论说，同深慨叹而已。醇邸薨后，时局益涣，今年沿江教案纷起，皆会匪游勇之所为，各使频相问难，各国亦有自谋保护之说，正在棘手，沪关适盘获贩械济匪之英人，彼族气焰为之少戢，然会匪之祸尚烦消弭耳。荫桓奉使三年，曾为日记回京，台见之日，猥荷垂询，并饬进呈，枢中又传旨催促，当于客夏五月恭进，奉旨留览，拟即附同文馆排印，寄呈教削，微嫌字数太多，须略删订，因循至今未及刷印，刻更无伏案之暇，又不能假手他人，不识何时就绪也。曩在美都曾为小诗，未即奉寄，兹谨家呈，聊博莞尔，又海参一匣，仰求哂存。乘黎学使皇华之便托带，当必得达也。黎为荫桓同里，初次视学，饶有振兴文教之思，持节珂乡，得亲模楷，诚为多幸。吾师山居不愿容接，或传语成叔昆仲一晤之也。颍川之里无烦羔雁盈门，通德之乡宜有执经知客耳。荫桓京寓即假锡腊胡同旧宅，月租十五金，上年霪雨绝不渗漏尤为难得。贱眷未全来，客秋内子病殁里中，因令儿辈经营，葬地妥定再酌行止，此时两地兼顾亦甚不易，平日不善治生，会有窘迫时也。粤中自香帅行后无大兴作，而捐款尤是，幸水患不闻，秋成尚好耳。肃禀，祗叩道安，伏乞垂察。

门下士张荫桓谨禀

九月廿八日

立仲、成叔世兄均此致候。

（二十一）

十月初七日

大人阁下：

谨禀者，窃职道自丁卯出关，叩违钧诲恰届一纪。齐楚朝暮，江海逶迤，技乏鼯鼠几与之以俱穷，声匪鸣枭仍见恶于东徙，久在和风甘雨之中，庸讵知人世有骇浪奔湍之境，思慕弥久，积悰益深，忝荷恩知，又不敢假手书记，但以吉词骈语上烦聪听，屡乞山农舅氏上书之便为达愚诚，不识得邀垂察否？职道前年承乏东海，正当青州大饥之候，登莱亦复早荒，税课固不足言，而海隅通市之区，饥民以为易于谋食，扶老携幼嗷集烟台，海门冻合，帆樯既稀，市肆已极萧条，冬春严寒道殣相望，距省千里，呼吁不闻。其时署院又恶言振事，郑侠之图无由上达，只得自行筹振，独立撑拄，至去年五月望后，麦尽登场，始停粥厂，仍广觅室庐留养老病难妇，八月节后，秫谷既登，乃分别道里，陆续赀送，司事者至于病殁而仍不敢上闻也。齐地粗安，晋灾踵接。每接津关黎道来书及沪上新闻纸，为之怆然。辄欲勉措俸钱薄效杯水，因未谒大府，不悉省中如何办法，殆冬月进省，得读大人手谕，而中丞亦殷殷筹济，因随同在省司道附捐千金，当时不及手禀，惟属藩臬挈衔代达耳。职道已于二月廿七日交替，计摄摄篆逾年，中外交涉之事前任未结之案结之，前任已许之租界三百亩零七分，英酋即厘定章程，在界内抽马头捐以为经费，职道坚持不可，屡与辩驳，该酋理屈词穷，遂哄于总署，以为挟制之地。合肥伯相准总署来函讦闻，职道据理直陈，不少假借不肯松劲，伯相深以为然，照复总署该英使亦莫可如何。租界因而不定，现在沿海沿江通商口岸皆划地以为洋界，特美其名曰租耳，独烟台一隅，职道实力与争，彼亦无能强挟，盖彼族虽横，亦有见可而进知难而退时也。又烟台有义冢一区，为浙闽广潮数省客民旅葬之所，乃为该夷所骗买，福山令已印契予之，甚难处置。职道查知该领事蒙混实情，因与笔舌并争，达于总署，事越半年，卒至退地销契，现已筑墙保护，永保无虞。他日得暇，仍拟勒碑，以期久远。外此教案、船案一切琐屑均经料量清楚。职道任内并无经手未完之事，惟海防炮台未竟之工，稚帅属中丞饬令职道与蔼仁垫办，无庸筹款，蔼仁时已南迁，势难分任，稚帅续知职道独立难肩，又函属于藩司商拨，而稚帅濒行，匆匆奏报作为，蔼仁与职道禀请六万之帑，奏案结实，司中亦难设词，中丞又以职道署任日久，当了此公事。遂于受代后仍事版筑，直至八月朔日蒙中丞檄委山农舅氏验收，始获蒇役。计建造炮台九座，圩墙二百九十五丈，高一丈二尺，底宽二丈一尺，面宽一丈六尺，炮台则方圆各式并作密顶太平盖。所有圩台各工纯用三合土夯筑，又石望楼一座，大小营门两座，瓦房十九间，其密顶、炮台皆嵌铁板，共用款六万八千余两，内公款四万五千两，稚帅自行筹备银一万五千两，购用工料概发市平溢出平色银二千余两，外此皆职道之所垫也。职道了此台工，辄拟返省需次，适中丞东巡，奉谕暂留烟台以备顾问，遂恭候节旌，周历形胜。自烟至登，自登而莱，将海疆辽阔情形缕晰指述，始于莱州分道。职道于九月廿一日回省。十月朔日县中送到四月五日函谕，捧诵之下，毋任感悚。秦晋奇祲亘古所无。幸赖大人起而补救，分朝廷西顾之忧，慰桑梓更生之望。凡有血气者，自当抒诚报效，况职道幸承陶铸者乎！重辱嘉奖，弥切惭皇。比晤贾小樵，言晋地秋成仍歉，不识近状又复如何，至为驰系。此间景象东府尚佳，青州可渐复元气，省南亦熟，惟济、东、武、临稍逊耳。伏念追随帷幄，弹指几何年，此次奉调东回，几有辽鹤重来之感，昔日袍泽落落如晨星。蔼仁南迁后，旋丁外艰。剑华为州佐，诬讦离任。穆庵摄禹城，比以忧去其能，宜民宜人克自树立者，惟彬卿耳。职道自乙亥再来，即于役海滨，居历下者，前后不满三月，现在海防卸肩，可以随班听鼓，年逾四十，读书辄不复能记。曩游鄂渚尚能涉猎史传，楚中僚友砥砺有人，近且无此意趣，加以去家日久，怆念松楸，归思益切。惟剧任初解陈情匪义，拟俟明春再酌也。中丞每论东事辄钦佩大人拨乱反正之功，稚帅萧规曹随之美。职道需次其间，尚不致视如残客，惟录录无所建白，深负裁成。尚乞大人时加训诲，并求赐书五言七言楹帖两副，赏跋格言数语，庶时时触目警心，藉寡尤悔，无任感祷。兹托黄芝山寄呈汪退谷先生楷书一纸，神采宛然，似非赝本，下方有吴山尊跋尾一段，薄有考据，用敢呈请大人鉴纳，续有所得，当再寄呈。职道初抵鄂时，粮台厅事尚悬有大人所书平原《文赋》字屏，粮台宝此，以识去思。职道求之不得，续为管局何道维键攫去，何道收藏甚富，亦云得所，已切属钩摹付刊，俾嘉惠士林也。鄂中与包慎伯之子包诚往还，询以邓顽伯字乃多出脱，仅有字册一本，真草篆隶皆备，不肯轻以予人，惟深叹赏而已。职道暌违杖履为日太久，覙缕手禀，语多芜杂，伏乞大人鉴原，肃禀，恭叩慈安。

职道荫桓谨禀

十月初七日历下寓次申

(二十二)

光绪九年癸未十月二十三日

张樵野言芜关事,癸未十一月十七到

大人阁下:

谨禀者,十月十二日刘倅南还,奉九月二十日钧答,渥蒙训诲优厚,赐之模楷,感沐裁成,何有既极。职道曾侍帷幄,幸邀陶铸,从事稚帅历有年岁,放诸四海有所秉承,非敢谓源清者流必洁,亦欲尽其在我,期存十一于千百,而皖中榷事实有力小任重之惧,芜关建自前明,至今相沿成习,犹以成化七年之关章奉为补祧之鼻祖,此种弊混无非书吏包征根子,委员固同旒赘,关道乐视已成,遂致江河日下。商船到关,先投签量私查一遍,然后进单,进单后乃请关道派查,则查验殆具文矣。委员到船随意登眺,先与签量订明陋规,货数税数不问也。签量与容包纳一切,间有漏报之货,签量代罚,而罚款亦不归公,更可恨者,每税二两以上辄索号头钱,倍于所税之数,税愈小则号头愈大,此真暗无天日,宜客商以芜关为狼虎也。职道廉得其情,改令先查船后进单,并移柜关亭,令商人自报舱单,自封投柜,特派司友两人值柜接收舱单瞭望船只,并不经手钱粮。夏间禀请中丞核示,逾月奉批照准,而于选派司友一层,谓非常关所有,职道以酌派司友强于任用家丁之显违部章,一再陈请,始蒙批准。即此穷变思通亦复迟之又久而获济,总是书吏把持日久,单票向用院印,关道责任不专,无以一员吏之心志,而阖关吏役四五百名,人各十金赴省营干,大可变乱黑白,因丙子复关之初,院幕来关与孙树人办理,幕为浙产、吏为浙人,又多结为师生,如一鼻孔出气,孙树人署道数月郁郁成病而去,至今幕吏犹复相通,虽中丞深信职道非黩货一流,而拟批均由幕友,迟滞掎摭皆幕客徇书吏之请而然,所以芜关情形眡各省关若别有机杼。又盐船重运上驶,不及抽单,下水覆文原在情理之内,而书吏乃擅发小单预收税银，并不禀白。今年职道从汉上购煤，雇下水盐船装运，该船户持有小票，乃悉其弊。因念既不能强盐船必文验而后行，只可禁革私票另给道印，查票庶几有可稽考，乃禀请院示奉批应用院印，隐虑关道之分权也者。书吏八年私票上游不知，及职道查知，化私为官，所请犹形枘凿。此种龃龉莫非幕友之所为？前月进省谒禀及此，中丞但加慰劳而已。常关自更张后，商船遂随到随查，无复从前积压之弊，内河得以疏通，商人自封投柜，曩非百金者近则八十五金可了。八、九两月大关常税较去年多收一倍，似有小效，比以沪上纷纷倒账，各口汇划不通，加以连日阴雨，十月则远逊矣。中丞如肯授权整顿，非大裁书役不为功。嘉道盛时，无洋关厘局，岁收百十万，书役固此名数，近年所收十余万亦用此名数。丙子复关时，殆未细核也。况此四五百人，每人至省俭，岁用百金，所耗已四五万，此非剥之于商即蚀之于公，固非痛加裁汰，力祛包关锢习不可。

职道凛遵钧诲，脚踏实地，期挽颓波。如明年仍前泄沓毫无起色，只有引退之一法。陈力就列，盖非得已也。月初曾赴金陵一行，督宪精神劳甚，近且右边口鼻微歪，久恐病风，而注意备边，迄未少懈，深以不到广东为憾。比者彭雪帅于本月十日起程赴粤，承寄示疏稿及致何筱帅函稿，慷慨激昂，饬职道抄寄里中公正绅士，为之赞助。雪帅意在就地团练而部勒之，尤为得法，就地集团易聚易散，粤中团练可用，只在统带得人耳。八月廿二晚张振帅偶警虚烽，连夜集司道镇将设守备。民心惊惶，纷纷迁徙，续查知为九龙协电信之讹，乃渐安贴。得雪帅以镇静之战守皆有藉也。越南刘义屡挫法军，秋间有英美商人前往观战，法弁拒之，刘乃延纳该商目击法人之败，又周历刘义营垒，内有机器制造厂，已有八九年规模，刘义诚有心人也。刘义愈胜则法人迁怒愈深，设竟决裂，恐吃要仍在北不在南也。此间今年幸免水患，岁事中稔，惟江水入冬仍涨，似为反常。底水太深，明年犹可虑耳。东直水灾闻之恻然，齐鲁旧游自难恝置，当捐赈千金，直隶别捐棉衣二千件，已分别解济，聊尽愚诚。兹因从叔国经来京谒选之便，衹缕肃禀，衹叩钧安。

职道荫桓谨禀

十月廿三日申

（二十三）

三月初三日

三月廿四

大人阁下：

谨禀者，客冬从叔入都谒选，附呈一禀，计邀慈察，都门得雪韶序暄和，伏惟道履康强，芪祺笃祜，至为颂祷。荫桓遽于正月十九日奉权臬之檄，二月朔交替榷篆入省，初十日受事，前升司在任仅半月，奉调金陵鞫狱，归涂闻喜汲汲治装，遂致尘牍山积，秋审且届，弥患丛脞，现在赶紧清厘，渐有眉目。秋审新事四十七案，旧事八十三案，草册均已校核。前任留交提堪之案十七起，亦已核提有供词，翻异及案情未确者，只可仍发府局研讯。此间无司局，凡京控及各属招解各案，概由府局审转，局员均选正途，此中不乏隽才，而超委得缺每落人后，殆无以示激劝，京控幸不甚多。眂山东则繁简迥异矣，惟劫盗、谋杀、毁弃、灭迹、奸拐酿命则层出不穷，皖北犷而皖南猾，附省则刁健，桐太、宿、望讼棍尤夥。兵燹之余，曩办命盗各案，州县率以意为之，申韩正轨不绝如缕。自部中饬行月报册，严定审限厘定就地正法章程，近乃渐有条理。荫桓刑名之学向来熟谙，比以重修延老幕在署，日与讨论，期于无误。惟记性日差，每核一案，仅能记其情节，以与局员讲求，至如何定案、应援何律则茫无所知。苏文忠言读书贵读律，深悔当日不致力也。又忆东平军幕承谕任鄂臬时，佐杂六百余员，悉能举其籍贯及已否补署并内外奖次数，每维德教，拳拳不忘。皖中佐杂在省者仅二百余，荫桓乃不能遍识，久荷甄陶，而驽马无一毛之似，良深惭悚。务乞大人时加训诲，俾免陨越，无任叩祷。芜关自去秋改定商人自填舱单、自封投柜之后，户税渐有转机，不利于中饱。荫桓交卸时，书吏蠢蠢欲动，百计蛊惑，冀偿私愿。后任为孙树人，力言不改，荫桓章程能否始终如一，辄却不敢必。树人性固慈，和关书可以坐谈，相呼以号，㧑谦过情，恐驾驭不易耳。法越之局未了，而惠州土匪又起，或云法人之所勾结，不识确否。申报频云破获，传闻果实，则粤无内讧之忧，庶能专力筹边耳。蔼人量移粤藩，情形较熟，轻重缓急不致失措，粤中之幸也。肃禀，祇叩钧安，伏祈霁鉴。

署司荫桓谨禀

三月三日申

附张荫桓致阎乃竹[①]函

(一)

十一月十九日

成叔六弟大人阁下：

叠接七八九号手毕，当经次第电复，幸彻左右诸荷周全，至好不言谢也。刘材官前月廿七，徐、梁两君廿八先后回晋，亦云神速。鄙人行路之况得以面达，藉宽廑垂，甚善之。西安易车而驮，原避泥淖，过礼泉后，无非干土，亦殊悔之。及度陇则驮良于车，虽多费却有益耳。陕甘沿路应付，特不能如数，不便与争，只可自为赔垫，轿系自置，夫价自发至兰沿途略有津贴，究不敷，约计西安至兰州共费五百金，次珊较兄省俭，费亦相等，次珊驮子较多也。陶制府青垂逾格，兄抵秦中，辄电魏抚饬属毋得轻慢，视古公之深闭固拒，真有独孤东屏之判耳。陕甘州县地主之谊甚恭，殊愧之也。次珊初十到兰，兄后一日到。诣制府长谈，承属侯冰桥结乃行，而此数日间天气甚暖，冰桥

① 阎乃竹，字成叔，陕西大荔人。阎敬铭子。光绪九年(1883)二甲进士，历任翰林院庶吉士、山西河东兵备盐法道、礼部主事、山西候补道、陕西商务总会总理等职。

无期，若拆去浮桥须问渡，则大小不便，拟廿五就道或改早三日亦未定，次珊十七先发矣。次珊饶有故情，亲切可爱，慎五量移粤藩，巍然大公祖矣。署臬黄冰臣、首府周式如皆旧雨，可谓德星聚也。垲儿九月十三日禀顷始接到，既于望日由太原起程，当可赶到肃州相见，兄在肃少停，然亦不愿久淹滞。镇东尚在津否？勘电询之镇东，行趾宜相闻，望函属之也。现计盘川足敷，过西安时芥帆、罗汉、次珊、双柏、云门赠两骡，亦值数百金。云门现赋闲，又须屏当北上，不忍累之也。途次同乡州县赠者婉谢之，切计尚不窘耳。《三洲日记》《铁画楼诗文》版存肆中，前承允移到晋，务望刷寄十数部至新疆，俾作书帕本也。垲儿不由京来，应带之物谅无多，殊无谓耳。自带问表一枚，昨在兰州周式如家丁为之修整完好，诚意外之喜，镇东取之吉祥，再寄一枚备用为佳。伯乐过冀而马群不空，犹事陈陈相因，此种过眼烟云，直当一关置之耳。曩有诗函寄艺芳兄，到否便望询及。率布，即承动定曼福，不宣。

兄桓顿首

十一月十九日兰州广东会馆

（二）

四月十六日

成叔六弟大人阁下：

正月廿八、三月初十承惠两笺，次第展读，关爱之厚当代无两人，猥以途出沿疆，谤及从者，视文中子非圣相连，锋刃较锐，可胜愤郁，尊答夫己氏之言理明词达，足以愧之弥钦，学识精粹，非流俗所能梦见也。势力二字，夫己氏一生揣摩透熟，他无足言。既薰莸殊趣，他事亦望善为敛抑，毋着色相是为至要。新得掌珠可喜，从此生生不已，有不期然而然者。贤郎乳名婢之，抑何西法之精也，西人小孩概名辈之声音相类，此非守旧者所知耳。现既学语，顽则必健，幸勿太拘束，但属乳母于扒高登跳处小心扶持为宜。遥望德门，何时有剪韭炊梁之会耶！兄自哈密发书后，微感风寒，二月五日展轮，廿一日到戍，中经十三间房黑风川口，幸免风灾，抵车谷泉仍避风竟日，及由吐鲁番起程，途中遇风，距驿舍仅数里，急驱至驿，悬鞍以待。风沙之烈甚于洋海，张旜护牖庶可自闭，人行庭院辄倒，越日趱程，电杆多折，有两人被风吹去，逾宿始从山涧寻回，奇境也！塞外多寒，客冬晴暖值偶然。兄与次珊均免于寒蔚丰厚，管事李君二月出关，辕驹冻不可支，相去仅一月耳，寒燠又复不齐，哈密热，镇西寒，吐鲁番热，迪化寒，甚难调摄。途次托芘，一切旧病不发，抵戍后天气靡定，脱换吴绵略早，直大雨屋漏，隐几观书，俟雨止床干而睡，感寒已深，越日仍不觉，晚饭后遽不适，重裘不温，急热炉火似欲作吐，服金鸡纳霜不效，经月以来虽略瘥而寒热仍未尽退。自兰州至此均有瘴气，从事烟霞亦不能解，且至便涩（米饭多滞，近喜面食，夜睡尚酣，辰正始起），遂不敢假以消遣。新疆向无雨屋，皆泥顶，近则数日一雨，至有檐溜而泥顶如故，不谙变法，此其一端。抚藩缺甚清苦，次珊除廉俸外兼综营务，月薪二百金，自库进出无平余，次珊俭约尚能敷衍，宦场笑柄举目皆是。首县为次珊镌衔牌“甲戌科赐进士钦命翰林院编修”，次珊亦笑而安之也。维帅节俭可风，不为沾沾自喜，察察为明之政，率属以清德，所属亦甚爱戴。其于鄙人甚优容，屡承台饮，月朔病不克赴，续诣之，留共便酌。署东有园，林木颇盛，有亭可眺，相与徘徊半日，极尽东道之谊，而绝不谈时事，殊得体也。初到时垲儿用官电字码寄粤数字，署臬以手版送回兄处，云系帅意不准密码电，垲将电本示之亦释然矣。既功令如此，兄尤当引嫌，因告左右用明电，诚如来恉，故示坦白之意。未几，镇东自沪回津，来一密码，悉家内私事，若明码答之甚非宜，因将引嫌之故，托次珊转商维帅，谓密码不愿电局传播耳。并非不可令抚台看，以后若发密码，当送阅乃发，维帅颔之。然镇东此电仍明码复之也。幽系之居在按司狱署，后因须修葺，明日始移往，此为陶方帅之意，疆帅自顾考成，雷霆之中仍涵雨露，只能达诸执事，都中朋旧概不必言。眉山谪儋长吏初甚亲厚，续为忌者，兼中之维帅雅意周旋，何可令其受累，鉴于肩舆之惠弥惕然矣。到成后，杜门不出，无山水可览，无朋酒可乐。（近学搓麻雀，略可消遣，次珊见赠一副，塞外不易之品，惜解人无几耳，前年海船之趣，念之怅然。）间访次珊，值其新政繁杂，又悼已之后有触皆悲，甚难为情。关外政治简略，次珊衡以内地之政，譬由章甫适越，持之有恒，行之以渐，当有大效。抚、藩、臬均和衷，大致仍禀成于督部。方帅久于疆俗，无微不至，无远弗届，万里以外声息相通，甚不易之。其于鄙人勖慰备至，良可佩感。维帅感念师门，较愎公之丧心昧良者天渊，谈次屡及之，亦念吾弟不置，但谓尊书近太枯索，似有老境。鄙意其姓饶，其藉恩施谪宦遇之为吉征也，乾州瞎者为占邵子数说，前两年事洞若观火，暇当抄寄台端共证也。邸抄可不寄，此间有刊送者约在四阅月后，阁抄电传不两日可到耳。涕宁捐馆，思之怆伤，都下故人惟涕宁可与计事，亦惟涕宁最相厚，天何夺之速也。伯堂客腊二十日书，近事已戢，太平坐致，朝局可喜。圣躬脉案五日一颁。各直省新疆路远，当道得阅亦逾三四十日，兰州来信言人之殊，究可虑也。以后赐书遥递藩属为速，或抚署亦可，纵多一转折较相宜耳。俄报侈言瓜分之说，殊诞妄，英俄相持不下，中受其害，殆意中事。当轴以为已安，未深长思耳。肥相回京，意仍秉节钺，可谓老当益壮，自十月后无电来，兄出系之身，甚不愿与显者相往还也。家书收到，容续布。即承台祺曼福，阖中膝下均好。

兄桓顿首

四月十六日

（三）

四月初四日

成叔六弟世大人阁下：

客腊十三日率布一笺，托藩属排递河东，不识得达否？今春人日得客冬廿七日惠书，河东疲弊之后，得毅力以振之，两月之间协饷无误，库储且倍，足见为政在人，未可遽委之时世也。珂里一行，埋玉事竣，移麾省会。日前托电局致询，已得回驻太原之信，只以心绪耗杂伏案为苦，遂未贻书候起居，殊歉之。正月廿六日电抄高燮曾、张仲炘同日勒休，诚出意外，兄此行悉高、张之虐。前年八月四日张仲炘一折恣其雌黄，折中最要则英德借款与常熟朋分百六十万，又外侮之来悉某所导。是日兄奏日到班，仰蒙皇上将此折发交庆邸与兄共阅，旋蒙召见，上意深不谓然，兄乃为之解释。及奉戍后，高燮曾一再参劾，致有到戍监禁之旨，高折且旁及吾弟，不悟天日昭昭，害人者亦竟自害，不知二竖已出京否？考语趋向下正声名，平常意必有所指，吾弟有闻，幸示悉也。今年恭逢皇上三旬万寿，例得恩及罪囚，新疆向系奉到诏书循例查开罪案，奏交刑部核释，惟兄自拿问入狱、奉戍均无案。当日刑部未取亲供，但为康案牵及，八月十一日上谕，屡经参奏声名甚劣，惟尚非康有为之党等因，则兄无比党之罪。所有罪状悉在屡被参奏之中，其时参折又未奉派查，刑部凭何核议，新疆更凭何声叙也。例外发遣，意必专候圣裁，刑部不下断语，然否？便中望代询。云司寇见示为感，近日电音可密，尤望德音时惠，较函递为速也。邓公移黔，晋局又换新抚军，下车必有一番振作也。晏海丞尚未补缺，抑何拥挤。二月寄与一书月内当能达。兄以借款召谤，设此款借不成，户部每年须筹一千六百六十万金，匀六年而止（马关约），从何罗掘？局外庸未尽知，户部堂司宜不能全昧天良耳。胶岛议和，原非善策，然当日情势，既无兵力拮抗，又不能搁置不办，则舍讲解结束又有何法？抑亦知胶州之祸召之者谁也？设东抚略顾条约，不以仇视教士自鸣得意，所属何致靡然纵风不相保护，曹属杀弊两教士，德国乃藉口踞地，此岂总署办坏者乎？近日中外奉若神明之人，论者故不相诋，盖棺宜有定论，断难欺千秋万世也。承述吴公之言，遂发此不入耳之谈。惠子知我，当作此中人语而已。鄙人出系边廷，倏尔经岁，署中交涉能免棘手否？张、高当日误听杨宜治之言，下此毒手，事后思之宜醒悟也。粤雅丛书内《秋茄集》一种便幸抄寄，余续布。即承台安，并颂覃祉，诸惟朗察，不宣。

兄荫桓顿首

四月初四夕

(四)

十二月十三日

秋后久不伏案，次珊既去，益用怅惘。十月十日抚署送到九月三日惠书，具纫种种，已令垲儿布贺任喜，遥维布政优优，凡百顺适。陇罔水患闻有使者寃治，迁城之举当能有成，间与维帅谈及，尚能记其梗概，又介师茔去水较远，可共慰也。比阅邸抄，吴观察以永定河使牵缀，不识年前能莅任否？艺兄当赴长芦，近懒于操翰，更不乐与贵人书问，遂未及致书耳。季和当回东，闻其积累三万金，能摆脱否？次珊到此半年，日在涕泪中，而整饬财赋吏治条教肃然。遽以忧令不能成行，维帅拨公款四千八百金，署藩以下公凑成万金之数。次珊坚辞不受，尽粥衣物以行，虑由驿仍扰供张，遂走草地，此时计已到京矣。次珊虽如是艰窘，而犹接济京东两处，真可敬佩。维帅嘉其操履，亦不强以公款，但请收车价八百金。台司气味殊相得，维帅如曹参之治齐，次珊如子产之治郑。次珊既去，维帅阙一良助。近日两司能如次珊恐亦无几耳。次珊去后，维帅月赠鄙人百金为助，不小此间百物昂贵，自八月节后，震东无汇款，只将京宅售价，除还大德通外，余三千五百金悉以寄来，今年恃此过活。素性不能刻苦，垂死而为之，为日亦无多耳。夏间绥来回患，省中戒严，幸兵勇出力，得以速了。维帅疏陈兼保宜麟顶戴，乃奉申饬文武列奖皆交议，折子不明发。维帅坐是惴惴，比请述职幸免来见，省力省赀，因亦甚慰。新藩不知何日来，能如次珊相得否耳！古公势利小人，都中一行所费当不赀，未半年而去任，且不待后任之来而亟令交替，近日疆帅似此者不多，宜其懊恼也。矿路事已开办否？古公亲佞，幸嗜小利而忘大害，诚衣冠枭獍也。合肥近督吾粤，初二来电言初七出京。封篆前受任，此乡多宝玉，老运何亨通！可为健羡，粤有法界之患，恐亦棘手，合肥老脸或易了也。岁事将阑，伏惟顺时纳祜，不尽所云。成叔六弟大人阁下

兄桓顿首

嘉平十三日

阖中膝下并道贺。

（五）

十月十六日

十一日节辕差弁带呈一函，不知何日达览。顷定明晨西发，刘材官相送依依，沿途深资其力，当令回侍左右，又奴子梁福、李玉并回京，均令同行。附呈映相一纸，尚望菀存，天涯比邻之意，如是如是，余详前函。即承成叔六弟大人台安，并颂覃祺，不一。

如兄桓顿首

十月十六日长安倚装

（六）

九月初五日

获鹿、寿阳两奉手笺，代雇舆轿，派弁迎导，感篆无既。初意太原为必经之路。因拟少憩换车收拾行李。自入狱以至戍边不逾十日，所有措盘川、检行匣、质房屋衣物、料理眷口南还，悉于三日内筹措，现在衣簏中所带何物，茫无所知，非停顿一二日无从检点。原拟良乡涿州可以小住，赴京取携尚便，无如直隶委员拥马步队数十，把实匠数十，沿途州县苦供，亿兄不忍累之。抵保定添雇两驼（阻雨住一日），获鹿又添一车。子豫弟建侯侄（相从至戍）赶至方顺桥相送，带来食物又须添车，均草草装载。拟到太原易一大车送至西安，既须迂路，自非所宜，惟有奉求执事及胡抚军之事，俟枉驾班荆面谈一切。沿途不准逗留及多带仆从之说（直隶系电旨，非廷寄），皆直隶委员作

祟，所致沿途且萌杀机，真不解也。晤教在近，统容面谈。即承台安，惟祈亮察，不备。成叔六弟大人阁下

如兄荫桓顿首

九月初五日

（七）

光绪二十四年戊戌九月十五日

成叔六弟大人阁下：

王胡展别殊难为怀，今日抵霍州，承专差带送手书、棉褥、《雅雨堂丛书》、拙集各种，备纫雅爱（《太清神鉴》系《守山阁丛书》，非《连云簃》，前误记也）。前过平遥检拾行匣，停顿一日宿，始知所带各物脱漏甚多，兹无可言矣。霍牧李峻川念旧殷殷，既有馆餐之谊，又赠百明之烬，勤厚如是，未易系之疏阔之人，心感而已，蔚丰厚在新疆颇久，几成独踞生意，近有天成亨不知能分其势否。平遥汇新疆每百六金，西安五金，相较尚不甚昂。饶、丁、赵、杨四君均承函电并托，当不漠视。艺芳如能班荆则尤妙。迂道非所宜也，合肥电奏催趱行，有人下石殊无谓耳。胡中丞东道雅意到陕后当专函布谢。景月汀或无须赴京，遥莅东矣，晤乞致意。京中寄来抄报汇存又二函均收到，续有来者统乞费神转寄也。许静山当赴京，宦兴勃勃，宜有所获耶。承属讦子评太恭，惟恐虚语耳。今日诣淮阴侯庙处求一签，其词曰："莫愁归去，莫愁来，仍是当年金凤钗。离合悲欢常有事，羡君重傍旧妆台。"梁星舫以为最吉，昌黎诗："手持杯珓使我掷。"云此最吉，余难同，亦一样无聊耳。鄙人勋名岂足拟淮阴，而被祸则略相似，宜有灵签指速也，然否？王胡别后有五古两首奉寄，容书就再呈郢政，刻无暇也。率复，即承动定曼福，不宣。（迟龛有回书望转寄。）

如兄荫桓顿首

戊戌九月望夕霍州

(八)

九月十七日

望夕霍州复笺不识何时彻左右，今早赵城将发，得十四日弟二号手书，镇东回电均悉，兹拟询数字，曰：“京宅李售是否传相，吉祥单托蔚丰厚寄最妥，佰款代谢仍电复。”计廿五字，乞编码发去为叩。急程甚苦，日行百里辄眩，能否有命到戍迨不可必。贵同乡所批子评作一岁起运，贱造系两岁运，乞属再详推之，不敢望生还，但愿免刑戮而已。《清讼章程》无逾曾文正直隶所定各条，舍此似无善者，要在奉行以实耳。都中寄到谕折汇存系八月底止，九月以后都中无寄报之人，尚望尊处阅后转寄也。《太清神鉴》系《守山阁丛书》，非《粤雅堂》，前函已缕及矣。海丞果否回籍？此时沈浮郎署益无俚金谷之司，尤难为计。地官之窘在明年，非请颁内帑无以持拄，外借恐难应手，去京日远，近事逾无所闻，犬马之恋，徒深愤郁。朱小舟岐黄效否？此君善吹牛，兴与静山等意必有书致省宪，便望见示。今日宿洪洞，明日住平阳。率复，即承补安，不尽。（拙诗尚有《不易集》，系庚寅回京后所作，春间属垲儿付手民，不知已刊否？望函询刻字铺，行匣无祸，失之可惜。）成叔六弟大人阁下

如兄荫桓顿首

九月十七日未刻

(九)

光绪二十四年戊戌十月初七日

前月廿八日潼关发电后得第三号赐书，越日华州得所寄京报，十月五日抵西安得弟四号惠笺并镇东电，遥荷关垂，渥承教益，感纫何极。艺兄权臬，此时当抵太原，贱状亦必面述矣。自潼关以西，积雨初消，泥行甚缓，西安尤甚，过此以西尤难行。西安城中泥深及膝，视京城伏雨尤甚，此种情形闻须到平凉乃免。秦川之难无殊蜀道也。

次珊未履臬任，魏中丞为之电奏请旨毋庸来京，现亦料量西发。次珊自皖而秦，又开藩新疆，迄未一停顿，行色殊匆匆。李苾园已抵渭南，行将到长安，闻甚委顿，小憩长安一半月之说，恐西发尚在次珊后。兄初拟概易大车，已托云门雇定，至此而泥泞不能前，只可改雇骡驼。衣箱太大不能驼，仍须雇一二辆大车，总是车行迟慢赶不上驼耳。介藩、云门均有肩舆之赠，此间舆夫亦健，兄乘舆至兰州，再拟制睡车，俗名古都洞，林文忠《荷戈记》曾自制也。囊行至北相，黄小宋、仲衡昆仲赠七百金，艺兄二百金，得不窘。更有意外之赠，则猗氏令四十金，向不相识，真可感也。至此尚余千一百金，拟不动票，但须购衣物雇买车马，不识敷用否耳。魏中丞相待甚优，司道以下均无炎凉之别，惟不愿久累东道，车马衣物备，途路能行即就道矣。迟老专差计已返都下，家丁禀言迟有复入中书之说，高密曾往劝驾，云润台久缺音问，暇须予一书也。承荐刘材官甚得力，途行之苦当能言之，平阳以东风日晴美，自度临汾则日在泥中矣。蕲帅所派四戈什甚得力，有行李车赶不及须露宿者，皆石戈什照料，扶轿上下冈原山岭则于戈什为多，良可嘉尚，因簿犒之。此亦蕲帅之意，东道之谊何日可忘！委员梁、徐两君经寿阳讦后尤谨敕，及抵秦境，兄亦微讽之，其好生事全系马、勇两君，尚驯善。经此苦差宜有调剂，曾告艺兄并望相机为之推挽，盛德益无涯量矣。李澄有母不令远行，梁福恋家均令回京，梁福已荐之吴渔村，李澄尚无可安顿，其志趣亦不甘小就，且又不愿离京，须别筹之。此行李澄最劳，初四晚抵长安，黑摸泥中几十里，为临潼县之害，只要差事出门，不管行人能走与否。抵长安官厅，首府县在此候接，始假笼灯入城，行馆在郭佥事巷，行点半钟始到。铺盖赶不及，次珊来晤为假被褥。只李澄一人相从，藩侄驼轿犹可及，余俱滞于城外露宿。自保定起行后，以此为最狼狈，否亦自忘遣戍也。静山到京遭际何如？现云门与升吉甫仍北上，云门甚不上算而其夫人以归宁为乐，云门饶有挽鹿之欢，兼有吼狮之惧，直不克自主矣。秦中两故人悉如客燕，然究倚其才。次珊自带缝工衣履代制，云门为觅车骡，秦中派委两员亦甚融洽。其武员曹文献号彬臣，长安人，候补参将，极欲随赴新疆，以秦中无可生发亦奇士也。云门荐一家丁向文，曾随良孙世兄者，李澄知其人，云门极言可靠，又临潼一剃匠，亦力求相从，途次当敷用。次珊碧油幢外佳儿佳妇只带仆从三人，相视殊愧之耳，震东仍寓天津，京宅并未售出，立豫甫有关切意，欲震东回京与商，震东似为谣言所吓，亦难强之，姑为书交李澄带去。京宅尚有丁福、景升、马宏、李顺四仆，不知如何作食耳，念之怅然。即承成叔六弟大人台安。

如兄荫桓顿首

戊戌十月初七日长安郭佥事巷行次

（十）

正月二十八日

成叔六弟大人阁下：

客腊除夕嘉峪关下得福电，敬纫关爱。其时次珊断弦肃州，阿吉病在行次，医调慰劝，心绪郁如，滞闷经旬。初十日始由关至惠回堡，嗣是昼夜兼程，不五日抵安西州，向来玉门安西之间多黑风，一吹数日，途次幸未相值。十四晡入州城，十五早大风飞沙，十六晡后者辄息。讵风息而苏赖河冰开矣，河去城五里，无桥筏，宽仅里余。中流冰开，乃成天堑，往来客车多陷，频遣人往视，开处水深六七尺，阔只数分。念有不得逗留之信，地方官亦奉趱行之檄，相对无策，有以冒险为戒者，姑置之，决意十七早渡河，听之于天而已。不悟行至河沿冰冻忽合，如一片玻璃，遂乘小车急渡，行李诸车亦联镳而过，不占灭顶，且免沾濡，诚天幸也。渡毕诣河壖龙王庙祀谢，申以祝祷。庙建于乾隆廿五年，素箸灵应者也。次珊前日抵安西，河阻不能渡，嘉兄有神助，盖难易迟速真无定也。渡河后即穷八站，自带淡水，有并几案俱无者，幸在兰州觅得皮儿，到店便自支拄，否则一土炕外无长物。此路煤炭烟轻，较甘凉差胜，曩过凉属水泉驿，几为煤害，两足已僵，近乃畏避，稍可省煤者辄省之，冷或不死，煤薰必死，故宁耐冷也。筠丈濒别时谓肃州一路极寒，盐池沙碛，行旅每冻毙，皮裤两重犹不足御寒，心窃惴惴，过西安时丞制皮靴裤袜，从者亦为制备，殆自兰州至平番，只红庙堡夜雪，晨起微飘雪花，午则䆗晴，以后一路皆晴，只腊月五日凉州晡雪一宿而霁，时方憩鞍城内，雪后乃行。平番县令阮静珊为贵同里，久住都下关中回馆，询及执事及海丞均相识，东道之谊甚周。凉州守(庆云阁)户部旧僚，感念师门不置，饶有故人之情。凉州满汉两城往来酬酢颇难，即到即行，腊望抵甘州，适遇丁循卿中丞入关，盘旋竟日，且须换车，小除夕乃抵肃州。次珊夫人误服凉药，绵缀不能起，次珊傍偟无措，日易数医，均主苦寒，兄力劝停药，次珊疑信参半，续以吸烟有效，而乏佳烟，行匣有陆作图悉以俾之，遂大奏效。廿七日鄙人遂行，晚抵嘉峪关下，阿吉忽患寒疾，痛楚不堪，义难舍之而去，又念岁除元日护行官弁太苦，拟初二日行。讵廿九日州中人来，次珊夫人竟于廿七日晡仙去，次珊失此良助，窃为之忧伤，专弁慰唁，无可置词。次珊以连日劳顿神不守舍，即欲引疾开缺，极力劝阻，近始西行，夫人灵柩已于望前运送河东季和照料也。阿吉寒疾人日后渐愈，因于初十日行，心境难堪，总在鉴中耳。李尚书久滞西安行所无事，兄并非故为停顿，而下石者迄不惮烦，枢寄系冬望发，是日黄桂均得对也。其时去陕已弥月，寄中犹及陕抚，故知言者以意为之耳。沿途谣诼之多，大可丛剧，秦中得津报谓有洋人保护，皋兰谓挟两姬同行。西安旅寓郭佥事巷系咸长两县所备，并不宽敞，曾为英教士所居，谣者遂谓鄙人授意非此不住，樊云门为兄诉冤，此亦可笑之一也。西安本有粤馆，强于佥事巷百倍，县中不假以居而觅此逼仄潮湿之屋，致生谰言，毋亦命运使然乎？及抵皋兰决意住会馆，既免县中张罗，冀省意外罗织祸从天降，避无可避，奈何！方帅见待甚优，甘肃境内一无所苦，读两致维帅书，情真语挚，不觉零涕。自安西过星星峡，即隶新疆，维帅豫饬哈密厅妥为办理，则较安西加厚，惟厅境太宽，东西几十站，殊累之耳。哈密回王执礼甚恭，曩于都中面善者也。

天山积雪未融，须走大南路，循吐鲁番至红庙子十八站，计一千五百余里，中多沙碛碎石戈壁，无甚平路也。贱躯尚托平顺，昼夜兼程时便血复发，左臂作疼，此皆老病，幸旋发旋止，亦不食药。曩未闻甘肃有瘴结，渡黄后日在瘴中，早起尤甚，赖曹大夫金鸡衲得免于病，次珊夫人触瘴成疾也。途次无甚用度，镇电言但行岁济三竿，合之进秩共成道德一经，计敷旅食，他可不措意。曩曾与艺芳商及盛荇孙、瞿耕甫两处，以与艺老均为同谱，三人故及之，究未自致书也。人情如纸，此时求如吾弟者何可得也。（垲廿三过安西，月朔可相见，书板各事询明再作办理。）吾弟羊昙之悼宜善排遣，令姊既接寓太原，朝夕相见，亦中年难得之境。许静山回晋否？店主人进京否？矿路开办否？均乞详示。另致润台书乞妥寄，即承台祺覃祉，不宣。（行踪颇详，乞阅后饬誊一纸存尊处，再粘封寄京。）

如兄荫桓顿首

正月廿八日哈密行次

（十一）

十月初九日

成叔六弟大人阁下：

初七晚缮复第三四号赐函，刘材官未发，顷得朔日五号惠书电本，迟笺敬承种切，所事迟已致书，济否听之自然，所谓谋事在人也。迟尚有罗汉之赠交震东，良可感也。此间积潦在途，加以连日阴霾雨霰未住，沿长安四周人马均不通，城中泥行甚于京邸，当轴以此为陪京直呓语耳！近事类此颇多，付之一笑而已。李澄回京不能自给，仍须为觅生活，只索挈之远行，渠亦乐于从事，但须为谋安家，已酌予名世，得此健仆，途中较便。梁福、李傻子仍回京。顷映照一相，须三两日始晒出，拟交梁福等带呈左右，一纸另寄舍间及迟老。刘材官与梁福候兄西发后乃行。云门有调函之说，悉可托之也。震东复电已悉，震似到京矣。次珊到陕即得疆藩电，魏中丞未便令到臬任，现正屏当行李，亦不愿流连于此也。李苾园昨已到，闻患腿肿不见客不出门，寓居相距数里，又出门即拖泥带水，且须自检衣囊，尚未访之也。梁星舫、徐月如两君明日成行，院上戈什亦同去，梁、徐两君经此苦差，宜有有调剂，已函达中丞，并托艺兄便望相机致力为荷，详函交刘或径排递。即承补安，不尽。

如兄荫桓顿首

十月初九日长安旅中

张之洞[1]致阎敬铭

(一)

正月初十日

正月初十专弁郑仓送,十四午到

丹初老夫子大人阁下:

敬启者,顷承答书,知去腊京邸所上一笺已邀鉴入。敬惟献岁发春,道躬曼福颂颂。前函奉读,无非以鄙薄负乘亟欲就正之意,不谓嗣奉寄谕,有当面传知事件,私意谓杖履如恳惠然,则接晤非遥,届时再宣朝命,免致急递星驰,惊骇通德闾里。今鄙意既与相左,则中旨亟须传达,用特专遣材官飞达左右,幸即命驾来省,藉承矩教,无任翘盼。除另备公牍咨会外,专肃手启奉迓蒲轮,已檄解州只备舆马矣。敬问兴居,并颂春祺,不尽。

世愚侄期张之洞顿首谨上

(二)

丹初老夫子大人阁下:

差弁回捧诵手教,恭审道履曼福,慰颂无量。料峭春寒,本不敢勉强劝驾,惟前次廷寄传知事件,必须晤面后详晰陈述,相机商度,方可宣播宸衷,且陛辞时尚有面奉懿旨,词意十分恳切,亦非楮墨所能宣达,似应仍候贲临面为宣布,以符圣意,若不获一望清光,面聆教言,侄实无从覆奏。傥非因侄下车方始不能远出,早已躬诣解梁,抠谒门下,敬致朝命,万不敢远劳几杖也。承教各件,语重心长,言之扼

---

① 张之洞(1837—1909),字孝达,号香涛,河北南皮人。同治二年(1863)壬戌科探花,授翰林院编修,历任内阁学士、山西巡抚、两广总督、湖广总督、军机大臣等职,官至体仁阁大学士。光绪十四年(1908)十一月,以顾命大臣晋太子太保,次年病卒,谥文襄。著有《张文襄公全集》。

要，悲悯之怀，溢于言表。此皆鄙意蓄志决计所必欲见之施行者，得公详示，益得指南，感激曷任！其详悉办法及未尽事宜，专待台旆到时，躬亲就正。一言而为全晋造无疆之福，想我公必无所靳也。日来春气暄和，特遣马守丕瑶恭迓安车，并令随宜祗应一切，毋慁清神，伏望上体天心之笃至，下谅将命之为难，万勿固辞，实所敏祷。专肃，祗请道安，临颖翘切。

世愚侄张之洞顿首

（三）

二月初六日

光绪壬午二月初三太原发，二月初六未刻到解州

丹翁老夫子大人阁下：

昨交马守带上一函，计登签照，顷阅邸抄，恭谂恩纶宣被，诏起蒲轮，遂听之余，莫名欣抃。年前之洞来晋传谕，已极谆切。今届激扬大典，特简司农，朝廷倚重老成，可谓至优极渥。伏思致身事君人臣大义，我公忠贞任事久荷主知，值兹朝廷清明，尤不宜再事盘桓，致失海内之望，务祈翻然命驾来省，俾得敬申前命藉饫教言，是所企祷。谨将正月二十四日谕旨四道抄录奉览。肃此，恭请勋安，祗贺大喜，不备。

世愚侄张之洞顿首

察典举措如此，仰见至圣至明，四海钦服，莫不感颂鼓舞。录上一览，以见励精任贤之诚，非同寻常擢用耳。

（四）

谨再启者，异数如公，古今罕有。总以时势多艰，人才寥落，圣上环顾廷臣，可恃者少，故特虚计相之席，以待耆德。想闻命以后不惟感朝廷之殊遇，并当体朝廷之苦衷，就使舆疾龙钟亦当一造阙下，公若再坚执不出，必致重伤深宫之心，恐无以解于天下万世贤人君子之

责备也。闻公平日尝有言，谓："彭雪琴尚能孤行己意，坚不任职，岂我遽出其下？"果尔则又过矣，彭公所为以之厉俗则可，以为蹈道则不可，有识之士不无遗议焉。彭公是奇男子，明公乃古大臣，畸行之与纯忠，恐难一致而语矣。公如诣阙，当必取道太原。延企之诚，有如望岁，敢布胏附，恭听德音。

之洞再上

台端当已奉到廷寄，并望赐示为幸。

（五）

正月二十三日

谨启者，展读答教，深佩忠忱，徒以远道凝寒，致稽命驾，惘然失措，惟有悚皇。今日之举实由承诏传宣，与之洞豪无干涉。朝命严切，责在不才，委曲事宜，必须面罄。谨再遣员敦请，窃惟国家敬老优贤，岂敢渎趣，特是圣上有非常之殊眷，衔命者万不得已之苦衷，不揽德辉，万难覆奏。伏恳荩怀澄鉴，一再筹思，受赐多矣。近年朝局殆非昔比，深宫求治，钧轴好贤，硕画宏猷，请无不允。果蒙到省一行，未论以后之功在国家，目前因已泽及三晋。之洞虽不肖，必能体公之志，达公之忠，若夫资以事君，古有明训，力疾之报称正可以补，勿辟之从权，君子内疚似乎过矣。公视今日之时势，岂是八方无事朝野欢娱时耶？圣主冲年，长春旰食，比两年来黾勉扶病不废临朝，老成渐稀，封疆多故，尤其烦圣心。（闻公语及时事，辄愤懑太息，涕泗交颐，故云尔。）公如知近日中朝，详悉情事，更不知当如何感喟激楚矣。洒扫以待，书不尽言。所遣马君当能传达未申之意。手书再渎，恭候起居，无任詹系，依驰悚息，待命之至。

之洞百拜谨上

正月廿三日三鼓

尊恙未尽脱然，极轸鄙念。已属马君敬慎调护，沿途将息。如到省后，之洞更可常侍函丈，料量药饵，非敢专陈公义，竟疏养老之礼也。并望鉴及,幸甚幸甚。

尊论晋事,语语适如鄙意所欲出。窃幸书生浅见,是非尚不谬于大贤,惟事有难言,待公来一详教之耳。

侄又及

(六)

三月二十九日

丹初老夫子大人钧席:

前数日裁就一笺,因循未发,旋奉钧教,抃慰莫可名言。连日得南路驿吏驰报,顷又读致丁、马两守书,知台旆已过灵石,侍坐非遥,延期以待,谨遣两守驰至徐沟迎候,并遣材官六人、小队十人前往祗应。到省后,敢请解装放署东偏一院,清净不扰,半月以前久已躬亲洒扫,专候几杖辱临。世兄以及从者并望同住署内,此院屋舍宽绰有余,早晚承应较便,万勿客气为幸。我公此来,不惟朝夕亲炙,私衷所切实有重要事理,诸待提撕。要语深谈,断非数千百言所能尽,惟有馆于署内,庶几朝夕请闻,可罄所怀,非仅如寻常延宾致敬之为,幸不固拒,至祷。省门日有密云而屯膏不下,令人焦灼,《传》有之"国人望君如望岁",今日情事,则国人望君如望雨矣。驰书恭迓,祗请道安,统希垂察,不宣。

世愚侄张之洞顿首谨上

三月廿九日午刻

前函仍附呈一阅。

(七)

六月十二日

丹初老夫子大人钧坐:

日前官斋祗候,不能备礼,悚愧方深。获鹿人来,敬谂山行平安为慰。捧读钧教,奖借过当,无以自容。比惟瞻天有喜,邦计宣勤。

古之地官亦称民部，吾师处此，固知泽及生民，至于度支丰盈，尚不足为门下颂也。赐对之际必当垂念晋民，如有关系晋事而语可宣布者，敢祈赐示一一，俾得导扬圣德。日来定居何所？趋公酬应尚不大劳否？此间五月杪方得足雨，大略溥偏，惟雁门以外有雨，三县未甚沾足，民气尚觉安舒。贱体粗平，初意以为入夏后规画渐定，可以从容就理，今乃不然，譬如游山探海愈入愈深，盖至今日，乃始得其窟穴之所在，必应廓清杜塞，欲罢不能，劳瘁不足言，恨无相业为理者耳。公如闵之，但恳将此间民之积困、官之积弊与朝列痛切言之。幸蒙朝廷鉴其艰难，不使文法吏动掣，其时则受赐多矣。今日去人甚急，不及多陈，容续布上，不尽。敬请道安，惟希时赐训迪，幸甚幸甚。

之洞叩首谨上

六月十二日

再启者，《望溪文集》格格不入，竟无助我之望，心思识解，病皆坐一俗字，大约知有属员同寅，而不知有国计民生耳！与言敷衍通融则欣然，与言认真办事则怫然，奈何奈何。此关不通则晋事不可为矣。（竟似有意梗阻，不可解也。）敢望遗书讽之，属其同心协力，大人之言，渠当不能无动。感荷钧铸，实无等伦矣。仰蒙垂爱，故敢冒渎。伏惟鉴之。

名再叩

（八）

初四日

丹初老夫子大人钧坐：

昨奉手教，谨承一一。比惟道履康愉，至以为祝。计部为六官弟一繁钜，处此积疲积弊之余，岂敢急求速效。大贤处此期年之后，必有宏益于国家，即目前砥俗振纲，裨补亦已不少，幸从容为之。道路传闻谓公已萌去志，妄传则已矣，若信有之，上虚朝恩，下孤众望，甚不可也。灾异迭见，事变日多，宵旰焦劳如此，岂求去之时乎？万望采纳，幸甚幸甚。兹首启者，七月内之洞有请纾饷力一疏，已下部议，中有数语云：于派拨来年京饷时，就京饷五十万中划出十万，令河东道拨解句。藩库或可稍为腾出物力，以为善后之用，云云。所谓令河东拨解者，谓改派河东丨万（谓即由大部改派也），令其解京也。恐读者不察，谓为原奏请令河东拨解藩库，则误矣。此节至要，敢以渎陈，伏惟鉴及。（原疏若于藩库上加一则字便明白不致差误矣。）再，拟捐一疏，大部至今尚未见覆。缘此间通饬既拟捐以冬季十月初一日为始，不奉部覆一切事不能举办通行也。如绸纸绢等事，须待各署回信，可否先将拟捐正折及钱事核议赐覆，以便有所遵循，千万，叩祷。之洞两月来为科场事忙碌益甚，近稍清楚矣。谨肃，上请道安，统希荩察，不宣。

世愚侄张之洞顿首谨上

初四日

（九）

初七日

丹初老夫子大人钧右：

吴令来，奉手教并赐还之件，敬悉福履康和，甚慰驰仰。（又一书亦接到。）咨行报销章程已读悉，精密而又通达，从此蠹吏自然敛手，固知非我公不能为也。此间报销亦须料理，殊为淆杂，至侄到此后，所用财物无一钱不可奏咨者，不知司马司空均能奉为程式否。侄家运乖蹇，猝遭兄丧，况目王事焦劳，致以身殉，旅榇漂泊，老幼零丁，公事纠缠茫无畔岸，至冤至痛蔑以加矣。侄家事伤心，兼以公事怫意，近来体气甚不佳，但盼明春以后吏士人民渐相服习，或可稍为省力耳。纸捐事拟设局经理，如能较省便，仍以本色办进铁事。（缘坤宁宫不知何用，且纸价京城亦贵，办不出也。）自光绪六年葆某奏明，认限一年，办铁六十四批，兼办新铁，限满并无一批，去年冬及今春始有数批到京耳。侄到后已办旧铁六批、新铁五批（本年例解），共十一批，限于年内到部，工部之矿亦然，多年不解，近已解两批到部矣（每年一批，此两年者）。然为此数起，矿铁费尽气力，不然，三年后尚无信也。卓胜军饷，刘帅奏派晋协。闻之骇煞，虽敲骨吸髓，亦不能办。昨有疏请改拨，不知允否。乌科添拨，力实不逮，不得已，略增少许，以塞朝命。今年下忙殊不踊跃，加以西征饷急，顿须添筹，日内拟竭力解与十万（已解过十三万），又提还部垫六万，较去年已多十七万矣（去年解十二万），再加京饷增多十万（去年四十万，今年五十万），晋之困竭可知，善后事宜更无从抽还举办。此间同志殊少，掣肘殊多。总之，剔弊惩奸之事，皆人所不乐。至于惩创蠹吏，尤人所不愿（吏奸为晋省巨害）。无理取闹，有意为难，坐是愤郁焦劳，益形困惫。古人云别有肺肠，良不诬也。马、李两太守将来可望臂助，由其志趣正耳。世兄秋捷，闻之欣舞，谨贺。敬请道安，不尽欲言。

期侄之洞顿首上

初七日

四世兄到太原，适忙冗未晤，仅令儿子一迓候耳，怅怅。

（十）

约盦中堂老夫子钧席：

谨启者，前奉答教，纫感无已，辰惟元化绥丰，澄怀荐爽，欣颂欣颂。前寄来《思陵恤刑诏》拓本，想已入鉴，笔法全类涪翁，此间石墨佳者无多，有周元公游山题名两段，一高要，一阳春，兹拓得奉览，又有张魏公题名未得也。洞叨芘粗平，然病躯终难搘拄耳。六厂事部署议覆公牍已奉到，此举自是已成之局，难于挽回，然钧轴维持之盛心固已感佩弗谖矣。手肃，恭叩秋厘，祗请道安，不宣。

世愚侄之洞顿首谨上

（十一）

谨再启者，刘渊亭军门永福入都瞻觐，特令叩谒台阶。渠立功异域,率部来归,海外称为铁汉,自是今日奇男子。惟渠久居边外,于中朝礼数多未谙悉,尚祈俯加容接,锡之训诲,俾免陨越,是所感祷。其人身经百战而谨愿朴讷,抑然自下,殆太史公所谓李将军恂恂如鄙人者耶。手肃奉恳,载请勋安。

洞再叩

(十二)

谨再启者,征信册仰承垂谅,谨当先办十县,咨达,谢谢。海军咨查捐输事,语似活动,然先既云事出有因自应原谅,后又查已否报部及余存若干,终不慨然免解,究不能深喻海署意恉若何,是否稍作波折仍可邀免?伏望赐示(即认解之十万亦已挪还洋款)。盖粤力断无从补解也。洋款已垫六十余万,各库一空,诸饷停发,京部各款亦不能解,若不能将药厘照数拨还,直是死证。固知荩怀必不忍坐视,叩恳叩恳。窃忻此事系改章创办,总署大农当日既有拨还明文,自宜示信,即恭德原议,亦屡以各省旧日用度无着为虑,谆切言之,若部署不能践言,从此外间事事疑沮,亦于诸事有窒碍也,伏惟垂察。

洞再叩

(十三)

再,澳门一举实无大益(洋船入华只到香港卸货,从不到澳),而流弊太多,海中潭仔过路环两岛,西路门户万不能听其割占,虽有新设兵房炮台,必应赎回,关系太钜,若稍有不详审,朝廷他日必悔,众论必哗,噬脐无及矣。京师恐不深悉彼处地势民情,故敢割切,再为吾师布之。不胜皇悚激切之至。

之洞再上

民决不服葡属,必生事端无疑也。

（十四）

再启者，台端为二李事抗疏力争，事虽未能挽回，然忠忱谠论昭垂天壤，良深钦佩。嗟乎！世间不平事，岂独二李哉！此洞所以夙夜愧疚而亟求引去者也。临书三叹！

之洞再叩

时局如此，甚愿吾师强起维持正气耳。

（十五）

约盦师相钧坐：

烦冗未得时修笺启，歉仄无似。祗惟鼎履万福，定如遥颂。粤事极荷关垂，感何可言！现将奉旨留捐以后，奉部文截捐以前，此一月内凑解大批钜数解部，其余留坐粤饷，其实随收随用，此解部之十万两皆各项凑集而成者也。区区苦衷种种棘手，谅蒙澄鉴。再，药厘八十万乃洋债专款，自税司并征后，丝豪未解，春间应还钜款设法垫还，目前又届期矣。前电恳总署筹拨，以事系大农为词，焦急万状。垫款须归，洋欠须还，伏望俯赐筹维，感祷曷既！洞庸劣病躯，才力、精力皆难撑拄，昨已具疏乞退，期于得请而后已。近来溽暑歊蒸，尤形困顿，匆匆手肃数行陈谢，祗叩钧安。不及详布，伏希察鉴。

世愚侄洞谨上

（十六）

再，税司自认岁征八百万之说，窃恐必将不售。今已五阅月，成效安在？走私日甚，莫敢谁何！今年待用之款若何筹补，吾师自必早有硕画，特外间实在情形不敢不以奉闻，二赤瞶言，恐必仍坚执有效，幸惟察之。

奉上荔枝一篓、水笔一封，祈赐存。《兼州恤刑诏》拓本竟不可得，吾师于何人斋中见之？望询此石所在见示。匆匆，肃请道安，详具别纸。

之洞谨上

(十七)

征信册不敢梗令,惟粤事繁赜而费绌,拟先办十县,八年全毕,取其易清易核易筹费,不审可否?譬如协饷,详论应允者,或全不解,认解几成者尚可信耳。分年递造,意在字之核实,不敢以虚文搪塞耳。请示。

之洞再叩

去人甚急,案头只有旧笔,目光昏眵,不能从容细书,故字稍大,惶悚殊甚,伏望鉴恕。

(十八)

约翁老夫子大人钧席:

恭闻入典枢机,欣贺欣贺。时局艰危,天心人望当代无两,曷胜翘祝。侄承命入觐,谊不俟驾,惟近来多病,刻下料理交替,要务太多,竭蹶已甚,张罗盘费尚无所出,大约拟四月初八日启行。自二月以来,日形委顿,大抵心血耗竭,舌棤咽痛,心跳气急,饮食日减,夜寐不安。对客作数十语则舌本木强不能运转,行百步则疲顿无力,气息喘极,恐展觐后须乞病矣。奉教有日,统容续陈,祇请道安,并贺大喜。(地照八千已接到。)

侄名心叩

(十九)

再启者,此间清查葳事,为公家节省数十万金(五十万已奏咨),杜绝以后弊孔,厘定经久章程,皆安期生一人之力也(此外直无能动手者,此人可谓劳苦出力矣),前年奏办清查时,曾经陈明有效鼓励。目前整饬度支事体繁多,不能不为请奖励以酬其劳。其人细加体察,不过庸俗凡陋之吏，惟听上官指挥，尚非险狠胆大敢于为恶者，所长止于会计精细，省案熟习，亦无可恶之才。当年上官待之稍优，致招口实，其实如其比者不止一人也，即使光复，不过仍当局差，断不加以重任，此乃侄外间办事之苦衷，若不鼓励酬劳，目前以后皆无人肯办事矣。特此奉达，不胜翘切。

名再叩

再，侄以捐助东直赈，仰蒙敕予议叙，经部文抟叙给加级，执照先后寄到。窃思此事本不敢望叙（两疏俱力恳免给），然既辞之不获，则朝廷所奖者乃叙其筹赈，非叙其捐输（似应但由吏部注册），今按银数议叙并发执照，是捐级矣！侄实耻之，拟咨缴户部，但请吏部注册可否？祈示。侄又及。

（二十）

约盦老夫子大人钧席：

启行后燥热尘坌，疲惫万状。大约廿四日可住天宁寺，廿回日入城住贤良寺，届期谨当遵命奉闻。如有见教之件，望告博泉为幸，统容面陈，肃请道安。

名正肃

十四日徽水旅次

（二十一）

约盦师相钧席：

海事繁碎，久阙上笺，耿歉无似。伏惟纶扉集祜，道履康和，至以为颂。洞海邦承乏驽劣无能，近以防务解严刻意节用，然而外侮日迫，以后应办之重务不能不办，已欠之钜债不能不还，以一粤解南服山海诸省之急，而复以一粤受诸省之累，此邦之力实有不支。幸惟荩画，俯加教益，是所至感。此间洋情经年以来略悉，鬼蜮伎俩大抵洋与粤习太相习，其虚实长短，粤中备知，且仰藉助于我者甚多，自去年开战以后，彼者气沮，故近与粤官相处，不甚强横，论事亦可受商量，惟彼之惯技，凡无理之事不能得之于粤者，则捏词耸听，嗾其公使相总署渎扰，总署不息其情，以为彼直我曲，疑其势已汹汹，断不能解，恐生枝节，遂已俯允所请，责令外间照办，不知其事在外间甚属寻常（沙路一支河道，断不能允其开通）。彼已辞穷势绌，若总署稍一坚持峻拒，推之外省，不难硬驳善了，以后凡遇洋使搅扰事体，务望总署电询粤省，考其实在事情有无办法，再与定议，必可挽回不少。此等情节，伏惟裁择，总之中外交涉，动有关系，洞素性谨慎，断不敢大言迂论，以孟浪误事也。两粤任重物博，下材本所不胜，加以年来劳顿过差精力耗减，近复多病，目前赶将经手事汲汲清厘，意中事略加部署，俟将应上数疏入奏后，即当引疾避贤矣。岭外多暑，日来犹著单衣，都门深秋，仰祈珍卫。肃此，上请道安，不宣。

世愚侄张之洞顿首谨上

再，总署寄滇桂电信或电旨，近来或由京、由北洋径寄，滇、桂其事实皆关涉两广者，彼接到亦必行知，然周折太缓，似不如由署电粤转滇桂为便，只在电首写广东一处即可，并不多费事也，亦不迟时刻。

（二十二）

再，粤事最重而最难，无论吏治、海防，非有人才何以为治？有一黄笔川而不能得之以治粤，岂非憾事？怅结而已。龚蔼人才具可爱，疏放可惜，以调湘部文到太迟，而臬擢滇藩，沈不能接暑（沈移粤之部文到此已六月半矣），不得及早交卸，致有此变，殊为惋惜也。侄又及。

再，澳开闱姓时，岁输重金，以十之四安顿省绅，十之六安顿京秩，今苦争者不过为澳计耳（其中无所为者，不过一两人）！闻澳首勾串地棍，设法必欲争回，事关中外大局，想钧衡自有裁夺也。本科秋榜号称得人（名宿甚多），舆论翕然。然则闱姓果于科场有碍乎无碍乎，只在试官耳。

名心叩

（二十三）

丙戌四月廿五到

约盦师相钧席：

久未奉书，伏惟扈从增绥，赐衣受祜，翘詹道坐，曷罄颂忱。洞才庸质朽，任重事艰，前拜病疏，未蒙上允，自惟薄劣，终当引去。因闻各省疆吏乞退者多，未敢即渎，此须续假一月，以待朝廷择人，决不敢恋栈覆悚也。惟两广此席，在今日关系尤重，尚望钧衡深念，审择长才是为至幸。粤事最为难者，首在洋款，合计总数虽多，但洞到任后所借充粤饷者，止三百万，有二百万系前任张振轩所借。彼时所办者，无事之筹防；洞到任后所办者，有事之战备，相提并论，似或可原。至于此外四百万，乃因奉旨援台规越，接济滇桂。关外战事方殷，需饷为命，因大局所关，台围难解，不得不为救急纾涸之计，叠次电奏俞允，始敢议借。今兵事已罢，部议将所有洋款悉责粤还，震骇忧煎，不可名状。除代借四百万因万无可筹外，即就本省前后五百万论之，前二百万系振轩奏经议准，留西征余款抵还，洞任内三百万，所谓粤借粤还者，原拟由粤自筹，约略可敷此数。今各项捐款猝于去年十二月，遽奉中旨，一律裁撤，既不敢稍违朝命，且民间知有此旨，即收捐亦必不应，当于去年腊月出示，一律停止。筹者既不许自筹，缓者又未蒙允缓，而加拨严催之款，较前增多数十万（从前协饷多有蒂欠，西征亦仅解八成，尚可稍为延欠，今大都改成解京实款），加以本省洋款、外省洋款，旧日代还西征洋款，现将收支数目确核，每年实短银三百数十万。虽极力节省，百事俱废，岂能省出此数？虽有研桑，恐亦束手。（今诸捐悉停，来源已绝，更有何法乎？）现已详开清单，批沥陈奏（此折数日后即拜发），祇候圣明化裁，大农指示，但有办法，无不恪遵。若朝廷必不垂谅，徒加督责，虽将粤省督抚藩司严谴治罪，亦于国事无益。即使海防善后一切暂缓筹及，而本省盗匪纵横，勇营岂能尽裁？绿营岂能遽汰？全无饷糈，岂能一日安居？设有变故，洞一人不足惜，如国事何？如疆事何？伏望垂察俯鉴，为粤省稍宽一线，是所叩祷。收支单所以迟迟未奏者，去冬以来洞催督数十次，颖秃唇焦，终未查开清晰，由于署藩生疏局员糊涂。（总之由于误会，以为报销单，故一时难开也。经洞口讲指画数十次，始得豁然，糊涂可想！）近始开出，但以出入相悬，仅止胪列。不敷之数，则虽蒙朝廷俯察，户部曲原亦恐无从下笔，拟略筹办法分别，以后设法节省若干、请旨另筹若干、恳予减免若干、展缓若干略有边际，或有万一之希冀，数日内即出奏矣。洞无综核筦算之才，而处百孔千疮之地。数月来日夜焦灼，皆在愁城苦海之中，其他棘手忍气言不胜言。素蒙挚爱，故敢渎陈。当此危窘迫切之际，不得不仰首呼吁，恳吾师之俯加拯救也。匆匆不及多书，肃请道安，惟希钧鉴，不宣。

之洞顿首谨上

再，前接部文有粤海关常税局向宽博该督抚，可切实核办，以资协助等语，此事须有旨令查，自可考其实际，无旨则碍难也。（中饱诚多，粤窘如此，惟有此处或可设法清厘，然须有朝命耳。）

（二十四）

再，黄碧川廉俭精核才守兼长，粤中理财最急，非此等人不可（朝廷正欲节用筹饷，而不予以任用之人，真难题也），然不能再渎，奈何奈何！窃思告养人员召用，事所常有，若蒙天恩竟放粤东一缺，俾资臂助，则感荷圣恩无既矣。此事关系粤省大局安危（若如此无人肯尽力，大乱之道也），伏惟留意，至幸至感。（此间诸道，皆非粤省不可少之人。）

名心叩

（二十五）

再启者，于次棠廉正明决而又通达事理，不避嫌怨（此外无一同心之人，亦无一应手之人，令人焦急愤闷），实为粤省第一贤员，惜所处尚未能展布，将来若洊擢藩条，察吏、理财皆当必有起色（能核实能任怨）。鄭侯心思太细，乡谊太重，市德避怨意太多，声誉减于为首府时。紫峰到尚早（由内地不航海），焦急之甚。王鲁芗（毓藻）和平人（未到）恐于粤地未能制胜也。又及。

（二十六）

再启者，边事近有定议否？详细情形若何？望赐示。近来与幼樵常见否？

侄谨又启

幼樵为今日搘拄时局之人，万不可听其引退，区区此言，为世为国可质天日，伏惟鉴之。

（二十七）

再，闻公悬车得请，固甚怅结，亦深钦佩。荩忱雅操，并皆皎然。洞久点海疆，无补时局。悚皇愧疚，非止一端。屡次乞罢未得，仍复勉力枝撑，久妨贤路，以视门下，滋愧多矣。手肃布臆，不尽所怀。

之洞再叩

（二十八）

谨再启者，门人王守秉恩入都，特令趋叩台阶，一瞻钧范，代洞祇候起居，粤事及洞近状皆可详陈。此时北地春融，想道体日臻康胜。惟时局方艰，虽绿野优游，荩怀终难恝然耳。附上越桂、墨镜、梧州柚、午时茶，聊申驰念。伏希哂存。再肃，祇请约盦师相道安。

之洞谨又启

(二十九)

张香翁书,癸未十一月廿四

丹初老夫子大人钧席:

雨苍来,询悉起居康泰,甚慰。海邦有事,转饷艰难,遥想荩怀,定增劳勚。朝官津贴一事,仰赖良谟,乃闻浅人妄生议论,窃抒管窥,更效一策,意欲为公解围耳。公身为上卿,故原议不及三品以上,窃谓事属大公,避嫌非宜,大僚簠簋,岂不更重于百司乎?苟有所出,自以兼及为长。晋事稍有条绪,惟吃力耳,来春当渐清简,远承存注,感何可言!谨当书绅。务【缺文】。

(三十)

丹初中堂老夫子钧席:

敬启者,前阅邸抄,恭审安车就第,恩眷特优,万石之觐以岁时,东山不出为霖雨,虽曰洛英有会,引年惟潞国为尊。侧闻朝寄方殷,独乐岂温公之志,缅兹黄阁,实为苍生。洞久领兼圻,殊惭短绠,念起居而轸系,亟问候而道修。兹乘王守秉恩入都之便,令其趋叩台阶,所有粤中情形兼可一一面陈,藉资教示。凤城日丽,知几杖之延和,羊石云回合柏椒而称颂。专肃,恭贺新禧,祇请道安,诸惟垂察,不备。

世愚侄张之洞顿首

(三十一)

再启者,远睽道范,驰思日积。昨得幼坡书,知去秋钧体偶尔违和,步履稍倦,罕出户庭,曷胜詹系。兹当春令融煖,想洛社优游,益臻康强纯固,定如私祝。洞自为外吏以来,如日行荆棘中,愈入愈深,毫无佳境。总由不自揣量,以至愚极弱之才,而所为者皆任重道远之事,又益之以不合时宜之性情,虽时时猛醒痛砭,终亦不能更改。铁厂事繁重已极,工大用宏,经费十分支绌,今年冬始略有规模。枪炮局甫加经营,事体亦甚精微浩博。织布局将次竣工,夏秋间可开织矣。数年来,蒲柳早衰,益觉朽钝,不堪任事,日日思投劾而归,徒以创办诸事自缚,羝羊触藩不能退,遂揆以出处进退之义,甚无谓也。去年湖北一省教案叠出,情形皆甚重要,缠扰不休,近日大致已议结,尚余余波耳。会匪蘖牙长江上下游一带,几成巨患,幸严缉败露,诛渠魁数人,近已懈散,然根株已深已广,终为江湖五省日后之忧。近日荆州又有旗民互斗,致毙民人二命之案,亦甚棘手事也。先师《胡文忠抚楚记》承命校刊,谊不容辞。惟元书体例太不画一,叙次亦不尽合法,附注颇多支蔓语,不解梅�武名宿何以疏率如此。似宜稍加芟节改正,始可付刊。已属幕宾整理之,当作速刊成,奉呈钧览。江汉汤汤,形胜犹昔,而贫富强弱与吾师佐文忠公治楚时殊若霄壤,立国在人,岂不信哉!此诚可为痛惜发愤者也。时事日亟,而以洞之庸驽,处此惶悚忧焦,如何可言!伏望时时赐诲,益稍减疚责,至深感幸。手肃,再上约盦中堂老夫子钧右。

之洞谨又启

赵舒翘[①]致阎敬铭

(一)

续假四次,决然之意已见,第言不见用爵,不虚縻,此一义也,知其不可与易与,为又一义也。守前义则以眷依隆替为断,守后义如尚可留,似未便遽恝然也。翘岂苟发此议者,诚见中堂念切时艰,心廑悲悯,迥异时贤,得为一事,于国计民生必有一事之益。今日去留有关大局,每阅邸抄,实不能不为之怃然也。究竟尊体是否复元,驰系时深,临楮靡增瞻恋。

卑府翘又禀

(二)

二月二十七日

敬禀中堂钧座:

自从道履去国,邮寄修阻,致疏音候,然顾时艰而思元老,念关学而慕耆儒,平居耿耿,未尝不神驰左右也。今春到京询知精神矍铄,欣慰无似。卑府迂拙自持,本知与时相背,而时时于名利之地,退一步守老子居錞不为天下先之意,以求安稳,不意去秋上游因人情拥挤,藉卓异为名,不待请咨,先行委署,直与犯法撤任者无殊,无论力不能成行,似此不以礼相待,若隐忍受之,以后何以表率僚属振抚吏民,且出都甫四年,以无足重轻之知府,持此不甚爱惜之卓异,竭蹶而为此行,知者以为上司勒迫,不知者必以为不安瘠区下位,别有希冀,将加以不屑之名,故闻信即日发通禀,请开缺修墓回籍,而上游又不肯准,并以温语上下交留,不得已先行交卸。去冬在凤阳闲住三月,

---

① 赵舒翘(1847—1901),字展如,号琴舫,晚年号慎斋,陕西西安人。同治十二年(1873)中举,翌年又中进士,授刑部主事。历任刑部任提牢厅主事、直隶司主事等职,官至刑部尚书。

今春赴引，现已事毕，拟即回皖暂与委蛇，以定行止。我辈今日仕宦譬如行路，遇雨即停遇霁即行，决不敢沾恋以求不可必得者，败我生平也。卑府昧道失学，而中堂在京时不以为无用，常加奖勉，故敢缕布衷曲，以求训正，如蒙赐谕，祈交梅卿兄处转寄为幸。此时颐养林泉以弥卫调摄为本，国家事有上心者任运而已，庶午桥绿野秋圃黄花光景常新也。临禀不胜瞻仰之至，敬叩安祉。

卑府赵舒翘谨禀

二月廿七咸长馆倚装禀上

成叔弟质朴学纯，素所钦佩，总以葆固精气，熟看朱子全书两者为要，盖身强方可任天下事，心正方可救天下事，虽终身不出，此具不可一日不备也。成叔爱我，故放言之。中堂以为如何如？

芝初致阎敬铭

光绪三年丁丑三月初四日

身似闲云与野鹤，一生不受利名缚。兴来访旧三百途，七十犹夸健腰脚。渡河高挂春风帆，言寻幽居尘外乐。长松千尺将渡云，新竹万竿欲解箨。绿荫深处禅关开，石磴穿云入书阁。辞荣老辈重乡情，有酒湑我欢斟酌。一笑暂回藜藿肠，不食山蔬食海错。月高灯尽清话长，始知宦海风波恶。养优谢傅未出山，娱老温公方居洛。诸生济济习礼仪，二子英英安澹泊。共喜境静无俗嚣，眼底烟云胸邱壑。他日廊庙器早储，岂止名山藏著作。古刹勾留韵事多，嘉茗沁心胜醴酪。明日归饮龙头泉，回首栖岩隔林薄。

拙句留别丹翁先生，即乞教正。

丁丑三月望后三日

三原弟芝初稿

钟启峋[①]致阎敬铭

丹初仁兄同年大人阁下：

违教月余，时深企念。兹有恳者，敝居在香炉营四条胡同者，弟拟出售，前在尊处闻有人须买房屋，当恳留心，未审有须此房屋之人否？乞示知。又敝友曾君（德麟，赣州人）因案拟遣，母老丁单，欲捐输赎罪，另将案由及已准赎罪成案开单呈阅，敬祈祥悉查明，如准捐赎，应银若干、应归何处上捐，并望示及。琐事屡渎，殊抱不安，尚希原谅。专此布恳，敬请升安，诸惟答照。

年小弟启峋顿首

即日

---

① 钟启峋，号伯平，江西兴国人。道光二十五年（1845）乙巳科进士，授翰林院侍讲，上书房行走。同治三年（1864），母逝丁忧回家，督办赣州府团练。同治五年三月，启峋及子祥煦死于民乱。

周家楣[1]致阎敬铭

二十六日

昨以吏部折上正拟请示，乃蒙关垂录示批旨折稿，感何言罄！本日赶具折子谢恩，今将折稿送请查收，谨鸣谢悃。两册俟公余兴到一挥，另行走领。连日筹议大局至计，想惨淡经营，良工心苦矣。专肃，祗请中堂勋安，伏惟霁察。

晚生周家楣顿首

二十六日

① 周家楣（1835—1887），字小棠，一作筱堂，江苏宜兴人。咸丰九年(1859)进士。

周寿昌[①]致阎敬铭

(一)

二十五日

丹初仁兄同年大人阁下：

手示谨悉，申刻当入城肃赴嘉招，雨大恐难回船，仍到舍弟处下榻，可不留城矣。旧拓帖数种谨并带来，外尚有宋元本手卷两件，当携来一并呈教。此复，即请开安，不一一。

弟寿昌顿首

廿五辰

(二)

丹翁仁兄同年大人阁下：

麓台画竟不赐观耶？忍哉？弟如有此眼福，则老兄必大发婆心，一二日内当赏我一览矣，如何如何。板桥画卷求赐题发下，至感至祷。命书之扇，早起写就，自视辄欲撕之，奈扇可得偿，画实无从偿，只得隐忍，厚颜拜呈，万乞藏之箧筒，庶为同年遮丑，祷切祷切。今日过汉江，明日拜诣铃辕，并谢一是也。肃此，敬请大安，不一一。

愚小弟周寿昌顿首

(三)

丹翁仁兄同年大人足下：

王圆照画奉上，定价六两已代付罗姓矣。彭年字系敝同乡顾

---

① 周寿昌(1814—1884)，字应甫，一字荇农，号友生、自庵等，湖南长沙人。道光二十五年进士，由编修累迁内阁学士兼礼部侍郎。光绪初罢官居京师，以著述为事，诗文、书、画俱负重名。著有《思益堂集》《汉书注校补》。

明经在弟处夺去不能归，文幅亦是敝本家在舍弟处住者所购，必可夺回报命，俟舍弟过汉江回时，明日当遣人送上。麓台先生画幅，求赐一观，何老臬台之吝而不与也？沈画现在托购，尚未就绪，将来必有以奉覆，但得耑光，何必定索郑旦耶！板桥卷如已赐题，便乞掷交，至祷至祷。此复，即请大安。明日当肃诣，并谢一切，即惟朗照，不具。

弟寿昌顿首

（四）

丹翁仁兄同年大人阁下：

奉告并读赐题，大作洋洋乎琳琅满幅，高情厚意溢出言表，得此宠行，压倒蓬窗中书画各件矣，感服感服。途次有暇，尚欲依辞献丑，函达左右也。

贵恙虽未全愈，然读此妙作，神气洋沛，足征内养之充，不一两日当仍健步如飞矣。惟愈后尚希珍重，节摄荩忱，是以至祷。弟本拟走候并谢一切，因明早开船，收拾行装匆卒无暇，歉怅何极！沈卷案蒙恩注销，感感。兰亭一案仍姑存其说，弟若暑月不能北行，当草履野服，以谒尊贵，彼时再设法了结，即尊处麓台画案亦可清办也，呵呵。此复即请大安，并谢一切。不尽拳拳。

年小弟寿昌叩头上

（五）

丹翁仁兄同年大人阁下：

连日病目，未得趋候。顷奉手告，蒙惠朱提二百，壮我行色，甚感甚感。惟是老兄官况如此之苦，自守如此之洁，而用情如此之厚，转令受者惭悚不安。昔鹤舫师有云："天涯骨肉，惟有同年。"老同年关注之情真有过于手足之爱者，非但感谢两字所能尽也。华宝种种，藉贻故乡亲友，如拜百朋之锡，尚有纸扇数枋，当迟日走领。委书之扇，目青稍愈,不忍于爱我,前匿其丑也。雅意无可奉酬,松雪翁之《隆禅师碑》谨即如命留赠,余件祈陆续掷还,以便检点行装可也。手复鸣谢,并请开安,容日面诣叩辞,再叙别忱,不具。

年愚弟周寿昌顿首

(六)

丹翁同年仁兄大人阁下:

日前奉复一函,计尘签察,比维勋望日茂,动定安绥为颂。

贵乡贼匪闻已四窜,长安尚可无虞,当事作何办理之法?弟僻处此间,毫无闻见,亦不知河南一路安静否?尊庑竹报时通,珂里想必安吉。年伯大人可能迎养南来否?念之无已,便中乞详示一音,以慰鄙念。示儿姻事,因昨余舍亲在汉口择期日者,以六七两月不便,只好令其回家乡试,于八月内举行。弟现居此间,过夏独住一院,读书评画,芟草莳花,借此略消尘况,则皆余光之所分赐也。

手此肃请勋安,暑大,伏惟保卫,不僃。

年小弟周寿昌顿首

(七)

十五日

丹翁仁兄同年大人阁下:

贵恙全愈否?昨晚曾否敷药?本拟走候,因天雨未果,此心已驰于左右矣,念念何极。衡山先生画幅及石田先生画合衡山字手卷已代购就,共去银十两,似尚不贵,衡山画如此大幅及手卷大字颇难得,石田画与字俱用意之作,如合用,乞察收,否则掷还可也。板桥卷祈随意题数字,至感至祷。麓台画令我相思无已,奈何,奈何!此请台安,不具。(海翁诗稿两本,乞察收转交。)

弟寿昌顿首

十五

（八）

初九日

手示敬悉，曾记周文勤之侧室开吊，同门商称为门下世愚侄云云，均以为妥。今来讣状径称先妣诰封云云，并未别出，为生母，只好如晓翁之言办去。或有谓我辈失礼者，我只据来赴之辞，则亦有说以处之矣。区区何足论礼，谨率臆奉复，即请丹初先生仁兄同年有道钧安。

弟周寿昌顿首拜复

初九

晓翁原字并缴。

（九）

初二日

兼旬不晤，忽忽有思。属书画册幅，有秋海棠一丛，偶作一诗题之帧首，非能赋物，聊以寓怀。足下观之得毋悲其志而忘其拙乎！来日午后当相过一谭。率此代面，即候丹初吾兄同年晚安。

弟周顿首

初二灯下

（十）

丹初仁兄同年大人阁下：

顷奉手示并书两种，谢谢。罗姓前日过江去，至今未归，故口约种种尚未送来，抑不知已出售他处否。伊处并无好手卷，止董字一卷差可观，亦非其重者，现存弟处，老兄曾见过，岂忘之耶？此外实无他件，弟断不忍欺，将来臬台大人可饬传罗姓确讯也。扇子一二日写就，当亲自送上。对联终赐为要，幸勿以一撕了之。麓台先生画乞赐借一观，至祷至祷。手此，复请台安，不具。

弟寿昌顿首

（十一）

丹初先生廉镇大人阁下：

奉到手示并画价十金，又海翁诗稿两本，容日读毕即奉缴。石谷画弟处颇有佳者，无烦赐观。麓台画虽过江去，总可渡江来，若不赐借览，虽先生百喙而解，弟总说是饰辞，行当申申詈予矣。兰亭帖容日面商。郑画且缓赐下，其中颇有费周章之处，欲饰辞以复老兄，此心又不忍，此案重起，恐非一二日所能了结。老臬台以为何如？此复，即请大安，惟照不具。

小弟寿昌顿首

（十二）

丹翁仁兄同年大人阁下：

文字一轴取来奉上，乞察收。麓台先生之画务乞赐借一览，以为慰渴思。张海门先生有词一本，并其遗稿闻已付手民，若其世兄有带来者，乞转求一部，若不觳送人，乞借一读，仍送还也。手此，即请开安，不具。

年愚小弟周寿昌顿首

周天麟[1]致阎敬铭

(一)

十二月十二日

庚辰腊十九到

丹帅年伯大人钧座：

谨禀者，本年正月以后，迄未通禀叩问起居，因泛泛语言不敢屡陈左右，然中条云树梦毂时萦，近当岁转春回，南路气候较和，想荩躬安健，道履绥康，定如远颂。侄一介孤寒，本无大志，十年以来，徒以不合时宜，日行潦倒。今春仰蒙沅帅助款给咨赴京引见，五月底甫回，七月平阳遗席，上台意欲委令权事，当即婉言辞谢，不料九月内宁武郝守因案撤调赴省，遗缺仍委侄前来署事，其实为发审此案也。乃小春五日抵任，即病，病中将案了结，并多年上控之件亦为清理详销，以省拖累，而旧疾纠缠至今未愈，不得已力求交卸，幸荷允准改委替人。侄来年总想请假南归，不复再萌妄念，值兹时局艰虞，官场如此，颓波莫挽，何如早退以葆天真。吾长者闻之亦必鉴怜，而以为不谬也。侄向来无友人帮办笔墨，此禀力疾搦管，未能端楷，尚乞鉴原，曷胜惶悚，恭叩岁祉吉年，不另具衔版矣。兼颂世兄大人文福。

年侄名心谨叩

十二月十二日

---

① 周天麟(1832—?)，字石君，号水流云在馆主人，江苏丹徒人。曾任泽州知府。著有《水流云在馆词钞》。

(二)

光绪庚辰嘉平十九日由宁武府署递至解梁

我丈特英特，华岳金天晶。乙科已大阐，文章实致身。词林有根柢，青云满后尘。郎官未为冗，退食吟大庭。忆昔少壮日，诗义早知名。佳句法如何，往往似阴铿。挥翰银钩连，诸公书绝伦。乃知盖代手，下笔如有神。十年出幕府，功名图麒麟。中丞连帅职，东方领搢绅。纲纪正所持，擢擢朱丝绳。嫉恶怀刚肠，持以奉吾君。岱宗夫如何，上有无心云。进退因其宜，生涯脱要津。衰年甘屏迹，环堵但柴荆。柴荆寄乐土，长吟望浊泾。千秋汾晋间，陶唐歌遗民。治生具耕凿，敢忘帝力勤。皇天久不雨，黍地无人耕。日色赤如血，俯入裂厚坤。饥有易子食，洒血暗郊坰。肉瘦怯豺狼，声出已复吞。吞声勿复道，吁嗟乎苍生。苍生起谢安，自昔有经纶。天子正前席，权宜借寇频。特诏令参谋，一起辙中鳞。皇皇使臣体，不辞辛苦行。粳稻来东吴，鲸力破沧滨。转粟上青天，长驱河洛昏。奈何黠吏徒，设法害生成。庶官务割剥，诛求何多门。载感贾生恸，谁能叫帝阍。公舍起草姿，匡衡尝引经。奋舌动天意，风雷肯为伸。下令减征赋，万役但平均。又重田畴辟，思见农器陈。皇天德泽降，慰此贞良臣。葵藿倾太阳，太阳信深仁。朝廷偏注意，公岂忘精诚。恋阙劳肝肺，萧条病转婴。上书乞骸骨，不复谒承明。诏许归蓬荜，稍稍息劳筋。故老泪万行，喧呼阅使星。可望不可攀，送节向河源。亦知故乡乐，款款话归秦。流寓理岂惬，故里今空村。桃阴想旧蹊，弟子四五人。身外满床书，高枕形神清。别来忽三载，良觌渺无因。小子思疏阔，永怀侍芳茵。

集杜五十韵，奉呈丹帅年伯大人。谨求训诲，亦聊以伸瞻仰之忱云尔。

年侄周天麟叩录

祝垲[①]致阎敬铭

同治四年七月十八日

祝爽亭同治四年秋大名道任所发

敬禀者，前蒙手书下逮，接引谆谆，有加无已，聆诲之余，益深铭感。兹有禀者清丰县（直吏地与东邻）孙怀珍、马学孟两团素有仇隙，已经省控奉提未审之件，乃六月杪孙姓带人入城寻殴马姓，马学孟仅以身免，而其子等受重伤未死，本月初饬派大名府前往查办，已将孙姓收押，凶手三人听办。两团各安无事，乃于十三日马姓竟不候办，带人入署将孙姓两人杀死，王令出拦，亦于黑夜将腿间致有微伤。马姓旋即归寨，前日闻竟招集两三千人分布砦外，垲于十五日会同姜镇驰抵南禾，兵勇全带，以资弹压。连日据清丰绅民央同南禾张令，恳请缓进一二日，马姓情愿散人交出凶犯，垲等责其自行出落（此曾伊尚不服，恐已来负隅自固之计矣。近日闻大兵来，其人已收入砦中矣）。已令张令前往会同王令酌办，查复核夺。此后自当随时察看情形酌办，是否进勦难以预定，俟有定局。如需勦办，即当禀请宪台就近饬拨劲旅前来会勦（尚求随时训示，以便遵循），以遏乱萌而固唇齿。肃此缕禀，恭请崇安，伏希垂鉴。

职道垲谨禀

七月十八日巳刻自南禾申

---

① 祝垲（1827—1876），本名祝隆贤，字幼荻（又字定庵）、号爽亭、印垲，祖藉湖北武昌。道光二十七年（1847）进士，历任内乡知县、光州知府等职。著有《体微斋日记》《爽亭斋易说》《语录》等。

庄受祺[1]致阎敬铭

(一)

二十二日

丹初仁兄大人阁下：

省垣一别倏又新春，敬维勋福骈臻，起居佳鬯，至以为颂。糈台入冬以来能否稍形充裕，每念柏垣一席事义烦冗，小子厕足经年，已觉日不暇给，甚至覆悚相随。先生扬历此阶，仍总馕事，更值左藏虚匮之时，正如妙手治丝，千端万绪而能释结提纲、有条不紊，非才大如海、心细如发，何以能堪荷者，大农僚佐，弟颇多敬服之人，如管椒轩丈、李秬轩师外，更有陆小雅前辈之敦朴、魏条山之精敏，董酝卿之重密，并皆议论相孚，佩仰无已。独于先生相识较晚，益能淹贯各君子之长，加以久要不忘，推心置腹之诚恳，此实益阳师求贤若渴之成效，而吾楚吏治兵事所以得恃为中流砥柱也。数省大吏迭更，希帅莅皖，必能重顾楚边，而渭帅重临，必可使大法小廉绍益阳未竟之志。惜弟以病体衰羸，不能执鞭随后耳。如已莅楚，乞代为陈意，后再肃禀。弟自回宜五月，淹缠旧病，喘嗽频加，足未能一出户外，春融略愈，两腿总觉虚软，意此间水寒土湿，于病体总不相宜，定于出月望前由陕入都，为燕台寓民毕此岁月。综计来楚十年，既无毫发之善及于民生，更无纤悉之长裨于国计，奉行故事，谨畏自持以图苟免，真负惭，清宵不可对古人者也。昔贤及关而叹登狱长谣，盖离别之怀情所难已，所以浮图不为桑下之恋，文通独余蔓草之悲也。手此告别，敬请

---

① 庄受祺(1810—1866)，字蕙生，一字卫生，江苏常州人。编修庄令舆五世孙。道光二十年(1840)进士，殿试二甲二名。历任福建漳州、福州、湖北宜昌府知府、福建按察使、浙江布政使等职。著作有《湖北兵事述略》《随时录》《维摩室随笔》《维摩室遗训》《枫南山馆遗集》。

大安，百惟心察，不宣。

馆愚弟庄受祺顿首

廿二

施南幸得龙山南军追剿，贼势西趋利川不能无害，荆、宜之患较缓，利川杨令素著循声，如不免则失一良吏，如幸免亦毕一佳员也，可惜。

（二）

二十四日

丹初仁兄大人阁下：

倾盖深谈，既恨相知之晚，登车言别，复悭久聚之缘，即承道体罄宜，百凡安吉为颂。皖事渐亟，馈饷弥难，或者秋雨新晴，商贾渐集，算缗榷税稍益锱铢，然益寡裒多，注兹抵彼，此中委曲，百倍焦劳。先生精力过人，思画周挚，岂惟前敌荷戈之倚，抑亦中原绾轴之资，引领前麾，弥殷结念。弟中阳小憩，北辙将寻进止，未得明文，去住殊难借定，且幸鲸氛渐戢，驿路稍安，或再宿大梁，或径行前进，候月初必有确音也。手此，敬请勋安，百惟心察，不宣。

馆愚弟庄受祺顿首

廿四

左宗棠[①]致阎敬铭

(一)

十月二十八日

丹初先生阁下:

员青选回,接奉手复并论略,与鄙臆不谋而合,既钦烛理之明,又私幸所谋之不谬于君子。秦中兵事尚顺,贼数虽多、占扰之地尚广,然士马精强、将校和辑,局势日臻完固,则亦有不可撼者矣。见取远势图之,由东北而西南,期于勾当速了,未卜谐否。关中大政以求贤才、革旧习、兴学校、讲水利为急,而讲席尤重。人师昔常于浙闽残敝之余,求清献考夫之遗书、清恪文勤之政教,表之法之,淑人而即以自淑,不幸为粗官所累,驰驱戎马,无数月淹所业未竟,至今耿耿。兹受事关陇,夙尚依然。适车云衢祭酒释服赴都,与中丞商及明岁主讲,亟推先生,以从人望。因复函书币来谒,如惠而许我,匪特乡人士之幸,亦官斯土者之光也。先生其有意乎?扃函三熏,意不宣究,乞勿固拒,幸甚。

十月廿八日

愚弟左宗棠拜上

(二)

五月初五日

丹翁仁兄中堂阁下:

衔命趋朝,得亲雅教,快慰何言!日来静想起居安适为颂。启

---

① 左宗棠(1812—1885),字季高,一字朴存,号湘上农人,湖南湘阴人。湘军著名将领,洋务派代表人物之一。历任闽浙总督、陕甘总督、两江总督等。光绪十一年(1885)在福州病逝,追赠太傅,谥号文襄。著有《楚军营制》《朴存阁农书》等,其奏稿、文牍等辑为《左文襄公全集》,后人又辑有《左宗棠全集》。

者，胡革道光墉所开阜康闭歇，奉旨交弟查办，已将亏欠公私各款分别备抵，奏咨在案。惟陕甘六千七百余两一款，前经弟查明均系当日禀准有案应销之款，当经咨部查照，讵部中无案可稽，又适值新疆修理城工需款，饬将此项银两追缴，解甘应用。咨据胡光墉来禀，浙省勒追急于星火，大有性命之忧，求弟奏明仍照前案准销，以救危急。查借用洋款本为不得已之举，而甘省饷粮两缺情形，珂乡密迩，谅所目击。当军情紧急之时，不得洋款接济，真有朝不谋夕之虞，实为胡革道一人是赖。斯时军事平定，弟不敢作昧心之谈，至此次借用洋款系德国商人福克经手，胡革道并未从中渔利，人所共知。给福克行用银二万两，因此次息银只八厘零，较之前次一分二厘五毫轻减实多，故有此举。福克现送南琛、南瑞两快船到金陵，据禀交清后来都中一见，届时可由总署传问福克，此项行用是否是伊所得，即知胡革道并未侵吞。其水脚一项，由沪运鄂装运轮船水脚、保险、抬力种种需费，共运过现银若干，驻鄂粮台有案可查，非胡革道所能掩饰。至补水一项，经借洋款向不误期，各省关解到之银低潮不一，若何关所解定向何关补足，必致迁延时日，且各关解银行之内地，本无所谓低潮，而洋人苛刻，总以银色不一，立合同时议定所收无论何项银色，日后应照洋用银色清偿，而胡革道又不能索补于各省关正解之外，因此汇丰银行先扣银交洋人梅博阁手，并未在胡革道处。凡此款项均经胡革道当时禀明，陕甘批准有案，不过彼时未逐件咨部耳。总之胡革道若有款可追，弟何所容其回护，其昔年宽裕之时，捐赈急公，动辄数万，当亦不吝此十万余金。无如斯时窘迫危急，家产荡尽，纵令严追该革道，不过一死塞责，若其遽死，则伙友星散，于现在作抵之典当等项，反致有损无益。兹将来禀抄览，想亦垂怜及之。弟拟疏请免其追缴，伏冀鉴谅为幸。手此，敬请勋安，唯照不具。

愚弟左宗棠顿首

又五月初五日

阎敬铭存函

(一)

丹初贤契中丞大人足下：

承贶《椒吟四十韵》，感旧雨之深情，益临风而增慕，手此肃谢，不备。足下抚治东邦，贤劳三载，清声洋溢，伟绩光昭，现竟阖省安敉，而库款又居然充裕，功效洵非浅鲜矣。仆叨属至契，不禁深为欣慰。惟闻数载以来事无钜细，悉属亲自经营，尚望随时珍摄，勿致过劳是祷。又启。

(二)

丹初贤弟大人载览：

足下自建节东省以来，整躬率属，吏治严明，官场风气大为更移，都中已称道不衰矣。军事亦大平靖，现已全境肃清否？仆老境日臻，自惭衰迈，惟目睹阁下与恽次山、吴少村诸贤契各领封圻勋猷茂建，私衷正有窃慰者耳。手此续布，统惟爱照，不备。又启。

(三)

十二月初八日

丹初贤弟大人载览：

承赠多仪并兼金四十两，谨已拜登。阁下清节迈世，中外共知，乃犹分廉相贶，具征见爱之笃，感谢感谢。舍胞侄周文冠以知县在东候补，伏祈俯加训诲，遇事裁成，感望正无已也。

腊月初八日又启

(四)

五月十二日

敬再启者，自鄂渚得晤光仪并蒙珍馐厚贶，畅谈分襟，倏及年余。

比维忠孝两全情咸肫挚，履新伊始，诸事俱加整顿，行见实政卫民，官绅交戴矣。前肃一缄，由王献琛孝廉面呈，想登签阁。兹有恳者，敝通家李稚玉孝廉恩绂，曾官兵部主事，以长安薪桂米珠大不易居，故于落第后告假回籍，求一寓砚之所，以为将母计，伊先人历官京兆尹，随任有年，于案牍事例颇熟，且学问优裕品行端方，兼可耐劳苦，若位置教读一席，亦能相宜。兹命其晋谒台阶，倘幕中乏人，彼尚可参赞末议，否则嘘荐在省署内授书亦堪不负委任，其中随材器使之处，想大君子自有权衡矣。敝同乡区旧令士熊以罪获谴，闻其为民被屈，未知是否？现尚未起解，恐难末减，敝通家龚候令葆琛初持手版，诸务未经谙练，虑有书生习气，并望进而教之，以底成材。弟谬与度支，才辁任重，虽时怀兢惕，未知何日得免愆尤，以不贻同谱之羞，尚祈惠锡箴言，匡所不逮。卢午峰太守定勋饭食旧项已由李玉阶观察明墀带到，具见信实可嘉不遗在远也。书不尽言，载问素履，不一。

弟又启

五月十二日手泐

（五）

敬再启者，两承瑶简，诸荷注存，并示悉芦盐抽厘情形了如指掌，仰见为国为民有利，必兴无微不照周密之至。现奉上谕允准，部中诸友虽有异议，弟已慰止之矣。足下终制一疏，具见忠孝两佥，兹奉旨意申饬，自可无憾。弟从前上章亦曾遭逢严责，不必介怀也。惟闻清操绝俗，刻苦过甚，恐官吏望而生畏耳。兹有敝门生现署济宁州牧周鹍，向叨樾荫，感戴实深，更祈时赐提撕，俾遵矩矱。又候补县丞叶紫绶，其父为沈文忠旧交，现因浙中沦陷流寓燕都，皓首依人，洵堪怜悯，但其子未知有长进否，望加牖迪。又试用知县许达善、廖福京与弟俱有渊源，然以选拔新班，初持手版诸事未谙，非仗陶镕难欺练达，可否于闲暇时赐之教督？孝廉李稚玉主政恩绂馆席未知何如，倘真难位置，亦可姑从缓议，统俟卓裁，属在同谱至好，加以道义之契。尊柬以旧属自居,撝谦过分,万不敢当。顷恽次山中丞来函,亦以芸馆先后为序,阁下似宜仿照而行,俾弟心颇得安些,然同年究以雁序称呼为正也。化疆际凋敝之后,民力真觉拮据,元气仍未易复,逖听教养抚循百废具举,洵可为忠信之长、慈惠之师矣。

弟又启

(六)

敬再启者,曹州剧贼闻已南窜,则防堵似可稍松些,比惟节旄所临,军威益振为慰。敝通家陶绍绪、吴赟皆蒙优待,极深感激,陶令闻有题升胶州之信,想量才而使,自有权衡,非局外所能拟议。吴令闻为土棍家属所控撤任卸事,后已辩白,其人有调繁功案,而抚字催科均颇著绩,与弟平素所指示者尚不至相背而驰,仍祈推爱而教诲之。

弟又启

(七)

敬再启者,侧闻颂声洋溢,吏畏民怀,事事俱提纲挈领,整顿得宜。实齐鲁苍生之福也。承示云云,已经照议,但司里又添出可有别项备抵一层,未免画出蛇足矣。同谱至好称谓万不敢当,况弟常怀倾覆之惧,赐教时恳勿再施谦柬为幸。

弟又行

(八)

丹初仁兄中丞大人阁下:

曩者辱赐书,只以公私冗杂,裁答有稽,歉侧寸忱,难宣尺帧。承示贵治现办各情,洞悉本原力除积习,仰见公忠在抱,治具毕张,名为体恤属员,实则转旋大局,所以为补偏救弊计者至深且远,钦佩曷胜,此事于未承手毕之先奉敕核议,恭读原疏,周至详明,毫无疑义,当经议请准行。

（裁减东省首先摊捐及复还减成各款。）

（九）

同治四年秋日

再启者，孔经之世丈系绣山年丈之弟，品行笃厚，学问具有根据。绣翁昆季凋零，家计支持颇非易易，现当更换讲席之期，如能位置一席，必能以实学勉励后进，于明公作养人才之意，当有体会。为此布陈，知杜陵广厦必不以鄙人之言为琐渎也。倘以虚左有待，即承推爱及之，奚啻身受！敢附数行，惟祈鉴纳。

侄又启

同治乙丑秋日

（十）

顷谈慰甚，刻奉尊示并外件均领到，明晚当来交卷，并谈种种。座中又有客，故草率如此也。此谢，即颂著安。

小弟期毓林顿首

（十一）

丹初仁仲太史世大人阁下：

揭晓之数日后正深盼望，忽曦初报至，即亲往索试录，先看熟人，得见榜名，曷胜快抃！随即转禀家叔，同为忻慰之至。在八叔大人种菽得菽种豆得豆，在丹初昆仲求食得食求饮得饮，此举也理有固然情应必至，岂意外哉！岂幸获哉！必有是，乃于信道不笃、翻笑迂阔者可以间执其口矣！惟鲍子周昆仲、胡钱华等仍为遗珠，未免美哉犹有憾耳。来札兢兢于此后之学品，诚为大器，具此心怀，吾弟不但功名远大，即福泽亦无有涯涘，兄十分钦佩。箴言详家叔信中，不赘，亦无可赘也。

红白二柬直以前辈视老兄，岂知老哥今生并不能巴结后辈耳。在丹初此举乃系实心，老哥深信之并非戏戏，然老哥自忖则增惭抱愿不浅。谨缴晚称，书房中之世谊乃天经地义，年少者曰弱弟，曰幼弟，非晚也，愿丹初易之，否则到觉客气。礼园荐二次矣，有开必先，一二年中定当萼棣交辉。犹记兄出都时，瓜货正容谓曰："有要事相属。"及倾耳听，乃"明年必来"四字而已。维时复听而复应之，而瓜货拳拳之心则大可见矣。今闻诸恙全除，此公可虑者只此，若其已除，余不必挂念，彼自能之。子蘅偕其妇今年家居，两口子之病虽未全愈，然却不为大害。巍等照常咿喔，无奈拙者不能速进，不拙者不求速进，是以进步毫无也。然亦岂能助长卦，仍静以俟之而已。舆除看课外，随便阅书随便拈管，毫无所苦，心颇静适。其不能纯乎静适者，外事之无法者扰之，虽则无法，而不能禁其不扰，亦在我丹初洞鉴之中也。幸终南、宏道两地，自老人家以下内外大小都属平顺，堪抒廑存。内课生者多熟者少，拘资格者多，不拘资格者少。约总也有四十位，而除篪青、梅岩、任子厚诸君再无出格者。其好材则乾刘（沙州刺史之子，名志芬）、晋寻（福建观察之子，名銮炜），余皆少根底，求如昔时胡、鲍、张、严者，盖难得矣。财神一去不复还其庙，寻居之（非不还，还而哄之也，财神去时颇觉悻悻）。历科世弟兄之成进士者无如今年之盛，前接手书后，老人家说自壬村见乔左泉白柬后，今乃复见，真难能而可贵也，喜形于色。肃此布复，即贺大喜，并颂文佳。礼园弟统此不另。

世愚兄□舆顿首　巍等同叩

（十二）

丹翁仁兄年大人阁下：

癸亥年在吉洲得诵赐书，当即修复并检近刻数种，托毛姓者寄至鄂渚，不意竟付浮沉。兹捧赐函，极承记注奖进，感励难名，就审节钺宣勤，干城蔚绩，为吾民造福、为吾党生光，羡与慰并，翘思益挚。弟被议后，复奉内讳仍在章门僦居，清厘未了各事，至前年冬又得家兄赴音，立即买棹回南冀营迁祔，并访妻孥六榇，不意到金陵后始知两宅皆焚，亲友皆避难窘迫，深望来苏，窃念行囊不足千金，到家即百事不了，因与友人商略，姑为骑鹤之游，末路生涯，可怜可笑，非知己不敢以诚告也。拙稿全部奉呈，乞于政暇赐之斧削，是所至望，来人不能久待，草草布复，藉叩勋安，不备。

年小弟□顿首

(十三)

贵体违和，想喜占勿药矣。望日间静摄一二时，完养思虑，无过操劳为祷。

生又顿

(同治丁卯三月得告将归，时抵山东。)

(十四) 阎敬铭存叶谱山[①]函

明端木复，洪武中授刑部尚书，常著座右铭曰："为官实难，贫然后安。事有不可，急中存宽。"又曰："心契上天，脚践实地。"

看书偶见此条，凡在刑曹者当借以自省。

甲戌冬日种德堂老人书

---

① 叶谱山，浙江宁波人。精医理，原在清廷刑部任职，后离职，在杭行医。嘉庆十三年(1808)，在望仙桥直街开设"种德堂"国药号。

二、阎敬铭书信

阎敬铭致孙叔谦[①]

(一)

三月三日

六皆世兄足下：

都门话别，渴想殊深。去岁闻足下调任阌乡，一山之隔未能晤谈，良为怅怅。顷承存注专使远来，接奉瑶函，具承壹是。并蒙惠赠鲉鱼、糟蛋、莲粉、酱菜，珍味远颁，既多且旨，对使拜登莫名，纫谢花封。黄涧为患，足下履任即属役赋丈，筑坝修堤，洒沉澹灾，实政及民，更复关念邻省，代为筹画，具见行水才略不负所学。敝邑黄、洛相去数尺，冲塌村落势甚岌岌，第念帑项支绌，若动工作必费巨款，故亦未便轻言。今岁正月邑侯下问，曾以修筑挑水坝，开挖引河为对，今读来示，窃幸鄙见之不谬于足下。敝邑河势两崖之间俱属平衍，百余年来东西数十里迁徙无常，岸宽水阔毫无辖束，与贵治之水急溜紧北逼高原，只南岸一面受害者稍有不同，鹿中丞莅任如何举办远莫能知，老夫耄矣，无能为役也。哲兄佩南去官讲学，必为传人，志行高洁，深为钦佩，想府报常通，望为致意。来书衔版骈词后勿再施，若有

---

① 孙叔谦，字吉丞，号六皆，山东荣城人。同治十二年(1873)举人。光绪十五年(1889)秋任阌乡县令，善于治河。

所示，望质言之。肃复鸣谢，即颂升安，并璧谦版。

世愚弟阎敬铭顿首

三月三日

竹儿侍叩

委书条封收到，目昏手战，久不作字。随后当缓缓书就寄去，藉图报命，然究难预拘时日也。又及。

(二)

三月二十二日

皆六世兄足下：

吏至，读惠书并河图清折，敝邑河事诸系廑怀，备筹详虑，感何可言！弟自去夏西归卸装虞乡山庄，步蹇日深，至今未回故里(故里无立锥一椽)，河形水势一未目睹，且以道光十八年大宪饬修虚掷四五万金，此时想省款支绌难筹，故从未言此事。今正邑侯以黄、洛将通，恐漫溢害及南乡一带，若缓免钱粮或预行通禀或请宪裁可否修筑函商，弟谓修有两难，一筹款之难，一谙悉工程水性之难，或先禀请宪示，即不能修，万一相通亦可为缓免张本。二月间大宪派宫太尊下县相视，宫太尊单骑东来见访详问河事，言欲筑堤开引河云云，弟谓素不谙河工，私拟若不建挑水坝几处，即筑堤引河亦恐无益，道光时之无成，其前鉴也。然筑坝非熟谙之人不可，上宪若有巨款救灾，可咨调东河洞晓河工老河兵二三名(勿调官)带一名算房来看不可。弟极不谙，而新到晋臬、潘廉访熟悉河工，人极精详，弟当函问应否筑坝，此对宫太尊之言，皆在鹿中丞未入关之前也。初旬得潘臬台复函，抄奉青览，所言修坝既同尊兄，似鄙人初议或不大谬。(敝庄过山至芮城县六十里，尊处去芮应卅余里，相去百里。)阁下言筑坝数处更为深算老谋，惟敝处水平河宽，不比阌乡急溜，水性水势数日即变，筑坝之处须识水性水势者妥相，乃可行。刻下敝县河工若何办理，久不见里人，亦不知大宪如何示谕，而救灾之德感无极矣。旬日前丁慎五迁道见访，详问令兄一切，至为欣仰，名山之业，胜游官万万也。前函命小儿乃竹书，兹竹外出。手战，草草布复，即颂升安。

世愚弟阎敬铭顿首

两儿侍笔

三月廿二申刻

照抄晋臬潘彬卿廉访复函（三月初六日到）

蒙谕朝邑黄河西滚将通洛河，急筹保护之法，查治河以形势为最要，若欲其不再西移，必须其东返有路，自非开引河不可。然引河无挑坝送溜则水不畅注，必将溜缓沙淤，挑工枉费。钧示谓应建挑水坝，自是扼要，即不用引河以省工费，而挑坝却不可少。就西北岸逼河顶溜（须略退后）对面平滩微有河形之处，酌建挑水大柴坝（宜顺不宜过迎），以能及大溜为度，坝下后身须浇土戗以资擎托，如一道不能得力，应添建二三道，以期接挑（如打仗之又接应队），至每坝空档之远近，应以坝身之长短为权衡，要以一道长于一道始能得力，若河势渐于平滩上别寻去路，或可望不向西移，此系据理而言，至挑坝应建之处，则须察度形势，非可悬揣管见所及，用敢质陈。

（三）

十二日

皆六世兄足下：

使至，读惠书兼文仲恭函，诸承壹是，维政祉多佳为颂。尊处河工及石料应更坚固，闻敝县河工诸仿尊处作法，砖坝三道，传言已有五六分把握，须历伏汛乃可保险，弟迄未回里目睹也，然足下有造敝邑，大非浅鲜。解州机局代卖书籍本非谙习，短少参错必所不免，所短《通鉴》随后定饬补印寄上。以补印须候印书时，平日无刷订工匠，故须稍缓。若查果系遗误，觅出寄达。文太守治宋若何？其才欲有为，不识施行实在若何，吾辈非圣人，有长必有短，愿便暇手书行草字数行示之。解刻《温公传家文集》其章奏切实要当，不可不常观，此外格言多罕见之本，可并买乎？午节叨惠贺函，至今未到，有稽答复为歉，切求以后午、秋两节切勿赐贺，省此闲套为祷（年节彼此一五行大片，昔外任通行不贺午、秋二节）。闻尊处麦收大稔，使君之福，民穷财尽，先令果腹，免生事端。（闵境差徭每亩出钱若十？）蒲、解麦秋亦稔，连日大雨，颇为老农，洵幸事也。手复，即颂升安。

世愚弟敬铭顿首

十二申初

两儿侍笔

后若惠书，祈行草赐书数行，质朴言之，勿拘作小楷。又恳。

(四)

七月二十一日

六皆世兄足下：

政祉多吉为颂。尊处河工已否竣事？赖阁下实心实力，必巩固无虞。敝县诸仿尊处砖坝，今夏水小，尚未走作，黄流亦未西刦，苟然不能即逼之东行。山东河患今年较历岁若何？河南于洋烟亩税作何抽取？倪中丞去世，何病？年似未及七十，良为惋惜。带去《通鉴》二本查收（大小长短相埒者），无庸另补价。解刻《易经》《左传读本》极好，家塾可用。哲兄著书日富，德行日笃，家书望代候之。即颂升安。

愚弟阎敬铭顿首

小儿侍笔

七月廿一

蒲、解秋禾歉矣，急盼雨树麦。河南若何？此间多有窃盗，何以靖之？又及。

(五)

八月十八日

六皆世兄足下：

日前乡里人来述台旌曾莅敝邑，读手札垂示壹是，尤为感纫。阁下所云工作良为长策，惟敝处运石非易，且款项亦艰。尊处大坝已挑开河水七八十丈，各坝次第告成，定益坚固，非果力精心乌能捍患，水冲无数大石特助贤者，非人力也。石文拓本尤为奇观，好奇字者或能附会办之。哲兄若来棠境，能度中条一游，藉图良晤。近高渭生署篆平陆，亦熟识也。仲恭人极有用，患在才多，视事稍易，历练尚浅，然非时贤所及。阌乡差钱视昔轻减(山西弟曾亲定减章)，民不归农，群思弃地，山陕同风。何由裕其本计？闻现开种雅片收税，河南若何办法？恐亦不能得财，而后患多端。前恳亲笔行草作札，如获面谈。来示庄楷缕陈详示，重费清神，不安之至。以后切求行草示下为望，否则不敢通书矣。晋境暵干树麦深恐愆时，贵治想甘霖深透也。弟自去夏至虞，精力大衰，眠食俱损，手战头摇，不能提肘作字，勉力写此，不成字形，可想见老病残态矣。复颂升安，不一一。

愚弟阎敬铭顿首

儿孙侍笔

八月十八巳刻

(六)

正月十七日

六皆世兄阁下：

春厘政履曼福，咸绥为颂。伻至奉到惠札河工绘图，敬承壹是。奔驰忙碌迎接鲜暇，由来如此。阁下阅历深明，精力坚固黄流涧水，并著实功利民要事，何词之逊耶！至台从将欲枉顾，切谓不可。无论大河重山之阻，越境之嫌，必滋物论(非至朝邑勘工者)，官场尤多造谣生事，特为恳阻，至祷至祷。尺素常通，无异面谈也。敝邑河工弟迄未回里，诸未亲睹，乡人来者佥称自大君子临视后，添工排桩箱石，应可逼溜东行。李邑侯、陈参将皆未相识，日前弟复鹿中丞书，欲请阁下再行临视授以作法，乃可巩固(闻春间未必能完工)。沈絜斋观察与舍间癸卯、乙巳两次年谊，其尊人紫卿先生尤为厚交(咸丰初广西学政殉节外府，似谥文节)，道光时会课文酒，时相过从。到任若晤，希致意焉。承惠哲兄近刻各书五册(涕南嗣有刻书仍求见贻)，《孟志编略》该博精审，无近时汉学家武断之习，惟赵台卿《孟子注》(朱子多本之)乡塾不多有，其书尚志堂可刊以通行，祈为转达。尊甫先德诗文向仅见《不夜城记》，兹得读全册，极深快抃，益敬贤昆仲箕裘克绍。弟极幸以挂名简末，惟自愧学文不成，未敢著粪佛头。遇佩南之古文名家，更为却步，祈鉴区区。自去冬以来衰敝滋甚，三月不出屋门，眠食皆损，视在都时迥相径庭，手强而战，兼以目眵，勉作复书，不多及也。复颂春厘，即请升安，不一一。

世愚弟阎敬铭顿首

正月十七未刻

复陆道台函求加封递去(未封阅过，粘封递达)，来人十六晚到，今日小雨留住一日，望勿嗔。又及。

(七)

吾山世兄阁下：

春祺政履曼福，咸绥为颂。阌乡送交惠札，敬承壹是(语皆真挚尤为感钦)。贵治静谧，不似秦晋劫盗成风。观察之政，于斯心钦。元丰玖何处商铺、何时歇闭、何人开设？荒山寂处，概无闻知，祈便示数行(昔欲严办，阜康公卿多属缓颊率略治之。公帑得以无亏，然所害已多，岂止一二百万)。昔尝谓公家不行飞钱会子，市侩乘时蹈空罔利(此言四十年前曾屡安发，要必以忠信人为主，若数年前有人欲令洋人开银行，愈为大谬大误)。晋人开设数十家皆彼此互为通挪，但愿其川流不滞，万一窒闭，公私愈困矣。时事虚饰具文殊少，实际糊笼支吾以为才能，焉得笃实忠信之士（极难见者此人）。民穷极而不归农，以农之得不偿出（不必劝农虚文，令其有利，归者自多），利不敌累，遂群趋种鸦片（山、陕实如此，太行之东稍可，然亦仅矣），人心风俗无一不坏，如山、陕赋役之重甚于苏、杭，又谁过而问及，设法救之乎？况更为搜括乎！弟曾忝朝列，无裨消埃，迂阔腐言，时自廪廪。中州鸦片亩税作何办理？此至要事，望示其略。今岁麦秋或有可望，以枝柱目前。弟衰敝日甚，节过雨水，畏寒不敢出屋门，可想见其情形。竹儿办二曲义庄尚未归来，无人代写，力疾草此，恭请台安，不能多写，谅之。

世愚弟阎敬铭顿首

（八）

七月初一日

六皆世兄足下：

使至奉到琅函，知贾让之策已着河渠，而相如之才复游桨苑。贤老备至，声誉益隆，引企光仪，实深抃慰。承示河工图说，深纫擘画周祥，堤坝相经，云横山屹，所以撼城垣而卫田庐者，岂仅百年之利。敝邑河务尚未竣工，闻即仿照尊处作法，搴茭锸石或可稳固，此皆足下出其续余惠及邻封者也。承示屡欲枉顾，情深可感，惟道限于登山阻水，礼嫌于出竟越疆，笔牍往还，不啻面谈，万勿远劳为祷。鄙人今夏畏暑特甚，精力极惫，近幸甘雨连番，稍慰望岁之心，想尊处同之也。肃复，即颂升安。

世愚弟阎敬铭顿首

七月初一日酉刻

阎敬铭家书(乃林、乃竹)

(一)

光绪十年甲申正月初七日

林[①]览:

去冬早晚天红,各省皆然,至为心惕。两孩读书至紧要事,深以西席不得人为念,孝循亦恐无师,东院诸子更难言矣。劝汝三兄以九月入川为至妥,在家勿管闲事,更勿与恶人为仇,勿忽勿忽,切转语之,吾不胜操心也(今春算帐若有余,加银价三五十钱,以后年年加之)。你病近如何?竹二月初十前起身,婚期早告新亲,诸如你之续期,万勿铺排。你四月间起行来京可也。

约盦手书

甲申人日

一号

(二)

正月十二日

林览:

初十日接你腊廿五日所发廿四号信,你病急难除根,渐以养之,服青果膏及贴膏药应可稍愈。来信一切事理尚明,大庆关盐你所言九村拢棒极妥,犹有一言,只准本村之车拉运,不准外来客车并雇外车,违者罚其村不准拉运,缘此专为调剂农车而然也。郑本油滑好利,不悉心采问,知不明乃处之不当,天下万事皆然。运城仓事你阻李三,万好万好,不得已荐孙子常及郭亦得,你不管一切,见识极是。谨守礼法勤俭孝弟便是,第一等人决不在科名富贵,今之官万无法为

① 阎乃林,阎敬铭长子,举人出身,曾任太常寺典薄,宣统元年(1909)任西潼铁路公司(清末设于西安的铁道筹办机构)总理。

之矣。你只守《课子随笔》及解梁所刻各书，立身行己，必为君子所重也。今年有恩诏，令竹为汝二姐请封，你总有七品衣顶，今年秋冬到京一考即得。已为你二姐及汝妇各买六品补服、朝珠带回。打凤冠一顶、首饰两头，一出门一家常，红裙一件，皆为竹娶之用。今定三月十三过门，竹定二月初十前起身，三月初必到。你即为刘家送信，令预备一切，两家百凡省事为要。或要菊如兄弟，与否皆可。只须在解为刘家人备写一住房，占十余日可也。信到，诸凡安排不必候竹到家，或叫熙鏞帮忙。诸物借之，一切皆如你续娶，宁可不及，万勿过也，至切至要。我到京年半，国计民生万无一裨，而满汉大小各官似尚不至诟厉，则素行不敢或渝，取与尤必严辨，非分之事不为干预，派我之事必尽心，有不法者，固不敢变乱黑白，亦不过为刻薄。似奉身稍少咎戾，然无益于事，负罪多矣。此则无日不思退也。法越刻有兵事，不可以请，秋冬间未知如何。人生年少不得父师教训谓之不幸，人焉可少年无师。汝三兄不令孝悛从严师而令其自为，失之矣(以来解为好)。惟是今世先生大不易得也。孝抑之曹先生如何，吾日念之。师固难，蒙师尤难也。绅不可交官，其害非一俗人只图吓乡愚耳。官若用绅，则推重之，若有过则卸于绅，且以通禀上司，而劣绅之名败，一也；得罪乡之匪徒，匪徒或逃法网，遂思报复，每及子孙，二也。然犹以应为之事言之，其他外人怂恿架名渔利欺人不可胜言，总以不与其事为好。如白祥兄事，吾为玨操心也。昨文太尊来信，亦言此事皆赖宪三少即之力云云。谀颂乎，饥讽乎？吾以为恧玨之性情，吾无如何！你兄弟必当事事谨饬，宁可令人诮无能，乃为福也。贺氏广义学房并族祠对门之房，福永堂出钱修之，县城普济堂房亦福永堂修之，义学及祠门各房皆吾父所修，万不可使颓坏。普济房为族祠业(身体毛发皆先人遗体，何论钱物)，吾父以收族为重，更不可外视，但监工料理难得其人，不知李三可乎。你即告玨知之。京官虽苦，吾当勉凑行之。川典兑回壹千即出福永名下，但恐福永无此存数，若福永不足，则出光禄账，作终南买田之用。天顺兴不可存放，今年收回为妥。雷瀛翁兑银家中实收二百乎，三百乎？来信确切言之，以便清还，不失信也。王荣绶吾早知之甚矣，人之难也，故以寡交为上。大庆小事无庸关额张也。竹婚娶后，令赴河西祭祠墓，并赴终南、西安、蒲城及马先生处，他处泛交不拜。约四月半回家。你候竹回家，将家事安顿交代清白，四月下旬五月初北行，有闰月，五月不至大热，大雨来时或走河南亦可。

约盦书

正月十二

二号

（三）

光绪十年甲申正月二十八日

林览：

正月廿七接你一号信，知悉一切。竹定于二月初六起身（至迟初九），全眷仍以缓来京为妥。竹到家当可详言之，俟竹散馆再定，彼时我亦必归也。路家不支差之事我不之知，此非吾师之所为也。然则我家及刘家亦不支差乎？你来信详言，再为区处。邑绅白祥邻之公禀，自是玨之所为，此事大有后患，故吾父吾弟皆坚不为团长，而玨与其兄皆欣然为之（不听我言），有识无识不必智者而知也。曾文正有家书数则，亦皆如此，随后抄以示你。大庆关事便与碧翁言之，姚练江向闻其人尚好，似短于才者，不知究竟如何，此更不比魏子健，我仅上年在太原见过一面，你切勿入其署，亦不可管一事，并告鸣叔亦不可干预地方一事，至要（我们借书院地方安身而已）。买谷即久储亦可，但恐无地多积耳。你病近何如？南园石刻一事如何？

甲申正月廿八

约盦手书

三号

(四)

光绪十年甲申二月十二日

乃林入目：

三号信到否？竹已于二月初九起行，带院夫大车回解，走山西路，三月初可到。婚期自在十三，一概不收礼物，诸凡俭省，切勿张罗夸耀，至要至要。竹娶后即赴河西祭祠祭坟、走新亲并别客，须十余日往返，你将家事及二子读书事事为交代明白，与处廿余日，四月二十前后起身来京，迟则山水多发，甚为操心，但不知你病如何，若一时不能上路，则至秋后亦可。人心世事至今坏极，只有耕读立家之法。去冬京城倒一阜康银号，乃南北洋大人倚重者，其人已保至道员，名胡光墉，合上海各处，共骗一千三百万，官项数十万。竹略知其概，你可问之。人心大抵然也。竹回带去与你三兄信，与言川典算帐事，竹到即专送河西，汝兄弟百事谨之又谨为属。二孩书读至何处？时时留意，勿忽。

甲申二月十二
约盦书
四号

(五)

光绪十年甲申二月十二日

林览：

四号信已封，接你正月廿四日二号来信，知悉一切。瀛翁到日即以二数还之。钱家手卷必借留妥藏，随后补刻完全，其跋只刻何子贞一段，或用原匠或另觅匠，缓至何时再刻，竹到家你与商行。我与万平轩信即托州马封飞票，诸照信行为要。恐钱眷已行，则无及矣。家存祈中堂"使有菽粟"一联墨迹存箱，竹到后与之商于刘梧冈(刻一字钱若干，告我)，可照我在京所刻各对刻一付(木必干段木即好)，木板上假浅白楠木色(拓墨本几付,带京一付,对必两面磨光,背亦可另刻一付),一切竹皆知之。祖父之款一并刻之,原为此也。我箱内存有祖父昔年示我手谕一包(纸包),你来带京,裱作手卷,此多年应办,以不遇好裱工而缓也。家存《白香山诗》一部(少一本),《陆放翁诗》一部(有一抄本),你来一并带京,竹带回之单似遗此三事。龙尾沟何姓地廿余亩,不知去村远近,去崖远近,是否在村东,村西究竟可否安坟?(曾有人看过否?)他可不讲,必以不为道路、不为城郭村庄乃妥,且何姓必不贱卖,一切你详告我再定,勿急买也。又王懿荣折一件,竹到家令看名士之文,不知其意何在。

又四号
甲申二月十二
约盦书

(六)

光绪十年甲申二月二十七日

林、竹[①]览:

林所发三号书二月廿一到,我所发四号到否?瀛翁尚未到京,竹想须三月初方可到解,今托陕安道唐道台带去《求阙斋语》一本,竹起行后我赶为之者。竹再详看二遍即刻,并将湖北刻《辅轩语》找一本,令以九行廿二格刻之为要(鄂刻似有潘纬如序,此勿刻,余诸照原书勿改增一字)。有此十余本,作人读书不外乎此,特刻之以教尔等,并愿山陕学人同此奋发,力善力学也。竹回时开单令林带书北来,今再添数样一并带来,缘竹明年来京以后必积学为要。孩子读书时时留心,此书到解应在喜筵之后也。林将起身之前,须先发一信来。我一切如常,惟痰多睡少,则精神不振耳。新妇一切如何?霍七之妇不免

① 阎乃竹,字成叔,阎敬铭三子,光绪九年(1883)二甲进士,历任翰林院庶吉士、山西河东兵备盐法道、礼部主事、山西候补道等职。

爱花钱,此必切戒之,吾家无闲钱可花也。

甲申五号
二月廿七日
约盦书

(七)

光绪十年甲申二月十三日

乃林、乃竹入目:

三月十一川弁带交四号家信,知悉一切。我诸皆安好。竹前月廿日什贴之信同日交到,来何其迟!塘兵不可靠如此,我所发四号信到否?二月廿七托唐道台带五号信,内《求阙语》一本,想须三月底方到也。林不为盩厔转送佃户册,大为有识,作事诸皆如此,可为放心。谨之又谨,俭之又俭,作人要吃苦,处人要吃亏。此四语必切记力行。越南事大坏,法人连得数城,我兵似闻风而溃,刻已到滇粤边界。徐、唐皆拿问解京治罪,以后事不知如何了结,无主意也。我虽专司度支,而无一筹一力之匡时,悚愧何如。故我此番出山深以为悔,俟时局稍定仍遂初志也。汝等必早思以耕读为世业,勿逐流俗富贵之见,此须胸中明白道理,不然随逐世好,终以自误而已。霍九先生御史未记名,雷瀛翁尚未到京。终南地置足,我们再与路家分里支差,即如林所言行之,总之便宜万不可占。刻下汝等可与孝基信,他家来信我已见过,设法招呼。但路家以后切勿顶触,县官不独此一事也。林论白详儿案尤为有见,此汝等多年不虚听我言,亦见于世故留心,《求阙语》切切言此,能恪守格言数册,定可保身保家。两孩读书时时留心,曹先生未必知讲读之法。林可于四月廿日前后起身,迟则恐夏雨时行。万成要告假回家一行,或院夫能作家常饭,林即带京,令暂为数月亦可。新妇若带有仆妇,暂停一半月犹可,万万不可长留,此须切告,勿将就含容,诸恐其犹有富豪习也。我所要物件,竹带回一单,兹有另开一单,林照行之。往年借得《纪批唐诗别裁》,曾令柴德彰照录一本，竹可从柴借来照批一部为要，或托院友代批，送以微物而已。细对之勿误。带京《别裁》只批一本而已。京银价十一吊零，无物不大贵，而大钱无法。我深愧司度支也。

甲申二月十三日

约盦书

六号

改《求阙语》册末倒数第二叶一条：

自立之道，孝悌忠恕恭俭，日求进德，此为根本。而看、读、写作尤一日不可间断不看云云。（即速照此添改贴补，另写一开，向下赶一二行。）

《弟子箴言》林不必带此书来。昨有人送此书，乃京中新刻者。另鼻烟二瓶（前所开二瓶之外）或是一瓶，中等瓶子（不大），红纸写有"云"字"龙"字，或是"云龙"二字，记不清。玻璃烟壶，淡蓝似白色，极薄。壶式稍大，若寻不出则不必带。

上二件带来，与前信所言二大烟瓶，俱用棉花一二斤厚垫密裹装匣为妥（一破则走气走味）。

（八）

光绪十年甲申三月十三日

乃林、乃竹入目：

今晨寄发六号信后，突奉上谕，命我与礼亲王、额小山、张子青、孙毓汶五人入军机办事，恭邸、宝、李、景、翁全行退出军机。宝令休致，李、景降二级调用，翁以尚书仍在毓庆宫行走。闻多日以来参劾甚众，以法越事。故我万分惶恐，时事至此，虽智能亦难为，况我本无才，更不知洋务乎。实是老运不好，必至陨越。他日必不能如宝与李、景之好收场。况年力大衰，如此劳碌怄气怄心，是速之死也。然我实以早死为幸，省得丢底误事，并为子孙不留体面。命运之坏一生吃苦，夫何言乎。惟有益加谨慎，大处且不说，即茶点之微亦不与人交接，更不与外官通信，你们更要格外加谨，官场定计，不与来往，即有来者，不见为妙。万一要见，亦告以不敢交通，不能回拜，求其垂谅云云。王文端昔年子弟甚好，即王小崖亦不与外官来往，一无所求，一无所受。故文恪人人敬之。我为你们作体面，你们亦必为我作体面，所谓两相成也。林将家事妥告乃竹，于四月初十后能早来京为好。至家眷之说，到京面议。我每日丑刻入直，午刻回又入署也，一言难尽。

三月十三酉刻

约盦书

七号

再，北相号来信过迟，必是折差过时号内遗忘，日久必有失误，此不可以势力为之，况与安邑许公向不相识乎。刻可专同相公等一人赴北相，送号内家丁、驿书(写字人)二人肉十斤(或五六斤)、酒五六斤(或点心亦可)，属其来往各信务为留心，有各处折差路过，问明有无带信，解信即为托带，京信即送，勿致遗忘。以后三节每节犒以肉五六斤、酒五六斤(或他物亦可)，专明白人去，皆以此言时时告之，或可感动。现我亦并专函求许公，凡事必有情理，此事岁费不可省也。

三月十三日

约盦又书

(九)

光绪十年甲申三月十九日

林、竹入目：

十三发六七两号信，未知何日到。我于此时入枢，真是命之穷也。丑入未出，又须入署，辛劳万分，几不能支犹其小也，主少国疑，盈廷发言，外有环伺各国，内则财尽民穷，日来封章议论愈多，惟求早晚罢斥，乃一家子孙之福，非我一人也。言念及此，未知以后何所底止耳。林不知何时起身，沿路小心。家事、赵渡、终南各事为竹交明白，竹现时只好用力词章，了此散馆。我之情形一言不尽，细问仲轩可知其略。雷瀛翁所带各书及各帐单已收到矣(十六到)。孩子读书勿间课程。省事寡交,至要至要。

八号

甲申三月|九日

约盦书于京寓

(十)

三月二十四日

林、竹入目:

三月廿一接林五号书并竹三月三日北相发书(甚是甚是),知悉一切(诸为放心)。廿四日命我兼总理衙门,诸似李兰翁故事,难上加难,宁丁我躬命之穷也。从此诟詈丛加犹小(不日必丛诮责),深恐误天下也。越南连陷数处,滇粤之兵皆败,要挟者已大露端,诸如我平时告竹之言(林细问之)。逞才使气者亦不敢逞使矣。丑初即起,傍晚归寓,食宿仅二时余,神昏心乱,奈之何哉。深悔壬午二月之大错大错也。自怨自咎亦无及矣。珏与孝迁入川,舍其子其母不能事、不能教,亦可为好管闲事之戒。汝等须切鉴此,然我之忧珏无时或释也。万平轩时来收钱石银两,只好将原石送回夏县,令其捐入夏之书院,令其自跋数语。万仲轩于二十日由京赴夏,应行至解,竹可与面商行之(我一切可问仲轩)。其石究否刻完?可成片段否?林何日来京?现专倚郝一人也。雷瀛翁十六到京,各书收到。许星叔庚身入军机并总署(军机兼总署只我二人),十七日召张香翁入京,能回晋否未可定也。孝弟居家谨信接物,汝等力勉。吾一切不暇顾念,汝等好为之为要。

三月廿四戌初

约盦书

四五六七各号到否?皆托折弁,不可不犒赏北相号之丁书。八号交万仲轩带,须四月下旬方到,彼时林或起身。十日来章奏纷纭,言不一律,有谓斥前之是者,有谓应用前人者,海事仍有言战者,信哉！发言盈廷矣。

（十一）

光绪十年甲申四月十六日

乃林、乃竹览：

自接林四号及竹三月三日北相信后，月余未得家书，劳碌之余实深切盼。我所带九号以前各信到否？传闻竹婚期改于三月廿一日，然否？我一切尚勉强支持，但劳苦不堪，为生平至苦之境。洋事战和未定，大约和之数多（战则一无可恃，至深慨叹）。月余以来谋夫孔多，说话易而作事难，甚矣时事之难。我壬午出山乃生平悔不堪言之事，可见人持定见之难。林病如何？日以为念。四月内可起身否？材、抑现读何书？竹家事之外既课读又用功，揆其重轻，家事略及，尤以省应酬为要，亦立身养身之法。汝等须格外学好，万勿有丝毫官气。刻下更要寡交游，切切。家眷刻下勿作北上计，我得闲必乞骸，日在危险之中，时来责备，久必诟詈，劳苦犹其小者（洋事无法尤必为人所骂，一损平生自好之志，如何如何）。你等须月寄两函，北相马号须格外犒之，此尚须我言乎？何不推心想之。天下事非势分所可为也（切记此言）。霍宅全眷回（留老七一人在京），带此于北相。（每日只闲亥子二时，万事俱废，以后信只告平安，无暇多及。汝等切须事事顾门第身分，至要至要。）

甲申十号
四月十六日
约盦书

（十二）

光绪十年甲申四月十八日

林、竹入目：

十号甫封，接你七号。知有甘省折差行走或快，托霍带者统托甘弁。法已订和，不赔兵费，通商不入滇粤内地或可定局。大概越南地不能不为所往来将就了局，殊以为耻。旁观者多欲决战，我不免大为诟讥，无可如何之事。此次出山大为悔恨，我生平轻视富贵，竟不能脱此苦海，命实为之，人亦何必妄求妄想，我必尽其在我，一切务实，万事作退一步想，切记切记。林不知十六能起身否？想四月内必可开行，惟其病未好，至深念耳。二孩现读何书？所写字各带一张来看，切须教以言动举止安详恭敬。黄碧川来书极赞汝等勤俭婚娶，男女二桌可为世法云云。似此我可放心。欲不妄取先戒妄费，究亦何尝过苦。自入政府更不与外官通信，零星粗物一概不收，家人等各加工银，禁收门包，此皆在我者，可力为之，然此皆末也。无救时才，奈何。每年内边一切赏犒须费三四百金，此外一无益也。(李升等皆二两，老马一两五。木院夫能来否？当如马也。节赏如其月价，亦未添一人，多与工钱少用人，或得用乎。)部饭今年极少，午节闻无可分，幸从前留余备用，万事必当远虑。你此后月必寄二信，竹用功必专必恒。试帖刻可间日一首赋(明年必日课一诗)，月必九课。持身应物奉《聪训》及《求阙》为师。六号及书籍尚未到，诸须自好，勿徇俗流，教内眷必格外勤俭。蚕事如何？平轩之七十五金已付清否？

甲申十号

四月十八日

约盦书

(十三)

光绪十年甲申四月二十七日

乃竹入目：

　　廿六接汝兄八号，想此时已与刘梧冈北来，惟其病未愈，至为念念。(你过河几日而回？)我勉力从公，昕夕无暇，仅亥子二时稍寐，劳苦不足言，惟无才济时，徒滋诟病为大耻也。法事已和，暂安。目前每日召对责饬自强，章疏纷上，备战善后，智尽能索，悚愧何如。早知当官不易，况为集矢之所哉。你即按日写作，光阴甚快，勿泄沓因循，切必结实作词章工夫二三年，勿囿流俗。(所抄《求阙斋》语语精透，与《聪训语》当逐日体行。)二孩书读至何处？曹师如何？字带二张来。其资性气习如何？须严教之。新刻《涑水纪闻》错字不少，与《稽古录》我无旧书可校，亦无工夫。你逐日细看数页，详勘精校为要。麦收想好，粮价不免病农，屯里去岁赔若干，今岁可少赔否？终南如何？一切必戒轇葛。今年饭银极少，不过去年之半，而用项较多，尤必节俭，绝不与人交际也。万平轩书述汝等已付清石价七十五两，好极，万不可占人便宜。钱手卷究否刻完？各跋只可刻何子贞一段，目下亦不能觅刻手也。霍眷十六已全归，梅翁与老七移寓命初之西院。六号与书箱尚未到。

甲申四月廿七
约盦手书
十一号

(十四)

闰五月初七日

竹览：

我自丑至戌无暇，殊觉困惫。所事他日求平妥而不能，万难有益，危悚危悚。法事将就和后，近日反覆，后事不可逆料(以全力谋我)。尔等现在所处之境，我视之不啻十分安乐。二孩读书勿间断，勿过苦，你用功亦如此，力寡交游少营外事，即家事亦不必多营，家眷来否数月后再定。你兄病仍时发。郝、樊不远回家。

闰五月初七
约盦手书

(十五)

光绪十年甲申五月十九日

竹览：

五月十一日接你一号信，你兄于十七日与刘奉平安到京。我十四日奉协揆之命（部务仍如前，不贤而劳不可言），切辞不获，真乃命之苦也。生平薄视富贵，颇顾名义，而所遇之时势地位即求平安而不能，日夕危惧，如何如何！你兄弟须格外谦谨恭俭，我更励清慎，不知能保平平否。若有为于此时，万难万难。忝继韩、蒲二城不胜懔懔。每日只亥子二时无事，亦不能眠，余时则苦日不足。你兄中途发病五六次，此以为念。你用功必专勤，勿写大字，凡写小字，即书函零片切必用意，久之自熟（你来信太草草）。京师翰林多年如此（人人如此）。赋须结实，诗必自然浑成。材、抑须教之安详，读书勿间勿苦。所写之字带来几片，可教以作对，须时常讲说。曹先生如何？此数年中孩子一生之基，你之词章亦在此三数年。《聪训》《求阙》二册必笃信力行刻刻，以长保秀才家风，万勿稍有官气。官场更格外少交，即以黄碧翁之磊落亦不可，数陕官更以不识为要。军机例不通外信，有偶见之旧识可告之。与万平轩函妥致之，须得所刻行书二札之石，否则将所送楷石即原手卷还之。按月须寄二信，我日无片暇，十分勉支，殊困惫也。孝悛若入学，更教其读书，其文理性情如何？教遵行《宰嘉训俗》为要。

甲申五月十九日
约盦手书

(十六)

闰五月十八日

竹览：

法越反复不定，颇难著手。吴子余事从前我并未管，你力拒极好，我之愿尔等为乡党自好之士。地租减收，极是极是。只要不出坏子孙，自己不作坏事，力行勤俭，断不至困乏也。你兄病仍常发，刘梧冈谓较去年稍轻，然未全愈，在其自养心性与神而已。

闰五月十八
约盦手书

（十七）

六月初九日

竹入目：

我于又五月廿四大发肝疾，今始见好，忧劳太过，官之苦有如是，然于事无益，自愧而已。法事恐不免称兵，后殊难料。总之时艰日甚。山东黄水又决，直隶大雨多日，恐又成水灾。你须勤写作，了散馆一事，散馆后安排，耕读两字足矣，勿妄想也。两孩资笨，必时时粗为解说，使明白为要。慎五虽熟人，切勿常来往。诸守《聪训》《求阙》各书行之。陈洛校字恐其不谙破体，且文理亦浅，然亦无人可任，难哉！汝兄病间数日一作，轻重或殊也。吾亦不能代为料理。

六月初九
约盦书

（十八）

七月初二日

竹入目：

我自五廿四肝病大发，从来未有，至六月廿力疾销假，又感暑热痢泻，眠食皆减，不便乞假，真为苦海。法事尚无定局，前刘铭传台湾小挫其锋，法人似有骑虎之势，其意亦未必罢兵也。你目疾万不可吃药，用《柽花集》中药方熏洗为要。常写常做，勿自弃也。孩子读书时时粗俗明讲，先生万不能尽心。

七月初二
约盦书

（十九）

光绪十年甲申八月十七日

竹览：

履言校字，你须逐一看过为要。前荃生带回《传家集》模糊字一行，此须斟酌前头是否刻有陈宏谋序文及书内有无陈宏谋字样，否则“宏谋按”三字无根。我事繁不暇，而伊已带回矣。《司马集》刻之太慢，切催之。你眼疾须用《柽花集》第十本药方，不可胡吃药。写作不可不努力，不能过人勿为人笑也。你兄已考荫，月内可分衙门，不过衣顶之荣耳，不令常入署，惟其病犯多不过七日，吃药不少，未见大效。法事不知底止，福建省或无虞，台湾则必不可有，差饷已告乏，尤为焦灼。责备更多，怨谤日加，亦老运之穷也，劳苦其末也。孩子读书至为要事。你思我教你之法，现虽不能全仿，须逐物见字，切实讲说，久可明白。运城有解饷解引者来，必托带百合三四十斤（多更好），此可函求丁慎五预为言之，箱内亦不必多夹土也。凡已刻格言各书，你再细看，错字不少，即速挖改。所要格言各书，托便带来。书院共有若干人，师生尚相安否？鸣叔来年之局如何？近因法事调雷正绾领三千五百人至京东，山陕当办兵差。秋田若何？种麦若何？自种麦若干亩？暇当为屯里一游。彼处各人尚可否？二子书尚熟否？

甲申八月十七

约盦书

（二十）

光绪十年甲申九月初四日

乃竹入目：

久不接你八月来信，何疏迟也（川陕皆有折差来）。你兄已考荫，分太常寺典簿，病如前，屡易医，未见轻。我勉力趋公，无事不难，疑谤交加，深叹今非而昨是。台湾（孤悬海岛）为法人占据一隅，我无雄健水师收复为难，即接济官兵亦不易。洋事至难，发之迟发之早均难。法事乃发之早耳，然泄泄沓沓，迟亦恐无可恃。刻只愁饷项万难也。马伯恺故于川北，身后有累，其母其弟均在汴，以后此家必大窘。去年你所收世俸妥为存储，刻勿寄汴，即将今年世俸你速在永济起文领，托慎五带太原属马玉山代领，并属领得即妥带解州，你统存。将与吾家旧借用千余金，俟马家开年到晋，全为归还。我当为筹备。写作勿间，两孩读书如何？先生如何？鸣叔馆徒可相安否？来岁如何？运员若有便车，切带百合并格言各书（不要小孩各书）。《司马集》现刻几本？（格言未刻者何书？）何时可完工？刘梧冈前带查明漫漶字一纸（写清），须斟之吾记，似照刻无陈宏谟序及各卷无陈名（查明告我），此纸有宏谟按三字，则大不妥。履言校字须详查，更不如玉藉之渊博矣。屯里今年赔赚多少（十月可有分晓），与终南诸事告我知之。

甲申九月初四日

约盦手书

（二十一）

光绪十年甲申九月十六日

竹览：

法事不知底止，台湾告急，无策援救。饷绌尤甚，莫名焦灼。自丑至酉有片刻暇即为乐事（不可多得）。立志不坚，老而无识，夫何尤焉，你当以为鉴。甚矣，读书阅世不可不自家具眼也。写作切勿间断，了此门面，勿忽勿怠。秋收如何？孩子读书加字逐渐增之，总须勤讲，遇庸者更应讲透，否则不能明白，若性顽劣，须严管之。汝兄之恙如旧，分职太常典簿，虑其起早奔走，不远令告假，得此衣珠之荣足矣。你每月须来两信为要。终南之行你自酌之，诸事“清楚真实”四字而已。书院学生若干？闲事概为谢绝尤要。

甲申九月十六夜

约盦书

(二十二)

光绪十年甲申十一月十五日

竹入目：

接十五号信知已回自终南。抑读《孟》日八十字，想来春应可百字，资钝只好少读，不知讲解明白否？可渐知属对否？子孙虽愚，不可不认真专力也。孝悛半通，入学后仍必从师力学方可望通，且吾族又无考童之人，殊为念念。汝三兄欲来京，吾亦欲与之相见面诫一切，你迁道见蓝田君，礼也。然此君亦非贤者，以官师事之，不即不离而已。汝兄病未脱然，日以为念。珏若来京，令林于二月与之同回，你俟其到家，三四月再定行期。我无日不思归，得机即退，故不欲全眷北来。汝妇来否？林回时我当有信。今年入仅敷出，前我告丁子美云令其致书慎五，若慎五有兑京银项，无论多少，交你手(作家用)，要一兑银信，到京即还，慎五言及可商行。厚生永千金资本已尽，似应添本，然钱铺已停生意无多，只可陆续添本。先与以四五百，若实有可做之事，再为续添，熙鏞回妥商，熙鏞亦非可靠，刻无人可用，不得不降心相从。天下事只“得人”二字，人惟“忠信”二字，然而万难也。存项在解生利亦非久计。三二年或不妨，切勿要大利，月利六厘已不为少。昨李钧自翼城来信云你将收回其家存放之数百金，其利不知多少，似李家数年内尚可靠，可暂勿收，存其家胜终南及存他处。即买卖粮油各事亦勿多为，不惟不可靠，且分心扰扰，又奔走之人亦不可靠。又终南里之不支差，孝基语不明白，中丞来信言路府从先买之田免其支差，以后再有买者仍与众同云云。我原托亦如此，若吾家之田应在支差之列，此不可以躲避者，不知盩邑差钱每两定钱若干耳。汝谓路府无读书人可虑，此话明白。我谓人性不同，有读书不明白者，未有不读书而明白者也。田府亦同此病，如之何其助之乎。汝等知此义，当以为鉴戒也。晋锡荐之安邑，亦万分推不开之计，切告平轩岁与三十金足矣，不妥即辞，万不勉强。其才力只可标判黑红

(此亦须学),笔客无能也,切切告之。若平轩或稍有难色,即无庸议。你谓其言论隔膜,岂止隔膜,在田府诸人中尚可,若较之平人,仍是昏愚,此固资质不明,亦由幼无父师之教,观此可不严切教子孙乎!所刻书错字单,可即挖改,新刻书你须详看详校。《宰嘉》《双节》《教谕》《训事》《初学》各外签你可改写刻为一律,格言书可集为丛书,外签须大小一律(除二《语》、《弟子》《小学》《千文》《字训》《蚕桑》外),《家范》《书仪》《稽古》《涑水司马》四种外签亦必一样,但不入丛书耳。法事未了,饷事极难,正议开捐,恐亦无益,而日本与朝鲜又起事,亦不易了。

甲申十一月十五

丹老书

(二十三)

光绪十年甲申十二月二日

竹入目:

抑读《孟》百字,明年应可渐加。士材只好少读,使之击球甚好,二三年后或可学拳,王存及仝由你分别去留,用人必考其实事,勿轻听偏信,忠信之人士夫亦少,况市井乡愚乎!(屯里实赔开一单来,总之少种地少用人。)珏将来京,吾亦欲见而戒之,若新集事尚不欲与,恐后为累也。晏征得差同寅必詈,卅年来略为俭朴,何为严寒远征,少年安逸老年愁苦,至言也。吾生平惟早知此等语而力行之耳。高丽将就了事,后患已深。法事相持,彼竭力增兵。近议开大捐(无饷),恐捐无多,京官津贴来年停放,全归饷。你写作勿间。

甲申十二月二日

约盦书

(二十四)

光绪十年甲申十二月十九日

竹入目:

腊十五接十七号信,来信二纸,今为批回。无论粮价贵贱,年年积谷即不能多,岁有加增为要。初起之年,趁粮贱可多积作底子也。晏征四十日不至(闻十一月初八起身),乃玨廿五日不至,不至游荡何处,皆不知好歹艰难之人。吾目中求一明白妥帖之人不可得,何论其他。吾在家有与各单本书合订一本者(参差不齐,似是如此,查之),中有《塾规十二条》(外签柳字),系广西学政池生春所刊,讲说甚好。你觅出带京,我将刻行。富贵功名万念皆无,惟望宗族子孙读书学好之心不置也。终南事你不知对玨如何言,我意熙镛亦非可靠做事之人,且到彼人地尚生,试之一年,令其熟悉,即欲加本亦看其能否得力,若买地亦须至冬间,春夏非其时也。刻下你切勿即加本,随后再商。况马伯恺之母、之弟、之子若至蒲,欠项一切当为妥还,此亦须早计及者。曹先生岁修若何?果其可靠,略为加益可也。法事如前,时有小胜负。大捐甫开,恐捐生不旺。来春战事必大闹一场,而饷实不裕,你令两孩击球极好,其资既低,则不必过苦,读勿间断,讲以开悟,或可望乎。你写作勿间,晚不必写,以养目力。《桎花馆集》带得太多消不过。书局出入帐及运城万金公项与机房各帐,令念闻详写一单。乃林右臂偶病,未能作字,不日可即好。二月初令与玨同归,你三四月间北来,我意汝妇暂勿来,随后再筹商。我无日不思归也。

甲申十二月十九

约盦书

(二十五)

光绪十年甲申十二月二十五日

竹入目：

十九发十九号后，玨于廿日到京，在榆次雷仪斋处稍耽阁，晏征尚未至也。我诸皆安好，惟精力极为勉强。欲即求去而法事不定，未便乞身。开年相时为之，倘法事一定，即即遂初。你安顿终南事所开一单，办法不错。但鏞亦非可靠，从前关上之事，守在门口尚且有亏，若远在终南，恐难尽心。甚矣，人之难也，忠信为宝(尽心而已)，不阅历不知，国亦如此。你切须早信此言，以此自勉，亦此观人，犹未必得之也。刘、郑皆我所用，到老犹不知人，何论汝等。万不得已只有历试之法，然不易易。鏞开正回家，你可对云我令你妥还马家账，则无款可付，只好令他就烂底子做去，每年只要能混出号内费用也就是了(少用人为要)。勉做一年再看光景，此一法也。若鏞决不肯如此，或如你来单与以七八百(不必千两)，写一合同单子，东伙二八分账，光禄堂劳金照你言数付之。总之厚生号专为买地收租而设，勿失本意，拟斟酌为之，吾不遥制。以后有银只在终南买地为要。彼处近年所收之租作何开销，皆出粜赔于号内乎？抑有存谷乎？以后不准随便出粜，即粮价长时出粜之钱仍以买地，号内挪用一时则可，不准久借。此亦不得已之板规也。即买地仍须在终南左近，远处不要，如焦家楼地，赵赎则赎，决不加价买之。郝姓房子亦不必买，缘无余钱无妥人，你等又无暇时时督责之故也。丁子美兑解平百金，廿三日见信即付(告慎五)，你家用三百数十，自系除你婚事及束修在外，不为不俭也。你兄病如前，医家数人无效。各处(并屯里)帐单开年带来。

甲申腊廿五

约盦书

二十号

你十八号信二十二日到。

（二十六）

光绪十一年乙酉正月初八日

竹入目：

你十九号信到，所言田六事极是，富贵子孙落拓率如此，我亦万不得已为安邑之说，可止则止之为上也。屯里人能省则省，不做田功人自可少。各样树木年年添栽为要，切告金奎他日树不成定罚他，桑蘖子尤要多务。法越事日非，谅山已失，逼近广西，台湾之基隆无计克复，饷尤不继，京官津贴移作饷用，无计挪凑。张幼樵军台效力晁家，令才诚可取，但识不远耳。

乙酉正月初八

约盦书

（二十七）

光绪十一年乙酉正月二十日

竹入目：

你腊廿七函已到。材、抑读书时以为念，他其次也。先生难倚，学生又笨，只求不间断，勉强渐积，或可开悟。二子究竟有觉悟否？能否属对，其气质举止尤为要。法人开正以来尤为披猖，各路将卒难恃，若或可和，一二月内可有成局。然中华已耻辱之至，其咎在平日文玩武嬉，安有勾践、种、蠡其人哉！只此番张罗，中国损伤非七八年不复（须十年无事），散勇可虑，犹不与焉。我日日思退，须法事稍定方可乞恩，时事可危可惧，万不欲得罪天下后世。此亦自爱爱子孙之一道，事实难为，况同力之少哉。日本、俄人近亦生事，吾力不强，无非支吾。后患日迫，何敢恋禄误事。当官者尚有恂谨人若振厉奋发之豪杰，未见其人。四邻耽耽，即非常之才亦须力为，故吾欲你散馆后为耕读独善传家之计，全眷不来，汝妇缓来，皆以此意也。汝仕止固不能预必，然审己观世须有早见，你尚有知识，须细计之。林病偶发，较去冬稍轻。看来神明已差，恐不能专力理家教子，诸仍赖你为之。你三兄四兄回家总在二月中旬，以天渐暖之故，川典人回令其静候珏到家算帐。终南事究如何？无可倚之人也。

乙酉正月二十日

约盦书

（二十八）

光绪十一年乙酉二月初五日

竹览：

林恙如前，拟二月廿日与珏同归，若无风雨，即不改期。法事日急于前，或可议和。日本又生心，势之所迫，诸无如何也。丁慎五真除河东，你兄弟不可常来往，嫌疑必避，人言可畏，勿管丝毫事。小官专以求人情为性命之事，切不可代人说话，至要。黄碧翁在吾邑，即吾坟窃案吾亦不言，其他可知，而碧翁愈以敬我，凡人一言一行勿为俗人所羡，勿为识者所笑。近刻小语《进语》中言有故人在官一条，至言也，切记。慎五若来解，可敬礼之，告以不能答拜，每岁一往拜年可也。或有信件托带，专送信函商订，总之各官署概少来往。官衙礼物一切不收，朝邑、解州尤要。汝兄神明已差，到家以静养为要，二孩书不能照应，你可为孝抑于熟人中觅一蒙师，吾心中无其人，总要可靠，可多送修金，汝兄到家即可请定上馆，家中无地方或仍藉住书院，你拟有人，即函告我，切切。前函要池生春《塾规十二条》一册，若觅得，随信带来，你可于四月初旬起身，中旬亦可，再迟则山路难行矣。吾省冬雪皆少，闻山、陕粮稍抬价，现时若何？

乙酉二月初五

约盦书

你兄弟与慎五有己事相商可通信（非公事非他人事），不可常往见，不比在太原也。碧川告终养，尤可敬也。

(二十九)

光绪十一年乙酉二月十二日

竹览：

你一二号信及帐单收到(同日到)。汝妇俟你散馆后再来，若留馆，你告假数月回家搬之，或由汝兄送京亦可。汝兄病近颇见好，已九日未发，薛抚屏之方药也。汴行可以不必，若无风雨二月廿日起程，带院夫即可随你北来。厚生永如何存款，你与熙鏞商行，我以不得人故有前言，然亦不为遥制，然忠信人难得之至。汝兄欲令晋锡教抑读，你到家再妥商，晋锡亦非自立之人，然此外亦无人。前为晋锡欲荐至万平轩，此可不必提，你言极是。近日公事一切可畏之至，我不敢久居政府，然须法事大定，不好启口告病。法事日坏，迄无定议。日本(此急)、俄人(此缓而大)皆生事，吾万念皆灰，唯期汝辈耕读传家，决不愿仕宦也。

乙酉二月十二

约盦书

(三十)

光绪十一年乙酉二月二十四日

竹入目：

廿二日川弁交到三号信并屯里帐单，具知壹是。玨、林、晋锡、梧冈带院夫于昨廿日起身，到家后即发一信来，玨感冒登程并汝兄病未全好，颇以为念。林病近稍愈，刻只可专服抚屏方并青果膏、蛰皮、煮荸荠各物，切勿乱投医药，其要尤在养心神、定心气，令其日读《庄子》，不知其能有此学力否。如闰生先生之治目(此谓有学问人)，岂寻常无学无道人所知哉！其本全在去私欲而已，汝兄临行我切告不应乡试，不作诗文，不作生意，你切告其谨守三言，勿违。即孝抑读书亦不必细管。能另请一妥先生为要，然其人不易得。汝兄欲约子昭，此人无志亦无知，懒而自是，若约之必隙末并耽阁学生也。竹务于四月初十前起身，四月底到京。节令早，五月初防大雨时行山中发水，切要切要。我辑《福永堂汇钞》二本（此即我之家训），交刘梧冈刊刻，尚少一种，乃池生春之《塾规十二条》，你带来我看定再带回刊刻。此二本刻工一切我家出钱，板存家中，本家读书者人付一册，若能守此即是上等贤子孙也。惟近年校字太差，切告李、陈或请雷鸣叔详看。你切告之，亦无防其清课也。汝谓屯帐看收除亦是，然今年存粮不如去年，家用廿四石，外即或不足，何又用卅余石之多，不可解也。闻粮价已涨，信乎。惜存粮不多也。存粮必极贱极无人要之时一任存之数年，必可等候差价也。你沿路勿拜一官，即榆次雷仪齐处亦不必去为要。孝抑字太飞动（不平不正），必流于侧歪，必令改为工平整齐，影格先必工平整齐为要。《新捐例》二本或有看此者否？新捐亦不甚踊跃。法事获可合龙，尚无定议。此谕。

乙酉五号
二月廿四
约盦手书

交川弁带河东道署送解。

（三十一）

光绪十一年乙酉三月二十一日

乃林入目：

三月十五谢蔚青之侄送交你前月廿八井陉县板桥之信（一号）。前谢萱荫带交珏信，谓你病十日内重轻三次，你谓只发一次，殊以为念，总之疗治数年迄无准方，今定以抚屏方为准，此外勿杂乱服药，青果膏及灸法日日不间，行之一年，尤要在养心神性情，节嗜欲饮食，慎起居动作。今科万勿下场，切听我言。即孝抑读书必择请先生为要，你略为经理，此最劳神事，亦勿费心淘气。闲时为孩辈讲二三字义，训以正言，此尚不大劳神也。吾愿你为马少游所云为乡里善人足矣，切勿想科名为要。我身体诸如你在京时。我于三月十三以左臂左腿举动维艰请假十日,尚须续假十日,若四月初间病不见大好,当请开缺,前已面告你一切也。刻想你已至家,凡屯里、终南各事亦不必刻意求之,立以定规。俟冬间有精神亲看一回足矣。你立身应世《宰嘉训俗》《聪训斋》二书时时体行,足以为善人矣。此信到家竹应已起身。法事大约可和,四月必可定局,然中国后患不可胜言。你所校《稽古录》我看一遍,尚见用心,兼有补原校所不及。今带回原本四册,交念闻即为改补,此书湖北原刻甚坏,虽经屡校,未必再无错误,只好随看随改也。你三兄所欠蒙姓银三两及笔钱三十余串皆已付清,你可函告之。带回赏件瓷器可无损否?省事、寡交、养心、读书(庄子为妙),此为要道。

乙酉三月廿一日

约盦手书

七号托刘六帐房带回送北相转解,车行不能速至。

(三十二)

光绪十一年乙酉三月二十八日

林览:

接竹六号信(十六发,川弁带),知你与玨十三到解,闻你中途发病数次,轻重若何?大以为念。不可专恃药物,尤以安心静养旷怀怡性为要,不知你心有何事而为此心疾。刻下仍以青果膏及灸法为长治之方,服药则仍抚屏之方,切勿杂投医药,总以养心调性省事安神为本,此在你自治之,非他人所能喻,而节嗜欲、淡饮食、寡应酬尤要,百凡人事皆可以病辞却。今科切勿下场,摆脱俗务家事,日读《庄子》、陶诗,以怡性情。凡屯里、终南各事一概置之,即孩子读书,属先生勿贪多、加遍数、少间断,常讲究足矣。亦不必你费心。五六七此三号信已详言,兹再切告,父母唯其疾之忧,你能力行吾言,病必大慰,此则以学问道理养病,切勿杂乱服药。吾之病你临行曾备语之。

三月十三请假十日，廿四续假十日，若至四月初三手足麻木如旧，当请开缺。和议四月方能定，总之此亦无可如何之下下策（众论乃正办，然愈办恐愈坏）。谋人家国而势不能不如此，大为耻辱。此深自咎之大端，不可不推贤让能别图挽救，不可再行恋栈也。士材、孝抑要紧在节饮食，诵读之余常行动，或跳拳、击球为要，珏幼多病，吾令跳拳，大为见效。凡吾所言，千万勉行，勿忽。晋锡可留家教读否？照料或可，殊难倚靠。每月至少来两信，详言你病情状，家中狭小，移馆书院为妥。

乙酉三月廿八

约盦手书

第八号

乃竹想已起身，故不及也。三月廿一托龙门村帐房带七号、书四本，到否？

（三十三）

光绪十一年乙酉四月十六日

乃林览：

自三月十五接你二月廿八板桥托谢君所带一号信后，至今未见你信，竹六号（三月十六发，知你三月十三到）后亦未接信，不知竹果廿六起身否？我日日悬念者。你病近若何？养心非有道有学者不能，你先须静心扫除一切，闲思虑，而后可言养心，举其粗者：

一　今科不应乡试；

一　不做买卖（一概不理）；

一　不应酬、交接人事；

一　家中零星闲事不问不理；

一　孩子读书不必着急生气。

先去此五者，再求其静。服药切勿杂，只服青果膏及抚屏方为要。吾无日不念汝病也。我病你所知，临行曾以告你，三月十三请假十日，廿三续假十日，四月初四请开缺（病如你在京时）。奉旨赏假十五日，毋庸开缺。自三月请假后，上间数日令孙大人莱山枉问几次，催令销假，至四月初九御史张廷燎（河南人）参我规避艰难，藉小病求退，请旨申饬，督令销假云云。上不加罪，将原折送我一看，并令销假。上意不弃优容，感深涕零。拟四月廿日只好销假。活一日干一日，然时事大小无一不难，万无此才，深悔壬午之不应入京，生平大错，于人何尤。你闭门静心，当一乡里安详人，吾愿足矣。

汝三兄胡拉乱扯，胡花钱胡交人是其大病，你当以为鉴。丁子美在京于四川、山西之官概不之见，不回拜，近人皆以为极是极好（宁矫枉过正）。你在家谨守我言，诸本《辛嘉训俗》一本行之，并以教你子为要。（直隶、山东去冬无雪，今年至今大旱不雨，山东河工刻未合龙。）

法事尚未定，其中多有要求，此月不知能定局否。晋锡一无可取，毛病多端，总之无志气不知学好，怠惰悠忽其小也。偶为小佽助则可，不可约在家中（否则必隙末），亦不可荐事（安邑之言乃我错，至悔至悔）。

马伯恺之三弟名映斗（庸愚人），日前自汴来京，求我为河南写信告帮（此官家通病），我力却之。其家困于汴，欲回蒲州，汴有七八百之债（口食帐，欠人借人者不计），又需三百川资，焉能得此，我告以虞乡地数近年少有租银，你到蒲当交付，又我从前借用世俸数亦无多（未告以数目），我刻下亦无力还你，苦求不已，与以川资廿金而去。伯恺自我去山东，所行日非，人言交至（实事胡弄胡花）。丁宫保格外姑容，彼不自知其非，身后尚欠官项甚多（太不好）。（珏以为道台与之相好，愚矣，俗矣，且必累他。）甚矣，宦习之坏家也。（总切勿与仕宦人深交，有损无益，至要至要）。无论马家何人或自川来，自汴来，你不必与深交深言，亦不必交代一切，告以诸必请我之示而行。伯恺之子不好（甚劣），不必理，他日世俸必交伯恺之母，听其争可也。观于此，子孙好歹所关不小，万不在富贵也。久不见你信，念念。此后每月你必来两信，勿误。乃竹若未起身，同此入目。外与珏书看过封固转带。

乙酉九号
四月十六
约盦手书

（三十四）

光绪十一年乙酉四月二十四日

林览：

竹于四月廿一日到京，廿二日接你一号信。各事竹皆面陈，惟你病至为时念，其要在养心与惩忿窒欲共此六字，然非有学有德者不能，你力勉之。前信详告令你谢却一切乃可言养，其粗近者，不应乡试，不做买卖，先去此名利之粗者。晋锡你既订留教书，只好勉为将就，然终必隙末（家中各物留心），不仅教读无益，其人毛病不少，乃下愚之不可教者。（花闲钱诸皆随意，并礼貌不知，宦家子孙大率如此。）在京时吾格外隐忍耳。刘梧冈令其专事写刻各书，切勿令办闲事，亦非忠实能自立之人。刘曾恳梅卿向我借同善义仓数百金开书铺，我告以山西之钱不能由我意为之，力拒其说。你切不可为所惑，凡同善义仓之事，必以解、运官绅为主（终恐难尽美，仍是人难），我可与闻其事，你与竹一概不管为至要也。若有事情，令官绅寄我信来。

一　与珏书你可照录存省，即为交割省记之据也。此事只好如此。肯吃亏万事要决，况家庭乎，况并不吃亏乎（多年无所得，其有若无）。你与竹之处珏情意尚好，敦睦为人所称，但不可为之管银钱事，其性情荒侈，后难收束，若我家宽裕，伊果窘急，助之给之可也。

一　你每月必来两信，勿忽。扫除目前及心中闲事，专意养心养病，仍服抚屏汤药方及青果膏，勿胡吃药，切切。

一　我无可如何，只得于五月初一销假，随后再看。年居七十，才短无益时事，心力俱瘁，竭蹶之至。壬午出山，生平大错。无可说无可说。命实辛苦，刻只愿你病好，谨身寡过，他无所望。你之养病，第一尤在戒暴躁忿怒（要言要言，此你之短），人多以此为你病，必强制勇力以自致，勿忽。（僮仆亦言之，人苦不自知。言貌事事力求和平。）

乙酉四月廿四

约盦书

乙酉十号

无论何人何事，概以病辞，非专为省事，你因久病神明已差，处事恐不尽明妥，又及。

（三十五）

光绪十一年乙酉五月二十二日

林再入目：

马伯恺家领世俸以后，我家可不管，此告伯恺之子知之，与之言明。闻今年尚为马映璧领俸（人已故），此不应领，须其子承袭，奉部文方可领，现可领者仅马映斗一人耳。其家亦不必深交，随后将所借交还清楚可也。

乙酉五月廿二日书

（三十六）

光绪十一年乙酉五月二十二日

林再览：

昨慎五书来，谓你病不必乡试，此言须听从，我切切告你慎勿违也。你病以养性心为主，作诗文必用心，一也；功夫不能精勤，欲为意外之想，倘或发病，卷不平妥，外帘必皆嗤议，大家子弟难为有甚于平人者，二也。其他细理尚有多端，前示汝《姚姬传与子书》，你必遵信。家用倘或不足，即来书为寄资。新刻《求阙斋语》可由信封包一册来。省事、养心、平气、释躁专在此做工夫为要。岂止为养病哉！（迩日来信多迟，或马号不经心乎？此须候平轩到任再为切托，刻可勿言。）

解州新官康君，闻四川部属改者，尤须少来往。

乙酉五月廿二
约盦手书

（三十七）

光绪十一年乙酉六月初六日

林览：

得你四月廿九书后，久不见来信，时念你病，岂病不能写，抑北相号耽阁？川陕屡来差，何无所寄耶！晋锡已来否？诸不可靠，尤勿任以家事也。京中得透雨，麦歉而秋禾可望。（河东西如何？）切戒你勿乡试。丁子美之变固其命数，而其虚羸有以自致。守身为大，念兹在兹，徇欲暴躁尤切戒之。

乙酉六月六日
约盦书

（三十八）

光绪十一年乙酉七月初七日

林览：

接你七号信，不应乡试极是，此中有道，养病其一节。曹先生赴太原，材、抑生书停一二月，亦可减半读，你亦勿劳神过急，暇与闲谈，粗讲字义或教作粗浅对句，令其写字，切勿任荒张跑走任意放肆为要。解院明年山长吾筹定妥人，当与汝信转告陈、李。雷鸣叔今年何时来京？伊来时即可会兑。晋锡不来亦好（万不可靠），一无可用之材。你兄弟勿以母家而昵之，不得已小佽助可也。解牧康君你称某某先生（难称者皆以此称），拜刺则光名。自今岁乙酉年起，马家世俸我们不管，确告伯恺之子，并令转告其在汴之三叔，其太夫人与其三叔若到蒲告我知。《求阙斋》错字较少，他书亦催刻之。燕菜、虎骨缓缓觅带，不急用也。

乙酉七月七日
约盦书

（三十九）

光绪十一年乙酉七月二十四日

林览：

来年书院山长，吾意中无十分妥人，可由州绅自请，但刻书事来年仍须在书院为之。若全眷不来京，两孩读书仍须借院屋，或东院西院上房借定一处，此可预告陈、李诸君者。《求阙斋》书细看错字仍多，随后开单寄改。《司马集》今年能完工否？如已刻足几本（一本亦可），先行带京，以便从容校字。《呻吟语》各种刻好亦必带京校定后再印。从前多印未校定各书，殊为大非，是成笑话也。晏征署监掣已奏到，有委员便车来，托带百合四十斤，不必多以麦菅酿之，勿用土，箱重难带也。你病时以为念，故家信偶迟，则日盼之。前薛抚屏谓你病以日日灸之为要，药不可断，却不可杂。若青果膏可常服无弊，其言你可照行。吾谓仍在养心、养神、养气为要。孝抑读书勿甚催赶，时为讲说是要。诗书修孔业，场圃继邠风。吾所望于子孙，如此而已。士材似总是脾病，其读书更难期必，诸可听便，只要其知好歹不胡来足矣，时语汝娣。子孙一切贤愚成就固不可不力教，然亦有家运命运焉。全眷来京之说今冬定议，缘吾精神大逊去年，行走竭蹶，用心则怔忡，更多健忘，实无日不思归也。丁子美事殊出意外，而其少染嗜好，又不节欲，亦自致也。为人子可不守身为要乎！黄碧川决然归去，不可几及。李菊甫无稽之言而去位（真是忠信，世人皆以其木讷也），是日我在病假中，万事真有命定，于菊甫无损也。

乙酉七月廿四
约盦书

（四十）

光绪十一年乙酉八月初八日

林览：

接你七月十九信，知悉一切。抑读书无旷，材病停读可也。令材多服健脾药为好。我精力日衰，日在忧愧之中，忧时也、愧己也。此次出山大错大谬，尔等知我苦心，谨身寡过，勿为世诟可也。功名富贵一概置之。庄稼如何？赔钱若干？你至河西请人推拿是否有效？谨疾择药，切勿乱投。青果膏尚为少流弊者。《福永堂汇钞》原写二本（白纸红格宋字皆有），有妥便带京，尚有更正处，勿即刊刻为要。

乙酉八月初八

约盦书

（四十一）

光绪十一年乙酉八月初十日

林览：

《福永堂彙钞》原本二册（刻可缓刻），访运城妥便带京，驿递恐失（若有妥折弁亦可带，附问晏征），尚有所更正。今冬有妥便车带百合卅卌斤（麦菅酿之，勿以土），无便不带亦可。我处一切详问霍九叔。虞乡今岁可不赔否？万平轩到安邑任，即以北相带家信事托之。

乙酉八月初十

约盦书

（四十二）

光绪十一年乙酉八月十七日

乃林览：

曹先生何日回来？九月初可到馆否？士材以常活动补脾土为

要。孝抑读书亦不必急催，不间断为要。二子尤随时随遇为之粗讲，至为要也，令其学拳跳动更为有益。你何日回自河西？有效否？虞乡秋收秋租若何？慎五想秋末十月应回河东本任，汇兑六数不必催索，令其随便交付，迟早不拘，勿事急急。家用若不足，可于此内酌用之，余者妥存永盛源或永兴，薄利无利皆可，勿做生意。终南有信否？恐亦难靠也。

乙酉八月十七

约盦书

(四十三)

光绪十一年乙酉九月二十七日

乃林入目：

得十五来书，你病如旧，甚为念念。养心养性，此乃真品真学，即以却病，须自勉之。李金奎苦人劳病，恐其难愈。屯里庄田苦无妥人，我远莫及，须留心用人。南淇水有七八十亩，可买于光禄名下，甚妥。慎五还款即还机房亦可。若终南急用付地价，或先带终南应用。有来京者从京兑四五六百皆可。缘光禄存典者可函告典中拨入福永（不必带回，若已与信，能止亦止之，但或恐不及止耳），或竟不必拨，存项在典胜于在京，亦不必切切分何为光禄何为福永。光禄田价他日若能至五千（看我从前所写分单及一切字迹，似有大略之数），此外则可归福永。至柳南阡之田此时可不买，我今春告珏，令此项存典得利贴补子孙（今尚不足三千，必生利积之为要），为京官若无京官，专为读书之用。《教谕语》谓科名乃气运之偶然，观于虞乡，你当恍然。惟当认真读书，一切听之耳。士材近体若何？孝抑读《孟》至何章？所写字带来，属对知虚实否？时时讲之，我奔忙无暇，眠食俱不见好，精神极意支持耳，老年苦境也。

乙酉九月廿七

约盦书

岑北田必赶买足，以五百为度。

(四十四)

光绪十一年乙酉十月初六日

乃林入目：

十五号信到，而十四号未到，不知何处延阁。小箱百合(十五斤)由平阳何镇台寄到，又无信不知何故。你病总以养心养性为要，养之二道以读义理格言书、讲究四书为主，此人生根本之事，决非迂阔。你即不能深入，如《呻吟语》各种务必日点数页，即以教训汝子，其益日久自见，勿逐流俗，勿欣富贵。即科名之事亦不与品学相关也。《司马集》或将已刻者托便人全带，或于家信中随带一本皆可，但必将原本带来方能校对，勿误。顶薄顶细之宽叶挂面，河东即朝邑恐不易得，此可不必急求急带。此后公车北上，托其带物切须轻便，寒士雇车不易，若盘短者，只可带信，亦恕道也。李念闻到京可寓我家，稍省房饭之费，你可告之。惟刻书各事须令其安顿妥贴耳。材、抑读至何书？仿字带来。

乙酉十月初六
约盦手书

(四十五)

光绪十一年乙酉十月十五日

林知悉：

闻雨少地干种麦不如法，然否？粮价必涨，各物并棉花价开来。金奎病恐难好，屯事何人照料？秋租所收若何？并终南事一一告我。此家中衣食之本，切须得人，时自查考。马映奎(此人负我，大累乃珏)之子已买宅住东昌，其父不孝不友，此家人可以绝交。映奎之弟(极庸愚人)夏间来京求助，与以川资回汴，以后还款若其回蒲可与此人，他日亦不必相与往来。仕宦后人可笑可恨大抵如此。

故《聪训》切切言之，我日夜告你以耕读传家也。材、抑读书如何？仿字寄来。

乙酉十月十五日

约盦字

（四十六）

光绪十一年乙酉十一月二十日

约盦谕乃林知：

屯里今年赔若干？存麦、存谷、存包谷若干？樊三能勤明否？必先知封粮数目，地亩坐落，柿树数目，收租数目，此为至要。屯里果已写有地册否？想无有也（非自定不可）。开正催刻《呻吟语》，勿迟。士材迩日身体若何？现读何书，一一告我。

乙酉十一月廿日

（四十七）

光绪十一年乙酉冬至日

谕乃林知：

终南诸事如何？其人尚不大差否？屯里用樊三，得人为难，无可如何也（恐不能辛苦，不知庄稼，不谙地段）。明年想会运城公项银至京（零星会），或径会长沙。即用刻《曾文正集》者刻《通鉴》事有几分可定？念闻入省即用百金，殊为不少。伊公车北上，你赠以廿金可也。陈洛不能管账，只好烦刘莘生代理数月。惟年底各账必念闻结清。正初起身不迟。

乙酉冬至

约盦

(四十八)

光绪十一年乙酉十二月初八日

乃林入目：

吾忝入阁，危惧日甚。覆悚之虞，不能如韩城、蒲城之全节。军机固无益时艰，而户部日难一日，明年实无计支应，时以为忧。老年苦境自投烦恼，何怨何尤，深愧无以仰报朝廷。汝在家百凡格外谦谨，一切照《聪训》《求阙》二书，庶以补乃父之缺。此二书日点二三页，须看百千回而力行之，养心、保身、却病之本，读书、教子、立家之本，寡交、俭用、修身之本，先从粗浅处日日自省，可日进高明。解虞山长可如我前信定否？（劝两处绅士以此为妥。）延师至难也。仇七以寂然不禄，可闵可叹。曾文正云："莫作代代做官之想，须作代代为士民之想。"其言须时时思之。屯里存各粮若干？樊三可明白否？厚生永如何？你病如何？两孩读书如何？详以告我。

乙酉腊八日

约盦书

(四十九)

光绪十二年丙戌正月十二日

乃林入目：

接你去冬十一月朔一信，至今七十余日未见一信，日夕悬念。慎五信谓十一月十一二你至运城交付一切，平阳何镇信谓十一月十八你去西安，岂腊底未回解？抑病情增重耶？折差不断而无一书，深念深念。何不代七十老人一思耶！吾壬午出山，于国无益于家有损，悔不可及，若夏秋吾不能退，决计令竹散馆后，即回解搬全眷至京，免我远念，言之不尽。

丙戌正月十二

约盦书

（五十）

光绪十二年丙戌二月十四日

乃林览：

接你一号二号信，知你病虽发，好时尚可作字，我所以多日悬念者，以你自去冬十一月初一来信后，三月无一书，即来往终南亦不应如是之久（一月足矣）。此后你每月由北相发信二封专报平安，不必三封。至随时托人带者不在此内（亦列入号内以便考查），缘便人所带每迟至月余方到，诸事开后：

一　郝姓西院之房可即买之。

一　上年在终南所买街房，若每年果确得租钱六七十千（想是三七钱），即可不卖留以收租，与买田一样，惟利薄耳，究稳妥也。

一　思贻、柳南、光禄名下各村之地可即如你所言，一顷之数买之。

一　田氏原本不足六百，尽其银买之，余者即在终南、思贻堂可留也。

一　买田银不足，从丁、张处借亦可，惟李念闻开来蚕桑局、书局各账存银两千（云存我家），此可暂时挪借，何必远借，见信后或先以五百（挪蚕桑局）还张瑶卿（称则世愚侄，然人可不深交，要要）。总之，好人太少（官场尤难），少交为要。若借于丁者，或亦即从蚕桑局挪还亦可。今年我寄家者不能如去年，京用颇多，二月下旬即随扈上东陵，非五六百不足也。

一　田四本愚痴人，又无家教（一无能），其饥寒必矣。即晋锡（不能教之人）亦不能自立。你赶今冬将田氏之田买足（或限五百数十金，以六百银为限），明春为之交付，令其每年自行收租，按丁分散，若时常倚吾家佽助，无此常力。至田四之子读书何如，留家缓看可也。如田氏者多矣，可畏可怜。此我之决不愿子孙求仕宦而专以耕读传家，切切言之也。汝兄弟须笃信之。

一　有兑银者，来者可即应之，告以必先专信问明，即数稍多亦可。缘已在湖南刻《通鉴》，用稍多也。可先来信商明，再定兑否。

一　你暂缓来京，我无日不思归，苦不得其会，我无时不在忧危恐惧之中，你在家闭门课子，养病寡交为要，尤戒交官场，即慎五处亦不可常去见，偶有事可作信也。

一　材、抑二子想可属对，有对就者开一单来，写明某为其原对，某为先生所改，须请先生随时随物粗讲。

一　解梁山长已定否？闻你荐管桂林，我不知其人，闻尚不错，好先生甚难得。

一　山陕粮贵，不知此后若何。谚云"年年防旱，夜夜防贼"，人人宜切知此义。屯里存麦若干？存谷若干？来信告我。

一　李钧不禄可惜可惜，亦其家运也。人家以贤子弟为兴，而富贵不与焉。李钧虽非贤，在伊家颇知好歹，其家所存官项，俟李无逸回再商安顿之法。

丙戌二月十四

约盦手书

外与你三哥信，你看过速即专送并要回信，我去冬与你三哥信何久不送交，伊专信问新集事，可即一并送去，勿误。

林再览：

兑银事我说错了，京中若入项或多，尚要对到长沙去，今年少银兑家，家用不足来信商办。现有雷兑百金，前半年或可支，来信言明。去冬定议在长沙刻《通鉴》，一切如《曾文正集》，每百字连校对一切制钱一百六十文，今春开工，二年可完。俟李无逸回再定收兑运盐号银事。

约盦

二月十四又书

（五十一）

光绪十二年丙戌三月十六日

乃林知悉：

接你二月廿九日五号来信，慰知一切。所借丁、张之项可先挪五百即还瑶卿，丁款尚可俟秋冬。我意今冬不必从川典兑银，使之积存，即或永记有可买之田（多在冬腊）。年底可挪桑局款暂应之，明年再兑还。若家用，更好腾挪。我前赠陆遇道百金，说明使之买地以为自养长计，非零帮也。你赠盥道卅金，意云厚矣。然其人荒唐无状，我们极力助之，彼乃胡用，亦何益乎！以后此等处宜酌，如晋锡兄弟及若此等人，只好力却（告以无力），否则零星微数而已，遇不可扶之人亦无法也。缘彼求无厌，而我非有力，不能不分别视之，故田氏之事，吾急欲将地买足其银数，交付伊地，令其自行取租，亦可使略知稼穑之艰，不愿时常佽助也。我精力大衰，诸为强勉，若万不能支，亦不敢恋禄贻讥也，此谕。（现田有地若干？合银若干？）

丙戌三月十六

约盦书

得雨日期、大小，来信写明。

（五十二）

光绪十二年丙戌三月二十四日

谕乃林知：

接本月十三来信，知家中平安并得雨泽为慰，深幸得雨。天不可知，只有存粮一法。孝抑属对果皆无改削，可望将来文理明顺。字未见长，必先令写工整为要。与珏一函，你与竹当各录出，时凛祖父以约鲜失之训，《聪训语》谓："周给之名不易副，勿畏人诮吝。"大有至理，切思切思。你病如何？无好医生切勿服药，日服青果膏，作为常功，必以读宋儒书、格言各书、己所喜诗文日沦此心，又省思虑，绝嗜欲淡饮食以为培养，能行此，病必好也。京亦得雨，秋禾可种。近日惟此稍为慰耳。抑读书可渐加字数否？年已十一，所读太少也。

丙戌三月廿四

约盦手书

(五十三)

光绪十二年丙戌四月初三日

乃林入目：

斋带蜜枣杏仁二匣，材、抑二孙写字读书用心时以此奖。你病近若何？切勿服药为要。无善医也。只有静养此心一法，倘把捉此心不定，惟有读宋儒义理书以养之，切切。须信行此言，勿谓腐迂。北五省近皆得雨，秋禾可种。吾三月以来其病又同去年，勉力支持，若不能支，欲请假也。竹于十八日考试散馆，写作不过犹人，一切听命。竹万报到不必厚赏报资，亦不必送报条，引见想在月底月初。抑读书能稍加字否？切切讲究。麦收及屯里租课来信详告。（诸物不须，勿烦晏征远带。）

丙戌四月初三

约盦书

(五十四)

光绪十二年丙戌四月十九日

乃林入目：

我精力神明大衰，昨以雨地倾跌请假十日，若不见好，当再续假，亦无时不思归也。各事开后：

一　家中存桑局书局银约二千两，除挪还张瑶卿五百外，余皆谨密存之，万不可挪做生意（更不可转借与人），亦不必挪买田地，要要。

一　各样生意万不可做（家用不足即告我，切记切记），你只养心（静坐）、读书（读《经》及《朱子全书》与各格言）、节用（先从寡交与不出门，不管一切闲事起）、教子（读勿间断，讲要明白，并教其威仪举止），即以此四者养病。（勿服药，只常服青果膏一味足矣。切不可乱服药，切听切听，至要至要。）

一　李无逸每月加薪水二两（从五月起），月共五两。仍住书院。

一　与刘梧冈商刻《时艺开》《向》《窍》三编，仍用书局银，木板仍归解梁书院（诸由李念闻经手）。

一　夏天或带材、抑移于书院读书，较家稍宽敞。与管山长商之。

一　在湖南开刻《通鉴》，我已垫付银二千，以后尚须缓为付之。所有盐号存项作为以后还吉剑花及马伯恺之用（并欠书局及一切零项约负债三千），现付年利九十六两，家中可由李无逸手收之。今年者作刻《福永汇抄》之用。

一　终南之事，其铺帐便为带来，并令开一清单，开明光禄堂、思贻堂、柳南阡、田岑北四股各已卖得田地若干亩（各已用银若干）。又光禄堂买地方用银若干，又该号（厚生永）历次付过本银若干，又借何项银若干，此事花钱不少，而不能成基业者，由自己无人督办之故，你可知万事皆如此。

一　带回《曾文正家书》一函，你可圈点一遍（随时细看，其言兵处可不细看，你不能明白），其中至言妙道处处皆有，真可师法。数十年家信一无失落，其弟其子皆不可及，此公真第一人物，核其实只“忠信勤慎事事有恒”而已（八字要言）。

一　陕西散馆三人皆二等，雷在夏（五）、李岳瑞（十七）、阎乃竹（廿七），竹名最后，无望留馆，能用部为幸。吾去冬本欲令竹散馆后归家携眷来京，今我疾病，吾意已改，竹暂不归家，候我能回，秋后同归，否则秋间另为计议。

丙戌四月十九

约盦书

(五十五)

光绪十二年丙戌四月二十四日

乃林入目：

二十日李无逸回去带信并《时艺开》《向》与《曾文正家书》及面告一切，兼刻书各事。李至太原或有耽阁，五月半后方能到。我精力大差，极思归去。竹散馆名次最低，陕西第三(共三人)，月底(廿八日)引见能改部为幸(无论改何，官报到家勿多付钱，略与饭钱可也)。若用知县不能做也。我决欲退，不知半年内能邀恩否。竹暂不回，家眷及抑均缓来。(抑读百五十字为得中，不然经书何日方完。明年加至二百方妥，吾日盼子孙出有品有学之人也。)诸事开后：

一 还项先张后丁极是，然丁亦不可太缓，吾生平极不欲承人情，虽至亲厚友亦不愿也。

一 费姓(常州人)吾略知其人，此家专以奔走仕宦为事(且多荒唐)，或定一或乃珏后必受其累。汝三兄奔走运城，所谓无事忙(总是好与官交，你兄弟切戒)，彼且自为得意(总是不安本分，自谓才能实皆妄也)，吾末无之何矣，此家运也。你与竹决勿染此，看《曾文正家书》为要(此书你动笔细看，处事处家处人皆是责己)，吾日日祝天，耕读传家诗书衣衿不绝足矣(此大不易，半由人半由天，然人事必尽)。你须明此理。

一 珏所立生意，吾鞭长莫及，且老病不能操心生气，听天而已。偶与一信亦尽吾不忍恝然之心也。

一 臬明远之账只好如瀛翁所言(吾前屡告李三收回)，能如此即为幸，恐不能也。你万不可做生意，万不可放帐。

一 永兴通之款移放于天一当甚是，但此项仍于今腊买田为妥，亦不必久存天一也。

一 朱家《大观帖》无论价值高低决计不要(亦不甚佳，即佳亦无人学，此不可买闲物，诸事如此)，吾父与你叔父有云，除十三经、四书、正史、理学格言、名选时文、古文、考查典制(如《通考》各书)、共读之《文选》、唐宋诗文外,其余隐僻书不收,除田产、房屋、米粮、布帛日用各物外,珍玩不收,除唐宋碑帖行楷备学外,骨董不收。今吾人并寻常行楷字尚不能专力工习,焉能学阁帖乎!万不必以人价购也(况无钱乎,万不可假装风雅)。你三兄不买其《大观》而买其《淳化》亦假装在行也(《淳化帖》名目太多,《大观》尚少),此亦妄之一端(可惜百五十矣)。凡天下之事体人物必得已有真知,否则存而不论可也。(玨已买《淳化》,自不便退,我意或要其《大观》而退去《淳化》,犹是百五十金之数,以此易彼可乎?你可告玨设法为之。《大观》亦有伪作,多以宝贤堂为之。)

丙戌四月廿四
约盦手书

(五十六)

光绪十二年丙戌四月二十八日

乃林览:

竹今晨引见,改用部属,甚好甚好。亦可谓以部属世其家,但愿子孙能接续读书耳。吾意竹此后尤可肆力于学问,而不劳心于声病之词章也。孝抑读书不必贪多,必多遍数,必不可间断,此为至要。吾今日续假十日(初八满,恐仍须续),以麻木眩晕如故,而痰中带血(内热血妄行,不要紧),精神不好。延薛抚平、汤甫辰二公看视。你病须静心静坐以养(看《朱子全书》),服青果膏为要(勿服他药)。

丙戌四月廿八日
约盦手书

(五十七)

光绪十二年丙戌五月初五日

乃林入目：

你病近若何？来信详写。丁慎五来信言你病常犯，吾深以为念。你只专心静养，万勿服药，亦勿延医，万事不管，尤戒做生意，更勿与人银钱往来，即孩子读书只令不间一日，切勿着急生气。吾本欲竹散馆后回家，奈我忽病。四月底以浮火而唾淤血数日，现已全好，你勿置心。我痛诸如去年三四月，一切问万仲轩可知，吾无日不思归，但愿九十月吾与竹同归为妥。带回洋薄脆一匣、南果一合，孩子肯读书听教时，以此奖之。抑年十一，尤必急教以礼仪容止，至读书只“有恒”二字，尤必无字不讲明，至要至要。属对有长进否？

丙戌五月五日

约盦书于京寓

(五十八)

光绪十二年丙戌五月九日

乃林览：

你病何如？至念。一事不管，静养为要，即孩子读书亦勿急急，且勿动气，只望不间断，勤讲说而已。竹改部分礼部(即此已出望外)，至幸至幸，吾以为胜留馆。吾忝窃高位，日以盈满为戒，无德无才毫无报称，日思退以免咎，何敢他望，故于汝等禄仕只求其退，一以免指摘，一留余以贻后，惟有修德读书二事必日进不休努力自勉，或者可望久远乎。吾病仍如李念闻在京情状，你勿驰念，定于初九再请假一月调理。丁稚黄先生竟尔作古(应是四月廿日事)，不胜悼叹。慎五应即赴川，其家累颇重支拄非易，前你所借之项即应送还，你可送蓝挽幛一件并三牲纸烛等物，亲赴其署一祭，不必送银礼也。时常寄信与我为望。

丙戌五月初九日
约盦手书

(五十九)

光绪十二年丙戌五月二十四日

字示乃林：

尔病万勿求医服药，静养静坐，屏除闲事闲话闲人，切记切记。我病诸如去年夏间光景，尔勿远虑，见你前信似随晏征来京，然道远天热河涨水发，孩子无人坐镇，能不来为好。竹俟九月间再定回家之期，若能与我同归更好，竹分礼部，四五日一入署行走，但愿其在京郎潜，归家课耕教读足矣。吾家倘累世如此，莫大之福也。

丙戌五月廿四
约盦书

(六十)

光绪十二年丙戌六月初三日

约盦字谕乃林知悉：

不接你五月来信，颇念。或已起行北来否？你有病，冒暑触热大不宜也。我病如念闻起身光景，本月初八满假后仍拟续假也。孝抑读书以不间断、勤讲说为至要。你若来京无人照应，或恐耽阁，若你北来，可属念闻间半月详写一信，备言家中一切，以慰远怀，并告念闻知之，此谕念闻均此。

丙戌六月初三日

丁慎五何时赴川？其眷属想留河东也。又及。

(六十一)

光绪十二年丙戌六月初九日

乃林知悉：

你五月何无信来？发病乎？抑与晏征北来乎？日为悬念之至。你再勿服药，切听切听。静坐、静养，省事、省心为要。竹改礼部，混迹郎署，间数日一去，仍望其熟讲经史、力讲品学、通达事理以教子孙，决不望其仕宦也。孩子读书勤讲为要，切勿间断，尤必教以礼法，一切行动勿令任意，乃至要也。今年各处账单久未带来，你不可做生意、多交游，慎五一去，运城更可不去，去冬所借者已清还否？吾久病不痊(如念闻去时)，初八专请开缺，奉旨“再赏假一月，无庸开缺，钦此”。不知至七月初八病体能好否。吾心神肢体实不能尽心尽力于公事，时时悚惧。你诸事谨守秀才寒士本色，至要至要。

丙戌六月初九
约盦书于京寓

林再览：

带去大板《曾文正家书》十二本，托人买自湖南，不易得者，你可逐句点阅，知大贤名臣不过谨慎礼法，无奇才异能也。

六月初九
约盦再字

(六十二)

光绪十二年丙戌六月十六日

谕乃林知：

六月初十接尔十号、十一两号来信，知尔并未起身，大为心慰。此两信想系马号或折差久阁也。所作丁宫保两挽联尚属明稳可用，虽不免有软嫩处，大致不差，此等笔墨以劲健壮老为最，如曾文正、祁寿阳至为擅场，近人亦多能者，特未必处三律，如已故谢麟伯亦可云长于此，此必素讲词章，锤炼工深，声情格调兼至也（对仗次之）。你为此二联，想你病或稍轻，切宜屏去一切医药，专服青果膏，久久自效。更以养心、养气为要。吾于本月初八以久病不愈奏请开缺，奉旨“再赏假一月，毋庸开缺，钦此”。力为调理，不知七月初旬能否全愈。年已七十，气血大衰，殊为念也。你与乃竹南行北来，八九月始能定期，专候我信再议。昨托朝邑新进士刘公兰馨（分发四川）带信并书十六本，不知其走河南山西，雨水时行，不知此书信何日到解（六月初九起身）。慎五名世挪款还清，极是。此款可暂借桑局，明年拨还，缘川典各账与长票单我均未见，实存数目未晓，无由悬空指提也。晏征想必秋凉北上，所带衣服不要紧，可有可无，书须校正，急欲见之，然此外亦无人带，听之可也。田四之子竟须送回，可叹可叹，无可如何。人家兴衰全在子弟，不必科名富贵，总在有志自立，而教之必在幼年，安详、恭敬、勤俭、礼法日日处处面命详察犹不敢必其有知。材、抑二子切教勿忽，勿致他日有无可如何之时。吾所最悬心只此事耳。孝循神气若何？汝三兄恐不能以身作则，尤吾歉仄于中者，不敢委之天运也。子孙若能知祖父之苦心，或可学好自励乎？有志之人极不易也。写信至此接你六月初二十二号信，慎五之项未还亦可，来信诸事尚妥。念闻到虞，刻《开》《向》《窍》一事即与莘生妥商，定工价即来信，候我再定，否则或在西安刻可乎（一切必照原刻）。我一切如念闻去时，孙子常果去陕省否？随后再复伊信，此谕。（复姚练江函即付。）

丙戌六月十六
约盦书于京寓

公项诸未挪用，极是。还丁、张者可挪。永兴通竟歇业，此厚基也。忽尔隳之，其暗中耗隳必非一日，特人不知耳。万事如此，吾日日为川典虑也。隆号经杲明远波折，亦恐无以自立也。又书。

（六十三）

光绪十二年丙戌六月二十三日

谕乃林知：

何镇台折弁带到衣包，各衣九件收到。《呻吟语》二本若刻好，每次家信可包寄一本（二本太厚），以欲早校字印行也。我病如前（如念闻去时），若不愈，七月初八假满仍恳开缺，病体实不支也。六月初九托刘兰馨带去书包信函，大雨路阻，不识何日到也。闻山陕五月苦旱，六月半得雨，田禾可无碍否？屯里麦收一切如何？不大赔否？麦薄须盼秋田补苴。孝抑读《孟子》至何处？必日日教其属对，开其心思，逐字粗讲为要。移居书院，禁其来往跳荡嬉游，勿致性荒也，此谕。

静坐养心，屏去医药，谢绝应酬，是所切属。

丙戌六月廿三

约盦字

（六十四）

光绪十二年丙戌七月初三日

乃林入目：

见你六月十一信，知悉一切。两河间近得雨否？孝抑《告子》读完即接读《上论》，触目即讲，不必专讲书也。我诸如念闻、仲轩去时。初八假满，不得不仍请开缺，你来京与否九月间再定。你专服青果膏，勿乱服药为要。何镇已将衣包带到，诸令竹写与你知。近京苦雨多也。

丙戌七月初三

约盦手书

(六十五)

光绪十二年丙戌七月十七日

谕乃林知：

接你十四号信并念闻信，知悉一切。昨川饷委员带交书包(无信，此后若托带包物，必写数行信以为考查带物件数目)，顾饷便不常有(川多陕少)，以后刻好带京校字之书，于每次家信带一本，似不赘也。孝抑读《告子》不日可完，即接读《上论》，每日能读二百字乎？不必贪多，切勿间断。此子两年前不免耽阁，较你与竹年岁其所读殊少，此后只期有恒，不知十五岁能完经否。幼子读书全是父师之功夫，你与竹所读皆祖父与我之勤功耳。若自幼能自奋勤学者不多有，吾家读书累世皆以功勤有恒为主，汝须力体此法(廿岁以前全在父兄，以后在本人也)，切勿误子孙，至其他日能自奋学好与否，只好听之天命，然格言至论必日日诫之。汝三兄教孝循亦必力体此义(你须劝之，吾实不及也)。深虑其失学废读，不讲小学规矩也。我病如前，八月初八假满后不能不力请开缺，你来京与否九月间我有信再定，勿遽北来，亦勿与晏征同来。秋苗旱干，刻盼好雨种麦，屯里夏租收数若何？丙丁之年历多歉收，积粮为要。京城大雨数十日，今犹未已，闻汾太亦然也。家乡雨旸、粮价随时告我为要。你渡河求药多此一行，求药固荒诞，且暑雨河涨，何为出门冒险！后宜戒之。不必服药，只青果膏日日服之，久必大效。我不知医，有人谆切告我也。再能清心寡欲静坐养心养神乃可全愈，此养病之中有学问之功，以《四书》《近思录》治心胜万金良药，此非真读书人不知也。临晋廪生王殿邨，闻其学品甚好，你识之乎？或与相交，兼为孩子访师，大为要事。若闲人闲事，切以少识少管少来往为主，谨身节用，随时课子，逐物讲说，以启其善心尤为要也。此谕。

丙戌七月十七

约盦书于京寓

(六十六)

光绪十二年丙戌八月初七日

谕乃林知：

未接你七月来函，不免悬念。闻晋南、陕西皆旱，秋禾无收，不审七月近日雨透否，种麦为要。丙丁之年多旱，历届有征。切须定夺积粮谷，勿忽。屯里麦谷各存若干，终南有无存谷，确数告我。吾病如念闻、仲轩去时，初八假满仍拟请开缺，极望圣恩俯准。孝抑读《告子》完否？即接读《论语》。吾今日每早起吃白水炖海参一条（洗净炖极烂，水勿多），滋阴有效，此与汝病大宜，汝即日服之勿间，此谕。（汝病近如何？详以告我。外与陈、李、刘一函，湘刻《通鉴》四叶。）

丙戌八月初七

约盦书

乃林再知：

与孙子常书（即递交）要抄本《礼记》二函暂存家中，妥为收好，勿致失误。此书我尚要细看，带京与否随后有信，此谕。

丙戌八月初七日

约盦再笔

(六十七)

光绪十二年丙戌八月二十日

乃林入目：

《呻吟语》二本收到即校字矣。今为汝带海参百条，洗净白水煮（勿用调和，煮极烂，水勿太多），每早起吃一二条，专以滋阴，汝病尤宜，此乃缓功，吾已服近半月余矣。吾眩晕不痊行步须人，九月初八假满，仍欲据实上请，冀邀恩允。吾告珏云勿妄管一事，勿妄交一人，勿妄用一钱，定神气，读经书，体行格言，严教儿子，力续先人志事（有学有品乃谓之续），汝能力行此七语，胜科目仕宦万万倍矣。《福永汇钞》二本你必细校宋字，督饬刻好，此板存吾家。

丙戌八月廿
约盦书

（六十八）

光绪十二年丙戌八月二十日

乃林再知：

汝三兄大病，是好管闲事，好交朋友（二者只好奉承一语，兼之好富贵），终以累已。你与竹尢当以为大戒。现在人皆思交汝辈，其用意多端，不可言尽。总之有求藉于汝辈耳。《聪训斋》言之详尽。切以寡交为至要。试俟我百年后，人情冷暖可见。恐汝辈求交于人求事于人，人亦莫之应也。河东道署历多旧识，现新道台则不识也。汝切勿往来，如有人托求荐馆各事于河东大小府县各衙门者，亦不可管，勿论其他。官场有来者，概以病辞之，至要。我不与各省外官通信，人人共知，遂无求我说人情者，亦为人所谅。切持己处人必如此也。（管公明年解梁之馆如何？有谓其有瘾而贪利者，若其辞馆，听其辞可也，即无此，恐亦是平常人。）

丙戌八月廿
约盦又书

（六十九）

光绪十二年丙戌八月二十一日

念闻、乃林均知：

昨日交雷鸣叔带去廿五号信，计九月初十后可到。兹托临晋拔贡李钊带去《传家集》二十五本，错字俱粘红签，即速照签挖补妥改，补处必要牢固结实，倘有活动脱落大为不好。凡改补皆如此，切告匠人，并告莘生。又校字之要紧在写清宋字，精细详校二三遍，不在上板刻成之后。近年刻书错者太多，一挖补，板即不牢固，此后写了宋字及刻成者，陈、李校后，乃林再详校一二遍为要。此《传家集》官堆纸裁六张，合计全书十四本（原书应是廿八本，今定二本合一本），纸墨、工价、皮子（双层桑皮纸，以后书皆如此）时价合钱若干，合银若干，即开一单来京，此书我未校者，大约是三本。刻好每次家信带一本来，勿迟。即《易说》《朱子语类》皆由家信每次带一本。又临晋李钧之伙友胡相公来京，面言李钧家所借公项求让利并求缓还，我谓还难太缓，利难多让。兹与胡相公言定借义仓壹万，分五年还，每年还本贰千，借桑局二千几百，每年还本六百，分四年还。凡长年六厘利减为长年伍厘利，年年卸本交利，换写新票，念闻可告孙子常及陈黄实、李允安诸君照此办理。《传家集》恐买者不多，吾意多印一百部（改好再印），少则印六七十部，存以待价可也。余详前信。

丙戌八月廿一日

约盦手书于京寓

丙戌二十六号

前带回《传家集》陈序二叶，刻好，校字要细，定于原序二叶之前。

（七十）

光绪十二年丙戌九月十一日

谕乃林知：

接你十七号信知悉麦可妥种为慰。我屡请开缺未蒙恩允，不得已昨又续假廿日，拟于十月初一销假勉力支持，不知可将就否。然精力心思皆大衰惫，若万不能支，仍即请假，末路之难如此，虽悔何追！若不能即归老死都中，诚宗族子孙无福，无可如何，委之天命而已，言之神伤。孝抑日读二百字，以此为限，可勿再加，总以遍数多、逐字讲明为要（切教属对）。吾万念灰冷，惟望子孙耕读为业，其中能出一造成学品者为祖宗光（两世不得一人，大非本心初愿），世俗名利富贵吾视同粪土也（况乱世乎）。销假后，十月初十前后当令乃竹回解，你候竹到交代家事一切（并孝抑读书各事），即雇车来京，约冬至前后到京，尚不极寒也。你即日函问汝三兄要川典大帐长票单与隆号、厚生永、屯里及家中一切帐单（麦秋收出及存粮若干），并桑局存项各帐，带京一阅为要，并带百合三十斤，余概不要。刻好未校各书带来，余亦不要，此信到，即带一信送北相寄来。

丙戌九月十一

约盦手书

吾新改一号曰"无不悔翁"，真悔一生七十年无一妥事，虽悔何追！汝当日读经训及一切格言，早早猛醒。汝行年已三十五，亦可悟矣。迈道台并无年世谊，向亦不识，你可不来往，若闻其来拜，当告州中力阻之，言当过河西，无期回解。总之官场全是世故势利，他日无我，汝百般干谒不能一见，且惹人嗔，汝宜早知之也。

约盦同日又书

（七十一）

光绪十二年丙戌九月十六日

谕乃林知：

九月十三接十八号信知悉一切。麦可妥种，此胜去年。只盼冬雪春雨可念食为民天，天之不可恃也。屯里麦谷、终南稻谷何数年积存无多，不可不多储谷，勿以为常谈也。孝抑日课二百字足矣（《告子》何日完），勿再加，总以不间断、多遍数、勤讲说、严礼法为至要（先教容止）。汝三兄来信谓典帐春间已交你，你病遗忘乎？抑无妥便不好驿递乎？汝三兄信言你八月初在大庆两日三犯病，而你信言病稍见轻，殊为悬念，你服海参可加冰糖为妥（青果膏勿间），《礼记》二函告子常不必向玉山索回，我生辰概不收礼见客，惟是日蒙恩赐寿物，衰病残年忝荷殊施，悚惶无地。汝等专以谨慎谦抑收敛神气为要。吾为孝抑取名当深思其义，况你有病，更必谢绝一切，不宜与官场来往，乃可定火养神。吾久病自反，一生万事皆非，自号无不悔翁，益信非早早读书不能明理晓事，虽悔何追。吾近日读《讲易》一卦（已读完陶诗七十首)、《近思录》数叶,亦知无及为补过万一之计也。汝病间,时必逐日看读《四书》《诗》《书》《易》数叶(且不必言五经)周而复始,以《课子随笔》(此时读而讲之,方知义味)、《弟子格言》、《解梁丛书》为阶梯,又体察人事世事,以自化其气质性情之偏,勿以吾言为迂,至要至要。

丙戌九月十六日

(七十二)

光绪十二年丙戌九月二十八日

丙戌九月廿八无不悔翁字谕乃林知悉:

我屡次上折,现蒙恩开去军机差使,仍管户部,稍少起跪之劳,日又匮乏之虑,责有专归。身心交病,夜行不休,此吾子孙宗族无福也。现欲令竹于十月初三起身(远或初六),带院夫回解,竹到家你将家务、孩子读书各事交代清白,若你病真轻减,可即来京,若你病不见轻,亦不必来京。因玨信言你八月初在关上两日发三次,颇为念念。你不必定要北来,即你病轻北来,路上必带熟练晓事之人招呼你病(带二人更好),此为至要。你到京不必衙门销假,亦不应酬,衣冠不必多带,即有用时可借用,惟冬日家常暖衣必多带也。此信到家你若可以来京,即安顿一切。竹到三五日你可起身,赶冬至前到京尚不大寒。川典、终南、赵渡、屯里各帐俱为带来,勿误。桑局存家一千九百余两,除还张瑶卿外,其余想仍实存,可交竹暂管,竹回我当告明一切也,此谕。

竹明年二三月令带其妇来京,你明春可回。俟其至家你们面商一切,再谕。

(七十三)

光绪十二年丙戌十月二十四日

丙戌十月廿四约盦谕乃林、竹知:

十月廿三接林十九、二十两号来信,何九月二十余日不发一信?

半月一信，言之屡矣！（八月底发信后，至九月廿六乃发一函，岂林病发乎？）此后尔等来信可写行书，不必真楷，或免有事耽延，但不可潦草难看，言事必详尽真确，不可惮烦也。鸣叔信件已到。李钊函书想九月杪可到，道路泥淖，至九月尚不易行，不知乃竹何日到解，有无耽阁。我一切如前（十日有七八日入东华，仍日日入署，部事大为难），惟苦太少精神，心常眩晕，行步须人。衰病日增，无可如何（亦不能久住此），免去枢垣，每日卯刻起读《易经》一月有余，已通背一部，信乎！幼少不可不熟读遍数，惟经训义理包罗万象莫能窥测，只好讲看训诂，俾义理渐明，自反身心以为药石。乃竹急宜日讲读经书，不可或间（《四书》尤要日读数叶，此不在读经之列）。此毕世莫殚之功，日读一经，每年诸经读得两周（至少亦必一周），若少时所读《近思录》《国语》《国策》《文选考序》，古文、古诗、唐宋诗亦日读一种，一年亦必两周（至少亦必一周），日必临帖二百字，久之其益万万。子孙能行吾言，乃为能继家业也。人皆悠忽怠惰无所用心用力，闲混光阴百无一成，即不胡来亦是闲人弃物，汝等早早力戒力改，勿随流俗而日下乃吾所望。各处官场概勿往来，尤勿说事，此仕宦人立家立身要节，勿视为常谈。师无可亲，友无可取，闭门教妇女训孩子，勤以自励（竹要早起），俭以自节，此为大要，其余可省，事物以省为得也。申叙五能有馆固可，否则听之。转告姚刺史万勿为难，亦勿辞他人以位申，切切告之。汝等可知我素不荐馆，乃深知人之为难，汝等可鉴此谢绝一切。闰生先生不为学士荐馆，出寻常万万，岂庸俗所知。竹此番归解专办数事，闻此信后另单开示，仍是临行我所写册中各事耳，切切用心用意。乃林何日北来（病可来否）？天寒诸须谨慎，此谕。三十号。

一　现刻已刻各书竹必详校，要紧在校初写宋字（校两遍），刻就（校两遍），勿致文理不通，其字破体其小也。院中无校字人，可叹可叹。

一　《丛书》书面目录一叶，《福永丛书》目录一叶，与各书隶字签字现皆勿刻，我要添书。

一 《弟子箴言》《唐鉴》必写样本，写好一叶，竹咸细看再发写宋字(必再三)。

一 添刻《弟子箴言》《唐鉴》后再刻《课子随笔》，我有笔削，开正带回，先告刘匠预备工人。

一 开春赴终南确切查考帐目，详记田亩。

一 屯里隆号、祠堂事事悉心考查的确。祠堂、县城市房、光禄、族帐详查。

一 慎五尚无到京之信，其回运必至明年，俟其回运，挪书局五数以清其款。

一 迈道台素昧平生，勿与往来。

一 本朝邑县官可不之见。

一 可托便带百合，但恐上冻，多藉麦菅，犹虑冻也。(今年九十月未带，稍迟时日亦乏便也。)

一 邢开益校正《柽花集》字二叶，竹详酌定即饬改，甚哉！校书至不易也。

一 住居坟茔时时留心访问，端抑婚嫁亦留心人家。

丙戌十月廿四

约盦书于京寓

(七十四)

光绪十二年丙戌十一月初六日

乃竹入目：

十月廿一发卅号书到否？十一月初三接汝兄廿一号书(十月十三发)，具知一切。李菊翁曾过解否？你于何日到解？闻道路未大开，恐廿余日不能至也。未见你中途信，颇为念也。汝兄病竟如何？究否可北来？何日起身？伊信言只带来升一人，恐不晓事不能招呼，或令万成送来为妥。我一切如前，销假后日日入署，每月须有半月卯初入东华，只无须寅初耳。而应酬颇多，力实不及。我卯初(天未明)

即起（晚仍不能实眠），若不入东华即读经书、看讲解，未之或间，晨无暇晚必补读，必将《四书》《诗》《书》《易》还吾幼年之熟，此皆吾父口授训课者，不敢忘也。古人谓旧书不厌百回读，你必深信体行，将我教你所读之书除时文试帖外（文选等等亦不可荒），一一必定一课程。或半年一周，或一年三周，熟读熟讲，你明年至京，吾将验之。天生你于读书家，又予以读书之岁月（早得科又有用度），你不可负天以负我，我极不望你仕宦，望你有学问有品格，他日能为朝邑人所推重，吾愿足矣。你年三十早早立志（已迟矣），勿妄想俗人所羡之利达而耽阁一生，况礼部间有正大文章，皆须以经为断，议论皆须以古文行之乎。即想仕宦亦必穷经能文章乎。昨求吴清卿写一"读旧书屋"横额，并刻此四字一印章，专以付你，你兄有病不能用心，汝辈六人，望真读书者，惟你耳。天令你早得科名，去此一关更可一意向学矣。早早醒悟破除俗心俗见，又必勤奋。晨必早起（你不能早起，我心不快久矣，大不如你兄远甚），人不力除因循悠忽怠惰之习，万无一成，终为弃物也。吾唇敝舌焦，若有人心，早力改前习。前信谕你回家各事，你切切留意，孩子读书尤为要也。若误子孙读书，大为不孝矣。吾肝鬲之言不重申矣。运城领引改派孟君，原派者撤之乎？或曾署事数月，略有可资而辞之乎？败家丧身之人，百般百样，你们当以为鉴（总之无志气、不自立、不勤奋）。百合托孟君，尚未到，恐途中上冻不可用也。你写字必写唐碑（写褚同州《圣教》合《九成》而一之为高）、赵书止可写《兰亭》（《闲邪》亦好），其他恐染俗派。《不自弃文》吾取其文非取其字，你一切所为皆"下乔木入幽谷"，无他，俗心太甚故耳。汝三兄何日入川？你将刻书事时时督教校正，他人不可靠（《唐鉴》《弟子箴言》要写样本）。《丛书》我要添《课子随笔》（删为两本，现写样本，正月有便带回照刻），其隶书外签与书面目录、《福永丛钞》目录暂勿刻，此两目录二纸为我带来（原件），我将增之，切切。我住房后院之后有府里一小院，正三四间，旁二间，不免旧烂，修之尚可。现正议租为汝妇来住，免得搬家。吾衰如此，不知居官几日，何事迁居。况无家具亦将就不得已计也。你信必写行书，诸以详言为好，勿拘拘真字，吾已言之，你即照行。抑书读至何处？官场勿交、闲事勿管，至要至要。

丙戌十一月初六晚

约盦书

卅一号

（七十五）

光绪十二年丙戌十一月二十二日

谕乃竹至：

什贴一号、北相二号本月十四同日接到，二十日折差带到初七三号信，知你兄病较前重各情，颇为深念。既云月半你兄带其妇与子女冒寒北来，此时已在途中，听其来可也。但住处急难定妥。前信我言间壁府里小院房既太破严冬难修，且我为你春夏之交北来，开年再修。刻下急实难修，亦嫌太小。前二条胡同（翁六先生住之胡同）西口有房一所，尚可将就，因有间壁之话，故未定租，其房已租与他人。昨接你信即着人求租者让我，不知能让否。三两日方能定局，先为极力寻房，万不可得，只可先在朝邑馆偏院下车，缓日定房再移，急事不易为，无急策也（两日大忙，此事皆须我办）。又无家具，当日即托梅卿转买胡砺生家具，不知可成否。余老矣，日以家务琐务劳神，颇觉烦劳。前人云："贫贱家子孙养祖父，富贵家祖父养子孙。"诚为至言，你须知此而警醒之。你兄恐竟成废人，你必百事留心（更靠何人），你幼时戏具各物收拾整齐不乱，吾谓乃竹他日或能应务。乃你长大逐次怠忽因循，大异幼时，非所望也。即早起一节，你自思之何如。今汝兄病废，你欲懒散亦不能也。不早振奋立志自力，败落必矣。吾未成进士家境宽裕，吾即忧债多为累，吾在外读书，无一事至耳目，偶回家大小精粗无一事不请问祖父，必请详示，又深思而详问（你何曾详问一事），故我略知事理，如当铺事乃我彼时所详考而深知者，故丁卯回里督办典事立定帐规，众伙遵行无或驳者，乃我昔年事事用心考究思其握要之法也（即我考查财赋亦是事事细察工夫）。吾散馆时即家中落，负债数万，上以累亲，京官岁岁寄银养亲，兼顾吾弟，有不得去官之苦，至湖北尤苦尤难，迨同治元、二年家境万无生人之趣，拚命至山东，万事为难。不得已引疾去官，似可安闲，而太史公为祟，兼教你兄弟读书，家无一椽，又汝母等六棺未葬，兼无知人之明，终南及各处赔去千数百两，心力正瘁，恨吾老不知道，复至京师忝窃大官，屡辞不得去，吾四十余年心力辛苦，心血耗枯矣。吾因汝兄之病殊自叹身世之苦，而在官在家少有助我也。今备以告你，专望你立志自力，事事振起用心，若再怠忽自安，吾亦无法，委之天命而已。立志先须早起（吾每日卯正起，家人点灯扫地，吾朗读经书，若入内，回即补读。今不间近五十日矣。一月有半月入内，兼有杂差），事物固须用心，尤必读经书古文，日点格言，接事接物随处精详察度，如此似你必以为其杂，朱子云：人岂能避绝事物，只有主一无适之法，应事时专于事，读书时专于书之法而已。汝兄妻子既全来，则来年春夏你带汝妇来，亦可谓全眷来京矣。惟你二姐母子应可同来与否，及解寓书籍、衣物、零星器件作用存寄，送赵渡存屯里房子如何，你妥思之。又屯里事、隆号事、终南事你必思想安置妥当，写信详商于我。听我回信行之，凡事必表里考求明白，不可含糊致有后悔。又吾生平寡欲，一无妾侍，故今年吐血两月而不死亦此之故，你身弱，必如我之勤以习劳，寡欲以养身，乃为从教。令你读旧书，非令你装文人，因从先滑口读之而不讲，今稍历世事，读之乃可增长才识，应事处物有法。词章古文亦为笔札公牍之用，并非闲话。你在家即事多亦必抽暇读旧书，只在立志与否。又我私心师法数语，曰忠信明达，又曰清楚真实，又曰险阻艰难备尝之矣，人之情伪尽知之矣，又曰要得胜先防败，未得利先防害。吾佩此语，愧未能尽行，要其无大过大失，实由于此。你亦奉此而行，胜过于我，乃为吾愿。来年士材从何师？你何时赴河西，赴终南？至终南多住旬余日，周历各地并定地亩册，查验地契。隆号去年帐我未见，杲明远丢三百后尚可为乎？熙塘与李三到底如何，切考详问之。吾风前之烛，恐一但诸迫你身，特切切详言。立志与否非我所知（家有好子弟，数世赖之亦有矢也），然我不贻汝等大累，特无资财贻后人，汝不早自立志，处处用心时时振起，他日必贻戚也。我不定何时告病，亦不定何时化去，全眷往返不过多费川资，亦不紧要。若以我官为可恃，或你自恃你官之出路，则计之大左也。刘岂初令其子在澧来京收粮店生意，本银二三千（原五千），今查明本钱已完，尚欠债五千，在澧日夜无法（东家不能走），看其帐一概糊涂，此皆东家不时为详查之贻害也。邵子长为人所参，处分必开缺，伊劝我去官，至明至当（我感其言）。奈我屡请不准，而子长竟被恋栈之劾（可见人言人之事皆明，你切知之）。吾衰病，久留亦必不免此劾也。你每月以行书写二信，诸必详言，所要书帖你来再带，我仍无暇详看也。

丙戌十一月廿二日

无不悔翁书

卅三号

近为你刻三章（有渐无息、清楚真实、读旧书室），你来付之。

（七十六）

光绪十二年丙戌十二月十四日

乃竹入目：

腊十三接四号信，先于初十日郭文玉折差来京，于初三平定州见万成，因见汝兄始知其夫妻子女俱已北来，日内星夜赶办房屋，此事劳碌费事二十余日，心力之苦不可言尽。汝兄痰气，此番北来亦其痰病。前述吾父云“富贵家祖父养子孙”，亦有慨于中也。汝兄恐成病废，吾亦不便申斥。告汝知我之苦衷耳。觅房屡看不成，兹以每月十五金已定东安门北锡蜡胡同东口内路南第四门（来信面如此写），房颇宽大，全眷可住。书房亦妥，只冷天难修（须自修改），春暖再修。吾已定十五日移住彼处，汝兄两三日到亦在彼下车，吾意汝姐汝妇明年前四月皆可北来，你告汝姐妥为商量，若我一半年能致仕，仍带其回解。此事再为来往函商，但解寓书物如何安知看守，切不可舍家以求官，你切记吾言。人虽至愚皆知求富贵，求者非坏人即俗物，求之果得乎？即得亦命，不求未必不得，此非讲理学，乃安身立品之基，你切勿忽此言。近日御史言事多可笑，此皆不通之进士翰林，而孙子授作事尤为随便，其事冗长不便殚述。邵子长贪官恋位卆至革职，可为鉴戒（其日日写折作诗皆求富贵耳）。人能看破富贵再讲学品，非迂谈高言也。赵字不免俗，退谷由赵入手，故其画圆也，而其逸气开拓之致（好在此），则欧、褚字与《瘗鹤铭》之力居八九分。吾欲你写同州《圣教》及《兰亭》（或赵临，若他本更好）。作文作字最忌熟俗，我昔年写赵、褚，今欲借径学退谷耳。你若学褚以补我缺憾为大快也。邢保初已定奎宅明年馆，昨今为此事央人求奎宅让先生于我，以如愿为好也（前不敢抑之必来，故未即定）。李损斋（力学官派官话）言罗举人事，言不可信，官场深恶绅民说话，湖南以童生闹考正法枭示二童生，如此官风岂可不刻刻处处畏惧。吾所以切戒汝等勿与官场来往，并与闻公事官事，深于阅历之言，你切记切记。你西行走三原勿入两安，万一有事至省，即菊甫亦勿拜见，近兵部以误用勘合参菊，若不加恩又要降调，恶直丑正从古为然，吾公事万分为难（直无法也），吃力不讨好，将来落得误国殃民四字而已。壬午之误，见理不明，自怨自恨而已。

丙戌腊十四日

无不悔翁书于大甜水井寓，明日移家

你三春之力可能清楚各处否（前四月北来，携全眷。钱帖明春刻完为要）？事事须“清楚真实”，你无论读书、应万事，必以此四字为的。人才惟忠信为至难得。今人为己事亦不忠信也。郝不可靠，此外无可靠之人（一拨一动我甚劳苦，其人一无用心）。李熙鏞吾终不放心，吾终不信心，即认识者亦多深知之人。甚矣，知人之难，吾年七十，公事家事百凡琐事，一字一片一钱一物，即近日觅房移家百冗丛加，劳筋莫息，真是苦人，自叹而已。汝兄冬月初所带百合一箱尚未到，或一问北相马号何如？川甘陕近屡有折差而四号信火牌廿日始到，马号之不留心，此事可见。故我屡告汝兄，三节各以酒肉十斤犒之，或可买其留心，勿谓与万平相熟，亦不可以此告平轩，只空告平轩，求其管家留心而已，若或平轩申斥，其后必遗弃烧毁矣。衙门红帽小人更无善类，你切切以耕读为传家久远计，以学品为人所敬重计，万勿效俗人耳目，心知乃有成就，所谓俗人即士大夫之只知求官者，非谓乡愚也（即冀宁君亦俗人，何论其他）。

约盦再书

丙戌腊十四日

样本或四十钱一千字，何如？我处已写《课子随笔》二样本（尚有四十叶），孟起风十八回晋不能带。

（七十七）

光绪十二年丙戌十二月二十二日

竹入目：

腊廿日接你五号信，我十五日移寓锡蜡胡同。一月以来，觅房移家劳心劳力，一物一纸皆须自检，又张罗家具，天寒人少，百事为难，又日日入内进署见客，殊为不堪，无如何也（不可言状，我真苦人）。你兄夫妇子女十六平安到京，途中发病十余次，看其神气忽明忽昧（将成废人），听其优游，一事一物不令管也。邢开益奎宅不肯让，此先生已言数次，尚未定。此外无人可请，颇为难也。你兄两年以来家事及屯里、隆号、终南并与他人交涉事，你逐次切实清理，我略问之。你兄言多不明，各帐亦未呈出（我亦不问），我亦管不了多少，真天命也。然系你终身养家养身事，你必一一切考，万勿含糊致多后悔，你年三十，家事临身，诸必用心吃苦，平气养性持己体人，凡闻人言，用心察之，一事一物逢人问之，至切至切。人生入世大苦事也。吾年三十即大入苦境，以至今日。回首生平百无一成，无不悔也。汝本少才识(人皆谓然),然孔明云才须学也,必阅历自勉而后可生才。汝兄既如此,你须格外自励以当苦境,切戒懒惰因循悠忽之病。汝兄到京六日发病三次,今日未发病而自谓身软,跌倒五六次,吾殊操心。公私冗杂,自卯至戌亥无片刻暇,有时五官并用,殊无好怀也。诸事条开于后。

一 二姐事至为难,其不愿入京(我早定意以解城田数亩、典房一所付士材为业,你可告之),汝嫂只谓其恐董村田房皆成乌有(终不可恃),其不愿住现寓之房,谓其灶厕不妥,此可令人看而改正之。你谓河西大寨子之说,此寨人人群趋,吾嫌其近城市(吾欲住王于村一带,前曾告你),你且过河去看,霍家有八百金典房一处,似可转典,你看过问价,再来信禀我定局,勿遽定也。屯里西边吾早欲修两院,一以汝兄弟不懂修造,一以无人督工,故不敢轻举。从来修造估五十,到底一百不够。汝估五百,恐千金不够也。往吾曾量有彼地尺寸单,亦带至京,随后检出寄你,总之河西、屯里二处移住之说,我难即刻定意,缘二姐母子移至他处,何人为之照应门户。我叫他来京,即为无人照应之故。你再与之熟商,写信告我再定,总之万事有命。(或令住赵渡,赁房一所,托你三兄照应,何如?)

一 虞乡封粮、兵差二事你告谕屯里各言至妥,至当。不负我多年教训并看阅格言之功。我为虞乡改差,再三思之必应一言,兹与李无逸书,令其转示虞绅,并将此信令崔子陶一看(你可先示子陶再与无逸),其绅之听否听之伊等。见信后须李无逸与我一回信,此事无论何人来说,你万万不可措一词。

一 挪义仓千金兑终南,以书局千金还之,办法似可,然李熙鏞在彼究竟办理如何,去年千金果否办地?帐目曾否清白?汝兄既为人愚,你须查明办妥,为汝等衣食之赖。屡挪千金,恐不能再来也。屯里、隆号、终南三处俱无帐可看,汝兄只谓屯里今年培银一百五十,又云一百,真乃十分昏愚。吾身后不知阎氏若何败落。吾家之人无十一岁不读四五经者,今孝抑所读止此,吾为气短。吾父必恨詈我于九原矣，为之悚汗。诸凡家事你切查明以实告我，百凡勿不思而动也。

一　我已还马据德二百，又为玨收回六百（原欠马一千零七十，今除还止欠马二百七十），你兄在家存屡年马家地租，云有百金，你且收存，勿付马姓，吾尚欲为玨扣回。昨马玉山来信云已带马家世俸银至解交你兄弟，究已到否？其父叔二人职未袭，焉能领俸。所应领者仅一人（马三，名映斗），岂可冒领，此须为玉山说明，并函告我带解银数。

一　家中所存桑局近二千，除已借还张、丁一千外，你兄实交你银若干，来信切实告我（林说不明白），我好预备。湖南刻书二千、山东刻《开》《向》《窍》七百，此利银家中收用。今以一千还义仓，我止剩一千七百矣。昕夕劳碌无暇，早起将入东华，匆匆写此，欲言之事甚多，随后写之。我盼你早于三四月北来也。

丙戌腊廿二卯初刻

无不悔翁书

卅四号

三、附:孙福海收函

程廷杓致孙福海

(一)

补翁老父台大人阁下:

前借书四本已看完奉赵,其余四本即祈检交走丁带回为感。默卿家叔病已渐愈,曾于本月初旬谈及尊处有楚南永州太守来信一函,翰墨甚佳,嘱即往观,前面谒时复忘所请,可否并交来丁带下,以资揣摩,不胜拜祷(越日奉还)。恭请台安。

治愚弟程廷杓顿首
左手书

(二)

补堂老父台大人阁下:

顷闻台旌有定于廿日荣行之说,确否?送呈拙作四章聊志敬仰,伏请大笔削正是荷。嗣后宦途踪迹靡常,北马南船未知相遇何时,殊深怅怅,惟遥祝即日光复不次升迁,挟泰山之云为苍生作霖雨,谅亦仁人君子所乐为也。此请刻安,不胜驰系。

治弟程廷杓左手拜书

丁守存[①]致孙福海

(一)

补堂仁兄大人阁下:

来大作并令器近作均从实批点,复感于怀而另作一艺为大作足成之请。小宋方伯批正一并抄来。弟前作为初学楷则耳,此作只可为识者道,若令器能领会则更妙也。另纸领悉已与小宋谭及将来借重之处颇多有乡官,此者此番颇作脸,林心培、崔厚庵不久亦可有做馆处,皆鄙意所深望,而不敢言者,恐蒸先酌乡人之讪也。捻匪又东,不知可不过运河否。昨接家音,大旱麦未全种,亦可虑也。陈世兄并代候之。此覆颂政祺,不尽。

弟丁守存顿首

(二)

补堂仁兄大人阁下:

顷接柬函并承赐种种,饱饫之余莫名感沕。所示则克录一条当即与诸公商之,其办法诚为周密,弟向有此全书,未带来也。东匪屡以海滨为熟径,敝邑已经三次,不堪之状可想而知,现复扰过潍县,是否不至东府未能熟揣也。至阁下赔累之状,前问陈世兄已悉其详,甚为抱念,方伯亦深知之,弟屡言之矣,将来不能不设法。弟近况平平无善可道,而老状渐出,疾嗽每冬必发,今冬尤甚,真可恨也。余情不尽缕述,手此并璧大柬,附请时安。

弟丁守存顿首

---

① 丁守存(1812—1883),字心斋,号竹溪,又号次海,晚号竹石山人、石涛钓叟,山东日照人。道光十五年(1835)进士,官至湖北督粮道兼按察使。除精通史籍外,兼通天文、历数、工艺制造,尤精于火器制造。道光二十三年,他据其化学实验及其实验结果,写成《自来火铳迭法》一书,在制船方面亦有专长。另有《详覆用地雷法》《新火器说》《造化究原》《丙丁密篇》等著作。

胡德增[1]致孙福海

(一)

正月初八日

补翁老父台大人阁下：

握别芝颜，倏更莱蕭，山川修阻，引领为劳。客腊接读华翰，并垂念寒畯遥颁厚贶，有轻裘与共意，临风拜受已不啻挟纩之温矣。兹际履端肇发，翘维升祺迪吉为颂。增近来精神就惫，邑中事一切公事俱闭门绝轨，惟笔墨一道兴复不浅，然亦不多应酬，偶有所作即呈政相好，唐鹤翁、汪莲翁皆蒙垂爱，恐未足当识者一哂也。伏念平生知己之感，惟阁下投分最深，相见太迟，相别太速，东望于邑，思何可支！所冀东山复起竹马重迎，俾老朽贱年，圜桥而观德化，实所欣幸。闻上游倚重非常，以阁下老成练达，宜乘此书勋竹帛，陈臬开藩瞬息间事，乃札内有欲告阳之意，是则鄙人所不解者。收到纸条二副，俟天气稍暖即当写就，遇便寄呈。肃此奉覆，兼申谢悃，敬请年安，不一。

治愚弟胡德增顿首

新正初八日辰刻冲

(二)

补翁父台仁兄大人尊前：

陶掌卿由省回，奉到手书并广香一包，厚谊高情有加无已，拜受之下实深汗颜，藉悉起居曼福为颂。委画三友图俟有兴时写就呈上，兹寄来书画数纸，是平时得意之作，只可为知者道也。昔唐伯虎有云："闲来写幅青山卖，不受人间作孽钱。"窃心向往之。增近来精神日衰，未卜何时再睹光仪，稍抒渴素，不胜翘企之至。再者掌卿茂才

---

① 胡德增(1805—1900)，字松门，号雁桥居士、松道人，湖北天门人。

英挺不犹人,曾从学书画,兹有志进取,前来江汉书院肄业,敢请罗之门下,俾如舍侄孙鲁生辈,受其甄陶,得能蜚声翰苑,岂不幸甚。兹因渠晋省之便,肃此奉覆,敬颂升安,不一。

治愚弟胡德增顿首

匡源[1]致孙福海

（一）

十月二十三日

补堂大兄大人阁下：

年前接奉惠函并承厚贶，拜领之下感泐难名，当即肃函布谢，闻未寄到，不知何处浮沉矣。近晤令器佩南世兄，欣悉政祺迪吉，式慰颂私。春间捻扰楚北，贵治正当其冲，夙夜筹防，劳绩卓著，定当优列荐牍矣。令器功夫纯粹，京闱偶不得意，将来必可飞腾。弟已勉以潜心实学，善继家声。蒙示大作数篇，捧读一过，真足阐发性灵启迪后学，容缀数语再行缴还。吾东此次被贼甚苦，令器当详述之，将来非改弦更张，不能扫除军中习气，安得有为民除害如僧邸者乎！为之太息。弟托芘如恒，明岁仍主泺源讲席，兹寄上书院课艺一部，恭求教正。即请陞安，不一。

乡通家愚弟匡源顿

十月廿三日

（二）

正月二十八日

补堂大兄大人阁下：

接展还云，备叨纫注，并悉年前渥承丹诏晋秩黄堂，逖听之余莫名欣抃，辰惟鼎祺安燕，泰履吉羊，引睇裔晖，式符臆祝。蒙赐《怡亭石刻》是弟久悬梦想者，一旦得之如获奇珍，谢谢。南匪荡平，吾东可以安枕，雪泽又复沾足，堪卜有秋。惟张逆一股扰及畿疆，难保不阑入东境，靖此幺么，始能无虑耳。大著捧读数过，理法清真，实足启发

---

[1] 匡源（1815—1881），字本如，号鹤泉，山东胶州人。咸丰帝顾命八大臣之一。道光二十年（1841）辛丑科进士，选庶吉士，授编修，累官吏部侍郎。

后学,望将全集剞劂,沾丐无穷,翘切翘切。承委代延西席阎生晴川,品学兼优,足见物色得人。第去岁弟已代商,此生困有家累,未能远赴尊招,今岁拟携其子来院读书,尚未到也。弟托芘如恒,堪慰绮注。专此布复,敬请陞安,诸惟雅照,不备。

通家愚弟匡源顿首

正月廿八日

致丁心斋观察一函敬恳转寄是荷,又及。

(三)

八月二十五日

补堂仁兄大人阁下:

前令侄赴鄂路经省垣,未及肃缄奉候,但属代询起居。兹于七月廿六日接到华函,欣悉政祺楙集为慰。令侄所带致丁心翁信无甚要言,前接心翁信已提及,当即补发去矣。令侄中途受惊,行囊尚不至大损否?念念。令器送其弟辈《四家院试》甚善,第学台今岁尚不东行贵府,约明年二月初间始考,只可在家读书静候矣。指日云路联镳,可为预贺。二世兄为秋闱计,自当早来济南肄业讲院,磨厉以须,弟必尽心训诲,以副厚望。辱承关爱谆谆,念及故人尤为可感。弟糊口于兹,每岁束金入不敷出,冬间如荷高谊,实觉寒否成暄矣,先此布谢。八月关书已到,弟来岁仍主讲泺源,贱体顺平,慈亲康健,堪以告纾绮注。兹再恳者,敝世叔杜笈轩先生受琳,文正公夫子之堂弟也,以通判分发湖北,诸多未谙,尚祈费心照拂,是所切祷。专此布复,即请升安,统惟蔼照,不尽。

通家愚弟匡源顿

八月廿五日

陈吉农同年楚南得意,弟寄信两次尚无复音,如通函时,祈为代问是荷,又及。

（四）

正月二十一日

补堂仁兄大人阁下：

年前接奉惠函，知诸世兄业经回籍应试，并道及盛意，当即泐缄布谢，不知何以尚未达典签。嘉平廿日复由瑞林详送到华札，并承厚贶五十金，拜领之余益增惭感，敬惟泰履增绥，升恒集庆。乔迁在即，式慰颂私。学使于月内起马，先试临清，次及东昌，三月可案临贵郡，俟诸世兄获隽后，约五月当来省候试，弟自当尽心启迪，以副尊属。弟托芘如恒，堪以告慰。特此布谢，即请陞安，并贺春祺，不一。

通家愚弟匡源顿首

正月廿一日

（五）

七月三日

补翁仁兄大人阁下：

久疏笺候，梦寐时萦，惟起居迪吉为颂。春间令郎六皆昆玉自登郡试回，来院肄业，入夏佩南复从都返，联沐风雨，功课极纯，将来俱可蔚成大器，有此佳子，弟深为阁下庆也。又获捧读大作《不夜城记》及楚中近稿，良深佩服，未识近来佳况何如，荣补已有期否？弟客冬扶先太夫人灵柩回籍，十一月内安葬，今春正月回省开课，二月旋里祭墓循例释服，三月复回济南。仆仆道途颇形劳瘁，幸交夏令以来眠食尚健，寓中亦顺平，堪以告慰廑注。闻都中明年有开科之议，惟望令郎早回，摩厉以须，是所切祷。专此布泐，即请升安，不备。

敝通家封少霞刺史久未接信，晤时祈为道念。

通家愚弟匡源顿首

七月三日

（六）

补翁仁兄大人阁下：

去腊令器佩南昆玉回来，接奉华翰，备承纫注，并荷惠赐小儿鞋帽红布等物，不胜感泐。闻已荣补远安，尤深欣忭，比惟泰祺迪吉，鼎祉延厘，引领详晖，莫名臆祝。世兄辈在院肄业，功夫甚纯，而四世兄少年英发，尤有选拔之望，堪为预贺。弟如恒托芘，无善可陈，幸诸凡顺平，差足告慰绮念。泐此复谢，并贺鸿禧，即请陞安，不一。

通家愚弟匡源顿首

再启者，弟前为四世兄执柯，提及敝州柯佩韦世兄之女，其祖易堂先生戊寅孝廉，前官福建知县，其兄劭忞与二世兄为庚午同年，家世读书，尤娴闺训，闻府报中已曾专禀，尚未奉到示下，如当尊意，祈早赐回音。弟当致书前往敦求也。又及。

（七）

补翁仁兄大人阁下：

年前令郎二世兄回省，接奉惠函，备承纫注，刻值春和，布令益征，履祉增绥，引睇祥晖，曷胜忭颂。闻引见后仍归原班补用，今年定可得缺，未知已有佳音否？盼切望切。令郎四世兄少年英发科试果得选拔，足见庭训有方，欣慰无似。承示今春欲为完姻一节，业经转达贵亲家，顷接来函以为时太迫，且与其女年命不合，欲展至明年再办喜事，现在二世兄假道鹿邑，拟与面商一切。以弟愚见，四世兄会考在即，尚须及早回东，且其身体未尽复元，即缓至明年朝考后似无不可也。弟托芘如常，堪以告慰。此复即贺大喜，并请陞安，不一。

通家愚弟匡源顿

（八）

十月初八日

补堂仁兄大人阁下：

前令郎回东，接奉教言并承厚贶五十金，拜领之下，感愧奚如。正拟肃笺布谢，又闻令器三世兄捷音，欣慰无似。敬惟燕翼延厘，鲤庭式谷。已看三珠擢秀风，开次第之花；更占九陛承恩露，湛科名之辈。义方共式，忭颂良殷。弟托芘如恒，无善可状，本科举贡门人获隽者尚多，堪以告慰。泐此复谢，恭贺鸿禧，即请升安，诸惟蔼照，不尽。

通家愚弟匡源顿首

十月初八日

敬再启者，尚未封缄，又蒙颁到隆仪五十金，厚情稠叠，铭泐难言，附此再鸣谢忱。恭颂台祺，不一。又及。

（九）

正月初十日

补翁仁兄大人阁下：

年前渥荷隆情，当即肃函布谢，想已早达典签。献岁以来，惟春履增绥是祝。令器昆玉三人去冬功夫纯密，开正始行北上，联镳云路均在意中，倾耳喜音，可为预贺。弟客岁十月旋里一行，往返五十余日，所幸贱躯粗适，眷属顺平，堪慰廑念。专此布泐，即请升安，并贺春祺，诸惟惠照，不尽。

通家愚弟匡源顿首

正月十日灯下

未能庄楷，祈恕不恭，又及。

(十)

补翁仁兄大人阁下:

久疏音问,时切依驰。前闻令器佩南高捷南宫,即拟修贺,羽便罕逢。兹三位世兄回楚路出济南,始得藉达左右。敬惟鼎祺安燕,春祉吉祥,训式鲤庭。已喜酉科竞爽,声蜚雁序,复看甲第先登,虽窦桂谢兰,何多让焉。引詹矞采,忭颂奚如! 弟迹阻鸿邮,情殷雀跃,谨奉楹联一付、纨扇一元聊达菲忱,伏希莞纳。肃泐恭请台安,虔贺大喜,诸惟惠照,不尽。

通家愚弟匡源顿首

倪文蔚致孙福海

（一）

十月二十一日

补堂老兄大人阁下：

一别十年，相思若渴。春间宗子城来书，知世兄高捷南宫，不胜抃喜，每欲裁笺致候，又恐我兄报以官样文章，反觉疏远，操翰复辍，致今梦毂维劳。方晓堂表弟自省垣来，奉读世兄同怀各试卷，兰玉盈庭令人艳羡，惟不得手教数行，仅以衔刺相饷，果如前日所虑。辰谂起居迪吉，深慰颂忱。弟谬典郡符，惭无寸善，所幸本来面目犹未能变，足对旧知。此间堤工为郡守要政，到任以来略加厘剔，弊窦稍清。今已三奏安澜，贪天之功，幸邀奖叙。地方公事积疲太甚，方谓在部多年，刑曹与守令颇可相资，大小之狱亦曾留意，竟不能行，始叹外官别有俊才，非拙人所可胜任。大小儿观保已十三龄，读书中资，幼儿甫週岁孱躯，亦叨顽健，知注附陈。手肃，敬请台安，不具。

小弟倪文蔚顿首

十月廿一日斗篷工次

附复者，缕诵另笺及大著《不夜城记》及时文、书院课程，循诵再四，钦佩曷胜！弟自弱冠饥驱橐笔东游，托处于贵乡东三郡者十载，乃劳人草草轮钱徒消，如登州之蓬莱阁、莱州之劳山，耳熟心倾而迄未一至，迨宦游回首，已渺不可接，更不独成山诸胜地未一拾级登也。读记文益增交臂失之之憾矣。大著笔意苍老，叙述历历如绘，又考证确凿，足备志乘采辑，非苟为游览之文者，缗字题极为枯窘，而狮子搏象全力在是，小题文章神乎技矣。书院课程总汉儒训诂、宋儒性道，及物之政事、润身之文章。言之彼都人士，苟能体贤使君之德教，岂特文教蒸蒸上耶！佩佩。楚中学者近来风气难求速化，不务根柢，以袭取为得计，以力学为迂途，究其流弊不可殚述，执事本诸心得发为言教，可谓知所从事矣。牧民之官，职兼教养，惟阁下优为之耳，朱生师程得托宇下,遵以南针,不致迷所向往,在渠可谓三生有幸,弟亦与有荣施。鄙见谓多读书固目下急务,即或作文亦不必作时文作排比文,竟令作论以发其才气,将来一就绳墨,则笔气英发,于时文仍非无益也,高明以为何如?楚中聪俊童子极多,惜皆误于庸师之手,安得有如阁下者广布于当途耶!手再布复,敬请升安。

弟又顿

(二)

再启者,弟前年岁试黄州,有蕲州新进幼童朱生师程,年甫髫龄便能粗知诗赋文字,深为可造。弟去年闻其父挈之赴省报考书院,遍谒当道,大不为然。因于科试时教以趁此年华多读经书力求根柢,勿亟亟以考试为事。今春许生嗣莹来省,云其伯父鼎元,惟知教以读墨卷作时文,深恐如此美材终归鄙陋,并云及上年晋谒阁下,深荷垂青留其在寓读书,惜此议未成,不能承教。目下若能使离其庭训,坐以春风,则造就必未可量。弟伏念阁下既有留彼读书之议,刻下虽薄书鲜暇,当尚不惮提命之烦,可否令彼父子两人趋侍琴堂,俾奉师承,不为俗学所误,将来蔚成大器,弟亦与有荣施。慨小子之何知,幸使君之乐教,惟阁下其引而进之。倘荷许诺,则弟当行文蕲州学官,以势力摄取之,使得早脱庸师之害,优游大雅之堂,无任庆幸。手此泐布,敬请升安。

弟又顿

吴可读[①]致孙福海

三月十九日

补堂仁五兄大人阁下：

自癸丑一别契阔到今，十八年燕云燕树，驰系时殷，三千里楚水楚山，溯洄倍切。客岁敝门生胡淇筌太史到京，敬悉历膺烦剧，荣莅钟祥，庞士元暂屈来阳，终非百里才，会当骥足宏展，造命苍生，引企卿晖，曷胜健羡。弟自庚申年奉讳旋里，于同治乙丑到京，年来景况甚属不佳，丙寅六月初一日已以刑部郎中拟陪验放讫，乃以失于探听，即于是月廿三日论俸推升吏部验封司郎中，十余年辛苦一旦付之乌有，功败垂成，命也！如此到部后分在选司行走，又成散走人员，且于是年九月间因车覆将左肩甲月牙骨脱笋，接骨者误认断折，医治月余始悟，然亦不能合笋矣，在寓调养一载有余，幸举动照常不致有碍。于丁卯冬月始克入署当差，已于去秋八月以郎中两年俸满截取保繁，引见后虽幸邀记名，惟此项班次向来简放与部选二者不久必有一得。今则人数过多，已成积薪之势，简放既未敢必，部选亦属无期，未卜此生能否得一外任，只好静以听之已耳。弟改隶铨曹，资俸虽不断，但部属至郎中已无可再升，用不着资俸，惟截取仍论俸以两年报满，遂函致各相好处张罗，拟将两年历俸捐免年半，冀得早日报满。彼时以未得荣任确音，是以未经具函，嗣各处惠项已到，而弟适以臂患辗转床侧。诸同人劝将此项移为小儿之桓捐一主事，于丁卯七月分签分兵部，分在车马司行走。本意为每月多得半分印结，藉可敷衍度日。乃吾乡变乱，取结者甚属寥寥，而弟又一时未能侥幸外放，不得已拟作捐指省分发之举，已向四处函恳，然一再拖累，恐未能如前此之过

---

① 吴可读(1812—1879)，字柳堂，号冶樵，甘肃兰州人。道光三十年(1850)庚戌科进士，授刑部主事，1879年以尸谏慈禧名震朝野。有《携雪堂全集》传世。

爱也。素蒙厚意不同泛泛，今拟以二百金望之吾兄，尚祈鼎力代为一担，迅赐汇兑到京，俾得早为办理不致束手，则图报高情正自有日也。倘天假之缘或者相遇一方，岂非快事，是则私衷切祷而未敢必者耳。再，苇沚久已谢世，其二世兄在家殉难，大世兄已保知县，常不在京，余老友中亦属无几，不胜今昔之感矣。谨泐芜缄，即托淇笙太史觅便转呈，倘有惠音，即交淇笙处交下亦可。草此布恳，敬请升安，统希心照，兼候还云，不既。阖潭清泰。

愚小弟吴可读顿首百拜启

三月十九日泐

谢兆坚致孙福海

（一）

冬月二十日

补堂仁兄大人阁下：

别来五载，靡日不思，南望神驰，未缓劳结。冬月念日谢纯翁过寓接到手函，忻稔履祉延鸿，升华遹骏，不胜抃舞。寄到两元计壹百零二两外，承慨赠纹银一镒，谨已拜登。风诗报玖，仰古道之照人；鲍子分金，感高情之知我。祗领之下，纫佩末名。弟词曹供职栗六如恒，幸眷口粗安，差慰仁注，唯书巢兄以教习来都相处半载，乃今春回里，旋赴玉楼，阁下谊敦友朋，闻之想亦黯然耳。后遇风便屡赐教言，翘切翘切。肃此布复，耑鸣谢悃，藉请升安，诸惟心照。

委书对联因纯翁回使明日即发，匆匆不及，容另日书就觅便奉呈。

愚弟谢兆坚顿首

冬月廿灯下泐于香炉营客寓

（二）

闰三月二十四日

补堂仁兄大人阁下：

巳冬通书后音问久疏，甚深渴想，比晤櫄臣同年，欣稔履祉庞桢，升祺骏集，引詹吉霭，深惬颂忱。弟自客冬转补御史，栗六依旧，建树毫无。所幸公私顺平，堪慰绮注，唯是谏垣清苦无异词垣，而一切应酬赔累数倍，与吾兄素托至契，尚望略分廉俸以济急需，不胜翘切。泐此布臆，藉请升安，诸惟心照不宣。

弟谢兆坚顿首

闰三月廿四日

阎敬铭致孙福海

(一)

初四日

补堂仁兄大人足下:

前见示书画三轴奉缴。名墨妙迹如云山胜境,无非我有,不必据为我有,若欲领赐殊失雅趣,想同好者必谓然也。此请大安。

愚弟阎敬铭顿首

初四

(二)

补堂仁兄年大人阁下:

郑画重以再四,尊命谨留一幅以志厚惠(奉缴二桢,察入),谢谢。《坐位帖》奉缴,的是旧拓。惜用墨浓淹,且有涂抹之处,精神不足或以此故。即请大安。

年愚弟阎敬铭顿首

(三)

十六日

补堂仁兄同年大人阁下:

郭字魄格俱好,稍嫌画中无物,有直率处,的是明派无疑,殊不知其人也。黄画甚好,款字亦真,惟郑题不见圆秀之致,或系劣手补写。纯庙书乃随意为之者,其圆活厚腴,非人所及。各件均交来吏带缴,图、书、石极佳,但无好篆刻者,留之无用,即以奉璧。谨领镇纸一具,极为工致,感哉!已不裹百两之赐矣。谨谢,即请大安,不具。

年愚弟敬铭顿首

十六

(四)

二十日

补堂仁兄同年大人足下：

承借读《礼泉铭》两种，深幸眼福。两刻皆有可观、皆有所长。此帖善本甚鲜，往在都曾见旧拓，令人至今神往也。原帖二册并原包匣奉缴，察收。此请大安。（昨见示二画，前路实索价若干望示之，若力能留，再相商也。）

年愚弟阎敬铭顿首

二十日

(五)

补兄赐览：

上元日读赐书，敬承一切。敬铭不才不德，膺此艰钜，必败无疑，无法退隐，天不佑我，其谓之何！新到三君所言各情极中恳要，官之不足为民重轻也久矣，比至抗拒，力又不胜，无德无威，尧舜不能为政，况叔季哉！敬铭梼昧庸懦，深恐吾齐鲁之人以下走为不屑教，不能菲薄斯世也。凡闻不肖之行，望切教益之，非为世故之语，君子与人为善是所深求。阁下开复之案曾否出牍？长才屈抑，慨同冯唐，不肖之咎也。至东后，望时赐书，以慰驰思。载请大安。

敬铭再叩

元宵书

至好各友，望致下意，稍暇当一一函谢。

杨翰致孙福海

五月十七日

补堂仁兄同年大人阁下:

草草干戈,劳劳仕宦,缅龙华之旧侣,怅鹭序之远违。每念昔游依依入梦,去岁便使来南,乃承存问殷殷,寄我海壖俊味,瑶华在手珍错餍心,故人之爱我至矣,愈增我风雨离群之感也。弟自来南服,每有北省人来必询近状,稔知驰驱戎马,与我所阅称将毋同。权篆天门系著名繁剧,循声卓懋,足张吾军,颂甚慰甚。弟先权常德、沅州,八年到永郡任,日事筹防不遑寝馈,前年逆众大至十余万来攻永州,被围六昼夜,幸得登陴固守众志成城,募勇击贼三次获胜,追援兵会合,歼逆万余,始窜粤西。虽危城克保,而每年贼数至,相去百余里,不敢复窥城垣,惟兵单饷绌,旦昼焦劳,已抱痼疾,右手大指忽生巨创,年余虽愈,不能伸屈自如,以四指夹笔作字吃力之至,报书之所以迟迟、索书之所以未奉职,是故也。弟不得已而作郡,自到外任举目皆非,失我本来,终日郁郁。回忆昔年虽茹荼集蓼而动定可以自如,不似今之束缚驰骤,而甑尘釜鱼不殊曩境,真所失不偿所得。在楚数年,力保南天门户,激厉将士捍卫边疆,种种劳勋亦复不能上达,众人驭我,行将引疾遂我初衣矣。幸慈亲健饭,现三子二女均继室所出,长子十三亦能作篆隶,当可继我青毡故物,惟数年不得郁园消息,如阁下知其行藏或出山何处,尚望示我。回思同受晴川叔岳之恩,令人感怀欲涕耳。拙书已成恶劣之札,如不见嫌,遇有便人当涂一二聊寄相思也。惠我各种俱心得所好,口常欲笑。其中鱼子鲜鱼蛋尤妙,并望有便再惠,莫责无厌之请也。兹托陈别驾端源(天门人)妥寄此书,以当面谈,并将谢意。即颂为政多蒴,不尽。

年小弟杨翰病指书顿首

五月十七日

张曜孙致孙福海[①]

(一)

七月十九日

补堂仁兄年大人阁下：

久未奉书，驰怀甚切，伏稔升祺丕焕，动履吉羊，为慰私颂。七、八两年澧南贵治所欠尚多，转瞬八月，二参限界，望早为催解，免干吏议。又汉川七年之欠有加议之例，亦宜设法了之。后任屡次禀覆，竟推与吾兄，置之不问殊为不了也。援湘之师于前月杪大获胜仗，宝围已破，西北两路已清，现进剿东南两路之贼，约月内必有就绪耳。省中祈祷得雨，尊处想已有之。岁事尚无妨碍否？乘便草此，即请升安，不宣。

年愚弟曜孙顿首

七月十九日

(二)

初六日

补堂仁兄同年阁下：

顷奉手书，倍承丕注。以戎马艰难之际，尚复垂情谱谊，挚爱殷拳，感荷云情，莫名衔泐。弟从戎筹笔，昕夕倥偬，兼顾地方，实形竭蹶。幸得文观察来此，制府即委摄理，方获卸肩。现筹画进兵，粗有就绪，不久即当随营南下。团练一事制府颇深盼望，尊处办理较他处稍易，望赶紧一律办齐通禀为要。章程已印好，即交来纪带去。阁下捐办铁斤为制造器械之用，足见急公。制府甚喜，现营中枪炮尚不充足，闻贵治西北乡团练枪炮甚多，能与团总筹商择其佳者挑选数百杆

---

① 孙福海(1798—1875)，字镜寰，又字补堂，山东荣成人。历任湖北黄陂、随州、谷城等地，著有《之游睡余录》。

先行借用,照数给与价值,另行赶造归款,庶移缓救急,不费而各足,望酌办示知。如其不便,则亦已耳。专此布复,即请升安,并鸣谢悃,惟希鉴察,不宣。

年愚弟张曜孙顿首

初六日

张裕钊[1]致孙福海

（一）

六月初三日

补堂仁兄大人如晤：

日昨率泐数字，由徐纪奉讯，计已鉴入矣。天下事缘分皆有一定，非人所能强也。惟有费清神，深为愧歉耳。一昔孤舟野水风雨凄，其回首暮云弥增离绪。今晨行抵竟陵，晤程墨翁，尊函计所属一切均已转致。谒张宏翁未晤，但业许为买舟矣。张少翁风闻不日遄来，未知信否。果尔则县志宜早赍送为妙，吾兄以为何如？如梓人续买纸到，弟尚急需大者一部，狭小者十部（至少亦需九部也），恳吾兄一为筹此，他日台旆晋省，便可附入行箧，弟需此总在八月以前耳。手此，敬请怡安，把晤匪遥，余惟面罄，不宣。

如弟裕钊顿首

六月朔三日天门舟次

（二）

十二月二十二日

补堂仁兄大人阁下：

两载陈榻，备荷殷殷拳，感人肝脾，岂言能罄！别后解缆南征，一昔行至沔口，在此尚须少留数日，抵里计逼岁除矣。承命代撰《陈映山推拿书序》，弟于此事雅未深究，又舟中无方书可资考核，即欲捕影缚风，亦不知从何处说起。业伸纸操笔，废然而止，俟归后再加考求

---

① 张裕钊（1823—1894），字廉卿，号濂亭，湖北武昌人。晚清官员、散文家、书法家。道光二十六年（1846）举人，考授内阁中书。后入曾国藩幕府，为“曾门四弟子”之一，被曾国藩推许为可期有成者。有《张廉卿先生论学手札》等墨迹多种行世。主要著作有《濂亭文集》《濂亭遗文》《濂亭遗诗》。

撰就奉寄耳。昨见钟云翁,询知近况亦深以为念。今日晤陈仲翁适有客在坐,未便深言,然闻诸旁人,似明岁春风花信取次可到也。县志宜饬梓人及早刻就为妙,弟所作后序一篇,装订时恐梓人遗却,幸为谕之。弟明岁行止,春间必有信奉闻,鳞鸿有便尚祈时赐玉音,以慰饥渴为荷。手肃,敬请升安,兼颂年禧。惟亮察,不宣。

如弟张裕钊顿首

十二月廿二日

(三)

闰月十四日

补堂仁兄大人阁下:

睽违日久,每切遐思。敬惟兴居多祜,政治浃和,诸符臆颂。吾兄循良干济之才,久为上游所属意,侧闻以堤工事殷倚重大材,故尔尚羁骥足耳。其郁积久者,决起必骤,吾兄想已深照此理矣。弟今岁本拟东游,因何护院以书局校雠之役寓书见招,家兄以距家较迩遂属令安砚省垣,然麋鹿之性,终不免郁郁居此。天下求如孙补翁之好善忘势者,岂易得哉!私意欲于端节前后仍赴金陵(此语宜秘密,勿令人知之),拟日闲假归,与家兄商酌再行定计。二令郎能相从一往游乎?若能同往,须端节前行抵省门为妙。县志想已刻竣矣,祈及时赐寄,至为感荷,弟尚欲携数部附入行箧也。大作诗文各一首,已盥薇露读过,谨以奉还,并布察入。手此,敬请升安,惟亮察,不宣。

如弟裕钊顿首

闰月十四日

郢中旧识晤时,并希为道意是荷。

（四）

初三日

补堂仁兄大人阁下：

送上书帖各数种，希哂存。敝县张次功孝廉见寓张洊山观察处，已将尊意转达矣。此致，敬请升安，不宣。

如弟张裕钊顿首

初三日

（五）

五月六日

补堂仁兄大人阁下：

顷闻文郎科试获隽，一发叠双，为之距跃三百。吾兄仁心为质，惠政在民，固宜其施及后昆，它日鸾骞凤翥，家声炽盛，正未可量。往者尝屡屡与阁下言之，今窃自喜前说之果中也。台旆何日得返鄂垣，当相与举觞引满，拚此一醉。谨先泐数行，布贺大喜，敬请升安，余惟心鉴，不宣。

如弟裕钊顿首

五月六日

代谋之事若何，便中并祈示知为荷。又白。

（六）

补堂仁兄大人阁下：

一昔来至省门，承闻令郎佩南秋闱获隽，雀跃无已，当诣大世兄处道贺，始知阁下已惠书示知，弟在舍间尚未奉到也。佩南天亮令美敦行好学，固私心素所嘉尚。今窃自幸前言之不谬，诚有所谓闻之喜而不寐者。以此思阁下喜可知已，且佩南质性之韫，殊不多觏。今由此益得肆力于学为当世名器，盖弟之所欣，非仅以科目为一时之荣，而阁下以数月之中双凤联翩于前，而一鹗骞举于后，尤足令人羡慕无极。其嘉庆殆非一言可竟，谨先泐数行，布贺大喜。晤教匪遥，余惟面写，不宣。

如弟裕钊顿首

（七）

同治十二年癸酉十二月初三日

补堂仁兄大人阁下：

早春匆匆一别，倏及岁阑，采萧之思，不言可想。敬惟循绩丕著，珍卫咸宁，诸符私颂。第近况未知若何，想不至赔累否？补缺有消息否？甚以为念也。文郎秋闱获隽否？未知当以何时入都？行看健翮争飞，联翩鹊起，固是指顾间事耳。弟羁栖白下，旅况萧然，幸贱躯托芘粗适，前月已为大小儿授室，晨夕之间差足自娱。惟所费约数百金，颇增债负，卒岁之谋殊形拮据，时以此乱人意而已。贵治万清轩先生及故人方子白家均未审日来景况若何，私心深为悬系，绅民中如有知之者，便中希代一垂询为荷。手此，敬颂升安，祗贺年禧。惟亮察，不宣。

如弟裕钊顿首

癸酉十二月朔三日

再，秋间在鄂城中与小瀛世兄往返未得一见为怅。寻晤陈春浦兄及尊纪庞贵云，尊处往岁所用之项拟以赐还，即附解饷船便带至汉上，弟当嘱令交汉口永元布店收存。顷接布店来函云此项尚未收到，私衷颇以为虑，不知果系尊处尚未寄至，抑或系从者误交，恐其中或有舛错。用敢敬以奉询，伏祈示知为感。

裕钊又白

(八)

四月二十五日

补堂仁兄大人阁下：

睽违两载，饥渴为劳。往月令侄平山兄来宁接奉手翰，敬稔兴居多祜，并令郎三世兄去岁已捷秋闱，欣忭无极，又承早春曾以试事见招，而羁客缘悭坐孤，盛意良用歉然。顷阅春闱榜录，欣悉二令郎佩兰贤友又捷春官，吉语传来，覆狂以喜。阁下质仁禀义沉滞累年，而造物所以报之乃如此苍苍者，用意深远，固非世俗所能测也。前数日闻诸平山世兄，云阁下兴国又复卸篆，即事窘境可想，然数载以来兰桂蓊勃竞秀争荣，令人应接不暇，人生乐事至此已极，虽复穷愁万斛，正是不值一杯水耳。阁下岂不谓然忽？令侄少年老成兼多才美，兹际家声鼎盛之秋，鹊起定在指顾，惟江南人才济济，上游位置颇复不易，俟更缓以图之，必为留意耳。弟羁旅白门，一切粗适，惟精力日衰，时有老大无成之感。小儿辈又不长进，是以郡县两考俱不令归，而院试不能不为涂饰门面之计，尊处如有闻见知学使定以何日按临武郡，即敬恳飞信示知，至以为托。客冬已为大小儿完娶，种种殊费周章，幸新妇颇复贤淑，暮景蹉跎，差足为慰。鄙人续弦一事深荷垂廑，而凤泊鸾飘佳期渺渺，刻下一意，拟赋小星，但殊难其人耳。比者家累增多，居大不易。朋好中相知者忧其空无，援昌黎谀墓之说，劝令卖文为活，乃亦不无小补。鄂省同官中如有好此者，若传状碑、志寿、言诗文集叙之属，阁下能为我作一文章经纪亦殊韵事也。恃惠子之知我，附陈一粲。手此布贺大喜，顺颂升安，惟希爰照，不宣。

如弟裕钊顿首

四月二十五日

有寄周宅三并家言各一函，敬祈饬送为荷。家信请饬守取回条。又白。

(九)

六月十六日

补堂仁兄大人阁下：

一昔接奉还云，祇悉种种，就谂履祺萃吉，壹是如颂。令郎佩南世兄已分部曹，既可肆力文史，又足练达时务，它日定成钜材伟器，匪独显大堂构，即不肖亦与有荣施矣。三世兄承已膺房荐，转瞬便当蝉嫣而起，四世兄廷试获隽，则又意中事耳。天下事意不并锐，以诸郎联翩鹊起若是，固宜乃翁之偃蹇也，阁下闻之当委辗然。昨得小儿信，禀称老兄于弟小星之章甚为垂念，并云有宦室使婢可以小饕换得，闻命之下感激无已，惟敬恳老兄细意考察确实，不必定取妍美，但果洁身守礼、秉性和平则足矣。如老兄能十分信心，即祈为议定示知（倘未能十分信心，似宜即作罢论为妥）。弟处一面购买小婢送到交易而退，此外一切委折，惟老兄一力主持行之，愈于弟自为谋也。迢迢千余里，书疏往返动需时日，小儿殊少不更事，有敝通家刘子钦茂才炳燮者，现与小儿同寓，其人颇诚笃明练，已寓书属其抠衣晋谒，请进而教之，兹事即可与言之。外有寄刘子钦茂才一函，并敬祈饬送为荷。手肃，复颂怡安，惟亮察不宣。

如弟张裕钊顿首

六月望后一日

(十)

正月初四日

补堂仁兄大人阁下：

客腊经过鄂渚，叨扰多多，铭谢之至。比惟集祜履新，壹是如颂。弟小星之章已有成什，知关廑注，谨以奉闻。再尊处千里镜，弟以相地之故欲假一用，敬恳掷付小价李令领下，至以为荷。弟迟日晋省即当以奉还也。手肃，顺颂升安，恭贺新禧，余惟晤罄，不宣。

如弟裕钊顿首

新正四日

（十一）

二月十二日

小瀛世兄足下：

数日前接奉手书，惊悉府君以客腊四日无疾怛化，裕钊以半世知爱之厚，情谊笃挚，殆云神契。一旦聆此噩耗，骇悼无已。世兄至性过人，仓卒之间，遘兹大故，惨裂亦何可言！惟念尊府君虽所施未竟，然政声炳著，众口交推，以为楚北循吏第一。汔考终顺命，乘化以归，而诸昆季卓尔英峙，联翩鹊起为世闻。人曰昌大不可量，固宜九京一笑，遗憾毫无。伏冀节哀自玉，以终大事，是所切祷。承示艰难近状，此自裕钊所深知，私心甚为焦虑，爱莫能助，奈何奈何。此间求与翁中丞有旧者，询之殊无其人，俟孙琴西方伯莅任时，当更寓书为极力言之耳。来书以遗令属书《亦爱楼记》已书就，以两世引重之雅，不揣庸陋，辄为僭酌数字，必深亮也。其《纪梦篇》虽另刊一石，然固当同置一处，即不必更著年月矣。附呈挽联挽章各一，稍以致区区悲惋之思，词之鄙拙所不暇计，希并察入是幸！后询礼绥，不宣。

世愚弟张裕钊顿首

二月十二日

再，承代制涌泉膏至为感荷，去冬在鄂城已付上票钱陆千文，余俟异日再付便寄上。又小价云尊处欲购《理论骈文》一部，此书闻系扬州锓板，金陵书肆中无之，裕钊顷亦欲觅一部而未得也。裕钊又白。

又先君子所撰《史学提要》遗稿存在舍间，猝难寻觅，尊处旧有钞本敬祈饬钞一分赐寄，至以为托。又再白。

《中国近现代稀见史料丛刊》已出书目

第一辑

莫友芝日记
汪荣宝日记
翁曾翰日记
邓华熙日记
贺葆真日记
徐兆玮杂著七种
白雨斋诗话
俞樾函札辑证
清民两代金石书画史
扶桑十旬记(外三种)

第二辑

翁斌孙日记
张佩纶日记
吴兔床日记
赵元成日记(外一种)
1934—1935中缅边界调查日记
十八国游历日记
潘德舆家书与日记(外四种)
翁同爵家书系年考
张祥河奏折
爱日精庐文稿
沈信卿先生文集
联语粹编
近代珍稀集句诗文集

第三辑

孟宪彝日记
潘道根日记
蟫庐日记(外五种)
王癸避难日志　辛卯年日记
嘉业堂藏书日记抄
吴大澂书信四种
赵尊岳集
贺培新集
珠泉草庐师友录　珠泉草庐文录
校辑民权素诗话廿一种

第四辑

江瀚日记
英轺日记两种
胡嗣瑗日记
王振声日记
黄秉义日记
粟奉之日记
王承传日记
唐烜日记
王锺霖日记(外一种)
翁同龢家书诠释
甲午日本汉诗选录
达亭老人遗稿

第五辑

袁昶日记
吉城日记
有泰日记
额勒和布日记
孟心史日记·吴慈培日记
孙毓汶日记信稿奏折（外一种）
高等考试锁闱日录
东游考察学校记
翁同书手札系年考
辜鸿铭信札辑证
郭则沄自订年谱
庚子事变史料四种（外一种）
《申报》所见晚清书院课题课案汇录
近现代“忆语”汇编

第六辑

江标日记
高心夔日记
何宗逊日记
黄尊三日记
周腾虎日记
沈锡庆日记
潘钟瑞日记
吴云函札辑释
新见近现代名贤尺牍五种
稀见淮安史料四种
杨懋建集
叶恭绰全集
孙凤云集
贺又新张度诗文集
王东培笔记二种

第七辑

豫敬日记　洗俗斋诗草
宗源瀚日记（外二种）
曹元弼日记
耆龄日记
恩光日记
徐乃昌日记
翟文选日记
袁崇霖日记
潘曾绶日记
常熟翁氏友朋书札
王振声诗文书信集
吴庆坻亲友手札
画话
《永安月刊》笔记萃编
浙江省文献展览会文献叙录
杨没累集